D1703501

J. von Staudingers
Kommentar zum Bürgerlichen Gesetzbuch
mit Einführungsgesetz und Nebengesetzen
Viertes Buch. Familienrecht
§§ 1684–1717;
Anhang zu § 1717: Artikel 223 EGBGB

# J. von Staudingers
# Kommentar zum Bürgerlichen Gesetzbuch
# mit Einführungsgesetz und Nebengesetzen

Viertes Buch
Familienrecht
**§§ 1684–1717;**
**Anhang zu § 1717: Artikel 223 EGBGB**

Dreizehnte
**Bearbeitung 2000**
von
**Michael Coester**
**Thomas Rauscher**
**Ludwig Salgo**

Redaktorin
**Lore Maria Peschel-Gutzeit**

# Sellier – de Gruyter · Berlin

## Die Kommentatorinnen und Kommentatoren

Dreizehnte Bearbeitung 2000
§§ 1684–1686 Thomas Rauscher
§§ 1687–1688 Ludwig Salgo
§§ 1693–1698 b Michael Coester
§§ 1699–1711 aufgehoben
§§ 1712–1717 Thomas Rauscher
Anhang zu Art 1717: Artikel 223 EGBGB
Thomas Rauscher

12. Auflage
§§ 1684–1698 b Professor Michael Coester
§§ 1699–1704 aufgehoben
§§ 1705–1717 Professor Dr. Horst Göppinger

10./11. Auflage
§§ 1684–1692 Oberlandesgerichtsrat Helmut Engler
§§ 1693–1697 Oberlandesgerichtsrat Dr. Helmut Donau
§§ 1698–1698 b Oberlandesgerichtsrat Helmut Engler
§§ 1705–1717 Oberlandesgerichtsrat Dr. Horst Göppinger

## Sachregister

Rechtsanwalt Dr. Dr. Volker Kluge, Berlin

## Zitierweise

Staudinger/Rauscher (2000) Vorbem 1 zu §§ 1712 ff
Staudinger/Coester (2000) § 1693 Rn 1
Staudinger/Rauscher (2000) Anh zu § 1717: Art 223 EGBGB Rn 1

Zitiert wird nach Paragraph bzw Artikel und Randnummer.

## Hinweise

Das Vorläufige Abkürzungsverzeichnis 1993 für das „Gesamtwerk Staudinger" befindet sich in einer Broschüre, die den Abonnenten zusammen mit dem Band §§ 985–1011 (1993) bzw. seit 2000 gesondert mitgeliefert wird. Eine aktualisierte Neubearbeitung befindet sich in Vorbereitung und wird den Abonnenten wiederum kostenlos geliefert werden.

Der Stand der Bearbeitung ist jeweils mit Monat und Jahr auf den linken Seiten unten angegeben.

Am Ende eines jeden Bandes befindet sich eine Übersicht über den aktuellen Stand des Gesamtwerks Staudinger.

Die Deutsche Bibliothek – CIP-Einheitsaufnahme

**J. von Staudingers Kommentar zum Bürgerlichen Gesetzbuch** : mit Einführungsgesetz und Nebengesetzen / [Kommentatoren Karl-Dieter Albrecht ...]. – Berlin : Sellier de Gruyter
Teilw. hrsg. von Günther Beitzke ... – Teilw. im Verl. Schweitzer, Berlin. – Teilw. im Verl. Schweitzer de Gruyter, Berlin. – Teilw. u. d. T.: J. v. Staudingers Kommentar zum Bürgerlichen Gesetzbuch
ISBN 3-8059-0784-2

Buch 4. Familienrecht
§§ 1684–1717; Anhang zu § 1717: Artikel 223 EGBGB / Red. Lore Maria Peschel-Gutzeit. – 13. Bearb. / von Michael Coester ... – 2000
ISBN 3-8059-0940-3

Satz: jürgen ullrich typosatz, Nördlingen

Druck: H. Heenemann GmbH & Co., Berlin

Bindearbeiten: Lüderitz und Bauer, Buchgewerbe GmbH, Berlin.

Umschlaggestaltung: Bib Wies, München.

♻ Gedruckt auf säurefreiem Papier, das die DIN ISO 9706 Norm über Haltbarkeit erfüllt.

# Inhaltsübersicht

---

\* Zitiert wird nicht nach Seiten, sondern nach
Paragraph bzw Artikel und Randnummer; siehe
dazu auch S VI.

## § 1684

[1] **Das Kind hat das Recht auf Umgang mit jedem Elternteil; jeder Elternteil ist zum Umgang mit dem Kind verpflichtet und berechtigt.**

[2] **Die Eltern haben alles zu unterlassen, was das Verhältnis des Kindes zum jeweils anderen Elternteil beeinträchtigt oder die Erziehung erschwert. Entsprechendes gilt, wenn sich das Kind in der Obhut einer anderen Person befindet.**

[3] **Das Familiengericht kann über den Umfang des Umgangsrechts entscheiden und seine Ausübung, auch gegenüber Dritten, näher regeln. Es kann die Beteiligten durch Anordnungen zur Erfüllung der in Absatz 2 geregelten Pflicht anhalten.**

[4] **Das Familiengericht kann das Umgangsrecht oder den Vollzug früherer Entscheidungen über das Umgangsrecht einschränken oder ausschließen, soweit dies zum Wohl des Kindes erforderlich ist. Eine Entscheidung, die das Umgangsrecht oder seinen Vollzug für längere Zeit oder auf Dauer einschränkt oder ausschließt, kann nur ergehen, wenn andernfalls das Wohl des Kindes gefährdet wäre. Das Familiengericht kann insbesondere anordnen, daß der Umgang nur stattfinden darf, wenn ein mitwirkungsbereiter Dritter anwesend ist. Dritter kann auch ein Träger der Jugendhilfe oder ein Verein sein; dieser bestimmt dann jeweils, welche Einzelperson die Aufgabe wahrnimmt.**

**Materialien: neuer Inhalt idF des KindRG:** BT-Drucks 13/4899 v 13.6.1996, 105 f; BT-Drucks 13/8511 v 12.9.1997, 67; KindRG v 16.12.1997.

Zu früheren Fassungen vgl STAUDINGER/BGB-Synopse 1896–2000 § 1684.

**Schrifttum:**

**1. Vom NEhelG zum KindRG**

(zu älterem Schrifttum siehe STAUDINGER/PE-SCHEL-GUTZEIT¹² Schrifttum zu § 1634 aF)

ANDRIESSENS, Zum sogenannten Verkehrs-„recht", UJ 1978, 344

ARNDT/OBERLOSKAMP, Gutachterliche Stellungnahmen in der sozialen Arbeit – Eine Anleitung mit Beispielen für die Vormundschafts- und Familiengerichtshilfe (1981)

ARNTZEN, Zur Umgangsregelung für Kinder bei strittigem Scheidungsverlauf der Eltern – Eine Untersuchung des Bochumer Instituts für Gerichtspsychiatrie, NJW 1988, 1508

ders, Elterliche Sorge und persönlicher Umgang mit Kindern aus gerichtspsychologischer Sicht – Ein Grundriß der forensischen Familienpsychologie (2. Aufl 1994)

BAER, Stellungnahme zum Entwurf eines Ge-

setzes zur Neuregelung des Rechts der elterlichen Sorge, ZfJ 1977, 516

dies, Erweiterung des Besuchsrechts des nichtehelichen Vaters?, DAVorm 1988, 861

BALLOFF/WALTER, Der psychologische Sachverständige in Familiensachen, FuR 1991, 334

BASSENGE, Der Vergleich im Verfahren der freiwilligen Gerichtsbarkeit, Rpfleger 1972, 237

BAUMGÄRTEL, Anm zu BGHZ 72, 169; JZ 1979, 274

BECKER, Wird der Wille des Kindes berücksichtigt?, Jugendwohl 1972, 400

ders, Elterliches Verkehrsrecht und Kindesrecht, ZfJ 1972, 124

ders, Kontakte der Kinder – Rechtliche Probleme um das Verkehrs- und Umgangsrecht, RdJ 1975, 344 = Der Kinderarzt 1978, 385

ders, Die Eigen-Entscheidung des jungen Men-

Thomas Rauscher

schen – Gedanken zur Emanzipation im Kindesrecht, in: FS Bosch (1976) 37

ders, Das zweigeteilte Kind, Jugendwohl 1977, 444

BEITZKE, Mündigkeit und Minderjährigenschutz, AcP 172 (1972) 240

ders, Reform des elterlichen Sorgerechts, ZfJ 1973, 121

ders, Sorgerechtsregelung für Doppelstaatler, IPRax 1984, 313

ders, Reform der Ehelichkeitsanfechtung? Variationen über ein altes Thema, in: FS Müller-Freienfels (1986) 31

BELCHAUS, Elterliches Sorgerecht. Kommentar zum Gesetz zur Neuregelung des Rechts der elterlichen Sorge (1980)

BERES, Das Kindeswohl in der familiengerichtlichen Praxis, ZfJ 1982, 1

ders, Gemeinsames Sorgerecht nach Scheidung. Überlegungen zur Entscheidung des BVerfG vom 3. 11. 1982, DAVorm 1983, 16

BERGERFURTH, Der Ehescheidungsprozeß (9. Aufl 1994)

BERK, Der psychologische Sachverständige in Familienrechtssachen (1985)

BÖHM, Rechtliche Probleme der Anordnung, Erstellung und Verwertung von Sachverständigengutachten im Rahmen familiengerichtlicher Entscheidungen in Sorgerechtssachen, DAVorm 1985, 731

BOSCH, Aktuelle Probleme des Familien- und Erbrechts, FamRZ 1970, 497

ders, Volljährigkeit – Ehemündigkeit – Elterliche Sorge, Kritische Gedanken zu mehreren Gesetzesentwürfen, FamRZ 1973, 489

BÖTTCHER, Begriff der Familiensachen, Rpfleger 1981, 3

BOXDORFER, Probleme der Regelung elterlicher Gewalt bei Streitfragen in Sorgerechtsfällen und nach der Ehescheidung, RdJ 1974, 260

BRÜGGEMANN, Familiengerichtsbarkeit – Verfahren in Ehesachen im allgemeinen – Verfahren in anderen Familiensachen, FamRZ 1977, 1

COESTER, Gemeinsames Sorgerecht nach Scheidung? – Verfassungsrechtliche Überlegungen und internationale Erfahrungen, EuGRZ 1982, 256

ders, Das Kindeswohl als Rechtsbegriff – Die richterliche Entscheidung über die elterliche

Sorge beim Zerfall der Familiengemeinschaft (1983)

DEISENHOFER, Verkehrsrecht – Zum elterlichen Verkehrsrecht, wenn einem Elternteil das Aufenthaltsbestimmungsrecht entzogen ist – Anm zu AG Ingolstadt, UJ 1974, 456

ders, Überlegungen zu § 1634 BGB, FamRZ 1969, 365

DELLIAN, Zur „Verkehrsregelung" nach § 1705 nF BGB, JR 1970, 417

DICKMEIS, Die Umgangsbefugnis im Spiegel elterlicher Verantwortung – Versuch einer interdisziplinären Betrachtung, ZfJ 1982, 271

ders, Die kinderpsychologische Begutachtung im familiengerichtlichen Verfahren – Chancen und Nutzen einer interdisziplinären Verständigung, NJW 1983, 2053

ders, Der Jugendamtsbericht als Entscheidungshilfe des Gerichts, ZfJ 1983, 164

ders, Familiengerichtsbarkeit versus Familientherapie?, ZfJ 1995, 55

DIECKMANN, Betrachtungen zum Recht der elterlichen Sorge – vornehmlich für Kinder aus gescheiterter Ehe, AcP 178 (1978) 298

DIEDERICHSEN, Zur Reform des Eltern-Kind-Verhältnisses, FamRZ 1978, 461

ders, Die Neuregelung des Rechts der elterlichen Sorge, NJW 1980, 1

ders, Änderungen des Verfahrensrechts nach dem Unterhaltsrechtsänderungsgesetz, NJW 1986, 1462

DITZEN, Gedanken zur gemeinsamen elterlichen Sorge nach Scheidung, FamRZ 1987, 239

DIV-Gutachten, Umfang der Pflichten des Jugendamtes bei der Anhörung nach § 48 a JWG, ZfJ 1984, 570

DÖRNER, Zur Anerkennung und Vollstreckung ausländischer Umgangsregelungen, IPRax 1987, 155

DÖRR, Elterliche Sorge, Umgangsbefugnis und Kindesherausgabe in der Entwicklung seit dem 1. EheRG, NJW 1989, 690

DUNZ, Anm zu BGHZ 42, 364, NJW 1965, 862

DÜRR, Verkehrsregelung gemäß § 1634 BGB, (2. Aufl 1978)

ELL, Regelung des Verkehrsrechtes – Gutachten über die Regelung des Verkehrs eines nicht-sorgeberechtigten geschiedenen Vaters mit sei-

nen zwei minderjährigen Kindern, Jugendwohl
1976, 193
ders, Trennung, Scheidung und die Kinder?
(1979)
ders, Besuch vom eigenen Kind – Die Regelung
des persönlichen Umgangs mit den Kindern
nach Trennung und Scheidung (1980)
ders, Anmerkungen aus psychologischer Sicht
zur Regelung der Personensorge, ZfJ 1980, 319
ders, Psychologische Kriterien zur Umgangsregelung, DAVorm 1986, 745
ders, Väter – Väter – Väter, ZfJ 1988, 436
ders, Psychologische Kriterien bei der Sorgerechtsregelung und die Diagnostik der emotionalen Beziehungen (1990)
ENGLER/SCHWAB, Beiträge zur Familienrechtsreform (1974)
Evangelische Akademie Bad Boll (Hrsg), Der
Anwalt des Kindes als Konsequenz heutigen
Verständnisses von Kindeswohl – Denkanstöße
zu einer Neuorientierung (1983)
Evangelische Akademie Hofgeismar (Hrsg),
Das Recht der Scheidungswaisen (1978)
EVANS/VON KRBEK, Das „natürliche" Elternrecht – Störfaktor oder Hilfsmittel für eine fa-
miliengerechte Rechtsfindung und Rechtspolitik?, ZfJ 1976, 45
FAHRENHOLT, Sorge- und Umgangsrecht nach
der Ehescheidung und die Europäische Kon-
vention zum Schutze der Menschenrechte und
Grundfreiheiten, FamRZ 1988, 238
FEHMEL, Die Anhörung des Kindes im Sorge-
rechtsverfahren, DAVorm 1981, 169
ders, Nochmals: Kindesanhörung im Sorge-
rechtsverfahren, ZfJ 1982, 654
ders, Kindschaftsrecht und Gleichberechtigung –
Zu einem Gutachten von Gisela Zenz und
Ludwig Salgo, FamRZ 1983, 971
ders, Zur Bewertung des Kindeswillens bei
Entscheidungen nach § 1671 BGB (zu KG
FamRZ 1978, 829), FamRZ 1986, 531
FEHNEMANN, Zur näheren Bestimmung des
grundgesetzlichen Elternrechts, DÖV 1982, 353
FINGER, Gemeinsame elterliche Sorge nach der
Ehescheidung – Eine Umfrage bei hessischen
Familienrichtern, DRiZ 1985, 91
FREUND, Die Anhörungspflicht gemäß § 50 b
FGG – Nützliche Pflicht oder „des Guten zu-
viel"?, DRiZ 1982, 268

FROMMANN, Die Wahrnehmung der Interessen
Minderjähriger im vormundschafts- bzw familiengerichtlichen Erkenntnisverfahren der freiwilligen Gerichtsbarkeit (Diss Frankfurt/M
1977)
FTHENAKIS, Der Anwalt des Kindes, in: Evangelische Akademie Bad Boll (Hrsg)
ders, Gemeinsame elterliche Sorge nach der
Scheidung, in: REMSCHMIDT (Hrsg) 36
ders, Der Vater als sorge- und umgangsberechtigter Elternteil, in: REMSCHMIDT (Hrsg) 55
ders, Väter – Zur Psychologie der Vater-Kind-
Beziehung (Band 1), Zur Vater-Kind-Beziehung
in verschiedenen Familienstrukturen (Band 2)
(1985)
GAIER, Das „betreute Besuchsrecht", FamRZ
1990, 1330
GEPPERT, Zur strafbaren Kindesentziehung
(§ 235 StGB) beim „Kampf um das Kind".
Überlegungen de lege lata und de lege ferenda,
in: FS Hilde Kaufmann (1986) 759
GERBER (Hrsg), Kindeswohl contra Elternwillen? – Aspekte eines neuen Familienrechts
(1975)
GERNERT, Zur Rolle des Vaters in sozialwis-
senschaftlicher Sicht, UJ 1978, 401
GERNHUBER, Kindeswohl und Elternwille,
FamRZ 1973, 229
GERSTEIN, Zum Vorentwurf eines Europäischen
Übereinkommens über den Umgang mit Kin-
dern, KindPrax 2000, 120
GIESEN, Das Wohl des Kindes im Falle eines
Elternkonfliktes zwischen Sorge- und Ver-
kehrsberechtigtem, NJW 1972, 225 = RdJ 1972,
166
ders, Familienrechtsreform zum Wohl des Kin-
des?, FamRZ 1977, 594
GIESSLER, Vorläufiger Rechtsschutz in Ehe-,
Familien- und Kindschaftssachen (1987)
GOLDSTEIN/FREUD/SOLNIT, Jenseits des Kin-
deswohls (1974)
dies, Diesseits des Kindeswohls (1982)
GÖPPINGER, Elterliche Gewalt über nichteheliche Kinder, FamRZ 1970, 57
HAHNZOG, Inhaber des Elternrechts aus Art 6 II
GG, FamRZ 1971, 334
HARBAUER, Kindeswohl contra Elternwillen –
aus der Sicht eines Kinder- und Jugendpsychia-
ters, in: GERBER (Hrsg) 42

HASSENSTEIN, Faktische Elternschaft: Ein neuer Begriff der Familiendynamik und seine Bedeutung, Familiendynamik 1977, 104

ders, Was Kindern zusteht (1978)

HEINTZMANN, Zur Rechtskraft des Scheidungsausspruchs, FamRZ 1980, 112

HINZ, Elternverantwortung und Kindeswohl – Neue Chancen zu ihrer Verwirklichung für die Rechtsprechung? – Zur Diskussion um die gemeinsame elterliche Sorge nach der Ehescheidung, ZfJ 1984, 529

HOLTGRAVE, Das neue Recht der elterlichen Sorge, JZ 1979, 669

HOLZHAUER, Verwandtschaftliche Elternstellung, verfassungsmäßiges Elternrecht und elterliche Sorge, FamRZ 1982, 109

JAYME, Zur „internationalen Verbundszuständigkeit" deutscher Gerichte für die Regelung des Sorgerechts nach der Scheidung, FamRZ 1979, 21

ders, Die Entwicklung des europäischen Familienrechts, FamRZ 1981, 221

ders, Gesetzliches Sorgerecht und Haager Minderjährigenschutzabkommen (Anm zu BGH FamRZ 1984, 686), IPRax 1985, 23

JAYME/REITZ, Elternstreit und internationales Paßrecht bei deutsch-syrischer Ehe, ZfJ 1974, 59

JOPT, Nacheheliche Elternschaft und Kindeswohl – Plädoyer für das gemeinsame Sorgerecht als anzustrebenden Regelfall, FamRZ 1987, 875

ders, Staatliches Wächteramt und Kindeswohl – Zum unseligen Verhältnis zwischen Sorgerecht und Umgangsrecht, ZfJ 1990, 285

Juristinnenbund (Hrsg), Neues elterliches Sorgerecht – Alternativentwurf eines Gesetzes zur Neuregelung des Rechts der elterlichen Sorge (1977)

KALTENBORN, Die personalen Beziehungen des Scheidungskindes als sorgerechtsrelevantes Entscheidungskriterium, FamRZ 1987, 990

KLAR, Was geschieht nach der Scheidung? – Nachbetreuung von Scheidungskindern und deren Eltern, in: REMSCHMIDT (Hrsg) 92

KLAUSER, Aus der Rechtsprechung in Familiensachen – Zuständigkeit der Gerichte in Familiensachen, MDR 1979, 627

KLUSSMANN, Das Kind im Rechtsstreit der Erwachsenen (1981)

KNÖPFEL, Zur Neuordnung des elterlichen Sorgerechts, FamRZ 1977, 600

ders, Faktische Elternschaft, Bedeutung und Grenzen, FamRZ 1983, 317

ders, Zum gemeinsamen Sorgerecht der Eltern nach Scheidung, NJW 1983, 905

ders, Elternrecht, Kindesrecht und Zwang gegen Jugendliche (Anm zu BayObLG FamRZ 1985, 737), FamRZ 1985, 1211

ders, Zur Neuregelung des elterlichen Umgangsrechts, FamRZ 1989, 1017

KOECHEL/HEIDER, Das Wohl des Kindes in der familiengerichtlichen Sorgerechtspraxis – eine inhaltsanalytische Studie über sorge- und umgangsrechtliche Beschlüsse, ZfJ 1989, 76

KROPHOLLER, Gemeinsame elterliche Sorge nach der Scheidung im deutschen und ausländischen Recht, JR 1984, 89

ders, Das Kindeswohl als Rechtsbegriff, JZ 1984, 164

ders, Übereinstimmender Elternvorschlag und Sorgerecht, NJW 1984, 271

ders, Kritische Bestandsaufnahme im Nichtehelichenrecht, AcP 185 (1985) 244

KROPP, Herausgabe eines Kindes, DRiZ 1979, 84, 118

KÜHN, Psychiatrische und psychologische Gesichtspunkte bei der inhaltlichen Ausgestaltung des Umgangsrechts, DAVorm 1984, 582

KÜHN/TOURNEAU, Familienrechtsreform – Chancen einer besseren Wirklichkeit (1978)

KUMME, Störungen des Vater/Kindverhältnisses durch die Mutter des nichtehelichen Kindes, ZfJ 1976, 242

KUNZ, Zur verfahrensrechtlichen Stellung des Minderjährigen in Familiensachen der freiwilligen Gerichtsbarkeit, ZfJ 1980, 630

ders, Zur Rechtsstellung des Kindes, ZfJ 1986, 187

LANGE, Das Elternrecht und das Wohl des fremdversorgten Kindes, RdJ 1971, 267, 361

ders, Das neue Nichtehelichenrecht, NJW 1970, 297

LEMPP, Die Rechtsstellung des Kindes aus geschiedener Ehe – Aus kinder- und jugendpsychiatrischer Sicht, NJW 1972, 315 (auch in: GERBER 104)

ders, Kindeswohl und Kindesrecht, ZfJ 1974, 124

ders, Der Entwurf eines Gesetzes zur Neurege-

lung des Rechtes der elterlichen Sorge aus kin-
der- und jugendpsychiatrischer Sicht, ZfJ 1977,
507

ders, Das Kindeswohl und das neue Schei-
dungsrecht, ZfJ 1979, 49

ders, Wer soll das Kind holen und bringen bei
der Durchführung der Befugnis zum persönlichen Umgang mit dem Kind gemäß § 1634 I
BGB?, ZfJ 1979, 517

ders, Braucht der sorgeberechtigte oder der
nichtsorgeberechtigte Elternteil einen besonderen Schutz? – Kinderpsychiatrische Gedanken
zu zwei Urteilen nach § 1634 BGB, ZfJ 1981, 283

ders, Der Anwalt des Kindes aus kinderpsychiatrischer Sicht, in: Evangelische Akademie
Bad Boll (Hrsg) 24

ders, Die Bindungen des Kindes und ihre Bedeutung für das Wohl des Kindes gemäß § 1671
BGB, FamRZ 1984, 741

ders, Das gemeinsame Sorgerecht aus kinderpsychiatrischer Sicht, ZfJ 1984, 305

ders, Wiss. Bericht über eine rechtstatsächliche
Untersuchung über die Bewährung und Handhabung des § 50 b FGG (1986)

ders, Folgeprobleme nach Scheidungsurteilen
des Familiengerichts, JbRSoz 1987, 137

LEMPP/WAGNER, Untersuchungen über den
weiteren Verlauf von Sorgerechts- und Ver-
kehrsregelungsverfahren nach der Begutachtung, FamRZ 1975, 70

LEMPP/vBRAUNBEHRENS ua, Die Anhörung des
Kindes gemäß § 50 b FGG (1987)

LEMPP/WINKELMANN, Zum „Verkehrsrecht"
inhaftierter Väter, UJ 1977, 88

LIEBL/BLITTERSDORF, Stellungnahme zu § 1634
BGB, in: Juristinnenbund (Hrsg) 129

LIMBACH, Der Anwalt des Kindes aus juristischer Sicht, in: Evangelische Akademie Bad Boll
(Hrsg) 12

dies, Gemeinsame Sorge geschiedener Eltern
(1988)

LÜDERITZ, Elterliche Sorge als privates Recht,
AcP 178 (1978) 263

ders, Die Rechtsstellung ehelicher Kinder nach
Trennung ihrer Eltern im künftigen Recht der
Bundesrepublik Deutschland, FamRZ 1975, 605

ders, Neues elterliches Sorgerecht – Gedanken
zum Alternativentwurf der Familienrechtskom-
mission des Juristinnenbundes zur Neuregelung

des Rechts der elterlichen Sorge, FamRZ 1978,
475

LUTHER, Die Rechtsstellung der Kinder aus geschiedenen Ehen im Hinblick auf die Reform
des Ehescheidungsrecht, RdJ 1972, 161

LUTHIN, Zur Neuregelung des elterlichen Sorgerechts – Anmerkungen aus der Sicht eines
Praktikers, FamRZ 1979, 986

ders, Aus der Praxis zum Sorgerechtsgesetz,
FamRZ 1981, 111

ders, Nochmals: Zu den durch das Sorgerechtsgesetz normierten Anhörungspflichten, FamRZ
1981, 1149

ders, Elterliche Sorge, Umgangsbefugnis und
Kindeswohl – Neueres aus Rechtsprechung und
Schrifttum, FamRZ 1984, 114

ders, Gemeinsame elterliche Sorge nach der
Scheidung – Bemerkungen zu Finger, DRiZ
1985, 91, FamRZ 1985, 565

ders, Gemeinsames Sorgerecht nach der Scheidung (1987)

MACKSCHEIDT, Loyalitätsproblematik bei Trennung und Scheidung, FamRZ 1993, 254

MAGNUS/DIETRICH, Gemeinsame elterliche
Sorge nach Scheidung – Eine Erhebung beim
Familiengericht Hamburg-Mitte, FamRZ 1986,
416

MANSEL, Abänderung ausländischer Sorgerechtsentscheidungen und perpetuatio fori im
FGG-Verfahren, IPRax 1987, 298

MARTINY, Sorgerecht, Umgangsrecht und Unterhalt – Die Teilung des Unteilbaren, in: FS
Ferid 80 (1988) 309

MÄRZ, Das Bundesverfassungsgericht und der
„Verfahrenspfleger" des minderjährigen Kindes
im Sorgerechtsverfahren, FamRZ 1981, 736

METZGER, Über die Auswirkungen der Ver-
pflanzung eines Kindes in eine ihm fremde
Umgebung, UJ 1971, 153

MEYER/ZELLER, Die Praxis familienrechtlicher
Entscheidungen, ZfJ 1988, 357

MORITZ, Die Finanzierung von Kindesbesuch
und Ferienaufenthalt beim nichtsorgeberechtigten Elternteil, ZfJ 1982, 768

MÜNDER, Elterliche Gewalt und Wohl des Kindes, RdJ 1977, 358

ders, Soziale Elternschaft – Erziehung außerhalb
der leiblichen Ursprungsfamilie, ZfJ 1981, 231

NEDDENRIEP/HANKE, Umgangsrecht und Kin-

deswohl – Eine Darstellung der Jugendamtstätigkeit (1987)
NEUHAUS, Kindeswohl oder Elternrecht?, FamRZ 1972, 279
ders, Gemeinsames Sorgerecht nach Scheidung?, FamRZ 1980, 1089
OELKERS, Die Rechtsprechung zum Umgangsrecht – eine Übersicht über die letzten fünf Jahre, FamRZ 1995, 1385
ders, Formelle und materiell-rechtliche Fragen des Umgangsrechts nach § 1634 BGB, FamRZ 1995, 449
ders, Die Rechtsprechung zum Sorge- und Umgangsrecht – Zweites Halbjahr 1995 bis Anfang 1997 – FamRZ 1997, 779
PESCHEL-GUTZEIT, Ausgewählte Probleme der Neuregelung der elterlichen Sorge, in: Juristinnenbund (Hrsg) 89
dies, Die Herausgabe der zum persönlichen Gebrauch eines Kindes bestimmten Sachen – Probleme des materiellen und formellen Rechts unter besonderer Berücksichtigung des Kinderausweises, MDR 1984, 890
dies, Verfahren und Rechtsmittel in Familiensachen (1988)
dies, Das Recht zum Umgang mit dem eigenen Kind (1989)
PIAGET, Die Bildung des Zeitbegriffs beim Kinde (1974)
PLATTNER, Entsprechen deutsche Sorge- und Umgangsrechtsentscheidungen dem Zeitempfinden des Kindes?, FamRZ 1993, 384
PRESTIEN, Die Arbeitsweise des Familiengerichts Bielefeld, DAVorm 1979, 806
PULS, Beteiligung von Psychologen und Psychiatern als Sachverständige in familiengerichtlichen Verfahren, ZfJ 1984, 8 (auch in: REMSCHMIDT 23)
REGEL, „Entziehen" und „Entführen" Minderjähriger: Zur Auslegung der §§ 235, 236 StGB (Diss München 1973)
REMSCHMIDT (Hrsg), Kinderpsychiatrie und Familienrecht (1984)
REUTHER, Persönlicher Umgang des nichtehelichen Vaters mit dem Kinde, ZfJ 1974, 464
RIEDEL, Das Recht der Kinder aus geschiedenen Ehen (1960)
RÖCKER, Sorgerecht und Verkehrsrecht, Pädiatrische Praxis 1975/6, 557

ROLLAND, Zum Entwurf eines Gesetzes zur Neuregelung des Rechts der elterlichen Sorge, in: GERBER (Hrsg) (1975) 50
ROTAX, Für die Schwächsten ist das Beste gerade gut genug – Zur Anhörungspflicht gem § 50 b FGG, DRiZ 1982, 466
ROTH, Die aktuelle Bedeutung des Art. 6 V GG für das Recht des nichtehelichen Kindes, FamRZ 1991, 139
RÜFFER, Rechtsprobleme bei Ehescheidung im Verbundverfahren, FamRZ 1979, 405
SALANDER, Zahlungspflicht und Auslagenhaftung bei Verfahren nach § 1671 und § 1634 II BGB, Rpfleger 1977, 122
SALGO, Soll die Zuständigkeit des Familiengerichts erweitert werden?, FamRZ 1984, 221
ders, Brauchen wir den Anwalt des Kindes?, ZfJ 1985, 259
SALZGEBER/VOGEL/PARTALE, Relevanz von Alkoholproblemen bei Sorge- und Umgangsregelungen aus psychiatrisch-psychologischer Sicht, FuR 1991, 324
SALZGEBER/HÖFLING, Der diagnostische Prozeß bei der familienpsychologischen Begutachtung. Ein Beitrag zur Datenbasis und zur Intervention des psychologischen Sachverständigen im Rahmen des Begutachtungsprozesses, ZfJ 1991, 388
SCHAU, Vorschläge zur Reform der Bestimmungen über die elterliche Gewalt, RdJ 1973, 257
SCHEUNER, Gesetzesentwurf zur Neuregelung des Rechts der elterlichen Sorge, ZfJ 1973, 197
SCHLOTHEIM, Das Kindeswohl vor dem Familiengericht, ZfJ 1974, 162
SCHLÜTER/KÖNIG, Die Konkurrenz von Familiengericht und Vormundschaftsgericht in Sorgerechtsangelegenheiten – Ein ungelöstes Problem, FamRZ 1982, 1159
SCHMIDT-RÄNTSCH, Gemeinsame Sorge geschiedener Eltern – Keine gesetzgeberischen Maßnahmen, FamRZ 1983, 17
SCHOLZ, Benachteiligung des Mannes im Ehe- und Familienrecht?, ZRP 1984, 201
SCHÖN, Katamnestische Untersuchung von Scheidungskindern nach Gutachten zur Verkehrsregelung nach § 1634 BGB (Diss Tübingen 1983)
SCHÖPS, Die personenrechtlichen Rechtsbeziehungen zwischen dem unehelichen Vater und

seinem Kinde, eine rechtsvergleichende Untersuchung mit hauptsächlicher Berücksichtigung
des Rechts der Länder Bundesrepublik
Deutschland, DDR, Frankreich, Österreich,
Schweiz, Sowjetunion sowie summarischer Berücksichtigung des Rechts der Länder Italien,
Spanien und der übrigen Ostblockstaaten (1973)
SCHREIBER, Die Abgrenzung der Zuständigkeiten von Familiengericht und Vormundschaftsgericht (Diss Regensburg 1982)
SCHÜLER, Die Kindesherausgabevollstreckung
seit dem 1. 1. 1980, DGVZ 1980, 97 = ZfJ 1981,
173
SCHÜTZ, Wohl des Kindes – Ein schwierig zu
handhabender unbestimmter Rechtsbegriff
(§§ 1634 II, III, 1666, 1671 II, 1672, 1696 II
BGB), FamRZ 1986, 947
ders, Mehr Rechte für das Kind – Fluch oder
Segen für die Erziehung?, NJW 1987, 2563
ders, Gemeinsame elterliche Sorge nach Scheidung, durch Gesetz zum Regelfall zu erhebende
Chance für Eltern und Kind oder für die Praxis
ungeeignetes Ausnahmemodell?, ZfJ 1987, 189
SCHÜTZ/JOPT, Ein Kind soll ins Heim, ZfJ 1988,
349
SCHRÖDER, Umgangsrecht und falschverstande-
nes Wohlverhaltensgebot – Auswirkungen auf
Trennungskinder und Entstehen des sog. PA-
Syndroms – FamRZ 2000, 592
SCHWAB, Gedanken zur Reform des Minder-
jährigenrechts und des Mündigkeitsalters, JZ
1970, 745
SCHWAIGER, Zum Elternpflichtrecht des nichtehelichen Vaters in der Bundesrepublik
Deutschland, Anm zum BVerfG-Beschl v
24. 3. 1981 – BVerfGE 56, 363, EuGRZ 1982, 1
SCHWENZER, „Der Anwalt des Kindes", FamRZ
1983, 974
dies, „… Vater sein dagegen sehr!", FamRZ
1985, 1202
dies, Die Rechtsstellung des nichtehelichen
Kindes, FamRZ 1992, 121
SCHWERDTNER, Kindeswohl oder Elternrecht? –
Zum Problem des Verhältnisses von Grund-
rechtsmündigkeit und Elternrecht, AcP 173
(1973) 227
ders, Das Persönlichkeitsrecht des Kindes –
Theorie oder Wirklichkeit, ZfJ 1980, 149
SEDEMUND-TREIBER, Änderungen des Verfah-

rensrechts nach dem Gesetz zur Änderung un-
terhaltsrechtlicher, verfahrensrechtlicher und
anderer Vorschriften, FamRZ 1986, 209
SIEHR, Kindesentführungen ins Ausland – Ein
deutsch-italienisches Beispiel und eine Initiative
des Europarats, DAVorm 1976, 219
ders, Kindesentführungen ohne Ende – aber: Il y
a des juges … Accra, FamRZ 1976, 255
ders, Das Haager Minderjährigenschutzabkommen und seine Anwendung in der neueren Praxis, IPRax 1982, 85
ders, Selbstjustiz durch Kindesentführung ins
Inland – Ein höchstrichterlicher Lichtblick mit
deprimierendem Nachspiel, IPRax 1984, 309
SIMITIS ua, Kindeswohl – Eine interdisziplinäre
Untersuchung über seine Verwirklichung in der
vormundschaftsgerichtlichen Praxis (1979)
SIMITIS, Personen- und personenstandsrechtli-
che Grundfragen des neuen Nichtehelichenrechts, StAZ 1970, 255
ders, Das Kindeswohl neu betrachtet, in:
GOLDSTEIN/FREUD-SOLNIT (1974) 95
ders, Kindschaftsrecht – Elemente einer Theorie
des Familienrechts, in: FS Müller/Freienfels
(1986) 579
SIMITIS/ZENZ, Seminar: Familie und Familienrecht Bd 1 u 2 (1975)
SIMON, Das neue elterliche Sorgerecht, JuS 1979,
752
ders, Neuere Entwicklungstendenzen im Kindschaftsrecht, ZfJ 1984, 14
SIMON, Das Verkehrsrecht – Ein natürliches
Elternrecht?, FamRZ 1972, 485
ders, Umgangsrecht, Adoption, Elternrecht: Zur
Reform des § 1634 BGB, ZfJ 1974, 413
ders, Das Wesen des Umgangsrechts (§ 1634
BGB) – Zugleich ein Beitrag zur Grundlage des
Eltern-Kind-Verhältnisses (Diss Freiburg 1978)
SPANGENBERG, Besteht in Familiensachen für
eine Klage im ordentlichen Verfahren ein
Rechtsschutzbedürfnis, wenn eine einstweilige
Anordnung zulässig ist?, DAVorm 1981, 705
ders, Umgang, BGH und Grundgesetz, FamRZ
1996, 1058
SPANGENBERG/SPANGENBERG, Umgang mit dem
„Nein" – Vermittlung des Umganges gegen den
ausgesprochenen Willen des sorgeberechtigten
Elternteiles, ZfJ 1994, 458
STEFFEN, Lebensqualität und Persönlichkeits-

entwicklung nach Ehescheidung, Sorgerechts-
und Verkehrsregelung, ZfJ 1979, 129
STENDER, Zur derzeitigen Praxis des sogenann-
ten Umgangsrechts, in: REMSCHMIDT (Hrsg) 97
STERNBECK/DÄTHER, Das familienpsychologi-
sche Gutachten im Sorgerechtsverfahren,
FamRZ 1986, 21
STÖCKER, Beschränkte Mündigkeit Heranwach-
sender – Ein Verfassungspostulat, ZRP 1974, 211
STRÄTZ, Elterliche Personensorge und Kindes-
wohl, vornehmlich in der zerbrochenen Familie,
FamRZ 1975, 541
THALMANN, Die Organisation des familienrich-
terlichen Dezernats, FamRZ 1983, 548
TIEDEMANN, Aids – Familienrechtliche Proble-
me, NJW 1988, 729
UFFELMANN, Das Wohl des Kindes als Ent-
scheidungskriterium im Sorgerechtsverfahren
(Diss Freiburg 1978)
ULLMANN, Kindeswohlbeurteilung in Sorge-
und Umgangsrechtsverfahren aus medizin-
rechtlicher Sicht, FamRZ 1987, 1106
VOLLERTSEN, Die Besuchsregelung nach § 1634
BGB, ZfJ 1977, 230
WALTER, Das neue Verfahrensrecht in Ehe- und
anderen Familiensachen, FamRZ 1979, 259, 663
ders, Neuer Prozeß in Familiensachen (1985)
WEBER, Die Anwesenheit des neuen Ehegatten
oder „Lebensgefährten" eines Elternteils bei
Ausübung des Besuchsrechts nach § 1634 BGB,
FamRZ 1973, 285
WEBER, Gemeinsame elterliche Gewalt über das
Kind nach der Scheidung?, FamRZ 1975, 401
WEBLER, Uneheliche Kinder in der Obhut ihrer
Väter, Ergebnisse einer Umfrage, ZfJ 1969, 177
WEGENER, Zur Zusammenarbeit des psycholo-
gischen Sachverständigen mit dem Familien-
richter, ZfJ 1982, 493
WENDL-KEMPMANN/WENDL, Partnerkrisen und
Scheidung (1986)
WESTERMANN/ADELHOLD, Das Anwesenheits-
recht der Eltern bei der Anhörung eines Kindes
gemäß § 1695 II BGB, FamRZ 1978, 863
ZENZ, Zur Reform der elterlichen Gewalt, AcP
173 (1973) 527
dies, Elterliche Sorge und Kindesrecht – Zur
beabsichtigten Neuregelung, StAZ 1973, 257
dies, Kindeswohl und Elternrechte nach der
Scheidung, in: SIMITIS/ZENZ (1975), 166

dies, Das Kindeswohl in der richterlichen Entscheidung über Sorgerecht und Besuchsrecht, in:
Evangelische Akademie Hofgeismar (Hrsg)
dies, Kindeswohl und Selbstbestimmung, in:
KÜHN/TOURNEAU (1978) 169
dies, Kindesmißhandlungen und Kindesrecht –
Erfahrungswissen, Normstruktur und Entschei-
dungsrationalität (1979)
Zur Sache, Elterliches Sorgerecht – Sachver-
ständigenanhörung vor Ausschüssen des Deutschen Bundestag am 12. 9. 1977, Zur Sache 1978,
Heft 1.

**2. Neueres Schrifttum im Umfeld der Reform
des Kindschaftsrechts 1998**

Arbeitsgemeinschaft für Jugendhilfe, Zum Referentenentwurf des Bundesministeriums der
Justiz zum Kindschaftsrecht – Juli 1995, ZfJ
1996, 94
BATTES/FLIMM, Entwicklungstendenzen des Familienrechts im Ausland – zu einem Jahresbe-
richt, FuR 1994, 152
BATTES/KORENKE, Entwicklungstendenzen des
Familienrechts im Ausland – zu einem Jahres-
bericht, FuR 1995, 189
dies, Entwicklungstendenzen des Familienrechts
im Ausland – zu einem Jahresbericht, FuR 1996,
196
BÄUMEL/BIENWALD/HÄUSSERMANN/HOFF-
MANN/MAURER/MEYER-STOLTE/ROGNER/SON-
NENFELD/WAX, Familienrechtsreformkommen-
tar (1998; zit FamRefK/Bearbeiter)
V BRACKEN, 10 Thesen zu der Position und den
Aufgaben der Verfahrenspflegschaft nach § 50
FGG, KindPrax 1999, 183
BRÖTEL, § 1711 BGB – Nachbetrachtungen zu
einem kindschaftsrechtlichen Fossil, ZfJ 1998,
141
BÜTTNER, Änderungen im Familienverfahrens-
recht durch das Kindschaftsrechtsreformgesetz,
FamRZ 1998, 585
ders, Kindschaftsrechtsreform in England – Ein
Vergleich mit den deutschen Reformplänen –
FamRZ 1997, 464
COESTER, Reform des Kindschaftsrechts, JZ
1992, 809
Deutscher Familiengerichtstag eV – Sorge-

rechtskommission, Thesen zur Reform des Kindschaftsrechts, FamRZ 1993, 384

Deutscher Familiengerichtstag eV, Stellungnahme zu dem Entwurf eines Gesetzes zur Reform des Kindschaftsrechts, FamRZ 1997, 337

Deutscher Juristentag eV, Beschlüsse des 59. Deutschen Juristentages Hannover 1992, FamRZ 1992, 1275

Deutscher Juristinnenbund, Ergebnisse des Seminars des Deutschen Juristinnenbundes zu Gesetzentwürfen im Familienrecht, FamRZ 1996, 597

Deutscher Juristinnenbund, Thesen des Deutschen Juristinnenbundes zur Neuregelung des Kindschaftsrechts, FamRZ 1992, 912

DICKMEIS, Das neue Kindschaftsrecht und seine Bedeutung für die sozialen Dienste, ZfJ 1998, 193

EBERT, Zur Konfiguration (Konfrontation?) von innerstaatlichem Recht und Völkerrecht in der aktuellen deutschen Familienrechtslage, FamRZ 1994, 273

Familienrechtsausschuß des Deutschen Anwaltsvereins eV, Stellungnahme zum Entwurf eines Gesetzes zur Reform des Kindschaftsrechts vom 28. 2. 1996, FamRZ 1996, 1401

FINGER, Zum Entwurf eines Gesetzes zur Erweiterung des Umgangsrechts nichtehelicher Väter, JZ 1989, 231

ders, Zur gemeinsamen elterlichen Sorge nach der Ehescheidung – eine nochmalige Umfrage bei den hessischen Familiengerichten, ZfJ 1996, 364

ders, UN-Konvention über die Rechte des Kindes vom 20. 11. 1989 und deutsche Kindschaftsrechtsreform, ZfJ 1999, 451

FINKE/GARBE, Familienrecht in der anwaltlichen Praxis (1999)

FRICKE, Anhörung von Kindern im Familiengericht, KindPrax 1999, 191

GARDNER, The Parental Alienation Syndrome 2d ed (1998)

ders, Recommendations for Dealing with Parents who induce a Parental Alienation Syndrome in their Children (1997)

ders, Statement v 9. 9. 1998, DAVorm 1998, 862

GERTH, Das Leben ist komplizierter, KindPrax 1998, 171

HAHNE, Überlegungen zur Verbesserung der

Rechtsstellung des nichtehelichen Kindes, FamRZ 1990, 928

HEILMANN, Kindliches Zeitempfinden und Verfahrensrecht (1998)

HÜNNEKENS, Die Folgen des Kindschaftsrechtsreformgesetzes (KindRG) auf die Kostenabwicklung in Familiensachen (a.F.), Rpfleger 1998, 278

JOHANNSEN/HENRICH, Eherecht (3. Aufl 1998; zit: JOHANNSEN/HENRICH/BEARBEITER)

JOPT, Anmerkungen zum Referentenentwurf zur Reform des Kindschaftsrechts aus psychologischer Sicht, ZfJ 1996, 203

Jugendamt Siegburg, Begleiteter Umgang – Konzeptionelle Grundlagen und Verfahrensregelungen, KindPrax 1999, 125

KLENNER, Rituale der Umgangsvereitelung bei getrenntlebenden oder geschiedenen Eltern, FamRZ 1995, 1529

KLÜSENER, Das neue Kindschaftsrecht und der Rechtspfleger des Großen Familiengerichts, Rpfleger 1998, 221

KNITTEL, Reform des Kindschaftsrechts vor dem Ziel, ZfJ 1997, 355

KODJOE, Ein Fall von PAS, KindPrax 1998, 172

KODJOE/KOEPPEL, Früherkennung von PAS – Möglichkeiten psychologischer und rechtlicher Interventionen, KindPrax 1998, 138

KOEPPEL, Bildersturm im Kinderzimmer, ZfJ 1999, 137

KOHLER, Kindschaftsrechtsreform im Blickwinkel der Kinder, ZfJ 1999, 128

KÜNKEL, Neue Zuständigkeiten des Familiengerichts ab 1. 7. 1998, FamRZ 1998, 877

LEHMKUHL/LEHMKUHL, Wie ernst nehmen wir den Kindeswillen?, KindPrax 1999, 159

LEITNER/SCHOELER, Maßnahmen und Empfehlungen für das Umgangsverfahren im Blickfeld einer Differentialdiagnose bei Parental Alienation Syndrome (PAS) unterschiedlicher Ausprägung in Anlehnung an *Gardner*, DAVorm 1998, 850

LIMBROCK, Das Umgangsrecht im Rahmen des Haager Kindesentführungsübereinkommens und des Europäischen Sorgerechtsübereinkommens, FamRZ 1999, 1631

LINSLER, Brauchen wir einen Anwalt des Kindes?, ZfJ 1997, 215

LIPP, Die elterliche Sorge für das nichteheliche

Kind nach dem Kindschaftsrechtsreformgesetz (KindRG), FamRZ 1998, 65 (auch in: Schwab [Hrsg], Das neue Familienrecht [1998] 151)

Lossen, Kindeswohl und Verbundverfahren im Kindschaftsrechtsreformgesetz (KindRG), FuR 1997, 100

v Maltzahn, Sorgerechtsreform zum Wohle des Kindes, ZfJ 1995, 108

Mühlens, Einführung in das neue Kindschaftsrecht, KindPrax 1998, 3

Nave-Herz, Kinder mit nicht-sorgeberechtigten Vätern – Zusammenfassung soziologischer und sozialpsychologischer Forschungsergebnisse, FuR 1995, 102

Normann-Kossak/Mayer, Das Projekt „Begleiteter Umgang" im Familien-Notruf München – ein wertender Erfahrungsbericht, KindPrax 1999, 74

Oelkers, Das neue Sorge- und Umgangsrecht – Grundzüge und erste Erfahrungen, ZfJ 1999, 263

Ofuatey-Kodjoe, Zum Wohle des Kindes: Je jünger, desto weniger Kontakt?, ZfJ 1997, 233

Ofuatey-Kodjoe/Koeppel, The Parental Alienation Syndrome (PAS), DAVorm 1998, 9

Peters/Schimke, Die Verfahrenspflegschaft nach § 50 FGG – erste Erfahrungen und Konsequenzen, KindPrax 1999, 143

Rauscher, Das Umgangsrecht im Kindschaftsrechtsreformgesetz, FamRZ 1998, 329 (auch in: Schwab [Hrsg], Das neue Familienrecht [1998] 233)

Rexilius, Kindeswohl und PAS, KindPrax 1999, 149

ders, Psychologie im Familienrecht – Überlegungen aus psychologischer Sicht, KindPrax 2000, 3

Richter/Kreuznacht, Der „beschützte" Umgang, ZfJ 1999, 45

Rieck, Sorgerecht und Umgang in den EU-Staaten, StAZ 1995, 358

Rummel, Die Freiheit, die Reform des Kindschaftsrechts und das „ganz normale Chaos der Liebe", ZfJ 1997, 202

Salzgeber, Gedanken eines psychologischen Sachverständigen zur Kindschaftsrechtsreform, KindPrax 1998, 43

ders, Gedanken eines psychologischen Sachverständigen zum begleiteten Umgang des Kindes mit einem Elternteil, FamRZ 1999, 975

Salzgeber/Stadler/Schmidt/Partale, Umgangsprobleme – Ursachen des Kontaktabbruchs durch das Kind jenseits des Parental Alienation Syndrome, KindPrax 1999, 107

Salzgeber/Vogel/Partale/Schrader, Zur Frage der Erziehungsfähigkeit aus medizinisch-psychologischer Sicht bei gerichtlichen Fragen zu Sorge- und Umgangsregelungen, FamRZ 1995, 1311

Schlüter, Elterliche Sorge und Umgangsrecht bei nichtehelicher Elternschaft – eine ungelöste Aufgabe für den Gesetzgeber, FuR 1994, 341

Schwab, Zum Entwurf eines Gesetzes über die rechtliche Möglichkeit des Umgangs zwischen Vater und nichtehelichem Kind -Nichtehelichen-Umgangsgesetz, FamRZ 1990, 932

Schwenzer, Empfiehlt es sich das Kindschaftsrecht neu zu regeln? Gutachten A für den 59. Deutschen Juristentag (1992)

Seibert, Verfassung und Kindschaftsrecht, FamRZ 1995, 1457

Wagenitz, Die Änderung der Familie als Aufgabe für den Gesetzgeber, FamRZ 1996, 577

Walter E, Einschränkung und Ausschluß des Umgangs nach § 1634 II S. 2 BGB, ZfJ 1996, 270

Walter U, Das Kindschaftsrechtsreformgesetz, FamRZ 1995, 1538

Weisbrodt, Wie kann der Familienrichter das Verfahren gestalten, um mit Umgangskonflikten umgehen zu können?, KindPrax 2000, 9

Weychardt, Die familiengerichtliche Regelung der elterlichen Verantwortung. Eine Handreichung für den Praktiker, ZfJ 1999, 268

Wichmann, Die Reform des Kindschaftsrechts in der Diskussion, FuR 1996, 161

Wiesner, Die Reform des Kindschaftsrechts – Auswirkungen für die Praxis der Kinder- und Jugendhilfe, ZfJ 1998, 269

ders, Konsequenzen der Reform des Kindschaftsrechts für die Jugendhilfe, ZfJ 1997, 29

Willutzki, Kindschaftsrechtsreform, Versuch einer wertenden Betrachtung, KindPrax 1998, 8, 37.

## Alphabetische Übersicht

## I. Normgeschichte, Entwicklung der Normziele

## 1. Rechtslage bis zum Inkrafttreten des KindRG

**a)** Bis zum 1.7.1998 bestanden unterschiedliche Regeln über das Umgangsrecht **1** mit **ehelichen Kindern** (§ 1634 aF) und mit **nichtehelichen Kindern** (§ 1711 aF). Ein Umgangsrecht nach § 1634 aF behielt der Elternteil, dem die Personensorge nicht zustand. Dies konnte sich insbesondere ergeben aus einer Sorgerechtsregelung gemäß §§ 1671, 1672 aF aus Anlaß der Scheidung oder Trennung der Eltern. Auch auf die Mutter des nichtehelichen Kindes war § 1634 aF anzuwenden, da deren Rechtsverhältnis zu dem Kind vorbehaltlich der Einschränkungen der §§ 1706 ff aF dem der ehelichen Eltern zum Kind entsprach. Es galt ein dem geltenden Abs 2 vergleichbares *Wohlverhaltensgebot* (§ 1634 Abs 1 S 2 aF) sowie eine Befugnis des *Familien-*

*gerichts*, den Umfang und die Ausübung des Umgangs näher zu regeln (§ 1634 Abs 2 aF) und das Umgangsrecht einzuschränken oder auszuschließen, wenn dies zum Wohl des Kindes *erforderlich* war (§ 1634 Abs 2 S 2 aF).

**2 b)** Über den Umgang des **nichtehelichen Kindes** mit seinem Vater bestimmte dagegen der Personensorgeberechtigte, regelmäßig also die Mutter (§ 1705 aF). Eine Möglichkeit zur gerichtlichen Regelung – durch das *Vormundschaftsgericht* – bestand zwar nach Maßgabe des § 1634 Abs 2 aF, setzte aber voraus, daß der Umgang mit dem Vater dem Wohl des Kindes *diente*. Aus der gegenüber § 1634 Abs 2 S 2 aF (dort Umgangs*beschränkung*, wenn zum Wohl des Kindes „*erforderlich*") unterschiedlichen Wortwahl, die ein entgegengesetztes Regel-Ausnahme-Verhältnis ausdrückte, wurde ursprünglich eine höhere Prüfungsintensität gefolgert, die in der Praxis das Umgangsrecht des nichtehelichen Vaters schwerer durchsetzbar machte als das Umgangsrecht des nicht sorgeberechtigten geschiedenen Elternteils. Insbesondere nachhaltige Ablehnung des Umgangs durch die Mutter führte verbreitet zu dem Argument, die dadurch entstehende Spannung bei Durchsetzung eines Umgangsrechts sei dem Kindeswohl abträglich, und damit zu einer den Umgang ablehnenden „Kapitulationsentscheidung" (so Ebert FamRZ 1994, 273, 277; vgl LG Berlin FamRZ 1990, 1146; LG Essen FamRZ 1994, 399; LG Paderborn DAVorm 1984, 1030; LG Hildesheim DAVorm 1983, 520; de lege ferenda im Schrifttum nur noch vereinzelt vertreten, vgl aber Hahne FamRZ 1990, 928, 930; ähnlich Schwab FamRZ 1990, 932, 933 mit der ebenso klassischen wie verfehlten Ausgangsfrage, ob es der Mutter zuzumuten sei, den Vater zu „ertragen"). In jüngerer Zeit setzte sich jedoch in der Rechtsprechung eine den Unterschied zwischen § 1634 aF und § 1711 aF entschärfende (Schwenzer FamRZ 1992, 121, 126) Tendenz durch, die den Umgang des Vaters mit dem Kind als dem Kindeswohl grundsätzlich nützlich ansah, sofern der Vater den Umgang aus echter Zuneigung für das Kind anstrebte (LG Aachen FamRZ 1990, 202; LG Bonn ZfJ 1991, 83; LG Lüneburg FamRZ 1991, 111; LG Köln DAVorm 1990, 704; LG Arnsberg FamRZ 1990, 908; AG München ZfJ 1994, 291; teils jedoch noch mit der zusätzlichen Anforderung, daß nach einem längeren Zusammenleben eine Vater-Kind-Beziehung bereits bestand: LG Duisburg FamRZ 1991, 1099).

Die Bestimmung war im Jahr 1981 durch das BVerfG (BVerfGE 56, 363) als verfassungsgemäß angesehen worden. In jüngerer Zeit vor Inkrafttreten des KindRG waren jedoch aufgrund verstärkter Bedenken und eines im Wandel befindlichen Grundrechtsverständnisses durchaus nicht aussichtslose Verfassungsbeschwerden gegen diese Norm anhängig (Seibert FamRZ 1995, 1457, 1461; vgl auch BVerfG FamRZ 1997, 605, 606 [Eilverfahren]: Zweifel an der Verfassungsmäßigkeit von § 1705).

**3 c)** Beide Bestimmungen beruhten gegenüber **vormaligem Recht** auf einem vielstufigen Fortschritt in der Umsetzung der Erkenntnis, daß der Umgang mit den Eltern eine am **Kindeswohl** auszurichtende Frage ist.

**aa)** Die ursprüngliche Regelung des Umgangs mit einem gemeinsamen Kind nach **Scheidung der Ehe** in *§ 1636 der Urfassung* war geprägt von dem im Sanktionssystem der Verschuldensscheidung bestehenden sorgerechtlichen Automatismus, der die elterliche Sorge dem nicht schuldigen Ehegatten zuwies (§ 1635 Urfassung); dem anderen Ehegatten blieb die Befugnis, mit dem Kind persönlich zu verkehren. § 82 EheG (v 6.7.1938, RGBl I 807, ebenso § 75 EheG 1946) griff dieses Recht zum persönlichen Verkehr auf, hatte aber erstmals von einer gerichtlichen Sorgerechtsregelung (§ 81 EheG 1938) auszugehen und schuf eine gerichtliche Ausschlußmöglichkeit, wenn dies dem Wohl des Kindes *dient.*

*§ 1634 idF des GleichberG* führte die Bestimmung zum 1. 7. 1958 in das BGB zurück, dehnte sie erstmals aus auf alle Fälle, in denen einem Elternteil (nicht nur nach Scheidung) die Personensorge nicht zustand und präzisierte im heutigen Sinn (vgl Abs 4 S 1) die gerichtliche Ausschlußmöglichkeit auf Fälle, in denen dies zum Wohl des Kindes *erforderlich* ist. Durch das *1. EheRG* (v 14. 6. 1976, BGBl I 1421) wurde zum 1. 7. 1977 die Regelungsbefugnis dem Familiengericht anstelle des Vormundschaftsgerichts zugewiesen. Das *SorgeRG* (v 18. 7. 1979, BGBl I 1061) ersetze zum 1. 1. 1980 den Begriff *Verkehr* durch den – bereits in § 1711 aF verwendeten – Begriff *Umgang.* Ebenfalls auf das SorgeRG gehen die *Wohlverhaltensklausel* (in Anlehnung an Art 274 Abs 1 Schweizer ZGB, die ausdrückliche Bestimmung der Regelungsbefugnis des Gerichts im Verhältnis zu Dritten und die Ausdehnung auf Fälle des *Getrenntlebens* zurück (im einzelnen zur Historie des § 1634 aF: Staudinger/Peschel-Gutzeit[12] § 1634 aF Rn 1 ff; Regierungsentwurf zum KindRG BT-Drucks 13/4899, 40).

**bb)**   Dagegen enthielt das bis zum Inkrafttreten des *NEhelG* geltende Recht keine   **4** Regelung zu Kontakten des **nichtehelichen Vaters** mit dem Kind. § 1711 aF geht zurück auf die Fassung durch das NEhelG. Erstmals wurde die Bestimmungsbefugnis des Sorgeberechtigten über den Umgang des Kindes mit dem Vater geregelt und eine Entscheidungsbefugnis des Vormundschaftsgerichts geschaffen. Durch das *SorgeRG* wurde eine Verweisung auf das *Wohlverhaltensgebot* des § 1634 Abs 1 S 2 aF (§ 1711 Abs 1 S 2 aF) und auf die *Gestaltungsmöglichkeiten* des Gerichts nach § 1634 Abs 2 aF (§ 1711 Abs 2 S 2 aF) aufgenommen (im einzelnen zur Historie des § 1711 aF: Staudinger/Göppinger[12] § 1711 aF Rn 1 ff; Regierungsentwurf zum KindRG BT-Drucks 13/4899, 40 f).

## 2.   KindRG

Die Reform des Umgangsrechts im KindRG ist von drei grundsätzlichen, in jüngerer   **5** Zeit auch rechtsvergleichend im Vordringen befindlichen (dazu Schwenzer FamRZ 1992, 121, 126 f; BT-Drucks 13/4899, 44 f) **Tendenzen** geprägt, der *Gleichstellung* innerhalb und außerhalb einer Ehe ihrer Eltern geborener Kinder, der Konzentration des Umgangsrechts auf die *Rechtsstellung des Kindes* und die Erweiterung des *Kreises der Umgangspersonen.* Hinzu kommen besondere Zielsetzungen, die insbesondere eine Verbesserung der praktischen Umsetzung des Umgangsrechts anstreben, insbesondere die Verstärkung von *mediativen Lösungsmodellen*, aber auch die Bekämpfung von Umgangsobstruktion. Im einzelnen:

**a)**   Bereits in der 11. Legislaturperiode war ein **Entwurf** eines *Gesetzes über die*   **6** *rechtlichen Möglichkeiten des Umgangs zwischen Vater und nichtehelichem Kind* (*NEhelUmgG*, BT-Drucks 11/5494; dazu: Lakies ZRP 1990, 229; ders ZfJ 1989, 162; Baer DAVorm 1988, 861; Finger JZ 1989, 231; Knöpfel FamRZ 1989, 1017; Schwab FamRZ 1990, 932) vorgelegt worden, der insbesondere den Regelungsmaßstab des § 1711 aF an den des § 1634 aF anpassen, also dem Vormundschaftsgericht ermöglichen sollte, dem Vater die Befugnis zum persönlichen Umgang einzuräumen, wenn der Umgang dem Wohl des Kindes *nicht widerspricht.* Nachdem dieser Entwurf nach der Anhörung im Rechtsausschuß nicht mehr weiterverfolgt worden war, bestand ein zentrales Ziel des KindRG darin, den Umgang zwischen Eltern und Kindern unabhängig von einer (früheren) Ehe der Eltern zu regeln (BT-Drucks 13/4899, 41, 46). Dieses Ziel ist in § 1684 verwirklicht, der vom Personenstand der Eltern unabhängig ist (BT-Drucks 13/4899, 68), insbesondere also auch den Umgang des **Kindes** mit dem **Vater** erfaßt, wenn dieser nicht mit der Mutter verheiratet ist oder war.

**7 b)**   Weiter sollte deutlicher gemacht werden, daß der **Umgang dem Interesse des Kindes** und seiner Entwicklung dient (BT-Drucks 13/4899, 46), daß das *Wohl des Kindes* im Zentrum der Regelung steht (JOHANNSEN/HENRICH/JAEGER Rn 1). Diese, unter dem Eindruck der Erkenntnisse der Kinderpsychologie bereits in der Rechtsprechung zu § 1634 aF anerkannte und zu § 1711 aF in jüngerer Zeit gewachsene Erkenntnis der Bedeutung des Umgangs mit beiden Eltern für das Kindeswohl, stellt § **1626 Abs 3 idF des KindRG** programmatisch an den Anfang des Fünften Titels – Elterliche Sorge. Obgleich § 1626 Abs 3 eigenständige Rechte nicht begründet, wird damit für die künftige Rechtsanwendung im Rahmen des § 1684 (und, soweit der Umgang mit Dritten in Rede steht, des § 1685) die Frage nach der grundsätzlichen Kindeswohldienlichkeit und dem Charakter des Umgangs als Pflicht-Recht der Eltern ein für allemal beantwortet.

Die Abkehr von der Elternorientiertheit, die sich noch in § 1634 aF insbesondere in der Formulierung als Recht eines Elternteils niedergeschlagen hatte, wurde auf Vorschlag des Bundesrates (BT-Drucks 13/4899, 153 Nr 19, der jedoch noch eine Beschränkung auf das über 14-jährige Kind und einen Ausschluß der Vollstreckungsmöglichkeit vorsah, aaO 161, Nr 41) durch die Formulierung eines *Rechtes des Kindes* auf Umgang in Abs 1 verdeutlicht. Damit soll auch klargestellt werden, daß das Kind nicht *Objekt* des Umgangsrechts ist, sondern, wie dies auch Art 9 Abs 3 der UN-Kinderrechtskonvention formuliert (vgl auch unten Rn 16), ein eigenes Recht zur Pflege persönlicher Kontakte hat. Entgegen der ablehnenden Haltung des Regierungsentwurfs und der Stellungnahme der Bundesregierung (BT-Drucks 13/4899, 168), die praktische Probleme bei der Durchsetzung eines *klagbaren* Umgangsrechts des Kindes betont, versprach sich der Rechtsausschuß von der Neufassung einen **Bewußtseinswandel:** Eltern soll verdeutlicht werden, daß sie nicht nur ein Recht auf Umgang haben, sondern im Interesse des Kindes auch die Pflicht, diesen Umgang zu ermöglichen (BT-Drucks 13/8511, 68; PALANDT/DIEDERICHSEN Rn 2; SCHWAB/WAGENITZ FamRZ 1997, 1381; FamRefK/ROGNER Rn 3; JOHANNSEN/HENRICH/JAEGER Rn 1).

**8 c)**   Da die Gestaltung der elterlichen Sorge im Fall der Trennung oder Scheidung der Eltern in § 1671 idF des KindRG nur noch auf Antrag eine gerichtliche Sorgerechtsregelung vorsieht, also vom Fortbestand der **gemeinsamen elterlichen Sorge** als Regelmodell ausgeht, ist das Umgangsrecht nach Abs 1 nicht mehr auf den nicht sorgeberechtigten Elternteil beschränkt, sondern besteht zwischen dem Kind und beiden Elternteilen, insbesondere auch zu einem sorgeberechtigten Elternteil, bei dem sich das Kind nicht regelmäßig aufhält (BT-Drucks 13/4899, 68).

**9 d)**   Erweitert wurden auch die **gerichtlichen Gestaltungsmöglichkeiten.**

**aa)**   Die Neufassung spricht nicht mehr vom „*persönlichen* Umgang", sondern lediglich vom „Umgang". Damit soll klargestellt werden, daß auch **telefonischer und brieflicher Kontakt** in den Anwendungsbereich des § 1684 fällt und dem Familienge-

richt auch hierfür eine Kompetenz zur näheren Bestimmung zukommt (BT-Drucks 13/
4899, 105).

**bb)** Ebenfalls neu ist die ausdrückliche Ermöglichung des **beschützten Umgangs** in  **10**
Abs 4 S 3, 4. In bestimmten Fallkonstellationen, vor allem bei unbewiesenem, aber
nicht fernliegendem Verdacht von Kindesmißbrauch oder der Gefahr der Kindesentziehung läßt sich eine für alle Beteiligten akzeptable Lösung dadurch finden, daß
der Umgang zwar nicht ausgeschlossen wird, aber nur unter Beteiligung eines Dritten
stattfinden darf. Durch die ausdrückliche Regelung soll klargestellt werden, daß ein
völliger Ausschluß des Umgangs wegen des Erforderlichkeitsgrundsatzes nur in Betracht kommt, wenn ein beschützter Umgang nicht ausreicht, das Wohl des Kindes zu
gewährleisten (BT-Drucks 13/4899, 106).

**e)** Jenseits der materiellrechtlichen Regelung des Umgangsrechts strebt das  **11**
KindRG eine Verbesserung der **Durchsetzbarkeit des Umgangsrechts** an.

**aa)** Da sich die klassischen Durchsetzungsmethoden des **Vollstreckungsrechts**
(Zwangsgeld, Zwangshaft) oft als bedenklich oder unwirksam erwiesen haben,
eine Unterhaltskürzung des betreuenden Elternteils auf den Lebensstandard des
Kindes durchschlagen kann, andererseits aber die Gefahr der *Entfremdung* bei
Nichtdurchsetzung gesehen wird, die schlimmstenfalls nach einiger Zeit zum Ausschluß des Umgangs führen kann, setzt der Gesetzgeber des KindRG verstärkt auf
*Hilfestellungen zur einverständlichen*, zumindestens *weniger verletzenden Konfliktlösung* (BT-Drucks 13/4899, 47). Dabei wird die Möglichkeit der Vollstreckung bewußt
nicht aufgegeben, weil von ihr eine *Signalwirkung* ausgeht. Ziel ist, im Einklang mit
der Forderung des *BVerfG* (NJW 1993, 2671), der verfahrensrechtlichen Durchsetzung
der materiellen Grundrechtsposition wirkungsvoll zu dienen (BT-Drucks 13/4899, 69).

**bb)** Hierzu wird zudem die Möglichkeit eröffnet, nicht nur das Umgangsrecht,  **12**
sondern auch den **Vollzug früherer Entscheidungen** über das Umgangsrecht – und
damit deren Vollstreckung – **einzuschränken** oder auszuschließen (Abs 4 S 1). Führt
Umgangsobstruktion durch den Elternteil, bei dem das Kind sich gewöhnlich aufhält,
dazu, daß der Umgang mit dem Umgangselternteil wegen der entstandenen Spannung für das Kindeswohl bedenklich wird, so konnte nach bisherigem Recht nur das
Umgangsrecht beschränkt werden; was wie eine ungewollte Bestrafung des Umgangselternteils für ein Verhalten des Sorgerechtselternteils empfunden wurde. Nunmehr kann auch – lediglich – die Vollstreckung ausgesetzt werden, so daß der Rechts-
appell bestehen bleibt (BT-Drucks 13/4899, 106; LIPP FamRZ 1998, 65, 75).

**cc)** Flankierend wurde zudem das **Beratungsangebot des Jugendamtes** nach § 18  **13**
Abs 3 SGB VIII ergänzt um ein Angebot zur Unterstützung von Kindern und Ju-
gendlichen im Bemühen darum, daß die Umgangsberechtigten von diesem Recht
Gebrauch machen (BT-Drucks 13/4899, 68).

**dd)** Im **Vorfeld von Zwangsmaßnahmen** zur Durchsetzung der gerichtlichen Um-  **14**
gangsregelung oder zur Änderung von Umgangsregelungen bei bestehenden Problemen soll die ebenfalls neu geschaffene **gerichtliche Vermittlung** im Verfahren nach
§ 52 a FGG noch eine einverständliche Konfliktlösung mit Hilfe des Gerichts ermöglichen, ohne daß sich die Eltern bereits mit gegensätzlichen Verfahrensanträgen

gegenüberstehen (BT-Drucks 13/4899, 133). Das in § 52 a FGG vorgesehene formali-sierte Vermittlungsverfahren war auf Kritik des Bundesrates gestoßen (BT-Drucks 13/4899, 162, Nr 44) wegen seiner Kompliziertheit und der fehlenden Möglichkeit der Erzwingung einer Verfahrensteilnahme beider Eltern. Bemerkenswert ist die Erwäh-nung von Sorgerechtsmaßnahmen bei *Scheitern* der Vermittlung in § 52 a Abs 5 FGG: Der Gesetzgeber nennt damit ausdrücklich eine bisher selten genutzte, rechts-vergleichend durchaus übliche Option gegen Fälle schwerer Umgangsvereitelung.

**15  e)**   Zur Entwicklung des **Auskunftsanspruchs** vgl § 1686 Rn 1 ff; zum neu geschaf-fenen **Umgangsrecht Dritter** vgl § 1685 Rn 1 ff.

## II.  Rechtsnatur des Umgangsrechts

### 1.  Völkervertragliche und verfassungsrechtliche Grundlagen

**16  a)**   Zu § 1711 aF war umstritten, ob das Fehlen eines grundsätzlich gesetzlich bestimmten Umgangsrecht zwischen Vater und Kind mit Art 9 Abs 3 UN-KRK (UN-Kinderrechtskonvention, BT-Drucks 12/42) sowie mit Art 8, 14 EMRK zu verein-baren sei.

**aa)**   Zu **Art 9 Abs 3 UN-KRK** bestand zwar weitgehend Einigkeit, daß nur ein (wie nunmehr durch § 1684 geschehen) gesetzlich gewährleistetes *Recht des Kindes* auf persönliche Beziehungen und unmittelbare Kontakte zu beiden Eltern mit dem Wortlaut, vor allem aber mit dem Geist der Konvention zu vereinbaren ist (KOEPPEL ZfJ 1991, 355; ders FamRZ 1992, 31; EBERT FamRZ 1994, 273, 275; SCHLÜTER FuR 1994, 341, 343; Stellungnahme des deutschen Familiengerichtstages eV FamRZ 1997, 337, 341 Nr 17; Stellungnahme der Bundeskonferenz für Erziehungsberatung eV ZfJ 1996, 509; Stellungnahme der Arbeitsgemein-schaft für Jugendhilfe ZfJ 1996, 94, 97). Nur vereinzelt wurde aus dem – leider auch auf maßgeblichen deutschen Einfluß zurückzuführenden – *Verzicht auf eine ausdrück-liche Gleichstellung* ehelicher und nichtehelicher Geburt im normativen Teil des Konventionstextes (die Präambel enthält sehr wohl einen Hinweis auf das Diskrimi-nierungsverbot) auf die Neutralität der Konvention zu dieser Frage geschlossen (LG Essen FamRZ 1994, 399, 400). Die UN-KRK begründet jedoch nach der am 6. 3. 1992 bei Hinterlegung der Ratifikationsurkunde durch die Bundesrepublik abgegebenen „In-terpretationserklärung" (die nicht durch das Zustimmungsgesetz gedeckt war) keine innerstaatliche, sondern ausschließlich eine zwischenstaatliche Verpflichtung. Die völkerrechtliche Zulässigkeit dieser als Vorbehalt wirkenden „Interpretationserklä-rung" wurde mit Rücksicht auf Art 51 Abs 2 UN-KRK weitgehend verneint (WOLF ZRP 1991, 374; ULLMANN FamRZ 1991, 898; KOEPPEL ZfJ 1991, 355; SCHLÜTER FuR 1994, 341; **aA**: STÖCKER FamRZ 1992, 245 und 895).

Nachdem sich der Streit um eine unmittelbare Wirkung oder eine Verpflichtung des Gesetzgebers zur Reform jedenfalls hinsichtlich des Umgangsrechts durch § 1684 erledigt hat (während die sorgerechtlichen Defizite im Verhältnis von Vater und Kind wegen § 1626 a Abs 2 weiterhin bestehen), läßt sich aus Art 9 Abs 3 UN-KRK jedenfalls eine grundsätzliche Wertentscheidung herleiten, welche den Grund-satz des § 1626 Abs 3 S 1 und seine Konkretisierung in § 1684 Abs 1 stützt und der beliebigen Disposition entzieht.

**bb)** Die Garantie der Achtung des Familienlebens in **Art 8 Abs 1 EMRK** iVm dem  **17**
Diskriminierungsverbot des **Art 14 EMRK** wurde ebenfalls zunehmend als Grundlage einer Garantie des Umgangsrechts des Kindes, unabhängig von seiner Geburt,
mit beiden Eltern verstanden. Deutlich häufiger als zu Art 9 Abs 1 UN-KRK haben
sich auch die Gerichte hierzu geäußert und im Einzelfall sogar hieraus den Ausnahmecharakter von Eingriffen in das grundsätzlich zu gewährende Umgangsrecht zwischen „nichtehelichen" Kindern und ihren Vätern begründet (LG Zweibrücken FamRZ
1997, 633 gestützt auf EuGHMR NJW 1995, 2153 [*Keegan*]; AG Gütersloh FamRZ 1998, 576; Kon-
ventionswidrigkeit des § 1711 aF nahmen an: EBERT FamRZ 1994, 273, 284; BRÖTEL FamRZ 1995, 72,
77; SCHLÜTER FuR 1994, 341, 344; wohl auch noch PALANDT/DIEDERICHSEN[57] § 1711 aF Rn 1).
Insoweit haben Art 8 Abs 1, 14 EMRK in der geltenden Fassung des § 1684 wiederum
ihre Erfüllung gefunden (FINGER ZfJ 1999, 452, 453: „weit über die Vorgaben hinaus"), zumal
die in den letzten Jahren gewonnene Interpretation dieser Normen der EMRK sich
nunmehr auch im Verständnis von Art 6 Abs 2 GG verwirklicht (sogleich Rn 18 f).

Andererseits zeigt die Rechtsprechung zur umgangsrechtlichen Bedeutung der Art 8
Abs 1, 14 EMRK ein fortdauerndes Dilemma auf, welches auch durch das KindRG
einer Lösung nicht nähergebracht wurde: Die konventionsrechtliche Gewährleistung
des Familienlebens setzt, auch soweit sie aufgrund des Diskriminierungsverbots der
nicht auf Ehe beruhenden Familie zusteht, eine **tatsächlich existierende Familie** voraus
(EuGHMR NJW 1979, 2449, 2453 = EuGRZ 1979, 454, 459 [*Marckx*]). Dies wird jedenfalls bisher
in dem Sinn verstanden, daß eine *sozial gelebte Familie* vorliegen müsse und eine *bloß
rechtliche*, erst recht aber eine nur *genetische Verwandtschaft* nicht genüge. Die im
Verhältnis von Kind und Vater weiterhin offene Frage, in welcher Weise die vom
Familienrecht nicht umfassend gewährte **Herstellung rechtlich anerkannter Vaterschaft**
im Verhältnis zum „nur" biologischen Vater durch Grund- oder Menschenrechte geschützt ist, kann bei diesem Verständnis nicht aus Art 8 Abs 1, 14 EMRK beantwortet
werden; der Schutz bleibt sogar schwächer als der von Art 6 Abs 2 GG vermittelte:
Weder ist, was sogar hinter Art 6 Abs 2 GG zurückbleibt, dann der Umgang des Vaters
mit dem Kind geschützt, wenn dieser zwar Vater im Rechtssinn ist, aber im Zeitpunkt
der Geburt nicht (mehr) in einer beständigen *Beziehung* mit der Mutter – und damit
dem Kind – lebt (OLG Hamm FamRZ 1996, 1356; OLG Hamm FamRZ 1997, 1561, 1562); noch
kann die *Anbahnung* eines Umgangs zwischen dem *biologischen Vater* und dem Kind
auf die Bestimmungen der EMRK gestützt werden (LG Köln NJW 1996, 1415). Hier steht
dem Umgangsrecht auch nach Inkrafttreten des KindRG die Entscheidung entgegen,
dem biologischen Vater kein Recht zur Anfechtung der Vaterschaft eines anderen
Mannes zu gewähren (§ 1600). Die Entscheidung des LG Köln (NJW 1996, 1415) zeigt
mit schmerzlicher Härte gegenüber dem biologischen Vater, daß seine Bemühungen
um eine Beziehung zum Kind ohne rechtlichen Schutz sind. Das Gericht läßt es sogar
dahinstehen, ob zwischen dem biologischen Vater und dem Kind ursprünglich eine
soziale Familienbeziehung bestanden habe; jedenfalls soll die Rechtsgüterabwägung
nach Art 8 Abs 2 EMRK zugunsten der Familie aus Kindesmutter und Scheinvater
(Ehemann) ausgehen. Das kann nicht richtig sein, wenn, was kaum anzuzweifeln ist,
das Kindeswohl oberster Maßstab des Art 8 EMRK ist: Die ursprünglich bestehende
und nach Art 8 Abs 1 EMRK geschützte Familie ist in ihrem Erstarken zur rechtlichen
Familie abhängig von der nicht nur dem Kindeswohl verpflichteten Entscheidung der
Mutter und ihres Ehemanns über die Anfechtung der Vaterschaft (§ 1600). Das Problem freilich stellt sich zu Art 6 Abs 2 GG in gleicher Weise, so daß eine eigenständige
Lösungsmöglichkeit aus Art 8 Abs 1, 14 EMRK kaum erwachsen wird.

**18 b)**    Das Umgangsrecht wird nach heute allgemeiner Ansicht durch **Art 6 Abs 2 GG** gewährleistet. Die verfassungsrechtliche Absicherung hängt damit in ihrer Reichweite eng zusammen mit der Beschreibung des von diesem Grundrecht erfaßten Personenkreises, insbesondere mit der in der Rechtsprechung des BVerfG fortschreitenden Einbeziehung des nicht mit der Mutter verheirateten Vaters.

**19 aa)**    Die Herleitung des Umgangsrechts aus dem **natürlichen, verfassungsrechtlich geschützten Elternrecht** (Art 6 Abs 2 GG) geht zurück auf eine Entscheidung des BGH vom 21. 10. 1964 (BGHZ 42, 364). Danach ist das Umgangsrecht (damals „Verkehrsrecht") ein selbständiges, dem Personensorgerecht gegenüberstehendes Recht, welches ebenso wie dieses auf Art 6 Abs 2 GG beruht. Nachdem das *BVerfG* bereits die für den Fall der Scheidung der Ehe nach früherem Recht vorgesehene Verteilung der elterlichen Sorge und des Verkehrsrechts als mit Art 6 Abs 2 GG vereinbar angesehen hatte (BVerfGE 31, 194), hat das Gericht den Ansatz der verfassungsrechtlichen Parallelität von Sorge- und Umgangsrecht ausdrücklich in seiner Entscheidung zur Verfassungsmäßigkeit von § 1634 aF (BVerfGE 64, 180; vgl auch BVerfG NVwZ 2000, 59, 60: Umgangsrecht unterfällt Art 6 Abs 2 GG und ist bei Ausweisungsentscheidung zu berücksichtigen) aufgegriffen. Das Gericht hebt dabei jedoch hervor, daß das damals noch dem (nicht sorgeberechtigten) *Elternteil* eingeräumte Umgangsrecht kein Recht an der Person des Kindes ist, sondern ein pflichtgebundenes Recht. Die Belange des Kindes seien jedoch durch die Möglichkeit, den Umgang zu regeln, ihn auszuschließen oder zu beschränken, ausreichend gewahrt. In dieser, aus § 1634 Abs 2 aF auch in die Neufassung übernommenen Befugnis konkretisiert sich das *Wächteramt des Staates.* Diese Einordnung als Pflicht-Recht geht zurück auf eine Rechtsprechung des BVerfG, welche das von Art 6 Abs 2 GG geschützte Elternrecht grundsätzlich als pflichtgebundenes Recht charakterisiert, welches eingebunden ist in die *Elternverantwortung* (BVerfGE 24, 119; BVerfGE 31, 194). Insbesondere ergibt sich aus der Herleitung sowohl des Umgangsrechts als auch des Sorgerechts unmittelbar aus Art 6 Abs 2 GG, daß beide Eltern im Verhältnis zueinander beide Rechte zu respektieren haben; insbesondere muß auch ein allein sorgeberechtigter Elternteil grundsätzlich den persönlichen Umgang des Kindes mit dem anderen Elternteil ermöglichen (BVerfGE 31, 194, 206 f; BVerfG NJW 1993, 2671; BVerfG NJW 1995, 1342, 1343).

Die ganz herrschende Meinung und Rechtsprechung ist diesem Ansatz gefolgt (vgl zuletzt: BVerwG NJW 1996, 1838, 1839; OLG Bamberg FamRZ 1989, 890; OLG Düsseldorf FamRZ 1994, 1277; OLG Düsseldorf FamRZ 1998, 1460, 1461; BezG Frankfurt/Oder FamRZ 1994, 58; OLG Hamm FamRZ 1994, 57; OLG Hamm FamRZ 1997, 307; OLG Karlsruhe FuR 1998, 270; OLG Thüringen FamRZ 1996, 359, 361; OLG Zweibrücken FamRZ 1997, 687; AG München DAVorm 1999, 310; MünchKomm/Hinz § 1634 aF Rn 1, 7; Oelkers FamRZ 1997, 779, 788; Dörr NJW 1989, 690, 692; ältere Nachw bei Staudinger/Peschel-Gutzeit[12] § 1634 aF Rn 9). Der Neufassung des § 1684 liegt verstärkt dieses Verständnis zugrunde, da das Umgangsrecht einerseits von der Verteilung des Sorgerechts gelöst (wenngleich in der Entwurfsbegründung eher auf technische Konsequenzen eines gemeinsamen Sorgerechts zurückgeführt: BT-Drucks 13/4899, 105), andererseits deutlich als Recht (im Interesse) des Kindes herausgestellt ist.

**20 bb)**    Dabei stellt das *BVerfG* zunehmend klarer heraus, daß das natürliche Elternrecht aus Art 6 Abs 2 S 1 GG, sofern es im **Konflikt der Eltern** um Sorgerecht und/ oder Umgangsrecht beiden Eltern zur Seite steht, durch das **Kindeswohl** als übergeordneten bestimmenden Maßstab überlagert wird; das Elternrecht ist in dieser

Konstellation vor allem als Elternverantwortlichkeit, also als Elternpflicht zu verstehen (ausdrücklich BVerfG NJW 1999, 631; vgl auch BVerfGE 37, 217; 56, 363; 68, 176; 75, 201). Wird eine sorge- oder umgangsrechtliche Regelung nicht nach dem Kindeswohl getroffen, so verletzt dies primär das Kind in seinem Grundrecht auf Wahrung des staatlichen Wächteramtes aus Art 6 Abs 2 S 2 iVm Art 2 Abs 1 GG. Zugleich bedeutet dies eine Verletzung des Elterngrundrechts aus Art 6 Abs 2 S 1 zulasten des von der unrichtigen Entscheidung beeinträchtigten Elternteils (BVerfG NJW 1999, 631, 633 f).

**cc)  Ältere Ansichten** zur Rechtsnatur des Umgangsrechts haben demgegenüber **21** keine Bedeutung mehr, zumal die Neufassung des § 1684 das im vorgenannten Sinn verstandene verfassungsrechtliche Konzept des Art 6 Abs 2 GG stimmig umgesetzt hat. Die früher intensiv diskutierte Frage, auf welcher Grundlage sich die bestehende Rechtslage als stimmig erweise (im einzelnen STAUDINGER/PESCHEL-GUTZEIT[12] § 1634 aF Rn 11 ff), war schon zu vormaligen Rechtslagen unzutreffend gestellt: Aufgrund des Ranges von Art 6 Abs 2 GG im Verhältnis zur familienrechtlichen Regelung konnte es nie darauf ankommen, ob die Erklärung aus Art 6 Abs 2 GG sich mit der aktuellen Rechtslage verträgt. Maßgeblich konnte immer nur der Anspruch des Art 6 Abs 2 GG an die – ggf zu reformierende – familienrechtliche Rechtslage sein.

Soweit ältere Erklärungsversuche die verfassungsrechtliche Gewährleistung des Umgangsrechts bestreiten (so die Theorie von der öffentlich-rechtlichen Befugnis: DELIAN NJW 1968, 2149; ders FamRZ 1969, 365, 366) stehen sie daher nicht im Einklang mit Art 6 Abs 2 GG und bedürfen keiner weiteren Widerlegung aus der Systematik des einfachen Rechts heraus, aus der sie ohnehin nicht begründbar wären. Die These, das Umgangsrecht sei bloßer Rest der Personensorge (RGZ 153, 238, 242; RGZ 141, 319, 320; sowie in ständiger Rspr das KG, zuletzt FamRZ 1989, 656; MünchKomm/HINZ § 1634 aF Rn 3, gestützt auf das mit der Neufassung erledigte Wortlautargument [„… *behält* die Befugnis…“]) ließe sich zwar mit Art 6 Abs 2 GG vereinbaren, ist aber jedenfalls durch die bewußt eigenständige Regelung des Umgangsrechts in § 1684 überholt.

Insbesondere hat sich auch der formal zwischen den Begründungstheorien geführte Streit um die Vereinbarkeit des nach bisherigem Recht verbreitet angenommenen Fehlens einer *Umgangspflicht* (dazu STAUDINGER/PESCHEL-GUTZEIT[12] § 1634 aF Rn 23 ff mit der schon damals richtigen Folgerung einer Umgangspflicht aus der Natur des Elternrechts als Pflicht-Recht, Rn 25) durch die Neufassung erledigt: Der Gesetzgeber des KindRG hat die konsequente Folgerung aus der Herleitung des Umgangsrechts aus dem Elternrecht gezogen, indem er das Umgangsrecht (auch) dem Kind zugewiesen und den Eltern im Interesse des Kindeswohles die Umgangspflicht auferlegt (§ 1626 Abs 3) hat.

Soweit eine *naturrechtliche Grundlage* angenommen wird (zuletzt OLG Bamberg FamRZ 1998, 970; ältere Nachw bei STAUDINGER/PESCHEL-GUTZEIT[12] § 1634 aF Rn 6) steht dies nicht in Widerspruch zur Herleitung aus Art 6 Abs 2 GG, sofern nur das „vor- und überverfassungsrechtliche Naturrecht" (OLG Bamberg aaO) mit einem Begriff von „Elternschaft" operiert, der mit Art 6 Abs 2 GG in Einklang steht.

Schließlich kann auch die als Antithese zur *Blutsverwandtschaft* verstandene Herleitung aus der *sozialen Elternschaft* (SIMON FamRZ 1972, 485; ders ZfJ 1974, 413; LEMPP NJW 1972, 315; GOLDSTEIN/FREUD/SOLNIT 22 f; KRÜGER/BREETZKE/NOWACK Einl Rn 230) nicht isoliert als Herleitung dienen, ist aber für die Suche nach dem maßgeblichen Begriff der „Elternschaft" nicht ohne Bedeutung.

**22  dd)**  Damit tritt nunmehr auf der Basis des Art 6 Abs 2 GG die Frage nach der **Reichweite der geschützten Elternschaft** in den Vordergrund; im Zentrum steht dabei das Verhältnis des **nicht mit der Mutter verheirateten Vaters** zu seinem Kind.

Hierzu hat sich das *BVerfG* in den beiden Jahrzehnten vor Inkrafttreten des KindRG aus alten Denkschemata gelöst und die für das KindRG richtungweisende Sicht des Art 6 Abs 2 GG entwickelt. Ex post betrachtet markiert den Schlußpunkt einer an früheren Sozialbildern orientierten Sicht die Entscheidung zur Verfassungsgemäßheit von §§ 1705 und 1711 aF (BVerfGE 56, 363). Die Umgangsregelung des § 1711 aF wird dort noch gerechtfertigt mit dem Unterschied zwischen ehelicher und nichtehelicher Geburt und dem Bestreben des Gesetzgebers des NEhelG, dem nichtehelichen Kind das Schicksal von Scheidungswaisen zu ersparen. Das klassische Argument der *stabilen Zuordnung* steht dort noch ganz im Vordergrund; der potentielle Konflikt der Eltern wird als (negatives) Schicksal erkannt, das Fehlen der väterlichen Bezugsperson nicht.

Möglich war dies nur auf der Prämisse, den Schutz des Art 6 Abs 2 GG dem nichtehelichen Vater zu versagen. Diese Prämisse hat das *BVerfG* in seinen Entscheidungen zu § 1738 Abs 1 aF (BVerfGE 84, 168) und zu § 1747 Abs 2 S 1 und 2 aF (BVerfGE 92, 158) umgestoßen. Nachdem in der ersten Entscheidung jedenfalls dem mit dem Kind *zusammenlebenden* Vater das Elternrecht zugesprochen wurde, hat die zweite Entscheidung nun ohne Wenn und Aber das Elternrecht des Vaters angenommen (zur Entwicklung im einzelnen STAUDINGER/RAUSCHER [2000] Einl 30 vor §§ 1589 ff).

Im Gegensatz zu der noch immer defizitären Umsetzung dieser Erkenntnis im Sorgerecht (§ 1626 a Abs 2) hat das KindRG für das Umgangsrecht hieraus die Konsequenz gezogen und im Verhältnis von Vater und Kind das Umgangsrecht mit denselben Bedingungen gestaltet wie für alle von Art 6 Abs 2 GG geschützten Eltern. Insbesondere kommt in dieser Regelung zum Ausdruck, daß die rechtliche Elternschaft auch dann grundsätzlich umgangsrechtlich anzuerkennen ist, wenn sie sich (noch) nicht zu einer sozialen Elternschaft entwickelt hat oder entwickeln konnte, wenn also der Vater mit dem Kind nicht in einer sozialen Familie zusammengelebt hat. Die Befugnis des Gesetzgebers, bei der Ausgestaltung der konkreten Rechte beider Elternteile die unterschiedlichen tatsächlichen Verhältnisse zu berücksichtigen (BVerfGE 92, 158 ff), sollte nicht durch schematisch gesetzliche Fallgruppenbildung, sondern durch richterliche Einzelfallgerechtigkeit ausgefüllt werden.

**23  ee)**  Offen bleibt freilich die Bedeutung der nicht rechtlich verfestigten **biologischen Elternschaft** hinsichtlich des Umgangsrechts (vgl schon zu Art 8 Abs 1, 14 EMRK oben Rn 16 f). Da Art 6 Abs 2 GG das *natürliche Elternrecht* als Basis nimmt, erscheint es zweifelhaft, ob das Familienrecht grundsätzlich nur die *einfachrechtlich verwirklichte* Vaterschaft zum Ausgangspunkt einer Regelung des von Art 6 Abs 2 GG geschützten Umgangsrechts nehmen darf. Diese Frage kann aber nicht isoliert für das Umgangsrecht beantwortet werden; ihre Lösung muß vielmehr bei der Herstellung der abstammungsrechtlichen Elternschaft ansetzen und betrifft daher die verfassungskonforme Ausgestaltung des Systems aus Zuordnung der Vaterschaft (§ 1592) und deren Anfechtung bei Auseinanderfallen von rechtlicher Zuordnung und biologischer Vaterschaft (§§ 1600 ff). Wenn im Verhältnis zwischen (nur) biologischem Vater und Kind ein Umgangsrecht grundsätzlich ausgeschlossen ist (vgl dazu LG Köln NJW 1996, 1415), so ist dies zwar aus Sicht des natürlichen Elternrechts iSd Art 6 Abs 2 GG nicht hinnehmbar. Angreifbar ist aber nicht die – an sich zulässige – Beschränkung des Umgangsrechts auf eine rechtlich verfestigte Elternschaft, sondern der insoweit verfassungswidrige Ausschluß des biologischen Vaters aus dem Kreis der Anfechtungsberechtigten in § 1600 (dazu STAUDINGER/RAUSCHER [2000] § 1600 Rn 27 f).

Eine hiervon zu unterscheidende *umgangsrechtliche* Frage bliebe auch dann, wenn man dem biologischen Vater die Verrechtlichung seines Verhältnisses zu dem Kind ermöglicht, ob im Einzelfall ein Umgang des Kindes mit dem wirklichen Vater im Konflikt mit seiner Einbettung in die soziale Familie aus Mutter und Scheinvater dem Kindeswohl widerspricht. Diese Frage müßte dann aber auch *im Einzelfall erörtert* werden und ließe sich nicht mehr pauschal zulasten der biologischen väterlichen Verwandtschaft beantworten.

**c)**    Ergänzend beeinflußt auch das **Persönlichkeitsrecht des Kindes** die Ausgestal-   **24** tung des Umgangs (Art 2 Abs 1 GG). Das *BVerfG* hat die Bedeutung ersichtlich nur im Zusammenhang mit der Ausgestaltung des *Verfahrens* zur Umgangsregelung ausdrücklich erwähnt (BVerfG NJW 1993, 2671, 2672). Das Persönlichkeitsrecht des Kindes erscheint durch die materielle Umgangsregelung in zweifacher Hinsicht berührt:

Zum einen betrifft mit zunehmendem Alter die Beurteilung des Kindeswohls auch die Frage der Berücksichtigung des Willens des Kindes bzw dessen Entwicklung zu einer *eigenverantwortlichen Persönlichkeit* (OLG Thüringen FamRZ 1996, 359, 361). Insoweit widerstreitet das Persönlichkeitsrecht zwar nicht dem Kindeswohl (wohl aber dem Elternrecht). Es steht aber in einem Spannungsverhältnis zu einer objektiven Beurteilung der Kindeswohlnützlichkeit des Umgangs, weil dem reiferen Jugendlichen womöglich auch eine objektiv unvernünftige Entscheidung gegen ein – an sich seinem optimal verstandenen Wohl förderliches – Umgangsrecht zugestanden werden muß, um nicht sein wachsendes Selbstbestimmungsrecht zu verletzen.

Zum anderen erwächst aus dem Persönlichkeitsrecht das Recht zur Erfahrung seines *Woher und Wohin*, aus dem das *BVerfG* ein Recht auf Kenntnis der eigenen Abstammung entwickelt hat (dazu STAUDINGER/RAUSCHER [2000] Vorbem 80 ff zu §§ 1589 ff). Das Persönlichkeitsrecht des Kindes verlangt daher grundsätzlich danach, zu seinen Eltern in Kontakt zu treten, sie als Eltern zu erfahren und sich ein Bild von ihnen zu machen. Insoweit ist die umgangsrechtliche Folgerung aus dem allgemeinen Persönlichkeitsrecht des Kindes vollständig zielidentisch mit dem Inhalt des vom Kindeswohl geforderten Umgangsrechts.

**2.    Deliktischer und strafrechtlicher Schutz**

**a)**    Das Umgangsrecht ist ein **absolutes Recht**, das gegen jedermann wirkt (BGH   **25** FamRZ 1999, 651, 652; SOERGEL/STRÄTZ § 1634 aF Rn 5), ebenso, wie das Sorgerecht (RGZ

141, 319, 320; BGHZ 111, 168; LG Aachen FamRZ 1986, 713: **Gerichtsstand** der unerlaubten Handlung, § 32 ZPO).

**aa)**  Eine Verletzung des Umgangsrechts berechtigt den Umgangsberechtigten und das Kind zu **Schadensersatz nach § 823 Abs 1** (OLG Frankfurt/Main 16. 6. 1992 3 WF 6/92 JURIS; AG Gütersloh FamRZ 1998, 576) und zu **Unterlassungsansprüchen entsprechend § 1004**.

**26  bb)**  Entgegen früher vertretener Ansicht (dazu Staudinger/Peschel-Gutzeit[12] § 1634 aF Rn 32) wirkt das Umgangsrecht als absolutes Recht auch **gegenüber dem Inhaber oder Mitinhaber der elterlichen Sorge.** Das Umgangsrecht steht jedenfalls in seiner Ausgestaltung durch § 1684 nicht in einem nachgeordneten Verhältnis zu dem Sorgerecht, auf dessen Inhaberschaft es nicht mehr ankommt. Insbesondere kann der Umgangsberechtigte Ersatz der vergeblich aufgewendeten Kosten für die Anreise zu einem geplanten, jedoch vom anderen Elternteil *vereitelten Umgang* in Höhe der tatsächlich aufgewendeten, frustrierten Kosten (AG Gütersloh FamRZ 1998, 576) verlangen.

**27  cc)**  Im **Ausländerrecht** bewirkt Art 6 Abs 2 GG zwar keinen absoluten Schutz des Umgangsrechts. Im Zusammenhang mit einem Einreisebegehren des Umgangsberechtigten oder seiner Ausweisung sind aber die grundsätzlichen Wertentscheidungen des Art 6 Abs 1 und 2 GG zu berücksichtigen und gegen das öffentliche Interesse abzuwägen. Dabei ist insbesondere einem intensiven Umgang, der auf eine teilweise Betreuung des Kindes hinausläuft, stärkeres Gewicht beizumessen (BVerfG FamRZ 1996, 1266, 1267) als einer bloßen Begegnungsgemeinschaft (BVerfG FamRZ 1989, 1159). Die Wertentscheidung des KindRG für ein Recht des Kindes auf Umgang mit beiden (auch nicht miteinander verheirateten) Eltern hat dessen Bedeutung auch für die Abwägung gegen ausländerrechtliche Maßnahmen gestärkt (BVerfG NVwZ 2000, 59, 60. Art 6 Abs 2 GG in gleichem Maß beachtlich, auch wenn der ausländerrechtliche Verstoß, der Anlaß zur Ausweisung gibt, schon vor der Begründung des Kindschaftsverhältnisses erfolgte).

**28  b)**  Das Umgangsrecht genießt nach hM auch **strafrechtlichen Schutz gemäß § 235 StGB.** Völlig unstreitig gilt dies, wenn ein Dritter das Kind entzieht, während es sich beim Umgangsberechtigten aufhält.

Den Straftatbestand der Kindesentziehung erfüllt aber auch der (ggf alleine) **sorgeberechtigte Elternteil**, der dem Umgangsberechtigten das Kind durch Drohung mit einem empfindlichen Übel oder List entzieht, insbesondere (§ 235 Abs 2 StGB) in das Ausland verbringt (RGSt 66, 254; BGHSt 10, 376, 378; OLG Bremen JR 1961, 107; OLG Hamm JR 1983, 513; MünchKomm/Hinz § 1634 aF Rn 14; Soergel/Strätz § 1634 aF Rn 5; Tröndle/Fischer[49] StGB § 235 Rn 3). Das Tatbestandsmerkmal der *List* erfüllt zB, wer planmäßig die Spuren der Ausreise und/oder des Reiszieles verwischt (vgl BGH FamRZ 1999, 651, 652: Ausreise zu Land, um aus London nach Pakistan zu fliegen, Vermeidung der Visa-Beantragung bei der pakistanischen Vertretung in Deutschland).

Hieran hat der BGH trotz teilweise geäußerter *Kritik* (Staudinger/Peschel-Gutzeit[12] § 1634 aF; Geppert, in: GS Kaufmann [1986] 759, 775; Schönke/Schröder/Eser[25] StGB § 235 Rn 14) auch und gerade im Hinblick auf die eigenständige Herleitung des Umgangsrechts aus dem durch Art 6 Abs 2 GG geschützten Elternrecht und die Neufassung

des § 1684 festgehalten (BGH FamRZ 1999, 651 = BGHSt 44, 355; zustimmend die hM: LACK-
NER/KÜHL[23] StGB § 235 Rn 2; TRÖNDLE/FISCHER[49] StGB § 235 Rn 3; LK/VOGLER[10] STGB § 235
Rn 5, 14; WESSELS/HETTINGER[22] Rn 438).

Dieser Rechtsprechung ist zu folgen. Die Kritik, dem Umgangsberechtigten stehe
kein „*Erziehungsrecht*" zu (STAUDINGER/PESCHEL-GUTZEIT aaO, GEPPERT aaO) identifiziert
formal das „Erziehungsrecht" mit dem familienrechtlich verstandenen Sorgerecht.
Das wird dem Umgangsrecht als Teil des verfassungsrechtlichen „Elternrechts" nicht
gerecht; der strafrechtliche Schutz rechtfertigt sich nicht aus der familienrechtlichen
Sorgeberechtigung, sondern aus der verfassungsrechtlichen Elternstellung. Der
Schutz des Umgangsrechts schöpft maßgeblich seine Rechtfertigung aus der Aufrechterhaltung und Kontinuität der Eltern-Kind-Beziehung und dem Erhalt des Umgangselternteils als potentiell für die elterliche Sorge bereitstehenden „Reserveelternteil" (vgl unten Rn 40); der BGH zieht hier zutreffend die Parallele zu der
Einordnung des Umgangsrechts als absolutes Recht. Eine an diesem Zweck orientierte Auslegung des strafrechtlichen Schutzgutes „Erziehungsrecht" gebietet die
Einbeziehung des Umgangsrechts in den strafrechtlichen Schutz (BGH FamRZ 1999,
651, 652).

Die von Kritikern der BGH-Rechtsprechung vertretene Annahme, der familienrechtliche Schutz des Umgangsrechts reiche aus und strafrechtlicher Druck (der
im übrigen gegenüber dem Umgangsberechtigten nie als unangebracht angesehen
wurde!) sei unangebracht und/oder ineffizient (STAUDINGER/PESCHEL-GUTZEIT[12] § 1634 aF
Rn 36), wird durch die Praxis widerlegt. Gerade weil (familien-)gerichtliche *Ausreise-
verbote* den zur Verbringung des Kindes ins Ausland entschlossenen Elternteil nicht
schrecken, die Anordnung der *Paßhinterlegung* unzulässig ist und eine *regelmäßige
Umgangsüberwachung* (beschützter Umgang) ausländische Elternteile diskriminiert
(im Fall BGH FamRZ 1999, 651 hatten selbst regelmäßige Kontrollbesuche des Jugendamtes nur den
Eindruck vollständigen Wohlverhaltens bestätigt), bedarf es eines generalpräventiven strafrechtlichen Schutzes (BGH FamRZ 1999, 651, 652), der dem tatbereiten Elternteil vor
Augen führt, daß er bei seiner Wiedereinreise nicht nur mit – im Kindesinteresse
sanftem – familiengerichtlichen Tadel, sondern mit Freiheitsstrafe zu rechnen hat.

**3.     Zweck und Bedeutung des Umgangsrechts**

**a)     Umgangssituation**
Das Bestehen des Umgangsrechts des Kindes und der Eltern ist zwar nach der  **29**
Neufassung des Abs 1 im Gegensatz zu § 1634 aF und § 1711 aF nicht mehr auf
die typischen Konfliktsituationen der Trennung oder Scheidung der Eltern bzw
der Kindschaft ohne Ehe und ohne Zusammenleben der Eltern fixiert. Es entfaltet
jedoch rein tatsächlich seine **praktische Funktion** auch weiterhin in Situationen des
elterlichen Konflikts. Solange die Eltern mit dem Kind zusammenleben, erfüllt sich
das Umgangsrecht von selbst. Daß Art 6 Abs 2 GG gerade in der Konfliktsituation
das natürliche Elternrecht und das aus ihm fließende Umgangsrecht schützt, ist in der
bereits erörterten Entwicklung der Rechtsprechung des BVerfG anerkannt (BVerfGE
31, 194; BVerfGE 61, 358; BVerfGE 92, 158).

### b) Primärer Zweck: Pflege der Beziehung

**30** Die Anerkennung des hohen Schutzmaßstabs des Art 6 Abs 2 GG für das Umgangsrecht beruht auf der Erkenntnis einer **überragenden Bedeutung** des Umgangsrechts
für die Entwicklung des Kindes, die der Gesetzgeber nunmehr in § 1626 Abs 3 zum
programmatischen Grundsatz erhoben hat.

**aa)** Ausgangspunkt der heute ganz einhelligen Beschreibung des **primären Zwecks**
des Umgangsrechts ist die genannte Entscheidung des BGH vom 21. 10. 1964 (BGHZ
42, 364), in der das Gericht die bis heute wesentlichen Gesichtspunkte nennt: Das
Umgangsrecht solle „dem Umgangsberechtigten…ermöglichen, sich von dem körperlichen und geistigen Befinden des Kindes und seiner Entwicklung durch Augen-
schein und gegenseitige Aussprache fortlaufend zu überzeugen, die verwandtschaftlichen **Beziehungen zu dem Kind aufrechtzuerhalten**, einer Entfremdung vorzubeugen
sowie dem gegenseitigen Liebesbedürfnis Rechnung zu tragen" (vgl BVerfGE 31, 194,
205; ebenso: BGH FamRZ 1975, 103; BGH FamRZ 1984, 778; BGH FamRZ 1999, 651, 652; OLG
Celle FamRZ 1989, 1194, 1195; OLG Celle FamRZ 1998, 971, 972; OLG Celle FamRZ 1998, 1458,
1459; OLG Hamm FamRZ 1996, 424; OLG Hamm FamRZ 1997, 1095, 1096; ähnlich auch OLG
Hamm FamRZ 1994, 57; OLG Karlsruhe FuR 1998, 270, 272; OLG Nürnberg 12. 6. 1995 7 UF 1680/95
JURIS; OLG Thüringen FamRZ 1996, 359 [1]; OLG Thüringen FamRZ 1996, 359 [2], 360; PALANDT/
DIEDERICHSEN Rn 9; MünchKomm/HINZ § 1634 aF Rn 15; SOERGEL/STRÄTZ § 1634 aF Rn 11; JO-
HANNSSEN/HENRICH/JAEGER Rn 3; Nachw zur älteren Rechtsprechung bei STAUDINGER/PESCHEL-
GUTZEIT[12] § 1634 aF Rn 43).

**31 bb)** Zum Teil wird in der jüngeren Rechtsprechung als Zweck auch formuliert, das
Umgangsrecht diene (nach einer längeren Trennung vom Kind) dem Zweck „die
verwandtschaftlichen **Beziehungen zu ihm anzuknüpfen**, so einer Verfestigung der
bereits eingetretenen *Entfremdung entgegenzuwirken….*" (OLG Hamm FamRZ 1997,
307; vgl auch OLG Hamm FamRZ 1993, 1233, 1234; OLG Braunschweig FamRZ 1999, 185). Dies
macht zutreffend deutlich, daß auch im Fall einer schon eingetretenen, oft durch den
anderen Elternteil begünstigten Entfremdung das Kindeswohl nach einer *Herstellung*
des wünschenswerten Kontaktes zu beiden Eltern verlangt, daß also eine Resignation
gegenüber dem sich bereits anbahnenden Schaden für das Kindeswohl nicht angebracht ist.

**32 cc)** Die Aufnahme der vom BGH geprägten Begründungsformel durch die Rechtsprechung ist jenseits solcher Entwicklungsversuche geprägt von einer auffälligen
**Formelhaftigkeit**. Das Zitat der Zweckformel steht meist in eher losem Zusammenhang zu der nachfolgenden Einzelfallentscheidung. Sie hält regelmäßig dem den
Umgang ablehnenden Elternteil die Autorität von Bundesgerichtshof und Gesetz
als Beleg für die Aussage entgegen, *daß* der Umgang dem Kindeswohl dient. Die
Formel sagt aber nicht, *warum* dies so ist. Auch wenn ohne psychologisches Fach-
wissen jedermann dem Ansatz zustimmen wird, daß eine Beziehung zu beiden Elternteilen dem Kindeswohl förderlich ist, ist „Beziehung" mehr als bloßer formali-
sierter Umgangskontakt. Die **gedeihliche Beziehung** zum Umgangselternteil aber
kann in Frage gestellt sein, wenn die Eltern sie nicht weitgehend konfliktfrei bejahen
und gestalten (MünchKomm/HINZ § 1634 aF Rn 15).

Die eigentlich zu beantwortende Frage ist also, warum **trotz der Konfliktträchtigkeit**
eines konkret eingeforderten Umgangs dieser Umgang dem Kindeswohl dient. Die

Antwort hierauf mag in der Formel des BGH mitschwingen, weil wie selbstverständlich davon ausgegangen wird, daß die gemeinsame Aussprache und die Pflege der verwandtschaftlichen Beziehung das Kind in irgendeiner Weise in seiner Entwicklung voranbringt. Deutlicher wird die Antwort auf das Warum daher nicht von ungefähr in Entscheidungen zum Umgang nach § 1711 aF, weil hinsichtlich des nichtehelichen Vaters nach altem Recht die Förderlichkeit und damit der konkrete Nutzen für das Kindeswohl begründungsbedürftig war. Insoweit wurde in jüngerer Zeit verschiedentlich auf die Bedeutung einer *Vaterfigur* als einer der beiden für die Kindesentwicklung erforderlichen *Identifikationspersonen* für das *Selbstverständnis* und das *Wesen des Menschen* hingewiesen (OLG Braunschweig FamRZ 1999, 185: gesunde Entwicklung, Identifikationspersonen; OLG Köln FamRZ 1998, 1463: Identitätsfindung, Partnerschaftsfähigkeit; LG Offenburg FamRZ 1996, 239, 240: Wesen des Menschen, Definition der Identität; LG Arnsberg DAVorm 1996, 205, 206: Selbstverständnis, Vaterfigur; AG Osnabrück: DAVorm 1997, 422, 423: Selbstverständnis). Diese Hinweise entstammen im übrigen regelmäßig den im jeweiligen Verfahren eingeholten *Sachverständigengutachten*. Sie geben aber vor allem eine plausible Antwort auf die Frage, warum die vom BGH aufgestellte Zweckformel richtig ist: Es geht um die Anerkennung der Bedeutung des Kontakts zu beiden Eltern für die **Sozialisation des Kindes** (Johannsen/Henrich/Jaeger Rn 3 aE). Nahe kommt der BGH der Wurzel dieser Begründung wohl am ehesten mit dem Begründungstopos „Liebesbedürfnis", der übrigens von manchen der zitierten Entscheidungen – wohl wegen seiner schweren juristischen Faßbarkeit – nicht mitzitiert wird (zur „Liebe" im Kindschaftsrecht: Koeppel FamRZ 1992, 31; vgl auch die Präambel zur UN-KRK).

Die Rechtsprechung und nunmehr auch § 1626 Abs 3 stellen diese Bedeutung zu Recht über die vordergründige Konfliktvermeidung im Streit um das Umgangsrecht.

### c) Der kindespsychologische Hintergrund

**aa)** Der in der Rechtsprechung erzielte Konsens, daß **Beziehungen** des Kindes zu **33** dem Elternteil, bei dem es nicht lebt, grundsätzlich von vorrangigem Wert für die Sozialisation des Kindes sind, war weder aus juristischer noch aus **psychologischer Sicht** unumstritten. Diese Sicht aber ist für die juristische Rechtfertigung der Zweckformel von ausschlaggebender Bedeutung: Die Orientierung der Gestaltung des Umgangsrechts am **Kindeswohl**, welches als ein unbestimmter Rechtsbegriff ohne juristisch-vorexistente Begriffsausfüllung ist, kann mit juristischem Werkzeug nicht bewältigt werden. Die Lebenserfahrung des Richters hilft gerade für die Frage nach der Sozialisationsbedeutung im Widerstreit mit dem Konfliktpotential nicht weiter. Der Richter ist damit angewiesen, das maßgebliche Erfahrungswissen der Medizin und der Psychologie zu erfassen und in die juristische Regelung der Lebensverhältnisse des Kindes umzusetzen (Coester, Das Kindeswohl als Rechtsbegriff 163).

**bb)** Insoweit war zunächst eine starke Strömung feststellbar, die zu einer *restriktiven Haltung* im Konflikt der Eltern riet, um das Kind nicht dem Elternkonflikt **34** auszusetzen und **Loyalitätskonflikte** zu vermeiden. Das durch die Trennung und Scheidung der Eltern ohnehin verunsicherte Kind werde überfordert, wenn es anläßlich des Umgangs die noch nicht verarbeiteten Konflikte der Eltern erfahren und aushalten müsse (Becker ZfJ 1972, 124; ders RdJ 1975, 344; Dellian FamRZ 1969, 365; Dickmeis ZfJ 1982, 271, 280; Ell DAVorm 1986, 745; Lempp NJW 1963, 1659; ders NJW 1964, 440; ders NJW 1972, 315, 317 f; ders ZfJ 1974, 124, 132; ders ZfJ 1981, 283, 286; ders JbRSoz 1987, 137; Giesen

NJW 1972, 235; DUNZ NJW 1965, 862; STEFFEN ZfJ 1979, 129, 133; STRÄTZ FamRZ 1975, 541, 546; VOLLERTSEN ZfJ 1977, 230 f; ältere Nachw bei STAUDINGER/PESCHEL-GUTZEIT[12] § 1634 aF Rn 46).

**35 cc)**  Die jüngere Entwicklung der psychologischen Untersuchung des Verhältnisses von Kindern zu den sie nicht primär betreuenden Elternteilen weist hingegen deutlicher auf die Notwendigkeit hin, trotz der Widerstände des alleinerziehenden Elternteils (überwiegend die Mutter) dem Kind den Kontakt zum anderen Elternteil (meist der Vater) **soweit als möglich zu erhalten** (FTHENAKIS, Väter Bd 2, 60, 77; COESTER, Das Kindeswohl als Rechtsbegriff 181 m Nachw; KLENNER FamRZ 1995, 1529; MACKSCHEIDT FamRZ 1993, 254; WICHMANN FuR 1996, 161; deutlich auch OLG Bamberg ZfJ 1996, 194, 196: „möglichst viel vom ... besten Erziehungsmodell erhalten"). Die Grundlage dieser Forderung wird allgemein in der Bedeutung von Vater und Mutter als Beziehungspersonen beiderlei Geschlechts für die **Sozialisation** des Kindes gesehen. Die Forschung nach den Ursachen von *Sozialisationsdefiziten* von Kindern alleinerziehender Eltern (aus Sicht der Vaterrolle detailliert beschrieben von FTHENAKIS, Väter Bd 1, 290 ff, 358 ff) ist ohne Zweifel in fortwährender Bewegung. Insbesondere stellt sich die Frage, ob das Faktum des Alleinerziehens (*monokausale Sicht*) oder ein mit dem Konflikt der Eltern und nur mittelbar mit dem Alleinerziehen zusammenhängendes Ursachenbündel (*multikausale Sicht*) für die Mängel in der Sozialisation ausschlaggebend ist. Dennoch wird auch von Stimmen, welche das Argument der Sozialisation des Kindes relativieren, nicht bestritten, daß grundsätzlich der Kontakt zu dem nicht primär erziehenden Elternteil einen fördernden Einfluß auf die Sozialisation des Kindes hat (NAVE-HERZ FuR 1995, 102 m Nachw).

**36 dd)**  Die Verfeinerung der psychologischen Erforschung dieser Bedeutung für das Kind ändert aus juristischer Sicht nichts an der *grundsätzlichen* Zweckhaftigkeit. Sie macht allerdings die Entscheidung des Richters zunehmend mehr abhängig von **fachkundigem Rat im Einzelfall**. Aus dem schwergewichtig und programmatisch formulierten primären Zweck des Umgangsrechts (oben Rn 30) läßt sich für den Einzelfall nur die Folgerung ziehen, welche der Gesetzgeber des KindRG nunmehr als Grundsatz formuliert hat: Im Prinzip nützt der Umgang mit beiden Eltern dem Kindeswohl. Jenseits dieses Grundsatzes kann der Richter nur in extremen Fällen Grundregeln oder Erfahrungswerte seines juristischen Erfahrungshorizonts zugrundelegen. Meist wird er sich darauf beschränken müssen, die Qualität der sachverständigen Beratung nachzuvollziehen und zu überprüfen.

**d)  Insbesondere: das PAS (Parental Alienation Syndrom)**

**37 aa)**  Seit kurzer Zeit wird in der Rechtsprechung zum Umgangsrecht ein **psychologisches Phänomen** erörtert, das bereits seit längerem in den USA beschrieben wird (die Bezeichnung geht zurück auf GARDNER, The Parental Alienation Syndrome [1992]; näher zur US-amerikanischen Literatur und zur Aufnahme in der Rechtsprechung in den USA: OFUATEY-KODJOE/KOEPPEL DAVorm 1998, 9, 11 f, 21 ff), in das deutsche juristische Schrifttum jedoch erst durch einen Beitrag von OFUATEY-KODJOE/KOEPPEL (DAVorm 1998, 9; dies KindPrax 1998, 138; eine detaillierte Beschreibung der Thesen von GARDNER findet sich bei LEITNER/SCHOELER DAVorm 1998, 850; vgl auch SCHRÖDER FamRZ 2000, 592) eingeführt wurde: Das **Parental Alienation Syndrom (PAS)** beschreibt eine in ihren Symptomen jedem mit Sorgerechts- und Umgangssachen befaßten Richter als solche bekannte kindliche Verhaltensweise im Elternkonflikt (PAS-orientierte Entscheidungen ohne bewußte Kenntnis des

Phänomens nennen OFUATEY-KODJOE/KOEPPEL DAVorm 1998, 9, 23 f) erstmals als Phänomen mit *Krankheitswert.*

Das **Phänomen** ist bekannt: Das Kind wendet sich einem (regelmäßig dem betreuenden) Elternteil zu, den das Kind in der gerichtlichen Anhörung kritiklos und -unfähig als den „guten" Elternteil idealisiert, während es den anderen unreflektiert und begründungsunfähig verteufelt, aus seinem Leben streicht und dies alles, selbst im Vorschulalter, unter Verwendung höchst altersunangemessener Ausdrucksformen als „eigene Meinung" präsentiert (teilweise wird Kritik an der Verwendung „kriegerischer" Begriffe zur Beschreibung der als Phänomen feststellbaren Feindseligkeiten geübt, REXILIUS KindPrax 1999, 149, 154; aus psychologischer Sicht mag eine sofortige Objektivierung des wahrgenommenen Verhaltens richtig und möglich sein; der verfahrensbeteiligte Jurist erfährt freilich als psychologischer Laie – nur von außen betrachtet – „kriegerische" Verhaltensweisen des Kindes). Etwa 11% aller Kinder lehnen den Kontakt zu einem Elternteil in dieser Weise rigoros ab (REXILIUS KindPrax 1999, 149, 150).

Dieses Verhalten des Kindes ist nach den Vertretern des PAS getragen von einem hochgradigen **Wahrnehmungsverlust** des Kindes, der verursacht wird durch eine **Solidarisierung** mit dem bewußt oder unbewußt die Trennung nicht verarbeitenden und das Kind **programmierenden Elternteil**. Diese Programmierung kann schuldlos sein, sie kann aber auch gezielt stattfinden (zum Entfernen des Bildes des anderen Elternteils – im realen und übertragenen Sinn – KOEPPEL ZfJ 1999, 137). Das Kind wird instrumentalisiert, um die eigenen emotionalen Bedürfnisse des betreuenden Elternteils zu befriedigen und dessen Emotionen auszudrücken.

PAS wirkt sich hiernach bei vielen Kindern in Spätfolgen unmittelbar auf die *Individuation*, den Prozeß der Selbstdefinition aus. Sie können den bis zum 3. Lebensjahr erforderlichen Schritt der Vereinigung ihrer eigenen „guten" und „bösen" Seiten zu einem starken Selbst nicht vollziehen und leiden unter Ablösungsproblemen von *beiden* Elternteilen während der Pubertät (zu den Symptomen von PAS: KODJOE/KOEPPEL KindPrax 1998, 138, 140; REXILIUS KindPrax 1999, 149, 150 ff; einen Fall schildert KODJOE KindPrax 1998, 172).

Die wesentliche **rechtliche Dimension** besteht darin, daß für Fälle eines PAS eine ältere Tendenz der Umgangsregelung erschüttert, in schweren Fällen umgestoßen wird. Das Phänomen darf danach nicht Anlaß geben, das Umgangsrecht des vom Kind abgelehnten Elternteils (der selbst Opfer dieser Entwicklung ist) auszuschließen. Vielmehr ist das Verhalten des Kindes Folge der Konzentration auf den Elternteil, bei dem das Kind lebt und der Umgangsverhinderung durch diesen. Die Zeit arbeitet also nicht, wie früher nicht selten argumentiert, *für* eine Stabilisierung der Lage des Kindes; vielmehr kann nur eine schnelle gerichtliche Umgangsregelung die Traumatisierung des Kindes auffangen und abbauen. Auf das PAS darf nicht damit reagiert werden, daß das Kind unter der Beeinflussung des betreuenden Elternteils verbleibt und gar das Umgangsrecht des anderen Elternteils eingeschränkt wird; das häufig hierfür behauptete Argument, das Kind müsse „zur Ruhe kommen" ist falsch, denn es verfestigt die Situation von Abhängigkeit und Beeinflussung. Vielmehr ist auf ein festgestelltes PAS mit abgestuften juristischen Mitteln *gegenüber dem betreuenden Elternteil* zu reagieren, wobei je nach der Schwere des Syndroms (es werden von GARDNER drei Stufen unterschieden) die vorgeschlagenen Maßnahmen von der *Empfehlung einer Therapie* (leichte Fälle) über die *Verhängung von Zwangsgeld* zur Erzwingung des Umgangs (mittlere Fälle) bis hin zur *sofortigen Entziehung des Aufenthaltsbestimmungsrechts* und Übertragung auf einen Pfleger oder den Umgangselternteil reichen (LEITNER/SCHOELER DAVorm 1998, 849, 855 ff). Dabei ist darauf zu achten, daß die gegen den betreuenden umgangsvereitelnden Elternteil gerichteten Maßnahmen diesen nicht allzusehr in eine „Opferrolle" bringen, weil hierdurch das Kind in seiner programmierten Ablehnung des Umgangs bestätigt werden könnte; das schließt allerdings vorübergehende Eingriffe in das Sorgerecht (Umgangspflegschaft, WEISBRODT KindPrax 2000, 9, 14) und Vollstreckungsmaßnahmen, die das Kind nicht unmittelbar wahrnimmt (Zwangsgeld), nicht aus.

In schweren Fällen nicht einzugreifen, bedeute nahezu zwangsläufig eine lebenslange Entfremdung des Kindes zu dem Umgangselternteil (GARDNER DAVorm 1998, 862).

**38 bb)** Die Theorie hat einerseits bemerkenswert schnell Eingang in die **Rechtsprechung** zum Umgangsrecht gefunden, was wohl nicht primär als Mode abzutun ist (vgl aber AG Zossen DAVorm 1999, 143, wo PAS eher als Schmuckzitat dem Verfahrenspfleger zur Beachtung aufgegeben wird). Die schnelle Akzeptanz von PAS in der Rechtsprechung macht wohl eher deutlich, daß ein, einem „verständigen" Menschen in der richterlichen Normalsituation wohlbekanntes, aber unfaßbares Phänomen durch seine Benennung greifbar geworden ist. Die kindeswohlorientierte Legitimation der richterlichen Entscheidungen gegen den „guten" Elternteil bis hin zu der Feststellung, daß diesem insoweit die erforderliche Erziehungseignung fehlt (OLG Celle FamRZ 1998, 1045; OLG Frankfurt/Main ZfJ 1998, 343, 344; OLG Nürnberg 15. 6. 1998, 10 UF 441/98 unveröff; OLG München FamRZ 1997, 45; OLG Zweibrücken DAVorm 1999, 783 zur Vermittlung bei Indizien für PAS), sind nicht neu, ihre Begründung scheint allerdings durch die Beschreibung des kindeswohlschädlichen Phänomens, über dessen *Krankheitswert* Streit besteht (vgl dazu REXILIUS KindPrax 1999, 149, 154) erheblich erleichtert. Hervorzuheben ist, daß das mit PAS beschriebene Trennungstrauma in einer Entscheidung des AG Rinteln (ZfJ 1998, 344, 345) auch im Verhältnis nicht verheirateter Eltern, noch zu § 1711 aF, als relevant angesehen wird.

**39 cc)** Andererseits ist heftige **Kritik** an den „Erfindern und Propagandisten des PAS" (GERTH KindPrax 1998, 171) laut geworden, die das Syndrom als solches leugnet oder doch als Simplizifierung der Ursache der Konfliktdynamik zwischen streitenden Eltern und als Rückschritt gegenüber einer differenzierten Betrachtungsweise ablehnt (SALZGEBER/STADLER/SCHMIDT/PARTALE KindPrax 1999, 107). Streitpunkt ist insbesondere die von Vertretern des PAS als wesentliche Ursache beschriebene (bewußte oder unbewußte) **Programmierung** des Kindes durch den das Kind betreuenden „guten" Elternteil und die Gefahr einer Katalogisierung von Elternteilen als „gut" und „böse" (REXILIUS KindPrax 1999, 149, 156). Die Vorwürfe sind zum Teil gesellschaftspolitisch geprägt, so die Behauptung, die Beschreibung des PAS richte sich vorwiegend geschlechtsspezifisch gegen Mütter (so GERTH aaO mit typisierender Stimmungmache durch Hinweise auf Väter, die sich „aus dem Staub machen"; OLG Frankfurt/Main ZfJ 1998, 343, die erste oberlandesgerichtliche Entscheidung zu PAS, betrifft übrigens einen PAS-verursachenden Vater); oder Befürchtung, die Propagierung von PAS sei ein Weg zur ökonomischen Lösung sozialer Probleme in einem rauher werdenden Sozialklima (REXILIUS KindPrax 1999, 149, 155, ist alles „neoliberal", was zu Mittelkürzungen in der Sozialarbeit führt?). Der Kritik ist entgegenzuhalten, daß in der Tat eine Sicht der Dinge, die alle Beteiligten als gut, nur das Schicksal als schlecht ansieht, dem Kindeswohl nicht nützt. Man kann das Phänomen der Schädigung des Kindeswohls durch einen Elternteil, mag dieser bewußt, aus Schwäche, oder subjektiv im besten Willen handeln, nicht negieren, nur weil der Vorhalt der – objektiven – Kindeswohlschädigung diesen Elternteil stigmatisiert. Auch kann man in der Beschreibung von PAS keinen gezielten Angriff auf Frauen erkennen, weil angesichts der in der Praxis häufigen Übertragung des Sorgerechts auf die Mutter diese auch potentiell am stärksten in die Gefahr gerät, der programmierende Elternteil zu werden.

Selbstverständlich darf PAS nun nicht zur modischen und eindimensionalen Erklärung des kindlichen Verhaltens im Trennungsprozeß der Eltern werden: Es gibt außer der Programmierung durch den betreuenden Elternteil im Sinn von PAS (die übrigens SALZGEBER/STADLER/SCHMIDT/PARTALE KindPrax 1999, 107, 110 als eine mögliche Ablehnungsursache nicht bestreiten, sondern mit weiteren Nachweisen belegen) **weitere Ursachen für ähnliche Verhaltensmuster,** die im Kind selbst oder bei einem (auch den Umgang begehrenden) Elternteil liegen können. Insbesondere darf die Erkenntnis, daß es die beschriebene Programmierung des Kindes gibt – was bei aller Diskussion unbestritten zu sein scheint –, nicht davon ablenken, daß das den Kontakt zu einem Elternteil ablehnende Kind hierfür häufig eigene – bewußte oder unbewußte – Gründe hat, die ernst zu nehmen sind; was nicht gleichbedeutend damit sein darf, dem ausgedrückten, aber dem Kindeswohl schädlichen Willen auch zu folgen (REXILIUS KindPrax 1999, 149, 152; die Möglichkeit zu einer Unterscheidung bezweifeln dagegen LEHMKUHL/LEHMKUHL KindPrax 1999, 159, 161).

Nach dem derzeitigen Diskussionsstand um PAS erscheint es jedenfalls verdienstvoll, daß ein in besonderer Weise für das Kindeswohl gefährlicher Zusammenhang zwischen Umgangsversagung und Sozialisation des Kindes faßbar gemacht wurde (was selbst Kritiker einräumen: REXILIUS KindPrax 1999, 149, 158: „Hartnäckigkeit beim Bemühen, das Kindeswohl zur fachlichen Handlungsmaxime zu machen"); das Wissen um die Möglichkeit einer Programmierung des Kindes stärkt das Bewußtsein von der Bedeutung des Umgangsrechts und reduziert die Gefahr von *Resignationsentscheidungen* in Blockadefällen. Vor allem aber wird man die Beachtlichkeit des ablehnenden *Kindeswillens* nicht unbesehen mit dem Persönlichkeitsrecht begründen können. Wenn zu befürchten ist, daß das Kind im Einzelfall programmiert ist und daher zu einer annähernd freien Bildung seines Willens nicht mehr in der Lage ist, fordert das Persönlichkeitsrecht die Wiederherstellung der Willensfreiheit, nicht aber die Beachtung der programmierten Ablehnungshaltung. Das Bewußtsein, daß dem Richter in seiner – insoweit laienhaften – Wertung vertraut erscheinende Phänomene auch andere Ursachen haben können, macht *sachverständige Hilfe* noch mehr erforderlich. Selbstdiagnose durch das Gericht anhand eines Symptomkatalogs ist nicht angezeigt.

### e)    **Weitere Zwecke**
**aa)**    Verbreitet wird dem Umgangsrecht als weiterer Zweck eine in die Zukunft **40** wirkende **Vorsorge** für den Fall unterlegt, daß der Umgangselternteil **wegen Ausfalls des Sorgeelternteils** (wieder) die elterliche Sorge übernehmen müsse. Die Wahrnehmung des Umgangsrechts könne die nötige Umstellung des Kindes und die Hinwendung zu dem wieder sorgeberechtigten Elternteil erleichtern (BVerfGE 64, 180; BGH FamRZ 1984, 778, 779; OLG Bamberg FamRZ 1984, 507; JOHANNSEN/HENRICH/JAEGER Rn 4).

Diese, vom BGH jüngst (BGH FamRZ 1999, 651, 652) treffend als **„Reserveelternteil"** beschriebene Funktion mag für den Juristen den Reiz des argumentativ Belegbaren im diffusen Umfeld des Kindeswohls haben. Als *eigenständige* Begründung eines Nebenzwecks des Umgangsrechts taugt sie wohl nicht: Die Chance, bei Ausfall eines Elternteils einen anderen das Kind betreuenden Elternteil zu haben, ist Element der Sozialisation des Kindes. Man mag sie formal trennen von dem Hineinwachsen in die Fähigkeit, als eigenverantwortlicher Mensch sein Leben in der Gesellschaft zu gestalten. Inhaltlich aber ist die später denkbare Alleinerziehung durch den aktuellen Umgangselternteil nur einer der vielen Fälle, in denen sich die durch den ausgeübten Umgang geförderte Stetigkeit der Beziehung zum Umgangselternteil (so in diesem Kontext MünchKomm/HINZ § 1634 aF Rn 1 d) als ein Teil der Sozialisation des Kindes erweist.

Überdies bestehen auch wegen des seit Inkrafttreten des KindRG veränderten Verhältnisses des Umgangsrechts zum Sorgerecht Bedenken gegen eine isolierte Argumentation mit diesem weiteren Zweck: Die Möglichkeit des Umgangsrechts bei gemeinsamer Sorge zeigt jedenfalls, daß es auch hier nicht um die formale Sorge*berechtigung* geht, sondern um die tatsächliche Kindes*betreuung*.

Schließlich könnte dieses Argument gegen den nicht mit der Mutter verheirateten Vater zurückschlagen, dem, was nicht zu billigen ist, das KindRG gerade bei Ausfall der alleine sorgeberechtigten Mutter nur eine gegenüber vorheriger gemeinsamer Sorge eingeschränkte Chance der Übernahme der elterlichen Sorge zumißt (§§ 1678 Abs 1 HS 2 und Abs 2; 1680 Abs 2 S 2). Der Umgang mit dem Vater ist nicht deshalb dem Kindeswohl förderlich, weil das Gesetz den Vater als Reserve-Sorgeberechtigten vorsieht und er ist auch nicht weniger förderlich, wo das Gesetz diesen Reservegedanken nur eingeschränkt verwirklicht.

Freilich zeigt gerade der Blick auf den nicht mit der Mutter verheirateten Vater, daß der Aspekt des „Reserveelternteils" durchaus nützlich sein kann, um das Bedürfnis des Juristen nach greifbaren Konsequenzen zu befriedigen: Einem Vater, der regelmäßig das Umgangsrecht ausüben konnte, wird bei gehöriger Berücksichtigung des Kindeswohls bei Ausfall der Mutter regelmäßig das Sorgerecht zu übertragen sein.

**41  bb)**  Verbreitet wird vertreten, das Umgangsrecht diene nicht der **Miterziehung** des Kindes durch den Umgangselternteil (BGHZ 42, 364; LG Tübingen DAVorm 1974, 193; SOERGEL/STRÄTZ § 1634 aF Rn 11; JOHANNSEN/HENRICH/JAEGER Rn 4; PALANDT/DIEDERICHSEN Rn 9). Selbst wenn man nach der Neufassung des § 1684 diese These selbstverständlich auf den Fall der *alleinigen* elterlichen Sorge des Elternteils reduziert, bei dem das Kind lebt, erweist sie sich nur auf den ersten Blick als plausibel. Betrachtet man das Verhältnis von Sorgerecht und Umgangsrecht juristisch-technisch, so lassen sich anscheinend Erziehung und Umgang voneinander trennen. Dies mag insoweit richtig sein, als der Umgangselternteil schon mit Rücksicht auf die *Wohlverhaltensklausel* (Abs 2 S 1 HS 2) eine *gegenläufige Erziehung* zu vermeiden hat (KG FamRZ 1980, 399; BayObLGZ 1961, 119). Das gilt aber auch dann, wenn der Umgangselternteil selbst Mitinhaber des Sorgerechts ist; nur wird in diesem Fall ohne weiteres deutlich, daß auch den Elternteil, bei dem das Kind lebt, eine Einigungs- und Wohlverhaltenspflicht gegenüber der Erziehung durch den Umgangselternteil trifft.

Eine vollständige Erziehungsdominanz des sorgeberechtigten Elternteils herzuleiten, erscheint aber nach dem **Sozialisationszweck** des Umgangsrechts ausgeschlossen.
*Erziehung* ist nichts anderes ist als *Sozialisation* und deshalb ein der Sozialisation
dienendes Umgangsrecht ohne erzieherische Einflüsse nicht vorstellbar. Vielmehr
nimmt der Umgangselternteil schon dadurch, daß er als Elternteil mit Beispielfunk-
tion in das Leben des Kindes tritt, an der Erziehung des Kindes teil. Mit Letztent-
scheidungsbefugnis durch Erteilung von Anordnungen im Einzelfall läßt sich die
Frage des erzieherischen Einflusses im Verhältnis von Sorgerecht und Umgangsrecht
nicht bewältigen.

Schon bei eher banalen, einer klaren Bestimmung noch zugänglichen Erziehungsfragen, wie der Mitfahrt eines Sohnes auf dem *Motorrad* des Vaters während des
Umganges (OLG München FamRZ 1998, 974) zeigt sich, daß das Verbot der sorge-
rechtigten Mutter einer Überprüfung auf die Kindeswohldienlichkeit bedarf und ggf
mit fortschreitendem Alter des Sohnes nicht mehr zu billigen ist (Identifikations-
funktion!). Umso weniger gewährleisten bei eher grundsätzlichen Fragen wie der
*religiösen Erziehung* ein Entscheidungsvorrang und Beeinflussungsverbote die Funktion des Umgangs (zutreffend OLG Nürnberg 12. 6. 1995 7 UF 1680/95: keine Auflage an den den
Zeugen Jehovas anhängenden Vater, jede religiöse Erziehung des Kindes zu unterlassen, wenn der
Vater kindeswohlbewußt handelt; dort auch zu einer „Süßigkeitenverbotsauflage"; anders noch AG
Hagen DAVorm 1968, 191). Auch eine altersangemessene Vielfalt der Erfahrung von
Überzeugungen ist Teil einer angemessenen Erziehung; kindeswohlschädlich wird
sie, wenn das Kind einem unangemessenen Konflikt ausgesetzt wird.

**cc)**    Ebenso verbreitet wird angenommen, das Umgangsrecht diene nicht der **Über-** **42**
**wachung** der Erziehung durch den Sorgeberechtigten durch den Umgangsberechtig-
ten sowie seiner **Kontrolle** (KG FamRZ 1980, 399; OLG Stuttgart FamRZ 1966, 256, 258;
Johannsen/Henrich/Jaeger Rn 4; Soergel/Strätz § 1634 aF Rn 11; Palandt/Diederichsen
Rn 9; zahlr Nachw zur älteren Rechtsprechung bei Staudinger/Peschel-Gutzeit[12] § 1634 aF
Rn 49). Auch dem kann nur mit Einschränkungen gefolgt werden:

Die Ausübung des Umgangsrechts gibt jedenfalls **faktisch** dem umgangsberechtigten
Elternteil die Gelegenheit, sich von der Situation des Kindes ein Bild zu machen.
Diese Funktion ist nicht nur zufälliger Reflex der Ausübung des Umgangsrechts,
sondern Teil der ausdrücklich in der Zweckformel des BGH (oben Rn 30) beschriebenen Funktion.

In diesem Rahmen besteht aber nicht nur die Möglichkeit, sondern aufgrund der
**elterlichen Verantwortung** (MünchKomm/Hinz § 1634 aF Rn 16; Giesen NJW 1972, 225, 227)
die Pflicht des Umgangsberechtigten, bei Feststellung von Erziehungs- und Entwick-
lungsmängeln des Kindes auf eine Änderung sorgerechtlicher Regelungen nach
§ 1696 hinzuwirken. Auch der allein Sorgeberechtigte erzieht nicht im Raum freier
Willkür, sondern nur in Ausübung der am Kindeswohl orientierten elterlichen Verantwortung. Es wäre gänzlich widersprüchlich, anzunehmen, der Umgangsberechtigte als weiterer Inhaber der von Art 6 Abs 2 S 1 GG geschützten elterlichen Verantwortung hätte sich der Überwachung des Kindeswohls zu enthalten, während der
Staat, dem gegenüber der Umgangsberechtigte nach der Wertung des Art 6 Abs 2
eindeutig *vorrangig* ist, notfalls sein Wächteramt im Rahmen des § 1666 auszuüben
hätte.

Im übrigen steht diese These im Widerspruch zur Grundlegung des **Auskunftsrechts** aus § 1686 – jedenfalls in seiner ursprünglich vom Gesetzgeber vorgestellten Funktion als *Surrogat* eines fehlenden oder beschränkten Umgangsrechts (BT-Drucks 8/2788, 55). Auskunft dient nicht der Befriedigung ungerichteter Neugier des Auskunft begehrenden Elternteils, sondern der Erlangung von Kenntnissen über die Entwicklung des Kindes. Die Berechtigung kann letztlich nur darin gesehen werden, daß ein Rest elterlicher Verantwortung erfüllt wird, der nur dann sinnvoll erfüllbar ist, wenn erforderlichenfalls aus der erlangten Kenntnis auch Konsequenzen iSd § 1696 gezogen werden können.

Das Umgangsrecht dient allerdings nicht einer, den Sorgeberechtigten zum jederzeitigen Konsens zwingenden Kontrolle iSd § 1627; es ist aber auch nicht, wie das staatliche Wächteramt, durch die äußerste Grenze des § 1666 bestimmt. Die Intensität beschreibt vielmehr **§ 1696 Abs 1**: Wenn ein Erziehungs- oder Entwicklungsmangel das Wohl des Kindes *nachhaltig* berührt, darf (und muß) der Umgangsberechtigte auf eine Änderung der familiengerichtlichen Regelung hinwirken. Dies mag faktisch eine Einigung über Umgangsregelungen erschweren (MünchKomm/Hinz § 1634 aF Rn 16); empfindet der Sorgeberechtigte diese Kontrolle als Zumutung, so verhält er sich freilich selbstherrlich und damit ebenso kindeswohlwidrig, wie ein Umgangsberechtigter, der mit Querulanz die Erziehungsmethoden des Sorgeberechtigten verfolgt.

Gegenüber der **gemeinsamen Sorgeberechtigung** bleibt auch nach hier vertretener Ansicht ein erheblicher Abstand: Den Rahmen des § 1696 Abs 1 füllen bei weitem nicht alle sorgerechtlichen Entscheidungen aus, für die § 1687 Abs 1 S 1 bei gemeinsamer Sorge Einvernehmen verlangt. Der Abstand dürfte sogar anwachsen, wenn sich erste Tendenzen der Rechtsprechung zu § 1687 bestätigen, die keineswegs nur Grundfragen mit weitreichender Auswirkung auf die Lebensgestaltung unter den Begriff der „erheblichen Bedeutung" subsumieren (vgl OLG Köln NJW 1999, 295: Gesundheitsbedenken bei Urlaubsreise in einen ägyptischen Badeort). Ob damit das gemeinsame Sorgerecht nicht letztlich beschädigt wird, weil es zu einer kleinlichen Kontrolle der Lebensführung des Betreuungselternteils gerät, ist hier nicht zu vertiefen.

### III.   Umgangsrecht – Rechtsnatur und Inhalt (Abs 1)

### 1.   Kindeswohlgebundenes Recht jedes Elternteils

**43   a)**   Abs 1 beschreibt das Umgangsrecht als ein **Recht des Kindes** (Abs 1 HS 1) sowie als **Recht und Pflicht jedes Elternteils** (Abs 1 HS 2). Diese Auflösung des Umgangsrechts in einzelne subjektive Rechte ist auf Kritik gestoßen. Sie sei lebensfremd und widerspreche der Tendenz zur Dynamisierung der Familienbeziehungen und presse diese ohne Notwendigkeit in ein starres Schema (Palandt/Diederichsen Rn 6). Die Kritik erscheint insoweit berechtigt, als die Natur des Umgangsrechts als kindeswohlorientiertes Pflicht-Recht am deutlichsten durch seine Formulierung als Programm (wie in § 1626 Abs 3 geschehen) zum Ausdruck gebracht werden könnte. Andererseits ist auch die elterliche Sorge trotz ihres Wandels vom Recht über das Kind zum Pflicht-Recht in § 1626 Abs 1 in vergleichbarer Weise formuliert. Hinzu kommt, daß aus der Fassung des Abs 1 durchaus konkrete Folgerungen in Ansehung der *Durchsetzbarkeit des Umgangsrechts* zu ziehen sind. Insbesondere hat der Gesetzgeber des KindRG durch die unterschiedliche Gewährung subjektiver Rechte in Abs 1 (an Kind und Eltern) und in § 1685 (an bestimmte Dritte, trotz § 1626 Abs 3 aber nicht an das Kind) bewußt eine unterschiedliche Durchsetzbarkeit des Umgangsrechts normiert. Schließlich wird die Formulierung des Umgangsrechts als subjektives Recht des Elternteils seiner aus Art 6 Abs 2 GG herzuleitenden Bedeutung, gleichermaßen als Abwehrrecht wie als Rechtsposition im Verhältnis zum Sorgerecht anderer Personen gerecht.

**b)**     In der Ausgestaltung durch das KindRG bleibt das Umgangsrecht (auch) ein – **44** einklagbares – **Recht des Elternteils** (Abs 1 HS 2). Unzutreffend ist es daher, in Abs 1 eine vollständige Abkehr vom Umgangsrecht des Elternteils zugunsten eines ausschließlichen Kindesrechts zu sehen (so aber OLG Rostock ZfJ 1999, 307). Die im Gesetzgebungsverfahren geführte Diskussion um die ausdrückliche Normierung eines Umgangsrechts des Kindes hat nie in Frage gestellt, daß das Umgangsrecht auch im Interesse des jeweiligen Elternteils als dessen eigenes Recht fortbesteht – was im übrigen mit Rücksicht auf Art 6 Abs 2 GG ohnedies nicht zweifelhaft sein kann (bemerkenswert zu dieser Frage schon unter § 1634 aF: VerwG Münster FamRZ 1996, 702). Die gesetzliche Neuformulierung des Umgangsrechts betrifft aus Sicht des Elternteils vielmehr die Verdeutlichung der ebenfalls schon seit längerem anerkannten (BVerfG NJW 1993, 2671; BGHZ 42, 364, 370; OLG Hamm FamRZ 1995, 1432; LG Offenburg FamRZ 1996, 239; MünchKomm/HINZ § 1634 aF Rn 15) Natur des Umgangsrechts als ein **Pflicht-Recht zum Wohl des Kindes**. Auch insoweit bestand völlige Einigkeit, daß grundsätzlich das Kind nicht *Objekt* eines elterlichen Anspruchs, sondern sein *Wohl* der Maßstab der Ausübung des Umgangsrechts ist. Der Regierungsentwurf wollte dies lediglich durch § 1626 Abs 3 verdeutlichen, der über seine programmatische Natur hinaus als konkrete Grundlage der Ausfüllung des Kindeswohls verstanden werden soll (BT-Drucks 13/4899, 93: „Anlaß für gerichtliche Maßnahmen nach § 1666 E bis hin zum Entzug der elterlichen Sorge"). Der Bundesrat und ihm folgend der Rechtsausschuß strebten mit der Gesetz gewordenen Fassung des § 1684 Abs 1 eine stärkere Betonung dieser an sich unumstrittenen Zentrierung auf das Kindeswohl an. In erster Linie geht es hierbei nicht um eine *Anspruchs*verlagerung auf das Kind (dazu unten Rn 57 ff) – die der Regierungsentwurf gerade als problematisch angesehen hatte –, sondern um ein Signal an beide um das Umgangsrecht streitenden Eltern (BT-Drucks 13/8511, 68; SCHWAB/WAGENITZ FamRZ 1997, 1377, 1381). Wenn das Umgangsrecht des anderen Elternteils als vorrangig im Interesse des Kindes bestehend empfunden wird, sollte der andere Elternteil in der Lage sein, den Umgang nicht als Niederlage und den Umgangsboykott nicht als Sieg im Streit um einen Anspruch zu begreifen (FamRefK/ROGNER Rn 3).

**c)**     Das Umgangsrecht des Elternteils besteht als Elternrecht im Verhältnis zum **45** anderen Elternteil und Dritten. Ihm korrespondiert jedoch **keine Pflicht des Kindes zum Umgang**. Dies wird verdeutlicht durch die Fassung des Abs 1: HS 1 nennt nur ein Recht des Kindes, HS 2 ein Recht und eine Pflicht jedes Elternteils. Dies bedeutet nicht, daß die *Ablehnung des Umgangs* durch das Kind jedenfalls der Ausübung des Umgangsrechts entgegenstünde. Der geäußerte Wille eines (insbesondere kleineren) Kindes ist nicht ohne weiteres beachtlich; ihm kann, insbesondere, wenn er nicht frei von Einflußnahme des anderen Elternteils gebildet ist, das Kindeswohl selbst entgegenstehen, weil er dann auf eine Schädigung des eigenen Wohls gerichtet ist (OLG Bamberg ZfJ 1996, 194, 196; näher dazu unten Rn 281 ff). Abs 1 HS 1 macht jedoch deutlich, daß ein Umgangsrecht nicht gegen den nachvollziehbaren und frei von Beeinflussung gebildeten Willen des Kindes durchgesetzt werden kann. Daß dem Kind keine Pflicht zum Umgang auferlegt wird, korrespondiert der Grundrechtslage: Dem Kind ist kein zu Art 6 Abs 2 GG vergleichbares Pflicht-Recht im Verhältnis zu seinen Eltern auferlegt. Soweit das Kind den Umgang nicht will, ist sein Grundrecht auf freie Entfaltung der Persönlichkeit (Art 2 Abs 1 GG) berührt. In dem Maß, in dem die Entwicklung zu einer selbstbestimmten Persönlichkeit die Beachtung des Kindeswillens erfordert, dient sie zugleich dem Kindeswohl; umgekehrt beeinträchtigt die Durchsetzung eines Umgangsrechts gegen den Kindeswillen das Kindeswohl (OLG Bamberg FamRZ 1994, 1276; OLG Thüringen FamRZ 1996, 359, 360).

**46   d)**   Das Umgangsrecht ist **höchstpersönlicher Natur**. Da dem Kindeswohl nur der Umgang mit dem Elternteil selbst dient, kann das Umgangsrecht nicht auf einen Dritten, zB ein Großelternteil oder einen sonstigen Beauftragten, übertragen werden.

**47   e)**   Das Umgangsrecht ist als solches (als „Stammrecht") **unverzichtbar**. Ein dennoch vorgenommener Verzicht ist unbeachtlich (BGH NJW 1984, 1951; BayObLGZ 1956, 191, 193; Gernhuber/Coester-Waltjen § 53 III 4; Johannsen/Henrich/Jaeger Rn 7; Münch-Komm/Hinz § 1634 aF Rn 12). Der Grundsatz der Unverzichtbarkeit des Umgangsrechts ist Teil des deutschen *ordre public* und setzt sich gegen ein ggf nach Art 21 EGBGB berufenes ausländisches Recht durch (KG DJZ 1931, 365; Palandt/Heldrich Art 6 EGBGB Rn 25).

**48   f)**   Eine Verpflichtung, von der Ausübung des Umgangsrechts abzusehen, wurde nach bisheriger Rechtslage für grundsätzlich möglich gehalten (BGH NJW 1984, 1951; Staudinger/Peschel-Gutzeit[12] § 1634 aF Rn 30). Ob dies mit Rücksicht auf die nunmehr normierte *Umgangspflicht* auch unter neuem Recht gilt, ist fraglich (dazu unten Rn 57). Jedenfalls ist eine Vereinbarung sittenwidrig und nichtig, in der ein Elternteil sich gegen eine **Gegenleistung**, zB die Freistellung von Unterhaltspflichten, verpflichtet, von der Ausübung des Umgangsrechts abzusehen, wenn also das Umgangsrecht zum Gegenstand eines Handels gemacht wird. Eine Kommerzialisierung des Umgangsrechts widerspricht dem Kindeswohl (BGH NJW 1984, 1951; Johannsen/Henrich/Jaeger Rn 13; Palandt/Diederichsen Rn 19). Im übrigen folgt die Unwirksamkeit einer solchen Vereinbarung, was das Umgangsrecht angeht, bereits daraus, daß eine frühere Vereinbarung das nach Abs 3 zur Regelung des Umgangs angerufene Familiengericht nicht bindet. Daher ist auch eine Vereinbarung, die im Gegenzug zu einem **Verzicht auf das Sorgerecht** diesem Elternteil als „Trostpflaster" ein erweitertes Umgangsrecht einräumt, im Rahmen einer gerichtlichen Regelung des Umgangs nach Abs 3 unbeachtlich (OLG Karlsruhe FuR 1998, 270).

Nicht notwendig sittenwidrig ist hingegen eine Vereinbarung, die eine **dem Kindeswohl dienende (vorübergehende) Nichtausübung** des Umgangsrecht zum Gegenstand hat und weitere Konsequenzen dieser Nichtausübung regelt (OLG Frankfurt FamRZ 1985, 596, 597, hinsichtlich einer Unterhaltsfreistellung abgrenzend zu BGH NJW 1984, 1951; Palandt/Diederichsen Rn 19). Da der Vorwurf der Sittenwidrigkeit nur aus der Kommerzialisierung des Umgangsrechts herzuleiten ist, kommt es darauf an, ob der zeitweilige Verzicht oder das Absehen von der Ausübung des Umgangsrechts am Wohl des Kindes orientiert ist oder ob er als Gegenleistung vereinbart wird.

**g)** Das Umgangsrecht **kann nicht verwirkt werden**, auch nicht durch jahrelange **49**
Nichtausübung (KG FamRZ 1985, 639; OLG Düsseldorf FamRZ 1986, 202; OLG Hamm FamRZ
1996, 424; SOERGEL/STRÄTZ § 1634 aF Rn 5; JOHANNSEN/HENRICH/JAEGER Rn 7). Die Gegenansicht (STAUDINGER/PESCHEL-GUTZEIT[12] § 1634 aF Rn 30 und 297 mNachw Rn 296 zum Ausschluß)
hält, von dem schon zu § 1634 aF vertretenen Standpunkt einer bestehenden Umgangspflicht des Elternteils ausgehend, die Annahme einer Verwirkung des Umgangsrechts zum Wohl des Kindes für erforderlich, wenn der umgangsberechtigte
Elternteil in jahrelanger Nichtausübung gegen den Willen des umgangsbereiten
Kindes sich um dieses nicht gekümmert hat. Daß in solchen Fällen äußerstenfalls
wegen irreversibler Entfremdung ein Umgang kindeswohlschädlich sein kann, ist
nicht gänzlich auszuschließen; der Begründungsansatz über die Verwirkung ist jedoch unzutreffend: Gerade wenn man, wie nun in Abs 1 HS 2 klargestellt, eine
Umgangspflicht des Elternteils bejaht und das Umgangsrecht vorrangig als Pflicht-
Recht begreift, kommt die Kategorie der Verwirkung nicht in Betracht, weil diese das
Verhalten des Elternteils sanktioniert, ohne das Kindeswohl zu berücksichtigen; der
Umgang bleibt grundsätzlich kindeswohldienlich, auch wenn er nach langer Zeit
vorsichtig wieder angebahnt werden muß (OLG Hamm FamRZ 1996, 424). Da das Umgangsrecht sich ohnedies nicht gegen das Kind richtet, das Kind nicht zum Umgang
verpflichtet ist, besteht kein Bedürfnis, es wegen Verwirkung seitens des Elternteils
von einer – nicht bestehenden – Umgangspflicht zu befreien. Dem anderen Elternteil
aber, dem das Umgangsrecht tatsächlich Pflichten auferlegt, würde die Annahme
einer Verwirkung auch eine kindeswohlwidrige Abwehr des Umgangsrechts ermöglichen.

Das Problem ist vielmehr auf der Ebene des Abs 4 S 1 zu lösen: Ist durch jahrelange
Umgangsverweigerung der Elternteil dem Kind entfremdet, so kann eine Einschränkung, schlimmstenfalls ein Ausschluß des Umgangsrechts erforderlich sein (dazu unten
Rn 342 ff); nicht, weil die jahrelange Nichtausübung als Verwirkung zu sanktionieren
wäre, sondern weil das Kindeswohl es erfordert (so auch STAUDINGER/PESCHEL-GUTZEIT[12]
§ 1634 Rn 297).

**h)** Das Umgangsrecht steht „**jedem Elternteil**" zu.                    **50**
**aa)** Auf die **Sorgerechtsverhältnisse** kommt es, anders als nach §§ 1634, 1711 aF,
nicht an. Damit wird der schon in § 1634 Abs 4 aF berücksichtigten Möglichkeit der
gemeinsamen elterlichen Sorge getrenntlebender Eltern Rechnung getragen; ein
Umgangsrecht hat aber auch der Alleininhaber der elterlichen Sorge gegenüber
dem anderen Elternteil, wenn sich das Kind dort (mit seiner Zustimmung) aufhält
(BT-Drucks 13/4899, 105; PALANDT/DIEDERICHSEN Rn 15; FamRefK/ROGNER Rn 6; JOHANNSEN/
HENRICH/JAEGER Rn 8). Der sorgeberechtigte Elternteil soll nicht vor die Alternative
gestellt werden, entweder das Kind herauszuverlangen – also seine Zustimmung
zurückzunehmen – oder auf Kontakte zum Kind zu verzichten (BT-Drucks 13/4899,
68). Hält sich das Kind ohne Zustimmung des alleine sorgeberechtigten Elternteils
(und nicht im Rahmen von dessen Umgangsrecht) bei dem anderen Elternteil auf, so
besteht zwar grundsätzlich ebenfalls aus § 1684 Abs 1 ein Umgangsrecht des Sorgeberechtigten (JOHANNSEN/HENRICH/JAEGER Rn 8). Dieser wird aber, sofern er nicht nachträglich den Aufenthalt des Kindes bei dem anderen Elternteil duldet, weitergehend
nach § 1632 Abs 1 Herausgabe des Kindes verlangen.

Insbesondere besteht das Umgangsrecht auch dann, wenn dem Elternteil die **elter-**

**liche Sorge nach § 1666 entzogen** wurde oder der Elternteil sich in anderer Weise als **erziehungsungeeignet** erwiesen hat. Allerdings können die Gründe, welche die Erziehungsunfähigkeit begründen, ggf eine Einschränkung, äußerstenfalls den Ausschluß des Umgangsrechts nach Abs 4 erforderlich machen (OLG Bamberg NJW-RR 1999, 515, 517 wegen Kindesentführung, trotz noch bestehender gemeinsamer Sorge; BayObLG FamRZ 1995, 1438: Psychose der Mutter, Alkoholsucht des Vaters). Ein regelmäßiger Zusammenhang besteht jedoch insoweit nicht; im Regelfall kann den sich aus der mangelnden Eignung zur elterlichen Sorge ergebenden Problemen durch eine besondere Ausgestaltung des Umgangs begegnet werden (OLG Hamm FamRZ 1997, 1095, 1096; PALANDT/DIEDERICHSEN Rn 15).

Teilweise werden jedoch Auswirkungen des gemeinsamen Sorgerechts auf **Mitwirkungspflichten** beim Holen und Bringen der Kinder angenommen (OLG Nürnberg NJWE-FER 1999, 146; OLG Saarbrücken FamRZ 1983, 1054; dazu unten Rn 214).

**51 bb)** Anders als nach §§ 1634, 1711 aF kommt es auch nicht darauf an, ob die **Eltern des Kindes verheiratet** sind oder jemals miteinander verheiratet waren (BT-Drucks 13/ 4899, 105; JOHANNSEN/HENRICH/JAEGER Rn 8; PALANDT/DIEDERICHSEN Rn 15). Unmaßgeblich ist im Fall nicht verheirateter Eltern auch, ob die Eltern die elterliche Sorge zu einem früheren Zeitpunkt gemeinsam ausgeübt haben (§ 1626 a).

**52 cc)** Das Umgangsrecht steht den **Eltern im Rechtssinne** (§§ 1591, 1592) zu. Grundsätzlich besteht das Umgangsrecht auch, wenn die **Vaterschaft bestritten**, jedoch noch nicht rechtskräftig angefochten ist (BGH FamRZ 1988, 711; BayObLGZ 1961, 349; JOHANNSEN/HENRICH/JAEGER Rn 8; für den Fall der **heterologen Insemination**: OLG Frankfurt FamRZ 1988, 754). Erst recht stehen bloße *Zweifel* an der Vaterschaft (AG Kerpen FamRZ 1994, 1486) oder der Umstand, daß sich die Eltern bereits vor der Geburt des Kindes *getrennt* haben (OLG Hamm FamRZ 1994, 58), dem Umgangsrecht dem Grunde nach nicht entgegen.

Eine *Einschränkung* oder ein *Ausschluß* nach Abs 4 kann jedoch ausnahmsweise schon in Betracht kommen, ehe die Vaterschaft und mit ihr das Umgangsrecht durch Anfechtung entfällt, wenn nach den Umständen des Falles die Nichtvaterschaft feststeht und die Geltendmachung des Umgangsrechts, mag sie auch emotional seitens des Scheinvaters motiviert sein, sich lediglich auf die formale rechtliche Vaterschaft stützt (iE zutreffend OLG Frankfurt/Main FamRZ 1990, 655). Dies wird insbesondere dann zu erwägen sein, wenn das Kind nach Trennung der Mutter vom Scheinvater mit seinem wirklichen (biologischen) Vater in einer sozialen Familie lebt, die Anfechtung der Vaterschaft des Scheinvaters jedoch aus Rechtsgründen nicht mehr möglich ist – was nach §§ 1600 ff idF des KindRG nur noch im Fall der Versäumung der Anfechtungsfrist durch Mutter und Kind in Betracht kommt (zu der Problematik nach altem Recht, die geprägt war durch das eingeschränkte Anfechtungsrecht des Kindes [§ 1596 aF] und das Fehlen eines Anfechtungsrechts der Mutter vgl STAUDINGER/PESCHEL-GUTZEIT[12] § 1634 aF Rn 110, 291 f).

Um das Umgangsrecht des Scheinvaters auszuschließen, müssen freilich die Voraussetzungen des Abs 4 vorliegen, ohne Ausschluß des Umgangs also eine Gefährdung des Kindeswohls drohen (zu weitgehend daher OLG Frankfurt/Main FamRZ 1990, 655: angesichts fehlender natürlicher Bande für Umgangsrecht kein Raum; zutreffend JOHANNSEN/HENRICH/

JAEGER Rn 8). Auch wenn alle Umstände auf die Nichtvaterschaft deuten, kann der Umgang kindeswohldienlich sein, selbst wenn dadurch nur eine schonende Lösung einer bisher gelebten Vater-Kind-Beziehung vorbereitet wird.

**dd)** Der **biologische Vater** hat kein Umgangsrecht, solange seine Vaterschaft nicht 53 nach § 1592 Nr 2 oder Nr 3 begründet ist. Dies folgt aus dem systembedingten Rückgriff des Kindschaftsrechts auf die rechtliche Verwandtschaft und ist grundsätzlich nicht kritikwürdig. Allerdings ergeben sich mittelbar dadurch Härten (vgl LG Köln NJW 1996, 1415), daß dem biologischen Vater die Anfechtung einer anderweitig bestehenden Vaterschaft versagt ist (§ 1600), diese anderweitige Vaterschaft aber eine Anerkennung durch den biologischen Vater schwebend unwirksam macht (§ 1594 Abs 2). Hierdurch wird mittelbar nicht nur das natürliche Elternrecht aus Art 6 Abs 2 GG verletzt, das nicht erst durch die einfachrechtliche Zuordnung der Vaterschaft entsteht, sondern auch das Kindeswohl, welches grundsätzlich nach der Herstellung von Beziehungen zum wirklichen Vater strebt. Eine Korrektur kann aber nicht isoliert beim Umgangsrecht ansetzen, sondern müßte den im KindRG versäumten Schritt wagen, dem biologischen Vater die Initiative zur Korrektur einer falschen und zur Herstellung der mit der wirklichen übereinstimmenden rechtlichen Vaterschaft zu gewähren (näher STAUDINGER/RAUSCHER [2000] § 1600 Rn 25 ff).

**ee)** Das Umgangsrecht wird nicht dadurch ausgeschlossen, daß das Kind bei **Pfle-** 54 **geeltern**, zusammen mit einem Elternteil in dessen neuer Partnerschaft oder bei einem Stiefelternteil lebt (FamRefK/ROGNER Rn 6; PALANDT/DIEDERICHSEN Rn 15; JOHANNSEN/HENRICH/JAEGER Rn 8).

**ff)** Etwas anders gilt nur im Fall der **Adoption**. Mit der Adoption erlischt das 55 Verwandtschaftsverhältnis des Kindes zu seinen leiblichen Eltern (§ 1755 Abs 1) und mit ihm das Umgangsrecht. § 1755 Abs 1 greift dadurch nicht unzulässig in das Elternrecht nach Art 6 Abs 2 GG ein, weil mit der Annahme ein neues, funktionsfähiges und von Art 6 Abs 2 GG geschütztes Eltern-Kind-Verhältnis hergestellt wird (BVerfGE 24, 119, 142 zu § 1747 Abs 3 aF; BayObLGZ 1971, 114, 121). Ausnahmsweise kann die Pflege des Umgangs mit den leiblichen Eltern im Interesse des Kindeswohls geboten sein, so daß sich die Versagung des Umgangs mit den leiblichen Eltern durch die Adoptiveltern als kindeswohlschädlich erweist und Maßnahmen nach § 1666 geboten sind (BayObLGZ aaO; zweifelnd SOERGEL/STRÄTZ § 1634 aF Rn 8 mit weiteren Nachw). Regelmäßig aber steht den leiblichen Eltern gerade auch zur Wahrung des Kindeswohls kein Umgangsrecht zu, weil dieses dem Zweck der Adoption zuwiderliefe. Im Fall der Inkognitoadoption (§ 1747 Abs 2 S 2) kommen Maßnahmen nach § 1666 gegen die Adoptiveltern zur Durchsetzung eines Umgangsrechts eines leiblichen Elternteils regelmäßig nicht in Betracht (SOERGEL/STRÄTZ § 1634 aF Rn 8).

**gg)** Das Umgangsrecht nach § 1684 Abs 1 Hs 2 kann sich immer nur auf ein **Kind** 56 beziehen. Eine analoge Anwendung auf **Haustiere** scheidet aus (OLG Schleswig NJW 1998, 3127; aA AG Bad Mergentheim NJW 1997, 3033). Abs 1 ist zugeschnitten auf ein am Wohl des Kindes orientiertes Umgangsrecht und dient nicht in erster Linie der Befriedigung emotionaler Bedürfnisse des umgangsberechtigten Elternteils, um die es im Verhältnis zwischen einem von zwei sich trennenden Partnern gemeinsam gehaltenen Haustier geht; insoweit gelten gemäß § 90 a die Bestimmungen der HausratsVO, die nur eine Zuweisung, aber keine Umgangsregelung vorsehen (OLG Schleswig aaO).

## 2. Umgangspflicht – Recht des Kindes

**57 a)** Nach Abs 1 S 1 steht dem Kind ein **eigenständiges Recht auf Umgang** mit jedem Elternteil zu, dem eine Umgangspflicht jedes Elternteils korrespondiert. Aus der Begründung, die im *Rechtsausschuß* gegeben wurde (BT-Drucks 13/8511, 67 f; hierzu oben Rn 7, 44), ergibt sich, daß mit dieser Fassung vor allem eine Verdeutlichung der Kindeswohlgebundenheit des elterlichen Umgangsrechts angestrebt war. Zudem sollte klargestellt werden, daß das Kind nicht Objekt des elterlichen Umgangsrechts ist (FamRefK/ROGNER Rn 3; SCHWAB/WAGENITZ FamRZ 1997, 1377, 1381; FINGER ZfJ 1997, 301, 304).

**58 b)** Die Fassung des Abs 1 steht am Ende einer Entwicklung, die im Schrifttum zu **§ 1634 aF** zu einer Abkehr von der in der Rechtsprechung freilich weiter vertretenen, ursprünglich hM (vgl HOLZHAUER FamRZ 1982, 109, 117) geführt hatte, die eine Verpflichtung des umgangsberechtigten Elternteils zum Umgang mit dem Kind ablehnte (BFH FamRZ 1997, 21, 22, dennoch die einkommensteuerrechtliche Zwangsläufigkeit der Kosten bejahend; OLG Düsseldorf FamRZ 1986, 202). Ein Recht des Kindes auf Umgang wurde zunehmend als notwendiges Korrelat der Natur des Umgangsrechts als Pflicht-Recht verstanden, weil jeder Elternpflicht ein Recht des Kindes entspricht (GERNHUBER/COESTER-WALTJEN § 66 I; COESTER JZ 1992, 809, 815; MünchKomm/HINZ § 1634 aF Rn 1 a; ähnlich schon STAUDINGER/PESCHEL-GUTZEIT[12] § 1634 aF Rn 25, dort jedoch mit der Annahme einer aus § 1618 a folgenden *beidseitigen* Umgangspflicht; de lege ferenda verbreitet gefordert, vgl Arbeitsgemeinschaft für Jugendhilfe ZfJ 1996, 94, 97; LEMPP FamRZ 1989, 16, 17).

**59 c)** Die Gesetzgebungsgeschichte wirft aber darüber hinaus die Frage auf, in welchem *Umfang* und mit welcher *Zielrichtung* das Umgangsrecht des Kindes und die korrespondierende Verpflichtung **durchsetzbar und vollstreckbar** sein soll. Der Bundesrat, auf dessen Vorschlag das Umgangsrecht des Kindes zurückgeht (BT-Drucks 13/4899, 153 Nr 19) hatte zunächst vorgeschlagen, das Umgangsrecht von der Vollstreckbarkeit nach § 33 FGG auszunehmen (BT-Drucks 13/4899, 161 Nr 41). Die *Bundesregierung* hat in ihrer Gegenäußerung auf die Gefahr der Undurchsetzbarkeit oder der nur formalen Durchführung eines vom Kind erzwungenen Umgangs hingewiesen (BT-Drucks 13/4899, 168). Der vom *Rechtsausschuß* mitgeteilten Erwägung zur Gesetz gewordenen Fassung liegt zwar ausdrücklich das Modell eines klagbaren und auch vollstreckbaren Umgangsrechts des Kindes zugrunde; andererseits wird auch in diesem Zusammenhang nochmals der Verdeutlichungscharakter betont, der „mehr als weiterer staatlicher Zwang" zu Bewußtsein und Kooperation der Eltern führen könne (BT-Drucks 13/8511, 68).

Damit erscheint einerseits klar, daß das Recht des Kindes **gegenüber dem Umgangselternteil** letztlich auch einforderbar und auch im Ausnahmefall vollstreckbar sein soll (GRESSMANN Rn 327; RAUSCHER FamRZ 1998, 329, 332; **aA**: FINKE/GARBE Rn 350: nur Appellcharakter), daß aber andererseits das Bestreben dahin gehen muß, diese im Sinn des Kindeswohls doch sehr fragwürdige Option (ebenso FamRefK/ROGNER Rn 4; JOHANNSEN/HENRICH/JAEGER Rn 33) zu vermeiden und eine freiwillige Ausübung des Umgangsrechts zu erreichen. Auch wenn die Durchsetzung (zum **Antrag des Kindes** im Verfahren

5. Titel.
Elterliche Sorge

nach Abs 3 S 1 unten Rn 159) und Vollstreckung gegen den Umgangselternteil nicht ausgeschlossen sind, machen in dieser Richtung der Appellcharakter und damit die Natur des Kindesrechts als Korrelat der Elternpflicht den wesentlichen Kern der Regelung aus (so auch die bisherigen Hinweise auf die Pflicht zum Umgang: OLG München FamRZ 1998, 750; WILLUTZKI KindPrax 1998, 8, 11; MÜHLENS KindPrax 1998, 3, 7).

**d)** Will das Kind seinen Umgangswunsch durchsetzen, so ergeben sich zudem **60** **Vertretungsfragen.** Der Bundesrat hatte vorgeschlagen, das eigene Umgangsrecht auf das über 14-jährige Kind zu beschränken und diesem ein eigenes Antragsrecht zur Durchsetzung zu geben (BT-Drucks 13/4899, 153 Nr 19; einen erneuten Vorstoß unternimmt die Initiative der Bundesländer Hamburg und Sachsen-Anhalt im Entwurf eines Kinderrechteverbesserungsgesetzes, der ein eigenständiges Recht des über 12-jährigen Kindes zur Durchsetzung des Umgangsrechts auch ohne Zustimmung des gesetzlichen Vertreters vorsieht, BR-Drucks 369/99; KindPrax 1999, 196). Dies hätte Vertretungsprobleme vermieden. Nach der Gesetz gewordenen Fassung kann das Umgangsrecht nur durch den gesetzlichen Vertreter namens des Kindes durchgesetzt werden. Ist der andere Elternteil alleine sorgeberechtigt, so vertritt er das Kind. Ist der den Umgang verweigernde Umgangselternteil mit sorgeberechtigt, so kommt eine Alleinvertretung nach § 1687 Abs 1 angesichts der Bedeutung des Umgangs nicht in Betracht. Möglich ist die Übertragung des Alleinentscheidungsrechts gemäß § 1628 (FamRefK/ROGNER Rn 15). Einem den Umgang verweigernden Elternteil wird aber schwerlich die (gemeinsame) elterliche Sorge belassen werden können, so daß auf Antrag des anderen Elternteils eine Entscheidung nach § 1671 möglich ist.

Einer schwerwiegenden Belastung ist das Kind freilich ausgesetzt, wenn der Sorgeberechtigte nicht bereit ist, den Umgangswunsch des Kindes gegen den Umgangselternteil durchzusetzen. Hier kommt – wenigstens bei älteren und verständigeren Kindern – die Bestellung eines Pflegers nach § 50 FGG auf Anregung des Kindes oder des Jugendamts in Betracht (näher unten Rn 388 ff). Im übrigen besteht ein Anspruch des Kindes gegen das Jugendamt auf Beratung und Unterstützung bei der Ausübung des Umgangsrechts (§§ 18 Abs 3, 8 Abs 2 SGB VIII; vgl zum ganzen FamRefK/ROGNER Rn 14 f; RAUSCHER FamRZ 1998, 331, 332 f), der Kinder und Jugendlichen jedoch mangels Kenntnis durch die Jugendhilfe auch aktiv vermittelt werden muß (KOHLER ZfJ 1999, 128, 131).

Die Bundesländer Sachsen-Anhalt und Hamburg haben am 16. 6. 1999 einen Entwurf eines **Kinderrechteverbesserungsgesetzes** eingebracht (BR-Drucks 369/99, mit Empfehlungen der Ausschüsse v 14.9.1999, BR-Drucks 369/1/99), der ua darauf abzielt, dem Kind ab Vollendung des zwölften Lebensjahres die Geltendmachung des Umgangsrechts ohne Zustimmung des gesetzlichen Vertreters zu ermöglichen (E-§ 1684 Abs 1 S 2).

**e)** Vorhersehbar von größerer praktischer Bedeutung dürfte das Kindesrecht auf **61** Umgang in **Richtung auf den Elternteil** sein, der sich dem Umgang widersetzt, obgleich der Umgangselternteil den Umgang wünscht. In dieser Richtung steht das Recht des Kindes im Einklang mit dem Recht des Umgangselternteils, das nach hier vertretenem Verständnis sogar ausschließlich gegen den anderen Elternteil und nicht gegen das Kind gerichtet ist. Es besteht aber gerade in dieser Konstellation die Gefahr, daß das Kind von dem den Umgang suchenden Elternteil „vorgeschickt",

Thomas Rauscher

der Streit der Eltern um das Umgangsrecht in einen Streit zwischen dem Kind und dem das Kind regelmäßig betreuenden Elternteil umgestaltet wird.

Denkbar ist zwar, daß – wiederum das ältere und verständigere – Kind mit Beratung und Unterstützung des Jugendamts (soeben Rn 60) initiativ wird und eine Regelung nach Abs 3 S 1 oder auch S 2 gegen den Elternteil, bei dem es lebt, anregt. Wegen des damit verbundenen absehbaren Konflikts mit diesem Elternteil wird ein solches Verfahren aber in aller Regel für das Kindeswohl von Nachteil sein (FamRefK/ROGNER Rn 17). Dies darf zwar nicht dazu führen, daß das auf Antrag des Kindes befaßte Familiengericht eine Regelung ablehnt, weil dies den den Umgang behindernden Elternteil nur ermutigen und das Kind in verstärkte Konflikte stürzen müßte. Das vom Kind um Beratung und Unterstützung angegangene Jugendamt wird jedoch bemüht sein, das Kind aus der Rolle des Antragstellers herauszuhalten, indem es den Umgangselternteil überzeugt, im Interesse des Kindes die verfahrensrechtliche Initiative zu ergreifen.

### 3. Verhältnis zum Sorgerecht

#### a) Selbständigkeit

62 Sorgerecht und Umgangsrecht sind **selbständige** Rechte, die beide im natürlichen Elternrecht wurzeln und von Art 6 Abs 2 GG garantiert sind (BVerfGE 31, 194, 424; BGHZ 51, 219; BGH FamRZ 1987, 356, 358; OLG Hamburg FamRZ 1996, 1093; PALANDT/DIEDE-RICHSEN Rn 7; JOHANNSEN/HENRICH/JAEGER Rn 7; MünchKomm/HINZ § 1634 aF Rn 13, jedoch mit der abweichenden Herleitung des Umgangsrechts als „Teilrecht"). Dieser Grundsatz wird durch die Neufassung des Umgangsrechts in § 1684 insoweit bestätigt, als das Umgangsrecht nicht mehr vom Fehlen des (Personen)sorgerechts abhängt, was die Eigenständigkeit betont und dem Gedanken, das Umgangsrecht könnte nur Restbestand der Personensorge sein, die Grundlage entzieht (vgl schon oben Rn 19 ff).

#### b) Einschränkung der Personensorge

63 Soweit dem anderen Elternteil die Personensorge zusteht, **schränkt das Umgangsrecht die Personensorge ein,** jedoch nicht im Sinn eines Eingriffs in ein insoweit eigentlich bestehendes Sorgerecht, sondern im Sinn eines Konkurrenzverhältnisses zweier grundrechtlich geschützter Elternrechte. Dies bedeutet insbesondere, daß der Sorgeberechtigte nicht zur Bestimmung der Ausgestaltung des Umgangs berufen ist. Das Umgangsrecht steht auch keineswegs unter dem Vorbehalt, daß der Sorgeberechtigte Maßnahmen trifft, mit denen sich das Umgangsrecht nicht mehr vereinbaren läßt (OLG Hamburg FamRZ 1996, 1093). Dies war schon zu § 1634 aF anerkannt (seit BGHZ 51, 219; anders noch BGHZ 42, 364) und ist durch die grundsätzliche Übernahme des Modells aus § 1634 aF für § 1684 nun in allen Konstellationen zweifelsfrei: Im früheren Recht äußerte sich gerade in der Umgangsbestimmungsbefugnis des Sorgeberechtigten nach § 1711 aF die erheblich schwächere Stellung des nichtehelichen Vaters, dem kein selbständiges Umgangsrecht gegeben wurde; die Zubilligung eines Umgangsrechts war im Anwendungsbereich dieser Norm immer als ein unmittelbarer Eingriff in das Sorgerecht zu beurteilen (vgl LG Berlin FamRZ 1990, 92; nicht aber in den „Selbstbestimmungswillen" der Mutter: vgl treffend LG Bonn NJW 1990, 128; dagegen GERGAUT NJW 1990, 128; wohl auch FINGER JZ 1989, 231, 232). Dieses Modell aber hat die Reform des KindRG aufgegeben (BT-Drucks 13/4899, 105). Der Umfang und die Ausübung des Umgangsrechts ergeben sich vielmehr aus einer am Kindeswohl orientierten Inhaltsbestim-

mung des Umgangsrechts selbst, sind also als objektivierbare und nicht als nach
erzieherischem Ermessen zu bestimmende Größen festzustellen – was im übrigen
die Inanspruchnahme sachverständiger Beratung im Verfahren nach Abs 3 rechtfertigt. Gerade in der Definition des Umgangsrechts aus seinem eigenen Zweck heraus
äußert sich seine Eigenständigkeit. Daß die familiengerichtliche Regelung des Umgangs (Abs 3) der einverständlichen Regelung durch die Eltern nachsteht, deutet,
auch wenn die Eltern gemeinsam sorgeberechtigt sind, nicht darauf hin, daß die
Umgangsregelung Teil der Regelung der Personensorge wäre. Vielmehr fließt auch
dies unmittelbar aus der Verwurzelung des Umgangsrechts im natürlichen Elternrecht: Die Eltern haben die Prärogative zur Beurteilung des Kindeswohls; der Staat
greift zur Inhaltsbestimmung nur als Wächter ein.

### c) Erziehungskonflikt

Dies löst freilich nicht unmittelbar den **konkreten Konflikt** zwischen der Ausgestal-  **64**
tung des Umgangs und der Ausgestaltung der Personensorge.

Dieser Konflikt tritt zum einen auf, wenn der Sorgeberechtigte durch **Erziehungsmaßnahmen** eingreift, die sich auf die Art und Weise des Umgangs auswirken.

**aa)** Insoweit ist sicher dem **Grundsatz** der hM zuzustimmen, wonach das Umgangsrecht das Sorgerecht nur insoweit beschränkt, als dies **zur Verwirklichung des Umgangsrechts unbedingt erforderlich** ist (OLG München FamRZ 1998, 974; PALANDT/DIEDE-
RICHSEN Rn 7; MünchKomm/HINZ § 1634 aF Rn 13, allerdings vom Ausgangspunkt der Einordnung
des Umgangsrechts als „Teilrecht"; ältere Nachw bei STAUDINGER/PESCHEL-GUTZEIT[12] § 1634 aF
Rn 39, 40). Dies folgt jedoch nicht aus einer schwächeren Natur des Umgangsrechts,
sondern läßt sich unmittelbar aus der Gleichwertigkeit beider Rechte im Verhältnis
zueinander und im Verhältnis zu dem am Kindeswohl ausgerichteten natürlichen
Elternrecht herleiten: Einschränkungen des Sorgerechts sind, wie Einschränkungen
jedes *verfassungsrechtlich gewährleisteten Rechts*, nur insoweit zulässig, als dies zur
Verwirklichung gleichermaßen verfassungsrechtlich gewährleisteter Rechte anderer
geboten ist. Der Umgangselternteil muß Erziehungsmaßnahmen insoweit respektieren, als dies mit dem Umgangsrecht zu vereinbaren ist (OLG München FamRZ 1998, 974).

**bb)** Daran schließt sich freilich die letztlich entscheidende Frage an, **welches Maß**  **65**
an Einschränkung des Sorgerechts für die Verwirklichung des Umgangsrechts unbedingt erforderlich ist und welche erzieherischen Eingriffe mit dem Umgangsrecht
vereinbar sind. Erst auf dieser Stufe greift das Kindeswohl ein, welches das BVerfG
wohl nicht ganz präzise bereits zur Begründung des soeben (Rn 64) dargestellten
Grundsatzes heranzieht (BVerfGE 31, 194): Der Umgang darf die mit der elterlichen
Sorge verbundenen Ziele, insbesondere die Entwicklung des Kindes und seine Erziehung nicht nachhaltig stören.

**cc)** Wenig bedacht wird hierbei bisher freilich, daß **derselbe Ansatz auch in Gegen-**  **66**
**richtung** zu beachten ist: Auch das Sorgerecht darf in die Ausübung des Umgangs nur
insoweit eingreifen, als dies für die Verwirklichung der Erziehungsziele *unbedingt*
erforderlich ist; da auch das Umgangsrecht dem Kindeswohl dient, darf die Ausübung
der Personensorge die Ausübung des Umgangs nicht nachhaltig stören. Der entscheidende Punkt im Konflikt zwischen Umgangs- und Sorgerecht ist damit die Ausfüllung
der Zwecke des Umgangsrechts. Während die Ausfüllung des Sorgerechts trotz einer

der Modernisierung des Erziehungsverständnisses geschuldeten Entwicklung im Kern unstreitig scheint, hat sich das Umgangsrecht in Einzelfragen noch nicht gänzlich aus seinem überkommenen formalen Verständnis als erziehungsfreies Kontaktrecht gelöst.

Folgt man dem hier vertretenen Verständnis zur **Mit-Erziehungsfunktion des Umgangsrechts** (oben Rn 41), so erscheint es ganz und gar nicht mehr „eindeutig", dem Personensorgeberechtigten Vorrang zuzuweisen, wo es um die Erziehung des Kindes oder um seine Sicherheit geht (PALANDT/DIEDERICHSEN Rn 7 zu dem Beispiel des Verbots der Mitnahme des Kindes auf dem Motorrad durch den Umgangselternteil, OLG München FamRZ 1998, 974). Macht man mit dem Gedanken ernst, daß die Ausübung des Umgangs nicht ohne Notwendigkeit durch die Ausübung der Personensorge gestört werden darf, so verbietet sich insbesondere jeder *kleinliche Erziehungseingriff* in die Ausgestaltung des Umgangs. Die formale Begründung, das Umgangsrecht berechtige nicht zur Miterziehung, kann jedenfalls nicht den Vorrang von Erziehungsmaßnahmen des Personensorgeberechtigten tragen, die noch nicht die Grenze der Unvernunft überschreiten. Zu fragen ist vielmehr, ob eine erzieherische Maßnahme nur die Ausgestaltung des Umgangs betrifft oder ob sie grundsätzlicher erzieherischer Natur ist. Nur letztere Maßnahmen fallen in den Bereich des Vorrangs der Personensorge.

Bei gehöriger Auslegung der von § 1687 Abs 1 S 4 erfaßten „Angelegenheiten der tatsächlichen Betreuung" dürfte die Frage ohnedies unabhängig vom Sorgerecht nach § 1687 Abs 1 S 4 ggf iVm § 1687 a zu lösen sein; einer das Umgangsrecht beeinträchtigenden erzieherischen Gängelei kann durch das Entscheidungsrecht in objektiv zu bestimmenden alltäglichen Betreuungsfragen begegnet werden. Der andere Elternteil wird freilich oft geneigt sein, Alltagsfragen wie den Speiseplan, Fernsehkonsum oder sportliche Aktivitäten zu Grundsatzfragen zu stilisieren. Hinzu kommt, daß schon hinsichtlich des etwas weiteren Begriffs der „Angelegenheiten des täglichen Lebens" (§ 1687 Abs 1 S 2) sich erhebliche Divergenzen in der Rechtsprechung entwickeln (vgl einerseits: OLG Nürnberg EzFamR aktuell 1999, 15: „die allermeisten Entscheidungen"; andererseits: OLG Köln NJW 1999, 295: Ägyptenurlaub nicht alltäglich). Eine engherzige Auslegung der Angelegenheiten der „tatsächlichen Betreuung" ist daher nicht auszuschließen.

### d)    Umzug und Auswanderung des Personensorgeberechtigten

67  **aa)**    Ein nicht seltener (vgl Nachw bei COESTER, Das Kindeswohl als Rechtsbegriff 341 ff) sehr intensiver Konflikt zwischen Personensorge und Umgangsrecht entsteht, wenn der alleine personensorgeberechtigte Elternteil (sonst § 1687 Abs 1 S 1) aufgrund des ihm zustehenden **Aufenthaltsbestimmungsrechts** mit dem Kind einen Aufenthalt, insbesondere im entfernteren Ausland wählt, der die Ausübung des Umgangs des anderen Elternteils erschwert oder faktisch ausschließt. Nach bisher ganz hM wird ein alleine sorgeberechtigter Elternteil durch das Umgangsrecht nicht in seinem Aufenthaltsbestimmungsrecht (§ 1631 Abs 1) begrenzt (BGHZ 51, 219; BGH NJW 1987, 893; BGH FamRZ 1990, 392; OLG Düsseldorf FamRZ 1979, 965, 966; OLG Karlsruhe FamRZ 1996, 1094; OLG Köln FamRZ 1972, 572; MünchKomm/HINZ § 1634 aF Rn 13; GERNHUBER/COESTER-WALTJEN § 66 I 4; JOHANNSEN/HENRICH/JAEGER Rn 17; SOERGEL/STRÄTZ Rn 6). Dieser Konflikt ist nach hM nicht durch die *Wohlverhaltensklausel* (Abs 2 S 1) zu bewältigen (ausdrücklich OLG Karlsruhe FamRZ 1996, 1094), weil die im Rahmen der Personensorge erfolgende Aufenthaltsbestimmung nach hM grundsätzlich gerade nicht eine unzu-

lässige Beeinträchtigung des Verhältnisses zum Umgangselternteil, sondern Teil der Sorgerechtsausübung sei (abweichend JOHANNSEN/HENRICH/JAEGER Rn 19 im Fall der dolosen Aufenthaltsverlegung mit dem Ziel der Umgangsvereitelung). Das BVerfG hat dies gebilligt; ein Rechtssatz des Inhalts, daß der Sorgeberechtigte das Kind so erziehen und seinen Aufenthalt so bestimmen müsse, daß der andere Elternteil das Umgangsrecht wahrnehmen könne, finde im Gesetz keine Stütze (BVerfGE 31, 194; OLG Karlsruhe FamRZ 1996, 1094). Nur das Sorgerecht, nicht aber das „schwächere" Umgangsrecht gebe ein Recht, sich der Auswanderung des Kindes zu widersetzen.

**bb)** Gegen diese Ansicht ist zu Recht **Kritik** unter Hinweis auf Art 8 EMRK er- **68** hoben worden (PALANDT/DIEDERICHSEN Rn 7). Die Argumentation mit dem Aufenthaltsbestimmungsrecht als Teil der Personensorge ist nur formal zutreffend, denn sie bezieht gerade nicht die entscheidende Frage ein, ob das Umgangsrecht aufgrund seiner verfassungs- und menschenrechtlichen Grundlagen auch insoweit das Sorgerecht begrenzt. Verfehlt erscheint es, das *Persönlichkeitsrecht* und das Recht auf *Freizügigkeit* des alleine Sorgeberechtigten zusätzlich in die Waagschale zu werfen (so STAUDINGER/PESCHEL-GUTZEIT[12] § 1634 aF Rn 311). Das allgemeine Persönlichkeitsrecht fände erst recht seine Schranke im Elternrecht des Umgangselternteils, sollte sich erweisen, daß selbst das Elternrecht des Sorgeberechtigten insoweit dem Umgangsrecht weichen muß. Es geht auch nicht darum, dem Sorgeberechtigten die Auswanderung zu verbieten, sondern um die Auswanderung *mit dem Kind* (PALANDT/DIEDERICHSEN Rn 27). Nach der vom Gesetzgeber des KindRG in § 1626 Abs 3 getroffenen Grundsatzentscheidung erscheint es kaum noch möglich, ein durch das Umgangsrecht nicht begrenztes Aufenthaltsbestimmungsrecht anzunehmen. Systematisch richtig ist daher bereits das aus dem Sorgerecht fließende Aufenthaltsbestimmungsrecht in einem noch näher zu bestimmenden Umfang als eingeschränkt anzusehen. Folgt man dem, so verstößt der Sorgeberechtigte durch eine das Umgangsrecht verletzende Auswanderung mit dem Kind auch gegen das Wohlverhaltensgebot des Abs 2.

**cc)** Aus Gründen der Praktikabilität kann freilich mit der hM die Lösung wohl nur **69** in einer **Änderung der Sorgerechtsregelung** (§ 1696) gesucht werden (BGH NJW 1987, 893; BayObLG JR 1957, 141; OLG Karlsruhe FamRZ 1996, 1094; OLG Neustadt/W FamRZ 1963, 300; DÖRR NJW 1989, 690, 692; PALANDT/DIEDERICHSEN Rn 7; MünchKomm/HINZ § 1634 aF Rn 13). § 1684 Abs 3 S 2 gibt zwar durchaus eine Grundlage, um die Auswanderung *mit dem Kind* zu untersagen, wenn man vom hier vertretenen Ausgangspunkt eine Einschränkung der Personensorge bejaht und damit bei Nichtbeachtung der Einschränkung ein Verstoß gegen die Wohlverhaltenspflicht des Abs 2 anzunehmen ist.

Auch nach hier vertretener Ansicht gibt aber § 1684 keine Möglichkeit, dem Sorgeberechtigten selbst die Auswanderung zu untersagen und ihn damit zur Ausübung des Sorgerechts im Inland zu zwingen; wollte man in einem solchen Fall lediglich eine ggf durch § 1684 Abs 1 gebotene Verhinderung der Auswanderung *des Kindes* durchsetzen, so bliebe theoretisch das Kind in einer meist sein Wohl gefährdenden Weise ohne den bisherigen Sorgeberechtigten in Deutschland zurück (STAUDINGER/PESCHEL-GUTZEIT[12] § 1634 aF Rn 311 gegen OLG Oldenburg FamRZ 1980, 78); sogleich nach der Auswanderung des Sorgeberechtigten wäre also ohnehin eine Sorgerechtsentscheidung zu treffen.

Stellt sich das Problem im Fall des gemeinsamen Sorgerechts wegen Auswanderung des Elternteils, bei dem sich das Kind gewöhnlich aufhält, so wird mit denselben Gesichtspunkten im Rahmen des § 1628 zu entscheiden sein.

**70** **dd)** Die **Kriterien für eine Änderung der Sorgerechtsentscheidung** sind strittig. Weitgehend Einigkeit besteht, daß der Umgangselternteil eine Übertragung der elterlichen Sorge auf sich nicht schon deshalb erreichen kann, weil mit der Übersiedelung in das Ausland – kindeswohlunabhängig – eine Erschwerung oder auch eine faktische Unmöglichkeit der Ausübung des Umgangs verbunden ist (BayObLGZ 1956, 333; OLG Düsseldorf FamRZ 1979, 965; OLG Köln FamRZ 1972, 572; OLG Karlsruhe FamRZ 1978, 201; OLG Neustadt/W FamRZ 1963, 300; LG Mannheim Justiz 1975, 232; PALANDT/DIEDERICHSEN Rn 7; MünchKomm/HINZ § 1634 aF Rn 13; SOERGEL/STRÄTZ § 1634 aF Rn 6; GERNHUBER/COESTER-WALTJEN § 66 I 4; **aA** SCHWÖRER FamRZ 1963, 301). Dem ist grundsätzlich zuzustimmen: Maßstab ist das Kindeswohl, so daß die Erschwerung aus Sicht des Umgangselternteils nicht alleine den Ausschlag geben kann.

**71** **ee)** Andererseits trägt aber nach der grundsätzlichen Wertung des § **1626 Abs 3 S 1** eine faktische Verhinderung des Umgangs die **Vermutung der Kindeswohlschädlichkeit** in sich. Es geht also darum, die Auswanderungsentscheidung des Sorgeberechtigten darauf zu überprüfen, ob sie sich trotz einer prima facie für das Kindeswohl nachteiligen Erschwerung oder Vereitelung des Umgangsrechts dennoch in der Gesamtschau als für das Kindeswohl nicht nachteilig erweist (OLG Düsseldorf FamRZ 1979, 965).

Hierbei wird einerseits das **Maß der Erschwerung** des Umgangs, insbesondere die räumliche Entfernung in die Abwägung einzubeziehen sein. Ein Umzug innerhalb Deutschlands wird daher ohne das Hinzutreten besonderer Umstände nicht als eine so maßgebliche Erschwerung des Umgangsrechts anzusehen sein, daß dies eine Änderung der Sorgerechtsentscheidung rechtfertigt.

**72** **ff)** Strittig ist, ob im Rahmen der Prüfung der Kindeswohlverträglichkeit abzuwägen ist, ob der Sorgeberechtigte **triftige Gründe** für die Auswanderung hat (bejahend OLG Oldenburg FamRZ 1980, 78; OLG Stuttgart NJW 1980, 1227, 1229; OLG München FamRZ 1981, 389, 391; MünchKomm/HINZ § 1634 aF Rn 13; noch weitergehend RGZ 141, 319, 322: zwingende Gründe). Hiergegen wird eingewendet, das Gericht würde solchermaßen das dem Sorgeberechtigten eingeräumte Ermessen im Rahmen des Aufenthaltsbestimmungsrechts durch eigenes Ermessen ersetzen. Diese Argumentation kann aber nur Gewicht haben, wenn man von einem insoweit nicht begrenzten Ermessen ausgeht (so JOHANNSEN/HENRICH/JAEGER § 1634 aF Rn 18, STAUDINGER/PESCHEL-GUTZEIT[12] § 1634 aF Rn 311), das nach hier vertretener Ansicht nicht besteht. Im Rahmen der Abänderung der Sorgerechtsentscheidung geht es dagegen, unabhängig vom Standpunkt, darum, ob der Sorgeberechtigte seine Entscheidung kindeswohlangemessen getroffen hat. Hierzu gehört selbstverständlich eine Gewichtung der Gründe für die Auswanderung; diese werden sogar regelmäßig einen großen Teil der Kindeswohlprüfung abdecken (zutreffend MünchKomm/HINZ § 1634 aF Rn 13 gegen die Kritik von OLG Düsseldorf FamRZ 1979, 965), da der Sorgeberechtigte ggf auch dem Kindeswohl positiv förderliche Gründe vortragen kann. Ist der Erhalt des Umgangs mit beiden Eltern grundsätzlich kindeswohlnützlich, so kann es nicht genügen, wenn das Kind mit dem Sorgeberechtigten anders ebensogut betreut leben kann, nur eben ohne den Umgang mit dem anderen Elternteil (so aber wohl BayObLGZ 1956, 333). Vielmehr bedarf es wenigstens triftiger Gründe dafür, daß das Kind den auswandernden Sorgeberechtigten begleitet, welche den Nachteil des Umgangsverlustes aufwiegen.

Solche Gründe müssen sich nicht auf die Auswanderung selbst beziehen, also diese als solche geboten erscheinen lassen. Vielmehr ist in die Abwägung des Kindeswohls auch einzubeziehen, wenn das Kind trotz der mit der Auswanderung verbundenen Nachteile (daß es solche Nachteile, wie kulturelle und sprachliche Desintegration, Verlust von Heimatgefühl uä gibt, sollte man nicht bestreiten, vgl aber HENRICH FamRZ 1990, 394: „engstirnig") bei dem (bisherigen) Sorgeberechtigten besser betreut werden kann (zB wegen Berufstätigkeit des Umgangselternteils), an diesen stärkere Bindungen hat und die Kontinuität der Erziehung besser gewährleistet werden kann (BGH FamRZ 1990, 392 zu einer von der Auswanderungsfrage betroffenen Erstregelung der elterlichen Sorge nach § 1671 aF).

**gg)**   Noch stärkere Gründe sprechen für eine Übertragung des Sorgerechts auf den  **73** sich der Auswanderung widersetzenden Umgangselternteil, wenn der alleine Sorgeberechtigte **in der Absicht der Umgangsvereitelung** auswandert. Insoweit besteht weitgehend Einigkeit, daß hierin – wiederum vorbehaltlich der Beachtung des Kindeswohls im übrigen – ein Grund zur Änderung der Sorgerechtsentscheidung zu sehen sein kann, weil insoweit nichts anderes gilt als bei „inländischen" Strategien der Umgangsvereitelung (OLG Karlsruhe FamRZ 1978, 201; MünchKomm/HINZ § 1634 aF Rn 13; JOHANNSEN/HENRICH/JAEGER Rn 19; SOERGEL/STRÄTZ § 1634 aF Rn 6). Entgegen der wohl noch überwiegenden Ansicht wird bei Feststellung einer solchen dolosen Absicht eine Sorgerechtsregelung, welche die Auswanderung verhindert, regelmäßig unausweichlich sein (wie hier MünchKomm/HINZ § 1634 aF Rn 13; **aA** STAUDINGER/PESCHEL-GUTZEIT[12] § 1634 aF Rn 314; STAUDINGER/COESTER § 1696 Rn 77). Angesichts der von § 1626 Abs 3 unterstrichenen hohen Bedeutung des Umgangsrechts zeigt eine planmäßige Vereitelung durch Verbringung in das Ausland unter Ausnutzung des Sorgerechts die mangelnde Erziehungseignung in einem wenig unter der Schwelle der Kindesentziehung liegenden Maß.

**hh)**   Eine bloße **Übertragung des Aufenthaltsbestimmungsrechts** wird in diesen Fäl-  **74** len nur dann genügen, wenn der sorgeberechtigte Elternteil daraufhin aus eigener Entscheidung seine Auswanderungspläne aufgibt. Anderenfalls wird ohnehin nach Auswanderung des Sorgeberechtigten eine Sorgerechtsentscheidung erforderlich. Dies muß schon von Anfang an mitbedacht werden, weil die Kindeswohlprüfung sich nicht der Erkenntnis verschließen kann, daß sich alsbald mit Wahrscheinlichkeit die Frage der Wahrung des Kindeswohls bei einem dauerhaften Verbleib beim Umgangselternteil stellen wird.

Zur **Rückführung des Kindes** vgl unten Rn 380.

**e)**   **Bestimmung des Umgangs mit Dritten**
**aa)**   Der Umgang des Kindes mit anderen Personen als seinen Eltern wirft verschie-  **75** dene Bestimmungsfragen auf. An dieser Stelle ist nur die Konstellation zu erörtern, daß während der Ausübung des Umgangsrechts weitere Personen anwesend sind, deren Anwesenheit der **Umgangselternteil duldet oder wünscht,** der andere – alleine oder mit sorgeberechtigte – Elternteil aber ablehnt. Zumeist geht es um die Anwe-

senheit eines neuen Partners des Umgangselternteils. Nur insoweit geht es um Sorgerechtsabgrenzung, da grundsätzlich die Bestimmung des Umgangs des Kindes von der Personensorge umfaßt ist (§ 1632 Abs 2).

Die Anwesenheit von dritten Personen gegen den Willen des Umgangselternteils steht im Zusammenhang mit dem *beschützten Umgang* (unten Rn 307 ff). Der Konflikt zwischen dem oder den Sorgeberechtigten und Dritten, die einen Umgang (nicht während des Umgangs mit einem Elternteil) wünschen, ist in § 1685 erfaßt. Auch soweit von § 1685 begünstigte Personen (meist Großeltern seitens des Umgangselternteils) während des Umgangs des Umgangselternteils mit dem Kind zusammentreffen, läßt sich die Frage nicht mehr von der Wertung des § 1685 getrennt betrachten.

**76 bb)**  Bis zum Inkrafttreten des KindRG regelte § 1634 Abs 2 S 1 Hs 2 aF ausdrücklich, daß während der Dauer des Umgangs der **Umgangsberechtigte bestimmt**, mit wem sonst das Kind umgehen darf. Eine entsprechende Vorschrift wurde idF des KindRG nicht aufgenommen. Damit ist jedoch nach allgemeiner Ansicht keine Änderung der Rechtslage verbunden; vielmehr diente § 1634 Abs 2 S 1 HS 2 aF dem praktischen Bedürfnis, die Beurteilung, ob ein Umgang des Kindes mit bestimmten Personen mit seinem Wohl vereinbar ist, deshalb dem Umgangselternteil zu überlassen, weil dieser die in Frage kommenden Personen regelmäßig eher kennen wird als der andere Elternteil (PALANDT/DIEDERICHSEN Rn 23; BT-Drucks 8/2788, 55). Fraglich ist, ob man dies nunmehr auf § 1687 Abs 1 S 4, ggf iVm § 1687 a stützen kann (JOHANNSEN/HENRICH/JAEGER Rn 31). Der Gesetzgeber hat die „Angelegenheiten der tatsächlichen Betreuung" anscheinend recht eng gesehen (BT-Drucks 13/4899, 108: „was das Kind zu Essen bekommt oder wann es ins Bett geht"). Im Interesse eines unverkrampften Familienlebens während des Umgangs wird man jedoch den Rahmen des Alltäglichen etwas weiter stecken müssen und insbesondere den Kontakt mit Dritten einzubeziehen haben (RAUSCHER FamRZ 1998, 329, 334).

**77 cc)**  Fraglich ist, ob der **alleine sorgeberechtigte andere Elternteil** den **Umgang** mit bestimmten Personen dennoch **verbieten** kann; bei gemeinsamer Sorge kommt dies jedenfalls nicht ohne eine Entscheidung nach § 1628 in Betracht. Teilweise wird vertreten, der alleine sorgeberechtigte Elternteil müsse die Möglichkeit haben, den nach seiner Ansicht schädlichen Umgang abzuwehren, ohne gleich das Familiengericht anzurufen (PALANDT/DIEDERICHSEN Rn 23). Dem ist entgegenzuhalten, daß der aus § 1634 Abs 2 S 1 HS 2 aF in § 1687 Abs 1 S 4 übertragene Rechtsgedanke gerade ein Bestimmungsrecht des sorgeberechtigten Elternteils ausschließt (BGHZ 51, 219; anders noch BGHZ 42, 364), weil dieses Bestimmungsrecht während der Dauer des Umgangs dem Umgangselternteil zukommt. Der angesichts der Grundsätzlichkeit mancher Umgangsfragen (zB der von PALANDT/DIEDERICHSEN Rn 23 angenommene Fall des Umgangs mit dem drogensüchtigen Nachbarskind) zu erwägende Gedanke, in Einzelfällen den Umgang mit Dritten nicht als eine bloße Betreuungsangelegenheit, sondern als eine eher grundsätzliche Frage anzusehen, wenn zB von dem Umgang eine besondere Bedrohung ausgeht, läßt sich schwerlich umsetzen, da die Bedeutung objektiv ex ante bestimmbar sein muß.

Lehnt der Sorgeberechtigte den Umgang des Kindes mit einer bestimmten Person ab, so kommt also nur der Weg über eine **familiengerichtliche Regelung** nach Abs 3 S 1

2. Alt („Regelung gegenüber Dritten") bzw § 1687 Abs 2 in Betracht (Johannsen/
Henrich/Jaeger Rn 31; BayObLGZ 1969, 194; OLG Celle FamRZ 1970, 209; OLG Stuttgart
NJW 1978, 380; KG FamRZ 1978, 729; OLG Düsseldorf FamRZ 1979, 859; OLG Düsseldorf FamRZ
1992, 205, 206; OLG Hamm FamRZ 1982, 93; OLG Nürnberg FamRZ 1998, 976).

Etwas anderes gilt seit Inkrafttreten des KindRG auch nicht mehr für die nach
§ 1626 a Abs 2 alleine sorgeberechtigte, nicht mit dem Vater verheiratete Mutter;
anders als nach § 1711 aF hat der Sorgeberechtigte auch in diesem Fall kein Bestimmungsrecht hinsichtlich des Umgangs mit dem Elternteil, so daß auch das hieraus
abgeleitete Bestimmungsrecht hinsichtlich des Drittumgangs (vgl noch BayObLG NJW-
RR 1995, 138) entfallen ist.

**dd) Maßstab** dieser Regelung ist dann ausschließlich das **Kindeswohl**, hingegen **78**
nicht die eigene Betroffenheit des sorgeberechtigten Elternteils. Ein Ausschluß
oder eine Einschränkung des während des Umgangs bestehenden Umgangsbestimmungsrechts des Umgangselternteils ist also nur zulässig, wenn dies zum *Wohl des
Kindes erforderlich* ist (MünchKomm/Hinz § 1634 aF Rn 35; Soergel/Strätz § 1634 aF Rn 23;
Johannsen/Henrich/Jaeger Rn 23; im einzelnen zur Entscheidung nach Abs 4 S 1 Rn 219 ff).

**ee)** Soweit der Streit den Umgang mit (nicht von § 1685 erfaßten) **anderen Personen 79**
betrifft, ist die Beurteilung der Kindeswohlschädlichkeit des Umgangs ohnedies
leichter von persönlichen Konflikten der Eltern zu trennen. Auch insoweit besteht
jedoch kein Bestimmungsrecht des sorgeberechtigten Elternteils, sondern es bedarf
ggf einer familiengerichtlichen Regelung nach Abs 3 S 1. Im Ergebnis kann daher
selbstverständlich der sorgeberechtigte Elternteil in dem von Palandt/Diederichsen (Rn 23) angeführten Fall den Ausschluß des Umgangs des Kindes mit einem
drogensüchtigen Nachbarskind während eines Ferienaufenthalts bei dem Umgangselternteil erreichen – freilich nicht durch einseitige Bestimmung, sofern sich der
Umgangselternteil uneinsichtig zeigt.

**4.    Inhaltlicher Rahmen des Umgangsrechts**

Im Gegensatz zu der früheren Bezeichnung als „Besuchsrecht" und auch zu der in **80**
§ 1634 Abs 1 aF enthaltenen Wendung „*persönlicher* Umgang" wurde die geltende
Fassung durch das KindRG bewußt gewählt, um klarzustellen, daß das **Umgangsrecht
umfassend** ist. Hierzu gehören nicht nur *persönliche Kontakte*, sondern auch *Brief-*
und *telefonische Kontakte* (BT-Drucks 13/4899, 105; FamRefK/Rogner Rn 7), ggf auch *Geschenke* des Umgangselternteils an das Kind. Solche neben dem persönlichen Umgang im engeren Sinn bestehende Umgangsbefugnisse können sowohl parallel zu
regelmäßig stattfindenden persönlichen Besuchen, als auch – im Fall des tatsächlichen oder gerichtlichen Ausschlusses solcher Besuche – als Restbestand des Umgangsrechts gegeben sein (BayObLG FamRZ 1993, 1487; Palandt/Diederichsen Rn 11; Johannsen/Henrich/Jaeger Rn 9; MünchKomm/Hinz § 1634 aF Rn 39 ff).

**a)    Persönlicher Kontakt**
**aa)**    Der persönliche Umgang erfolgt regelmäßig durch **Besuche des Kindes** bei dem **81**
Umgangselternteil. Diese müssen, um den Zweck des Umgangsrechts dienen zu
können, in einer Umgebung ermöglicht werden, die einen Austausch erlaubt, der
dem wechselseitigen Informations- und Kommunikationsbedürfnis gerecht wird. Da-

her ist grundsätzlich ein Umgang in der sozialen Umgebung des Elternteils geboten. Die Ausgestaltung des Umgangs hängt hierbei auch vom Alter des Kindes ab; ein persönlicher Umgang kann auch bei sehr kleinen Kindern den Bedürfnissen des Kindes entsprechend ausgestaltet werden (zu Einzelheiten unten Rn 180, 187 ff).

**82 bb)** In der **tatsächlichen Ausgestaltung** seines Zusammenseins mit dem Kind ist der Umgangselternteil grundsätzlich frei. Dieser anerkannte Grundsatz wird bestätigt durch § 1687 Abs 1 S 4, ggf iVm § 1687 a, wonach der Elternteil, bei dem sich das Kind mit Einwilligung des anderen Elternteils aufhält, die Alleinentscheidung in Angelegenheiten der tatsächlichen Betreuung hat.

Auf die Verteilung des Sorgerechts kommt es insoweit nicht an. Maßstab der Gestaltung ist ausschließlich das Kindeswohl, nicht eine enge oder übermäßig ängstliche Vorstellung des anderen Elternteils, auch wenn dieser alleine sorgeberechtigt ist. Dem Kind soll durch den Umgang auch die Möglichkeit gegeben werden, zusammen mit dem Umgangselternteil Erfahrungen zu sammeln, die ihm sonst verschlossen sind, soweit diese das Kindeswohl nicht konkret gefährden. So darf der Umgangselternteil mit dem Kind Veranstaltungen (Theater, Kino, Konzert, Feste, Tierpark, Sportveranstaltungen) besuchen. Er darf in kindgerechter Weise und zu angemessener Zeit mit dem Kind *Gaststätten* besuchen (OLG Darmstadt OLGE 11, 297), Ausflüge und Verwandtenbesuche unternehmen und das Kind zu eigenen sportlichen Aktivitäten mitnehmen (vgl OLG Braunschweig OLGE 26, 249, Schwimmen, Segeln, Radfahren, Tennis, Skifahren), soweit es sich nicht um Extremsportarten handelt, die üblicherweise von Kindern nicht ausgeübt werden oder größere Gefahren beinhalten. Auch in der Auswahl des Verkehrsmittels zur Beförderung des Kindes bei Abholung und Ausflügen ist der Umgangselternteil grundsätzlich frei, sofern hierdurch keine außergewöhnlichen Gefahren heraufbeschworen werden (jedenfalls im Grenzbereich OLG München FamRZ 1998, 974: Verbot der Mitnahme eines 9-jährigen auf dem Motorrad). Auch im Fall des **Ferienumgangs** bestimmt bis zur Grenze einer im Interesse des Kindeswohls erforderlichen Einschränkung nach Abs 4 der Umgangselternteil den Ferienort (OLG Frankfurt/Main FamRZ 1999, 1008).

Können sich die Eltern über Bedenken an der tatsächlichen Ausgestaltung nicht einigen, so hat der andere Elternteil, auch wenn er alleine sorgeberechtigt ist, kein Bestimmungsrecht. Es bedarf vielmehr einer Entscheidung des Familiengerichts zur Ausübung des Umgangsrechts gemäß Abs 3 S 1 (im einzelnen zu Art und Maß dieser Ausgestaltung unten Rn 187 ff).

**83 cc)** Zur **Umgangsbestimmung mit Dritten** während des Umgangs mit dem Elternteil oben Rn 75 ff.

**b)  Brief- und Telefonkontakt**

**84 aa)** Nach früherem Recht war mit Rücksicht auf die Fassung als *„persönlicher"* Umgang nicht unstrittig, ob Briefwechsel und telefonische Kontakte des Umgangselternteils mit dem Kind aus dem Umgangsrecht herleitbar sind. Durch die Neufassung wurde bewußt (BT-Drucks 13/4899, 104) die bisher schon überwiegende Ansicht (KG FamRZ 1968, 262, 263; OLG Braunschweig OLGE 26, 249; aA noch RGZ 141, 319; BayObLGZ 33, 243) bestätigt: **Briefverkehr** ist **grundsätzlich vom Umgangsrecht umfaßt.** Dies gilt nicht nur dann, wenn das Umgangsrecht über längere Zeit aus äußeren Gründen nicht durch persönlichen Kontakt ausgeübt werden kann; vielmehr dienen solche Kontakte auch zwischen regelmäßigen Besuchen dem Kindesinteresse und sind daher uneingeschränkt zu gestatten (Johannsen/Henrich/Jaeger Rn 9; Gernhuber/Coester-Waltjen § 66 II; MünchKomm/Hinz § 1634 aF Rn 39; Palandt/Diederichsen Rn 26). Dasselbe gilt für Telefax und moderne Kommunikationsformen wie e-mail, die häufig dem eiligen Kommunikationsbedürfnis Jugendlicher entgegenkommen wird.

Eine Beschränkung des Briefwechsels auf den *Zweck des Umgangsrechts* (MünchKomm/Hinz § 1634 aF Rn 39; Soergel/Strätz § 1634 aF Rn 13) ist nur eine formal logische Konsequenz aus der Herleitung aus dem Umgangsrecht. Tatsächlich dient der Briefverkehr, sobald das Kind in ein Alter gelangt ist, in dem es sich auch in dieser Form ausdrücken und mit Angehörigen kommunizieren möchte (was in kindentsprechender Weise schon bei Vor-und Grundschulkindern [Bilder versenden] in Betracht kommt), als solcher einem weiteren Kontaktbedürfnis des Kindes. Der Wunsch, von Erlebtem zu berichten, die Freude, Post vom Elternteil zu erhalten, sind nicht nur Mittel des Umgangs, sondern selbst ein den persönlichen Kontakt ergänzender (Gernhuber/Coester-Waltjen § 66 II) Umgangszweck. Keinesfalls kann also der Briefkontakt „zweckentsprechend" auf bloße, mündlich nicht zu erlangende Information beschränkt werden (so noch Soergel/Strätz § 1634 aF Rn 13). Allenfalls wird der Zweck des Umgangsrechts im Verhältnis zum Sorgerecht dem Briefwechsel in extremen Fällen Grenzen setzen (so iE auch MünchKomm/Hinz § 1634 aF Rn 39).

**bb)** Umstritten ist, ob der (alleine) personensorgeberechtigte Elternteil ein **Recht** 85 **zur Kontrolle** des Briefwechsels hat. Dies wurde teilweise in Rechtsprechung und Schrifttum bejaht; der Sorgeberechtigte müsse befugt sein, ungeeignete Briefe, die den Erziehungszweck gefährden und dem Wohl des Kindes abträglich sind, zurückzuhalten; er müsse diese aber dem Familiengericht zur Entscheidung vorlegen (KG FamRZ 1968, 262; Soergel/Strätz § 1634 aF Rn 13). Diese – an die Briefkontrolle Strafgefangener erinnernde – Verfahrensweise ist weder mit dem Kindeswohl noch mit der Wahrung des Briefgeheimnisses vereinbar, noch dient sie dem Zweck des Umgangs- und Sorgerechts. Briefwechsel gehört, insbesondere bei Kindern im Jugendalter zum inneren Kern des Persönlichkeitsrechts (OLG Köln FamRZ 1973, 265). Der Inhalt von eigenen Briefen dient, vergleichbar einem Tagebuch, der Selbstbespiegelung, die der Jugendliche zu einer Selbstfindung und Persönlichkeitsentwicklung benötigt. Hinsichtlich der Briefe des Umgangselternteils spielt zwar dieser Aspekt keine unmittelbare Rolle. Durch ein umfassendes Kontrollrecht würde jedoch das für die Erziehung grundlegende Vertrauen des Kindes gegenüber dem Sorgeberechtigten in die Achtung seiner Privatsphäre, die nur in Freiheit wachsende Bereitschaft zu Ehrlichkeit an Stelle von Geheimniskrämerei und Abkapselung und die Entwicklung der Achtung der Persönlichkeitssphäre anderer gefährdet (schon Krüger FamRZ 1956, 329, 334; Peschel-Gutzeit, in: Juristinnenbund 96).

Gegen eine Kontrolle des Briefverkehrs spricht im übrigen, daß der Briefverkehr Teil des Umgangsrechts ist und das Umgangsrecht ebenfalls, unbeschadet einer Einschränkung bei Erforderlichkeit für das Kindeswohl, unkontrolliert ausgeübt wird.

Nur bei Vorliegen **triftiger Gründe** kann ein alleine sorgeberechtigter Elternteil Briefe anhalten und kontrollieren. Solche Gründe liegen jedoch nur vor, wenn Anlaß zu der Annahme besteht, daß der Briefverkehr das Kindeswohl gefährdet (etwa durch ein, das

Kind in Loyalitätskonflikte stürzendes Untergraben der Erziehungsautorität) und eine Entscheidung nach Abs 4 erforderlich macht. Deshalb kann auch der alleine sorgeberechtigte Elternteil nicht selbst abschließend entscheiden, sondern muß zurückgehaltene Briefe dem Familiengericht mit dem Ziel einer Entscheidung nach Abs 4 vorlegen. Neben der Beschränkung oder dem Ausschluß des Briefverkehrs nach Abs 4 kommt insbesondere auch in Betracht, daß das Familiengericht den Umgangselternteil bei Vorliegen von das Kindeswohl beeinträchtigenden Briefen zunächst gemäß Abs 3 S 2 *anhält*, Äußerungen in Briefen zu unterlassen, die das Verhältnis zu dem das Kind betreuenden Elternteil beeinträchtigen. Umgekehrt sind gegen den betreuenden Elternteil, der den Briefverkehr stört, ebenfalls Maßnahmen nach Abs 3 S 2, äußerstenfalls nach §§ 1666, 1696 möglich (PALANDT/DIEDERICHSEN Rn 26).

Haben beide Eltern die elterliche Sorge inne, so gilt, da ein umfassendes Kontrollrecht aufgrund der Personensorge ohnedies nicht besteht und der Briefverkehr vorrangig eine Umgangsproblematik darstellt, grundsätzlich nichts anderes. Bei Vorliegen triftiger Gründe, die in Hinblick auf § 1687 Abs 1 S 2 auch in diesem Fall bei das Kind verunsichernden Eingriffen in die tägliche Erziehung vorliegen können, kommt eine Regelung nach Abs 4 bzw nach Abs 3 S 2 in betracht. Geht es bei den Briefkontakten um Grundsatzfragen der Erziehung, so liegt der Fall nicht anders, als wenn ein mit sorgeberechtigter Elternteil mündlich das Kind in einer Erziehungsfrage konfliktträchtig beeinflußt, weil die Eltern sich nicht einigen können. Insoweit entscheidet das Familiengericht ggf nach § 1629.

**86  cc)**     Gegen die Zulässigkeit von **Telefonkontakten** wurde argumentiert, diese seien nicht überwachbar und deshalb im Rahmen des Umgangsrechts unzulässig (AG Deggendorf FamRZ 1979, 1061; SOERGEL/STRÄTZ § 1634 aF Rn 12). Dies ist schon deshalb unrichtig, weil ein Kontrollrecht des anderen Elternteils – auch des alleine Sorgeberechtigten – nicht besteht und telefonisch keine anderen Mitteilungen ausgetauscht zu werden pflegen als beim persönlichen Kontakt.

Auch das Argument, Telefonanrufe könnten das Kind unvorbereitet in Krisenstimmungen antreffen, also auch verstören (AG Deggendorf aaO, MünchKomm/HINZ § 1634 aF Rn 40), kann einen grundsätzlichen Ausschluß von Telefonkontakten nach Gutdünken des Betreuungselternteils nicht begründen (so iE auch MünchKomm/HINZ aaO). Es erscheint schon zweifelhaft, ob es dem Kindeswohl entspricht, ein Kind vor Telefonaten in Krisenstimmungen zu bewahren. Ein solcher Anruf kann ebensogut tröstlich wie verstörend wirken; überdies gehört die Erfahrung, in unvorbereiteter Stimmungslage anderen Menschen gegenüberzustehen, zur Persönlichkeitsentwicklung. Diese Erfahrung an einem Elternteil als einem vertrauten Menschen einzuüben, wird regelmäßig dem Kindeswohl dienlicher sein, als einengende Abschirmung durch den betreuenden Elternteil. Unbeschadet dessen kann jedenfalls dem Telefonkontakt nicht grundsätzlich ein Risiko für das Kindeswohl unterstellt werden. Nur konkrete Risiken können Anlaß für Einschränkungen geben.

Im übrigen ist der Gedanke, Telefonate zu verbieten, schon bei einem Schulkind weltfremd und könnte angesichts der Möglichkeit, sich selbst in öffentlichen Telefonzellen (ohne eigenes Geld) anrufen zu lassen, nur durch entwürdigende Überwachungsmaßnahmen durchgesetzt werden, was wiederum zu einer kindeswohlschädlichen Tendenz zur Heimlichkeit führen müßte.

Umgekehrt aber ist der Telefonkontakt regelmäßig **kindeswohldienlich** und daher grundsätzlich unüberwacht zuzulassen (Palandt/Diederichsen Rn 26; Johannsen/Henrich/Jaeger Rn 9; MünchKomm/Hinz § 1634 aF Rn 40). Telefonate ermöglichen es dem Kind, sich zwischen oft weit auseinanderliegenden Besuchskontakten spontan dem Umgangselternteil mitzuteilen; dies gilt gleichermaßen für kleine Kinder, die zu Briefkontakten nicht imstande sind, wie auch für größere Kinder, für die zunehmend das Telefon (ggf e-mail) als Mittel der Kontaktpflege den als wenig spontan empfundenen Brief ersetzen. Eine Beschränkung telefonischer Kontakte zum Umgangselternteil würde aus Sicht des Kindes irritierend wirken, weil die Zulässigkeit von Telefonaten mit Freunden und Bekannten die Regel ist, der Umgangselternteil aber als nachteiliger Ausnahmefall erschiene. Der telefonische Kontakt dient also ebenfalls unmittelbar dem Zweck des Umgangsrechts, eine möglichst normale und unkünstliche Kontaktpflege zu sichern.

Erst recht ist telefonischer Kontakt zu erlauben, wenn ein persönlicher Umgang derzeit nicht stattfinden kann oder erheblich beschränkt ist (OLG München FamRZ 1998, 976, 977).

**dd)** In einer vorzüglich kindeswohldienlichen Weise, die zugleich den betreuenden **87** Elternteil von Mehrkosten und unerwünschten Kontakten mit dem Umgangselternteil entlastet, läßt sich der telefonische Kontakt durch eine **eigene Telefonnummer** (mit oder ohne eigenem Anschluß) des Kindes („Kindertelefon", MünchKomm/Hinz § 1634 aF Rn 40) verwirklichen. Sofern der Anschluß als Festanschluß in der Wohnung des betreuenden Elternteils besteht, bedarf es dazu schon aus fernmelderechtlichen Gründen dessen Zustimmung. Wegen der Bedeutung der telefonischen Kontakte für die Ausübung des Umgangsrechts dürfte der betreuende Elternteil regelmäßig verpflichtet sein, diese Zustimmung zu erteilen, sofern ihm hieraus keine Kosten oder sonstige Nachteile entstehen.

Schenkt der Umgangselternteil dem Kind ein *Mobiltelefon* (und finanziert dessen laufende Kosten), so ist wohl neben der Umgangsfrage eine Erziehungsfrage berührt (soll das Kind schon über ein Mobiltelefon verfügen?), so daß die Einwilligung des betreuenden Elternteils erforderlich ist; dies gilt unabhängig von der Sorgerechtslage, weil das Zurverfügungstellen des Telefons jedenfalls nicht auf die von § 1687 Abs 1 S 4 erfaßten Zeiträume beschränkt bleibt.

Zur **Bereitstellung eines Telefonanschlusses** für das Kind ist dagegen der betreuende Elternteil nicht verpflichtet. Fraglich ist, ob eine Verpflichtung besteht, die Telefonnummer eines vorhandenen Telefonanschlusses dem Umgangselternteil bekanntzugeben. Grundsätzlich steht es als Ausfluß des Persönlichkeitsrechts in der freien Entscheidung des Telefonteilnehmers, wem er seine Telefonnummer mitteilt (OLG Düsseldorf FamRZ 1997, 46). Sofern dem Kind die Benutzung des Telefonanschlusses nicht verwehrt wird, um den Umgangselternteil anzurufen, dürfte eine solche Verpflichtung im Hinblick auf die Herstellung von Telefonkontakten *mit dem Kind* in Abwägung des Kindeswohls gegen das Persönlichkeitsrecht des betreuenden Elternteils nicht anzunehmen sein. Hiervon zu unterscheiden ist die Frage, ob im Interesse der Erreichbarkeit *des betreuenden Elternteils* für Terminabsprachen und in Notfällen die Bekanntgabe der Telefonnummer verlangt werden kann (hierzu OLG Düsseldorf FamRZ 1997, 46 mit ablehnender Anm Sarres).

**88** **ee)**   Als Elemente des Umgangsrechts können sowohl briefliche als auch telefonische Kontakte bei Uneinigkeit der Eltern gemäß Abs 3 S 1 durch das **Familiengericht** geregelt werden (OLG München FamRZ 1998, 976, 977: Telefonregelung).

**c)   Geschenke**

**89** **aa)**   In der älteren Rechtsprechung wurde ein Recht des Umgangselternteils, dem Kind angemessene oder kleinere Geschenke zu senden, sowie eine Verpflichtung des sorgeberechtigten Elternteils, diese Geschenke auszuhändigen, verneint, bzw von einer positiven gerichtlichen Regelung im Rahmen der Bestimmung der Art und Weise des Umgangs abhängig gemacht (KG OLGE 14, 252; KG ZfJ 1937/38, 449; BayObLGZ 15, 441).

Auch insoweit hat sich die Erkenntnis durchgesetzt, daß maßvolle Geschenke grundsätzlich dem Zweck des Umgangsrechts dienen und *notwendig* sind (MünchKomm/HINZ § 1634 aF Rn 41). Dabei wird teils auf das Erziehungsziel des Sorgeberechtigten abgestellt, dem die Geschenke nicht zuwiderlaufen dürften (SOERGEL/STRÄTZ § 1634 aF Rn 16; MünchKomm/HINZ § 1634 aF Rn 41). Verbreitet wird vertreten auch Geschenke sollten der Regelungsbefugnis des Familiengerichts nach Abs 3 unterfallen, wenn die Eltern sich über die Angemessenheit nicht einig sind und die Geschenke durch ein Übermaß das Erziehungsrecht des Sorgeberechtigten zu durchkreuzen und diesem dem Kind zu entfremden geeignet sind (STEFFEN ZfJ 1979, 129, 133; MünchKomm/HINZ § 1634 aF Rn 41; JOHANNSEN/HENRICH/JAEGER Rn 9).

Der letztgenannten Ansicht, daß Geschenke einerseits notwendig sind, um dem Kind eine möglichst weitgehende Normalität im Umgang mit dem Elternteil zu ermöglichen und diesem Gelegenheit zu geben, Zuneigung auch durch Geschenke auszudrücken, ist im Ansatz beizupflichten. Andererseits können aber übermäßige Geschenke kindeswohlschädlich sein und Konflikte mit den im Alltag erlebten Lebensverhältnissen auslösen. Es bedarf jedoch eines stärker objektivierbaren, am Kindeswohl orientierten Maßstabes, um die Frage zu klären, *welches Maß* Geschenke haben dürfen. Auch insoweit kann schwerlich die Frage, ob ein oder beide Elternteile sorgeberechtigt sind und daher *bestimmen* können, den entscheidenden Ausschlag geben. Der Erziehungsstil eines alleine sorgeberechtigten Elternteils erscheint als Maßstab wenig geeignet: Er kann auf eine besonders geizige Lebensweise gerichtet sein, er kann auch bewußt oder unbewußt zur Demonstration von als zu gering empfundenen Unterhaltsleistungen eingesetzt werden. Vielmehr muß im Interesse des Kindes vermieden werden, daß zwischen dem Alltag bei dem betreuenden Elternteil und dem Maß der Geschenke des Umgangselternteils eine Polarisierung auftritt, daß das Kind vom Umgangselternteil verwöhnt wird. Dieser Konflikt ist auch im übrigen dem Umgangsrecht immanent, weil der Umgangselternteil regelmäßig als *Freizeitelternteil* erscheint und daher, gerade wenn er den Umgang für das Kind optimal gestalten will, leicht aus Sicht des Kindes auf eine irreale Sonnenseite des Lebens gestellt wird.

Dabei sollte allerdings nicht kleinlich verfahren werden. Es ist nicht zu vermeiden, daß der Lebensstil der nicht zusammen lebenden Eltern auch in wirtschaftlicher Hinsicht verschieden ist; Maßstab kann nicht nur der Lebensstil des betreuenden Elternteils sein, sondern auch der des Umgangselternteils. Vor allem verbieten sich Argumentationen mit der unterhaltsrechtlichen Leistungsfähigkeit, welche die

Größe von Geschenken am monatlichen Kindesunterhalt messen und mit erhöhten
Unterhaltsansprüchen drohen, weil sich die Leistungsfähigkeit des Umgangselternteils an seinen Geschenken offenbare (tendenziell STAUDINGER/PESCHEL-GUTZEIT[12] § 1634
aF Rn 80). Es ist gleichermaßen menschlich verständlich wie für das Kind als durchaus
positive Erfahrung erlebbar, wenn ein unterhaltsverpflichteter Umgangselternteil
dem Kind Geschenke macht, die für ihn ein überobligationsmäßiges Opfer bedeuten,
die aber vom Kind stärker als elterliche Liebe empfunden werden als die freiwillige
Erhöhung des laufenden Unterhalts. Bei offensichtlichen und fortwährenden Miß-
verhältnissen zwischen Geschenken und Lebensverhältnissen (monatlicher Ge-
schenkwert übersteigt regelmäßig den Unterhalt, vgl iE STAUDINGER/PESCHEL-GUTZEIT
aaO) ist freilich das Kindeswohl in Gefahr.

**d)**     Die **Übersendung von Fotos** und **Zeugnissen** im Fall der Einschränkung, insbe-  **90**
sondere des Ausschlusses des Umgangsrechts (OLG Frankfurt/Main FamRZ 1998, 577) ist
hingegen systematisch nicht unmittelbar als Restbestand des Umgangsrechts nach
Abs 1, sondern als Element des in seiner Herkunft an das Umgangsrecht angelehnten
**Auskunftsanspruchs** einzuordnen (vgl dazu § 1686).

## IV.   Wohlverhaltensgebot (Abs 2)

### 1.   Inhalt im Verhältnis der Eltern

**a)**     Abs 2 S 1 erlegt beiden Eltern wechselseitig eine **Verpflichtung** auf, alles zu  **91**
**unterlassen**, was das Verhältnis des Kindes zum jeweils anderen Elternteil beeinträchtigt oder die Erziehung erschwert (OLG Celle FamRZ 1998, 971; OLG München
FamRZ 1997, 750). Diese eigentlich selbstverständliche, auch bei zusammenlebenden
Eltern im Interesse einer gedeihlichen Erziehung des Kindes zu fordernde Verhaltensweise wird erfahrungsgemäß im Konflikt der Eltern nicht selten verletzt, indem
die Eltern auf Kosten, oft auch unter Einbeziehung der Kinder ihre Streitigkeiten
auch nach der Trennung oder Scheidung fortsetzen. Die Bestimmung will angesichts
dieser Erfahrungstatsache beiden Eltern aufzeigen, was zum Wohl des Kindes von
ihnen in dieser Lage zu erwarten ist (BT-Drucks 8/2788, 54; JOHANNSEN/HENRICH/JAEGER
Rn 14; SOERGEL/STRÄTZ § 1634 aF Rn 18; PALANDT/DIEDERICHSEN Rn 12; MünchKomm/HINZ
§ 1634 aF Rn 18). Das Gebot entspricht der verfassungsrechtlichen Bedeutung des Elternrechts als eines treuhänderischen Rechts (BVerfGE 64, 180).

**b)**     In der Neufassung durch das KindRG wendet sich die Bestimmung nunmehr  **92**
unterschiedslos an **beide Eltern**. Eine sachliche Änderung ist hierdurch nicht eingetreten; da das Umgangsrecht nicht mehr von der Sorgerechtsverteilung abhängt, ist
auch hinsichtlich des Wohlverhaltensgebotes eine sorgerechtlich typisierte Rollenverteilung nicht erkennbar. Das Wohlverhaltensgebot gilt auch, wenn die Eltern eine
**gemeinsame elterliche Sorge** innehaben und nicht unmittelbar das Umgangsrecht
betroffen ist. So haben sich die Eltern auch der Einflußnahme auf das Kind in
streitigen Erziehungsfragen (zB Erwecken von Versagensängsten gegenüber einer
vom anderen Elternteil gewünschten weiterführenden Schulbildung) zu enthalten
und sind in diesem Fall gehalten, den Konflikt über Einzelfragen der Erziehung
miteinander auszutragen.

Dennoch ergeben sich neben allgemein zu formulierenden Verpflichtungen, die beide Eltern treffen, aus der tatsächlichen Rollenverteilung zwischen betreuendem Elternteil und Umgangselternteil spezifische Verhaltenspflichten.

Allgemein trifft beide Eltern eine Pflicht zu **loyalem Verhalten**. Beide Eltern haben es zu unterlassen, die *Ursachen des Scheiterns* ihrer Beziehung, *Eigenschaften* des anderen Elternteils zur Beeinflussung oder Einnahme des Kindes einzusetzen (PALANDT/ DIEDERICHSEN Rn 12), sowie Achtung und Liebe des Kindes zu dem anderen Elternteil zu untergraben (JOHANNSEN/HENRICH/JAEGER Rn 14). *Partnerschaftliche Belange*, insbesondere auch im Verhältnis zu einem neuen Partner, sind ggf zurückzustellen, auch wenn das Umgangsrecht des früheren Partners für eine neue Beziehung als störend empfunden wird (AG Kerpen FamRZ 1994, 1486, 1488). Beide Eltern sind verpflichtet, persönliche Aversionen gegen den anderen Elternteil strikt dem Wohl des Kindes unterzuordnen (AG Leutkirch FamRZ 1994, 401) und Spannungen von dem Kind – so weit dies möglich ist – fernzuhalten (LG Tübingen DAVorm 1974, 193; SOERGEL/STRÄTZ § 1634 aF Rn 19).

**93** **c)** Nach allgemeiner Ansicht erschöpft sich die Wohlverhaltenspflicht nicht in Unterlassungen; vielmehr ergeben sich **aktive Förderungspflichten**, wenngleich der Gesetzgeber des KindRG es versäumt hat, die Norm entsprechend dieser Zielsetzung anzupassen (OLG Thüringen FamRZ 2000, 47; PALANDT/DIEDERICHSEN Rn 12; FamRefK/ ROGNER Rn 8; JOHANNSEN/HENRICH/JAEGER Rn 14; SOERGEL/STRÄTZ § 1634 aF Rn 18; Münch-Komm/HINZ § 1634 aF Rn 18). Ohnehin lassen sich zu mißbilligende erzieherische Verhaltensweisen häufig nicht danach unterscheiden, ob sie sich in einem bloßen schädlichen Unterlassen erschöpfen oder bereits aktiv das Verhältnis des Kindes zum anderen Elternteil erschweren. Insbesondere haben beide Elternteile schlichte Untätigkeit in Beziehung auf die Kontakte des Kindes zum anderen Elternteil zu unterlassen, wo nach erzieherischen Grundsätzen ein Tätigwerden im Sinne einer behutsamen positiven Einflußnahme auf das Kind geboten ist. Gegen die Loyalitätspflicht verstößt also auch, wer durch formal korrektes Nichtstun dem Kind Ablehnung gegen den anderen Elternteil deutlich macht und in dem Kind hierdurch *aktive* Ablehnung provoziert, die dann scheinbar auf den eigenen Willensentschluß des Kindes rückführbar ist. Hingegen kann *physischer Zwang* gegen das Kind nicht verlangt werden (vgl aber OLG Zweibrücken FamRZ 1987, 90; LG Mannheim NJW 1972, 950).

**94** **d)** In bezug auf das Umgangsrecht sind dem **betreuenden Elternteil** folgende Verhaltenspflichten auferlegt:

**aa)** Er hat alles zu unterlassen, was die Durchführung einer vereinbarten oder gerichtlich verfügten **Umgangsregelung beeinträchtigen oder vereiteln** könnte (zu den vielfältigen Methoden der Umgangsvereitelung aus psychologischer Sicht: KLENNER FamRZ 1995, 1529; zur richterlichen Reaktion: WEISBRODT KindPrax 2000, 9, 12 ff). Erst recht hat er seine eigene ablehnende Haltung so zu steuern, daß das Kind nicht in einen *Loyalitätskonflikt* gerät, weil es dem betreuenden Elternteil zu Gefallen sein will, der seine Abneigung gegen den Umgang deutlich macht (OLG Bamberg NJW-RR 1995, 201, 202; OLG Hamm FamRZ 1994, 57, 58; OLG Nürnberg NJW 1994, 2964; zum Resultat vgl exemplarisch OLG Köln KindPrax 1998, 157). Das PAS (oben Rn 37 ff) und andere psychische (OLG München FamRZ 1997, 750) oder psychosomatische Erkrankungen des Kindes (KG FamRZ 1989, 656, 659) markieren nur extreme Fälle der Verletzung dieser Verpflichtung; auch weniger intensives negatives Einwirken auf das Kind ist zu unterlassen.

Darüber hinaus muß der betreuende Elternteil im Rahmen der Erziehung (wiederum unabhängig von der Sorgerechtslage, da hinsichtlich der Frage, ob das Kind dem Umgang positiv gegenübersteht, de facto der betreuende Elternteil den größten Einfluß nehmen kann) die Bereitschaft des Kindes zum *Umgang mit dem anderen Elternteil fördern*, die Besuche bei diesem als etwas Positives vermitteln; psychische Widerstände des Kindes gegen den Umgangselternteil mit – selbstverständlich angemessenen und zumutbaren – erzieherischen Maßnahmen überwinden (OLG Brandenburg FamRZ 1996, 1092; OLG Celle FamRZ 1998, 971, 972; OLG Celle FamRZ 1999, 173; OLG Düsseldorf FamRZ 1979, 857, 858; OLG Hamm OLGZ 1975, 386; OLG Hamm FamRZ 1994, 57, 58; OLG Hamm FamRZ 1996, 363; OLG Hamm ZfJ 1999, 226, 228; OLG Frankfurt/Main ZfJ 1998, 343, 344; OLG Köln FamRZ 1998, 961, 962; OLG Zweibrücken FamRZ 1987, 90; LG Berlin FamRZ 1990, 92; AG München DAVorm 1999, 310; MünchKomm/Hinz § 1634 aF Rn 18; Johannsen/Henrich/ Jaeger Rn 14; Palandt/Diederichsen Rn 12; Oelkers FamRZ 1995, 449, 452). Bei jüngeren Kindern ist davon auszugehen, daß diese aus eigenem Antrieb keine unüberwindliche Ablehnung des Umgangs entwickeln, so daß die vom betreuenden Elternteil geforderten Erziehungsmaßnahmen bei entsprechendem Bemühen auch gelingen sollten (OLG Hamm FamRZ 1996, 363).

Eine besondere Verpflichtung zur Förderung besteht, wenn der betreuende Elternteil das Umgangsrecht nachhaltig vereitelt hat; in diesem Fall ist es vorrangig Sache dieses Elternteils, dafür zu sorgen, daß das Umgangsrecht dauerhaft und in angemessenem Umfang wieder ausgeübt werden kann (OLG Nürnberg FamRZ 1997, 614).

**bb) Einzelfälle:**                                                                        95
– Der Betreuungselternteil darf grundsätzlich nicht seine **Wohnanschrift geheimhalten** und damit die Kontaktaufnahme des Umgangselternteils mit dem Kind vereiteln. Die planmäßige Vereitelung des Umgangs durch Umzug und Verschweigen der neuen Anschrift bedeutet einen schweren Verstoß gegen das Wohlverhaltensgebot (OLG München FamRZ 1997, 1160; zur Frage der [offenen und nicht verdeckten] **Auswanderung** vgl oben Rn 67 ff). Ausnahmsweise kann die Geheimhaltung der Wohnanschrift bei Vorliegen eines schutzwürdigen Interesses gerechtfertigt sein; hieran ist ein strenger Maßstab anzulegen (KG FamRZ 1999, 876: Begründete Angst vor Gewalttätigkeit).

Gefordert sind auch äußere aktive Verhaltensweisen, die nach dem Geist und Sinn einer Umgangsregelung geboten erscheinen.

– So muß der betreuende Elternteil das Kind zum vereinbarten Zeitpunkt zur **Abholung bereitmachen** und es dem Umgangselternteil übergeben (OLG Celle FamRZ 1998, 1130, 1131). Falls Bringen des Kindes zum Umgangselternteil vereinbart ist, darf er sich nicht darauf beschränken, untätig vor der Haustüre anzuhalten – und dem Kind dadurch mittelbar nahezulegen, es brauche nicht auszusteigen, wenn es nicht wolle (OLG Brandenburg FamRZ 1996, 1092 zudem noch Dokumentation des formalen Wartevorganges mit der Videokamera).

Grundsätzlich besteht jedoch keine Pflicht – unabhängig von entsprechenden Absprachen – das Kind zum Umgangselternteil zu **bringen oder es abzuholen** (OLG Zweibrücken FamRZ 1982, 531). Mangels anderer Vereinbarung oder gerichtlicher Regelung ist dies Sache des Umgangselternteils (OLG Koblenz FamRZ 1996, 560, 561; OLG Nürnberg NJWE-FER 1999, 146; OLG Zweibrücken FamRZ 1982, 531). Etwas anderes dürfte sich regelmäßig ergeben, wenn die Eltern die *elterliche Sorge gemeinsam* innehaben (OLG Saarbrücken FamRZ 1983, 1054); eine Aufteilung der mit dem Holen und Bringen verbundenen Belastungen bringt ohnedies besser die gemeinsame Verantwortung zum Ausdruck und ist auch im Interesse des Kindes vorzugswürdig, weil der Eindruck vermindert wird, der Umgang bedeute eine fremde Herausnahme aus dem normalen Umfeld. Auch bei alleinigem Sorgerecht kann eine Verpflichtung zur Mitwirkung des betreuenden Elternteils an der Verwirklichung des Umgangs bestehen, insbesondere, wenn wegen großer Entfernung bei Abholung des Kindes faktisch das Umgangsrecht vereitelt würde und nur gewährleistet werden kann, wenn das Kind zum Umgangselternteil reist; in solchen Fällen ist vom betreuenden Elternteil zu erwarten, daß er das Kind zum Zug bringt und abholt (sehr eng insoweit OLG Nürnberg NJWE-FER 1999, 146: 7$^1$/$_2$ Stunden Wegezeit pro Wochenende dem Umgangselternteil zumutbar).

– Der betreuende Elternteil muß auch bemüht sein, aktiv am **Zustandekommen einer vernünftigen Besuchsregelung** mitzuwirken; hierzu gehört auch die Mitwirkungsbereitschaft an einer für die Kindeswohlentscheidung erforderlichen sachverständigen Begutachtung (OLG Köln FamRZ 1998, 1463, 1464; OELKERS FamRZ 1995, 449, 452). Ist ein Verfahren nach Abs 3 anhängig, so muß der das Kind betreuende Elternteil die vom Gericht angeordneten Maßnahmen zur Ermittlung des Kindeswohls unterstützen, insbesondere das Kind zu einem beauftragten Sachverständigen, zur Anhörung durch das Jugendamt und das Gericht bringen (vgl zur Verfahrensverschleppung durch Boykott BVerfG FamRZ 1997, 871, 873).

– Auch der Versuch, eine bestehende Besuchsregelung dadurch zu unterlaufen, daß dem Antrag auf Vollstreckung ein **mutwilliger Abänderungsantrag** entgegengesetzt wird, kann die Wohlverhaltenspflicht verletzten, obgleich dieser Antrag formell verfahrensrechtlich zulässig sein mag (OLG Zweibrücken FamRZ 1996, 877).

– Zur Verwirklichung des Umgangsrechts kann es auch erforderlich sein, daß der betreuende Elternteil den Umgangselternteil an einem **Gespräch mit dem behandelnden Arzt** teilnehmen läßt, wenn das Kind unter einer Behinderung leidet, die möglicherweise ihre Ursache in der Elternbeziehung hat (OLG Frankfurt/Main 6 UF 277/96 zit nach WEICHARDT ZfJ 1999, 268, 276).

– Die Wohlverhaltenspflicht erfordert es, daß der betreuende Elternteil ggf auch **auf Dritte einwirkt**, den Umgang des Kindes mit dem Umgangselternteil nicht zu behindern, so insbesondere wenn der betreuende Elternteil mit dem Kind bei seinen Eltern lebt und sich hinter deren ablehnender Haltung verschanzt (OLG Zweibrücken FamRZ 1996, 877: Einwirkung auf Eltern, ein wöchentliches Telefonat trotz der behaupteten Störung der ruhigen Wohnatmosphäre zuzulassen).

**96 e)** Den **Umgangselternteil** treffen folgende Wohlverhaltenspflichten:

**aa)** Ihm ist es verboten, das Kind gegen den sorgeberechtigten Elternteil einzunehmen oder dessen Erziehungsbemühungen zu erschweren oder zu vereiteln (MünchKomm/HINZ § 1634 aF Rn 18; JOHANNSEN/HENRICH/JAEGER Rn 14; SOERGEL/STRÄTZ § 1634 aF Rn 18). In diesem Zusammenhang wird regelmäßig formuliert, der Umgangsberechtigte habe sich *jeder Miterziehung* des Kindes zu enthalten. Dem kann nach dem hier vertretenen Verständnis von der erzieherischen Funktion des Umgangs-rechts (oben Rn 41) nicht vollends gefolgt werden. Soweit im Rahmen des Umgangs eine erzieherische Einflußnahme auf das Kind zum Wohl des Kindes stattfindet (zutreffend LEMPP NJW 1972, 315, 317), insbesondere durch Verhaltensweisen, gemein-same Aktivitäten, Erlebnisse und Erfahrungen, die der Umgangselternteil vermittelt, der betreuende Elternteil ggf sogar ablehnt, kann das Wohlverhaltensgebot nicht dazu führen, daß der Umgangselternteil solches unterläßt. Er hat jedoch dem Kind zu verdeutlichen, daß solche Aktivitäten nicht einen absoluten Anspruch in sich tragen, um zu vermeiden, daß das Kind den betreuenden Elternteil ablehnt, weil er solches nicht tut (zB „Papi ist ein Supersportler, Mami ist faul"). Entscheidungen in grundsätzlichen Erziehungsfragen, für die der betreuende Elternteil die Kompe-tenz hat (alleiniges Sorgerecht oder Übertragung der Entscheidungsbefugnis nach § 1628), sind nicht gegenüber dem Kind in Frage zu stellen.

**bb)  Einzelfälle:**                                                                                              **97**
– In gleicher Weise wie der betreuende Elternteil muß der Umgangselternteil den Rahmen eines vereinbarten oder gerichtlich festgesetzten **Umgangsrechts einhalten**; er darf das Kind nicht über diesen Rahmen hinaus gegen den Willen des anderen Elternteils bei sich behalten (BayObLG FamRZ 1993, 823, 824). Überdies muß er eben-falls in gebotener Weise am **Zustandekommen einer kindeswohldienlichen Umgangs-regelung** mitwirken (OLG Hamm FamRZ 1997, 693, 694). Hierzu gehört auch die Bereit-schaft zur Zusammenarbeit mit dem Jugendamt, das für das Familiengericht Ermittlungen nach § 50 SGB VIII anstellt (AG Friedberg FamRZ 1992, 1333).

– Auch der Umgangselternteil darf seine **Wohnanschrift** nicht verheimlichen, damit der betreuende Elternteil weiß, wo er sich während des Umgangs regelmäßig mit dem Kind aufhält (OLG Hamm FamRZ 1997, 693, 694).

**2.      Ausdehnung, wenn das Kind in Obhut anderer Personen ist**

**a)**      Die Verpflichtung zu loyalem Verhalten gilt auch dann, wenn sich das Kind  **98** nicht in der Obhut eines Elternteils, sondern in der anderer Personen, zB eines Vormunds, Pflegers oder von Pflegeeltern befindet (Abs 2 S 2; FamRefK/ROGNER Rn 9). Sowohl die (umgangsberechtigten) Eltern als auch die betreuende Person trifft in gleicher Weise das Wohlverhaltensgebot, wie dies im Verhältnis von Umgangsel-ternteil zu betreuendem Elternteil der Fall ist. Diese Regelung macht überdies deut-lich, daß das loyale Verhalten nicht formal an der Rollenverteilung Sorgeberechtigter – Umgangsberechtigter zu bestimmen ist, sondern wesentlich an die tatsächlichen Erziehungs- und Betreuungsverhältnisse anknüpft. Ebenso, wie einem mitsorgebe-rechtigten Umgangselternteil keine geringere Loyalität gegenüber den Erziehungs-methoden des betreuenden Elternteils auferlegt ist, als einem nicht sorgeberechtig-ten Umgangselternteil, haben etwa auch sorgeberechtigte Eltern die Erziehung durch Pflegeeltern durch Wohlverhalten zu unterstützen. In beiden Fällen sind Mei-nungsverschiedenheiten über den Erziehungsstil nicht über Einflußnahme auf das Kind auszutragen, sondern zwischen den beteiligten Eltern und/oder Betreuungs-personen.

**b)**      Abs 2 S 2 erfaßt nur die Situation der Betreuung des Kindes durch Dritte im  **99** Verhältnis zu den umgangsberechtigten Eltern. Zur Wohlverhaltenspflicht **anderer**

**Umgangsberechtigter** im Verhältnis zu den das Kind betreuenden Eltern vgl § 1685 Abs 3.

### 3. Verletzung der Wohlverhaltenspflicht, Maßnahmen, Sanktionen

#### a) Sanktionsgefälle zu Lasten des Umgangselternteils?

**100 aa)** Das entschiedene Fallmaterial (vgl oben Rn 95, 97 und Nachweise im folgenden) läßt vermuten, daß **Verstöße** gegen die Wohlverhaltenspflicht, vor allem Beeinflussungen des Kindes gegen den anderen Elternteil, erheblich **häufiger von seiten des das Kind betreuenden Elternteils** ausgehen als von seiten des Umgangselternteils.

Die Ursachen hierfür sind selbstredend nicht darin zu sehen, daß das Sorgerecht häufiger dem zu Illoyalität neigenden Elternteil übertragen würde. Vielmehr hat die auffällige Häufigkeit, in der Gerichte sich mit illoyalem Verhalten des Sorgeberechtigten zu befassen haben, ihren Grund wohl in der **tatsächlichen Ausgangssituation**: Bei Uneinigkeit der Eltern über das Umgangsrecht erhält der das Kind zunächst nicht betreuende Elternteil regelmäßig keine Gelegenheit, sich loyal oder illoyal zu verhalten, ehe es zu einer familiengerichtlichen Regelung nach Abs 3 S 1 kommt, weil ihm bis dahin das Kind vom betreuenden Elternteil faktisch vorenthalten werden kann. Die bisher starke strukturelle Bevorzugung des (vor Inkrafttreten des KindRG überwiegend alleine) Sorgeberechtigten gegenüber dem (nur) Umgangsberechtigten hat wohl nicht wenig dazu beigetragen, Sorgeberechtigte zur Ausnutzung dieser Machtstellung zu motivieren und dadurch selbst Gefahr zu laufen, sich dem Wohlverhaltensgebot zuwider zu verhalten.

Die Entwicklung zur Umgangsrechtsvereitelung beginnt bereits mit der häufigen Mitnahme des Kindes durch den aus der gemeinsamen Wohnung ausziehenden Elternteil, die als gutes Recht und Schutz des Kindes verstanden wird (KLENNER FamRZ 1995, 1529 f: Besitzstandsdenken und Schutzinstinkt) und die Gefahr birgt, daß dieser Elternteil eine gegen den zurückbleibenden Elternteil gerichtete Schicksalsgemeinschaft mit dem Kind schmiedet, welche mögliche Selbstzweifel beruhigt. Sorgerechtsregelungen, die eine durch Mitnahme des Kindes geschaffene Situation als Kontinuität verstehen und auf die anscheinend bessere Betreuung des Kindes gerade durch diesen Elternteil abstellen, werden nicht selten als Bestätigung empfunden (KLENNER FamRZ 1995, 1529, 1530: Freibrief für weitere Eigenmächtigkeiten).

Dem Wohlverhaltensgebot widersprechendes **Verhalten des Umgangsberechtigten** befaßt wohl deshalb selten die Gerichte, weil in Konfliktfällen der Umgangsberechtigte Kontakt mit dem Kind ohnehin erst nach erfolgter gerichtlicher Regelung erhält. In dieser Situation aber ist die Neigung gering, durch Verstöße gegen die Wohlverhaltenspflicht den oft langwierig erstrittenen gerichtlich gesetzten Rahmen zu gefährden. Erheblich häufiger als Verstöße gegen die Loyalität gegenüber dem anderen Elternteil wird Umgangselternteilen ein nach Abs 4 zu beurteilendes unmittelbar kindeswohlschädliches Verhalten vorgeworfen. Überdeutlich wird dies an folgender Beobachtung: In der veröffentlichten oberlandesgerichtlichen Rechtsprechung der letzten Jahre stand weit häufiger der Vorwurf sexuellen Mißbrauchs des Kindes inmitten, als der – eigentlich weit häufiger zu erwartende – Vorwurf der Erziehungseinmischung oder der Überschreitung des zeitlichen Rahmens von Umgangsrechten.

**bb)** Demgegenüber erscheint es bemerkenswert, daß die bisher ganz herrschende **101** Meinung ein **Ungleichgewicht im Sanktionensystem** zulasten des Umgangselternteils konstatiert.

Ausgehend von den jeweils maximal möglichen Sanktionen, nämlich der **Änderung der Sorgerechtsentscheidung** zulasten des betreuenden Elternteils und **Einschränkung oder Ausschluß** des Umgangsrechts zulasten des Umgangselternteils war lange Zeit festzustellen, daß die Wohlverhaltensklausel nur gegenüber dem Umgangsberechtigten eine Waffe mit scharfer Klinge (STAUDINGER/PESCHEL-GUTZEIT[12] § 1634 aF Rn 308; JOHANNSEN/HENRICH/JAEGER Rn 16) zu sein schien. Bei der gebotenen Gesamtwürdigung des Kindeswohls im Rahmen eines Verfahrens zur Änderung der Sorgerechtsentscheidung (§§ 1696, 1671, im Fall der vorherigen gemeinsamen elterlichen Sorge, nach altem Recht im Fall der Trennung oder Scheidung von verheirateten Eltern) bzw der Entziehung des Sorgerechts (§ 1666, im Fall der vorherigen alleinigen elterlichen Sorge der Mutter nach § 1626 a Abs 2, nach altem Recht im Fall der §§ 1705, 1711 aF) kann nicht der Verstoß gegen das Wohlverhaltensgebot, auch wenn er ein *beachtliches Maß* erreicht, den Ausschlag geben. Wenn das Kind zu dem betreuenden, wenngleich illoyalen Elternteil stärkere *Bindungen* als zu dem Umgangselternteil hat, wenn dieser – oft wegen Berufstätigkeit – das Kind nicht in gleicher Weise *betreuen* kann und durch eine Übertragung des Sorgerechts auf den Umgangselternteil die *Erziehungs-* und *Lebenskontinuität* gestört wird, so würde durch eine solche Entscheidung in erster Linie das Kind gestraft und nicht der illoyale Elternteil (BVerfGE 64, 180; BGH NJW 1985, 1702; LEMPP ZfJ 1977, 507, 511; JOHANNSEN/HENRICH/JAEGER Rn 16). Dies kann zu der geradezu als absurd empfundenen Konsequenz führen, daß besonders krasse Fälle der planmäßigen, langjährigen und tiefgreifenden Entfremdung des Kindes durch den betreuenden Elternteil gegenüber dem Umgangselternteil nicht durch Sorgerechtsentzug „bestraft", sondern durch Ausschluß des Umgangsrechts „belohnt" werden, weil das Kind, jedenfalls vorübergehend, zu einem Umgang nicht mehr in der Lage ist; dies muß vom loyalen, aber rechtlos gestellten Elternteil als Kapitulation des Rechts verstanden werden (vgl zur Sorgerechtsübertragung trotz Umgangsbehinderung: BGH NJW 1985, 1702, 1704; OLG Celle FamRZ 1998, 971; OLG Hamm FamRZ 1996, 361; MünchKomm/HINZ § 1634 aF Rn 18). Erweist sich eine Sorgerechtsübertragung an einen dem Umgangsrecht des anderen ablehnend gegenüberstehenden Elternteil aus Gründen der Kontinuität des Lebensumfeldes dennoch als erforderlich, so muß das Gericht sehr deutlich machen, daß dies auch die Erwartung impliziert, der Sorgeberechtigte werde sich positiv zum Umgangsrecht stellen und habe anderenfalls eine Änderung der Sorgerechtsentscheidung zu erwarten (vorbildlich: OLG Köln NJW-RR 1998, 1302; KG NJWE-FER 2000, 175, 176).

**cc)** Verstöße des **Umgangsberechtigten** gegen das Wohlverhaltensgebot erscheinen **102** dagegen ohne weiteres mit Maßnahmen nach Abs 4 sanktionierbar, wenn sie das erforderliche *beachtliche Maß* erreichen. Eine solche Maßnahme soll nach allgemeiner Ansicht eher in Betracht kommen, als eine Sorgerechtsänderung, weil das Kind durch (zeitweilige) Einschränkung oder Ausschluß des Umgangsrechts ungleich weniger betroffen sei als durch eine Sorgerechtsänderung (STAUDINGER/PESCHEL-GUTZEIT[12] § 1634 aF Rn 306; JOHANNSEN/HENRICH/JAEGER Rn 16; MünchKomm/HINZ § 1634 aF Rn 18). Dem ist zu widersprechen: Auch das Umgangsrecht hat hohe Bedeutung für die Entwicklung des Kindes, so daß die Eingriffsschwelle des Abs 4 hoch, für Abs 4 S 2 ebenso hoch wie bei § 1666, anzusetzen ist (im einzelnen unten Rn 265 ff).

**103 dd)** Wenngleich auch in der jüngeren Rechtsprechung „**Kapitulationsentscheidungen**" (vgl oben Rn 101 aE) gegenüber besonders krasser, insbesondere krankhaft-neurotischer Umgangsvereitelung unvermeidbar erscheinen, wird in der jüngeren Rechtsprechung deutlich, daß von einer Sanktionslosigkeit nicht die Rede sein kann. Das Instrumentarium wird zurecht intensiver und vielfältiger angewendet; auch die Änderung der Sorgerechtsregelung bei schweren Verstößen des (alleine) sorgeberechtigten Elternteils ist eine zunehmend erwogene und keineswegs kindespsychologisch tabuisierte Option (vgl insbes Jopt ZfJ 1996, 203, 209). Auch das KindRG hat durch die Erweiterung der familiengerichtlichen Regelungsbefugnis in Abs 3 S 2 verdeutlicht, daß das Wohlverhaltensgebot nicht nur moralischer Appell, sondern Rechtspflicht ist. Insbesondere besteht zunehmend Zurückhaltung gegenüber einem Ausschluß des *Umgangsrechts* als Folge der Obstruktion durch den *betreuenden* Elternteil (dazu im einzelnen unten Rn 351 ff), die auch in der engeren Fassung des Abs 4, insbesondere in Abs 4 S 2 zum Ausdruck kommt. § 52 a Abs 5 S 2 FGG nennt schließlich ausdrücklich für den Fall des Scheiterns eines Umgangsvermittlungsverfahrens auch Maßnahmen in bezug auf die Sorge als eine vom Gericht zu erwägende Möglichkeit. Gerade das KindRG zeigt sich also wehrhaft gegenüber Verstößen gegen das Wohlverhaltensgebot, wenngleich es noch deutlich hinter Modellen zurückbleibt, die unbegründete Umgangsvereitelung als *Straftat* behandeln (Frankreich) oder mangelnde Umgangstoleranz bereits bei der *Sorgerechtsregelung* beachten (Schweden). Dies ist begrüßenswert (Jopt ZfJ 1996, 203, 209; FamRefK/Rogner Rn 31: „vermehrt auch einen Sorgerechtswechsel als Sanktion ins Auge fassen"). Übermäßige Toleranz gegenüber Eltern, die das Wohlverhaltensgebot verletzen, ist nur scheinliberal. Sie schadet dem Wohl des Kindes, das zum Opfer dieser Toleranz wird.

Im einzelnen kommen die folgenden **sanktionierenden Maßnahmen** in Betracht, die nach dem Prinzip der Verhältnismäßigkeit abzustufen sind (Weisbrodt KindPrax 2000, 9, 13) – was dem Richter die schwierige Suche nach dem mildesten *und* gleichwohl wirksamen Mittel abverlangt:

**b)   Anordnungen nach Abs 3 S 2**

**104 aa)**   Das Familiengericht kann die Eltern durch **Anordnungen zur Erfüllung der Loyalitätspflicht** anhalten. **Ziel** der durch das KindRG neu geschaffenen Regelung ist es, eine Möglichkeit zu Anordnungen unterhalb der Schwelle von § 1696 bzw § 1666 zu eröffnen (BT-Drucks 13/4899, 105; FamRefK/Rogner Rn 12).

**105 bb)**   Die **Reichweite** der Norm ist allerdings völlig unklar. Hinsichtlich der **Adressaten** solcher Anordnungen könnte aus der systematischen Stellung in Abs 3 zu folgern sein, daß Umfang und Ausübung des Umgangsrechts im Verhältnis der Eltern und gegenüber *Dritten* erfaßt sind. Richtiger Ansicht nach bezieht sich Abs 3 S 2 nach seinem Zweck und seinem Wortlaut nur auf Anordnungen zum Zweck der Erfüllung der Wohlverhaltenspflicht nach Abs 2; die Bestimmung betrifft also grundsätzlich Anordnungen gegenüber den Eltern und nur im Fall des Abs 2 S 2 Dritte, die das Kind in Obhut haben (Palandt/Diederichsen Rn 40: „praktisch als II 3 zu lesen").

**106 cc)**   Auch hinsichtlich des Katalogs möglicher **Regelungsinhalte** ist die Bestimmung gänzlich offen gehalten. Teilweise wird sie so verstanden, daß sie das Gericht vorwiegend zu *Ermahnungen* und *Anleitungen* an die Eltern ermächtigt, welche eine konkrete, nach Abs 3 S 1 getroffene Umgangsregelung flankieren (liegt noch keine

Umgangsregelung vor, so wird das Gericht ggf auch von Amts wegen eine Umgangsregelung nach Abs 3 S 1 treffen: WEISBRODT KindPrax 2000, 9, 13) und in engem Zusammenhang mit dem verfahrensrechtlichen Gebot des Hinwirkens auf Einvernehmlich-
keit (§ 52 FGG) und der gerichtlichen Vermittlung (§ 52 a FGG) stehen (PALANDT/
DIEDERICHSEN Rn 41). Dies umfaßt insbesondere die schon im Rahmen der Regelungsbefugnis nach § 1634 Abs 2 S 1 aF als zulässig angesehenen **Auflagen** zur Umgangsregelung; zB Verbote, vor dem Kind bestimmte Streitfragen zur Sprache zu bringen
(KG KGJ 51, 31, 34) oder das Verbot, das Kind weiteren psychologischen Begutach-
tungen auszusetzen (OLG Frankfurt/Main FamRZ 2000, 52).

In Betracht kommt auch im Vorfeld eincs Verfahrens nach § 52 a FGG die Ladung
der Eltern zu einem gemeinsamen Anhörungstermin (JOHANNSEN/HENRICH/JAEGER
Rn 15).

Es ist allerdings zu fragen, ob damit das sehr weit gesteckte **gesetzgeberische Ziel**
erreicht werden kann, dem beklagten Mißstand abzuhelfen, daß Verstöße des betreuenden Elternteils gegen das Wohlverhaltensgebot familienrechtlich „nur durch
Maßnahmen nach § 1666 sanktioniert" (BT-Drucks 13/4899, 105) werden. Ermahnungen
bedürfen keiner ausdrücklichen Regelungsbefugnis und erweisen sich gegenüber
einem zur Obstruktion entschlossenen Elternteil regelmäßig als fruchtlos. Konkrete
Anweisungen an den betreuenden Elternteil zur Durchführung des Umgangsrechts
(so das im Gesetzentwurf genannte Beispiel: Anordnung an die betreuende Mutter,
das Kind vor dem Umgangstag mit dem Vater rechtzeitig zu Bett zu bringen, um nicht
Übermüdung zu provozieren) wären zwar von der Regelungsbefugnis des Abs 3 *S 1*
nicht gedeckt, so daß Abs 3 *S 2* in solchen Anweisungen einen durchaus für den
einfühlsamen Richter nicht unbedeutenden (JOHANNSEN/HENRICH/JAEGER Rn 15) Anwendungsbereich fände. Solche Anordnungen sind auch, sofern sie vergleichbar
einer Umgangsregelung nach Abs 3 S 1 hinreichend bestimmt gefaßt sind, **vollstrek-
kungsfähig** (JOHANNSEN/HENRICH/JAEGER Rn 15). Insbesondere setzen sie nicht voraus,
daß *schuldhafte* oder *nachhaltige* bzw *schwere* Verstöße vorliegen. Wegen der relativ
behutsamen Auswirkungen sind sie vielmehr selbst als Vorstufen schwererer Eingriffe (Sorgerechtsmaßnahmen, Zwangsvollstreckung des Umgangsrechts) zu verstehen und können durchaus eingesetzt werden, um die Neigung zur Obstruktion im
Anfang abzuwehren (KLENNER FamRZ 1995, 1529, 1534; JOHANNSEN/HENRICH/JAEGER Rn 15).

**dd)**   Solche kleineren Anweisungen erscheinen freilich verglichen mit dem hoch  **107**
gesteckten gesetzgeberischen Ziel letztlich eher banal. Auf dem Hintergrund des
bisher beklagten faktischen Siegs der **planmäßigen Umgangsvereitelung** gegen Maßnahmen nach §§ 1666 oder 1696 (oben Rn 101) geht es nicht um kleine illoyale Nadel-
stiche, sondern um die Frage, ob Abs 3 S 2 zu einer Sanktionierung grober Illoyalität
ohne negative Einwirkungen auf das Kindeswohl genutzt werden kann.

So bietet es sich an, insbesondere die Möglichkeit der **Anordnung einer Familientherapie** oder eine **therapeutische Umgangsvermittlung** (hierzu SPANGENBERG/SPANGEN-
BERG ZfJ 1994, 458) zu erwägen. Der nicht hinnehmbare Teufelskreis, daß ein Elternteil
das Kindeswohl so weit geschädigt hat, daß der Entzug des Sorgerechts als einzig
mögliche *rechtliche* Reaktion noch weitere Kindeswohlschädigung herbeiführen
müßte, läßt sich nur durch die gebotene *therapeutische* Reaktion durchbrechen.
Daß ein Elternteil, der sich in dieser extremen Weise illoyal verhält, therapiebedürf-

tig ist, steht außer Zweifel. Bisher wurde allerdings eine familiengerichtliche Regelungskompetenz verneint (BGH FamRZ 1994, 158, 160; BezG Erfurt FamRZ 1992, 1333; OLG Hamburg FamRZ 1996, 422, 424). Weder kann die Familientherapie als milderes Minus zu *Zwangsmitteln* nach § 33 FGG angeordnet werden (OLG Bamberg FamRZ 1999, 173), noch dient die Erhebung von Beweis durch Einholung eines *familienpsychologischen Gutachtens* der Therapie der Eltern (OLG Hamm FamRZ 1996, 1098). Allenfalls konnte eine Familientherapie anempfohlen werden (OLG Hamm FamRZ 1994, 57, 58).

Abs 3 S 2 erscheint hingegen als geeignete Grundlage für die Anordnung einer solchen Therapie. Wenn das Gericht – sachverständig beraten – zu der Erkenntnis gelangt, daß der illoyale Elternteil nicht ohne fremde Hilfe die Verletzung der Wohlverhaltenspflicht überwinden kann (vgl OLG Hamburg FamRZ 1996, 422, 424), so ist mit wohlmeinenden Ermahnungen nichts bewirkt. Der einzig wirksame Anhalt zur Erfüllung dieser Pflicht besteht dann in der Anordnung von Maßnahmen, die dem betreffenden Elternteil helfen und effektiv dem Kindeswohl dienen. Auch wenn eine zwangsweise Durchsetzung solcher therapeutischer Maßnahmen nicht erfolgversprechend wäre, erscheinen die Erfolgsaussichten einer Anordnung dennoch nicht gering, sofern das Gericht sich bereit findet, in deutlichen Worten dem betroffenen Elternteil klarzumachen, daß es sich um eine **Vorstufe zu sorgerechtlichen Maßnahmen** handelt.

### c) Vollstreckungsmaßnahmen

**108** Besteht die Verletzung der Wohlverhaltenspflicht in einem Verstoß gegen eine bestimmte gerichtliche oder gerichtlich bestätigte einverständliche **Umgangsregelung**, so kann mit der Androhung und Durchführung von Vollstreckungsmaßnahmen nach § 33 FGG reagiert werden (im einzelnen unten Rn 232 ff). Dies betrifft die Wohlverhaltenspflichten beider Elternteile, also gleichermaßen Umgangsvereitelungen wie mißbräuchliche Überschreitungen des Umgangsrechts. Solche Maßnahmen setzen jedoch *schuldhaftes Verhalten* voraus, so daß sie, im Gegensatz zu sorgerechtlichen Maßnahmen, bei nicht steuerbarem zwanghaftem Verhalten nicht in Betracht kommen. Da die schon bisher als ungeeignet angesehene Anwendung von Gewalt gegen das Kind (von BGH NJW-RR 1986, 1264, 1265 nach früherem Recht als einzige Alternative zu einer Änderung der Sorgerechtsentscheidung bezeichnet) nunmehr durch § 33 Abs 2 S 2 FGG ausgeschlossen ist, bleiben Zwangsgeld oder Zwangshaft, die insbesondere auch zur Erzwingung der Verpflichtung zur aktiven Förderung des Umgangs eingesetzt werden können, sofern diese Verpflichtung durch das Familiengericht bestimmt genug angeordnet wurde (BayObLG FamRZ 1993, 823; OLG Brandenburg FamRZ 1996, 1092; OLG Celle FamRZ 1998, 1130; OLG Hamm FamRZ 1996, 363; OLG Köln FamRZ 1998, 961; nicht bei Ausreise ins Ausland, weil dies nicht die Wohlverhaltensklausel betrifft: OLG Karlsruhe FamRZ 1996, 1094, dazu oben Rn 67).

In krassen Fällen der Umgangsvereitelung können auch empfindliche Zwangsgelder angedroht und verhängt werden. Zwangshaft könnte ihrerseits das Kindeswohl betreffen, da der Sorgeberechtigte das Kind betreuen muß, was er während der Haft nicht kann. Ihre Androhung und Verhängung darf dennoch als äußerstes Mittel in Betracht gezogen werden, wenn bereits absehbar ist, daß ein Zwangsgeld seine Wirkung verfehlen würde (OLG Karlsruhe FamRZ 1998, 637, 638); die Androhung von Zwangshaft kann auch ein milderes Mittel sein als eine in schwerwiegenden Fällen unvermeidbare Sorgerechtsmaßnahme.

Zur Vollstreckung **ausländischer Umgangsregelungen** siehe unten Rn 228, zur Rückführung nach dem **Haager Kindesentführungsübereinkommen** siehe unten Rn 380.

**d)  Sorgerechtsmaßnahmen gegen den betreuenden Elternteil**
**aa)**   Nach allgemeiner Ansicht kann dem sorgeberechtigten betreuenden Elternteil **109** das Sorgerecht entzogen werden (§ 1666) bzw eine Neuregelung des Sorgerechts durch Übertragung auf den Umgangselternteil erfolgen (§§ 1671, 1696), wenn der betreuende Elternteil den **Umgang zum Schaden des Kindeswohls hintertreibt**. Dies kommt auch bei gemeinsamer elterlicher Sorge in Betracht; in diesem Fall ist außerdem die Übertragung des Aufenthaltsbestimmungsrechts auf den Umgangselternteil möglich. Im Ergebnis führen solche Maßnahmen zur Änderung der tatsächlichen Betreuungssituation; das Kind lebt fortan bei dem anderen Elternteil.

Ein Verstoß gegen das Wohlverhaltensgebot muß jedoch ein **beachtliches Maß** erreicht haben, ehe eine solche Maßnahme in Betracht kommt. Insbesondere kommen sorgerechtliche Maßnahmen bei erheblicher Beeinflussung des Kindes gegen den Umgang durch den betreuenden Elternteil in Betracht (OLG Frankfurt/Main ZfJ 1998, 343; OLG Köln FamRZ 1998, 1463; OLG Hamm FamRZ 1996, 1098; OLG Hamm ZfJ 1999, 226; OLG München FamRZ 1997, 45; OLG Zweibrücken DAVorm 1999, 139, 140; PALANDT/DIEDERICHSEN Rn 12; JOHANNSEN/HENRICH/JAEGER Rn 16; MünchKomm/HINZ § 1634 aF Rn 19; SOERGEL/STRÄTZ § 1634 aF Rn 18).

Die abweichende **Rechtsprechung zu § 1711 aF**, wonach die Verweigerung eines Umgangs des nichtehelichen Vaters für sich genommen nicht eine Sorgerechtsentziehung gegenüber Mutter oder Vormund rechtfertigte (zuletzt BayObLG FamRZ 1998, 1044; BayObLG FamRZ 1997, 1108; OLG Hamm FamRZ 1997, 1561), hat sich durch § 1684 nF erledigt. Entscheidend für das auf das Umgangsrecht bezogene Wohlverhaltensgebot ist nicht, daß die nicht mit dem Vater verheiratete Mutter auch nach neuem Recht mangels Sorgeerklärung die elterliche Sorge alleine innehat (so aber unzutreffend BayObLG FamRZ 1998, 1044, 1045, wo der Mutter sogar eine „neurotische Fehlhaltung" attestiert wird); dem Vater steht nunmehr ein Umgangsrecht nach Abs 1 jedenfalls zu, so daß die Wohlverhaltenspflicht diesem Umgangsrecht gegenüber auch die alleine sorgeberechtigte Mutter trifft.

Ist der Personensorgeberechtigte ein Vormund oder Pfleger (Abs 2 S 2), so kommt unter denselben Voraussetzungen die Entlassung (§ 1886) in Betracht (SOERGEL/STRÄTZ § 1634 aF Rn 18). Die Neuregelung der elterlichen Sorge ist **ultima ratio**, wenn andere Mittel zur Durchsetzung des Wohlverhaltens gegenüber dem Umgangsrecht, einschließlich der Zwangsvollstreckung, versagt haben oder erfolglos erscheinen (OLG Köln FamRZ 1998, 1463; PALANDT/DIEDERICHSEN Rn 12).

**bb)**   Strittig ist, ob als milderes Mittel im Vergleich zu einer Übertragung der Personensorge auf den Umgangselternteil die Anordnung einer **Aufenthaltsbestimmungspflegschaft** (§§ 1666, 1696, 1697) zur Sicherstellung des Umgangs möglich ist. In Rechtsprechung und Schrifttum wird eine solche Maßnahme verbreitet für zulässig gehalten (OLG Bamberg FamRZ 1985, 1175; OLG Frankfurt/Main NJW 2000, 368; OLG Köln FamRZ 1998, 1463; AG Aalen FamRZ 1991, 360; AG Rosenheim DAVorm 1987, 144; MünchKomm/HINZ § 1634 Rn 19; PALANDT/DIEDERICHSEN Rn 12; JOHANNSEN/HENRICH/JAEGER Rn 16). Der BGH hat die Eignung einer solchen Maßnahme im Fall der bisherigen nachhaltigen **110**

Weigerung des betreuenden Elternteils, den Umgang zuzulassen, bezweifelt (BGH NJW-RR 1986, 1264, 1265). In der Tat erscheint es kaum vorstellbar, daß ein Elternteil, der sich einer *gerichtlichen* Umgangsregelung nach Abs 3 S 1, die solchen Maßnahmen regelmäßig vorangehen wird, zuwider verhält und den selbst die regelmäßig vorrangigen Vollstreckungsversuche nach § 33 FGG nicht motivieren, von seiner Haltung abzurücken, sich der Bestimmung durch einen Pfleger beugt. Es besteht die Gefahr, daß die Lösung des Konflikts auf den Pfleger – dies wird regelmäßig das Jugendamt sein – verlagert wird (vgl LUTHIN FamRZ 1991, 361: „jetzt das JA am Zuge"). Jedenfalls kann daher der Bestellung eines Pflegers die Wirkung einer letzten Warnung vor dem Entzug der elterlichen Sorge zukommen, und umgekehrt der Charakter der Sorgerechtsentziehung als *ultima ratio* unterstrichen werden (so wohl von OLG Köln FamRZ 1998, 1463 eingesetzt). Zweifellos geeignet ist die Bestellung eines Aufenthaltsbestimmungspflegers zur Anbahnung von Umgangskontakten mit dem das Kind nicht betreuenden Elternteil, wenn diese Sorgerechtsmaßnahme geeignet scheint, Spannungen mit dem Sorgeberechtigten durch Einschaltung eines neutralen Dritten zu überwinden (vgl OLG Frankfurt/Main NJW 2000, 368: Spannungen zwischen Mutter und väterlichen Großeltern nach Tod des Vaters).

Die Maßnahme kann jedoch nicht in einem – erfolglos verlaufenden – Vollstreckungsverfahren ergehen, sondern bedarf eines eigenständigen (Abänderungs-) Verfahrens (OLG Bamberg FamRZ 1998, 1130).

Eine **vorübergehende Einschränkung des Aufenthaltsbestimmungsrechts** ist insbesondere in Betracht zu ziehen, wenn in einem den Umgang betreffenden Verfahren (Abs 3, 4) eine *Anhörung* oder *psychologische Begutachtung* des Kindes erforderlich ist und der das Kind betreuende Elternteil die Mitwirkung des Kindes verweigert und dadurch das Verfahren nachhaltig verzögert (BVerfG FamRZ 1997, 871, 873; vgl auch BayObLG FamRZ 1995, 501, 502; OLG Hamburg FamRZ 1996, 422).

**111  cc)**   Maßstab der Sorgerechtsentscheidung ist das **Kindeswohl**. Die entscheidende Frage ist insoweit, welches Gewicht der Umgangsvereitelung im Verhältnis zu Bindungs- und Erziehungskontinuität zugemessen wird. Dies kann dazu führen, daß das Gericht vor der Umgangsvereitelung kapitulieren muß, weil – vorübergehend – der Umgang nicht erzwingbar ist und eine Änderung der Sorgerechtsverhältnisse dem Kindeswohl noch mehr schaden würde (vgl oben Rn 101, 103). Es zeichnet sich in jüngerer Zeit jedoch eine begrüßenswerte Tendenz ab, die gebotenen sorgerechtlichen Folgerungen aus der mangelnden Umgangstoleranz des betreuenden Elternteils zu ziehen. Eine mangelnde Umgangstoleranz spricht – unabhängig von einem Verschulden, auch bei krankhaftem neurotischen Verhalten (OLG Frankfurt/Main ZfJ 1998, 343, 344; OLG Köln FamRZ 1998, 1463, 1464) – ohne weiteres gegen die Erziehungsfähigkeit (OLG Frankfurt/Main ZfJ 1998, 343, 344) und kann auf Dauer nicht hingenommen werden (OLG Hamm ZfJ 1999, 226, 228). Insbesondere läßt die Beschreibung des PAS (oben Rn 37 ff) zweifeln, ob die Annahme, das Kind dürfe nicht aus der gewohnten Betreuungssituation gerissen werden, überhaupt je richtig sein kann. Wenn sich die Ablehnung des Umgangselternteils umso mehr krankhaft verfestigt, je länger die Entfremdung andauert, muß davon ausgegangen werden, daß eine wenngleich bereits schmerzhafte Sorgerechtslösung allemal besser ist als eine weitere, letztlich zu irreversiblen Schäden führende Entfremdung (so eindeutig GARDNER DAVorm 1998, 862; eingehend LEITNER/SCHOELER DAVorm 1998, 849, 857). Ein Ausschluß des Umgangsrechts kann daher wohl kaum je die kindeswohlentsprechende Reaktion auf verfestigte Umgangsobstruktion sein. Auch im Rahmen der erstmaligen Sorgerechtsregelung ist die Haltung der Eltern zum Umgang mit dem anderen Elternteil und eine Beeinflussung des Kindes zu berücksichtigen (OLG Brandenburg FamRZ 1998, 1249, 1250, wobei die dort zum Anstoß genommene Äußerung des Kindes, der Papa habe ihm gesagt, es wolle bei ihm wohnen, nicht unbedingt auf schwere Beeinflussung schließen läßt, sondern auch die Antwort auf die kindliche Frage sein kann, ob es dem Gericht dies sagen dürfe).

Als eine geeignete gerichtliche Strategie empfiehlt es sich, die Möglichkeit der Änderung der Sorgerechtsentscheidung **anzudrohen**, auch wenn zunächst weniger schwer wiegende Maßnahmen (insbesondere Zwangsvollstreckungsmaßnahmen oder Maßnahmen nach Abs 3 S 2) ergriffen werden (OLG Hamm FamRZ 1993, 1233, 1235: Einschränkung des Umgangsrechts, aber Verpflichtung weitere Verhinderungsmaßnahmen aufzugeben; OLG Hamm ZfJ 1999, 226: Erziehungskontinuität, aber Verpflichtung des betreuenden Elternteils zur aktiven Förderung von Kontakten zum anderen Elternteil; OLG Frankfurt ZfJ 1998, 343, 344: Zwangsgeldandrohung mit Hinweis, daß für den Fall der erforderlichen Vollstreckung eine Sorgerechtsänderung nach § 1696 „zu überlegen wäre"; AG München ZfJ 1994, 291, 292: „es ist zu hoffen, daß die Mutter ohne weitere Eingriffe in ihr Sorgerecht selber in der Lage ist…"; vgl auch die vom OLG Celle mehrfach [vgl FamRZ 1998, 1458, 1459] formulierte eindrückliche Mahnung: „Der Mutter sei mit allem Nachdruck gesagt, daß eine vollständige Verdrängung des Vaters aus dem Leben des Kindes kaum durchzuhalten sein wird und später zu Konflikten führen dürfte.").

### e)   Einschränkung und Ausschluß des Umgangsrechts bei Illoyalität des Umgangselternteils

Bei Verstößen des Umgangsberechtigten gegen das Wohlverhaltensgebot kommen **112** nach allgemeiner Ansicht **Maßnahmen nach Abs 4**, also die Einschränkung oder der Ausschluß des Umgangsrechts in Betracht (JOHANNSEN/HENRICH/JAEGER Rn 16; PALANDT/ DIEDERICHSEN Rn 12; MünchKomm/HINZ § 1634 aF Rn 19; SOERGEL/STRÄTZ § 1634 aF Rn 18). Obgleich solche Maßnahmen als erheblich weniger problematisch im Vergleich zu einer Sorgerechtsänderung bei Verstößen des betreuenden Elternteils angesehen werden, weil das Wohl des Kindes weniger betroffen sei, gibt es für solche Maßnahmen seltener Anlaß. Erforderlich ist nämlich in gleicher Weise wie für Sorgerechtsmaßnahmen gegen den betreuenden Elternteil, daß Verstöße ein **beachtliches Maß** erreichen und daß sie eine gegenwärtige und in die Zukunft wirkende Beeinträchtigung, bei Abs 4 S 2 eine Gefährdung, des Kindeswohls bedeuten. Der bloße Verstoß gegen Modalitäten gerichtlicher Umgangsregelungen begründet eine Einschränkung des Umgangsrechts nicht, sofern daraus nicht eine schwere Beeinträchtigung des Kindeswohls resultiert (zu weitgehend MünchKomm/HINZ § 1634 aF Rn 19: Fortgesetzes Zuwiderhandeln zum Nachteil des Kindes).

Deshalb kommen solche Maßnahmen für eine Sanktionierung von Verstößen gegen periphere gerichtliche Regelungen von Umgangsmodalitäten (vgl aber KG FamRZ 1968, 260: Verstoß gegen Schreibverbot) nicht in Betracht; Abs 4 ist ebenso wie §§ 1696, 1666 **kein Instrument zur Bestrafung** für illoyales Verhalten, sondern ein Instrument zur Sicherung des Kindeswohls. Insoweit ist ebenso wie bei Sorgerechtsmaßnahmen zu beachten, daß eine nicht zwingend notwendige Einschränkung des Umgangsrechts das Kindeswohl mehr schädigt als der Verstoß gegen das Wohlverhaltensgebot. Im einzelnen zu den Voraussetzungen einer Einschränkung oder eines Ausschlusses des Umgangsrechts unten Rn 265 ff.

Auch ein einmaliger, eher **symbolisch wirkender Ausschluß** des Umgangsrechts als Reaktion auf einen nicht unbedeutenden Verstoß gegen die Wohlverhaltenspflicht ist problematisch, weil Abs 4 S 2 eine Kindeswohlgefährdung voraussetzt. Ausnahmsweise mag eine solche Anordnung zulässig sein, wenn die Auseinandersetzung zwischen den Eltern hochstreitig verläuft und einem fortgesetzt illoyalen Verhalten vorgebeugt werden muß (AG Friedberg FamRZ 1992, 1333: Ausschluß des Umgangsrechts für eine nahe Ferienregelung wegen Verweigerung der Zusammenarbeit mit dem nach § 50 SGB VIII eingeschalteten Jugendamt), das absehbar das Kindeswohl gefährden würde.

Die Einhaltung der äußeren Modalitäten des Umgangsrechts kann daher nur mit Maßnahmen nach Abs 3 S 2 und mit Vollstreckungsmaßnahmen erreicht werden.

### f) Unterhaltsverwirkung

**113 aa)** Ein außerhalb des Sorgerechts liegendes, jedoch ggf äußerst wirksames Mittel zur Sanktionierung von krassen Verstößen gegen die Wohlverhaltenspflicht ergibt sich aus **§ 1579 Nr 6**, sofern der Verstoß von einem Elternteil ausgeht, der gegen den anderen einen Anspruch auf nachehelichen Unterhalt hat. Diese Konstellation ist regelmäßig nur bei Vereitelung des Umgangsrechts durch den betreuenden Elternteil gegeben. **Fortgesetzte, massive und schuldhafte Vereitelung** des Umgangsrechts bedeutet ein offensichtliches und schwerwiegendes einseitiges Fehlverhalten, das zur teilweisen Verwirkung des Unterhaltsanspruchs bis auf den Mindestunterhalt führt (BGH NJW 1987, 893 zu § 1579 Abs 1 Nr 4 aF; OLG Celle FamRZ 1989, 1194; OLG Nürnberg FamRZ 1994, 1393; OLG Nürnberg FamRZ 1997, 614; OLG München FamRZ 1998, 750; OLG München FamRZ 1997, 1160). Dies gilt selbstverständlich nicht, wenn in der faktischen Vereitelung im Einzelfall kein Verstoß gegen die Wohlverhaltenspflicht zu sehen ist (zB wenn durch eine Auswanderung das Umgangsrecht vereitelt wird, für die Auswanderung aber gute Gründe bestehen: BGH NJW 1987, 893).

**114 bb)** Die Teilverwirkung kann im Wege der **Vollstreckungsgegenklage** gegen einen titulierten Unterhaltsanspruch geltend gemacht werden (OLG München FamRZ 1997, 1160). Der Anspruch besteht wieder in voller Höhe, wenn der Umgangsberechtigte nicht nur vorübergehend sein Umgangsrecht in angemessenem Umfang wieder wahrnehmen kann (OLG Nürnberg NJW 1994, 2964). Hierzu genügt es jedoch nicht, daß der betreuende Elternteil sich nunmehr lediglich neutral zu dem Umgangsrecht verhält. Vielmehr muß er die Wirkungen seines früheren Fehlverhaltens bei dem Kind beseitigen, so daß der Unterhaltspflichtige und Umgangsberechtigte tatsächlich den angemessenen Umgang ausüben kann (OLG Nürnberg FamRZ 1997, 614).

### V. Einverständliche Gestaltung des Umgangs, Kosten

### 1. Einverständliche Gestaltung

**115 a)** Die Ausgestaltung des Umgangs ist in erster Linie **Aufgabe der Eltern**. Umgangsrecht und Sorgerecht haben ihre Grundlage im Elternrecht aus Art 6 Abs 2 GG, so daß der einer Umgangsregelung immer zugrundeliegende Ausgleich zwischen den Elternrechten im Interesse des Kindeswohls vorrangig den Eltern zukommt (JOHANNSEN/HENRICH/JAEGER Rn 10; MünchKomm/HINZ § 1634 aF Rn 17; SOERGEL/STRÄTZ § 1634 aF Rn 17). Eine gerichtliche Regelung kommt nur in Betracht, wenn die Eltern sich nicht einigen können und das Kindeswohl ein staatliches Eingreifen verlangt; bei hinreichender Einigung fehlt es am staatlichen Regelungsbedürfnis (BVerfG FamRZ 1983, 872; GERNHUBER/COESTER-WALTJEN § 66 III 1).

**b)** Die Bedeutung der **eigenverantwortlichen Konfliktlösung** durch die Eltern selbst **116** ist auch im Gesetzgebungsverfahren zum KindRG ausdrücklich hervorgehoben worden (BT-Drucks 13/4899, 75 f; OLG Köln FamRZ 1998, 961, 962) und findet besonderen **verfahrensrechtlichen Ausdruck** in §§ 52 Abs 1 S 1, 52 a Abs 4 S 1 FGG. Wie in allen Kindschaftssachen ist in Umgangsregelungsverfahren auf eine einvernehmliche Regelung hinzuwirken (§ 52 Abs 1 S 1 FGG). Für den Fall des Vermittlungsverfahrens zu einer Umgangsregelung bekräftigt dies § 52 a Abs 4 FGG und bestimmt ausdrücklich das Verhältnis der Vereinbarung zur gerichtlichen Regelung (näher unten Rn 252 ff). Selbst wenn also bereits die Regelung des Umgangs Gegenstand eines Verfahrens ist, hat weiterhin die Erzielung einer einverständlichen Regelung Vorrang.

Streben verheiratete Eltern eine **einverständliche Scheidung** nach §§ 1565, 1566 Abs 1 an, so bedarf es des Einverständnisses der Ehegatten über die Regelung des Umgangs als Voraussetzung des Scheidungsantrags (§ 630 Abs 1 Nr 2 ZPO). Auch hierdurch wird deutlich, daß die Einigung der Eltern über das Umgangsrecht zum elementaren Verantwortungsbereich der Eltern zählt, dem sie sich im Kindesinteresse auch nicht entziehen dürfen.

Wird eine Ehe nicht in Anwendung von § 1566 Abs 1 iVm § 630 ZPO geschieden, so ist eine Umgangsregelung nicht von Amts wegen zu treffen, auch wenn die Ehegatten keine ausdrückliche Umgangsvereinbarung getroffen haben. Das Familiengericht greift von Amts wegen in den – stillschweigend ausübbaren – Gestaltungsvorrang der Eltern nur dann ein, wenn dies zur Vermeidung einer *Gefährdung des Kindeswohls erforderlich* ist (OLG Koblenz FamRZ 1995, 1282; JOHANNSEN/HENRICH/JAEGER Rn 10). Dieser schon nach früherem Recht geltende Grundsatz ist durch die Gestaltung des Scheidungsverbundes im KindRG noch bestärkt worden: Nachdem selbst die Sorgerechtsregelung nicht mehr von Amts wegen zu treffen ist (§ 623 Abs 1 ZPO, § 1671), gilt dies erst recht weiterhin für die Umgangsregelung.

Auch der **Sachverständige** kann zur Erzielung einer einvernehmlichen Regelung des Umgangs beitragen. Grundsätzlich ist zwar der Sachverständige nicht berufen, therapierend oder streitschlichtend tätig zu werden, sondern unterstützt das Gericht bei der Ermittlung der für das Kindeswohl gebotenen Umgangsregelung. Mit Rücksicht auf die Verpflichtung des Gerichts, auf eine einvernehmliche Lösung hinzuwirken, bedarf aber das Gericht bereits sachverständigen Rates, ob die Eltern im konkreten Fall zu einer solchen Lösung imstande sind. Ggf kann der Sachverständige durch eine **gezielte Intervention** die Eltern dazu befähigen, eine autonome Entscheidung zum Umgangsrecht zu treffen (sog „Interventionsdiagnostik"; AG Mönchengladbach FamRZ 1999, 730; BALLOF/WALTER FuR 1981, 334; SALZGEBER/HÖFLING ZfJ 1991, 388).

**c)** Aus dem Sorgerecht fließt **kein einseitiges materielles Bestimmungsrecht** hin- **117** sichtlich des Umgangs (oben Rn 63; MünchKomm/HINZ § 1634 aF Rn 20). Bei gemeinsamer elterlicher Sorge versteht sich dies von selbst, weil das Einvernehmensgebot nach §§ 1627, 1687 Abs 1 S 1 gilt. Aber auch der alleine sorgeberechtigte Elternteil kann sich nicht auf § 1632 Abs 2 stützen, weil das Sorgerecht dem Umgangs*recht* nicht übergeordnet ist. Die Einschränkung des Sorgerechts in dem Umfang, in dem das Umgangsrecht dies erfordert, besteht per se kraft Gesetzes und nicht erst aufgrund einer gerichtlichen oder einverständlichen Regelung. Der Sorgeberechtigte kann also auch nicht zunächst den Umfang des Umgangs mit dem Umgangselternteil nach pflichtgemäßem Ermessen regeln (BGHZ 51, 219, 225 in ausdrücklicher Abweichung von der nahezu einhellig abgelehnten Ansicht in BGHZ 42, 364, 371 f; vgl Dunz NJW 1965, 862; Gaul FamRZ 1966, 624, 629; Göppinger JR 1965, 337; Lange JZ 1965, 425, 432; Schwoerer FamRZ 1965, 121 und 302; aA nur Hobelmann FamRZ 1965, 301). § 1632 Abs 2 kann sich daher nur auf den *sonstigen Umgang*, nicht aber auf die Gestaltung eines *Umgangsrechts* beziehen, weil auch der alleine Sorgeberechtigte das Umgangsrecht des anderen Elternteils in seinem Bestand *respektieren* muß (BVerfGE 31, 194).

Solange sich die Eltern nicht über die Ausgestaltung des Umgangs geeinigt haben (und keine gerichtliche Regelung nach Abs 3 S 1 getroffen ist), besteht also materiell die Notwendigkeit zur Einigung. Der das Kind betreuende Elternteil hat auch **kein formelles Bestimmungsrecht** aus § 1632 Abs 2 (so aber im Ansatz Johannsen/Henrich/Jaeger Rn 10, freilich mit Einschränkung durch § 1684). Er hat lediglich ein faktisches Vorschlagsrecht, vergleichbar einem *rechtsgeschäftlichen Angebot*, welches auf eine Einigung abzielt, aber im selben Umfang auch dem anderen Elternteil zusteht. Daß die Eltern sich auch stillschweigend einigen können, indem ein Elternteil den Vorschlag des anderen akzeptiert (mag dieser auch als „Bestimmung" formuliert sein), betrifft nicht die Qualität des Vorschlags, sondern den aus der Rechtsgeschäftslehre als selbstverständlich bekannten Einigungsvorgang.

**118 d)** **Inhaltlich** können die Eltern jedenfalls alle Umgangsregelungen treffen, die auch das Familiengericht anordnen könnte (Soergel/Strätz § 1634 aF Rn 17). Die Eltern sind jedoch in der Gestaltung des Umgangs insofern freier als das Familiengericht, als sie Umgangsrechte vereinbaren können, die über das – normalerweise – in streitigen familiengerichtlichen Umgangsregelungen durchsetzbare Maß hinausgehen. Insbesondere können die Eltern das Umgangsrecht in ein Konzept zu einer weiteren gemeinsamen Ausübung des Sorgerechts einbetten (vgl schon zum früheren Recht MünchKomm/Hinz § 1634 aF Rn 17). Auch wenn Abs 1 idF des KindRG verdeutlicht, daß hierdurch zugleich ein Recht des Kindes geregelt wird, die Eltern also nicht frei in ihrer Disposition sind, entspricht es dem Grundsatz des natürlichen Elternrechts, vorrangig den Eltern die Entscheidung darüber zu belassen, was dem Kindeswohl am besten dient.

Dabei ist freilich – unabhängig von der Möglichkeit einer gerichtlichen Änderung solcher Vereinbarungen im späteren Streitfall – Vorsicht gegenüber Modellen angebracht, die großzügige Umgangsrechte gleichsam als „Trostpflaster" für den auf das Sorgerecht verzichtenden Elternteil vorsehen (OLG Karlsruhe FuR 1998, 270, 271) oder Sorge- und Umgangsrecht im Wochenrythmus aufteilen (vgl AG Landstuhl FamRZ 1997, 102: laut Jugendamt „die denkbar schlechteste Lösung"). Regelungen nach dem Muster „eine Woche bei Mami – eine Woche bei Papi" werden zwar gerade von jüngeren Kindern durchaus selbst formuliert, wenn sie sich zu beiden Eltern gleichermaßen hingezogen fühlen (vgl OLG Karlsruhe FuR 1998, 270, 272), wirken aber wegen der verursachten Instabilität für das tägliche Leben des Kindes belastend. Auch wenn ein Eingreifen nach § 1666 gegen solche Vereinbarungen fern liegt, erweist sich meist alsbald ihre Undurchführbarkeit mit der Folge, daß Abänderung begehrt wird.

**e)**     **Sittenwidrig und nichtig** sind Vereinbarungen, in denen das Umgangsrecht kom-  **119**
merzialisiert wird, insbesondere ein Verzicht auf das Umgangsrecht oder seine Ausübung als Gegenleistung für eine Freistellung von Unterhaltsverpflichtungen (dazu
oben Rn 48). Dies bedeutet jedoch nicht, daß jeder Verhandlungszusammenhang,
insbesondere im Rahmen einer Scheidungsfolgenregelung bereits als Kommerzialisierung einzuordnen ist. Solange die Umgangsregelung kindeswohldienlich ist, insbesondere, wenn die Umgangsregelung durch ein Nachgeben an anderer, der vollen
Disposition der Ehegatten unterliegender Stelle (zB Ehegattenunterhalt) sogar gefördert wird, liegt Sittenwidrigkeit eher fern.

## 2.     Vollstreckbarkeit nach gerichtlicher Billigung

**a)**     Grundsätzlich bedarf eine Umgangsregelung zu ihrer Wirksamkeit **nicht der**  **120**
**gerichtlichen Genehmigung** (OLG Karlsruhe FamRZ 1999, 325; OLG Zweibrücken FamRZ
1998, 1467). Die Vereinbarung kann insbesondere zu Protokoll des Familiengerichts
(im Scheidungsverbund oder in einem isolierten Umgangsverfahren) getroffen werden. Für das Umgangsvermittlungsverfahren nach § 52 a FGG ist eine solche Protokollierung, welche auch eine bisherige gerichtliche Regelung ersetzt, sofern sie
nicht dem Kindeswohl widerspricht, das anzustrebende Ziel des Verfahrens (§ 52 a
Abs 4 S 2, 3 FGG).

**b)**     Eine Vereinbarung über die Ausgestaltung des Umgangs ist jedoch **als solche**  **121**
**nicht vollstreckbar** (Johannsen/Henrich/Jaeger Rn 11; MünchKomm/Hinz § 1634 aF Rn 21;
Gernhuber/Coester-Waltjen § 66 III 1). Dies gilt auch dann, wenn die Vereinbarung
**gerichtlich protokolliert** wurde (OLG Düsseldorf FamRZ 1979, 843; OLG Düsseldorf FamRZ
1983, 90; OLG Hamm FamRZ 1980, 932; OLG Koblenz FamRZ 1995, 1282; OLG Koblenz FamRZ
1996, 560; OLG München FamRZ 1991, 850; OLG Zweibrücken FamRZ 1996, 877; OLG Zweibrük-
ken FamRZ 1997, 217; vgl aber im Fall des **§ 52 a FGG** sogleich Rn 123). Materiell ergibt sich das
daraus, daß die Eltern ohne *sachliche Kontrolle* durch das Familiengericht eine Er-
zwingbarkeit der das Kindeswohl beeinflussenden Umgangsvereinbarung nicht herbeiführen können (Johannsen/Henrich/Jaeger Rn 11). Verfahrensrechtlich ist nach § 33
FGG nur eine „Verfügung des Gerichts" vollstreckbar; da die Umgangsregelung im
Verfahren der freiwilligen Gerichtsbarkeit getroffen wird, untersteht sie nicht der
vollstreckungsrechtlichen Disposition der Beteiligten und kann deshalb nicht als
Prozeßvergleich vollstreckbar sein (MünchKomm/Hinz § 1634 aF Rn 21).

**c)**     Vollziehbar und vollstreckbar wird eine Umgangsvereinbarung jedoch, wenn  **122**
das Familiengericht sie sich **erkennbar zu eigen macht und billigt**. Hierdurch wird die
Vereinbarung zu einer „Verfügung des Gerichts" iSd § 33 FGG und damit nach dieser
Bestimmung vollstreckbar (BGH FamRZ 1988, 277; OLG Bamberg FamRZ 1995, 428; OLG
Brandenburg FamRZ 1995, 484; OLG Düsseldorf ZfJ 1995, 426; OLG Frankfurt FamRZ 1988, 1315;
OLG Frankfurt/Main FamRZ 1996, 876; OLG Köln FamRZ 1998, 961, 962; OLG Karlsruhe FamRZ
1988, 1196; OLG Karlsruhe FamRZ 1994, 1401; OLG Karlsruhe FamRZ 1999, 325; OLG Karlsruhe
20 WF 27/98 JURIS; OLG Koblenz FamRZ 1996, 560; Gernhuber/Coester-Waltjen § 66 III 1).
Dies setzt voraus, daß das Gericht zu erkennen gibt, daß es die Vereinbarung geprüft
und für jedenfalls nicht kindeswohlschädlich erkannt hat. Die Vereinbarung der Eltern hat, wenn die Eltern die gerichtliche Billigung begehren, aber nicht lediglich den
Charakter eines *Vorschlags* (so aber OLG Zweibrücken FamRZ 1997, 217). Zwar können
die Eltern nicht über das Kindeswohl disponieren, das Gericht hat aber eine dem

Kindeswohl nicht widersprechende Vereinbarung nicht durch eine eigene vermeintlich bessere Regelung zu ersetzen.

Diese Billigung muß nicht in die Form einer gerichtlichen Verfügung gefaßt werden, sondern kann **konkludent** erfolgen. Eine solche wird zum Teil schon angenommen, wenn die Einigung der Eltern auf Betreiben des Gerichts an die Stelle einer Entscheidung getreten ist und ihr ausdrücklich ein verpflichtender Charakter beigemessen wurde (OLG Köln FamRZ 1998, 961, 962; OLG Zweibrücken FamRZ 1982, 430). Mit Rücksicht auf die erforderliche gerichtliche Prüfung erscheint dies zweifelhaft, da die Formulierung, eine protokollierte Vereinbarung trete „anstelle einer gerichtlichen Entscheidung" auch (nur) den Eltern zurechenbar sein kann und die gerichtliche Billigung nicht deutlich macht (OLG Zweibrücken FamRZ 1996, 877); die Billigung muß sich also zweifelsfrei ergeben. Nicht genügend ist insbesondere eine Umgangsvereinbarung, die lediglich auf eine *Anregung* des Gerichts im Verfahren zurückgeht, zumal nach § 52 FGG idF des KindRG das Gericht ohnehin in jeder Lage des Verfahrens gehalten ist, auf eine Einigung hinzuwirken; die Billigung muß also der Vereinbarung nachfolgen (OLG München FamRZ 1999, 522).

Die Billigung kann auch noch zusammen mit der **Androhung** der Zwangsmaßnahme nachgeholt werden, nicht aber im Zusammenhang mit der *Anordnung* der Zwangsmaßnahme, denn dieser Anordnung würde es mangels einer vorher wirksamen gerichtlichen Verfügung an einer wirksamen Androhung fehlen. Eine konkludente Billigung ergibt sich sogar regelmäßig aus einer sogleich im selben Verfahren oder in engem zeitlichen Zusammenhang der Vereinbarung nachfolgenden **Androhung von Zwangsgeld** für den Fall des Zuwiderhandelns gegen die Vereinbarung (OLG Hamm OLGZ 1967, 466; OLG Hamm FamRZ 1999, 1095; OLG Zweibrücken FamRZ 1996, 877 Nr 551). Die Billigung durch das Gericht muß sich jedoch auch in diesem Fall aktenkundig und **unmißverständlich** ergeben, so daß für alle Beteiligten zweifelsfrei klar ist, daß die Vereinbarung zugleich als Inhalt einer gerichtlichen Verfügung anzusehen ist (OLG Düsseldorf FamRZ 1979, 843; OLG Hamm NJW 1970, 1425, 1426). Droht dagegen das Gericht erst Monate nach der Protokollierung ein Zwangsgeld zur Durchsetzung der Vereinbarung an, so kann dies nicht ohne ausdrückliche Befassung mit der Frage der Billigung als konkludente Billigung verstanden werden (OLG Düsseldorf FamRZ 1983, 90, 91; OLG Karlsruhe FamRZ 1988, 1196; OLG Zweibrücken FamRZ 1982, 429, 430). Sieht sich das Gericht wegen der seit der Vereinbarung verstrichenen Zeit außerstande, diese nachträglich zu billigen, so kann eine vollstreckbare Umgangsregelung nur in einem neuen Umgangsregelungsverfahren erreicht werden (OLG München FamRZ 1999, 522).

Insbesondere muß die Billigung eindeutig **dem Gericht zuzurechnen** sein; es genügt also nicht, wenn eingangs der protokollierten Vereinbarung erwähnt wird, diese solle an die Stelle einer gerichtlichen Regelung treten, weil dies auch nur einen *Antrag* auf gerichtliche Billigung bedeuten kann (OLG Zweibrücken FamRZ 1996, 877).

Die Billigung kann auch in einem **eigenständigen Umgangsregelungsverfahren** erfolgen; ergeben sich Schwierigkeiten bei der Durchführung der zunächst vereinbarten Umgangsregelung, so kann der Elternteil, der die Erzwingung der Umgangsregelung wünscht, beantragen, die Vereinbarung oder den gerichtlich protokollierten Vergleich zu einem gerichtlichen Beschluß zu erheben (OLG Saarbrücken 6 UF 46/90 JURIS). Dasselbe gilt für die Genehmigung einer außergerichtlich getroffenen Umgangsvereinbarung; hierzu muß ein Verfahren zum Umgangsrecht anhängig gemacht bzw die Umgangsregelung in ein Verbundverfahren einbezogen werden. Dem Bedürfnis nach Klarheit der gerichtlichen Billigung genügt es nicht, wenn eine außergerichtliche (auch notarielle) Umgangsvereinbarung im Scheidungsverbund durch das Familiengericht „genehmigt" wird, ohne daß erkennbar ist, ob damit die Schaffung einer nach § 33 FGG durchsetzbaren gerichtlichen Entscheidung gewollt ist (OLG Karlsruhe FamRZ 1999, 325).

Bei erheblichem zeitlichem Abstand zwischen einer protokollierten Vereinbarung und ihrer gerichtlichen Billigung kann es erforderlich sein, die Eltern, das Kind und das Jugendamt erneut **anzuhören** (§§ 50 a, 50 b FGG), um sicherzustellen, daß sich die Entscheidungsgrundlagen nicht maßgeblich geändert haben (OLG Düsseldorf FamRZ 1983, 90). Handelt es sich um eine außergerichtliche Vereinbarung, so ist vor gerichtlicher Billigung die (erstmalige) Anhörung dieser Beteiligten erforderlich (OLG Saarbrücken 6 UF 46/90 JURIS).

Ist das Verfahren in der **Beschwerdeinstanz** anhängig, so ist für die Billigung der Umgangsvereinbarung das Beschwerdegericht zuständig. Das gilt auch dann, wenn erstinstanzlich nur das Sorgerechtsverfahren anhängig war, die Parteien jedoch die Regelung des Umgangs in der Beschwerdeinstanz einbeziehen. Hierdurch wird gewährleistet, daß das Verfahren insgesamt befriedend abgeschlossen werden kann, indem Streit über die elterliche Sorge und das Umgangsrecht ausgeräumt und ein weitgehend spannungsfreies Verhältnis hergestellt wird (OLG Karlsruhe FamRZ 1994, 1401; OLG Stuttgart FamRZ 1981, 1105, 1106; JOHANNSEN/HENRICH/SEDEMUND-TREIBER § 621 e ZPO Rn 17; MünchKomm[ZPO]/KLAUSER § 621 e Rn 33). Der rein dogmatisch am Streitgegenstand des Verfahrens orientierten Gegenansicht (OLG Hamm FamRZ 1980, 488, 489; ZÖLLER/PHILIPPI § 621 e Rn 22) ist zwar zuzugeben, daß Umgangsrecht und Sorgerecht verschiedene Streitgegenstände betreffen; sie wird jedoch der im Interesse des Kindeswohls gebotenen Befriedungsfunktion des familiengerichtlichen Verfahrens nicht gerecht.

**d)** Ein Sonderfall der Billigung ist nunmehr ausdrücklich in **§ 52 a Abs 4 FGG** **123** geregelt: Wenn § 52 a Abs 4 S 3 Hs 2 FGG formuliert, die Protokollierung der Umgangsregelung als Vergleich trete „an die Stelle der bisherigen gerichtlichen Verfügung", so ist darin kein Widerspruch zu dem dargestellten Erfordernis der gerichtlichen Billigung einer Umgangsvereinbarung zu sehen. Der Gesetzgeber ging ausdrücklich von der Notwendigkeit der Billigung der Umgangsvereinbarung aus, um dieser die Vollziehbarkeit nach § 33 FGG zu verleihen (BT-Drucks 13/4899, 134). Jedoch wird die Billigung im Verfahren nach § 52 Abs 4 FGG schon dadurch sichergestellt, daß das Gericht die Vereinbarung nur zu protokollieren hat, wenn diese dem Wohl des Kindes nicht widerspricht (§ 52 Abs 4 S 3 FGG). Damit impliziert in diesem Fall die Protokollierung bereits die gerichtliche Billigung (BT-Drucks 13/4899, 134). Diese Wertung kommt für andere Verfahren darin zum Ausdruck, daß eine auf Betreiben und mit Förderung des Gerichts zustandegekommene Umgangsvereinbarung als vom Gericht im vorstehenden Sinn gebilligt anzusehen ist (OLG Köln FamRZ 1998, 961, 962; oben Rn 122).

**e)** Durch die gerichtliche Billigung werden die **übrigen Vollstreckungsvorausset-** **124** **zungen** nicht übergangen. Die Vereinbarung wird lediglich einem gerichtlichen Beschluß gleichgestellt. Insbesondere hängt die Vollzugsfähigkeit davon ab, daß die vom Gericht gebilligte Vereinbarung hinreichend bestimmt ist (OLG Brandenburg FamRZ 1995, 484; OLG Brandenburg FamRZ 1997, 1548; OLG Düsseldorf ZfJ 1995, 426). Das Fehlen einer Regelung über das Abholen und Bringen des Kindes steht jedoch der Vollstreckungsfähigkeit einer gerichtlich gebilligten Umgangsregelung nicht entgegen, da dies mangels Vereinbarung Sache des Umgangsberechtigten ist (OLG Koblenz FamRZ 1996, 560). Auch das Fehlen einer ausdrücklichen Bestimmung, daß das Kind zu den vereinbarten Zeiten zur Abholung bereitzuhalten ist, hindert nicht die Vollstreckbarkeit, weil diese Verpflichtung als zum Umgangsrecht korrespondierend auch jedem juristischen Laien erkennbar sein muß (OLG Frankfurt/Main FamRZ 1996, 876; OLG Karlsruhe 20 WF 27/98 JURIS).

**125** **f)** Die Eltern können nicht das Erfordernis der gerichtlichen Billigung als Voraussetzung der Vollziehbarkeit der Umgangsvereinbarung dadurch vermeiden, daß sie eine **Vertragsstrafe** für den Fall der Zuwiderhandlung vereinbaren. Eine solche Vereinbarung wäre sittenwidrig, weil sie ohne eine Kontrolle am Kindeswohl die vereinbarte Umgangsregelung erzwingbar machen soll und damit mittelbar über das Kindeswohl frei disponiert. Auch ein **Zwangsgeld** können sie – als hoheitliche Maßnahme – nicht vertraglich festlegen und auch nicht auf die **Androhung eines Zwangsgeldes** als Vollstreckungsvoraussetzung verzichten (LG Wuppertal MDR 1978, 236).

**3.** **Kündigung und Änderung einer Umgangsvereinbarung**

**a)** **Bindung zwischen den Eltern**

**126** Ob die Umgangsvereinbarung als solche, also ohne, daß sie durch Billigung in eine gerichtliche Regelung umgewandelt ist, zwischen den Eltern **rechtsgeschäftliche Bindungen** entfaltet, ist umstritten.

**aa)** Die wohl **überwiegende Ansicht** geht von einer rechtsgeschäftlichen Natur der Vereinbarung aus und bejaht deren Verbindlichkeit bis zu einer einverständlichen oder gerichtlichen Änderung. Von diesem Ausgangspunkt wird teilweise vertreten, ein **einseitiger Widerruf** sei auch dann nicht wirksam, wenn er auf Gründe des Kindeswohls gestützt werde (KG FamRZ 1980, 1156, 1157; OLG Karlsruhe ZfJ 1957, 247; OLG Karlsruhe FamRZ 1959, 70; SOERGEL/STRÄTZ § 1634 aF Rn 17; PALANDT/DIEDERICHSEN Rn 18). Teilweise wird dagegen zwar eine grundsätzliche rechtsgeschäftliche Bindung angenommen, ein Widerruf aus Gründen des Kindeswohls aber für zulässig gehalten (OLG Köln FamRZ 1982, 1237; MünchKomm/HINZ § 1634 aF Rn 17; GERNHUBER/COESTER-WALTJEN § 66 III 1).

**127** **bb)** Die **Gegenansicht** verneint eine rechtsgeschäftliche Bindung der Vereinbarung. Die Annahme einer Bindung sei letztlich gegen das Kindeswohl gerichtet, die Einigung müsse jederzeit frei widerruflich sein, um eine dem Kindeswohl dienende Regelung herbeizuführen. Da ohnedies bei Streit über die Umgangsvereinbarung das Familiengericht am Maßstab des Kindeswohles zu entscheiden habe, würde eine Bindung der Eltern an die Vereinbarung nur die Überbürdung der Feststellungslast auf denjenigen bedeuten, der sich aus der Vereinbarung lösen will; das Gericht dürfe durch die Elternvereinbarung nicht gebunden sein; eine Bindung stehe der erforderlichen flexiblen Anpassung der Umgangsregelung an die insbesondere altersentsprechend geänderten Bedürfnisse des Kindes entgegen (JOHANNSEN/HENRICH/JAEGER Rn 12; STAUDINGER/PESCHEL-GUTZEIT[12] § 1634 aF Rn 159).

**cc)** Die **erstgenannte Ansicht verdient den Vorzug**. Zum einen läßt sich die rechts- **128** geschäftliche Natur der Umgangsvereinbarung nicht grundsätzlich leugnen; jedenfalls in den häufigen Fällen der Scheidung nach *§ 630 ZPO* steht sie im Zusammenhang einer umfassenden Scheidungsfolgenregelung und der Zustimmung zur Scheidung, so daß einzelne Elemente schwerlich einseitig herausgelöst werden können (PALANDT/DIEDERICHSEN Rn 18). Es wäre zudem zumindest merkwürdig, daß seit Inkrafttreten des KindRG die Einigung der Eltern nach § 630 Abs 1 Nr 2 ZPO zum *Sorgerecht* nicht mehr einseitig widerruflich und seitens des Gerichts nur auf Antrag nach § 1671 korrigierbar ist (im einzelnen STAUDINGER/RAUSCHER [1998] § 1566 Rn 48), eine Umgangsvereinbarung aber beliebig aufkündbar sein sollte. Schließlich verfängt auch der Hinweis auf das Kindeswohl nicht: Unstreitig kann ein Elternteil, der an der Umgangsvereinbarung nicht mehr festhalten will, das *Familiengericht* um eine Regelung nach Abs 3 oder Abs 4 anrufen, die im Fall der schlichten – nicht gebilligten – Vereinbarung Erstregelung und nicht Änderungsregelung nach § 1696 ist. Warum aber in diesem Verfahren die durch eine nicht widerrufliche Vereinbarung vermittelte *Kontinuität* und die faktische *Feststellungslast* gegen denjenigen, der von der Vereinbarung abweichen will, kindeswohlschädlich sein sollte, bleibt unerfindlich. Der Gesetzgeber hat mit § 1671 idF des KindRG gerade deutlich gemacht, daß sogar für die Sorgerechtsregelung Kontinuität und eine faktische Feststellungslast gegen den die alleinige elterliche Sorge begehrenden Elternteil dem Kindeswohl dienlich sind. Beim Umgang verhält es sich ebenso: Es ist dem Kindeswohl regelmäßig dienlicher, wenn eine einverständliche Regelung stabilisiert wird, bis das Familiengericht eine abweichende Entscheidung trifft. Das Argument, die Annahme einer Bindung stehe der erforderlichen Flexibilität des Umgangs entgegen, vermengt schließlich die Bindung inter parentes mit einer Bindung des Gerichts: Wenn eine neue Regelung geboten ist, und eine neue *Vereinbarung* nicht erzielt wird, entscheidet das Familiengericht, das jedenfalls nicht im selben Maß an die Vereinbarung gebunden ist wie die Eltern (nur aus diesem Grund ist die hier vertretene Ansicht in der Entscheidung des OLG Karlsruhe FamRZ 1959, 70 zu unflexibel angewendet; hingegen ist dem KG FamRZ 1980, 1156 vollständig zuzustimmen, wenn es die gebotene Änderung – zB durch Reduzierung der Umgangszeiten – in Fortentwicklung der Umgangsvereinbarung trifft).

Auch einer **Widerrufsmöglichkeit aus beachtlichen Gründen** des Kindeswohls bedarf es nicht. Ob solche Gründe vorliegen, wird regelmäßig zwischen den Eltern streitig sein; die Wirksamkeit des Widerrufs erweist sich dann erst durch die familiengerichtliche Entscheidung, was Unsicherheit schafft und lediglich einseitig den Elternteil bevorzugt, der den Umgang einschränken will. Gefährdungen des Kindeswohls kann ohne weiteres dadurch begegnet werden, daß das Familiengericht im Wege der vorläufigen Anordnung die Vereinbarung entsprechend Abs 4 S 2 außer Vollzug setzt.

**dd)** Beide Eltern trifft jedoch eine **Verpflichtung zu kindeswohlentsprechenden Än-** **129** **derungsvereinbarungen** (GERNHUBER/COESTER-WALTJEN § 66 III). Dies folgt aus der Natur von Sorge- und Umgangsrecht als Pflichtrecht, das die Eltern nicht durch Beharren auf Rechtspositionen, sondern durch kontinuierliche Ausrichtung am Kindeswohl auszuüben haben. Dem wird verfahrensrechtlich nunmehr § 52 a FGG gerecht, der es dem Gericht ermöglicht, vor Erlaß oder Änderung einer Umgangsregelung die Eltern zu einem (neuen) Einverständnis zu bewegen.

**130 ee)**   Erst recht ist eine **gerichtlich gebilligte Umgangsvereinbarung** zwischen den Eltern bindend und kann nur im Verfahren nach § 1696 iVm Abs 3 geändert werden (insoweit dürfte Einigkeit bestehen: JOHANNSEN/HENRICH/JAEGER Rn 12). Eine einverständliche Regelung bleibt aber wegen des Vorranges der Elternverantwortung gegenüber der gerichtlichen Regelung möglich; dies setzt freilich die gerichtliche Regelung nicht förmlich außer Kraft. Faktisch ist jedoch niemand (es sei denn, ein Dritter wäre sorgeberechtigt) befugt, die gerichtliche Regelung zu erzwingen, wenn die Eltern ihre neue Vereinbarung einvernehmlich durchführen.

**b)   Bindung des Gerichts**

**131 aa)**   Liegt eine (noch) **nicht gerichtlich gebilligte** (oben Rn 122) **Umgangsvereinbarung** vor und beantragt ein Elternteil deren gerichtliche Bestätigung, so ist, wie dargelegt (oben Rn 122) das Familiengericht nicht strikt gebunden (SOERGEL/STRÄTZ § 1634 aF Rn 17). Das Gericht hat nur einer Umgangsvereinbarung die Wirkung einer gerichtlichen Regelung zu verleihen, die *dem Wohl des Kindes nicht widerspricht.* Dieser, in § 52 a Abs 4 S 3 FGG für das Umgangsvermittlungsverfahren vorgegebene Maßstab muß erst recht gelten, wenn die Eltern sich aus freien Stücken einigen. Der Nachrang des staatlichen Wächteramtes gegenüber dem natürlichen Elternrecht verbietet es, daß das Familiengericht eine nach seiner Ansicht kindeswohldienlichere Regelung trifft, solange nur die vereinbarte dem Kindeswohl nicht widerspricht. Die Vereinbarung ist also nicht nur Vorschlag oder Anregung (so aber OLG Zweibrücken FamRZ 1997, 217, allerdings bereits auf dem Hintergrund des entstandenen Streits der Eltern).

**132 bb)**   **Hält ein Elternteil** an der nicht gerichtlich gebilligten Umgangsvereinbarung **nicht mehr fest**, so ist streitig, ob das Familiengericht die Vereinbarung zu berücksichtigen hat. Da es sich jedenfalls – mangels vorheriger gerichtlicher Umgangsregelung – nicht um eine Entscheidung nach § 1696 handelt (OLG Zweibrücken FamRZ 1997, 217), ergibt sich jedenfalls nicht aus § 1696 Abs 1 eine Beschränkung der Neuregelung auf triftige, das Wohl des Kindes nachhaltig berührende Gründe.

Nach einer Ansicht entscheidet das Familiengericht in diesem Fall **frei nur am Maßstab des Kindeswohls** (BayObLG FamRZ 1965, 618; OLG Zweibrücken FamRZ 1997, 217; so JOHANNSEN/HENRICH/JAEGER Rn 12; STAUDINGER/PESCHEL-GUTZEIT[12] § 1634 aF Rn 164 ff; SCHWAB Handbuch des Scheidungsrechts III Rn 223). Die wohl herrschende Gegenansicht will eine von der Vereinbarung abweichende Regelung nur zulassen, wenn **erhebliche Gründe** im Interesse des Kindeswohles dies erfordern (KG FamRZ 1980, 1156; Münch-Komm/HINZ § 1634 aF Rn 17; wohl auch OLG Karlsruhe FamRZ 1999, 325: Billigung auch im Umgangsregelungsverfahren, wenn Streit entstanden ist; offen gelassen von OLG Zweibrücken FamRZ 1998, 1465, 1466). Die Begründungslinien verlaufen in ähnlicher Weise wie zu der Frage der Bindung der Eltern (oben Rn 126 ff). Von der ersten Ansicht wird die Notwendigkeit der schnellen Anpassung der Umgangsregelung an veränderte Verhältnisse angeführt (BayObLG FamRZ 1965, 618). Dem ist jedoch zurecht entgegenzuhalten, daß die **familiengerichtliche Regelungskompetenz grundsätzlich subsidiär** bleiben muß: Auch wenn das im Interesse des Kindeswohls optimale *Einigsein* der Eltern nicht herstellbar ist, kann eine Neuregelung des Umgangs auf der früheren einverständlichen Einschätzung des Kindeswohls durch die Eltern aufbauen und diese fortentwickeln, soweit dies im Interesse des Kindeswohls erforderlich ist. Hierfür spricht auch der für das Sorgerecht unstreitige, für das Umgangsrecht aber wohl zu wenig beachtete Kontinuitätsgedanke. Richtiger Ansicht nach ist in diesem Fall allerdings keine ebenso enge Begrenzung der familiengerichtlichen Regelungsbefugnis anzunehmen, wie im Fall des fortdauernden Einigseins der Eltern (oben Rn 130). Das Familiengericht muß die streitig gewordene Umgangsvereinbarung nicht hinnehmen, solange sie noch mit dem Kindeswohl vereinbar ist (so aber OLG Karlsruhe ZfJ 1957, 247; SCHWOERER FamRZ 1966, 97; hiergegen zutreffend SOERGEL/STRÄTZ § 1634 aF Rn 17). Mit dem Maßstab der erheblichen Gründe lassen sich auch zeitliche Entwicklungen seit Abschluß der Vereinbarung bewältigen; dem Bedürfnis nach flexibler Anpassung kann hierdurch, dem Bedürfnis nach schneller Regelung ohne weiteres durch die Möglichkeit einer *einstweiligen Anordnung* entsprochen werden (MünchKomm/HINZ § 1634 aF Rn 17).

Die hier vertretene Ansicht vermeidet im übrigen auch einen schwer erklärbaren Widerspruch zwischen der Kontinuität einer gerichtlich gebilligten Vereinbarung (sogleich Rn 133), für deren Änderung der Maßstab des § 1696 gilt und der (meist eher zufällig) rein rechtsgeschäftlich gebliebenen Einigung. Warum sollte eine Einigung, die sich jedenfalls rückblickend als der gerichtlichen Billigung fähig erweist, nur deshalb dem Kindeswohl weniger dienlich sein, als dieselbe Einigung nach erfolgter gerichtlicher Billigung? Der von der herrschenden Meinung angelegte Maßstab der **erheblichen Gründe** entspricht dem: Er läuft letztlich auf den Maßstab des § 1696 Abs 1 hinaus (ähnlich MünchKomm/HINZ § 1634 aF Rn 17, der an § 1671 Abs 3 aF anlehnt).

**cc)** Für eine **gerichtlich gebilligte Einigung**, deren Änderung ein Elternteil begehrt, **133** ergibt sich das Maß der Bindung aus § 1696 Abs 1; insoweit besteht ersichtlich Einigkeit auch dahingehend, daß die *Kontinuität* einer Umgangsregelung durchaus für die Kindeswohlprüfung von Bedeutung ist. § 1696 stellt sicher, daß Umgangsregelungen jederzeit geändert werden können, wenn dies aus triftigen und gewichtigen Gründen notwendig ist, daß aber nicht mit Beliebigkeit und ohne Rücksicht auf vorgängige Entscheidungen neue Regelungen eingefordert werden können (OLG Karlsruhe FuR 1998, 270, 271; OLG Zweibrücken FamRZ 1997, 45; OLG Zweibrücken FamRZ 1998, 1466). Die Bedeutung der Erziehungskontinuität im Verfahren nach § 1696 wurde durch die Neufassung dieser Bestimmung im KindRG bewußt hervorgehoben, um den Eindruck bei den Betroffenen zu vermeiden, eine Änderung der früheren Regelung sei nahezu in das Belieben des Familiengerichts gestellt (BT-Drucks 13/4899, 109). Diese Tendenz muß auch für die Umgangsvereinbarung gelten.

**dd)** Gänzlich von der Frage der Bindung an die eigentliche Umgangsregelung zu **134** trennen ist die Bindung an eine **Vereinbarung von Nebenfolgen** des Umgangs, welche nicht das Kindeswohl, sondern nur Interessen der Eltern betreffen, insbesondere Vereinbarungen über das Holen und Bringen des Kindes sowie über die Tragung der Kosten des Umgangs. Solche Vereinbarungen sind rechtsgeschäftlich bindend; sie können nicht nach § 1696 geändert werden, sondern unterliegen rechtsgeschäftlichen Prinzipien. Eine Änderung kommt also nur nach den Grundsätzen des Wegfalls der Geschäftsgrundlage in Betracht (OLG Frankfurt FamRZ 1988, 866; OLG Zweibrücken FamRZ 1998, 1465, 1466).

## 4.   Kosten des Umgangs

### a)   Eigene Kosten des Umgangsberechtigten

**135 aa)**   Im Grundsatz besteht Einigkeit, daß der **Umgangselternteil** die durch die Ausübung des Umgangsrechts entstehenden Kosten (Fahrt, Übernachtung, Verpflegungsmehraufwendungen, entgangene Arbeitszeit) **selbst zu tragen** hat; ein **Aufwendungsersatz** kommt nicht in Betracht. Auch wenn das Umgangsrecht nicht vorrangig eigenen Interessen dient, sondern dem Kindeswohl, ist dieser Grundsatz gerechtfertigt: Die Ausübung des natürlichen Elternrechts im Interesse des Kindeswohl entfaltet insoweit vorrangig ihre Pflichtnatur. Damit verbundene eigene Kosten hat weder das Kind zu tragen, indem es gleichsam seinen Elternteil als Begleitperson aus seinem Unterhalt bezahlt, noch der jeweils andere Elternteil. Auch der alleine Sorgeberechtigte ist nicht näher daran, die Kosten des Umgangs zu tragen; soweit ihm selbst Kosten und sonstige Aufwendungen (zB entgangene Arbeitszeit) aus einer gebotenen Mitwirkung beim Holen und Bringen des Kindes anfallen, ist freilich auch dies *seine* Elternpflicht, für die er keinen Aufwendungsersatz verlangen kann (BGH NJW 1995, 717; Palandt/Diederichsen Rn 60; Johannsen/Henrich/Jaeger Rn 30; MünchKomm/Hinz § 1634 aF Rn 34; Soergel/Strätz § 1634 aF Rn 30; Oelkers FamRZ 1995, 1385, 1389). Dies gilt auch, wenn die Eltern das **Sorgerecht gemeinsam** ausüben (OLG Hamm NJW-RR 1996, 325), denn die Umgangskosten haben als Aufwendungen für die Ausübung eines selbständigen Elements des Elternrechts mit der Sorgerechtsverteilung ebensowenig zu tun wie der Umgang selbst. Daß in diesem Fall beide Eltern die Verpflichtung treffen mag, das tatsächliche Holen und Bringen des Kindes zu teilen (oben Rn 95), kann allerdings mittelbar zu einer faktischen Kostenteilung führen, weil jeder Elternteil die Kosten für die Durchführung der ihm vom Kindeswohl auferlegten Pflichten selbst trägt.

**136 bb)**   Umstritten ist dagegen, wie sich die Aufwendungen, die der Umgangselternteil zu tragen hat, auf seine **unterhaltsrechtliche Leistungsfähigkeit** gegenüber dem betreuenden Elternteil auswirken, soweit dieser einen **nachehelichen Unterhaltsanspruch** hat. Der Streit betrifft insbesondere Fälle, in denen der betreuende Elternteil mit dem Kind seinen Aufenthalt berechtigter Maßen (zur sonst möglichen Änderung der Sorgerechtsentscheidung oben Rn 67 ff; vgl zu dieser Abgrenzung zutreffend OLG Karlsruhe FamRZ 1992, 58, 59) verlegt hat und hierdurch die für den Umgang erforderlichen Reisekosten erheblich angestiegen sind.

**α)**   Die **überwiegende Meinung** behandelt die Abzugsfähigkeit von Umgangskosten **restriktiv**. Grundsätzlich seien die Umgangskosten nicht als Minderung der unterhaltsrechtlichen Leistungsfähigkeit anzuerkennen; da die Wahrnehmung des Umgangsrechts Ausfluß der elterlichen Verantwortung ist (soeben Rn 135), sei neben der Entlastung durch die hälftige Teilhabe des unterhaltspflichtigen Umgangselternteils am Kindergeld eine Verlagerung auf den unterhaltsberechtigten Elternteil nicht gerechtfertigt. Eine solche würde sich jedoch ergeben, wenn die Umgangskosten die Leistungsfähigkeit minderten und dadurch der Unterhaltsanspruch des anderen Elternteils gemindert würde (BGH NJW 1995, 717, 718; OLG Bamberg FamRZ 1987, 1295; OLG Frankfurt FamRZ 1987, 1033; OLG Karlsruhe FamRZ 1992, 58; Soergel/Strätz § 1634 aF Rn 30; nur noch einschränkend Johannsen/Henrich/Jaeger Rn 31).

Allerdings läßt die herrschende Meinung von diesem Grundsatz **Ausnahmen** zu, die allerdings auf **eng begrenzte Ausnahmefälle** aus Billigkeitsgründen unter Abwägung aller Umstände des Einzelfalles (BGH NJW 1995, 717, 718) beschränkt sein sollen. Erst wenn die Nichtanrechnung der Umgangskosten auf die Leistungsfähigkeit des Umgangselternteils dazu führt, daß dieser sein Umgangsrecht nicht oder doch nur in erheblich beschränktem Umfang ausüben kann, sollen solche Billigkeitserwägungen eingreifen (BGH aaO). Selbst in diesem Fall aber sei die Berücksichtigung ausgeschlossen, wenn der umgangsberechtigte Unterhaltsschuldner zwar nur den Selbstbehalt zur Verfügung habe, der kindesbetreuende Unterhaltsberechtigte aber weniger als das Existenzminimum erhalte (BGH aaO).

Vom Ausgangspunkt der überwiegenden Meinung wird teilweise sogar vertreten, die durch den Umzug des betreuenden Elternteils verursachten erheblichen Mehrkosten des Umgangs müßten eben durch eine verminderte Besuchshäufigkeit ausgeglichen werden (OLG Karlsruhe FamRZ 1982, 1111; ausdrücklich zustimmend STAUDINGER/PESCHEL-GUTZEIT[12] § 1634 aF Rn 330, weil sonst die Kinder oder der betreuende Elternteil letztlich die hohen Reisekosten bezahlen würden).

β) Diese Meinung ist freilich auch in der Rechtsprechung nicht unbestritten. Die **137** **Gegenansicht** wurde erstmals dezidiert vom *1. Familiensenat des OLG Frankfurt* (FamRZ 1984, 178) vertreten. Dort wurde die Anrechnungsfähigkeit von Fahrtkosten in Höhe von DM 250 monatlich auf ein dem Unterhaltspflichtigen verbleibendes Nettoeinkommen von DM 1430 bejaht. Diese Entscheidung hat im Schrifttum teilweise Zustimmung erfahren (MünchKomm/HINZ § 1634 aF Rn 34; PALANDT/DIEDERICHSEN[53] § 1634 aF Rn 34; ähnlich OLG Frankfurt/Main FamRZ 1991, 78: Abzug von 180 DM Reisekosten, wodurch der kleine Selbstbehalt unterschritten wurde).

Insbesondere in Fällen, in denen der Unterhaltsberechtigte durch den Wegzug mit dem Kind in weite Entfernung die *Ursache* erheblicher Reisekosten für die Ausübung des Umgangsrechts des anderen Elternteils gesetzt hat, wird von einigen Gerichten ein **regelmäßiger Ausnahmefall** iSd herrschenden Meinung angenommen (OLG Karlsruhe FamRZ 1992, 58; AG Brühl FamRZ 1995, 936 mit dem zusätzlichen Argument, daß die ohnehin marginale Steuerentlastung durch § 33 a Abs 1 e EStG aF 1990 ersatzlos entfallen ist, was der BGH anscheinend noch 1994 nicht bemerkt hatte, vgl WEYCHARDT FamRZ 1995, 539). Wenn wegen eines *überdurchschnittlichen Einkommens* des Unterhaltspflichtigen diesem die Kostentragung viel eher zuzumuten ist, soll es dagegen bei der Nichtberücksichtigung im Rahmen der Leistungsfähigkeit bleiben (OLG Hamm FamRZ 1995, 1432).

γ) Die **überwiegende Meinung ist abzulehnen**; die insbesondere auf die Entschei- **138** dung des BGH (aaO Rn 136) zurückgehenden Argumente sind unzutreffend und dem Kindeswohl abträglich.

Zunächst bedarf es einer klaren Unterscheidung zwischen dem *Recht zur Freizügigkeit* des unterhaltsberechtigten Elternteils und den hieraus folgenden unterhaltsrechtlichen Konsequenzen. Es ist richtig, daß die aus dem allgemeinen Persönlichkeitsrecht fließende Freizügigkeit grundsätzlich auch zu einem Umzug in weite Entfernung vom Umgangsberechtigten berechtigt. Daraus folgt aber, wie bereits dargelegt (oben Rn 67 ff), keineswegs, daß dies auch im Verhältnis zum Kindeswohl, also im Lichte der Elternpflicht so ist. Vollends unrichtig ist es, die Freizügigkeit des Unterhaltsberechtigten in die Unterhaltsberechnung einzubringen; es geht überhaupt nicht um die *Freizügigkeit*, sondern um ihren *Preis* (völlig zutreffend WEYCHARDT FamRZ 1995, 539): Wer durch eine Ausübung seiner Selbstbestimmung die vom nachehelichen Unterhaltsrecht vorausgesetzte gemeinsame Leistungsfähigkeit der geschiedenen Ehegatten schmälert, muß *seinen Teil* des Preises seiner Freiheit auch auf sich nehmen. Das gilt auch dann, wenn der Umzug im Hinblick auf das Kindeswohl nicht zu einer Sorgerechtsänderung führt, weil weder das Fehlen der Voraussetzungen des § 1696, noch der des § 1579 eine Beachtung der dadurch verursachten Belastungen der Leistungsfähigkeit des Unterhaltsschuldners ausschließt.

Weiter ist die durch das KindRG verstärkt unterstrichene Bedeutung des Umgangs für das *Kindeswohl* zu beachten, der die Ansicht der hM nicht gerecht wird (WEYCHARDT FamRZ 1995, 539; ders ZfJ 1999, 326, 330). Wenn der Umgangsberechtigte die Umgangskosten vom notwendigen Selbstbehalt bestreiten müßte und dadurch der Umgang beschränkt wird oder entfällt, leidet das Kindeswohl, so daß jedenfalls in diesen Fällen eine Anrechnung ausnahmslos geboten ist (insoweit nun auch JOHANNSEN/HENRICH/JAEGER Rn 30). Wenn das *finanzielle Wohl* des Kindes dem Ehegattenunterhalt vorgeht, also der Mindestunterhalt des Kindes als die Leistungsfähigkeit gegenüber dem Ehegatten mindernd behandelt wird, wenn *Eltern* gegenüber minderjährigen Kindern sich nicht auf Selbstbehalte berufen können, sondern vom Gesetz zum *Teilen* verpflichtet werden (§ 1603 Abs 2), dann kann es nicht richtig sein, wenn das *emotionale Wohl des Kindes* dem *finanziellen Wohl* des unterhaltsberechtigten Elternteils nachsteht.

Das gewichtigste Argument gegen die Ansicht des BGH ergibt sich allerdings aus dem Unterhaltsrecht selbst. Der BGH projiziert unzutreffend die *umgangsrechtliche* Regel, daß für Umgangskosten keine *Erstattung* verlangt werden kann (oben Rn 135) auf die Grundlagen der Unterhaltsberechnung. Deren Basis sind die ehelichen Lebensverhältnisse (§§ 1361 Abs 1 S 1, 1578 Abs 1 S 1) als Grundlage des *Bedarfs* und die *Leistungsfähigkeit* (§ 1581). Zu den ehelichen Lebensverhältnissen auch des Umgangselternteils gehört es, daß *beide Eltern* ihren Kindern zur Verfügung stehen; die Umgangskosten sind bei Wegzug des betreuenden Elternteils *trennungsbedingter Mehrbedarf*. Zur Bestimmung der Leistungsfähigkeit gehört es, daß *zwangsläufige Aufwendungen* in Abzug gebracht werden können. Was könnte im Verhältnis von Eltern zwangsläufiger sein als die ihnen auferlegten gemeinsamen Elternpflichten! Der Unterhaltsanspruch aus § 1570 selbst beruht ja gerade auf dem Gedanken, daß die geschiedenen Ehegatten die sich aus der Elternpflicht ergebenden Lasten in Solidarität zu tragen haben. Wer um des Kindes willen Unterhalt beanspruchen darf, muß auch Kosten anerkennen, die der andere um des Kindes willen hat. Das *Sozialrecht* (unten Rn 155 f) erkennt die Zwangsläufigkeit aus eben diesem Grund an (zum ganzen völlig zutreffend WEYCHARDT FamRZ 1995, 539, 540; zustimmend PALANDT/DIEDERICHSEN Rn 60). Letztlich ist zu bedenken, daß, würde das Kind zur Ersparung von Reisekosten des Umgangselternteils zu diesem anreisen, die Reisekosten als Unterhaltsbedarf des Kindes (unten Rn 142 f) ebenfalls die Leistungsfähigkeit des Unterhaltsschuldners mindern würden.

Im Ergebnis ist also die Leistungsfähigkeit des Umgangselternteils in seiner Rolle als Unterhaltsschuldner gemindert, soweit Umgangskosten anfallen, die über das übliche Maß von Alltagskosten hinausgehen, die auch ein mit dem Kind zusammenlebender Elternteil für seine Elternpflicht als Eigenkosten aufwenden muß. Das ist bei weiter Entfernung zum Wohnort des Kindes regelmäßig der Fall (Weychardt FamRZ 1995, 539; MünchKomm/Hinz § 1634 aF Rn 34). Daß nur notwenige Umgangskosten anzurechnen sind (OLG Karlsruhe FamRZ 1992, 58, 59; Johannsen/Henrich/Jaeger Rn 30), ist selbstverständlich. Notwendig sind aber Reise- und Übernachtungskosten auch dann, wenn der Umgangsberechtigte selbst die Mühe der Reise auf sich nimmt, anstatt seinem Kind den Transport zuzumuten, nur weil die Kinderfahrkarte billiger ist (zutreffend OLG Karlsruhe FamRZ 1992, 58, 60: Flugkosten nach Frankreich einmal monatlich, anderenfalls Bahnfahrt). Werden zur Kostenersparnis seltenere Besuche durchgeführt, muß dann aber auch bei der Gestaltung des Umgangsrechts auf die Bemühung um Kostenersparnis Rücksicht genommen werden, indem zB der einzelne seltenere Besuch auf mehrere Tage ausgedehnt wird (OLG Karlsruhe FamRZ 1992, 58, 60).

Die geminderte Leistungsfähigkeit ist bereits im Rahmen der Festsetzung des Ehegattenunterhalts vorab zu berücksichtigen; hierbei ist davon auszugehen, daß ein angemessenes Umgangsrecht ausgeübt werden wird. Die hierfür anfallenden Kosten sind ggf nach § 287 ZPO zu schätzen (AG Brühl FamRZ 1995, 936).

**cc)** Die Frage, ob eigene Umgangskosten des unterhaltspflichtigen Elternteils im **139** **Verhältnis zum Kindesunterhalt** die Leistungsfähigkeit mindern, stellt sich in der Rechtsprechung selten. In den zum Ehegattenunterhalt erörterten Fällen (oben Rn 136 ff) stand ersichtlich eine Kürzung des Kindesunterhaltes nicht zur Diskussion. Soweit diese Frage von der Problematik der *Kindeskosten* des Umgangs überhaupt getrennt wird, besteht Einigkeit, daß auf den Kindesunterhalt eigene Umgangskosten nicht leistungsfähigkeitsmindernd anzurechnen sind (MünchKomm/Hinz § 1634 aF Rn 34; Oelkers FamRZ 1995, 1385, 1389). Hierfür sprechen sowohl unterhaltssystematische Gründe als auch das Kindeswohl.

Nähert sich die Leistungsfähigkeit einem **Mangelfall**, so kommt ohnehin nur der Kindesunterhalt nach der untersten Stufe der üblichen Bedarftabellen (zB „Düsseldorfer Tabelle") in Betracht, die seit 1. 7. 1998 den Sätzen der RegelbetragsVO (§ 1612 a) entsprechen. Da diese Sätze kaum das Existenzminimum decken, kommt schon aus dem Gesichtspunkt des § 1603 Abs 2 eine Anrechnung von Umgangskosten nicht in Betracht.

Bei gehobener Leistungsfähigkeit spricht gegen eine – systematisch durchaus denkbare – Anrechnung von Umgangskosten auf die Leistungsfähigkeit, daß das Kind nicht mit finanziellen Nachteilen für die Förderung seines Wohles durch den Umgang belastet werden soll. Anders als bei Anrechnung von ersparten Unterhaltsaufwendungen bei längerfristiger Verlagerung der *Unterhaltslast* des Kindes auf den Umgangselternteil (sogleich Rn 140), würde sich die Berücksichtigung von Umgangskosten nachteilig auf den Lebensstandard des Kindes auswirken, was das Verhältnis zum Umgangselternteil belasten kann. Ohnehin wird ein vernünftig und kindeswohlorientiert denkender Elternteil schwerlich die Belastung des Umgangsrechts mit dem Kind durch ein solches Anrechnungsverlangen provozieren.

**b)    Aufwendungen für das Kind**
**aa)**    Im Zusammenhang mit dem Umgang können **für das Kind** Kosten entstehen, **140** die grundsätzlich **zwei Gruppen** zuzuordnen sind.

Einerseits entstehen *Zusatzkosten*, die gerade durch den Umgang ausgelöst werden, insbesondere Fahrtkosten, ggf Unterbringungskosten, wenn das Kind zum Umgangselternteil anreist oder mit diesem in Durchführung des Umgangs verreist.

Andererseits kommt es zu einer *Verlagerung von Kosten*, weil das Kind während des Umgangs von dem Umgangselternteil versorgt wird, jedoch nur, soweit dadurch bei dem betreuenden Elternteil tatsächlich Kosten eingespart werden (zB für Verköstigung, Freizeitausgaben, nicht für Wohnung).

**141 bb)** Die Beantwortung der Frage, wer diese Kosten zu tragen hat, muß davon ausgehen, daß beide Gruppen **Unterhaltsbedarf** des Kindes darstellen, so daß die Tragung der Kosten sich nach der Unterhaltspflicht richtet (so schon BayObLG HRR 1929 Nr 110). Eine unterschiedliche Behandlung beider Kategorien ergibt sich daraus, daß die verlagerten Kosten ohne weiteres zum Grundbedarf des Kindes rechnen, während es sich bei den durch den Umgang ausgelösten Kosten um Sonderbedarf handeln kann.

**142 cc)** Für die **Zusatzkosten** wird häufig vertreten, diese seien vom Umgangselternteil zu tragen (BayObLGZ 1957, 134, 146; OLG Frankfurt FamRZ 1988, 866; OLG Zweibrücken FamRZ 1982, 531). Diese Ansicht steht in engem Zusammenhang mit der Tragung der *eigenen* Umgangskosten durch den Umgangselternteil und wird von dieser häufig nicht getrennt gesehen (vgl SOERGEL/STRÄTZ § 1634 aF Rn 30; MünchKomm/HINZ § 1634 a aF Rn 34; JOHANNSEN/HENRICH/JAEGER Rn 30). Führt man dagegen die Zusatzkosten auf den Unterhaltsbedarf zurück, so fallen sie dem unterhaltsverpflichteten Elternteil an. Das bedeutet zum einen, daß in den – in der Praxis selteneren – Fällen, in denen der Umgangselternteil nicht zugleich alleine barunterhaltspflichtig ist, zB dann, wenn das Kind bei Pflegeeltern oder in einem Heim lebt, die Umgangs-Zusatzkosten des Kindes beide unterhaltspflichtigen Eltern belasten, also ggf anteilig zu erbingen sind (so schon STAUDINGER/PESCHEL-GUTZEIT[12] § 1634 aF Rn 342). Nur dann, wenn – wie häufig – der Umgangselternteil alleine barunterhaltspflichtig ist, treffen (zufällig) die Zusatzkosten diesen Elternteil, freilich nicht in seiner Eigenschaft als Umgangsberechtigter, sondern als Unterhaltsverpflichteter.

**143 dd)** In Fällen der **Barunterhaltspflicht des Umgangselternteils** stellt sich sodann die Frage, ob die Zusatzkosten als *Sonderbedarf* neben dem als Geldrente geschuldeten Barunterhalt anfallen. Die Einordnung als Sonderbedarf wird vor allem bei geringem pauschal berechneten Barunterhalt in Betracht kommen und hängt von der Gewichtigkeit der Kosten ab (BGH NJW 1984, 2826). Liegt danach Sonderbedarf vor, was zB bei einer Anreise des Kindes über eine weite Entfernung mit Bahn oder Flugzeug regelmäßig anzunehmen ist, so trägt diesen der Unterhaltspflichtige. Eine Anrechnung auf den Barunterhalt kommt nicht in Betracht.

Liegt kein Sonderbedarf vor, so ist das Verhältnis zum geschuldeten Barunterhalt in gleicher Weise zu sehen, wie hinsichtlich der beim Umgang anfallenden *verlagerten Kosten* (sogleich Rn 144).

**144 ee)** Hinsichtlich der Kosten des **laufenden Unterhalts** während des Umgangs, welche auf den Umgangselternteil verlagert sind und denen Ersparnisse beim betreuenden Elternteil gegenüberstehen, ist fraglich, ob und unter welchen Voraussetzungen eine **Anrechnung auf den geschuldeten Barunterhalt** in Betracht kommt. In entspre-

chender Weise ist dies für Zusatzkosten zu erörtern, die nicht Sonderbedarf sind, da
solche Kosten als laufender Unterhaltsbedarf theoretisch aus dem Barunterhalt auf-
zubringen wären.

**α)** Der **BGH** (NJW 1984, 2826) hält im Regelfall den barunterhaltspflichtigen Eltern-  **145**
teil, der das Kind in Ausübung des Umgangs mehrere Wochen während der Ferien
bei sich betreut und versorgt, nicht für berechtigt, den zu Händen des anderen Elternteils zu zahlenden Barunterhalt zu kürzen. Bei dem Kindesunterhalt handele es
sich im allgemeinen um pauschalierte Summen. Der Jahresbedarf des Kindes werde
durch gleichmäßig über das Jahr verteilte Rentenbeträge ausgedrückt. Das Verlangen des Unterhaltsschuldners nach einer Unterhaltskürzung sei, am Gedanken aus
§ 1613 Abs 2 S 1 orientiert, auf Fälle beschränkt, in denen die Deckung eines Teils
des Unterhaltsbedürfnisses in Natur *unvorhersehbar* und gegenüber dem laufenden
Unterhalt *ins Gewicht fallend* auftrete. An der Unvorhersehbarkeit fehle es bei
Aufenthalten des Kindes anläßlich des Umgangs beim barunterhaltspflichtigen
Elternteil.

Schrifttum (PALANDT/DIEDERICHSEN Rn 61; MünchKomm/HINZ § 1634 aF Rn 34; LEMPP ZfJ
1979, 517, 519) und Rechtsprechung (KG FamRZ 1979, 327) teilen im Grundsatz diese
Ansicht, wobei ergänzend angenommen wird, die durch Besuche beim Umgangselternteil gemachten Ersparnisse seien bereits in der Düsseldorfer Tabelle berücksichtigt (OLG Karlsruhe FamRZ 1982, 1111: bei 35 Tagen im Jahr). Während des Aufenthalts
beim Umgangselternteil entfalle nicht die Voraussetzung des § 1606 Abs 3 bei dem
(normalerweise) betreuenden Elternteil; dieser werde nicht zeitweise barunterhaltspflichtig. Der barunterhaltspflichtige Umgangselternteil habe auch kein Unterhalts-
bestimmungsrecht für diese Zeiträume nach § 1612 Abs 2 S 3 (OLG Hamm FamRZ 1994,
529).

Nur im Fall einer über das übliche Maß hinausgehenden Aufenthaltsdauer bei dem
Umgangselternteil wird eine **Anrechung** des in natura geleisteten Unterhalts auf den
Barunterhalt gewährt. Von einem solchen Zeitraum kann jedenfalls bei einer jahres-
durchschnittlich mehr als ein Vierteljahr betragenden Verweildauer ausgegangen
werden (OLG Hamburg DAVorm 1983, 666; PALANDT/DIEDERICHSEN Rn 61; im Fall des OLG
Hamm FamRZ 1994, 529 waren 40 % erreicht, jedoch nicht als Mindestgrenze angesehen worden).
In einem solchen Fall reduziert sich der Barunterhalt für den entsprechenden Zeitraum auf die für den Kindesunterhalt beim betreuenden Elternteil immer entstehenden Fixkosten (Wohnraum, Versicherungen, Kleidung, Spielzeug), die allgemein mit
einem Drittel des sonst geschuldeten Kindesunterhalts angenommen werden (OLG
Karlsruhe FamRZ 1979, 327; OLG Hamm FamRZ 1994, 529).

**β)** Die auch in der Rechtsprechung vor der Entscheidung des BGH (soeben Rn 145)  **146**
verbreitet vertretene **Gegenansicht** hielt bereits bei längeren Aufenthalten des Kindes bei dem Umgangselternteil eine Kürzung bis auf etwa ein Drittel für geboten.
Teils wurde dies auf § 242 gestützt (LG Berlin FamRZ 1972, 217), teils ein Unterhaltsanspruch dem Grunde nach wegen des in natura gedeckten Bedarfs verneint (schon
BayObLG HRR 1929 Nr 1110; KG FamRZ 1979, 327: Rückforderung aus § 812 Abs 1 S 1 1. Alt).
Unter einem längeren Aufenthalt in diesem Sinn versteht diese Ansicht bereits einen
mehrwöchigen Ferienaufenthalt (SOERGEL/STRÄTZ § 1634 aF Rn 30: jedenfalls, wenn die Belastung die Höhe eines monatlichen Unterhaltsbetrages erreicht; MORITZ ZfJ 1982, 768: Tageweise,

jedoch nur dann, wenn zwischen dem Umgangselternteil und dem Kind ein positives Verhältnis bestehe).

**147** γ)   Der Ansicht des BGH ist zuzugeben, daß die Vermeidung eines Ausgleichs geringer Barunterhaltsbeträge auf die Eltern befriedend wirkt und kleinliche Abrechnungen Streit fördern müßten. Allerdings werden die Grenzen, jenseits derer eine Anrechnung des Unterhalts in natura auf den Barunterhalt von der herrschenden Rechtsprechung zugelassen wird, zu weit gezogen. Eine Anrechnung kann nur aus Gründen der Zweckmäßigkeit in relativ geringfügigen Fällen unterbleiben; formal unterhaltsrechtlich betrachtet ist die Argumentation des BGH und der ihm folgenden Gerichte nämlich unzutreffend: Zum einen geht es nicht um eine Verlagerung der Wertung des § 1606 Abs 3 S 2. Auch wenn die tatsächlichen Umstände dafür sprechen, daß auch die Betreuung durch den Umgangselternteil unter § 1606 Abs 3 S 2 fällt (SOERGEL/STRÄTZ § 1634 aF Rn 30), geht es überhaupt nicht um eine Verlagerung der Barunterhaltspflicht auf den anderen Elternteil. Es soll durch eine Anrechnung lediglich verhindert werden, daß der Umgangselternteil *doppelt* Unterhalt leistet; während das Kind sich bei ihm aufhält, betreut er es ja nicht nur, sondern leistet überdies Naturalunterhalt (Verköstigung, Freizeitbedarf, häufig Urlaubsbedarf). Es *entsteht* daher insoweit kein Barunterhaltsbedarf, so daß das Argument, der andere Elternteil sei nicht barunterhaltspflichtig, in die falsche Richtung zielt. Aber auch die Erwägung, der Pauschalunterhalt, insbesondere nach der Düsseldorfer Tabelle beziehe den Umgang ein, erscheint wenig logisch: Deckt dieser Unterhalt dann den Lebensbedarf nur für 10 1/2 oder 11 Monate? Ist er zu niedrig, wenn das Umgangsrecht ausgeschlossen ist? Hinzu kommt, daß das Kind häufig mit dem Umgangselternteil Ferien verbringt, so daß eine Entlastung in einem regelmäßig kostenaufwendigeren Zeitabschnitt stattfindet.

Eine ungerechtfertigte Doppelbelastung des unterhaltspflichtigen Umgangselternteils läßt sich damit bei gleichzeitiger Rücksicht auf das Ziel einer Vermeidung kleinlicher und streitfördernder Abrechnungen am ehesten in Anlehnung an die von SOERGEL/STRÄTZ (aaO) vorgeschlagene Lösung vermeiden, wobei nicht auf die *Belastung* des Umgangselternteils, sondern auf die Dauer des Umgangs abzustellen ist, welche die *Entlastung* des Barunterhaltsbedarfs bestimmt: Übersteigt die Dauer des Umgangs insgesamt einen Monat, so ist die Geringfügigkeitsschwelle überschritten und eine Anrechnung geboten. Die von der hM zugrundegelegten „Fixkosten" des Kindesunterhalts scheinen mit 1/3 angemessen bewertet.

### c)   Vereinbarungen über die Kosten

**148** aa)   Die Eltern können Vereinbarungen über die Tragung der Kosten des Umgangs, insbesondere hinsichtlich des Holens und Bringens bei größeren Entfernungen der Wohnorte treffen (OLG Frankfurt FamRZ 1988, 866; OLG Zweibrücken FamRZ 1997, 32; OLG Zweibrücken FamRZ 1998, 1465; OLG Zweibrücken FamRZ 1998, 975). Solche Kostenregelungen bedürfen keiner gerichtlichen Genehmigung. Sie verstoßen grundsätzlich nicht gegen die **guten Sitten** (§ 138; OLG Zweibrücken FamRZ 1998, 1465, 1466). Regelmäßig dürften solche Vereinbarungen gerade auch im Fall gemeinsamer elterlicher Sorge befriedend und daher kindeswohldienlich sein. Solche Vereinbarungen können die Eigenkosten des Umgangselternteils betreffen und sind in diesem Fall rein schuldrechtlicher Natur (OLG Zweibrücken FamRZ 1998, 1465, 1466).

Regeln die Eltern durch Vereinbarung den durch den Umgang verursachten Mehrbedarf des Kindes oder die Barunterhaltpflicht während der Umgangsphasen, so ist hierin kein nach § 1614 Abs 1 unzulässiger vorheriger Unterhaltsverzicht zu sehen. Entlastet der betreuende Elternteil den unterhaltspflichtigen Umgangselternteil teilweise von den Mehrkosten, so handelt es sich wiederum nur um eine schuldrechtliche Abrede zwischen den Eltern über die Freistellung von sonst ggf bestehenden Ansprüchen des Kindes; wird eine Anrechnung geregelt, so wird dadurch nur die Art der Unterhaltsgewährung für einen bestimmten Zeitraum bestimmt.

**bb)** Soweit solche Vereinbarungen schuldrechtlicher Natur zwischen den Eltern **149** sind, können sie nicht widerrufen oder gekündigt, sondern nur bei der Unzumutbarkeit aufgrund von Störungen, die nicht in den Risikobereich eines der Elternteile fallen, nach den Grundsätzen vom **Wegfall der Geschäftsgrundlage** angepaßt werden. Eine nicht vorhergesehene zeitliche Erstreckung der Umgangsbefugnis ist bei angemessener Leistungsfähigkeit des Verpflichteten kein solcher Grund (OLG Zweibrücken FamRZ 1998, 1466, 1467). Gerade wenn eine Vereinbarung über die Kosten des Holens und Bringens geschlossen wurde, wird man auch davon auszugehen haben, daß die Eltern eine Entwicklung bedacht haben, die zu einer weiteren räumlichen Entfernung der Wohnorte führt (OLG Zweibrücken aaO); der Elternteil, der seinen Wohnsitz verlegt, wird schwerlich aus diesem Umstand eine Unzumutbarkeit der weiteren Durchführung der Vereinbarung herleiten können, weil dieser Umstand in seine Risikosphäre fällt.

**cc)** Haben die Eltern in **auslegungsbedürftiger Weise** eine solche Vereinbarung **150** getroffen, insbesondere eine „gleiche" oder „angemessene" Teilung für bestimmte Umgangskosten (und/oder Tätigkeiten wie Holen und Bringen) vereinbart, so kann sich das Familiengericht im Streitfall nicht damit begnügen, die Ausgestaltung den Eltern zu überlassen. Es darf auch nicht nach der ohne Vereinbarung bestehenden Rechtslage die Kosten verteilen. Vielmehr bedarf es der konkreten gerichtlichen Regelung in Auslegung der Vereinbarung (OLG Zweibrücken FamRZ 1998, 975, 976).

**dd)** Ein **Rechtsstreit** um die Tragung der **zusätzlichen Umgangskosten** des Umgangs- **151** berechtigten aufgrund einer Vereinbarung ist nicht Klageverfahren nach der ZPO, sondern bleibt **Teil der Umgangsregelung** nach Abs 3, da es sich um die Geltendmachung eines Nebenanspruchs zu einer umgangsrechtlichen Regelung handelt. Er fällt deshalb in die Zuständigkeit des Familiengerichts (§ 621 Abs 1 Nr 2 ZPO; OLG Zweibrücken FamRZ 1998, 975, 976; OLG Zweibrücken FamRZ 1997, 32, 33).

Das Familiengericht ist auch zuständig zur Entscheidung über die Tragung der Kosten des Umgangs, soweit diese **Unterhaltskosten** des Kindes sind (§ 621 Abs 1 Nr 4 ZPO; iE ebenso SOERGEL/STRÄTZ § 1634 aF Rn 23: Sachzusammenhang zur Umgangssache).

**d) Einkommensteuerrecht**
**aa)** § 33 a Abs 1 a EStG, der mit einem Abzugsbetrag von DM 600.– pa meist keinen **152** ausreichenden Ausgleich für die Belastung des Umgangselternteils mit seinen eigenen Umgangskosten darstellte, ist mit der Steuerreform 1990 ersatzlos entfallen (StRG 1990, BGBl 1988 I 1093). Diese Streichung ist nach Ansicht des Gesetzgebers und des BFH verfassungsrechtlich nicht zu beanstanden, nachdem der Kinderfreibetrag mehrfach angehoben worden sei und damit Aufwendungen zur Pflege des

Eltern-Kind-Verhältnisses durch Kindergeld und Kinderfreibetrag abgegolten seien (BT-Drucks 11/2157, 150; BFH FamRZ 1997, 21). Der **Bundesfinanzhof** hat auch eine Berücksichtigung der Umgangskosten als außergewöhnliche Aufwendungen nach § 33 Abs 1 EStG abgelehnt (BFH FamRZ 1997, 21).

**153 bb)** Die **Begründung**, mit der der BFH einen Verstoß der Nichtberücksichtigung von Umgangsmehraufwendungen gegen Grundrechte verneint, erscheint mit Rücksicht auf die familienrechtliche Rechtslage, insbesondere nach Inkrafttreten des KindRG, **nicht (mehr) haltbar:**

Aus dem allgemeinen Gleichheitssatz folgt für das Gebiet des Steuerrechts, daß die Besteuerung insbesondere im Einkommensteuerrecht sich an der **Leistungsfähigkeit** orientieren muß. Der Steuergesetzgeber verstößt, wie der BFH sieht, gegen Art 3 Abs 1 GG und die grundlegenden Entscheidungen in Art 1 Abs 1 und 6 Abs 1 GG, wenn er *unvermeidbare Sonderbelastungen* durch Kinder unberücksichtigt läßt.

Um solche soll es sich nach Ansicht des BFH nicht handeln, da eigene Kosten der Kontaktpflege nicht dem Kindesunterhalt gleichzustellen seien; außerdem bestehe keine **Rechtspflicht** zum Umgang; damit falle der Umgang in die rein private Lebensgestaltung. Dieses schon nach altem Recht eher zynische Argument ist jedenfalls durch die Schaffung einer unbestreitbaren Rechtspflicht in § 1684 Abs 1 obsolet geworden.

Zudem sei in Rechnung zu stellen, daß der Umgangselternteil unmittelbar dadurch entlastet werde, daß seine Aufwendungen bei der Bemessung seiner **Unterhaltsleistungen** nicht unberücksichtigt bleiben. Diese durch einen Hinweis auf die Entscheidung des OLG Karlsruhe (FamRZ 1982, 1111, vgl oben Rn 145) belegte Ansicht steht, zumindest was die Anrechnung von Aufwendungen für den Kindesunterhalt während des Umgangs angeht, in Widerspruch zu der hM und der Ansicht des BGH. Eine Entlastung hinsichtlich der *Eigenkosten* – um die es in dem Verfahren vor dem BFH ging – im Verhältnis zum *Kindesunterhalt*, auf den der Familienlastenausgleich (Kinderfreibetrag, Kindergeld) zugeschnitten ist, wird ersichtlich nicht vertreten (oben Rn 139). Eine – umstrittene (oben Rn 138) – Anrechnung bei Ehegattenunterhalt findet allenfalls statt, wenn Ehegattenunterhalt *geschuldet* ist und hat mit dem *kind*bezogenen Familienlastenausgleich nichts zu tun.

Aus familienrechtlicher Sicht kann dem BFH damit nur entgegengehalten werden, daß die Mehraufwendungen durch die Ausübung des Umgangs ebenso zwangsläufig sind wie Unterhaltsansprüche und daß sie nach hM nur in seltenen Ausnahmefällen kindesunterhaltsrechtlich Berücksichtigung finden.

**154 cc)** Ob die Versagung einer einkommensteuerrechtlichen Berücksichtigung von Umgangsaufwendungen **mit anderer Begründung** der verfassungsrechtlichen Prüfung standhält, kann hier nicht abschließend entschieden werden. Der BFH weist eine Parallele zu der bereits durch das BVerfG entschiedenen **sozialhilferechtlichen Behandlung** (sogleich Rn 155 ff) mit dem Hinweis auf eine zulässige **Pauschalierung** von steuerrechtlichen Sachverhalten zurück. Hier könnte die einkommensteuerrechtliche Lösung des Problems liegen, das ohne Zweifel auch ein Problem der steuerrechtlichen Vereinfachung ist. Da freilich die vom BFH vorangestellte Prämisse, der kindbezogene Familienlastenausgleich sei als solcher verfassungskonform, durch das

BVerfG (NJW 1999, 557) herben Widerspruch erfahren hat, fehlt es bislang jedenfalls an einer *ausreichenden* Pauschalierung auch dieser kindbezogenen Aufwendungen. Tendenziell erscheint es jedoch rechtspolitisch vernünftig, legislativ zu einer angemessenen Pauschalierung zu finden, die eine Sonderbehandlung einzelner kindbezogener Aufwendungen vermeidet.

### e)  Sozialrecht

**aa)**  Die aus der Ausübung des Umgangsrechts mit seinem Kind dem Umgangs-    **155** berechtigten entstehenden Kosten gehören sozialhilferechtlich zur Bedarfsgruppe der **persönlichen Bedürfnisse des täglichen Lebens** (§ 12 Abs 1 BSHG), die nicht durch die laufenden Leistungen zum Unterhalt nach Regelsätzen (§ 22 Abs 1 S 1 BSHG) abgedeckt sind, weil sie nicht bei vielen Hilfempfängern aus der jeweiligen Regelsatzgruppe entstehen. Für sie sind daher je nach Lage des Einzelfalles **einmalige Leistungen nach § 21 Abs 1 BSHG** oder **besondere Leistungen nach § 22 Abs 1 S 2 BSHG** zu gewähren (BVerwGE 92, 97, 100; BVerwG NJW 1996, 1838, 1839; OVG Hamburg FamRZ 1989, 1356; OVG NRW 24 A 3424/93 JURIS; zur Berechnung SCHELLHORN FuR 1998, 104).

**bb)**  Die **Häufigkeit** der durch Sozialhilfe zu unterstützenden Besuche wird gegen-    **156** über der früheren Ansicht des BVerwG (BVerwGE 92, 97, 100 ff) wesentlich durch die auf Verfassungsbeschwerde hiergegen ergangene Entscheidung des BVerfG geprägt: Das BVerfG hat die Begrenzung auf Hilfe zum Lebensunterhalt für regelmäßig nur einen Besuch pro Monat als offensichtlich gegen Art 6 Abs 2 S 1 GG verstoßend angesehen. Sozialhilferechtlich darf nicht nur das Maß an Umgang ermöglicht werden, welches auch im Streitfall zumindest zwangsweise durchgesetzt werden könnte. Im Sozialhilferecht ist vielmehr auch das von Art 6 Abs 2 S 1 GG geschützte Maß des ohne gerichtliche Regelung zwischen den Eltern vereinbarten Umgangs zu berücksichtigen, sofern nicht konkrete Anhaltspunkte dafür bestehen, daß der – nicht sozialhilfebedürftige – sorgeberechtigte Elternteil seine Unterhaltpflicht teilweise auf den Sozialhilfeträger verschiebt. Um das erforderliche Maß zu bestimmen, sind alle Umstände des Einzelfalles (Alter, Entwicklung, Zahl der Kinder, Intensität der Bindung, Vorliegen und Inhalt einverständlicher Regelungen, Einstellung des anderen Elternteils zum Umgangsrecht) zu berücksichtigen. Das BVerwG hat daraufhin (BVerwG NJW 1996, 1838) im konkreten Fall Hilfe für einen weiteren Besuch im Monat zugesprochen.

Zu den zu berücksichtigenden Gesichtspunkten dürfte freilich dennoch auch die **Entfernung** zwischen dem Wohnort des Kindes und dem des Umgangselternteils gehören. Die Eltern können insbesondere nicht in dem Bewußtsein, daß die Reisekosten ihnen nicht zur Last fallen, ein Umgangsrecht vereinbaren, das in dieser Weise in ausreichenden, aber bescheidenen wirtschaftlichen Verhältnissen nicht vereinbart worden wäre (vgl OVG Münster NJW 1991, 190, 191: zunehmende Entfernung verändert Angemessenheit).

**cc)**  Zum **Umfang** der anerkennungsfähigen Kosten der Ausübung des Umgangs-    **157** rechts gehören nicht nur die Fahrtkosten des Elternteils selbst, sondern auch die Fahrtkosten, die in der Person des Kindes entstehen und der Mehrbedarf für die Versorgung des Kindes während des Besuchsaufenthalts beim Umgangselternteil (OVG NRW 24 A 3424/93 JURIS; OVG Münster NJW 1991, 190; auch im Fall des BVerfG, vorige Rn, ging es um die Fahrtkosten der Kinder zum Umgangselternteil).

Auch die durch einen **Ferienaufenthalt** des Kindes bei dem Umgangselternteil verursachten Kosten sind zu berücksichtigen (VG Münster FamRZ 1996, 702).

## VI. Gerichtliche Regelung des Umgangs (Abs 3)

### 1. Regelung von Umfang und Ausübung (Abs 3 S 1 HS 1)

#### a) Erforderlichkeit des gerichtlichen Eingreifens

**158 aa)** Gemäß Abs 3 S 1 kann das **Familiengericht** über den Umfang und die Ausübung des Umgangsrechts entscheiden. Dieses Verfahren ist *Amtsverfahren*, bedarf also keines Antrags (BayObLGZ 1966, 102, 106; KG OLGZ 1969, 62; OLG Hamm FamRZ 1982, 94; OLG Koblenz DAVorm 1978, 276, 278; MünchKomm/HINZ § 1634 aF Rn 45; SOERGEL/STRÄTZ § 1634 aF Rn 19; JOHANNSEN/HENRICH/JAEGER Rn 21). Das gilt nicht, wenn die Regelung im Verfahren auf Erlaß einer *einstweiligen Anordnung* (§ 620 ZPO) begehrt wird (OLG Brandenburg OLG-NL 1994, 159, 160). Jedoch folgt aus dem *Vorrang des Elternrechts* und der Subsidiarität des staatlichen Wächteramtes, daß bei Vorliegen einer Elternvereinbarung über den Umgang eine gerichtliche Entscheidung nur in Betracht kommt, wenn über diese Vereinbarung oder ihre Durchführung im einzelnen kein Einverständnis der Eltern (mehr) besteht oder ausnahmsweise die Vereinbarung dem Kindeswohl widerspricht (BayObLGZ 1952, 228; BayObLGZ 1956, 333; OLG Koblenz DAVorm 1978, 276). Hingegen kommt ein gerichtliches Eingreifen nicht in Betracht, wenn das Gericht lediglich eine andere Umgangsgestaltung für das Kindeswohl als vorteilhafter ansieht, die Gestaltung durch die Eltern das Wohl des Kindes jedoch nicht gefährdet (SOERGEL/STRÄTZ § 1634 aF Rn 19). Zur **Durchsetzung einer Elternvereinbarung** unter der Voraussetzung, daß sich das Gericht diese zu eigen macht s oben Rn 120 ff.

**159 bb)** Verhalten sich die Eltern zum Umgangsrecht **neutral**, weil der das Kind nicht betreuende Elternteil einen Umgang nicht aktiv anstrebt, so fehlte es nach § 1934 a aF an einem **Regelungsbedürfnis** (SOERGEL/STRÄTZ § 1634 aF Rn 19). Insbesondere im Scheidungsverbund sah § 623 Abs 3 S 2 ZPO aF vor, daß eine Umgangsregelung regelmäßig nur auf Anregung eines Elternteils getroffen werden sollte, wenngleich ausnahmsweise auch Anordnungen von Amts wegen für zulässig gehalten wurden (MünchKomm/HINZ § 1634 aF Rn 45; SOERGEL/STRÄTZ § 1634 aF Rn 19).

Seit Inkrafttreten des KindRG spricht einerseits der Umstand, daß selbst das *Sorgerecht* nicht mehr von Amts wegen im Verbund zu entscheiden ist, eher für richterliche Zurückhaltung gegenüber amtswegigen Entscheidungen, die Fragen des Elternrechts betreffen. Andererseits gewährt Abs 1 nun vor allem dem Kind ein Recht auf Umgang, so daß den Anregungen eines *Elternteils* bei der Umgangsregelung nicht mehr alleinige Bedeutung zukommen kann. Das Familiengericht wird also ggf auch tätig werden, wenn die Eltern einverständlich untätig bleiben. Im Rahmen des Abs 3 läßt sich auch nicht auf den Grundsatz des Abs 4 S 1 abstellen, wonach das Familiengericht das Umgangsrecht nur *einschränken* darf, soweit dies zum Wohl des Kindes *erforderlich* ist (so aber wohl JOHANNSEN/HENRICH/JAEGER Rn 21). Daß eine *Einschränkung* nur bei Erforderlichkeit zulässig ist, folgt aus der vom Gesetz vorausgesetzten grundsätzlichen Kindeswohldienlichkeit des Umgangs; in Abs 3 geht es dagegen um die positive *Verwirklichung* des Umgangs, welche die Vermutung der Kindeswohldienlichkeit für sich hat.

Freilich kann das Familiengericht nicht ohne Anlaß von außen die Rolle des Umgangsstifters übernehmen; ein Tätigwerden von Amts wegen ist jedoch geboten, wenn eine entsprechende **Anregung** vom **Jugendamt** oder von dem – auch nicht förmlich vertretenen – **Kind** erfolgt. Mit Rücksicht auf die Ausgestaltung des Umgangsrechts als Recht des Kindes (vgl oben Rn 59) ist ein **Antragsrecht des Kindes** in dem Sinn zu bejahen, daß das Gericht auf Anregung des Kindes tätig werden und eine Regelung treffen muß und sich – ebenso wie bei einem Antrag eines Elternteils – nicht auf die Ablehnung einer gerichtlichen Regelung beschränken darf. In diesem Fall ist dem Kind ein Verfahrenspfleger (§ 50 Abs 2 S 1 Nr 1 FGG) zu bestellen (Johannsen/Henrich/Jaeger Rn 33).

Betrifft der Antrag des Kindes einen Umgang mit dem nicht betreuenden Elternteil, den der *betreuende Elternteil nicht zuläßt*, so kommt nicht nur der Erlaß einer Umgangsregelung, sondern auch deren **Vollstreckung** in Betracht. Richtet sich der Antrag des Kindes gegen einen *umgangsunwilligen Elternteil*, so geht es vor allem um die Signalwirkung einer gerichtlichen Verfügung; die gerichtliche Regelung kann ein Appell sein, den Umgang aufzunehmen. Eine Vollstreckung wird dagegen kaum im Interesse des Kindes liegen, weil der „zum Umgang Verurteilte" den Umgang schwerlich in einer dem Kind angenehmen und förderlichen Atmosphäre gestalten wird (Johannsen/Henrich/Jaeger Rn 33).

**cc)** Sind die Eltern im Grundsatz einig über den Umgang, streiten aber über Einzelheiten der Durchführung des Umgangs, so fehlt es für eine familiengerichtliche Regelung nicht am **Rechtsschutzbedürfnis** (BayObLGZ 1963, 231). Dies folgt schon daraus, daß eine Regelung nach Abs 3 bei Fehlen einer Einigung sich nicht auf die Festlegung des Umgangsrechts als solches beschränken dürfte (unten Rn 165 ff), sondern auch die Einzelheiten der Durchführung bestimmen muß; in diesem Rahmen besteht daher Regelungsbedarf, wenn die Uneinigkeit sich auf solche Details beschränkt. **160**

Eine familiengerichtliche Regelung ist auch zu treffen, wenn ausnahmsweise der betreuende Elternteil ein weitergehendes Umgangsrecht vorschlägt, als der Umgangselternteil wünscht (schon zu § 1634 aF: OLG Düsseldorf FamRZ 1986, 202; MünchKomm/Hinz § 1634 aF Rn 15; Soergel/Strätz § 1634 aF Rn 19). Fehlendes Rechtsschutzinteresse (eines Elternteils) kann in diesem Fall nicht entgegenstehen, weil angesichts der Einigkeit der Eltern über die Kindeswohldienlichkeit dem Grunde nach sogar eine amtswegige Entscheidung in Betracht kommt, um das Umgangsrecht des Kindes in geeigneter Weise durchzusetzen (vgl dazu soeben Rn 159).

**dd)** Steht die Personensorge oder (nur) das Aufenthaltsbestimmungsrecht einem **Vormund** oder **Pfleger** zu, so ist auf das den Eltern und dem Kind verbleibende Recht auf Umgang miteinander Abs 3 anzuwenden. Auch in dieser Konstellation sind grundsätzlich die Eltern und der Sorgerechtsinhaber zur *Einigung* über das Umgangsrecht berufen; dem Vormund oder Pfleger steht kein einseitiges Bestimmungsrecht zu (Gernhuber/Coester-Waltjen § 72 I 4). Einigen sie sich nicht, so entscheidet das Familiengericht (MünchKomm/Hinz § 1634 aF Rn 23). Eine Beschränkung der Zuständigkeit des Familiengerichts auf Fälle, in denen die Vormundschaft vom Familiengericht angeordnet ist (so Gernhuber/Coester-Waltjen § 72 I 4), dürfte abzulehnen sein. Die gerichtliche Umgangsregelung betrifft nicht in erster Linie die Führung der **161**

Vormundschaft, sondern die Gestaltung der den Eltern verbliebenen Aspekte des Elternrechts; diese korrespondiert mit den Tatbeständen, die zur Entziehung oder Beschränkung des Sorgerechts geführt haben, die das Gesetz dem *Familiengericht* zuweist (insb § 1666, vgl auch § 1629 Abs 2 S 3), fällt also durchaus nicht nur formal unter Abs 3, sondern auch ratione legis in die Zuständigkeit des Familiengerichts. Dagegen erscheint fraglich, ob mit „Dritten" iSd Abs 3 S 1 zwanglos auch der personensorgeberechtigte Vormund gemeint ist (so MünchKomm/Hinz § 1634 aF Rn 23); eher dürften mit *Dritten* (nur) außenstehende Nichtsorgeberechtigte angesprochen sein.

**162** **ee)** Das Familiengericht kann unter den Voraussetzungen des § 1696 Abs 1 eine **gerichtliche Umgangsregelung ändern**. Auch für eine Änderung der Umgangsregelung ist das Kindeswohl oberster Maßstab. Nach der Präzisierung des von § 1696 gewählten Maßstabes (*triftige* Gründe, *nachhaltige* Kindeswohlberührung, *angezeigte* Änderung) ist fraglich, ob eine tatsächliche Einengung des bisher angenommenen Maßstabs geboten ist. Die Änderung einer gerichtlichen Regelung (auch einer *gerichtlich gebilligten* Elternvereinbarung, OLG Karlsruhe FuR 1998, 270, 271; OLG Zweibrücken FamRZ 1997, 45, 46) ist zwar jederzeit, aber nicht nach Beliebigkeit möglich. Erforderlich ist insbesondere eine *Veränderung der Umstände* in rechtlicher oder tatsächlicher Hinsicht gegenüber der bei der ursprünglichen Regelung vorausgesetzten Lage.

Nach bisher hM ist die Eingriffsschwelle für eine Änderung der Umgangsregelung niedriger als für eine Änderung der Sorgerechtsregelung, da Änderungen der Umgangsregelung nicht so schwerwiegend wie solche der Sorgerechtsregelung in die Entwicklung des Kindes eingriffen und dem raschen Wandel der Verhältnisse unterworfen seien. Daher wird, soweit das Kindeswohl nicht entgegensteht, teilweise auch das Interesse beider Eltern berücksichtigt; eine Änderung soll auch bei „unangemessener Benachteiligung" des Umgangselternteils möglich sein (BayObLGZ 1952, 228; BayObLGZ 1965, 355; OLG Hamm OLGZ 1966, 205; MünchKomm/Hinz § 1696 Rn 7; Soergel/Strätz § 1696 Rn 14).

Bei rechtem Verständnis ist dieser Ansicht auch unter § 1696 nF zu folgen. Die Umgangsregelung unterliegt nicht im gleichen Maß wie eine Sorgerechtsregelung dem Erfordernis der **Erziehungskontinuität**, solange sie nur modifiziert wird. Da gerade § 1684 und § 1626 Abs 3 nF den Umgang als ein *beidseitiges* Recht ansehen, das nur in einer für das Kind und den Elternteil möglichst spannungsfreien Weise dem Kindeswohl optimal dient, sollte zwischen dem Kindeswohl und dem Elterninteresse nicht künstlich ein Widerspruch konstruiert werden. Grundsätzlich wird eine Umgangsregelung, die für den Umgangselternteil eine unangemessene Benachteiligung vermeidet, auch auf das Kindeswohl positiv einwirken (MünchKomm/Hinz § 1696 Rn 7; Soergel/Strätz § 1696 Rn 14), weil sie Spannung aus dem Verhältnis zum Umgangselternteil nimmt und einer ungezwungen natürlichen Ausübung des Umgangs förderlich ist. Wer dies als bloßes Interesse des Umgangselternteils ansieht, verwechselt kindeswohlorientierte Kontinuität mit dem Beharren des Betreuungselternteils auf seinem „guten Recht". Selbstverständlich gilt dies nicht, wenn das Kindeswohl der begehrten Änderung aus anderen Gründen entgegensteht (OLG Hamm OLGZ 1966, 205; ergänzend auch OLG Zweibrücken FamRZ 1997, 45, 46: Abwägung von Erziehungskontinuität und Zeitgefühl eines Kleinkindes).

Eine Änderung der Umgangsregelung ist also nicht nur dann angezeigt, wenn das Kindeswohl *primär* betroffen ist, sei es, daß sich die bisherige Regelung objektiv nicht bewährt, das Kind den Umgang verweigert und Zwangsmittel dem Kindeswohl zuwiderliefen (OLG Schleswig SchlHAnz 1979, 20; Johannsen/Henrich/Jaeger Rn 21) oder ein Elternteil beharrlich gegen das Wohlverhaltensgebot verstößt (Soergel/Strätz § 1696 Rn 14); sondern auch dann, wenn die Änderung in *Fernwirkung* für das Kindeswohl nachhaltig förderlicher ist als die bisherige Regelung, was auch der Fall ist, wenn sie dem Umgangselternteil den Umgang erleichtert, ohne – bei objektiver Betrachtung – im übrigen nachteilige Folgen zu haben (**aA** Staudinger/Peschel-Gutzeit[12] § 1634 aF Rn 188).

### b)  Ziel der Regelung – Regelungsinstrumente
### aa)  Kindeswohl als Maßstab

Hinsichtlich der **Ausgestaltung der Regelung** ist das Familiengericht nicht an Anträge **163** gebunden. Oberstes Regelungsprinzip ist das **Kindeswohl** (BVerfGE 31, 194; BayVerfGH NJW 1973, 1614; BGHZ 51, 219). Die Berücksichtigung der *eigenen Interessen der Eltern* steht dahinter zurück (OLG Karlsruhe FuR 1998, 270); dies ergibt sich aus der Natur des Elternrechts als Pflicht-Recht und der in der Situation des Elternkonflikts besonderen Aufgabe, die mit dem Getrenntleben der Eltern für die Entwicklung des Kindes verbundene Schädigung nach Möglichkeit zu mildern und eine vernünftige, den Interessen des Kindes entsprechende Lösung für seine Pflege und Erziehung sowie seine weiteren persönlichen Beziehungen zu ihnen zu finden (BVerfGE 61, 358; BVerfGE 31, 194).

Das bedeutet einerseits, daß dem Kindeswohl widersprechende, auf **Eigeninteressen** und eigene Gefühlslagen orientierte Wünsche *beider* Elternteile auf die Umgangsregelung keinen Einfluß nehmen dürfen. Soweit solche Wünsche und Vorstellungen ein Verhalten hervorrufen, das faktisch auf den Umgang Einfluß nimmt, ist dem im Rahmen der für eine Verletzung des Wohlverhaltensgebots möglichen Sanktionen zu begegnen. Auch wenn Gekränktsein, Verletztsein und Aversion aufgrund des Scheiterns der Partnerbeziehung verständlich sein mag, darf es weder unmittelbar noch mittelbar die Gestaltung des Umgangs beeinträchtigen. Es ist gerade die Pflicht jedes Elternteils, solche persönlichen Emotionen, die dem anderen Elternteil als früherem Partner gelten, von dem Kind fernzuhalten. Wenn ein Elternteil nicht fähig ist, seine eigenen Belange insoweit hinter die des Kindes zurückzustellen und etwaige Streitigkeiten, die aus dem Umgang mit dem anderen Elternteil erwachsen können, zu vermeiden, wird man annehmen müssen, daß dieser Elternteil auch sonst seine eigenen Interessen dem Kindeswohl vorgehen läßt, so daß es dem Wohl des Kindes nur dienen kann, wenn es auch Umgang mit dem anderen Elternteil hat, der diesen Umgang im Kindesinteresse sucht (zutreffend LG Bonn NJW 1990, 128 noch zu § 1711 [!] aF; kritisch Gergaut JuS 1991, 460).

Die Ausgestaltung des Umgangsrechts darf auch nicht als Ersatz für ein Nachgeben in anderen Folgesachen oder als Trostpflaster für den Umgangselternteil besonders großzügig ausgestaltet werden, wenn das Kindeswohl dem entgegensteht (OLG Karlsruhe FuR 1998, 270).

Andererseits besteht **keine grundsätzliche Gegenläufigkeit** von Eltern- und Kindesinteressen. Eine Umgangsregelung, die sich (auch) nach den Bedürfnissen des Umgangselternteils richtet und nicht nur fragt, was diesem allenfalls noch zugemutet werden kann, fördert mittelbar auch das Wohl des Kindes, das aus dem Umgang mit einem entspannten und mit der Regelung zufriedenen Elternteil weit größeren Gewinn ziehen wird als aus einer Begegnung unter unbequemen Umständen.

### bb) Keine Bindung an Anträge

164 Ist eine **Umgangsregelung beantragt**, so stellt sich die Frage, ob das Familiengericht eine positive Regelung auch dann treffen muß, wenn es diesem Antrag nicht stattgeben kann. Liegen die Voraussetzungen vor, unter denen eine Regelung erforderlich ist (soeben Rn 158 ff), so kann und muß grundsätzlich das Gericht eine dem Kindeswohl dienende Umgangsregelung treffen. Dies gilt regelmäßig dann, wenn eine Umgangsregelung beantragt wird, weil in diesem Fall offenkundig Meinungsverschiedenheiten um das Umgangsrecht bestehen. Das Gericht kann sich also nicht darauf beschränken, einen Antrag, der dem Kindeswohl nicht dient, zurückzuweisen, wenn andere und bessere Möglichkeiten bestehen. Das Gericht kann im Streitfall auch nicht die Regelung den Eltern überlassen und sich auf eine Mißbrauchskontrolle zurückziehen (BGHZ 51, 219; anders noch BGHZ 42, 364, 372; OLG Zweibrücken FamRZ 1982, 530; MünchKomm/HINZ § 1634 aF Rn 45; SOERGEL/STRÄTZ § 1634 aF Rn 19). Enthält der Antrag keine ausreichend detaillierte und damit vollzugsfähige Umgangsregelung, so kann das Gericht dem Antrag nicht in der gestellten Form stattgeben, sondern muß eine ausreichende Umgangsregelung treffen (OLG Frankfurt/Main FamRZ 1999, 617).

Auch in der **Beschwerdeinstanz** ist das OLG dem Kindeswohl verpflichtet und hat jeweils neu den Inhalt der Regelung zu prüfen; ein Verstoß gegen das *Verschlechterungsverbot* ist daher auch nicht darin zu sehen, wenn das OLG auf Beschwerde des Umgangselternteils die Umgangsregelung zu dessen Nachteil abändert (OLG Düsseldorf FamRZ 1998, 1460, 1461).

### cc) Keine (vollständige) Regelung nur in Ausnahmefällen

165 Fraglich ist jedoch, ob dies ausnahmslos gilt, oder ob in **Ausnahmefällen** eine Regelung unterbleiben bzw auf die Beteiligten verlagert werden darf.

α) Teilweise wurden in der Rechtsprechung in besonders gelagerten Fällen **Alternativen zu einer Regelung des Umgangs** (Abs 3) oder einer Einschränkung bzw einem Ausschluß des Umgangs (Abs 4) für möglich gehalten; so, wenn zwischen dem Umgangselternteil und dem fast volljährigen Kind sich ein reger Briefkontakt entwickelt hat, in dessen Rahmen eher die *Problemfelder eigenverantwortlich auszuräumen* sind als durch eine den Umgang regelnde oder ausschließende Entscheidung (OLG Zweibrücken FamRZ 1993, 728, 729); wenn eigentlich die Voraussetzungen für eine Zurückweisung des Antrags *und* für einen Ausschluß des Umgangsrechts vorliegen, aber die bloße Zurückweisung für den beantragenden Elternteil *schonender und ebenso zweckdienlich* ist (OLG Frankfurt/Main FamRZ 1995, 1431: Strafgefangener); oder, wenn der die Regelung begehrende Elternteil zwar ein Umgangsrecht hat, dieses aber gegen den (pflichtwidrig) provozierten Widerstand des Kindes *nicht durchsetzen*, sondern auf einen Sinneswandel des Kindes warten will (OLG Karlsruhe FamRZ 1990, 655, 656; vgl auch OLG Düsseldorf FamRZ 1979, 857, 858; OLG Hamburg FamRZ 1988, 1316).

166 β) Der **BGH** hat diesen Versuchen eine grundsätzliche Absage erteilt und nur die **zwei Alternativen** abschließender Entscheidungen zugelassen, entweder Umfang und

Ausübung des Umgangsrechts konkret zu regeln *oder* ebenso konkret die Umgangs-
befugnis auszuschließen oder einzuschränken (BGH NJW 1994, 312). Durch die bloße
Ablehnung eines Antrags auf Regelung des Umfangs oder der Ausübung des Um-
gangs bleibe das Umgangsrecht nur scheinbar unberührt; tatsächlich entstehe
Rechtsunsicherheit, weil weder der Umgangselternteil noch das Kind wüßten, ob,
wann und in welchem Umfang ein Umgang ausgeübt werden könne (ebenso: KG
FamRZ 1985, 639; OLG Celle NJW-RR 1990, 1290; SOERGEL/STRÄTZ § 1634 aF Rn 27; nun auch
OLG Düsseldorf FamRZ 1998, 1460, 1461). Der BGH hat allerdings ausdrücklich die
Möglichkeit offengelassen, es in besonderen Ausnahmefällen (vgl OLG Zweibrücken
FamRZ 1993, 728, 729: kurz bevorstehende Volljährigkeit bei bestehender Einigungsmöglichkeit)
bei der bloßen Zurückweisung des Antrags zu belassen.

Dem BGH ist zuzustimmen, daß die Zurückweisung eines Antrags auf Umgangsregelung **für den Regelfall nicht geeignet** ist. Zwar überzeugt zunächst das Argument,
der Umgang begehrende Elternteil werde geschont, wenn sein Umgangsrecht lediglich nicht geregelt, nicht aber eingeschränkt wird. Liegen jedoch Gründe für eine
solche Einschränkung vor, so nährt eine bloße Nichtregelung nur die Hoffnung und
führt gerade in hochstreitigen Fällen zwangsläufig zu erneuten Anträgen, die mangels einer früheren Regelung nicht an § 1696 zu messen sind. Zudem wird durch die
unklare Lage tendenziell das Streitpotential vermehrt und die Einsicht in die Gründe,
welche eine (vorübergehende) Beschränkung des Umgangs notwendig machen, vereitelt. Dies kann letztlich sogar dazu führen, daß aus dem vorübergehenden Grund
zur Umgangseinschränkung aufgrund Uneinsichtigkeit ein dauernder wird.

γ)     Hingegen kann in auch vom BGH aufgezeigten **Ausnahmefällen** weiterhin eine  **167**
bloße Antragszurückweisung geeignet sein. Dies ist vor allem dann anzunehmen,
wenn es dem mit einem Regelungsantrag befaßten Gericht gelingt, den Antragsteller
*mit Rücksicht auf das Kindeswohl* zu einer **Antragsrücknahme** zu bewegen (OLG
Thüringen FamRZ 1996, 359). Wenn etwa ein Elternteil eine Regelung nach Abs 3 begehrt und der andere mit einem Antrag auf eine Regelung nach Abs 4 reagiert (so das
zur Stützung der Gegenansicht vorgetragene Beispiel bei STAUDINGER/PESCHEL-GUTZEIT[12] § 1634
aF Rn 279) und nur die hochstreitige Situation zwischen den Eltern einem Umgang
*derzeit* im Weg steht, kann sich ein Verzicht auf eine Entscheidung anbieten. Den
Konflikt reduziert in diesem Fall aber nicht so sehr die bloße Nichtregelung des
Umgangs; entscheidend ist vielmehr die richterliche Fähigkeit, auf die Rücknahme
streitiger Anträge hinzuwirken, um beiden Eltern die Gesichtswahrung – auch im
Verhältnis zum Kind – zu ermöglichen und das Bewußtsein zu fördern, dem Kindeswohl ohne Verzicht auf Rechtspositionen gedient zu haben. Gerade dies zeigt aber,
daß der BGH im Grundsatz richtig entschieden hat; wenn die Eltern das Angebot
zum Offenhalten nicht im Verfahren annehmen, darf das Gericht seine Entscheidung
nicht auf die Illusion späterer Einsicht stützen.

δ)     Steht das **Kindeswohl der Regelung des Umgangs nicht entgegen**, so verbietet es  **168**
sich selbstredend, dennoch den Umgang begehrenden Elternteil zur Antragsrücknahme zu motivieren; auch der „liebe Friede" hat sich in diesem Fall dem Kindeswohl
unterzuordnen, dem der Umgang grundsätzlich dient. Im Gegenteil kann die gerichtliche Umgangsregelung gerade dann, wenn Widerstand des anderen Elternteils und
eine negative Beeinflussung des Kindes durch diesen zu erwarten sind, dem Kind
helfen, sich gegen eine irrationale Ablehnung des Umgangselternteils zu entschei-

den, weil es erfährt, daß das Gericht eine positive Einstellung zu diesem billigt, ja diese „anordnet" und ihm den Bruch mit der häufig auf Verlustangst beruhenden einseitige Identifikation mit dem betreuenden Elternteil erlaubt (treffend OLG Karlsruhe FamRZ 1990, 901, 903). In diesem Fall kommt ggf auch eine **bloße Anordnung der Umgangsberechtigung** ohne eine – in diesem Stadium noch nicht mögliche – Ausgestaltung im einzelnen in Betracht, um die Grundlage für ein Aufeinander-Zugehen von Umgangselternteil und Kind zu schaffen (OLG Karlsruhe aaO; OLG Karlsruhe FamRZ 1996, 1092).

**169** η) Unbeschadet dessen ist die bloße Zurückweisung eines **Antrags auf Erlaß einer einstweiligen Anordnung** (§ 620 Nr 2 ZPO) zulässig, wenn die besonderen Voraussetzungen, insbesondere das *Regelungsbedürfnis* nicht vorliegen und es im Interesse des Kindeswohles besser ist, eine endgültige Regelung des Umgangs abzuwarten; insbesondere kann während des Scheidungsverfahren die Gefahr bestehen, daß der Antrag nach § 620 Nr 2 ZPO vorrangig zur Befriedigung des Bedürfnisses nach möglichst intensiver Institutionalisierung des Streits der Ehegatten eingesetzt und das Kind solchermaßen für den Streit der Eltern instrumentalisiert wird (OLG Stuttgart FamRZ 1998, 1321).

#### dd) Konkrete gerichtliche Regelung

**170** α) Grundsätzlich ist eine **konkrete gerichtliche Regelung** zu treffen. Die Ausgestaltung des Umgangs kann auch nicht durch das Gericht auf Dritte, insbesondere das Jugendamt, verlagert werden, indem es das Ausmaß des Umgangs im Beschluß nur in groben Zügen bestimmt und eine außergerichtliche Festlegung der Einzelheiten nach Zeit, Dauer und Ort durch Dritte (OLG Frankfurt/Main FamRZ 1999, 617, 618; OLG Saarbrücken DAVorm 1996, 277: Jugendamt) vorsieht oder sie den Eltern überläßt, ohne ein detailliert bestimmtes (auch Fristen vorsehendes) Verfahren anzuordnen (OLG Braunschweig MDR 1999, 102: zwei Terminvorschläge mit Auswahlrecht ohne Frist für die Bekanntgabe der Vorschläge). Von dieser konkreten Bestimmung kann das Gericht nur ausnahmsweise absehen, wenn eine solche Bestimmung im gegenwärtigen Zeitpunkt nicht möglich ist und dem weiteren (gerichtlichen) Verfahren vorbehalten werden muß (vgl oben Rn 167: grundsätzliche Bestimmung des Umgangsrechts, um die Bereitschaft zur Annäherung zu fördern).

**171** β) Die Regelung nach Abs 3 umfaßt regelmäßig **Art, Ort, Zeitpunkt, Häufigkeit** und **Dauer** des Umgangs sowie die Modalitäten des **Bringens** bzw **Holens** des Kindes von und zu seiner Wohnung beim betreuenden Elternteil. Die gerichtliche Regelung muß konkrete Anweisungen enthalten, die so gefaßt sind, daß eine Vollstreckung nach § 33 FGG möglich ist (OLG Frankfurt/Main FamRZ 1999, 617; Johannsen/Henrich/ Jaeger Rn 22; Soergel/Strätz § 1634 aF Rn 20) und möglichst vermieden wird, daß streitwillige Eltern einen Anlaß zur Fehlauslegung finden (AG Holzminden FamRZ 1997, 47, 48: „finden Eltern, die sich zu Lasten des Kindes streiten möchten, immer einen Anlaß"; vgl auch OLG Stuttgart FamRZ 2000, 50 zum Streit über den Begriff „Ferien"). Auch hinsichtlich der Zulässigkeit von **Übernachtungen** des Kindes, insbesondere eines Kleinkindes, bei dem Umgangselternteil sind konkrete Anordnungen erforderlich; das Gericht kann diese Frage nicht den hierüber streitenden Eltern überlassen (AG Holzminden FamRZ 1997, 47; **aA** AG Groß-Gerau FamRZ 1995, 313) – so bedauerlich es auch ist, wenn sich Eltern noch nicht einmal hierüber einigen können (was AG Groß-Gerau FamRZ aaO mit zustimmungswürdiger Deutlichkeit ausdrückt). Wird ein **beschützter Umgang** (Abs 4 S 3) angeordnet, so ist auch die bei dem jeweiligen Umgangskontakt anwesende dritte Person zu bezeichnen; insoweit genügt es auch, daß das Jugendamt beauftragt wird, jeweils einen Mitarbeiter hiermit zu betrauen.

### ee) Regelung zur Anbahnung des Umgangs

α)    Die Notwendigkeit einer Anbahnung des Umgangs stellte sich in Anwendung **172** von § 1634 aF regelmäßig nur als Problem der **Wiederanbahnung** nach einer Weile der Umgangsunterbrechung. Diese Fallsituation hat durch die Neufassung des § 1684 keine abweichende Regelung erfahren. Ziel einer Wiederanbahnung ist es, eine als nicht gerechtfertigt erkannte (sonst Entscheidung nach Abs 4) Verhinderung des Umgangs durch den anderen Elternteil entschieden (OLG Braunschweig FamRZ 1999, 185), aber in für das Kind behutsamer Weise zu überwinden, um der fortschreitenden Entfremdung vorzubeugen und eine Situation zu verhindern, in der die Umgangs-obstruktion sich so verfestigt hat, daß der Umgang zum Wohl des Kindes ausge-schlossen werden müßte (wohl zu früh kapituliert OLG Hamburg FamRZ 1991, 471 mit zust Anm Luthin).

β)    Hierfür stehen verschiedene **Regelungsinstrumente** zur Verfügung. Vor allem **173** bei älteren Kindern bietet sich eine **abgestufte Kontaktaufnahme** an. Briefliche, tele-fonische, schließlich allmählich an ein übliches Maß heranwachsende persönliche Kontakte erlauben es dem Umgangselternteil, dem Kind allmählich wieder ein po-sitives Elternbild zu vermitteln (OLG Braunschweig FamRZ 1999, 185; AG Zossen DAVorm 1999, 143).

– In Betracht zu ziehen ist die Anordnung einer **Aufenthaltsbestimmungs-Pflegschaft** (Umgangspflegschaft; OLG Saarbrücken DAVorm 1996, 277; AG Aalen FamRZ 1991, 360), die jedoch nicht als Maßnahme nach Abs 3, sondern nur im Wege der (Abänderung der) Sorgerechtsentscheidung möglich ist (BezG Erfurt FamRZ 1992, 1333, 1334). Die Notwen-digkeit der Anbahnung des Umgangs bringt es mit sich, daß das Gericht keine um-fassende konkrete Regelung nach Abs 3 treffen kann, weil die Fortentwicklung des Umgangs von der Beurteilung des jeweiligen Standes der Entwicklung abhängt.

– Als Maßnahme nach Abs 3 läßt sich eine allmähliche Anbahnung auch durch einen **gerichtlichen Besuchsplan** erreichen, der eine konkrete, zeitlich zunächst enge Um-gangsregelung vorsieht, die in ihrer weiteren Gestaltung offen bleiben kann (LG Offenburg FamRZ 1996, 239, 240: zunächst 1/2 Stunde monatlich, allerdings bei kleinem Kind und starker Entfremdung); die Anordnung mehrerer Stufen empfiehlt sich vor allem dann, wenn dem betreuenden Elternteil deutlich gemacht werden muß, daß eine Verstär-kung des Umgangs im Interesse des Kindeswohls unausweichlich ist (vgl OLG Frank-furt/Main FamRZ 1993, 729, 730). Der Umgang kann dann ggf in **Anwesenheit** oder in den **Räumen eines mitwirkungsbereiten Dritten** stattfinden (OLG Frankfurt/Main FamRZ 1999, 617, 618; OLG Frankfurt/Main FamRZ 1993, 729, 730: Erziehungsberatungsstelle, Jugendamt), der das Vertrauen beider Eltern genießt. Hingegen ist der vereinzelt versuchte Weg, das **Jugendamt** nicht nur mit der *Begleitung*, sondern auch mit der *Entwicklung* des zeitlichen Umfangs des Umgangs zu betrauen, als Verlagerung der Entscheidung nach Abs 3 vom Gericht auf einen Dritten nicht zulässig (OLG Frankfurt/Main FamRZ 1999, 617; OLG Saarbrücken DAVorm 1996, 277).

– Aus psychologischer Sicht naheliegend erschiene deshalb die Einschaltung des **174**

**Sachverständigen** zur Vermittlung des Umgangs. Die Erkenntnis, daß der psychologische Sachverständige am ehesten über das Instrumentarium verfügt, den Umgang zu vermitteln (vgl dazu SPANGENBERG/SPANGENBERG ZfJ 1994, 458), führt auch in der Praxis dazu, daß nicht selten der umgangswillige Elternteil diesen Weg sucht (DÖRR NJW 1993, 2407, 2413). In der Rechtsprechung wird jedoch die Anordnung **familientherapeutischer Maßnahmen** gegen den Willen eines Beteiligten zur Umgangsvermittlung nicht als Instrument der Regelung nach Abs 3 zugelassen (BGH NJW 1994, 312, 313; BezG Erfurt FamRZ 1992, 1333, 1334). Diese Ansicht erscheint aus Rechtsgründen kaum zweifelhaft, da weder die beweisrechtliche Einschaltung des Sachverständigen (zur Notwendigkeit im Rahmen des § 12 FGG OLG Zweibrücken NJWE-FER 1999, 95) eine Ausdehnung seiner Aufgabe auf therapeutische Ziele erlaubt, noch selbst bei weitem Verständnis eine Familientherapie als Entscheidung über *Umfang* und *Ausübung des Umgangsrechts* iSd Abs 3 verstanden werden kann. Aus psychologischer Sicht wird freilich bezweifelt, daß der psychologische Sachverständige sich überhaupt auf die bloße Beweiserhebung beschränken kann (*Statusdiagnostik*), oder ob nicht bereits die beweisrechtliche Aufgabe mit Eingriffen in die Dynamik der Familie (*Interventionsdiagnostik*) verbunden sein muß, um brauchbare Grundlagen für die gerichtliche Entscheidung zu liefern (SALZGEBER/HÖFLING ZfJ 1991, 388; zum Streitstand BALLOFF/WALTER FuR 1991, 334). Das Gericht wird also jedenfalls bemüht sein, den Eltern die Hilfe des Sachverständigen nahezubringen und in der Beweiserhebung verborgene therapeutische Ansätze zu vermitteln. Hierzu dient die *aktive Teilnahme* an der Begutachtung oder die *Bekanntgabe der Erkenntnisse des Gutachters* und deren Erörterung in *getrennter Anhörung* in Anwesenheit des Gutachters (vgl zu richterlichen Strategien SPANGENBERG/SPANGENBERG ZfJ 1994, 458; SPANGENBERG FamRZ 1996, 1058; eine interessante Variante wählt AG Zossen DAVorm 1999, 143: Bestellung eines psychologischen Sachverständigen zum Verfahrenspfleger des Kindes nach § 50 FGG mit dem Auftrag zur Umgangsausweitung, was freilich wiederum von der Mitwirkungsbereitschaft beider Eltern abhängt). Zur Möglichkeit der Anordnung einer Familientherapie im Rahmen der **Anordnung zur Erfüllung der Wohlverhaltenspflicht** nach Abs 3 **Satz 2** vgl oben Rn 107.

– Ein letztes erfolgversprechendes Mittel bleibt auch, dem sich der sachverständigen Hilfe widersetzenden Elternteil seine Verantwortung und die Haltung des Gerichts zur Bedeutung des Umgangsrechts klarzumachen, und zugleich zu bedeuten, daß dem Familiengericht *weitergehende sorgerechtliche Maßnahmen* zu Gebote stehen und daß das Gericht nicht bereit ist, die Obstruktion der Therapie hinzunehmen (deutlich OLG Frankfurt/Main FamRZ 1993, 729: „Das aber nimmt der beschließende Senat für seinen Zuständigkeitsbereich nicht hin").

**175** γ) Die Gleichstellung des Umgangsrechts eines Kindes unverheirateter Eltern mit seinem Vater unter Aufgabe der restriktiven Haltung des § 1711 aF rückt die Notwendigkeit von Maßnahmen zur **erstmaligen Anbahnung des Umgangs** in das Blickfeld. Unter §§ 1711 und 1634 aF ergab sich selten die Notwendigkeit, einen Umgang mit einem Elternteil zur Verwirklichung eines Umgangsrechts erstmalig herzustellen. Allenfalls wenn sich Ehegatten noch vor Geburt des Kindes getrennt hatten, bestand ein Umgangsrecht aber noch keine tatsächliche Bindung zum Vater (BT-Drucks 13/4899, 105). Hingegen setzte sich in der Rechtsprechung zu § 1711 aF nur mühsam der Gedanke durch, daß eine Regelung des Umgangs auch ohne eine vorherige Beziehung dem Kindeswohl förderlich sein kann und daher einer Regelung bedarf. Zutreffend wurde zwar anerkannt, daß ein früheres Zusammenleben mit dem Kind *für* die Einräumung eines Umgangsrechts nach § 1711 aF sprach und eine ähnliche Behandlung wie nach § 1634 aF, also auch eine *Wiederherstellung* eines Umgangs nahelegte (OLG Karlsruhe JuS 1999, 399; LG Aachen FamRZ 1990, 202; LG Berlin FamRZ 1990, 92; LG Lüneburg FamRZ 1991, 111; LG Wuppertal FamRZ 1997, 634; LG Zweibrücken FamRZ 1997, 633; vgl auch Nachw bei STAUDINGER/GÖPPINGER[12] § 1711 aF Rn 38). Teilweise wurde aber unzutreffend dieser positive Gesichtspunkt negativ als *conditio sine qua non* für ein solches Umgangsrecht formuliert (ausdrücklich LG Duisburg FamRZ 1991, 1099; LUTHIN FamRZ 1996, 564, 565; vgl auch die Kritik im Umfeld des Entwurfs eines NEhelUmgG: HAHNE FamRZ 1990, 928, 930; KNÖPFEL FamRZ 1989, 1017, 1019; SCHWAB FamRZ 1990, 932). Nur in einzelnen Fällen wurde anerkannt, daß auch die *ursprüngliche Anbahnung* von Umgang, den der Vater im Interesse des Kindes aus innerer Anteilnahme und echter Zuneigung sucht, dem Kindeswohl dient (LG Arnsberg DAVorm 1996, 205; LG Arnsberg FamRZ 1998, 319; LG München I, 29.1.1996, 13 T 2462/95 zit bei LUTHIN FamRZ 1996, 564, 565).

Hier haben sich durch die Einräumung eines wechselseitigen Umgangsrechts die Vorgaben verschoben; die Rechtsprechung wird sich von dem Regel-Ausnahme-Verhältnis des § 1711 aF erkennbar lösen müssen: Grundsätzlich ist nun davon auszugehen, daß ein Umgang beider Eltern mit ihrem Kind dessen Wohl dient und daß persönliche Spannungen zwischen den Eltern dem nicht entgegenstehen dürfen. In solchen Konstellationen wird zwar häufig zu prüfen sein, ob einer Umgangsregelung das Wohl des Kindes – aus dann aber im einzelnen positiv zu erforschenden Gründen – entgegensteht und zu einer Entscheidung nach Abs 4 zwingt (dazu unten Rn 362 ff). Klischeevorstellungen von schwierigen Vätern und armen Müttern (vgl KNÖPFEL FamRZ 1989, 1017, 1019) sollten nicht mehr genährt werden, es geht nur noch um das Kindeswohl.

Ist eine Umgangsregelung zu treffen, so steht das Gericht allerdings vor der Aufgabe, einen Umgang **behutsam herzustellen**, wobei nicht nur Widerstand der Mutter zu überwinden ist (sonst käme es nicht zur gerichtlichen Regelung), sondern vor allem die Akzeptanz des Kindes gegenüber seinem ihm bis dahin fremden Vater gewonnen werden muß (vgl BT-Drucks 13/4899, 105; FamRefK/ROGNER Rn 11; RAUSCHER FamRZ 1998, 329, 336). Die **Regelungsinstrumente** unterscheiden sich nicht von denen der Wiederanbahnung des Umgangs (oben Rn 172 ff). Entscheidend ist insoweit vor allem die Akzeptanz des Gleichstellungsauftrags der Neuregelung durch die Familiengerichte.

### c)    Beachtlichkeit des Kindeswillens
**aa)**    Nicht selten werden **Kindeswohl** und **Kindeswille** – wenigstens semantisch – 176
verknüpft (JOHANNSEN/HENRICH/JAEGER Rn 22: „infolgedessen"; STAUDINGER/PESCHEL-GUT-ZEIT[12] § 1634 aF Rn 190: „Deshalb"). Dies könnte zu schweren Mißverständnissen führen. Der Kindeswille bestimmt nicht über das Kindeswohl. Der Umgang mit den Eltern ist ebenso wie die Ausübung der elterlichen Sorge Teil der Erziehung und Entwicklung des Kindes, für die der Wille des Kindes nur insoweit Beachtung finden kann, als er mit dem Wohl des Kindes vereinbar ist (BVerfG NJW 1993, 2671). Besonders augenfällig wird die Spannung zwischen Kindeswohl und Kindeswille im Anwendungsbereich des Abs 4. Dort war bisher auch nahezu ausschließlich der Kindeswille zu erörtern. Wer hier im Gegensatz zur ganz überwiegenden Rechtsprechung (im einzelnen unten Rn 281 ff) das Kindeswohl dem Kindeswillen unterordnet (ansatzweise ELL DAVorm 1986, 745, 751: „Es gibt kein Kindeswohl gegen den Kindeswillen"), müßte dem Kind konsequenter Weise auch ein Vetorecht in anderen Erziehungsfragen geben.

Der Kindeswille kann schwerlich das Familiengericht stärker binden, als der Kindeswille nach § 1626 Abs 2 S 1 bei der Erziehung des Kindes beachtlich ist; die Beachtung des Kindeswillens bleibt also auch im Umgangsverfahren alters- und reifegebunden.

Damit muß aber zwischen der Beachtlichkeit des Kindeswillens im Rahmen der Umgangsregelung nach **Abs 3** und im Rahmen einer Einschränkung oder eines Ausschlusses des Umgangsrechts nach **Abs 4** klar unterschieden werden. Die Beachtung eines gegen den Umgang gerichteten Kindeswillens im Rahmen eines Ausschlusses oder einer förmlichen Einschränkung des Umgangs nach Abs 4 greift tief in die Entwicklung des Kindes ein. Er steht in einem prinzipiellen Konflikt zum Kindeswohl; wenn der Umgang grundsätzlich dem Kindeswohl dient, muß sich auch ein dagegen gerichteter Kindeswille am Kindeswohl messen lassen und kann nicht das Kindeswohl bestimmen. Auch mit dem nur scheinbar pädagogisch modernen Argument des *kindlichen Persönlichkeitsrechts* kann sich das Gericht nicht dieser notwendigen Abwägung von Kindeswohl und Kindeswille entziehen (nicht mehr nachvollziehbar OLG Hamburg FamRZ 1991, 471: Ablehnung jeder weiteren Kindeswohlprüfung mit Hinweis auf das Persönlichkeitsrecht eines knapp 10-jährigen Kindes; im einzelnen dazu unten Rn 281). Es gehört von Seiten des Kindes nämlich ein gehöriges Maß an Persönlichkeitsprägung und Mut dazu, die naheliegende Identifikation mit dem betreuenden Elternteil ohne Verlustangst zu *durchbrechen* und seinem Wunsch nach einem Umgang mit dem anderen Elternteil Ausdruck zu geben (zu einem solchen seltenen Fall OLG Hamm FamRZ 1998, 256). Wünscht das Kind den Umgang, so bestätigt dieser Wille die von § 1626 Abs 3 S 1 ausgesprochene Vermutung, so daß dieser Wunsch weitaus eher mit dem Kindeswohl harmoniert und daher beachtlich ist (OLG Hamm FamRZ 1994, 58, 59; OLG Hamm FamRZ 1997, 693; OLG Karlsruhe FamRZ 1990, 655; KNÖPFEL FamRZ 1989, 1017, 1022; LÜDERITZ Rn 943).

**177** **bb)**   Für die Entscheidung über den Umfang und die Ausgestaltung des Umgangsrechts nach **Abs 3** haben Fälle der **Ablehnung des Umgangs** durch das Kind dann Bedeutung, wenn das Gericht die Voraussetzungen für einen (zeitweiligen) Ausschluß des Umgangs nicht feststellt. In diesem Fall ist eine Umgangsregelung zu treffen, die gerade nicht vor dem entgegenstehenden Kindeswillen, der sich – meist wegen Beeinflussung – als nicht relevant erweist, kapituliert, andererseits aber auch nicht das Kindeswohl durch Zwang gegenüber dem Kind schädigt. Solche Fälle stehen der Situation der (erneuten) *Anbahnung eines Umgangs* (oben Rn 172 ff) nahe, weil zwar grundsätzlich die Kindeswohldienlichkeit des Umgangs zu bejahen ist, aber auf dem Weg dorthin Hindernisse auszuräumen sind. Sie erfordern daher behutsame Umgangsregelungen, also zunächst ggf erhebliche zeitliche Einschränkungen (OLG Celle FamRZ 1989, 892) und/oder Begleitung.

**178** **cc)**   Lehnt das Kind den Umgang als solchen nicht ab, wünscht aber eine andere Ausgestaltung als ein oder beide Elternteile, so werden **Kindeswille** und Kindeswohl weitaus eher übereinstimmen, so daß eine Beachtung erforderlich ist. Dies gilt im übrigen auch dann, wenn die Eltern in gemeinsamer Verantwortung den Umgang einverständlich gestalten; die Wünsche zur Ausgestaltung sind abhängig von Alter und Reife des Kindes (FamRefK/ROGNER Rn 11) schon gemäß § 1626 Abs 2 S 1 zu berücksichtigen.

Das Kind muß auch insoweit im gerichtlichen Verfahren die Möglichkeit erhalten, seine persönlichen Beziehungen zu den Eltern erkennbar werden zu lassen (BVerfG FamRZ 1993, 662, 663; JOHANNSEN/HENRICH/JAEGER Rn 22; vgl auch BT-Drucks 8/2788, 55), was verfahrensrechtlich durch § 50 b FGG sichergestellt wird. Vor allem wird ein Umgangselternteil, der an einem gedeihlichen und beidseits erfreulichen Umgang interessiert ist, auf die geäußerten Bedürfnisse des Kindes Rücksicht nehmen. Hierzu gehören nicht nur zwingende Termine, wie der Schulbesuch, sondern auch die auf Freunde, Vereine, Sport- oder Kunstkurse abgestellte Freizeitgestaltung des Kindes – solange diese nicht zur künstlich geschaffenen Unabkömmlichkeit des Kindes führt.

Selbst bei der reinen Ausgestaltung des Umgangs kann aber das Kindeswohl die Nichtbeachtung des Kindeswillens gebieten, insbesondere wenn dem Kind bei der von ihm gewünschten Gestaltung Gefahr droht (nur insoweit zutreffend OLG München FamRZ 1998, 974, 975 [Motorradverbot]; im übrigen sollte eine der Straßenverkehrsordnung entsprechende Beförderung des Kindes dem Umgangselternteil überlassen werden).

#### d)	Andere Entscheidungskriterien

**aa)	Wünsche der Eltern** hinsichtlich einer sich möglichst in die eigene Lebensge-	**179** staltung einfügenden Umgangsregelung sind, soweit das Kindeswohl dies zuläßt, zu beachten. Dabei wiegt das Interesse des das Kind betreuenden Elternteils an einer möglichst wenig Mühe und Umstände bereitenden Umgangsregelung nicht schwerer als das Interesse des Umgangselternteils an einer Regelung, welche den Umgang erleichtert. Das gilt auch, wenn der betreuende Elternteil das Sorgerecht alleine ausübt. Aus dem – hier relativierten (oben Rn 63 ff) – Vorrang des Sorgeberechtigten in Erziehungsfragen kann dieser keinen Vorrang seiner Interessen bei der Regelung nach Abs 3 herleiten (vgl aber PALANDT/DIEDERICHSEN Rn 27 mit Hinweis auf KG HRR 35, 351); der Sorgerechtsvorrang besteht nur im Interesse des Kindes, nicht aber im Interesse einer für den Sorgeberechtigten möglichst bequemen Erziehung. Wünsche im Zusammenhang mit der Umgangsgestaltung berühren meist nicht die Ebene grundsätzlicher Erziehungsfragen, sondern die der Praktikabilität. Da die Dauer des Umgangs als Kern des Konflikts ohnehin nicht nach den Wünschen der Eltern bestimmt werden kann, bleiben vor allem Terminfragen. Insoweit trägt ohnehin der Umgangselternteil aufgrund der nach herrschender Meinung bestehenden Pflicht zum Holen und Bringen (unten Rn 214) die Hauptlast, so daß seine Wünsche nach einer erträglichen Gestaltung häufig auch unmittelbar im Interesse des Kindes sind, das einen entspannten Elternteil anzutreffen hofft.

**bb)	Das Alter des Kindes** steht der Umgangsregelung nicht grundsätzlich entgegen;	**180** auch bei Kindern im Kleinstkindalter ist eine Regelung nach Abs 3 zu treffen, weil auch bei Kleinstkindern ein Umgangsrecht besteht (OLG Zweibrücken FamRZ 1986, 714; OLG Bamberg FamRZ 1984, 507). Dabei ist jedoch insbesondere hinsichtlich der Dauer des Umgangs und der Zeiträume zwischen den einzelnen Besuchen beim Umgangselternteil auf das kindliche Zeitgefühl Rücksicht zu nehmen (dazu unten Rn 187 f). Ziel kann jedoch nicht eine Beschneidung des Umgangs sein, weil gerade im Kleinkindalter der Aufbau einer Beziehung zu den Elternteilen beiderlei Geschlechts entscheidend für die Entwicklung des Kindes zu einer autonomen Person ist (OFUATEY-KODJOE ZfJ 1997, 233, 234).

**cc)	Geschwister** sollten – unabhängig von der Verteilung der elterlichen Sorge –	**181**

während des Umgangs möglichst zusammensein können, also nicht etwa „ausgetauscht" werden (BayObLG MDR 1953, 44; MünchKomm/HINZ § 1634 aF Rn 22). Werden die Geschwister nicht regelmäßig vom selben Elternteil betreut, gibt der Umgang mit dem anderen Elternteil die notwendige Gelegenheit, daß die nicht zusammen lebenden Geschwister sich treffen. Dabei ist auch zu berücksichtigen, wenn ein Kind ggf eine Geschwisterbindung zu Stiefgeschwistern (Kindern des neuen Partners eines Elternteils) oder Halbgeschwistern entwickelt hat (OLG Hamm ZfJ 1999, 226, 228).

**182 dd)** Der **Lebenswandel** des Umgangselternteils, die Ursachen für das **Scheitern der Beziehung** der Eltern (BayObLGZ 1951, 300; BayObLGZ 1957, 134, 141), aber auch **Unterhaltspflichtverletzungen** gegenüber dem betreuenden Elternteil oder dem Kind haben auf die Regelung nach Abs 3 keinen direkten Einfluß. Die Gestaltung des Umgangs dient weder der Sanktion mißbilligten Verhaltens, noch hat sie mit dem Verhältnis der Eltern zueinander zu tun. Eine hiervon zu unterscheidende Frage ist, ob eine Entscheidung nach Abs 4 erforderlich ist, wenn von dem Umgangselternteil, insbesondere von seinem Lebenswandel, aber auch von ihm nicht zurechenbaren Umständen (zB ansteckende Krankheit) eine *Gefahr* für das Kindeswohl ausgeht (dazu unten Rn 329 ff).

### e) Ort des Umgangs

**183 aa)** Den Ort des Umgangs bestimmt während des Umgangs grundsätzlich der **Umgangselternteil**. Die überwiegende Ansicht formuliert zwar, geeigneter Ort des Umgangs sei die „Häuslichkeit" des Umgangsberechtigten (BGH FamRZ 1969, 148, 149; BayObLG FamRZ 1965, 155, 156; KG FamRZ 1978, 729, 730; OLG Düsseldorf FamRZ 1988, 1196; OLG München FamRZ 1978, 614, 617; AG Kerpen FamRZ 1994, 1486, 1487; PALANDT/DIEDERICHSEN Rn 31; JOHANNSEN/HENRICH/JAEGER Rn 24; SOERGEL/STRÄTZ § 1634 aF Rn 21; MünchKomm/HINZ § 1634 aF Rn 26). Das bedeutet aber nur, daß grundsätzlich keine örtliche Einschränkung auf neutrale oder überwachte Räumlichkeiten vorzunehmen ist. Es bedeutet aber nicht, daß der Umgang auf die Wohnung des Umgangsberechtigten beschränkt wäre. Ausflüge, auch während der gesamten Dauer eines Umgangsintervalls, Besuche (zB bei Verwandten des Umgangselternteils) und andere Freizeitaktivitäten außer Hause gehören zum Umgang. Das Kind soll den Umgangselternteil in dessen normaler Umgebung erleben, um einen unbefangenen Kontakt zu ermöglichen. Dies gilt auch für kleinere Kinder, so daß auch der Umgang eines noch nicht zwei Jahre alten Kindes mit dem Elternteil in dessen Wohnung stattfinden darf (AG Kerpen FamRZ 1994, 1486, 1487). Auch bei Ferienumgang bestimmt der Umgangselternteil grundsätzlich den Ferienort (OLG Frankfurt/Main FamRZ 1999, 1008).

Bei großer **räumlicher Entfernung** zwischen dem Wohnort des Umgangselternteils und dem Wohnort des Kindes wird selten eine Lösung des „Treffens auf halbem Weg" im Wege der Regelung nach Abs 3 möglich sein, da hieran der betreuende Elternteil mitwirken müßte. Außerdem ist eine solche Lösung wenig geeignet, dem Kind ein ungezwungenes Umgangserlebnis zu vermitteln. Regelmäßig ist eine solche Entfernung daher bei der *zeitlichen Ausgestaltung* durch längere, dafür seltenere Besuche des Kindes beim Umgangselternteil auszugleichen (dazu unten Rn 193).

Zum **Umzug des Sorgeberechtigten** mit dem Kind an einen weit entfernten Ort oder in das Ausland s oben Rn 67 ff.

**bb)** Grundsätzlich darf der Umgangselternteil während des Umgangs mit dem Kind **184** auch in das **Ausland** fahren. Besteht die Besorgnis, daß er das Kind nicht zurückbringen wird, kommt eine Regelung in Betracht, die dem Umgangselternteil das Verlassen der Bundesrepublik Deutschland zusammen mit dem Kind verbietet oder von der Einwilligung des sorgeberechtigten betreuenden Elternteils abhängig macht. Eine solche Regelung kann jedoch nicht mehr auf Abs 3 S 1 als *Auflage* (OLG Hamm NJWE-FER 1998, 56) gestützt werden, da hiermit eine *räumliche Einschränkung* des Umgangsrechts verbunden ist. Liegen jedoch Gründe vor, welche nachhaltig die Besorgnis der Entführungsgefahr begründen, so kann ein entsprechendes Verbot auf Abs 4 gestützt werden (OLG Karlsruhe NJW 1996, 1416; OLG München FamRZ 1993, 94). Hierbei sind zwar die Anforderungen an die Darlegungslast hinsichtlich einer konkreten Entführungsgefahr nicht zu überspannen. Ein konkreter Entführungsplan muß nicht vorgetragen werden. Es genügt, daß der Umgangselternteil glaubhaft *gedroht* (OLG Karlsruhe aaO) oder früher bereits eine *Entführung versucht* (OLG München aaO) hat oder konkrete Streitigkeiten um die Rückführung der Kinder in ihr zweites Heimatland bestehen (OLG Hamm aaO). Andererseits wäre es verfehlt, ausländische Elternteile und insbesondere Väter aus muslimischen Ländern als potentielle Entführer pauschal zu diffamieren, weil die Sorgerechtsvorstellungen in deren Heimatrechtsordnung vom deutschen Recht abweichen (auf diese Gefahr weist schon STAUDINGER/PESCHEL-GUTZEIT[12] § 1634 aF Rn 303 zutreffend hin). Der bloße Umstand, daß der Umgangselternteil aus einem solchen Land stammt und enge Beziehungen zu seinem Heimatland unterhält, gibt für sich genommen keinen Anlaß, von einer konkreten Entführungsgefahr auszugehen (AG Kerpen FamRZ 2000, 50). Ist der Heimatstaat des Umgangselternteils nicht Mitgliedsstaat des *Haager Übereinkommens über die zivilrechtlichen Aspekte der Kindesentführung v 25. 10. 1980*, so begründet dies zwar für sich genommen nicht die Annahme der Entführungsgefahr, kann aber bei der Entscheidung über ein Verbot der Verbringung in das Ausland berücksichtigt werden (OLG Karlsruhe NJW 1996, 1416).

Eine, das Umgangsrecht als solches nicht beschränkende, also als **Auflage** vorstellbare Anordnung, daß der Umgangselternteil während des Umgangs seinen eigenen **Reisepaß und/oder Personalausweis zu hinterlegen** hat (so OLG Köln FamRZ 1972, 572; OLG München FamRZ 1998, 976, 977), ist hingegen nach inzwischen herrschender und zutreffender Ansicht unzulässig: Handelt es sich um ein *deutsches Ausweispapier*, so steht jedenfalls hinsichtlich des Personalausweises die Mitführungspflicht nach § 1 des Gesetzes über Personalausweise entgegen (OLG Karlsruhe NJW 1996, 1416; DÖRR/ HANSEN NJW 1996, 2698, 2705). Einer zivilrechtlichen Anordnung der Paßhinterlegung steht die öffentlich-rechtliche Zweckbestimmung des Passes entgegen, der im Eigentum der BRep Deutschland steht und auf Verlangen des Inhabers von jedem Dritten sofort herauszugeben ist (OLG Karlsruhe aaO). Bei *ausländischen Ausweispapieren* tritt zu der ebenfalls bestehenden und völkerrechtlich anzuerkennenden Paßhoheit des ausstellenden Staates, die sogar die Sicherstellung durch deutsche Behörden verbietet (OVG Münster NJW 1972, 2199; PESCHEL-GUTZEIT MDR 1984, 890, 895) noch das *ausländerrechtliche Argument*, daß der ohne Paß betroffene Ausländer seine Aufenthaltsgenehmigung (§ 43 AuslG; OLG Karlsruhe NJW 1996, 1416) gefährdet.

Aus denselben Erwägungen kann dem Umgangsberechtigten auch die Mitführung eines **Ausweispapiers des Kindes** nicht verweigert werden. Zwar kann der das Kind betreuende Elternteil die Herausgabe eines außerdem als Paßersatz ausgestellten deutschen Kinderausweises verweigern; dies erweist sich aber gerade in Fällen der Doppelstaatigkeit des Kindes nicht als effizient, weil sich der vom zweiten Heimatstaat ausgestellte Reisepaß des Kindes regelmäßig im Besitz des anderen, also des Umgangselternteils befindet. Die Hinterlegung dieses ausländischen Passes aber kann wiederum aus den genannten Gründen nicht angeordnet werden (aA OLG München FamRZ 1998, 976, 977).

Die **Anordnung eines KFZ-Benutzungsverbotes** während des Umgangs (OLG München FamRZ 1998, 976) dürfte zwar nicht als Auflage, sondern, wegen des das Umgangsrecht räumlich beschränkenden Charakters, nur nach Abs 3 möglich sein; sie erweist sich aber als eine grundätzlich zulässige Maßnahme, die gegenüber engeren Beschränkungen sogar als milderes Mittel im Interesse des Kindeswohles geboten sein kann.

Zur Möglichkeit **weiterer Einschränkungen des Umgangsrechts,** insbesondere durch einen *beschützten Umgang* oder eine *Überwachung* (OLG München FamRZ 1998, 976: Detektiv) in solchen Fällen vgl unten Rn 307 ff.

**185  cc)**  Nur ausnahmsweise kann der Umgang in der **Wohnung des betreuenden Elternteils** angeordnet werden. Hierfür müssen Gründe des Kindeswohls vorliegen. Im allgemeinen wird sich dieser Ort nicht eignen, weil der Umgangselternteil sich hier nicht unbefangen verhalten dürfte und außerdem die Gefahr erhöht wird, daß das Kind in Streitigkeiten der Eltern hineingezogen wird (BayObLGZ 1950/51, 357; BayObLG FamRZ 1965, 155, 158; BayObLG FamRZ 1966, 453, 455; PALANDT/DIEDERICHSEN Rn 31; MünchKomm/HINZ § 1634 aF Rn 26). Daher sollte eine solche Lösung nicht gewählt werden, auch wenn sie ggf dem aus weiter Entfernung anreisenden Umgangselternteil bequem erscheint, es sei denn, das Gericht ist davon überzeugt, daß die Eltern sich ohne Feindseligkeiten begegnen (PALANDT/DIEDERICHSEN Rn 31).

Ein Umgang in der gewohnten **Lebensumgebung des Kindes** – also in der Wohnung des betreuenden Elternteils – kann aber, für eine Übergangzeit, geboten sein, wenn das Kind sich nach länger unterbrochenen Kontakten an den Umgangselternteil wieder gewöhnen muß, wenn das Kind sehr klein ist oder wenn es altersbedingt „fremdelt" (KG ZfJ 1937/38, 34; OLG Bamberg FamRZ 1984, 507; AG Kerpen FamRZ 1994, 1486, 1487; MünchKomm/HINZ § 1634 aF Rn 26). In dieser Lebensphase muß das Kind die Ablösung von seiner Hauptbezugsperson, an die es durch die Trennung der Eltern in besonderer (gefährlicher) Weise gebunden ist, erlernen, was mit Gefühlen des Verlassens verbunden ist. Und es erlebt die Rückkehr vom Umgangselternteil in gleicher Weise. Letztlich kann es aber nicht Ziel der Umgangsregelung sein, dies dem Kind zu ersparen; denn nur durch diese Erfahrung beginnt das Kind, sich als eigenständige Person zu erleben. Die räumliche Regelung kann diese Erfahrung, die ein Kind in intakter Familie täglich in kleiner Dosis macht, dem Kind jedoch erleichtern, wenn der Umgang zunächst in der Wohnung des betreuenden Elternteils oder bei dem Kind vertrauten Großeltern stattfindet (zur „weichen Übergabe" OFUATEY-KODJOE ZfJ 1997, 233, 235).

**186  dd)**  Die Anordnung, daß der Umgang an einem **neutralen Ort** auszuüben ist, bedeutet häufig eine **Einschränkung des Umgangsrechts** für welche die Voraussetzungen des Abs 4 vorliegen müssen; das Kindeswohl muß also ohne eine solche Einschränkung gefährdet sein (JOHANNSEN/HENRICH/JAEGER Rn 24; MünchKomm/HINZ § 1634 aF Rn 26;

aA [nur Erforderlichkeit] OLG Düsseldorf FamRZ 1988, 1196; SOERGEL/STRÄTZ § 1634 aF Rn 21).
Dies kommt in Betracht, wenn das Kindeswohl durch den Umgang mit Personen im
Haushalt des Umgangselternteils gefährdet ist oder wenn aus Gründen in der Person
des Umgangselternteils ein beschützter Umgang angeordnet werden muß, nicht hingegen, wenn der betreuende Elternteil ohne Vorliegen einer Kindeswohlgefährdung
das Zusammentreffen des Kindes mit Personen im Umfeld des Umgangselternteils
nicht wünscht.

Möglich ist aber auch *ohne Vorliegen zwingender Voraussetzungen* des Kindeswohls
eine solche örtliche Umgangsregelung, wenn der Umgangselternteil von sich aus zur
Ausräumung von Schwierigkeiten im Umgangsverfahren (zB Abneigung des Kindes
gegen neuen Lebenspartner des Umgangselternteils; irrationale Bedenken des betreuenden Elternteils) mit einem neutralen Umgangsort *einverstanden* ist.

Die Anordnung des Umgangs an einem neutralen Ort kann auch als **vorübergehende
Maßnahme** im Zusammenhang mit der (Wieder-)Anbahnung des Umgangs erforderlich sein (zB in dem Kind bekannten Räumlichkeiten des Jugendamtes oder des
Kinderschutzbundes; OLG Hamm ZfJ 1999, 226, 228). Schließlich kann der Umgang in
neutralen Räumen durch den Zwang der Verhältnisse bestimmt sein, wenn etwa das
Kind während der Schulzeit in einem Internat lebt und nur dort Besuch empfangen
kann oder wenn der Umgangselternteil inhaftiert ist.

Der konkrete Ort ist in diesen Fällen durch das Gericht zu bestimmen, wobei für die
Auswahl der Grund maßgeblich ist, der einem Umgang in der Wohnung des Umgangselternteils entgegensteht. In Betracht kommen Räume des Jugendamtes, einer
Pfarrei, einer Jugend- oder Kindereinrichtung, aber auch die Wohnung von Freunden
oder Verwandten, insbesondere der Großeltern des Kindes (BayObLG ZfJ 1968, 145;
OLG Bamberg FamRZ 1984, 507; OLG Düsseldorf FamRZ 1988, 1196; MünchKomm/HINZ § 1634
aF Rn 26; JOHANNSEN/HENRICH/JAEGER Rn 24; SOERGEL/STRÄTZ § 1634 aF Rn 21).

Ist der **Umgangselternteil inhaftiert**, so darf der Umgang zur Vermeidung einer Kindeswohlgefährdung nur in Räumen stattfinden, die das Kind als neutral empfinden
kann. Das Verwaltungsgebäude der Haftanstalt (MünchKomm/HINZ § 1634 aF Rn 43 a;
SOERGEL/STRÄTZ § 1634 aF Rn 21) ist allenfalls einem sonst erforderlichen Ausschluß des
Umgangsrechts vorzuziehen. Falls strafvollzugsrechtlich andere Orte ermöglicht werden können, sind diese vorzuziehen, so die Wohnung eines Bewährungshelfers (Bay-
VerfGH NJW 1973, 1144; kritisch BECKER RDJ 1975, 344, 347) oder während eines Hafturlaubs
die Wohnung der Großeltern (BGH FamRZ 1984, 1084).

**f)   Häufigkeit und Dauer des Umgangs**
**aa)**   Zur zeitlichen Ausgestaltung des Umgangs hat der Gesetzgeber keine Richt-   **187**
linie gegeben (BT-Drucks 8/2788, 55). Häufigkeit und Dauer des Umgangs richten sich
nach den **Umständen des Einzelfalles** maßgeblich ist das **Wohl des Kindes**. Diese
Prüfung kann nicht durch angebliche *allgemeine Erfahrungssätze* oder *regelmäßige
Praxis* ersetzt werden; sie erfordert eine Ausschöpfung der verfahrensmäßigen Möglichkeiten zur Ermittlung des Willens, der Bedürfnisse und der Belange des Kindes
(BVerfG NJW 1993, 2671, 2672; vgl auch BVerfGE 31, 194; BVerfGE 55, 171, 182; BGHZ 51, 219,
225). Eine Regel kann insoweit kaum gegeben werden (SOERGEL/STRÄTZ § 1634 aF Rn 22).
Andererseits sucht die gerichtliche Praxis angesichts der Häufigkeit der nach Abs 3

zu entscheidenden Fälle gerade hinsichtlich der Zeitdauer nach einer gewissen Schematisierung; diese unvermeidbare Tendenz darf jedoch nie argumentativ genutzt werden, um ein im Einzelfall erörtertes Abweichen abzulehnen. Die von den Gerichten viel praktizierte, im Rechtsbewußtsein Betroffener schon beinahe verfestigte „Grundregel", der Umgang solle ein- oder zweimal im Monat für einige Stunden erfolgen, darf nicht ohne Berücksichtigung des Einzelfalles angewandt werden (AG Kerpen FamRZ 1994, 1486, 1487).

**188 bb)** Im einzelnen **zu berücksichtigen** sind: Das *Alter* des Kindes und das damit verbundene kindliche Zeitempfinden, die bisherige *Bindung* des Kindes an den Umgangselternteil, die *Entfernung* zwischen den Wohnorten der Eltern und die sonstigen *Interessen* und *Bindungen* des Kindes und der Eltern, mit denen die Umgangsregelung in Einklang gebracht werden sollte, um negative Auswirkungen auf den Umgang zu vermeiden (OLG Hamm FamRZ 1990, 654, 655; AG Kerpen FamRZ 1994, 1486, 1487; JOHANNSEN/HENRICH/JAEGER Rn 25; GERNHUBER/COESTER-WALTJEN § 66 III 2). Hingegen ist der Wunsch des Umgangselternteils nach einem besonders großzügigen Umgang für sich genommen kein relevantes Kriterium, auch nicht, wenn dadurch dem betroffenen Elternteil Zugeständnisse in anderen Familiensachen vergolten werden sollen oder dessen Vereinsamung oder Verbitterung vorgebeugt wird.

**189 cc)** Ein wesentliches Kriterium ist die Wahrung der **Erziehungskontinuität**, wobei freilich die zu § 1634 aF betonte kontinuierliche Erziehung *durch den sorgeberechtigten Elternteil* (Nachw STAUDINGER/PESCHEL-GUTZEIT[12] § 1634 aF Rn 221) nicht der entscheidende Gesichtspunkt sein dürfte. Ein Kind ist schon frühzeitig in der Lage, unterschiedliche Erziehungsstile und -gewichtungen zu begreifen und zu verarbeiten (FTHENAKIS, Väter Bd 2 S 80); die Erziehung in der intakten Vollfamilie ist nicht zuletzt deshalb für das Kindeswohl von Vorzug, weil das Kind lernt, daß unterschiedliche Vorstellungen in Einzelfragen normal sind und verarbeitet werden müssen. Besonders deutlich wird dies, wenn die Eltern getrennt leben und gemeinsam das Sorgerecht innehaben. Wäre das überkommene Verständnis von Erziehungskontinuität richtig (absoluter Vorrang des Sorgeberechtigten: KG FamRZ 1978, 728), müßte im Grunde ein gemeinsames Sorgerecht schaden. Es kann also nicht darum gehen, daß der Umgang eine Einzelerziehung, die ohnehin die Gefahr einer stärkeren Fixierung auf nur eine Bezugsperson birgt, möglichst wenig stört. Erziehungskontinuität muß jedoch als Kontinuität der täglichen Lebensumstände gewahrt bleiben (vgl § 1687); insbesondere schafft hier bei Schulkindern schon der Schulbesuch meist klare Vorgaben für die Umgangsregelung.

Sofern – bei geringer Entfernung der Elternwohnsitze – der Schulbesuch das Umgangsrecht nicht mitbestimmt, setzt dennoch die Erziehungskontinuität, insbesondere verstanden als das Bedürfnis nach einem auch räumlich **sicheren Lebensmittelpunkt** dem Umgangsrecht Grenzen. Selbst bei einer quantitativ gleich starken Bindung des Kindes an beide Elternteile und einem kindlichen Wunsch nach gleich starken Umgangsbeziehungen dürfte ein **zeitabschnittsweiser Aufenthaltswechsel** kaum eine dem Kindeswohl dienliche Lösung sein (OLG Karlsruhe FuR 1998, 270, 272, gegen den Kindeswunsch „eine Woche bei der Mama und eine Woche beim Papa").

**190 dd)** Auch die **Beziehungen der Eltern** sind zu berücksichtigen, weil das Kindeswohl beeinträchtigt wird, wenn diese angespannt sind und das Kind fortwährend in Streit anläßlich der Ausübung des Umgangs hineingezogen oder von einem Elternteil mit diesem Streit belastet wird (MünchKomm/Hinz § 1634 a aF Rn 27; Gernhuber/Coester-Waltjen § 66 III 2). Allerdings muß dies nicht zwingend in der Weise geschehen, daß Streit der Eltern zu einer vergleichsweise engen Umgangsregelung von nur wenigen Stunden einmal im Monat führt (so aber OLG Karlsruhe FamRZ 1967, 632; Dürr, Verkehrsregelungen 22; MünchKomm/Hinz § 1634 a aF Rn 27; Gernhuber/Coester-Waltjen § 66 III 2), weil dann Provokation von Streit zu einem geeigneten Mittel würde, das Umgangsrecht zu reduzieren. Diese Problematik, die häufig noch dadurch verschärft wird, daß das Kind in seinem Bedürfnis nach Sicherheit in einer vom Verlust der Familie geprägten Situation sich im Streit der Eltern auf eine Seite schlägt oder bewußt oder unbewußt gezogen wird, steht der im Zusammenhang mit Abs 4 häufig anzutreffenden Fragestellung nahe, ob der Umgang (vorübergehend) auszuschließen ist, weil die Spannungen der Eltern das Kind belasten und/oder das Kind behauptet, es wolle den Umgangselternteil nicht sehen.

In solchen Situationen darf das Gericht nicht zu schnell vor der normativen Kraft des Faktischen kapitulieren. Die Empfehlung, in solchen Fällen den Umgang eng zu handhaben oder gar auszuschließen, beruht auf zwei zentralen Argumenten, die auch zu Abs 4 eine tragende Rolle spielen, dem *Ruheargument* und dem *Willensargument*. Obwohl beide Argumente unterschiedliche Wurzeln haben, denn das Ruheargument stammt aus einem Erziehungsbild, das dem Kind die eigenständige Verarbeitung des Elternkonflikts nicht zutraute, das Willensargument hingegen aus dem liberalen Erziehungsverständnis, vereinigen sie sich mit einer, in der Entwicklung zum 1. EheRG geborenen rechtspolitischen Tendenz, die sich scheut, in Familienverhältnissen nach *Verantwortlichkeit* zu fragen. Wenn das Kindeswohl durch die Belastung mit dem Streit seitens eines Elternteils geschädigt wird, dann ist dem Kind keineswegs gedient, wenn es den *anderen* Elternteil deshalb seltener sieht. Das Gericht muß also versuchen, eine Umgangsregelung zu finden, die das Kind so weit als möglich aus dem Streit der Eltern heraushält. Belastet der Umgangselternteil das Kind, so kann die Lösung in einer eher engen Umgangsregelung zu suchen sein. Erkennt das Gericht aber (sachverständig beraten), daß der *betreuende Elternteil* das Kind mit dem Streit belastet, so kann dem Kind – entgegen bisheriger Praxis – damit gedient sein, wenn es durch ein Umgangsrecht mit dem anderen Elternteil in längeren Zeitblöcken mit größeren Abständen aus dem Streit der Eltern herausgehalten wird (ebenso Palandt/Diederichsen Rn 29) und zugleich Distanz zu der sich anbahnenden, dem Kind nicht dienlichen, Solidarisierung gewinnt, zumal dies den betreuenden Elternteil eher einsichtig stimmen wird, als eine Entscheidung, die er nur als Bestätigung seines Verhaltens verstehen kann.

**ee)**   In der Gerichtspraxis wird im allgemeinen ein **periodischer Umgang** von **kür-** 191
**zerer Dauer** bestimmt (eine Zusammenstellung von Regelungsbeispielen aus der Rechtsprechung findet sich unten Rn 202). Diese Praxis ist, sofern nicht Besonderheiten vorliegen, eher kindgerecht als die Konzentration auf seltene längere Aufenthalte (AG Kerpen FamRZ 1994, 1486, 1487; Palandt/Diederichsen Rn 28; Johannsen/Henrich/Jaeger Rn 26; MünchKomm/Hinz § 1634 aF Rn 28).

**α)**   Für **Periodizität** spricht trotz der damit durch häufigeres Holen und Bringen verbundenen Unbequemlichkeiten für alle Beteiligten, daß die periodische Umgangsregelung den Umgang zu einer *festen Gewohnheit* im Alltag des Kindes werden läßt, die Stetigkeit und Selbstverständlichkeit vermittelt und eine *Entfremdung* vermeidet.

– Bei **Kleinkindern**, die nicht über ein an objektiven Maßstäben ausgerichtetes Zeitgefühl verfügen, führen schon Abstände von wenigen Wochen zu einem Maß an Entfremdung, das in späteren Entwicklungsphasen erst nach Monaten eintritt (OLG Hamm FamRZ 1990, 654, 655; AG Kerpen FamRZ 1994, 1486, 1487; LEMPP ZfJ 1984, 305, 306; PLATTNER FamRZ 1993, 384; REMSCHMIDT/FTHENAKIS 55, 77). Es sollte daher der Abstand zwischen den einzelnen Besuchen möglichst nur **eine Woche**, nicht aber länger als zwei Wochen sein (PLATTNER aaO). Eine Schematisierung anhand der – für ältere Kinder oft geeigneten – Grundregel eines 14-tägigen Besuches verbietet sich (AG Kerpen FamRZ 1994, 1486, 1487; AG München DAVorm 1999, 310: nicht mit der Mutter verheirateter Vater). Die Häufigkeit der Besuche beim Umgangselternteil kann unmittelbaren Einfluß auf die Entwicklung und Aufrechterhaltung einer vertrauensvollen Beziehung zu diesem haben: Ein Kleinkind kann zeitliche Dimensionen nicht erfassen und hat möglicherweise keine Vorstellung, ob es nach dem Besuchsende den Elternteil noch gibt (!), was das Kind bei größeren Besuchsabständen immer wieder aufs Neue der Ungewißheit aussetzt, ob es diesen Elternteil jemals wiedersieht (PLATTNER FamRZ 1993, 384, 385).

Wird freilich eine Regelung getroffen, die bei einem kleinen Kind bereits einen **Wochenendbesuch** mit Übernachtung (vgl auch unten Rn 198) vorsieht, so kann einer Ausdehnung dieser Regelungen auf einen Wochenrythmus die Gefahr entgegenstehen, daß das Kind in eine instabile „Pendelsituation" gerät, zumal, wenn es einen Elternteil nur am Wochenende, den anderen nur während der Woche erleben würde (OLG Zweibrücken FamRZ 1997, 45, 46).

Einsichtigen Eltern stehen **weitere Mittel** zur Hilfe für das kindliche Zeitgefühl und zur Vermeidung von Verlustangst zur Verfügung, die sich freilich kaum gerichtlich anordnen lassen (OFUATEY-KODJOE ZfJ 1997, 233, 235: Abreißkalender, auf dem die Tage mit dem Papa einen roten Punkt haben; Fotos des Umgangselternteils im Kinderzimmer).

**192** – Bei **größeren Kindern** geht die Tendenz der Rechtsprechung zutreffend zu einem **14-tägigen Umgang** (AG Kerpen FamRZ 1994, 1487, 1488: „im Rechtsbewußtsein schon beinahe verfestigte Grundregel"; vgl zu dem Wandel ggü der älteren Praxis [monatlich] SOERGEL/STRÄTZ Rn 22; vgl auch noch STAUDINGER/PESCHEL-GUTZEIT[12] § 1634 aF Rn 222 ff mwN; LÜDERITZ Rn 943), der einerseits Entfremdung und das Gefühl von Ungewöhnlichkeit des Umgangs vermeidet, andererseits aber auch nicht einer Unterteilung der Eltern in ein Alltags- und ein Wochenendelternteil (vgl OLG Zweibrücken FamRZ 1997, 45, 46) Vorschub leistet.

**193** β) Die **Dauer** des einzelnen Umgangs wird einerseits bestimmt durch die Relation zur Häufigkeit der Besuche. Muß aufgrund besonderer Umstände des Einzelfalles (insbesondere weite Anreise) der Abstand der einzelnen Umgangskontakte größer gewählt werden, so verbietet sich eine eng bemessene Dauer schon deshalb, weil zunächst Fremdheit überwunden werden muß. Die Dauer muß so ausreichend bemessen sein, daß die anfängliche Scheu überwunden werden kann und Kind und Umgangselternteil etwas wirklich Sinnvolles miteinander unternehmen können (OLG Hamm FamRZ 1990, 654, 655; AG Kerpen FamRZ 1994, 1486, 1487). Dabei ist auch auf gemeinsame *Hobbies* Rücksicht zu nehmen, die einen bestimmten zeitlichen Rahmen erfordern. Die Dauer der einzelnen Besuche ist aber vor allem dem *Alter des Kindes* entsprechend zu bemessen (SIMITIS FS Müller-Freienfels [1986] 579, 612 f). Das bedeutet einerseits, daß bei kleinen Kindern wiederum deren *Zeitgefühl* zu beachten ist, das auch wenige Stunden als einen langen Zeitraum auffaßt; andererseits ist die *Belastbarkeit* des Kindes und seine Fähigkeit, sich ohne Angst auf eine neue Situation einzustellen, zu berücksichtigen.

Wird ein Umgang erst (wieder) **angebahnt**, so hat dies vorübergehend auf die Dauer des Umgangs Einfluß im Rahmen einer vorsichtigen Entwicklung eines dem Kindeswohl dienlichen Verhältnisses zu dem Umgangselternteil; die konkrete Regelung wird hier bestimmt durch das Maß der zu überwindenden Entfremdung und wird immer nur eine vorübergehende, auf eine Erweiterung hin tendierende Regelung sein können (OLG Hamm ZfJ 1999, 226, 228: zunächst 3 Stunden wöchentlich; OLG Karlsruhe FamRZ 1996, 1092: zunächst drei Stunden monatlich).

– Die verbreitete Ansicht, bei einem **Kleinkind** den Umgang auf wenige (2 bis 4) **194** Stunden zu begrenzen, weil das Kleinkind der *Belastung* der Trennung von seiner Hauptbezugsperson (dem betreuenden Elternteil) und seiner gewohnten Umgebung oft nicht gewachsen sei (OLG Bamberg FamRZ 1984, 507, 508; KG OLGZ 65, 102; OLG Düsseldorf JR 1950, 369; OLG Düsseldorf FamRZ 1988, 1196; LG Hof DAVorm 1966, 308; LG Heilbronn Justiz 1973, 433; LG Heilbronn Justiz 1974, 126; DÜRR, Verkehrsregelungen 25 Anm 103; JOHANNSEN/HENRICH/JAEGER Rn 26), findet einschränkenden Widerspruch. Sie wurzelt in einer biologisch determinierten älteren psychologischen Theorie, die beim Kleinkind eine ausschließliche Ausrichtung auf die Mutter annahm (OFUATEY-KODJOE ZfJ 1997, 233: „ins Mystische gehende Qualitäten"). Die Erkenntnis, daß die Entwicklung des Kindes *ohne* das (in der Vollfamilie täglich und schonend ohne tiefgehende Verlustängste vermittelte) Erlebnis der Loslösung von (nur) einer Bezugsperson, mit der das Kind sich symbiotisch empfindet, Schaden nehmen kann (Nachw im einzelnen bei OFUATEY-KODJOE aaO), macht auch hier die Entscheidung schwieriger, als lange Zeit angenommen. Die Umgangsregelung kann nicht bei der Feststellung stehenbleiben, daß zunächst das Kind nur kurze Umgangskontakte erträgt. Sie muß diese so (häufig) gestalten, daß Beziehungskontinuität *entsteht* und längere Umgangskontakte nachfolgen (richtungweisend AG Holzminden FamRZ 1997, 47, 48).

Tendenziell wird allerdings in Verbindung mit der Erfüllung der Forderung nach einem **häufigeren Umgang** des Kleinkinds der einzelne Besuch kürzer ausgestaltet werden, weil dies dem Zeiterlebnis des Kindes besser entspricht, als ein einmaliges Treffen in größeren Abständen (PLATTNER FamRZ 1993, 384, 385).

– Bei **größeren Kindern** sind ausgedehntere Besuche die Regel. Wegen des Schulbe- **195** suchs kommen regelmäßig nur Besuche an Wochenenden in Betracht, die sich über ganze Tage oder ein ganzes Wochenende erstrecken (zur Übernachtung unten Rn 199; zu Rechtsprechungsbeispielen unten Rn 202).

**γ)**    Eine abweichende zeitliche Gestaltung kann erforderlich werden, wenn eine **196** **große Entfernung** zwischen den Wohnorten des Kindes und des Umgangselternteils die Durchführung regelmäßiger kürzerer Besuche (an Wochenenden) zu zeitaufwendig und für das Kind beschwerlich oder gar quälend macht. In diesem Fall kommt eine Umgangsregelung in **Ferienblöcken** in Betracht (OLG Hamm FamRZ 1990, 654, 655; MünchKomm/Hinz § 1634 aF Rn 27; Palandt/Diederichsen Rn 29; Arntzen 37; zur Eignung einer solchen Regelung bei **Streit der Eltern** vgl oben Rn 190). Bei *kleineren Kindern* sollte aber auch in solchen Fällen erschwerter Besuchsmöglichkeiten eher ein Umgang in **Wochenendblöcken**, ergänzt um zwischenzeitlich regelmäßige **Telefonate** gesucht werden, um der geschilderten Entfremdungsgefahr vorzubeugen (OLG Hamm NJWE-FER 1998, 56: ein langes Wochenende pro Monat und wöchentliches Telefonat).

**g)  Übernachtungen**

197 **aa)**  Ob das Kind bei dem Umgangselternteil übernachtet, ist ebenfalls **Gegenstand des Regelungsauftrages nach Abs 3** (AG Holzminden FamRZ 1997, 47; Johannsen/Henrich/ Jaeger Rn 26). Das gilt auch dann, wenn die Eltern sich im übrigen über den Umfang des Umgangsrechts geeinigt haben und *nur* die Übernachtung streitig ist (**aA** AG Groß-Gerau FamRZ 1995, 313). Schwierig zu beurteilende Detailfragen muß das Gericht ggf mit sachverständiger Beratung lösen (Luthin Anm zu AG Groß-Gerau, aaO; dort bestand Unklarheit über die Ursache von Schlafstörungen bei einem Kleinkind).

198 **bb)**  Ob eine Übernachtungsregelung zu treffen ist, hängt einerseits vom Alter und der psychischen Gesamtverfassung des Kindes ab (Dickmeis ZfJ 1982, 271, 279; Ell DAVorm 1986, 745, 749), andererseits von der Intensität der Bindung des Kindes an den Umgangselternteil.

Bei **kleinen Kindern** bis zum Vorschulalter werden Übernachtungen von den Gerichten im Streitfall bisher meist nicht zugelassen (KG FamRZ 1979, 70; OLG Düsseldorf FamRZ 1988, 1196; OLG Hamm FamRZ 1990, 654: nicht gegen den Willen des Sorgeberechtigten; LG Tübingen FamRZ 1975, 167; vgl auch OLG Zweibrücken FamRZ 1997, 45, 46: „nach der allgemeinen Übung nicht selbstverständlich"), sofern nicht das Verhältnis mit dem Umgangselternteil stabil und das Kind mit ihm – und dessen Wohnung – vertraut ist (OLG Hamm FamRZ 1990, 654, 655). Eine schematische Bewertung, insbesondere die Behauptung, ein kleines Kind verkrafte nicht die längere Trennung von der Hauptbezugsperson, verbietet sich jedoch. Für kleine Kinder ist gerade die vorsichtige Überwindung der Fixierung auf eine Hauptbezugsperson von Vorteil (oben Rn 180, 188; wegweisend AG Holzminden FamRZ 1997, 47, 48: Übernachtungen eines 2-jährigen Kindes nach einer halbjährigen Phase der Gewöhnung). Bei einer vertrauensvollen innigen Bindung zum Umgangselternteil und einer im übrigen normalen psychischen Lage des Kindes steht das Alter des Kindes als solches einer Übernachtung beim Umgangselternteil nicht im Weg (Johannsen/Henrich/Jaeger Rn 26; Ell DAVorm 1986, 745, 749 unterscheidet, ob es um ein hierfür geeignetes „psychisch strapazierbares Regelkind" geht oder um ein „neurotisches Ausnahmekind"). Wenn im übrigen eine für das Wohl des Kindes ausreichende Umgangsregelung besteht, kann uU auf eine Ausdehnung hin zu einer Übernachtung verzichtet werden, wenn die Eltern gerade (und nur) um diese Frage streiten. Zwar hat – auch der alleine – sorgeberechtigte Elternteil insoweit kein Vetorecht; die Vermeidung eines Loyalitätskonflikts bedeutet jedoch durchaus einen relevanten Gesichtspunkt, sofern der Umgang auch ohne die begehrte Übernachtung dem Kindeswohl genügt (OLG Hamm FamRZ 1990, 654, 655; zu weitgehend aber der auf den Willen des Sorgeberechtigten abstellende Leitsatz). Ist bei Streit eine Übernachtungsregelung nicht möglich, kommt auch eine Gestaltung des Umgangs in kürzeren Intervallen in Betracht (KG NJWE-FER 2000, 175: 3 Std wöchentlich zusätzlich zu 14-Tages-Besuchen).

**cc)** Bei **älteren Kindern** sind Übernachtungen geeignet, die vertrauensvolle Bezie- 199
hung zu dem Umgangselternteil zu festigen und zu erhalten. Kinder, die eine herzliche Beziehung zu dem Umgangselternteil haben, schätzen in der Regel selbst die
Übernachtung bei diesem Elternteil (ARNTZEN 43 f; ELL DAVorm 1986, 745, 750). Die
ablehnende Haltung des anderen (sorgeberechtigten) Elternteils steht dem nicht
entgegen (BVerfG NJW 1993, 2671; **aA:** DÜRR 26).

Erforderlich ist, daß der Umgangselternteil sich in der Lage zeigt, das Kind auch
länger zu betreuen (OLG Hamm NJWE-FER 1998, 56), was regelmäßig angenommen
werden kann. Je größer die Abstände zwischen den einzelnen Besuchen sind, umso
dringender ist das Bedürfnis, daß der Besuch sich über mehrere Tage erstreckt und
Übernachtungen einschließt. Hierfür kommen dann wegen Berufstätigkeit des Umgangselternteils und Schulbesuch des Kindes in aller Regel nur **Wochenenden** in
Betracht. Dabei ist darauf zu achten, daß auch dem das Kind regelmäßig betreuenden Elternteil Wochenenden verbleiben, an denen er sich mit dem Kind beschäftigen
kann. Dies gilt augenfällig dann, wenn auch dieser Elternteil berufstätig ist und nur
am Wochenende Zeit hat (OELKERS FamRZ 1995, 445, 455), hat aber auch in anderen
Fällen Bedeutung, damit vermieden wird, daß das Kind seine Eltern in einen für die
Pflichten zuständigen Alltags- und einen für die Sonnenseite zuständigen Freizeitelternteil unterscheidet. Dem wird ein Umgangsrecht im zweiwöchigen Rhythmus
gerecht.

Ist das Kind mit dem Umgangselternteil vertraut, so kommen auch Aufenthalte mit
**mehr als einer Übernachtung** (zB Freitagabend bis Sonntagabend, bei entsprechendem Bedürfnis des Kindes auch mehr: OLG Karlsruhe FuR 1998, 270, 271: zweiwöchentlich
Do 9 Uhr bis So 18 Uhr, dort auch zu Grenzen in Hinblick auf die Kontinuität der Lebensverhältnisse,
vgl oben Rn 189) in Betracht, wenn dies dem Wohl des Kindes entspricht. Eine Ablehnung solcher Regelungsanträge darf nicht schematisch auf eine „übliche Spruch-
praxis" gestützt werden. Auch die bessere Dispositionsmöglichkeit des Umgangselternteils kann für eine solche Regelung sprechen, weil die Vermeidung von Hektik
bei Abholen und Zurückbringen sowohl dem Kindeswohl als auch dem Elternrecht
dienen kann (BVerfG NJW 1993, 2671, 2672).

**h)    Zeitliche Abweichungen bei gemeinsamer elterlicher Sorge**
Fraglich erscheint, ob bei **gemeinsamer elterlicher Sorge** abweichende Grundsätze für 200
den **zeitlichen Umfang** der Umgangsregelung gelten.

**aa)** Einerseits wurde bisher von der wohl überwiegenden Ansicht zu § 1634 Abs 4
**aF** eine solche abweichende Behandlung vertreten, insbesondere im Fall des Getrenntlebens der (noch) verheirateten Eltern. Ein Elternteil, der die elterliche Sorge
innehabe, dürfe nicht wie ein nur Umgangsberechtigter behandelt werden. Daher
wurde für diesen Fall eine großzügigere Umgangsregelung angeordnet (OLG Bremen
FamRZ 1956, 190; OLG Karlsruhe FamRZ 1958, 333; BayObLGZ 1966, 102; OLG Hamm FamRZ
1968, 527), die auch die Erziehungsfunktion in den Umgang mit dem (auch) sorgeberechtigten Elternteil einschloß (MünchKomm/HINZ § 1634 aF Rn 24; STAUDINGER/PESCHEL-
GUTZEIT[12] § 1634 aF Rn 217, 252). Andererseits ist mit dem Übergang zum Grundmodell
der gemeinsamen elterlichen Sorge nach Trennung und/oder Scheidung (§ 1671),
sowie mit der sorgerechtsunabhängigen Gestaltung des § 1684 nicht nur aus gesetzessystematischen Gründen eine andere Rechtslage entstanden. Der Gesetzgeber hat

das Umgangsrecht gegenüber dem Sorgerecht auch inhaltlich deutlich verselbständigt und zum Ausdruck gebracht, daß für die Ausgestaltung des Umgangsrechts es auf die Frage, wer Inhaber der elterlichen Sorge ist, nicht mehr ankommt (BT-Drucks 13/4899, 105). Der Nutzen des Umgangs für das Kind verstärkt sich nicht deshalb, weil der Umgangselternteil auch sorgeberechtigt ist.

Versteht man, wie hier, das Umgangsrecht als ein Element der Erziehung des Kindes (oben Rn 63 ff), so tragen Argumente, die auf die *selbständige Erziehungspersönlichkeit* und die *gleichberechtigte Stellung* des auch sorgeberechtigten Umgangsberechtigten abstellen, nicht mehr. Sie beruhen auf einer Vorstellung vom Verhältnis zwischen Sorgerecht und Umgangsrecht, die letzteres als potentielle Störung der Erziehungsautorität des Sorgeberechtigten verstanden hat und deshalb das Umgangsrecht des nicht sorgeberechtigten Elternteils zur Störungsvermeidung eher eng gesehen hat, während man dem sorgeberechtigten Umgangsberechtigten offenbar mehr Zeit zum Zweck der Erziehung gewähren wollte.

Daß dieser Ansatz unzutreffend ist, zeigen nunmehr auch deutlich die **Kompetenzregeln in §§ 1687, 1687 a**. Mißt man die Frage am **Kindeswohl** – und nicht an der Rechtsstellung des Elternteils (so schon zu § 1634 aF KG OLGZ 1965, 102; OLG Saarbrücken FamRZ 1983, 1054; LG Heilbronn Justiz 1974, 126; VOLLERTSEN ZfJ 1977, 230, 241; DÜRR 25) – so sollte klar sein, daß auch ein sorgeberechtigter Elternteil nicht befugt ist, anläßlich des Umgangs mit dem Kind die Erziehungskontinuität zu durchbrechen. § 1687 Abs 1 S 4 und § 1687 a machen deutlich, daß gemeinsame elterliche Sorge nicht bedeuten kann, daß jeder Elternteil als eigenständige Erziehungspersönlichkeit das Kind immer dann erzieht, wenn sich das Kind bei ihm aufhält, daß also das Kind mehr oder weniger zwischen den Eltern aufgeteilt wird. Vielmehr zwingt die Situation der Trennung der Eltern zu einem anderen Modus der Festlegung einer *einheitlichen* und *kontinuierlichen Erziehung*. Die Sorgerechtsverteilung beeinflußt nur den Weg, wie dieser Erziehungsstil *bestimmt* wird, nicht aber die Art und Weise, wie er gegenüber dem Kind *zu vertreten* ist. Nach §§ 1687, 1687 a entscheidet deshalb der Umgangselternteil – und zwar unabhängig von der Sorgerechtslage – nur alltägliche Betreuungsfragen während der Dauer des Umgangs. Das ist keine Frage der Autorität, sondern der Praktikabilität. Soweit es um Fragen von erheblicher Bedeutung iSd § 1687 Abs 1 S 1 geht, hat dagegen bei gemeinsamem Sorgerecht der das Kind nicht regelmäßig betreuende Elternteil zwar ein gleichberechtigtes Entscheidungsrecht. Der Umgang mit dem Kind ist aber im Interesse des Kindeswohles nicht der Platz, um dieses Recht auszuüben; das von § 1687 Abs 1 S 1 geforderte Einvernehmen ist *zwischen den Eltern* und nicht durch Einflußnahme auf das Kind herzustellen. Diese einvernehmlich gefundenen Erziehungsgrundsätze sind Grundlage der Erziehungskontinuität.

Die **gemeinsame elterliche Sorge** ist damit also solche kein den Umgang erweiterndes Kriterium.

**201** **bb)** Zu erwägen ist, ob das gemeinsame Sorgerecht **situationsgebunden** Anlaß zu einem großzügigeren Umgangsrecht gibt. Bei gemeinsam sorgeberechtigten Eltern könnte ein geringeres Konfliktpotential bestehen, das mittelbar auch ein weiteres Umgangsrecht ermöglicht. Dieser Gedanke verfängt aber nur, wenn die Eltern sich um das Umgangsrecht nicht streiten. Dies ist aber nicht die **Situation der gerichtlichen**

**Regelung** nach Abs 3. Hier wird die Vermutung höherer Konsensfähigkeit gerade dadurch überlagert und widerlegt, daß um das Umgangsrecht Streit besteht.

Damit aber hängt die Umgangsregelung von der Beurteilung der individuellen Lage des Kindes und seines Wohles ab und nicht von der typisierten, aber durch das Bedürfnis nach Entscheidung gemäß Abs 3 leider widerlegten, Annahme der stärkeren Konsensfähigkeit gemeinsam sorgeberechtigter Eltern. Im Einzelfall mag sich bei gemeinsam sorgeberechtigten Eltern der Streit um den Umgang leichter schlichten lassen, sie mögen gelernt haben, das Kind aus ihrem Streit herauszuhalten (LG Heilbronn Justiz 1974, 126); doch dies sind nur Ergebnisse einer Einzelfallbeurteilung.

**i)    Einzelfälle**
Mit Rücksicht auf die vom BVerfG eingeforderte immer vorrangige **Einzelfallbewer-**    **202**
**tung** ist die **Rechtsprechungspraxis** einer Generalisierung in Regeln nicht zugänglich. Die nachfolgende tabellarische Zusammenstellung von Umgangsregelungen kann jedoch als Anhalt für Regelungen in Durchschnittsfällen dienen und erwähnt Besonderheiten des Einzelfalles. Bei älteren Entscheidungen ist eine zwischenzeitliche Tendenz zu *kürzeren Abständen* zwischen den periodischen Besuchen *und* eine Tendenz zur *Ausdehnung* der einzelnen Besuche zu beachten.

| Fundstelle | Alter des Kindes | Häufigkeit der Besuche | Dauer je Besuch | Besonderheiten |
|---|---|---|---|---|
| BayObLGZ 1951, 530 | 11 Jahre | 1 pro Monat | 4 Std | |
| BayObLGZ 1959, 71 | 6, 7, 8 Jahre | 2 pro Monat | 4 Std | |
| BayObLGZ 1959, 139 | 8 Jahre | 2 pro Monat | 5 Std | *ersetzt* durch einen Ferienaufenthalt |
| BayObLGZ 1964, 28 | 10 Jahre | einige Std pro Monat | ersatzweise Ferienaufenthalt | |
| BayObLGZ 1965, 355 | 2, 4 Jahre | 2 pro Monat | 9$^{1}/_{2}$ Std | |
| KG OLGZ 1965, 102 | 4 Jahre | 2 pro Monat | 5 Std | |
| OLG Karlsruhe ZfJ 1965, 77 | Alter unbekannt | 2 pro Monat | 9 Std | |
| OLG Hamm OLGZ 1966, 205 | 5, 9 Jahre | 1 pro Monat | 5 Std | |
| OLG Karlsruhe OLGZ 1967, 468 | 5 Jahre | 1 pro Monat | Sa 9–So 18 | |
| KG FamRZ 1968, 325 | 6 Jahre | 2 pro Monat | 8 Std | |
| KG OLGZ 1969, 62 | 4 Jahre | 2 pro Monat | Fr 10–Sa 18. 30 | |

| Fundstelle | Alter des Kindes | Häufigkeit der Besuche | Dauer je Besuch | Besonderheiten |
|---|---|---|---|---|
| OLG München FamRZ 1978, 614 | unter 14, über 14 Jahre | 1 pro Monat | einige Std | |
| KG FamRZ 1978, 728 | 11 Jahre | 1 pro Monat | 8 bis 10 Std | |
| KG FamRZ 1979, 965 | Alter unbekannt | 1 pro Monat | 8 Std, wahlweise 2 mal 4 Std | |
| OLG Stuttgart NJW 1981, 404 | $2^{1}/_{2}$ Jahre | 1 pro Monat | einige Std | |
| OLG Bamberg FamRZ 1984, 507 | 2 Jahre | 2 pro Monat | 2 Std | |
| KG FamRZ 1985, 639 | 15, 17 Jahre | 1 pro Monat | 4 Std | nach 10- jähriger Unterbrechung |
| OLG Düsseldorf FamRZ 1988, 1196 | 6 Jahre | 2 pro Monat | 5 Std | |
| AG Herne DA-Vorm 1989, 298 | 7 Jahre | 1 pro Monat | Sa 9–18 | nichteheliches Kind |
| OLG Hamm FamRZ 1990, 654 | 4 Jahre | alle 14 Tage | Sa 9–18 | keine Übernachtung gegen Willen |
| OLG Brandenburg FamRZ 1994, 58 | unter 10 | 2 pro Monat | Sa 10–18 | |
| OLG Nürnberg 7 UF 1680/95 JU-RIS | 7 Jahre | alle 14 Tage | Fr 16–Sa 17 | |
| OLG Frankfurt/ Main FamRZ 1996, 362 | 9 Jahre | alle 14 Tage | Wochenende | Vergleich der Eltern |
| OLG Zweibrükken FamRZ 1997, 45 | noch nicht 6 | 2 pro Monat | So 9–Mo 18 | keine Ausdehnung auf wöchentlich |
| AG Holzminden FamRZ 1997, 47 | knapp 3 | 2 pro Monat | volles Wochen-ende | Übernachtung erst nach Eingewöhnung |
| AG Osnabrück DAVorm 1997, 422 | 5 | alle 14 Tage | Sa morgen–So abend | unverheiratete Eltern |
| OLG Hamm NJWE-FER 1998, 56 | 4, 6 | 1 pro Monat | Fr 15–So 15 | Wohnsitz im Ausland |
| OLG Karlsruhe FuR 1998, 270 | 6, 8 | alle 14 Tage | Do 9–So 18 | weitere Ausdehnung abgelehnt |
| OLG Hamm, ZfJ 1999, 226 | 3 | wöchentlich | 3 Std | Wiederanbahnung, Geschwistertrennung |

| Fundstelle | Alter des Kindes | Häufigkeit der Besuche | Dauer je Besuch | Besonderheiten |
|---|---|---|---|---|
| OLG Nürnberg NJWE-FER 1999, 146 | Alter unbekannt | alle 14 Tage | Fr 18–So 18 | |
| KG, NJWE-FER 2000, 175 | 3 | alle 14 Tage + wöchentlich | Sa 8 Std Mi 3 Std | statt Übernachtung |
| OLG Köln FuR 2000, 238 | Alter unbekannt | wöchentlich | Sa ganztags | „Minimallösung" |

## k)   Festtage

**aa)**   Die früher hM entschied die **Festtagsfrage** mit dem spätestens unter dem ge- **203** wandelten Sorgerechtsverständnis des KindRG unhaltbar gewordenen apodiktisch ordnenden Satz: „An Festtagen gehört das Kind zum Sorgeberechtigten" (Soergel/ Strätz § 1634 aF Rn 22; BGB-RGRK/Scheffler § 1634 aF Bem 3; MünchKomm/Hinz § 1634 aF Rn 28; Schnitzerling FamRZ 1958, 444, 446, alle unter Bezugnahme auf KG OLGRspr 33, 356; OLG München JW 1939, 289). Die Frage des Umgangsrechts an hohen Festtagen hat sehr wenig mit der Verteilung der elterlichen Sorge zu tun, weil gerade die mit dem Festtag verbundenen menschlich-emotionalen Bedürfnisse gänzlich unabhängig von der Sorgeberechtigung des jeweiligen Elternteils sind.

Auch wenn die Kontinuität der Lebensverhältnisse dafür spricht, daß das Kind **im Jahreslauf bestimmte Feiertage** in seiner gewohnten Umgebung verbringt, ist es vor allem für ein kleines Kind wichtig, die großen Festtage Weihnachten, Ostern und Pfingsten nicht nur im Kreis der Familie des betreuenden Elternteils zu verbringen, sondern auch Gelegenheit zu haben, den anderen Elternteil zu diesen emotional bedeutsamen Tagen sehen und mit ihm Zuneigung (und Geschenke) austauschen zu können (OLG Bamberg FamRZ 1990, 193; Oelkers FamRZ 1995, 1385, 1389). Jugendliche mögen einer Vor- oder Nachverlagerung des Festtagsbesuchs rational zugänglicher sein; im kindlichen Alter konzentriert sich das Festtagserlebnis samt der in Kindergarten und Schule vermittelten Familienbezüge des Festes (Geschenke basteln für Mama und Papa etc) auf den Festtag.

**bb)**   Die **Rechtsprechung** versucht dieser Erkenntnis überwiegend durch eine sche- **204** matische Regelung gerecht zu werden: Es wird an **Festtagen** eine auf diesen Tag fallende Umgangsregelung überlagert (OLG Frankfurt/Main FamRZ 1996, 362), so daß der Umgang an diesem Tag entfällt oder später nachgeholt wird. An **Doppelfeiertagen** (Weihnachten, Ostern, Pfingsten) wird für den jeweils zweiten Feiertag ein außerhalb des periodischen Umgangs bestehendes Umgangsrecht gewährt (OLG Bamberg FamRZ 1990, 193; OLG Nürnberg 7 UF 1680/95 JURIS; OLG Nürnberg NJWE-FER 1999, 146; LG Mannheim MDR 1961, 1016; AG Osnabrück DAVorm 1997, 422: nicht verheiratete Eltern; AG Holzminden FamRZ 1997, 47; MünchKomm/Hinz § 1634 aF Rn 28; Soergel/Strätz § 1634 aF Rn 24; aA LG Heilbronn Justiz 1973, 433). Dies ist als Fortschritt gegenüber der vor mehr als 50 Jahren herrschenden Rechtsprechung zu sehen (Nachw bei Staudinger/ Peschel-Gutzeit[12] § 1634 aF Fn zu Rn 227), wenngleich die Begründung, der umgangsberechtigte Elternteil könne diesen Besuch „verlangen", dem heutigen Verständnis des Kindeswohls nicht entspricht. Die Teilung der Festtage ist jedoch ein Kompromiß, der den beiden kindlichen Bedürfnissen nach Feiertagserlebnis in seiner gewohnten Umgebung und nach feiertäglichem Erlebnis mit beiden Eltern zumeist gerecht wird.

Bedenken ergeben sich freilich deshalb, weil das diesem Ansatz zugrundeliegende Prinzip, Feiertage zu Hause zu verbringen, weithin einer „modernen" Neigung gewichen ist, an **Feiertagen Kurzreisen** zu unternehmen. Ob das dem Kindesbedürfnis nach einem geborgenen Feiertagserlebnis entspricht, mag zweifelhaft sein; eine wohlverstandene Umgangsregelung wird sich dem nicht entgegenstellen können, ohne Feiertagskonflikte zu schüren. Ggf ist eine Feiertags-Umgangsregelung anzuordnen, die das Kind abwechselnd große Feste ganz bei einem Elternteil verbringen läßt, oder nur Weihnachten in überkommener Weise aufteilt und für Ostern/Pfingsten jeweils geschlossene Regelungen vorsieht (Gernhuber/Coester-Waltjen § 66 IV 2; Johannsen/ Henrich/Jaeger Rn 27). Da Umgangsregelungen auf längere Zeiträume angelegt sind, ist jedoch zu bedenken, daß auch der Elternteil, bei dem das Kind lebt, seine Vorstellungen von der Nutzung der Feiertage zu Urlaubszwecken ggf dem Wohl des Kindes unterordnen muß. Der Wunsch, hin und wieder zu noch unbestimmten Feiertagen Urlaub zu machen, steht einer hergebrachten Feiertagsregelung iSd herrschenden Rechtsprechung nicht entgegen; ggf müssen die Eltern für den Einzelfall eine Einigung erzielen, oder es ist eine Einzelfallregelung nach Abs 3 zu treffen (OLG Bamberg FamRZ 1990, 193).

**205**   **cc)**   Anläßlich **individueller Festtage** (Geburtstag, Kommunion, Konfirmation, Firmung etc) stellt sich die Frage des Zusammenseins des Kindes mit beiden Elternteilen nicht als Entweder-Oder. Dem Umgangselternteil kann keinesfalls über Abs 3 die Teilnahme an öffentlichen Teilen versagt werden (aA noch KG DR 1940, 980). Andererseits wird es kaum das Kindeswohl fördern, wenn die Teilnahme am privaten Teil eines solchen Festes im Familienkreis durch eine Regelung nach Abs 3 erzwungen wird. Bei Geburtstagen kommt eine in zeitlich engem Zusammenhang stehende „Nachfeier" in Betracht (AG Osnabrück DAVorm 1997, 422).

**l)**   **Ferien**
**206**   **aa)**   **Ferienregelungen** erlangen angesichts geänderter Urlaubsgewohnheiten zunehmende Bedeutung.
Einerseits steht eine Umgangsregelung dem Urlaub des Kindes **mit dem Elternteil, bei dem das Kind lebt**, nicht entgegen. Es würde dem Kindeswohl erheblich widersprechen, wenn wegen der besonderen Familiensituation heute übliche Urlaubsreisen unterbleiben müßten. Solange solche Urlaube nicht in schikanöser Weise geplant werden, um das Umgangsrecht auszuhöhlen, entfallen periodische Umgangstermine während des Urlaubs (OLG Frankfurt/Main FamRZ 1996, 362). Eine Regelung für Ersatzzeiten muß nicht getroffen werden; im Interesse des Kindes liegt es freilich, wenn ein solcher Ersatzumgang vom betreuenden Elternteil angeboten wird.

**207**   **bb)**   Ob das Kind **mit dem Umgangselternteil** Ferien verbringt und ggf eine Urlaubsreise unternimmt, ist nach den Umständen des Einzelfalles ausschließlich nach dem Kindeswohl zu entscheiden. Bei vorbehaltloser Zuwendung des Kindes zum Umgangselternteil kann der Wunsch dieses Elternteils insbesondere nicht mit dem Hinweis auf allgemeine Richtwerte, Rechtsprechungspraxis oder die Vermutung, das

Kind vermisse einen solchen Urlaub nicht, abgewiesen werden (BVerfG NJW 1993, 2671, 2672).

α)    Entgegen früher vertretener Ansicht kommt ein Ferienumgang **nicht nur als** **208** **Ersatz** in Betracht, wenn eine periodische Umgangsregelung daran scheitert, daß Kind und Umgangselternteil in weiter Entfernung voneinander wohnen (so ansatzweise noch SOERGEL/STRÄTZ § 1634 aF Rn 22; vgl Nachw bei KG FamRZ 1979, 70; OLG Stuttgart FamRZ 1981, 1006, 1007). Vielmehr ist eine Ferienregelung grundsätzlich, sofern nicht besondere Gründe des Kindeswohls entgegenstehen, **zusätzlich zum periodischen** **Umgang** anzuordnen (BayObLGZ 1957, 134; BayObLGZ 1959, 123; BayObLGZ 1964, 28; BayObLGZ 1964, 443; BayObLGZ 1965, 355; OLG Hamburg DAVorm 1968, 10; OLG Köln FamRZ 1982, 1237; LG Heilbronn Justiz 1973, 433; LG Tübingen DAVorm 1974, 193; AG Osnabrück DAVorm 1997, 422; JOHANNSEN/HENRICH/JAEGER Rn 28; MünchKomm/HINZ § 1634 aF Rn 28). Ein ausgedehnter und in das Familienleben des Umgangselternteils zwanglos einbezogener Aufenthalt des Kindes oder eine gemeinsame Reise sind besonders geeignet, eine herzliche Verbindung zu diesem Elternteil zu festigen. Auch insoweit gilt das Erfordernis der möglichst vollständigen und unmißverständlichen Regelung, da selbst die Definition des Begriffes „Schulferien" zu Streit führen kann (vgl OLG Stuttgart FamRZ 2000, 50).

Eine **Typisierung von Ablehnungsgründen** kommt nicht in Betracht. Weder besteht eine Vermutung, daß ein Ferienumgang die **Erziehungskontinuität** beeinträchtigt (so aber KG FamRZ 1978, 728; OLG München FamRZ 1978, 614, 617; SOERGEL/STRÄTZ § 1634 aF Rn 22; tendenziell auch PALANDT/DIEDERICHSEN Rn 28; wie hier: JOHANNSEN/HENRICH/JAEGER Rn 28). Noch ist ein Ferienumgang bei Kindern im **Vorschul-** oder gar **Grundschulalter** generell ausgeschlossen (OLG Hamm NJWE-FER 1998, 56; AG Osnabrück DAVorm 1997, 422). Die gegenteilige, früher überwiegende, Ansicht (Nachw STAUDINGER/PESCHEL-GUT-ZEIT[12] § 1634 aF Rn 228) ist mit der Forderung des BVerfG (NJW 1993, 2671) nach einer Prüfung der Umstände des Einzelfalles nicht zu vereinbaren. Auch der **Widerspruch** **des (alleine) Sorgeberechtigten** schließt einen Ferienumgang nicht aus (AG Osnabrück DAVorm 1997, 422; aA LG Berlin FamRZ 1973, 99, 100). Nach hier vertretener Ansicht (oben Rn 190) kann sogar eine solche Regelung bei erheblichem Streitpotential der Eltern als vorübergehender Ersatz einer periodischen Umgangsregelung vorzuziehen sein, um einen belastungsfreien Umgang des Kindes mit dem Umgangselternteil zu ermöglichen. Die **Ablehnung des Ferienumgangs durch das Kind selbst** bei sonst durchgeführtem periodischem Umgang sollte als starkes Indiz für die Gestaltungswünsche des Kindes (Feriengewohnheiten, Freundeskreis etc) gewertet (vgl KG FamRZ 1978, 728: 11-jähriges Kind) und zunächst eine Intensivierung des wechselseitigen Vertrauens gesucht werden.

Ist die Beziehung zwischen dem Kind und dem Umgangselternteil noch nicht ausreichend intensiv und vertrauensvoll, so kommt auch eine Regelung in Betracht, die den Ferienumgang erst **für einen späteren Zeitpunkt** vorsieht oder in Aussicht stellt (AG Osnabrück DAVorm 1997, 422, 425).

β)    **Auslandsreisen** des Umgangselternteils mit dem Kind können bei nachvollzieh- **209** baren Ängsten des alleine sorgeberechtigten Elternteils im Wege der Auflage von dessen vorheriger Zustimmung abhängig gemacht werden (OLG Hamm NJWE-FER

1998, 56: vom ausländischen Umgangselternteil angestrengtes Rückführungsverfahren nach Haag-KindEntfÜbk; AG Osnabrück DAVorm 1997, 422, 425: nicht verheiratete Eltern).

### m)  Ausgefallene Umgangstage

**210 aa)**  Ob für ausgefallene Besuchstage im Rahmen einer **periodischen Umgangsregelung** ein Ersatzumgang stattfindet, hängt von den Gründen ab, die zum Ausfall geführt haben. Bei *zwingenden Gründen in der Person des Kindes* (wirkliche Erkrankung: BayObLG NJWE-FER 1998, 184, 185: Diagnose eines Kurarztes genügt nicht; zwingende Veranstaltungen, auch im Freizeit-, Sport- und Vereinsleben) ist es einerseits klar, daß der regelmäßige Besuchstag entfallen muß. Andererseits sollte es selbstverständlich sein (AG Holzminden FamRZ 1997, 47, 48: „aber zum Streit bereite Elternpaare haben sich auch in diesem Punkt schon vor dem erkennenden Gericht gezankt") zu versuchen, diesen Besuchstag nachzuholen (OELKERS FamRZ 1995, 449, 455; RAHM/KÜNKEL/SCHNEIDER Rn 451). Dasselbe gilt, wenn der Besuchstag auf einen hohen Festtag fällt, an dem nach der Umgangsregelung das Kind sich bei dem betreuenden Elternteil aufhält (AG Holzminden FamRZ 1997, 47, 48). Hinderungsgründe aus der Sphäre des Umgangselternteils rechtfertigen grundsätzlich keine Verschiebung des Umgangs.

**211 bb)**  Die vorherige **richterliche Anordnung von Ersatzumgang** empfiehlt sich, wenn vorherzusehen ist, daß Umgangstage ausfallen werden (zB gleichzeitige Feiertagsregelung, Urlaubsregelung oder Andeutungen im Verfahren über häufige Abwesenheit des Kindes), oder wenn es zu einem solchen Ausfall in der Vergangenheit gekommen ist (OLG Nürnberg NJWE-FER 1999, 146, 147). Praktikabel ist eine grundsätzliche Regelung des Inhalts, daß der Umgang auf den nächstmöglichen üblichen Umgangstag nach dem ausgefallenen zu verschieben ist; dadurch wird auch verhindert, daß das periodische Umgangsrecht unterlaufen wird (LG Heilbronn Justiz 1974, 126; MünchKomm/HINZ § 1634 aF Rn 33). Liegen keine besonderen, für das Kindeswohl relevanten Gründe vor, die es erforderlich machen, auf die Nachholung zu verzichten, so muß eine Nachholung stattfinden (MünchKomm/HINZ aaO). Die Anordnung von Ersatzumgang darf allerdings nicht dazu führen, daß das Kind überlastet wird (OELKERS FamRZ 1995, 449, 455). Das wird freilich kaum der Fall sein, wenn der Umgang nicht häufiger als 14-tägig stattfindet, da ein Besuch am nächstoffenen Wochenende in aller Regel keine besondere Belastung mit sich bringt. Bei wöchentlichem Umgang wird von einer Nachholung eher abzusehen sein.

**212 cc)**  Die **Nachholung** eines aus zwingenden Gründen ausgefallenen **Ferienaufenthalts** (hier wird als zwingend nur Erkrankung in Betracht kommen, da ein Kind auch bei intakter Elternbeziehung seine Freizeitaktivitäten üblicherweise für die Urlaubszeit unterbrechen muß, wenn eine einverständliche Urlaubsverlegung nicht möglich ist) ist zwar ebenso wünschenswert, erweist sich jedoch häufiger als eine Belastung für das Kind. So ist nicht ohne weiteres ein Sommerferien-Aufenthalt in den Weihnachtsferien nachzuholen (LG Karlsruhe DAVorm 1975, 243). Die mit einer Nachholung verbundene Planungserschwerung für den das Kind betreuenden Elternteil spielt – wie die für den Umgangselternteil – jedoch grundsätzlich keine Rolle; es sei denn, für die mögliche Ersatzzeit wäre bereits (nachweislich!) eine Disposition getroffen, zB die Buchung einer eigenen Urlaubsreise.

**213 dd)**  Treten Hinderungsgründe auf, so besteht selbstverständlich die **Verpflichtung des betreuenden Elternteils**, dies ehestmöglich dem Umgangselternteil mitzuteilen;

umgekehrt gilt dies in gleicher Weise für unerwartete Verhinderungen des Umgangselternteils (zur Erreichbarkeit für diesen Zweck OLG Düsseldorf FamRZ 1997, 46 mit zutreffend
ablehnender Anm SARRES). Sind bei der Durchführung des Umgangs Schwierigkeiten
bekannt geworden, so sind auch hierfür klare Regelungen (Fristen, Benachrichti-
gungswege) nach Abs 3 zu treffen (OLG Nürnberg NJWE-FER 1999, 146, 147).

**n)   Holen und Bringen**
**aa)**   Regelungen darüber, wie das Kind von seinem Wohnsitz **abgeholt** und dorthin   **214**
**zurückgebracht** wird, müssen zur Streitvermeidung in eine vollständige und damit
vollstreckbare Umgangsregelung aufgenommen werden (AG Holzminden FamRZ 1997,
47, 48; SOERGEL/STRÄTZ § 1634 aF Rn 20). Nach hM ist dies vorbehaltlich einer einverständlichen Regelung (OLG Köln FamRZ 1982, 1236; OLG Frankfurt FamRZ 1988, 866; OLG
Zweibrücken FamRZ 1998, 1465, dort auch zur Kostenvereinbarung, vgl hierzu oben Rn 135 ff)
ausschließlich **Aufgabe des Umgangselternteils**.

**bb)**   Insbesondere soll aus dem *Wohlverhaltensgebot* **keine Verpflichtung zur aktiven**   **215**
**Mitwirkung** des das Kind betreuenden Elternteils erwachsen (OLG Zweibrücken FamRZ
1982, 531; OLG Frankfurt FamRZ 1987, 1033; OLG Frankfurt FamRZ 1988, 866; OLG Koblenz
FamRZ 1996, 560, 561; OLG Nürnberg NJWE-FER 1999, 146; PALANDT/DIEDERICHSEN Rn 32
JOHANNSEN/HENRICH/JAEGER Rn 30; LUTHIN FamRZ 1984, 114, 117). Teilweise wird jedoch
eine Verpflichtung zum Bringen oder Abholen jedenfalls für den *getrennt lebenden*
Sorgeberechtigten (§ 1634 Abs 4 aF) angenommen (OLG Saarbrücken FamRZ 1983, 1054;
MünchKomm/HINZ § 1634 aF Rn 32).

Die für den Ausnahmefall gegebene Begründung ist zutreffend, läßt sich aber nicht
auf Fälle gemeinsamer elterliche Sorge (so passim OLG Nürnberg NJWE-FER 1999, 146)
oder des Getrenntlebens beschränken: Eine Umgangsregelung muß **zum Wohl des**
**Kindes von beiden Eltern mitgetragen** werden und von beiden kann deshalb auch alles
Zumutbare und Erforderliche zur Verwirklichung verlangt werden (OLG Saarbrücken
aaO). Es entspricht kindespsychologischer Erfahrung (LEMPP ZfJ 1979, 517), daß eine
eigene Mitwirkung des (auch alleine) sorgeberechtigten Elternteils geeignet ist, dem
Kind den Übergang zum Umgangselternteil zu erleichtern und ihm gleichzeitig die
Angst zu nehmen, es verletzte mit dem Besuch den Elternteil, bei dem es lebt;
während das Abstellen des „ordnungsgemäß" verpackten Kindes zur Abholung
vor der Haustür des betreuenden Elternteils dem Kind augenfällig den Eindruck
vermittelt, daß der Umgang diesem Elternteil mißfällt (PLATTNER FamRZ 1993, 384, 386).

Die formale Argumentation, das **Wohlverhaltensgebot** (§ 1634 Abs 1 S 2 aF ebenso
wie § 1684 Abs 1 S 2) gebiete nur *Unterlassungen*, jedoch keine aktive Förderung,
geht deshalb an der Sache vorbei, weil sich eine Pflicht zur Förderung des Umgangs
schon aus dem Sorgerecht ergibt: Die Ausübung des Sorgerechts hat das Kindeswohl
zu fördern. Es wäre kindeswohlblinde Begriffsjurisprudenz, aus § 1684 Abs 2 S 1 folgern zu wollen, daß Eltern – jenseits aktiver und passiver Sabotage – das Verhältnis
zum jeweils anderen Elternteil mit desinteressierter Distanz behandeln dürften. Im
übrigen entspricht es inzwischen ganz hM, daß sich gerade auch in Hinblick auf das
Umgangsrecht eine *aktive Förderungspflicht* ergibt (oben Rn 93).

Nach der **Neufassung des § 1684** ist die Kindeswohlorientiertheit durch die Normierung des *Rechtes des Kindes auf Umgang* noch deutlicher geworden. Das Kind hat

aber ein Recht auf einen möglichst optimalen und nicht auf einen dem Umgangselternteil gerade noch zumutbar und deshalb sicher streßbeladen gestalteten Umgang.
Daher genügt es nicht, dem betreuenden Elternteil ausnahmsweise eine Mitwirkungspflicht zuzumessen, wenn sonst das Umgangsrecht praktisch vereitelt würde
(so OLG Nürnberg NJWE-FER 1999, 146, wo zwar dem Umgangselternteil minutiös vorgerechnet
wird, welchen Zug er zu benutzen habe, um noch zumutbar mit 3 1/2 Std reiner Zugfahrzeit die
Kinder abzuholen, während dem betreuenden Elternteil nicht zugemutet wird, die Kinder 500 m zum
Bahnhofskiosk zu bringen). Vielmehr ist eine Mitwirkungspflicht schon dann anzunehmen, wenn dem betreuenden Elternteil die Mitwirkung zugemutet werden kann und
hierdurch der Umgang maßgeblich erleichtert wird.

**216 cc)** Fraglich ist, ob in die gerichtliche Anordnung eine **Verpflichtung zum Bereit-
halten** des Kindes durch den betreuenden Elternteil aufzunehmen ist. Daß diese
Verpflichtung besteht, ist auch vom Standpunkt der hM zur Mitwirkungsfrage (soeben
Rn 215) unbestritten. Eine Ansicht hält freilich diese Verpflichtung für einen selbst-
verständlichen Reflex der Umgangsregelung (KG FamRZ 1977, 405, 406; OLG Karlsruhe 20
WF 27/98 JURIS; SOERGEL/STRÄTZ § 1634 aF Rn 20). Die Gegenansicht bejaht die Notwen-
digkeit einer ausdrücklichen Anordnung aus Gründen der Vollstreckbarkeit
(BayObLG FamRZ 1975, 279; BayObLGZ 1970, 240, 241; OLG Frankfurt FamRZ 1966, 258;
OLG Stuttgart Justiz 1966, 45; OLG Stuttgart FamRZ 1979, 342; LG Berlin FamRZ 1976, 285).
Unbeschadet der Frage, ob eine Regelung, die diese Verpflichtung nicht ausdrücklich
enthält, vollstreckbar ist (dazu unten Rn 231), empfiehlt es sich für die *Gestaltung der
Regelung* nach Abs 3, der letztgenannten Ansicht zu folgen: Wenn Anlaß zu der
Annahme besteht, daß ein Elternteil das zum Bereithalten des Kindes erforderliche
Maß an Logik und Verantwortung nicht aufbringt, sollten Zweifel an der Vollstreck-
barkeit ausgeräumt werden.

**217 dd)** Über die **Modalitäten des Holens und Bringens** (insbesondere Verkehrsmittel)
entscheidet ebenfalls das Gericht nach Abs 3. Auch ein alleine sorgeberechtigter
Elternteil hat insoweit keine grundsätzliche Befugnis, Direktiven zu erteilen. Die
gegenteilige Ansicht, die eine solche Befugnis als Ausfluß des Sorgerechts, mit Ausnahme schikanöser Anordnungen annahm (OLG Frankfurt FamRZ 1988, 866; OLG Frankfurt FamRZ 1987, 1033; OLG Saarbrücken FamRZ 1983, 1054; OLG Zweibrücken FamRZ 1982,
531), ist nicht mit § 1687a iVm § 1687 Abs 1 S 4 zu vereinbaren. Die Auswahl zwischen üblichen Verkehrsmitteln ist Angelegenheit der tatsächlichen Betreuung, also
während des Umgangs vom Umgangselternteil zu entscheiden. Nur wenn die Mo-
dalität *von erheblicher Bedeutung* iSd § 1687 Abs 1 S 1 ist, entscheidet der Sorgeberechtigte oder die gemeinsam sorgeberechtigten Eltern einverständlich (vgl zur Abholung mit dem Motorrad OLG München FamRZ 1998, 974, dazu oben Rn 41).

**o) Auflagen**

**218** Mit der Umgangsregelung im engeren Sinn (periodischer Umgang, Feiertage, Ferien,
Holen und Bringen) können den Umgang im einzelnen ausgestaltende **Auflagen**
verbunden werden. Diese, schon zu § 1634 aF als Ausfluß des Wohlverhaltensgebotes
angenommene Regelungsbefugnis (Nachw bei STAUDINGER/PESCHEL-GUTZEIT[12] § 1634 aF
Rn 244 ff) geht, soweit die Auflage nicht ohnehin noch von Abs 3 S 1 erfaßt ist, nun
in der ausdrücklichen Regelungsbefugnis des **Abs 3 S 2** auf. Im einzelnen hierzu oben
Rn 104 ff.

## 2. Regelung gegenüber Dritten (Abs 3 S 1 HS 2)

### a) Reichweite

Bereits **§ 1634 Abs 2 aF** erlaubte Regelungen des Umgangsrechts auch mit Wirkung **219** gegenüber Dritten und stellte gegenüber einer früheren Ansicht, welche das Prozeß- gericht in solchen Fragen für zuständig hielt, ausdrücklich die Wirkung der familien- gerichtlichen Regelung auch im Verhältnis zu dritten Personen klar (BT-Drucks 8/2788, 55; BayObLGZ 1994, 258, 262).

Die Reichweite dieser unverändert in Abs 3 S 1 übernommenen Bestimmung ist durch weitergehende Präzisierungen in Spezialvorschriften erheblich reduziert, ohne daß damit immer auch eine Änderung in der Sache verbunden wäre. Rege- lungen, welche die **Anwesenheit Dritter anordnen**, sind nunmehr ausdrücklich in Abs 4 S 3 geregelt (dazu unten Rn 307 ff). Regelungen des Umgangs mit Dritten, die ein **eigenes Umgangsrecht** haben, bestimmen sich nunmehr nach § 1685 (s Erläuterun- gen dort; vgl zu § 1634 Abs 2 aF BayObLGZ 1994, 258 Großeltern).

Unmittelbar nach Abs 3 S 1 Hs 2 ergehen daher noch solche Regelungen, welche nicht selbst umgangsberechtigte Dritte von der **Anwesenheit** anläßlich des Umgangs **ausschließen**.

### b) Ausschluß der Anwesenheit dritter Personen

**aa)** Über den unselbständigen Umgang (zum eigenen Umgangsrecht Dritter **220** § 1685) des Kindes mit Dritten entscheidet während der Dauer des Umgangs trotz Fehlens einer ausdrücklichen Bestimmung in der Neufassung nach § 1684 (anders § 1634 Abs 2 S 1 Hs 2 aF) der **Umgangselternteil** (zum Entscheidungskonflikt oben Rn 75 ff). Wünscht der Elternteil, bei dem das Kind sich gewöhnlich aufhält, den Umgang mit bestimmten Personen nicht, so kommt ausschließlich eine Entscheidung nach Abs 3 in Betracht, die auch mit Wirkung gegen die vom Umgang fernzuhaltende dritte Person ergehen kann. Maßstab dieser Entscheidung ist jedoch nicht der Wille des anderen Elternteils, auch wenn dieser das Sorgerecht alleine innehat, sondern ausschließlich das **Kindeswohl**. Ein Umgangsausschluß gegen Dritte kann nur erge- hen, wenn dies für das Wohl des Kindes *erforderlich* ist (JOHANNSEN/HENRICH/JAEGER Rn 31; PALANDT/DIEDERICHSEN Rn 35).

**bb)** Regelmäßig wird der Zweck des Umgangsrechts, dem Kind und dem Umgangs- **221** elternteil einen möglichst ungezwungenen Kontakt auch in der Wohnung und im sozialen Umfeld des Umgangselternteils zu ermöglichen, dem Ausschluß gerade eines dort lebenden **neuen Partners** des Umgangselternteils entgegenstehen. Das gilt auch dann, wenn die verheirateten Kindeseltern getrennt leben und noch nicht geschieden sind, selbst wenn der neue Partner der Grund für die Trennung der Eltern war (OLG Hamm FamRZ 1982, 93; JOHANNSEN/HENRICH/JAEGER Rn 31; nur bei älteren Kindern KG FamRZ 1978, 729; MünchKomm/HINZ § 1634 aF Rn 36). Die Gegenansicht, zumindest während des ersten Trennungsjahres sei regelmäßig der neue Partner des Umgangs- elternteils vom Umgang auszuschließen, sofern der andere Elternteil an der Ehe festhalte (OLG Köln FamRZ 1982, 1236; SOERGEL/STRÄTZ § 1634 aF Rn 24; nur bei jüngeren Kindern: MünchKomm/HINZ § 1634 aF Rn 36), läßt die Konzentration auf das Kindeswohl vermissen und unterstellt die – wenig wahrscheinliche – Wiederherstellung der ehe- lichen Lebensgemeinschaft. Es geht insoweit nicht um die von § 1565 Abs 2 verfolgten ehestabilisierenden Ziele, sondern nur um die Abwägung der Gefahren für das Wohl des Kindes. Hier spräche für den Ausschluß des neuen Partners, daß das Kind Irritationen ausgesetzt ist, wenn seine Eltern sich letztlich wieder versöhnen; ist der Scheidungswillige bereits eine neue Beziehung eingegangen, die so stark die täglichen Lebensumstände erfaßt, daß sich überhaupt die Frage der Teilnahme am Umgang des neuen Partners mit dem Kind stellt, so dürfte angesichts dieses schon deutlich familiären Charakters diese neue Beziehung freilich kaum als flüchtig bezeichnet werden. Dann aber ist der Nachteil der Unnatürlichkeit der Umgangsgestaltung größer als das Risiko der Irritation im Versöhnungsfall.

**222 cc)** Das Kindeswohl kann in **besonderen Fällen** den **Ausschluß des Partners** des Umgangselternteils gebieten, wenn die Trennung der Eltern erst kurze Zeit zurückliegt und, was nicht nur während der Trennungszeit verheirateter Eltern der Fall sein kann, der Umgang das Kind erheblichen Belastungen aussetzen würde. Dies kann der Fall sein, wenn ein Kind diesen Umgang, möglicherweise aus dem Wunsch nach Versöhnung der Eltern heraus, selbst ablehnt (Johannsen/Henrich/Jaeger Rn 31), insbesondere dann, wenn es nicht nur um zufällige Anwesenheit, sondern um einen längeren gemeinsamen Urlaub mit dem Umgangselternteil und dem neuen Partner geht (OLG Nürnberg FamRZ 1998, 976). Geboten kann der Ausschluß des Dritten auch sein, wenn durch dessen Anwesenheit das Kind in den *Streit der Erwachsenen* hineingezogen wird, insbesondere, wenn der neue Partner des Umgangselternteils sich in den Streit einmischt (Soergel/Strätz § 1634 aF Rn 24). Ein Ausschluß ist wohl auch dann erforderlich, wenn die neue Beziehung des Umgangselternteils *homosexuell* ist und aufgrund des Alters des Kindes Entwicklungsnachteile in dessen sexueller Positionierung zu befürchten sind; entscheidend ist auch hier, ob das Kindeswohl konkret gefährdet ist (zu Sorgerechtsfragen bei homosexuellen Elternteilen: AG Mettmann FamRZ 1985, 529 m zust Anm Luthin; Ell, Trennung, Scheidung und die Kinder? [1979] 81).

Erst recht ist ein Ausschluß des Umgangs geboten, wenn in der Person des Partners Umstände und Eigenschaften vorliegen, die das Kindeswohl gefährden und auch bei einem sonstigen Dritten – also unabhängig von der Partnerproblematik – einen Ausschluß des Umgangs rechtfertigen würden. Das ist der Fall, wenn der Partner des Umgangselternteils im begründeten Verdacht steht, das Kind **sexuell mißbraucht** zu haben; ein Umgangsverbot kann auch noch aufrecht erhalten bleiben, wenn das deswegen eingeleitete Ermittlungsverfahren eingestellt wurde, bis sich die entstandene Konfliktlage für das Kind geändert hat (OLG Düsseldorf FamRZ 1992, 205). Wie in den Fällen der sexuellen Verdächtigung des Umgangselternteils muß dabei aber auch berücksichtigt werden, daß die Anzahl falscher Verdächtigungen in diesem Bereich nicht gering ist, so daß nach Einstellung des Verfahrens auch umgangsrechtlich das Ziel eine Rehabilitation des Familienlebens des Umgangselternteils sein muß. In Betracht kommt ein Umgangsverbot auch bei Gefährdungen der psychischen Entwicklung des Kindes durch den Dritten (vgl OLG Schleswig NJW 1985, 1786: Partnerin des Vaters berühmt sich wahrsagerischer und okkulter Fähigkeiten).

### 3.  Vollstreckung (§ 33 FGG)

#### a)  Beibehaltung der Vollstreckbarkeit im KindRG – Problemlage
**223 aa)** Das KindRG behält die Möglichkeit der Durchsetzung des Umgangsrechts durch **Vollstreckungsmaßnahmen nach § 33 FGG** trotz anderweitiger im Vorfeld des

Gesetzgebungsverfahrens aufgetretener Forderungen bei. Die Durchsetzung von Umgangsrechten gehörte zu den wichtigsten und schwierigsten Problemen der Kindschaftsrechtsreform. Die **gegen eine Vollstreckung sprechenden Gesichtspunkte** werden in der Diskussion leicht erkannt, zumal der Ablehnung von „Gewalt" und „Zwang" in familiären Problemlagen der Ruf der Aufgeklärtheit vorangeht.

Der Entwurf zum KindRG hat diese Gesichtspunkte durchaus gewichtig gewürdigt. Die *Verhängung von Zwangsgeld* gegen den das Umgangsrecht des anderen vereitelnden Elternteil ist oft sinnlos, da es in vielen Fällen nicht beitreibbar ist oder sich die Zahlung nur bei guten Einkommens- und Vermögensverhältnissen nicht auf den Lebensstandard der „Restfamilie" und damit mittelbar des Kindes auswirkt. *Zwangshaft* wird nicht verhängt und dürfte auch aus rechtlichen Gründen deshalb nicht in Betracht kommen, weil bei Erreichen einer so schweren Kindeswohlgefährdung die Schwelle zu einer Änderung der Sorgerechtsregelung erreicht wird. *Zwang* gegen das Kind aber erscheint höchst bedenklich, sowohl die Anordnung als auch die Anwendung wurde in der Praxis oft verweigert (BT-Drucks 13/4899, 47); dem ist das KindRG nun durch die Regelung in **§ 33 Abs 2 S 2 FGG** gefolgt, die Gewaltanwendung gegen das Kind ausschließt.

**bb)**  Auf der anderen Seite ist aber festzustellen, daß die **erfolgreiche Vereitelung von 224 Kontakten** von dem betroffenen Elternteil oft als menschliche Katastrophe empfunden wird, viel schlimmer als der Verlust der gesetzlichen Vertretung. Auch wenn es einfühlsam scheint, in hochemotionalen Situationen justiziellen Zwang zu versagen, um quälende Verfahren zu vermeiden (Coester FuR 1991, 70; ders JZ 1992 809, 815). Die Tränen, die nicht vor Gericht geweint werden, werden im Stillen geweint – und nicht selten weint dann das Kind. Wer gar argumentiert, ein erzwungener Umgang schade dem Kindeswohl (Knöpfel FamRZ 1989, 1017, 1018; Lempp FamRZ 1989, 16, 17), vereinseitigt das Kindeswohlproblem, denn er fragt nicht, ob der unterlassene Umgang dem Kindeswohl nicht weit mehr und dauerhafter schadet. Da der Umgang nicht nur im Interesse dieses Elternteils, sondern vor allem auch des Kindes gewährt wird, kann die Rechtsordnung nicht der Kette aus erfolgreicher Umgangsvereitelung, nachfolgender Entfremdung und daraus resultierender rechtlicher Beschränkung des Umgangs nachgeben. Wenn es dem Kindeswohl gerade bei kleinen Kindern schadet, den Umgang mit dem Vater gegen den Willen der Mutter zu *erzwingen* (so Lempp FamRZ 1989, 16, 17 gegen eine Reform des § 1711 aF), dann ist nicht der Umgang mit dem Vater kindeswohlschädlich, sondern der verfehlte Wille der Mutter. Vollstreckung nach § 33 FGG bedeutet ja gerade, nachdrücklich klar zu machen, daß es der Rechtsordnung ernst ist. Bessere Einsicht in die Unbegründetheit eigener Skepsis (angesichts eines erzwungenen, jedoch gedeihlichen Umgangs mit dem Umgangselternteil) hat nicht selten mit einer „Beugung" des Willens begonnen; Beugung von Starrsinn kann auch einen Weg aus der eigenen Verbohrtheit weisen. Das KindRG setzt insbesondere auf die **Signalwirkung der Vollstreckungsmöglichkeit**. Deren Beseitigung würde einen Anreiz geben, sich nicht mehr schlecht und recht mit ungeliebten Umgangsregelungen abzufinden, sondern den Umgang – in der Hoffnung auf Sanktionslosigkeit – zu boykottieren (BT-Drucks 13/4899, 69).

Schwer vorstellbar ist dagegen die Vollstreckung des Rechtes des Kindes **gegen den den eigenen Umgang mit dem Kind verweigernden Elternteil**, soweit nicht schon eine „Verurteilung zum Umgang" unzweckmäßig ist (Salzgeber KindPrax 1998, 43, 44; Jo-

HANNSEN/HENRICH/JAEGER Rn 33 aE; RAUSCHER FamRZ 1998, 329, 332). Hier würde der Umgang selbst durch den Unwillen des Elternteils betroffen, so daß die Beeinflussung des entgegenstehenden Willens einem kindeswohldienlichen Umgang *vorangehen* muß.

**225 cc)** Die in Vorbereitung des Entwurfes eines KindRG angestellte **Rechtsvergleichung** belegt, daß sich damit das deutsche Recht im Einklang mit der ganz überwiegenden Zahl europäischer Rechtsordnungen befindet. Neben den Versuch, den widerstrebenden Sorgerechtsinhaber durch Androhung von Zwang zum Einlenken in der Umgangsrechtsfrage zu bewegen, tritt jedoch in zahlreichen Staaten häufiger auch die Sanktion des **Sorgerechtsentzuges** in Fällen der Hartnäckigkeit. In Schweden wird sogar schon bei der Regelung des Sorgerechts der voraussichtlich stärker zu Kooperation bereite Elternteil bevorzugt (BT-Drucks 13/4899, 45). Auch die deutsche Praxis wird zu erwägen haben, welche anderen Reaktionen neben der Androhung und dem Vollzug von Vollstreckungsmaßnahmen geeignet und erforderlich sind, um der Bedeutung des Umgangsrechts gerecht zu werden (dazu vgl schon oben Rn 104 ff zu Abs 3 S 2).

**226 dd)** Dem Ziel der Vermeidung von Vollstreckungsmaßnahmen bei gleichzeitiger aktiver Förderung des Umgangsrechts dienen insbesondere zwei durch das KindRG geschaffene Instrumente:

Das **Umgangsvermittlungsverfahren nach § 52 a FGG** hat als Vorschaltverfahren zu Vollstreckungsmaßnahmen das Ziel der einvernehmlichen Regelung; das Gericht steht aber der Obstruktion nicht wehrlos gegenüber, weil die Überleitung in das Vollstreckungsverfahren nach § 52 a Abs 5 FGG vorgesehen ist. Zudem hat das KindRG mit dem ausdrücklichen Hinweis auf die Möglichkeit **sorgerechtlicher Maßnahmen** (§ 52 a Abs 5 S 2 FGG) eine vorsichtige Entwicklung in der jüngeren Rechtsprechung aufgegriffen, dem Umgangsboykott gegenüber nach Versagen von gutem Zureden und erfolgloser Verhängung von Zwangsgeld nicht mehr zu resignieren (deutlich aus psychologischer Sicht: JOPT ZfJ 1996, 203, 209; im einzelnen unten Rn 243 ff).

Die Einschränkung oder der Ausschluß des **Vollzugs von Umgangsentscheidungen** ist in Abs 4 S 1 als Alternative zu der Einschränkung des Umgangsrechts vorgesehen; sie ermöglicht es dem Familiengericht, dem *vorübergehenden Charakter* der Folgen einer Umgangsvereitelung gerecht zu werden, indem zunächst auf eine Durchsetzung des Umgangsrechts verzichtet wird. Dabei kann zugleich das Rechtsempfinden des Umgangselternteils geschont werden und dem anderen Elternteil deutlich gemacht werden, daß das Gericht sich nicht dem faktischen Einfluß der Umgangsvereitelung auf das Kindeswohl beugen und das Umgangsrecht als solches antasten will und muß (dazu im einzelnen unten Rn 301 ff).

**b)    Gegenstand und Grundlage der Vollstreckung**

**227 aa)** Die Durchsetzung der Umgangsregelung, einschließlich vorläufiger und einstweiliger (§ 620 Nr 2 ZPO; PALANDT/DIEDERICHSEN Rn 64) Anordnungen, erfolgt nach § 33 FGG, sowohl gegenüber dem anderen Elternteil als auch gegenüber Dritten (BayObLGZ 1977, 219; OLG München FamRZ 1970, 1047; PALANDT/DIEDERICHSEN Rn 64; MünchKomm/HINZ § 1634 aF Rn 49; SOERGEL/STRÄTZ § 1634 aF Rn 37; zur Wirkung gegenüber Dritten oben Rn 219 ff; zur **Verfassungsmäßigkeit** BVerfGE 31, 194). Das Vollstreckungsverfahren setzt nicht das Umgangsregelungsverfahren fort, sondern ist ein **selbständiges Verfahren**, das mit eigenem Aktenzeichen zu führen ist (BGH FamRZ 1990, 35, 36). Dies gilt auch dann, wenn die Androhung des Zwangsmittels bereits mit der Umgangsregelung ausgesprochen wird. Umgekehrt kann nicht im Verfahren zur Androhung von Zwangsmitteln eine **Änderung** der Umgangs- oder Sorgerechtsregelung stattfinden; erforderlich ist ein eigenständiges neues Abänderungsverfahren, was sich insbesondere auf die Anhörungserfordernisse auswirkt (OLG Bamberg FamRZ 1998, 1130).

Die örtliche Zuständigkeit ergibt sich aus §§ 43 Abs 1, 36 Abs 1, 2, 64 Abs 3 S 2 FGG, § 621 a Abs 1 S 1 ZPO (BGH FamRZ 1986, 789; OLG Bamberg NJW-RR 1999, 515). Zuständig ist das Amtsgericht (Familiengericht), in dessen Bezirk das Kind seinen Wohnsitz hat (BGH FamRZ 1981, 25; BGH FamRZ 1986, 789; MünchKomm/HINZ § 1634 aF Rn 52; PALANDT/DIEDERICHSEN Rn 62; SOERGEL/STRÄTZ § 1634 aF Rn 37). Bei Änderung des Wohnsitzes des Kindes nach Erlaß der Verfügung oder bei zwischenzeitlicher Anhängigkeit einer Ehesache bzw deren Beendigung sind für die örtliche Zuständigkeit die neuen Verhältnisse im Zeitpunkt der Einleitung des Vollstreckungsverfahrens maßgeblich (BGH FamRZ 1990, 35).

**bb)** **Gegenstand** der Vollstreckung ist die gerichtliche Verfügung, die einem Beteiligten gemäß § 1684 eine konkrete Verpflichtung auferlegt hat. Eine **Umgangsvereinbarung** kann nur Gegenstand der Vollstreckung sein, wenn sie familiengerichtlich übernommen wurde und dadurch einer gerichtlichen Verfügung gleichsteht (dazu oben Rn 120 ff). Mit der familiengerichtlichen Billigung sind jedoch die *weiteren Vollstreckungsvoraussetzungen* nicht impliziert; insbesondere scheitert die Vollstreckung einer gebilligten Vereinbarung häufig am Fehlen eines vollstreckungsfähigen – hinreichend konkreten – Inhalts (sogleich Rn 229). **228**

Vollstreckungsfähig sind auch (nach § 16 a FGG oder vorrangigen völkervertraglichen Regelungen, zB dem Haager Minderjährigenschutzabkommen) **anerkennungsfähige ausländische Umgangsregelungen** (OLG Bamberg NJW-RR 1999, 515; OLG Düsseldorf FamRZ 1982, 534).

**c)** **Vollstreckungsfähigkeit**
**aa)** Vollstreckungsfähig sind nur **genau bestimmte Handlungen** oder **Unterlassungen**, die **genau bestimmt** dem Verpflichteten auferlegt und ausschließlich **von dessen Willen abhängig** sind. Dieses Erfordernis korrespondiert zu der materiellen Notwendigkeit einer detaillierten und vollständigen gerichtlichen Regelung des Umgangs nach Abs 3 (oben Rn 165 ff); es bezieht sich jedoch in gleicher Weise auf gerichtlich gebilligte Umgangsvereinbarungen, denen es nicht selten der ausreichend konkreten Ausgestaltung ermangelt. Die bestimmte Verpflichtung muß sich aus der **Entscheidungsformel** ergeben und darf sich nicht erst aus den Gründen oder aus Schlußfolgerungen ergeben; eine ausdehnende Auslegung der Verpflichtung für Vollstreckungszwecke ist unzulässig (KG OLGZ 1966, 352; KG FamRZ 1977, 405; BayObLGZ 1964, 357; BayObLGZ 1970, 240; BayObLGZ 1974, 351; OLG Braunschweig FamRZ 1973, 268; OLG Düsseldorf FamRZ 1999, 522, 523; OLG Hamm OLGZ 1966, 205; OLG Hamm NJW 1967, 446; OLG Stuttgart FamRZ 1966, 256; OLG Stuttgart FamRZ 1979, 342; OLG Zweibrücken DAVorm 1982, 108; OLG Zweibrücken FamRZ 1982, 429; OLG Zweibrücken FamRZ 1984, 508 sowie zu Details sogleich Rn 230). **229**

Andererseits sind die Anforderungen nicht zu überspannen. Wenn die Regelung eine Verpflichtung enthält, so ist sie vollstreckbar, auch wenn mit der Verpflichtung verbundene **Nebenhandlungen** nicht ausdrücklich aufgenommen sind. Besteht eine Verpflichtung, das Kind zur Wohnung des Umgangselternteils zu bringen, so umfaßt dies die Verpflichtung, das Kind von der Straße bis zur Wohnungstüre zu bringen und dort zu klingeln. Es genügt nicht, mit dem Kind auf der Straße oder im eigenen PKW vor der Wohnung des Umgangselternteils zu verharren (BayObLGZ 1974, 351, 353).

**230 bb)** Die **Vollstreckungsfähigkeit fehlt**, wenn die Umgangsvereinbarung zwar den Umfang des Umgangs bestimmt, nicht aber genau die **Zeit** des Umgangs (OLG Brandenburg FamRZ 1995, 484: genaue Zeit für Abholen und Zurückbringen; OLG Düsseldorf FamRZ 1999, 522, 523: Daten des Umgangs nur durch einen Rechenvorgang zu ermitteln, der jeweils zum Beginn der Regelung zurückweist und daher fehleranfällig ist; ebenso OLG Zweibrücken FamRZ 1996, 877, 878; OLG Düsseldorf ZfJ 1995, 426: Bestimmung der maßgeblichen Woche für den Ferienumgang). Hingegen ist die Bestimmung des **Ortes** des Umgangs entgegen einer häufig verwendeten Formel („Art, Ort und Zeit": BayObLGZ FamRZ 1971, 184; BayObLG NJWE-FER 1998, 184, 185; OLG Brandenburg FamRZ 1995, 484; OLG Brandenburg FamRZ 1997, 1548; OLG Düsseldorf ZfJ 1995, 426; OLG Zweibrücken FamRZ 1996, 877; OLG Zweibrücken FamRZ 1977, 1548; PALANDT/DIEDERICHSEN Rn 64; aus der genannten Formel werden übrigens durchgehend nur Folgerungen hinsichtlich *zeitlich* unbestimmter Regelungen gezogen), nicht notwendig Voraussetzung der Vollstreckungsfähigkeit, da der Umgang mangels abweichender Regelung bei dem Umgangselternteil bzw nach dessen Bestimmung stattfindet (oben Rn 183 ff). Auch das Fehlen einer Regelung zum *Abholen und Zurückbringen* steht der Vollstreckungsfähigkeit nicht entgegen (OLG Koblenz FamRZ 1996, 560, 561), da dies mangels anderweitiger Regelung nach bisher hM Aufgabe des Umgangselternteils ist (oben Rn 214 ff).

**231 cc)** Strittig ist, ob die Bezeichnung **konkreter Befugnisse des Umgangselternteils** genügt, um die Vollstreckungsfähigkeit dazu logisch korrespondierender Verpflichtungen des anderen Elternteils auszulösen. Vom Fall der *Nebenhandlungen* (soeben Rn 229) unterscheidet sich diese Frage dadurch, daß hier ggf überhaupt keine ausdrückliche Verpflichtung aufgenommen wurde, der Charakter der Regelung aber aus logischen Gründen eine über die bloße Duldung hinausgehende (marginale) Mitwirkung verlangt. Dies betrifft insbesondere die Verpflichtung, das Kind **zum Abholen bereitzuhalten**. Einerseits sollte diese Verpflichtung mit Rücksicht auf das Streitpotential ausdrücklich in die Regelung nach Abs 3 aufgenommen werden (oben Rn 216), andererseits fehlt sie häufig, wenn die Eltern – zunächst – den Umgang einverständlich regeln, ohne vorauszusehen, zu welchen haarspalterischen Argumentationen später einer von ihnen fähig sein wird. In diesem Fall ist der Ansicht der Vorzug zu geben, welche der Logik gegenüber formaler Argumentation die Ehre gibt: Eine Regelung, welche Zeiten des Umgangs und die Pflicht des Umgangselternteils zur Abholung bestimmt, enthält **auch ohne ausdrückliche Bestimmung** die Pflicht des anderen Elternteils, das Kind zur Ausübung des Umgangsrechts bereitzuhalten (KG FamRZ 1977, 405; OLG Frankfurt/Main FamRZ 1996, 876; OLG Karlsruhe 20 WF 27/98 JURIS; SOERGEL/STRÄTZ § 1634 aF Rn 20; wohl auch OLG Celle FamRZ 1998, 1130, 1131, jedoch Klarstellung empfehlend; aA BayObLGZ 1970, 240; BayObLGZ 1974, 351 mwN; OLG Bamberg FamRZ 1995, 428; OLG Brandenburg FamRZ 1997, 1548; OLG Düsseldorf ZfJ 1995, 426; OLG Stuttgart FamRZ 1966, 256).

Lehnt man die Vollstreckungsfähigkeit bei Fehlen solcher selbstverständlichen Verpflichtungen ab, so entwertet dies die Befriedungsfunktion einverständlicher Regelungen, die nach § 52 FGG gefördert werden sollen. Das Familiengericht müßte auf Vereinbarungen hinwirken, die den Beteiligten erst zeigen, welches Streitpotential zur Verfügung steht; eine zu enge Regelung nimmt den Eltern den letzten Spielraum einer Abstimmung in einzelnen Punkten, die letztlich zu einem wünschenswert einverständlichen und flexiblen Umgangsrecht führen könnte (van Els ZfJ 1995, 426, 427). Zudem schützt das Vollstreckungsrecht den **schuldlos irrigen** Pflichtigen. Wer sich jedoch auf mit der Logik nicht zu vereinbarende scheinjuristische Auslegungen beruft, berechtigt zu Zweifeln an seinem ehrlichen Willen, den Umgang des Kindes mit dem anderen Elternteil zu fördern und ist daher nicht schutzwürdig (OLG Frankfurt/Main FamRZ 1996, 876).

Die sich abzeichnende Tendenz in der Rechtsprechung einiger Oberlandesgerichte, erstinstanzliche Vollstreckungsmaßnahmen aufzuheben, weil es an der letzten Detailliertheit selbstverständlicher Mitwirkungspflichten fehlt, mag einer akademisch plausiblen Zurückhaltung gegen Vollstreckungsmaßnahmen in diesem Bereich entsprechen. Sie liefert aber einseitig dem obstruierenden Elternteil Munition in einem Streit, dessen leidvolle praktische Seite vor allem die Familiengerichte erleben (vgl van Els ZfJ 1995, 426, 427).

### d)   Androhung der Zwangsmaßnahme

**aa)**   Der Verhängung von Zwangsgeld muß nach § 33 Abs 3 S 1 FGG eine **Andro-**   **232**
**hung** vorausgehen, die Verhängung von Zwangshaft soll angedroht werden (§ 33 Abs 3 S 3 FGG), sofern nicht ausnahmsweise die Eilbedürftigkeit entgegensteht. Die Androhung kann bereits mit der Umgangsregelung verbunden werden oder gesondert im Vollstreckungsverfahren ergehen (BayObLGZ 1961, 119; BayObLGZ 1964, 357; KG OLGZ 1966, 352; OLG Düsseldorf FamRZ 1979, 966; OLG Hamm OLGZ 1966, 205; OLG Karlsruhe FamRZ 1967, 228; OLG Karlsruhe FamRZ 1988, 1196; OLG Köln FamRZ 1977, 735; OLG Stuttgart FamRZ 1979, 342; AG Kerpen FamRZ 1994, 1486, 1487; **aA** OLG Stuttgart FamRZ 1966, 256).

**bb)**   Die Androhung setzt **nicht** voraus, daß bereits nachweislich **gegen die Umgangs-**   **233**
**regelung verstoßen** wurde oder ein solcher Verstoß zu erwarten ist (KG OLGZ 1966, 352; OLG Celle FamRZ 1999, 173, 174; OLG Düsseldorf FamRZ 1979, 966; OLG Düsseldorf FamRZ 1998, 838, 839; OLG Hamm NJW 1967, 446; OLG Hamm FamRZ 1980, 932; OLG Hamm FamRZ 1999, 1095; OLG Karlsruhe FamRZ 1988, 1196; OLG Karlsruhe FamRZ 1998, 637; OLG Stuttgart FamRZ 1979, 342; OLG Stuttgart FamRZ 2000, 50; OLG Zweibrücken FamRZ 1999, 173, 174; **aA** OLG Stuttgart FamRZ 1966, 256, 258). Insbesondere empfiehlt sich daher die Androhung zusammen mit der Umgangsregelung, wenn es in der Vergangenheit bereits zu Unstimmigkeiten bei der Durchführung des Umgangs gekommen ist, auch wenn nicht feststeht, wer diese verschuldet hat; denn das Verschulden ist erst für die Festsetzung der Zwangsmaßnahme relevant (**aA** OLG München FamRZ 1998, 976, 977, dort aber inkonsequent, weil einerseits die Androhung aufgehoben, andererseits bei Zuwiderhandeln mit der Festsetzung von Zwangsgeld gedroht wird). Grundsätzlich aber genügt es, wenn das Gericht die Androhung bereits gegenwärtig nach **pflichtgemäßem Ermessen** als **zweckmäßig** ansieht (OLG Celle FamRZ 1999, 173; OLG Karlsruhe FamRZ 1998, 637, 638; OLG Zweibrücken FamRZ 1999, 173, 174: schon wegen Umgangsausfällen in der Vergangenheit; AG Detmold FF 1999, 29: Spannungen und Kommunikationsunfähigkeit; AG Leutkirch FamRZ 1994, 401, 402), was auch

bei gebilligten einverständlichen Umgangsregelungen der Fall sein kann (vgl nicht ohne Enttäuschung OLG Köln FamRZ 1998, 961, 962: „seinerzeit im Vertrauen auf die Aufrichtigkeit … unterblieben"). Der Ermessensspielraum ist dabei erheblich eingeschränkt, da mit der Verfügung nach § 1684 ein *Recht* des Umgangselternteils und des Kindes auf Umgang verfolgt werden soll (OLG Zweibrücken FamRZ 1999, 173, 174).

**234 cc)** Die Androhung muß sich auf eine **bestimmte Verpflichtung** beziehen, die in der Androhung auch zu bezeichnen ist (OLG Brandenburg NJW-RR 1997, 899; OLG Düsseldorf FamRZ 1998, 838; OLG Düsseldorf FamRZ 1999, 522, 523; OLG Zweibrücken FamRZ 1997, 1548). Dem ist regelmäßig genügt, wenn die Androhung durch Bezugnahme auf die Verpflichtungen aus einer Umgangsregelung erfolgt, welche ihrerseits die für die Vollstreckungsfähigkeit erforderliche Bestimmtheit besitzt (oben Rn 229 ff; OLG Brandenburg FamRZ 1997, 1548). Dabei ist die Verpflichtung eng auszulegen (OLG Frankfurt/Main FamRZ 2000, 52: Verbot der Begutachtung des Kindes umfaßt nicht die Entgegennahme eines früher veranlaßten Gutachtens). Bezieht sich die Androhung auf eine solche Umgangsregelung insgesamt, wurde diese jedoch nach erfolgter Androhung **maßgeblich abgeändert**, so fehlt es an der für eine spätere Festsetzung von Zwangsgeld erforderlichen Androhung, wenn die alte Androhung Verpflichtungen nicht erfaßt, die sich erst aus der abgeänderten Regelung ergeben (KG FamRZ 1977, 405). Insbesondere, wenn die erstinstanzliche Regelung durch eine Verfügung des **Beschwerdegerichts** ersetzt wird, wird die im erstinstanzlichen Beschluß enthaltene Androhung gegenstandslos; Grundlage der Zwangsmaßnahme ist dann die Verfügung des Beschwerdegerichts (OLG Köln FamRZ 1998, 961, 962).

Gegenstand der Vollstreckung und damit der Androhung kann auch die Verpflichtung sein, den **Umgang des Kindes mit dem Umgangselternteil zu fördern**, insbesondere einen entgegenstehenden Willen des Kindes durch geeignete – selbstverständlich gewaltfreie – Erziehungsmaßnahmen abzubauen (OLG Brandenburg FamRZ 1996, 1092; OLG Celle FamRZ 1999, 173; OLG Frankfurt/Main ZfJ 1998, 343, 344). Auch diese Verpflichtung ist jedoch in der Androhung ausreichend präzise zu fassen; es muß klar sein, auf welchen Umgang sie sich bezieht. Überdies muß der Charakter der *Androhung* klar sein. Der bloße *Hinweis* auf die den Elternteil treffende Verpflichtung genügt nicht (OLG Stuttgart FamRZ 1979, 342: Hinweis auf eine frühere Vereinbarung, aus der die Mutter verpflichtet sei, das Kind zu veranlassen, mit dem Vater „in die Ferien zu gehen"). Die Anforderungen dürfen aber auch nicht in der Weise überspannt werden, daß das Gericht die geeigneten Erziehungsmaßnahmen detailliert anweist; es genügt die Anweisung, „durch geeignete erzieherische Maßnahmen darauf hinzuwirken", daß der näher bezeichnete Umgang stattfindet.

**235 dd)** Die **angedrohte Zwangsmaßnahme** muß konkret bezeichnet werden. Die **Androhung von Zwangsgeld** muß beziffert, jedenfalls aber der Höhe nach begrenzt im Rahmen des gesetzlichen Höchstmaßes nach § 33 Abs 3 S 2 FGG erfolgen (BayObLG FamRZ 1996, 878: „bis zu 50.000 DM"; OLG Bamberg FamRZ 1998, 307); die Androhung soll nicht höher bemessen werden, als das Zwangsgeld, welches das Gericht im Zeitpunkt der Androhung in Betracht zieht (BGH FamRZ 1973, 622; MünchKomm/Hinz § 1634 aF Rn 49).

Hinsichtlich der **Auswahl der angedrohten Zwangsmittel** ist das Gericht nicht gänzlich frei, auch wenn im Stadium der Androhung noch nicht in Frage steht, ob das Zwangsmittel notwendig und festzusetzen sein wird. Theoretisch kommt nach § 33 Abs 1 S 2 FGG bei Verstößen gegen die Verpflichtung zur Herausgabe des Kindes zum Umgang auch Zwangshaft in Betracht. Jedoch ist bereits im Vorfeld, also bei Androhung von Zwangsmitteln, **Rücksicht auf die Belange des Kindes** zu nehmen (BVerfGE 31, 194, 205 ff; BGH NJW-RR 1986, 1264, 1265; OLG Karlsruhe FamRZ 1998, 637, 638). Das Gericht hat im Zwangsvollstreckungsverfahren eine Prüfung der *Verhältnismäßigkeit der Mittel* vorzunehmen, die sich insbesondere am Kindeswohl orientieren muß (OLG Karlsruhe FamRZ 1981, 203, 204; LG Offenburg FamRZ 1996, 239, 240). Die *Androhung von Zwangshaft* kommt angesichts der in § 33 FGG vorgenommenen graduellen Abstufung der Zwangsmittel grundsätzlich nicht als erste Stufe der Zwangsmaßnahmen in Betracht, sofern nicht Veranlassung zu der Annahme besteht, daß Androhung von Zwangsgeld die erwartete Wirkung verfehlt (OLG Karlsruhe FamRZ 1998, 637, 638).

Nahezu ausnahmslos wird in Umgangssachen daher ein Zwangsgeld angedroht; die Androhung von **Zwangshaft** kommt nur bei gröbsten Verstößen gegen die Kooperationsbereitschaft in Betracht; in solchen Fällen liegt jedoch (auch) eine Änderung der Sorgerechtsregelung nahe (vgl OLG Frankfurt/Main ZfJ 1998, 343, 344: Androhung von Zwangshaft zur Erzwingung der Herausgabe des Kindes an den aufgrund neuer Sorgerechtsregelung alleine sorgeberechtigten anderen Elternteil).

Die **Androhung** ist **nach Verhängung von Zwangsmaßnahmen zu wiederholen**, wenn erneut Zwangsmaßnahmen verhängt werden sollen, auch wenn es sich um die Erzwingung derselben Verpflichtung handelt; eine Androhung, wonach der Pflichtige bei fortgesetztem Ungehorsam mehrfach einem Zwangsgeld in bestimmter Höhe verfällt, ist unzulässig (BayObLGZ 1974, 351; OLG Düsseldorf NJW-RR 1994, 710; OLG Frankfurt FamRZ 1980, 933; OLG Hamburg FamRZ 1996, 879; **aA** OLG Stuttgart Justiz 1978, 112). Hingegen verbraucht sich die Androhung nicht durch *einmalige Zuwiderhandlung*; auch wegen mehrfacher Verstöße kann aufgrund nur einmaliger Androhung eine Zwangsmaßnahme verhängt werden; die Androhung muß nicht vor jedem *Verstoß*, sondern nur vor jeder *Zwangsgeldfestsetzung* wiederholt werden (BayObLG FamRZ 1993, 823, 825).

**ee)** Gründe, die sich **gegen den Fortbestand der Umgangsregelung selbst** richten, **236** stehen der Androhung von Zwangsmaßnahmen zu deren Durchsetzung nicht entgegen; die Androhung ist nicht Teil der Umgangsregelung, sondern ergeht als Teil des Vollstreckungsverfahrens (OLG Karlsruhe FamRZ 1981, 203). Die Androhung kann sich jedoch, ebenso wie die Festsetzung von Zwangsmaßnahmen als unzulässig erweisen, wenn im Zeitpunkt ihres Erlasses bereits ein Verfahren zur **Abänderung der Umgangsregelung** eingeleitet ist (vgl auch unten Rn 239) oder wenn der Erfüllung der auferlegten Verpflichtung ein **unüberwindliches Hindernis** entgegensteht (OLG Brandenburg FamRZ 1996, 1092). Um ein solches handelt es sich jedoch nicht, wenn das noch nicht 10-jährige Kind sich weigert, den Umgangselternteil zu besuchen und der verpflichtete Elternteil bisher noch nicht versucht hat, mit sachgerechten erzieherischen Maßnahmen auf das Kind einzuwirken (OLG Brandenburg aaO; OLG Karlsruhe FamRZ 1998, 637, 638).

Der Androhung steht auch nicht entgegen, wenn eine endgültige Entscheidung über den Fortbestand der Umgangsregelung noch aussteht, jedoch zu erwarten ist, daß die

Regelung lediglich *modifiziert*, nicht aber *gänzlich aufgehoben* wird (OLG Hamm OLG Rp Hamm 1998, 302).

### e) Festsetzung der Zwangsmaßnahme

**237 aa)** Die Festsetzung der Zwangsmaßnahme, regelmäßig eines Zwangsgeldes nach § 33 Abs 1 FGG, dient der **Durchsetzung der Umgangsregelung**. Hingegen ist die Verhängung einer Zwangsmaßnahme **keine Bestrafung** für einen in der Vergangenheit liegenden Verstoß, sondern soll zukunftsbezogen den Willen des Verpflichteten beugen (OLG Celle FamRZ 1999, 173; OLG Hamm FamRZ 1995, 427; OLG Karlsruhe NJW-RR 1998, 939; OLG Zweibrücken FamRZ 1994, 508; OLG Zweibrücken FamRZ 1996, 877). Deshalb kann auch ein Zwangsgeld nicht schon festgesetzt werden, wenn dem Elternteil ein bereits vor der Androhung eingeleitetes Verhalten unter Zwangsgeldandrohung verboten wurde und lediglich danach zum Abschluß kommt, nicht aber wiederholt wird (OLG Frankfurt/Main FamRZ 2000, 52: Verbot der Fortsetzung kinderpsychologischer Untersuchungen des Kindes, Entgegennahme des letzten, vor der Androhung veranlaßten Gutachtens). Regelmäßig wird sich zwar erst aufgrund eines in der Vergangenheit liegenden Verstoßes die Notwendigkeit ergeben, die Umgangsregelung in Zukunft mittels Festsetzung eines Zwangsgeldes zu sichern; daß der vergangene Ungehorsam *Anlaß* zur Festsetzung gibt, steht der Festsetzung nicht entgegen, solange die Umgangsregelung auch künftig gesichert werden muß (OLG Karlsruhe NJW-RR 1998, 939; Palandt/Diederichsen Rn 67). Die Festsetzung scheidet aber aus, wenn die Androhung wegen eines *einmaligen Umgangstermins* erfolgt ist und sich dieser durch Zuwiderhandlung erledigt hat (OLG Karlsruhe NJW-RR 1998, 939). Dasselbe gilt, wenn der Zweck der Androhung, den Willen des Verpflichteten zu beugen, während des Festsetzungsverfahrens *erfüllt* ist (BayObLGZ 1974, 351, 353; OLG Hamm OLGZ 1975, 386; OLG Hamm FamRZ 1984, 183); es sei denn, es sind weitere Zuwiderhandlungen zu befürchten und die Zwangsgeldfestsetzung dient dem Antrieb für die künftige Erfüllung der Verpflichtung aus der Umgangsregelung (KG FamRZ 1979, 720; BayObLGZ 1961, 119, 123; BayObLGZ 1974, 351; BayObLG FamRZ 1984, 197; OLG Hamm OLGZ 1975, 386).

**238 bb)** Die Festsetzung setzt eine **schuldhafte Zuwiderhandlung**, also wenigstens Fahrlässigkeit des Verpflichteten voraus (OLG Braunschweig FamRZ 1972, 576; BayObLGZ 1974, 351; BayObLG NJWE-FER 1998, 184; OLG Celle FamRZ 1998, 1130; OLG Düsseldorf FamRZ 1978, 619; OLG Düsseldorf FamRZ 1998, 838). Auch wenn die faktische Vereitelung des Umgangsrechts zwar das Kindeswohl schädigt, jedoch auf einer **rechtmäßigen Handlung** des das Kind betreuenden Elternteils beruht, kommt eine Zwangsgeldfestsetzung nicht in Betracht. Eine in diesem Fall mögliche Reaktion auf die schuldlose Kindeswohlgefährdung durch *Änderung der Sorgerechtsverteilung* ist nicht im Vollstreckungsverfahren, sondern im Verfahren nach § 1696 zu verwirklichen (OLG Karlsruhe FamRZ 1996, 1094: Verlegung des **Aufenthalts** des Kindes; vgl dazu oben Rn 67 f).

**239 cc)** Die **Verweigerung des Umgangs durch das Kind** läßt nicht ohne weiteres das Verschulden des (alleine) sorgeberechtigten verpflichteten Elternteils entfallen. Nicht nur wenn Zweifel an der Selbstbestimmtheit des Kindeswillens bestehen (OLG Hamm FamRZ 1996, 363), sondern auch, wenn der Elternteil nicht die gebotenen erzieherischen Bemühungen unternimmt, das Kind von seinem entgegenstehenden Willen abzubringen (OLG Brandenburg FamRZ 1996, 1092; OLG Celle FamRZ 1999, 173; OLG Karlsruhe FamRZ 1998, 637, 638), kann gegen den verpflichteten Elternteil ein Zwangsgeld verhängt werden. Jedenfalls bei Kindern unter zehn Jahren ist davon auszugehen, daß erzieherische Maßnahmen erfolgreich sind (OLG Brandenburg FamRZ 1996, 1092; BezG Frankfurt/O FamRZ 1994, 58; OLG Hamm FamRZ 1996, 363), sofern nicht der Elternteil selbst dem Kind signalisiert, daß es sich seinen nur vorgetäuschten Erziehungsversuchen widersetzen möge (das dem Gericht vorgeführte „Scheitern guten Zuredens" – vgl OLG Zweibrücken FamRZ 1984, 508 – kann auch ein inszeniertes Theater sein). Zweifel an der gehörigen positiven Einflußnahme hat der verpflichtete Elternteil zu zerstreuen, vor allem dann, wenn er bei dem Kind ersichtlich hohe Autorität genießt (OLG Celle FamRZ 1999, 173).

Erweist sich, daß der verpflichtete Elternteil alle möglichen und zumutbaren Erziehungsmaßnahmen ergriffen hat, und bleibt das Kind bei seiner Weigerung, so kommt eine Fortsetzung der Zwangsvollstreckung gegen den Elternteil nicht in Betracht (BayObLG FamRZ 1984, 197; OLG Zweibrücken FamRZ 1984, 508; MünchKomm/Hinz § 1634 aF Rn 49 a; aA OLG Celle FamRZ 1987, 623). Gebeugt werden soll der Wille des verpflichteten Elternteils; befolgt dieser Elternteil die Regelung, so kann nicht mittelbar durch ein Zwangsgeld auf den Willen des Kindes eingewirkt werden.

Unzulässig ist in diesem Fall auch die Anordnung einer **Pflegschaft zur Aufenthaltsbestimmung** (zur Eigenständigkeit eines solchen Verfahrens gegenüber dem Vollstreckungsverfahren OLG Bamberg FamRZ 1998, 1130), damit der Pfleger für die Durchführung des Umgangs sorge. Hat der Elternteil alles getan, um das Kind zu überzeugen, so stehen auch einem Pfleger keine anderen Mittel zu Gebote als diejenigen, die das Gericht nach § 33 FGG anwenden kann (BGH NJW-RR 1986, 1264 unter Aufhebung von OLG Bamberg FamRZ 1985, 1175; vgl zur Gegenansicht auch AG Rosenheim DAVorm 1987, 144).

**dd)**  Die davon zu unterscheidende – jedoch korrespondierende – Frage der **Voll-** **240** **streckung gegen das Kind** ist durch § 33 Abs 2 S 2 FGG idF des KindRG eindeutig entschieden. Eine Gewaltanwendung gegen das Kind zum Zweck der Vollstreckung einer Umgangsregelung ist unzulässig (zum früheren Streit um diese Frage: Staudinger/ Peschel-Gutzeit[12] § 1634 aF Rn 438). Diese Regelung darf aber nicht einseitig als Ausdruck der Toleranz gegenüber der Umgangsverweigerung verstanden werden. Sie drückt aus, daß Gewalt gegenüber dem Kind generell dem Kindeswohl schadet. Ebenso, wie die Vollstreckung gegen den umgangsunwilligen Elternteil zweckwidrig erscheint, kommt auch eine Vollstreckung gegen das Kind nicht in Betracht (Johannsen/Henrich/Jaeger Rn 33).

Andererseits kommt dadurch jedoch der Frage, ob der das Kind betreuende Elternteil alles getan hat, um das Kind *umzustimmen* (soeben Rn 239), noch größere Bedeutung zu; denn Unklarheit in dieser Frage kann und darf nicht (mehr) dadurch gelöst werden, daß man das Kind mit Gewalt zum Umgang verbringt, anstatt mögliches Sorgerechtsversagen des betreuenden Elternteils aufzudecken (vgl dagegen noch BGH NJW-RR 1986, 1264: gewaltsame Erzwingung des Umgangs als milderes Mittel gegenüber einer Sorgerechtsänderung).

Ihr darf auch nicht dadurch ausgewichen werden, daß wegen der Problematik der Vollstreckung mit Zwang bereits im Umgangsregelungsverfahren das Umgangsrecht zurückgestellt wird (höchst zustimmenswert OLG Karlsruhe FamRZ 1990, 901, 902 f).

**ee)**  **Einwendungen** gegen die Umgangsregelung selbst können grundsätzlich nicht **241**

der Festsetzung des Zwangsgeldes entgegengesetzt werden, um nicht den Zweck des Vollstreckungsverfahrens zu unterlaufen (OLG Düsseldorf FamRZ 1993, 1349; OLG Hamburg FamRZ 1996, 1093; OLG Karlsruhe FamRZ 1981, 203; OLG Karlsruhe FamRZ 1998, 637, 638; OLG Zweibrücken FamRZ 1987, 90, 91; OLG Zweibrücken FamRZ 1996, 877, 878). Ggf muß sich der Verpflichtete um eine Änderung der Umgangsregelung (§ 1696) bemühen (OLG Hamm FamRZ 1996, 363).

Zu berücksichtigen ist jedoch, daß die durchzusetzende Regelung ggf von Amts wegen geändert werden müßte, wenn sie wegen veränderter Umstände nicht mehr mit dem Kindeswohl im Einklang steht (OLG Hamburg FamRZ 1996, 1093). Dies kann zwar nicht dazu führen, daß das mit der Vollstreckung befaßte Gericht die Regelung im Vorgriff unbeachtet läßt. Ist jedoch ein **Verfahren mit dem Ziel der Änderung** der Umgangsregelung bereits eingeleitet, so ist *dann für die Festsetzung eines Zwangsgeldes kein Raum* mehr, wenn das im Änderungsverfahren zuständige Familiengericht zu erkennen gegeben hat, daß es die beantragte Änderung im Interesse des Kindes für angezeigt hält, so daß der verpflichtete Elternteil im Zeitpunkt der Zuwiderhandlung mit einer Änderung rechnen durfte (OLG Hamburg FamRZ 1996, 1093 f; OLG Naumburg ZfJ 1997, 186; OLG Zweibrücken FamRZ 1996, 877, 878). Es kann aber auch schon in einem früheren Stadium am Verschulden fehlen, wenn der verpflichtete Elternteil das Änderungsverfahren eingeleitet hat, aber das FamG sich noch nicht mit der Sache befaßt hat, insbesondere keine *Verhaltensmaßregeln* hinsichtlich von Umgangsterminen in naher Zukunft gegeben hat. Insbesondere bei Vorliegen eines auf zeitweisen Ausschluß des Umgangs gerichteten Antrags auf Erlaß einer *einstweiligen Anordnung* muß das FamG erkennen, daß der verpflichtete Elternteil in eine Zwangslage kommt, wenn das Gericht ihn nicht vor dem nächsten Umgangstermin – wenigstens vorläufig – verbescheidet (OLG Düsseldorf FamRZ 1993, 1349).

Hingegen steht ein eingeleitetes Abänderungsverfahren der Festsetzung eines Zwangsgeldes *nicht entgegen*, wenn keine Tatsachen ersichtlich sind, die einen völligen Ausschluß des Umgangsrechts möglich erscheinen lassen und erkennbar ist, daß mit dem in Gang gesetzten Abänderungsverfahren lediglich die Zwangsgeldfestsetzung (ggf erst im Beschwerdeweg) ausgehebelt werden soll (OLG Bamberg FamRZ 1999, 173; OLG Zweibrücken FamRZ 1996, 877, 878). Ggf trägt der verpflichtete Elternteil die Last der *Substantiierung* guter Gründe für die Einleitung eines solchen Verfahrens (OLG Zweibrücken aaO, wo die Intensität der Substantiierungspflicht offengelassen wird).

**242 ff)** Die **Höhe des Zwangsgeldes** bestimmt sich nach den Umständen des Einzelfalles (BayObLG DAVorm 1982, 604, 610; BayObLG FamRZ 1993, 824, 825), die sich vollständig erst nach der Zuwiderhandlung beurteilen lassen (BGH NJW 1973, 2288). Es darf den *angedrohten* Betrag für jeden Fall der Zuwiderhandlung nicht überschreiten. Werden wegen mehrerer Zuwiderhandlungen in einem Beschluß Zwangsgelder verhängt, so betrifft diese Begrenzung nur das einzelne Zwangsgeld (vgl zur Höchstgrenze nach § 33 Abs 3 S 2 FGG: BayObLG FamRZ 1993, 824, 825). Maßgebliche Kriterien sind die hinter der Mißachtung stehende Willensentschlossenheit, der Grad des Verschuldens, die wirtschaftlichen Verhältnisse und die Wirkungslosigkeit bisheriger Zwangsgelder (BayObLGZ 1974, 351; BayObLG FamRZ 1993, 824, 825: Erhöhung für zweiten Verstoß innerhalb relativ kurzer Zeit). Die Bewilligung von Ratenzahlung ist unzulässig (OLG Karlsruhe FamRZ 1980, 624; **aA** OLG Hamm MDR 1958, 524; BASSENGE/HERBST § 33 FGG Rn 23).

Die **Umwandlung** eines nicht beitreibbaren Zwangsgeldes in Zwangshaft ist ausgeschlossen; anders als § 888 Abs 1 ZPO sieht § 33 FGG eine solche Umwandlung nicht vor (BayObLG FamRZ 1993, 825). Zu **Rechtsmitteln** im Vollstreckungsverfahren vgl unten Rn 442.

**4.    Umgangsvermittlungsverfahren (§ 52 a FGG)**

**a)    Zweck des Verfahrens, Verhältnis zur Vollstreckung**
**aa)**    Der durch das KindRG eingefügte § 52 a FGG schafft die Möglichkeit der   **243**
Durchführung eines gerichtlichen Vermittlungsverfahrens. Dieses Verfahren soll bei **Vorliegen einer gerichtlichen Umgangsentscheidung** den Eltern eine Chance geben, **vor dem Einsatz von Zwangsmaßnahmen** noch eine einverständliche Konfliktlösung zu suchen, ohne daß sie sich bereits mit konkreten Verfahrensanträgen gegenüberstehen (BT-Drucks 13/4899, 75). Das Verfahren ist hingegen nicht als Vermittlung **bei erstmaliger Einleitung** eines Umgangsverfahrens konzipiert. In diesem Stadium soll die Vermittlung weiterhin den außergerichtlichen Beratungsstellen, insbesondere der kostenlosen Beratung durch das Jugendamt überlassen bleiben (BT-Drucks 13/4899, 133). In Betracht kommt im Erstverfahren auch die Aussetzung nach § 52 Abs 2 FGG zur Inanspruchnahme einer Beratung; in Umgangsverfahren ist freilich besonders die Gefahr der *für das Kindeswohl nachteiligen Verzögerung* (§ 52 Abs 2 FGG) zu bedenken.

**bb)**    Gegen die Regelung ist im Gesetzgebungsverfahren die **Kompliziertheit** des   **244**
Verfahrensablaufs, vor allem aber die Gefahr der sanktionslosen **Verschleppung** der Durchsetzungs des Umgangs eingewendet worden (Stellungnahme des Bundesrates BT-Drucks 13/4899, 163). Von anderer Seite wird ein Konflikt zwischen dem zugrundeliegenden Gedanken der **Freiwilligkeit** und den in § 52 a Abs 2 und 3 FGG angeführten **Sanktionsdrohungen** gesehen (vgl Deutscher Familiengerichtstag FamRZ 1997, 337, 342; JOHANNSEN/HENRICH/BRUDERMÜLLER § 52 a FGG Rn 3, dies sei letztlich hinnehmbar, weil das Verfahren in der Praxis einen Teil des Vollstreckungsverfahrens darstelle).

Diese Thesen beschreiben deutlich die zwei denkbaren verfahrenspsychologischen Ansätze gerichtlicher Umgangsentscheidungen: Der *entschlossenen Entscheidung*, Umgangsverschlepppung nicht zu dulden – also mit Maßnahmen nach § 33 FGG zu reagieren – steht die eine Weile beliebte *sanftmütige Entscheidung* gegenüber, die auf Verständnis setzt. § 52 a FGG beschreibt bei rechter Nutzung durch die Rechtsprechung einen dritten Weg: Den Appell an die *Vernunft*. Es soll noch ein letztes Mal Einverständnis gesucht werden, nicht so sehr, weil Einverständnis dem Unvernünftigen weniger weh tut, sondern weil eine einverständliche Regelung stabiler ist (BT-Drucks 13/4899, 173; FamRefK/MAURER § 52 a FGG Rn 3). Dies dient dem Kindeswohl, ist also eine geringe Verzögerung vor Einleitung der Vollstreckung wert, zumal Vollstreckungsmaßnahmen ebenfalls nicht sofort greifen (BT-Drucks 13/4899, 173). Wer aber an die Vernunft appellieren will, bedarf auch der Autorität; richterliche Autorität aber beruht – man mag dies bedauern, weil es das Bild einer Gesellschaft spiegelt, in der man nur tut, was man muß, nicht was man soll – nur ganz ausnahmsweise auf der Überzeugungskraft der Richterpersönlichkeit, meist dagegen auf den ihm verfügbaren Sanktionen. Der wehrlose Richter wäre ein untauglicher Vermittler; und deshalb, nicht etwa, weil § 52 a FGG förmlich schon Teil der Vollstreckung wäre, bedarf es der Sanktionsdrohung. Im übrigen erweitert § 52 a FGG nicht die bestehenden Sanktionen, sondern verdeutlicht ihren Einsatzbereich.

Entscheidend für das Gelingen des Vermittlungskonzepts wird sein, daß es den Familienrichtern gelingt, aus der Rolle des Entscheidungsorgans in die des Vermittlers zu wechseln, ohne dabei die Autorität zu verleugnen, die hinter ihrer Entscheidungszuständigkeit steht. Das ist nicht zuletzt ein Zeitproblem (zutreffend JOHANNSEN/HENRICH/BRUDERMÜLLER § 52 a FGG Rn 3; Bedenken äußert auch WILLUTZKI KindPrax 1998, 10, 11 und ruft zu Engagement der Familiengerichte auf: WILLUTZKI KindPrax 1998, 37, 39); insbesondere muß eine Anhörung stattfinden, die – ganz anders als im Vollstreckungsverfahren – das Ansprechen bereits entschiedener Fragen erlaubt und um *Verständnis* für die getroffene Entscheidung wirbt, auch wenn es vorrangig um deren Umsetzung geht.

**245 cc)** Das Verhältnis des Verfahrens nach § 52 a FGG zu **Vollstreckungsmaßnahmen** nach § 33 FGG entspricht in seiner formalen Gestalt weitgehend diesem inhaltlichen Ziel: § 52 a FGG ist **kein notwendiges Vorschaltverfahren** (irreführend OLG Zweibrücken DAVorm 1999, 783: Zwangsmediation); die Ausgestaltung als Antragsverfahren stellt sicher, daß nicht nur das Gericht unter den Voraussetzungen des § 52 a Abs 1 S 2 FGG, sondern auch die Eltern, indem kein Antrag gestellt wird oder der Antragsgegner nicht zum Termin erscheint (§ 52 a Abs 5 S 1 FGG), die Aussichtslosigkeit eines Vermittlungsversuchs beurteilen und daraus die Konsequenz eines sofortigen Vollstreckungsverfahrens ziehen dürfen. Freilich ist es wünschenswert, daß der Vollstreckung die Suche nach einer mediativen Lösung vorangeht (vgl WEISBRODT KindPrax 2000, 9, 16) und es ist auch zu erwarten, daß häufig ein solches Verfahren versucht werden wird (DICKMEIS ZfJ 1998, 193, 200), weil gerade ein verständiger Umgangselternteil nach einer dauerhaften Befriedung der Umgangsfrage streben wird.

Solange ein Vermittlungsverfahren nach § 52 a FGG **anhängig und nicht gescheitert** ist, kommen jedoch Vollstreckungsmaßnahmen nicht in Betracht; auch eine – förmliche – Androhung von Zwangsmaßnahmen scheidet aus (zutreffend OLG Zweibrücken DAVorm 1999, 783). Das folgt aus dem Zweck des § 52 a FGG, auf eine Verständigung hinzuwirken, sowie aus der Systematik des § 52 a FGG, der in Abs 5 S 2 bei *Scheitern* den Übergang zur Prüfung von Zwangsmitteln ua vorsieht.

Ein **kostenrechtlicher Anreiz** zur Nutzung des Vermittlungsverfahrens ergibt sich aus § 52 a Abs 5 S 3 FGG: Endet das Vermittlungsverfahren erfolglos und wird von Amts wegen oder auf binnen eines Monats gestellten Antrag ein weiteres Verfahren, insbesondere ein Vollstreckungsverfahren eingeleitet, so entsteht durch das Vermittlungsverfahren kein Kostennachteil; dessen Kosten sind Teil der Kosten des anschließenden Verfahrens.

**b) Verfahrenseinleitung, Zuständigkeit, Beteiligte (Abs 1)**

**246 aa)** Das Verfahren nach § 52 a FGG ist ein **selbständiges Verfahren**, das nicht im Verbund mit der Ehescheidung oder einer Folgesache stehen kann (FamRefK/MAURER § 52 a FGG Rn 6): Verfahrensvoraussetzung ist das Vorliegen einer **gerichtlichen Umgangsregelung** (OLG Hamm FamRZ 1998, 1303; OLG München FamRZ 1999, 522; PRINZ ZU WIED FuR 1998, 193), die wirksam geworden ist (BASSENGE/HERBST § 52 a FGG Rn 1). Eine gerichtlich gebilligte **Umgangsvereinbarung** genügt; nicht erforderlich ist, daß es sich um eine Umgangsvereinbarung aus einem früheren Vermittlungsverfahren (§ 52 a Abs 4 S 3 FGG) handelt (so aber wohl BASSENGE/HERBST § 52 a FGG Rn 1).

**bb)**   Das Verfahren wird **eingeleitet** durch den **Antrag** eines Elternteils, der hierzu **247**
geltend macht, daß der andere Elternteil die Durchführung der gerichtlichen Umgangsverfügung vereitelt oder erschwert (§ 52 a Abs 1 S 1 FGG). Andere Umgangsberechtigte (§ 1685) sind nicht antragsberechtigt (JOHANNSEN/HENRICH/BRUDERMÜLLER
§ 52 a FGG Rn 4). **Von Amts wegen** kann das Verfahren nicht eingeleitet werden; dies
folgt aus dem mit dem Sinn und Zweck übereinstimmenden Wortlaut (BT-Drucks 13/
4899, 69: „freiwillig"; RAUSCHER FamRZ 1998, 341; FamRefK/MAURER § 52 a FGG Rn 9; **aA** BRAK-
Ausschuß Familienrecht BRAK-Mitt 1997, 150, 156). Liegt eine Umgangsregelung vor und
wird ein Antrag auf Abänderung oder Ausschluß des Umgangsrechts gestellt, so
kann dieser Antrag als Vermittlungsantrag ausgelegt werden. Zwingend ist jedoch
eine solche Auslegung nicht; der Vermittlungswunsch muß vielmehr eindeutig, wenngleich nicht ausdrücklich sein (PRINZ ZU WIED FuR 1998, 193). Wünscht der Antragsteller
ausdrücklich keine Vermittlung iSd § 52 a FGG und stellt auch der Antragsgegner
keinen entsprechenden Antrag, so kann ihm das Gericht dieses Verfahren nicht als
Vorschaltverfahren oktroyieren (zumindest zweifelhaft die Antragsauslegung OLG Hamm
FamRZ 1998, 1303).

**Zuständig** ist das **Familiengericht**; eine Einleitung vor dem Beschwerdegericht ist
nicht zulässig (PRINZ ZU WIED FuR 1998, 193, 194). Das Vermittlungsverfahren ist im
Annex zu § 621 Abs 1 Nr 2 ZPO **Familiensache**, obgleich die Zuweisung nicht aus
dem BGB, sondern aus § 52 a Abs 1 S 1 FGG folgt (FamRefK/MAURER § 52 a FGG Rn 7);
die **örtliche Zuständigkeit** folgt aus §§ 621 a Abs 1 S 1 ZPO, 64 Abs 3 S 2, 36 FGG.
§ 621 Abs 2 S 1 Nr 2 ZPO ist nicht anwendbar, das Verfahren also **nicht Verbundsache**, da sein Ziel nicht die *Regelung* des Umgangs ist (FamRefK/MAURER § 52 a FGG
Rn 8).

**cc)**   Das Familiengericht kann die Vermittlung nach pflichtgemäßem Ermessen **(nur 248
dann) ablehnen**, wenn bereits ein Vermittlungsverfahren oder eine – in einem Vermittlungsverfahren vereinbarte (§ 52 a Abs 5 S 1 FGG; BT-Drucks 13/4899, 133; JOHANN-
SEN/HENRICH/BRUDERMÜLLER § 52 a FGG Rn 5) – außergerichtliche Beratung erfolglos
geblieben ist. Das Scheitern einer außergerichtlichen Beratung ohne vorangegangene gerichtliche Vereinbarung ist kein Ablehnungsgrund. Eine **außergerichtliche
Beratung** nach § 18 SGB VIII ist auch **nicht Voraussetzung** für die Einleitung des
Verfahrens; das Familiengericht kann die Vermittlung nicht unter Hinweis auf die
Beratungsmöglichkeit nach § 18 SGB VIII ablehnen (OLG Hamm FamRZ 1998, 1303).

Ist ein früheres Vermittlungsverfahren durch Nichterscheinen eines Elternteils gescheitert (§ 52 a Abs 5 S 1 FGG) und entschuldigt dieser Elternteil nach erfolglosem
Abschluß jenes Verfahrens sein Nichterscheinen, so kann dies als neuer Vermittlungsantrag behandelt werden, dem trotz des Scheiterns der ersten Vermittlung Folge
zu geben sein kann (PRINZ ZU WIED FuR 1998, 194, 195).

**c)   Vermittlungstermin (Abs 2, 3)**
**aa)**   Kernstück der Vermittlung ist der Vermittlungstermin. Das Gericht muß – um **249**
den Zweck zu erreichen und eine Verschleppung zu vermeiden – **alsbald die Eltern
hierzu laden**. Das persönliche Erscheinen „soll" angeordnet werden (§ 52 a Abs 2 S 2
FGG); dabei besteht praktisch kaum Ermessen des Gerichts, denn ein Vermittlungsverfahren unter alleiniger Beteiligung des Verfahrensbevollmächtigten einer Seite
kann schwerlich die Überzeugungsarbeit leisten, auf die die Bestimmung zustrebt

(deshalb auch keine **Rechtsanwaltsbeiordnung** bei PKH-Gewährung erforderlich: OLG Hamm FamRZ 1998, 1303; OLG Bamberg 2 WF 109/98 JURIS; FamRefK/Maurer § 52 a FGG Rn 39). Das persönliche Erscheinen sichert die ausreichende und unmittelbare Erörterung des Konflikts (BT-Drucks 13/4899, 134). Ordnungsmittel können jedoch auch nach Anordnung des persönlichen Erscheinens nicht verhängt werden, weil das Verfahren insoweit freiwillig ist; Folge des Nichterscheinens ist die Erfolglosigkeit des Verfahrens (FamRefK/Maurer § 52 a FGG Rn 21).

Hingegen hat das Gericht hinsichtlich der Einladung des **Jugendamts** Ermessen (§ 52 a Abs 2 S 4 FGG). Die Teilnahme des Jugendamts kann sinnvoll sein, wenn dieses im vorangegangenen Umgangsverfahren von seinen Mitwirkungsmöglichkeiten Gebrauch gemacht hat oder wenn überlegt werden soll, inwieweit Möglichkeiten einer außergerichtlichen Konfliktlösung über das Jugendamt bestehen (BT-Drucks 13/4899, 134). Auch das Jugendamt muß der „Einladung", die nicht zu einer Anhörung nach § 49 a FGG ergeht, nicht Folge leisten (Wiesner ZfJ 1998, 269, 277); allerdings sollte das Jugendamt die Einschätzung des Familiengerichts akzeptieren und einer Einladung folgen.

Der erforderliche (§ 52 a Abs 2 S 3 FGG) **Hinweis auf die möglichen Rechtsfolgen nach Abs 5** im Fall des erfolglosen Vermittlungsverfahrens erinnert formal an Belehrungen über Säumnisfolgen, hat hier aber die Funktion, die beschriebene Ausgewogenheit von Freiwilligkeit und Autorität zu sichern: Es wird der Ladung Nachdruck verliehen (BT-Drucks 13/4899, 134) und verdeutlicht, daß das Fernbleiben nicht zur Verschleppung, sondern zu sofortigem Eintritt des Gerichts in die Erwägung der in Abs 5 genannten Maßnahmen führt (FamRefK/Maurer § 52 a FGG Rn 18; Rauscher FamRZ 1998, 330, 341).

**250 bb)** Die **Beteiligung des Kindes** am Vermittlungstermin erwähnt § 52 a FGG nicht. Teilweise wird vertreten, seine Ladung, sowie ggf die Bestellung eines Verfahrenspflegers nach § 50 FGG sei angesichts der Betroffenheit des Kindes selbstverständlich (Prinz zu Wied FuR 1998, 193, 194). Das ist nicht zweifelsfrei. Der Gesetzgeber hat die Beteiligung des Kindes wohl nicht vergessen oder als selbstverständlich erachtet, sondern ist von der Situation eines Konflikts um die bloße *Durchführung* der Umgangsregelung ausgegangen. Hier ist eine Beteiligung des Kindes entbehrlich; eine Teilnahme des Kindes am Vermittlungstermin, selbst die Anwesenheit eines Pflegers für das Kind kann die Vermittlungssituation belasten. Jedenfalls ist die Beteiligung des Kindes nicht zwingend (FamRefK/Wagner § 52 a FGG Rn 23; Bassenge/Herbst § 52 a FGG Rn 5).

Andererseits ist die Nichtbeteiligung des Kindes unbefriedigend, wenn die Umgangsregelung durch Vereinbarung der Eltern **geändert** wird (§ 52 a Abs 4 S 3 FGG), insbesondere, wenn eine Umgangsregelung betroffen ist, die auf Antrag des Kindes ergangen ist (zutreffend FamRefK/Maurer § 52 a FGG Rn 17). Eine Beteiligung des Kindes kann also – besonders bei älteren Kindern – zweckmäßig sein (Bassenge/Herbst § 52 a FGG Rn 5). Das Problem läßt sich in der Praxis wohl am ehesten dadurch lösen, daß das Gericht das Kind *vor dem Vermittlungstermin* anhört. Der Familienrichter wird schwerlich konzeptionslos in die Vermittlung mit den Eltern gehen; insbesondere wird eine Vereinbarung nach § 52 a Abs 4 S 3 FGG das Gericht nicht überraschend treffen, sondern in aller Regel vom Gericht initiiert sein. Die vorherige Anhörung

des Kindes eröffnet dann dem Gericht die notwendige Prüfung der Kindeswohldienlichkeit (§ 52 a Abs 4 S 3 FGG). Zu denken ist auch daran, das Kind zum Termin zu
laden, um es anschließend – vor Protokollierung – zum Ergebnis der Vermittlung
anzuhören, die Vermittlung jedoch jedenfalls ohne Teilnahme des Kindes durchzuführen. Erforderlichenfalls muß das Gericht vor der Protokollierung einer Einigung
weitere Ermittlungen anstellen, wozu auch die (erneute) Anhörung des Kindes treten kann (FamRefK/Maurer § 52 a FGG Rn 29). Die notwendige Beschleunigung des
Verfahrens steht dem bei Einigungsbereitschaft der Eltern zwar nicht zwingend
entgegen, doch sollte die Einheitlichkeit des Vermittlungstermins möglichst gewahrt
werden.

**cc)**  Die **Gestaltung des Vermittlungstermins** ist im Gesetz außergewöhnlich einge-  **251**
hend (Prinz zu Wied FuR 1998, 193, 194) beschrieben (§ 52 a Abs 3 FGG). Auch hier
kommt die Ausgewogenheit zwischen Einvernehmen und Autorität zum Ausdruck.
Die Darstellung der möglichen Folgen für das Wohl des Kindes (Abs 3 S 1) und die
Pflicht zum Hinweis auf außergerichtliche Beratungsmöglichkeiten (Abs 3 S 3) muß
sicher nicht in jedem Fall zwingend durch eine vollständige Aufzählung der möglichen Maßnahmen nach § 33 FGG und §§ 1666, 1671, 1696 begleitet sein. Das Gesetz
fordert aber den Richter durch die Gestaltungshinweise eindeutig auf, auch die
Autorität der Umgangsentscheidung in geeigneter Weise in die Vermittlung einzubeziehen, erlaubt ihm also nicht den Standpunkt resignierter Nachgiebigkeit. Anscheinend besteht in der Praxis ein Bedürfnis nach diesem Rückhalt im Gesetz, weil
gerade Hinweise an besonders uneinsichtige Elternteile offenbar gerne als Drohung
und Anlaß zur Ablehnung wegen Besorgnis der Befangenheit interpretiert werden
(Prinz zu Wied FuR 1998, 193, 194).

Eigene Ermittlungen, auch zu den Gründen der Hindernisse bei der Durchführung
der Umgangsregelung, stellt das Gericht grundsätzlich nicht an (FamRefK/Wagner
§ 52 a FGG Rn 22).

**d)    Erfolgreiche Vermittlung (Abs 4)**
**aa)**   Ziel der gerichtlichen Vermittlung ist es, **Einvernehmen zwischen den Eltern**  **252**
über die Ausübung des Umgangs herzustellen (§ 52 a Abs 4 S 1 FGG). Diese Einigung kann darin bestehen, daß die vorhandene Umgangsregelung durchgeführt wird,
nachdem Streit über periphere Fragen der Durchführung ausgeräumt ist. Die Einigung kann aber auch in einer von der gerichtlichen Verfügung abweichenden Regelung des Umgangs bestehen.

**bb)**   Das Ergebnis der Vermittlung ist zu **protokollieren** (§ 52 a Abs 4 S 2 FGG).  **253**
Gelangen die Eltern allerdings zu einer von der gerichtlichen Regelung abweichen-
den Umgangsregelung, so prüft das Gericht zunächst, ob die neue Regelung dem
Kindeswohl *nicht widerspricht*. Ansonsten ist die Protokollierung zu versagen. Dies
kann erfordern, daß das Gericht in diesem Stadium, sofern es nicht vorbereitend das
Kind (oben Rn 250), ggf das Jugendamt angehört hat, eigene Ermittlungen (§ 12 FGG)
zum Kindeswohl anstellt und ggf Anhörungspflichten (§§ 50 a bis 50 c FGG, § 49 a
SGB VIII) erfüllt (FamRefK/Maurer § 52 a FGG Rn 29). Freilich wird sich bei gehöriger
Vorbereitung des Vermittlungstermins die Problematik der Kindeswohlprüfung ohne
vorherige Erhebungen meist nicht in der Schärfe stellen, wie sie gelegentlich in der
Theorie gesehen wird (FamRefK/Maurer aaO). Das Gericht wird, wenn nicht aus

eigener Kenntnis, so durch Beiziehung der Akten des Umgangsregelungsverfahrens, häufig auf die Erkenntnisse dieses Ausgangsverfahrens zurückgreifen können. Sofern keine neuen Gesichtspunkte aufgetreten sind, sondern (nur) der häufige Streit um subjektiv aufgebauschte Kleinigkeiten besänftigt werden mußte, wird in aller Regel die Bandbreite der dem Kindeswohl nicht nachteiligen Ausgestaltungsmöglichkeiten des Umgangs sehr groß sein, wenn nur diese Regelung konfliktfrei durchgeführt wird.

**254 cc)** Der **protokollierte Vergleich** tritt an die Stelle der bisherigen gerichtlichen Umgangsverfügung, soweit die Eltern eine abweichende Regelung treffen (§ 52 a Abs 4 S 3 Hs 2 FGG). Er ist in diesem Fall insbesondere auch vollstreckungsfähig, sofern er hinreichend bestimmt ist – worauf das Gericht bei der Protokollierung hinzuwirken hat. *Nur* in diesem Fall entfällt das Erfordernis der *gerichtlichen Billigung* (oben Rn 121 ff; kommt hingegen der Vergleich nicht im Verfahren nach § 52 a FGG zustande – sondern zB anstelle einer ersten Umgangsregelung – so ist das Erfordernis der Billigung nicht obsolet; § 52 a Abs 4 S 3 bestätigt sogar das Erfordernis der Billigung eines Vergleichs der Eltern, sofern dieser vollstreckbar sein soll: BT-Drucks 13/4899, 134; OLG Köln FamRZ 1998, 961, 962; unzutreffend daher JOHANNSEN/HENRICH/BRUDERMÜLLER § 52 a FGG Rn 11; auch eine analoge Anwendung von § 52 a Abs 4 S 3 FGG kommt allenfalls in einem Änderungsverfahren nach § 1696 in Betracht, sofern das Gericht über § 52 FGG eine Einigung herbeiführt, nicht aber für ein Einvernehmen in einem Verfahren auf *erstmalige* Umgangsregelung: BASSENGE/HERBST § 52 a FGG Rn 12); § 52 a Abs 4 S 3 FGG setzt ja gerade voraus, daß das Gericht den Vergleich als kindeswohlentsprechend billigt, ehe es ihn protokolliert. Vor der Verhängung von Maßnahmen nach § 33 FGG bedarf es – wie sonst auch – der **Androhung**. Diese kann nach pflichtgemäßem Ermessen des Gerichts auch im Anschluß an die Protokollierung im Vermittlungsverfahren ergehen (JOHANNSEN/HENRICH/BRUDERMÜLLER § 52 a FGG Rn 11).

Weichen die Eltern nur teilweise ab, so ersetzt der Vergleich nicht die bisherige Regelung, sondern tritt neben sie („soweit" in Abs 4 S 3); es empfiehlt sich jedoch zur Vermeidung späterer Unklarheiten eine vollständige Protokollierung der erzielten Gesamtregelung.

§ 52 a Abs 4 S 3 Hs 2 FGG ist entsprechend anzuwenden, wenn die Eltern zwar nicht von der gerichtlichen Umgangsregelung abweichen, jedoch **ergänzende Regelungen** treffen, welche die Durchführung präzisieren. Ist es wegen solcher Nebenfragen des Umgangs zu Streit gekommen (Kleidung des Kindes, bestimmte Freizeitaktivitäten, Ernährung etc während des Umgangs), so legt der streitbeilegende Zweck des Vermittlungsverfahrens es nahe, auch insoweit eine vollstreckbare Regelung zu erzielen. Diese tritt insoweit ergänzend neben die gerichtliche Verfügung.

**255 dd)** Auf den ersten Blick erscheint es merkwürdig, daß das Gesetz bereits das Einvernehmen über die **nachfolgende Inanspruchnahme außergerichtlicher Beratung** als Erfolg eines gerichtlichen Vermittlungsverfahrens behandelt (Umkehrschluß aus § 52 a Abs 5 S 1 2. Alt FGG; BT-Drucks 13/4899, 134; WILLUTZKI KindPrax 1998, 10, 11), welcher das Verfahren beendet (BT-Drucks 13/4899, 134). Es liegt die Gefahr einer Verschleppung hier nicht fern. Läßt sich freilich der Antragsteller auf eine solche Einigung ein, so muß zunächst eine Vollstreckung dahinstehen; daß es dennoch nicht zu einer ungebührlichen Verzögerung kommt, wird dadurch sichergestellt, daß auch die Einigung über die außergerichtliche Beratung das Vermittlungsverfahren *abschließt* und im Fall des Scheiterns dieser außergerichtlichen Beratung das Gericht ein *weiteres Vermittlungsverfahren* ablehnen kann (§ 52 a Abs 1 S 2 FGG), so daß sodann unmittelbar die in § 52 a Abs 5 S 2 FGG genannten Maßnahmen zu erwägen sind. Das Scheitern außergerichtlicher Beratung führt also zwar formal nicht zur Erfolglosigkeit des Vermittlungsverfahrens iSd § 52 a Abs 5 FGG. Regelmäßig ist aber ein zweites Vermittlungsverfahren nicht mehr zu gewähren, so daß in der Sache die in Abs 5 S 2 vorausgesetzte Situation eintritt.

### e) Erfolglose Vermittlung (Abs 5)

**aa)** Die Vermittlung ist **erfolglos**, wenn weder Einvernehmen über den Umgang **256** noch über eine nachfolgende Inanspruchnahme außergerichtlicher Beratung erreicht wird, oder wenigstens ein Elternteil im Vermittlungstermin nicht erscheint (§ 52 a Abs 5 S 1 FGG). Letztgenannte Voraussetzung tritt freilich nicht ein, wenn das Gericht ausnahmsweise *nicht das persönliche Erscheinen angeordnet* hat (oben Rn 249) und der nicht erschienene Elternteil ordnungsgemäß vertreten ist. Scheitert das Verfahren mangels Einigung, so werden die Streitpunkte **protokolliert**, um für das sich anschließende Amtsverfahren nach § 52 a Abs 5 S 2 FGG die unterschiedlichen Auffassungen der Eltern klarzustellen (BT-Drucks 13/4899, 134).

**bb)** Die Erfolglosigkeit des Verfahrens wird durch **nicht anfechtbaren Beschluß** **257** festgestellt (§ 52 a Abs 5 S 1 HS 2 FGG). Diese Regelung scheint zunächst überflüssig förmlich; sie ist jedoch ein wesentliches Element, um zu verhindern, daß das Verfahren zur Verschleppung mißbraucht wird. Der Beschluß ist zwar nicht formell Voraussetzung für den Eintritt in die Prüfung von Maßnahmen nach § 33 FGG oder §§ 1666, 1696. Solange jedoch ein Vermittlungsverfahren schwebt, widerspricht der Eintritt in die Prüfung solcher Maßnahmen dem Zweck des Verfahrens. Zudem ist der Beschluß Voraussetzung für die Ablehnung eines erneuten Vermittlungsantrags nach § 52 a Abs 1 S 2 FGG).

**cc)** Wesentliche Konsequenz des Scheiterns der Vermittlung ist, daß das Gericht **258** nunmehr **von Amts wegen** in die Prüfung eintritt, ob und welche Maßnahmen zum Wohl des Kindes zu ergreifen sind. Anträge der Eltern sind hierzu nicht erforderlich (mißverständlich PRINZ ZU WIED FuR 1998, 194, 195). Leitet das Gericht ein solches Verfahren ein, so ist dies ein gegenüber dem – abgeschlossenen – Vermittlungsverfahren selbständiges Verfahren (BASSENGE/HERBST § 52 a FGG Rn 11; das aber **kostenrechtlich** nach § 52 a Abs 5 S 3 FGG das Vermittlungsverfahren einschließt, wenn es von Amts wegen oder auf einen binnen eines Monats gestellten Antrag eingeleitet wird). Diese formale Verfahrenstrennung hindert nicht daran, im selben Termin, in dem die Vermittlung scheitert, bereits das Verfahren nach § 52 a Abs 5 S 2 FGG einzuleiten oder bei Entscheidungsreife eine Verfügung zu erlassen (JOHANNSEN/HENRICH/BRUDERMÜLLER § 52 a FGG Rn 14); eine solche Verfügung kommt insbesondere in Betracht, wenn wegen der Nichtbefolgung der gerichtlichen Umgangsregelung bisher ein Zwangsgeld noch nicht angedroht wurde, weil das Scheitern der Vermittlung regelmäßig ohne weiteren Prüfungsbedarf eine solche Androhung nahelegt.

**dd)** Der Gesetzgeber des KindRG hat neben der Möglichkeit der Einleitung von **259** Vollstreckungsmaßnahmen nach § 33 FGG ausdrücklich in § 52 a Abs 5 S 2 FGG die Prüfung von **Maßnahmen in Bezug auf die Sorge** als mögliche Reaktion angeführt. Damit wird jedenfalls verdeutlicht, daß ein sorgeberechtigter Elternteil, der wiederholt die Ausübung des Umgangsrechts erschwert oder vereitelt, Gefahr läuft, die elterliche Sorge ganz oder teilweise zu verlieren (Wiesner ZfJ 1998, 275, 277). Dieser zustimmungswürdige gesetzgeberische Hinweis ist vor dem Hintergrund zu sehen, daß Familiengerichte bisher regelmäßig vor dieser Reaktion zurückgeschreckt sind, weil sie der oft gleichsam dogmatisch vertretenen These folgten, dies beeinträchtige das Kindeswohl noch stärker als die Störung des Umgangs – eine These, die sich freilich in Ländern, die Umgangsvereitelung und Sorgerechtsbeschränkung in einem sehr engen Verhältnis sehen, nicht bestätigt hat (Willutzki KindPrax 1998, 10, 11 zur skandinavischen Erfahrung). Das bedeutet keine Aufforderung zum regelmäßigen Sorgerechtsentzug bei Umgangsvereitelung, sondern eine Bewußtmachung des verfügbaren Regelungsrahmens, der nur im Interesse des Kindeswohls ausgeschöpft werden kann, wenn das Gericht sich nicht durch Fehlvorstellungen eingeschränkt sieht (vgl im einzelnen oben Rn 100 ff, 109 ff).

**VII. Einschränkung und Ausschluß des Umgangsrechts oder des Vollzugs früherer Entscheidungen (Abs 4 S 1, 2)**

**1. Umgangsrecht: Eingriffsvoraussetzungen**

**a) KindRG: Zwei Eingriffsschwellen**

**260 aa)** Abs 4 unterscheidet hinsichtlich der Kindeswohlbetroffenheit, die für eine Einschränkung oder den Ausschluß des Umgangsrechts erreicht sein muß, seit der Fassung durch das KindRG erstmals **zwei Eingriffsschwellen**. Grundsätzlich kann das Familiengericht eine solche Maßnahme treffen, soweit dies zum **Wohl des Kindes erforderlich** ist (Abs 4 S 1). Eine Einschränkung *für längere Zeit* oder ein Ausschluß setzt hingegen voraus, daß andernfalls das **Wohl des Kindes gefährdet** wäre (Abs 4 S 2). Diese unterschiedlichen Schwellen gelten auch für die – ebenfalls neue – Möglichkeit der Einschränkung/des Ausschlusses des Vollzuges früherer Umgangsentscheidungen (zu diesem Instrument im einzelnen unten Rn 301 ff).

**261 bb)** Diese im Rechtsausschuß angebrachte Differenzierung soll gezielt die **gesetzliche Schwelle erhöhen** für den Ausschluß und die dauerhafte Einschränkung des Umgangsrechts oder seines Vollzugs. Der Gesetzgeber greift auf eine Tendenz zurück, die der BGH (FamRZ 1984, 1084; FamRZ 1988, 711; NJW 1994, 312) auf dem Hintergrund der umgangsfreundlichen Rechtsprechung des BVerfG (BVerfGE 31, 194, 209) entwickelt hatte, strengere Anforderungen an den Ausschluß des Umgangsrechts zu stellen und vollzieht diese Tendenz im Gesetz nach (BT-Drucks 13/8511, 74). Die Neufassung ist aber darüber hinaus bedeutsam, weil sie die bis in jüngste Zeit diskutierte Streitfrage um die Eingriffsschwelle des **§ 1634 Abs 2 S 2 aF** ebenfalls abschließt.

**b) Verhältnis zum Streit um § 1634 Abs 2 S 2 aF**

**262 aa)** **Abs 4 S 1** stimmt mit **§ 1634 Abs 2 S 2 aF** (seit der Fassung durch das GleichberG; zur älteren Historie der Norm s Staudinger/Peschel-Gutzeit[12] § 1634 aF Rn 253–260) hinsichtlich der Schwelle weitgehend überein. Lediglich wird durch die Verwendung des Wortes „soweit" anstelle des bisherigen „wenn" klargestellt, daß das Kindeswohl nicht nur über das Ob des Eingriffs, sondern auch über die Reichweite befindet; dies beinhaltet keine Änderung gegenüber der bisherigen Rechtsprechung (BT-Drucks 13/4899, 106). Zu § 1634 Abs 2 S 2 aF bestand jedoch Streit über die Höhe der Eingriffsschwelle „zum Wohl des Kindes erforderlich". Die Deutung bewegte sich zwischen den von **§ 1666 einerseits** und **§ 1696 Abs 1 andererseits** als allgemeineren Eingriffs-

normen des Kindschaftsrechts beschriebenen Grenzen – und es empfiehlt sich unbedingt, in dem ohnehin fließenden Bereich zwischen Kindeswohldienlichkeit und
Kindeswohlgefährdung keine zusätzlichen kunstvollen theoretischen Abgrenzungen
zu setzen, die sich in praxi nicht ausfüllen lassen.

**bb)** Verbreitet wurde vertreten, dieser Maßstab sei dem des § 1666 gleich, die Maß- **263**
nahme nach § 1634 Abs 2 S 2 aF setze eine **Gefährdung des Kindeswohls** voraus
(BVerfGE 31, 194, 209; BGH NJW 1980, 454; OLG Stuttgart NJW 1981, 404; OLG Celle FamRZ
1990, 1026; MünchKomm/Hinz § 1634 aF Rn 42; wNachw zu dieser hM Staudinger/Peschel-
Gutzeit[12] § 1634 aF Rn 262 ). Die jüngere Rechtsprechung zu § 1634 aF folgte weitgehend der Präzisierung durch den BGH (FamRZ 1984, 1084; FamRZ 1988, 711; NJW 1994,
312), wonach für einen *Ausschluß* des Umgangsrechts eine nicht durch eine bloße
Einschränkung abwendbare Gefährdung des Kindeswohls gegeben sein muß (OLG
Celle NJW-RR 1990, 1290; OLG Celle FamRZ 1998, 971, 972; OLG Düsseldorf FamRZ 1994, 1277;
OLG Düsseldorf FamRZ 1997, 1095, 1096; OLG Köln MDR 1997, 653; OLG Hamburg FamRZ 1996,
422, 423; OLG Hamm FamRZ 1994, 58, 59; OLG Hamm FamRZ 1997, 693, 694) und hat § 1634 aF
damit in einem Sinn verstanden, wie der Gesetzgeber nunmehr in Abs 4 S 2 die
Rechtsprechung des BGH interpretiert.

Die Gegenansicht wollte dagegen „**triftige, das Kindeswohl nachhaltig berührende
Gründe**" genügen lassen, die auch unterhalb der Schwelle des § 1666 eine Umgangsbeschränkung rechtfertigen könnten (KG FamRZ 1989, 656, 659; OLG Hamburg FamRZ
1991, 471; Staudinger/Peschel-Gutzeit[12] § 1634 aF Rn 262 ff, 264; Gernhuber/Coester-Walt-
jen § 66 IV 1; Johannsen/Henrich/Jaeger[2] § 1634 aF Rn 34; Knöpfel FamRZ 1983, 317, 323;
offen gelassen von OLG Hamm FamRZ 1996, 361).

Bis in jüngste Zeit wurde von einzelnen Gerichten, welche der Gegenansicht folgten,
die Präzisierung der Rechtsprechung des BGH, die der Gesetzgeber nun übernommen hat, nicht erkannt. Die These der Gegenansicht von den ausreichenden „triftigen, das Kindeswohl nachhaltig berührenden Gründen" war zumindest in mißver-
ständlicher Weise generalisierend auf den ganzen Tatbestand des § 1634 Abs 2 S 2 aF,
also auch auf den Umgangs*ausschluß* bezogen (Staudinger/Peschel-Gutzeit[12] § 1634 aF
Rn 264; Johannsen/Henrich/Jaeger[2] § 1634 aF Rn 34) und sie wurde in der Rechtsprechung auch so verstanden (OLG Düsseldorf FamRZ 1997, 1095, 1096 [die These ablehnend];
AG Kerpen FamRZ 1998, 254 [der These zustimmend]; OLG Hamm FamRZ 1996, 361 [offenge-
lassen]).

**cc)** Die Neufassung scheint, orientiert man sich am **Wortlaut**, der letztgenannten **264**
Ansicht mit Einschränkungen rechtzugeben: Da Abs 4 S 2 in bestimmten Fällen eine
Kindeswohlgefährdung voraussetzt, muß die unverändert gebliebene Formulierung
des Abs 4 S 1 ein Minus an Eingriffsschwelle voraussetzen.

Im Ergebnis und als Leitlinie für die praktische Anwendung freilich entspricht die
Neufassung grundsätzlich der erstgenannten Ansicht: Die Ansicht von BVerfG und
BGH wird gänzlich der hohen Bedeutung des Umgangsrechts gerecht, wenn sie
*längerfristige oder dauerhafte Eingriffe* in das Umgangsrecht nicht unterhalb der
Schwelle der Kindeswohlgefährdung zuläßt. Und um solche Eingriffe geht es den
Antragstellern im Regelfall! Das Argument der Gegenansicht, in das Umgangsrecht
könne unterhalb der Eingriffsschwelle für das elterliche Sorgerecht eingegriffen

werden, weil die Umgangsregelung den Elternvorrang (Art 6 Abs 2, 3 GG) nicht antaste (so STAUDINGER/PESCHEL-GUTZEIT[12] § 1634 aF Rn 262) geht fehl: Der durch den Umgangsausschluß bewirkte Eingriff in das Elternrecht kann sich ebenso wie ein Eingriff in das verfassungsrechtlich nicht höherwertige Sorgerecht bei strikter Orientierung am Kindeswohl nur durch das staatliche Wächteramt rechtfertigen, nicht aber durch eine Grundrechtsabwägung zwischen den Eltern.

Diese Erkenntnis bestätigt die Neufassung; sie ist damit zuvörderst eine klare Absage an einen letztlich auf den Streit der Eltern und nicht auf das Wohl des Kindes gestützten Umgangsausschluß. Der Anwendungsbereich des Abs 4 S 1 – und damit der Formel der vormaligen Gegenansicht – ist demgegenüber auf Randbereiche der vorübergehenden Umgangsbeschränkung reduziert, die bislang teilweise als Elemente einer Umgangs*regelung* verstanden und in ihrem einschränkenden Charakter nicht immer an § 1634 Abs 2 S 2 aF gemessen wurden (dazu unten Rn 269; vgl auch JOHANNSEN/HENRICH/JAEGER Rn 34; WALTER ZfJ 1996, 270, 272: örtlich, zeitlich, Übergabesituation, Beteiligung Dritter).

### c) Eingriffsschwelle bei Ausschluß und Einschränkung auf längere Zeit oder Dauer

**265 aa)** Eine Entscheidung, die das Umgangsrecht für **längere Zeit oder auf Dauer einschränkt oder ausschließt**, setzt eine *Gefährdung des Kindeswohls* voraus (Abs 4 S 2). Nach dem Wortlaut ist nicht völlig klar, ob sich der angegebene Zeitrahmen sprachlich nur auf „einschränkt" oder auch auf „ausschließt" bezieht, ob also ein **Ausschluß von kürzerer Dauer** nicht dem Anwendungsbereich der strengeren Eingriffsschwelle unterliegt. Überwiegend wird die Bestimmung so verstanden (JOHANNSEN/HENRICH/JAEGER Rn 34; PALANDT/DIEDERICHSEN Rn 49; FamRefK/ROGNER Rn 22; wohl auch OLG Thüringen FamRZ 2000, 47: „ein längerer oder dauernder Ausschluß ..."; OLG Schleswig FamRZ 2000, 48, 49). Ausweislich der Begründung durch den Rechtsausschuß war die Bestimmung jedoch nicht so gemeint. „Satz 2 erhöht die gesetzliche Schwelle für den Ausschluß und die dauerhafte Einschränkung des Umgangsrechts oder seines Vollzugs" (BT-Drucks 13/8511, 74). Ziel des Gesetzgebers war es also zweifellos, *jeden Ausschluß* des Umgangs, also auch einen kurzfristigen, der höheren Eingriffsschwelle zu unterstellen.

Nur bei dieser Auslegung entspricht die Bestimmung auch der ratio, welcher schon bisher die Rechtsprechung folgte: Der Ausschluß ist der schwerste Eingriff in das Umgangsrecht, der als letztes Mittel nur bei einer Kindeswohlgefährdung in Betracht kommen kann. Wollte man einen „kurzfristigen Ausschluß" unter erleichterten Voraussetzungen zulassen, so würde die Gefahr einer Entfremdung, die schon in kurzer Zeit eintreten kann, verkannt. Abs 4 S 2 ist also auf jeden Ausschluß und auf Einschränkungen für längere Zeit oder auf Dauer anzuwenden.

**266 bb)** Welche Zeiträume als **„längere Zeit"** einzuordnen sind, ergibt sich nicht aus dem Gesetz.

**α)** Da sich auch die Bestimmung des Zeitraums am Kindeswohl orientieren muß, wird vorgeschlagen, hierzu auch das **Zeitempfinden des Kindes** zu berücksichtigen, also insbesondere den Umstand, daß ein jüngeres Kind schon einen Monat als lang empfindet (JOHANNSEN/HENRICH/JAEGER Rn 34). Diese Abgrenzung erlangt freilich vor allem auf der Grundlage der unzutreffenden Ansicht Bedeutung, welche auch für den *Ausschluß* des Umgangsrechts auf die Dauer abstellt (soeben Rn 265). Wird der Umgang nur eingeschränkt, so mag das Kleinkind darunter sogar weniger leiden als ein größeres Kind, das für einen gedeihlichen Umgang längere Umgangs*phasen*, wenn auch eine geringere Umgangs*häufigkeit* benötigt. Jedenfalls ist eine Frist von einem halben Jahr (ab dem 7. Lebensjahr) oder gar einem Jahr (ab dem 12. Lebensjahr; beide Vorschläge bei JOHANNSEN/HENRICH/JAEGER Rn 34) eindeutig zu hoch gegriffen und bedeutet eine zweckwidrige Einengung des Anwendungsbereichs des Abs 4 S 2 zugunsten der niedrigeren Eingriffsschwelle.

Eine *andere Ansicht* will nach den Umständen des Einzelfalles unter besonderer Berücksichtigung der **Häufigkeit der bisherigen Umgangskontakte** abgrenzen; hierfür wird als Beispiel – auf der unzutreffenden Prämisse, die Abgrenzung sei auch bei Umgangsausschluß erforderlich – ein Ausschluß von wöchentlichen Umgangskontakten schon als nicht mehr kurzfristig bezeichnet (FamRefK/ROGNER Rn 22; PALANDT/ DIEDERICHSEN Rn 49). Obgleich diesem Beispiel zuzustimmen ist, erscheint ein Abstellen auf Umstände des Einzelfalles deshalb verfehlt, weil man sich dabei im Kreis drehen würde: Bestimmt das Kindeswohl aus Sicht des konkreten Falles, wie oft ein Umgangskontakt stattfinden sollte, so gehen Gründe, die eine Einschränkung erforderlich machen bereits mittelbar in die Dauer gebotener Kontakte ein und verlängern damit, je schwerer sie wiegen, umso mehr den Zeitmaßstab.

**β)** Der zeitliche Maßstab muß also **objektiv bestimmt** werden, wobei mit der erst- **267** genannten Ansicht eine gewisse Orientierung an Altersgruppen und der im Normalfall angemessenen Umgangshäufigkeit einfließen mag. Entscheidend ist aber die *Tiefe des Eingriffs*, denn Abs 4 S 2 ist letztlich Ausdruck der verfassungsrechtlichen Garantie des Art 6 Abs 2 GG. Ganz unerhebliche Einschränkungen, die in der Nähe der bloßen Regelung des *Inhalts* des Umgangsrechts stehen (zB das Verbot der KFZ-Benutzung bei Entführungsbefürchtungen ohne nachgewiesene Entführungsgefahr), können auch ohne Kindeswohl*gefährdung* für einen Zeitraum von bis zu einem Jahr angeordnet werden. Einschränkungen, die das Kind intensiv als solche empfindet (zB räumliche Beschränkungen bis hin zum beschützten Umgang) und die den Zweck des Umgangsrechts berühren, können hingegen allenfalls für eine Dauer von drei Monaten außerhalb des Maßstabs von Abs 4 S 2 stattfinden. Dazwischen liegen Einschränkungen, die zwar die Ungezwungenheit des Umgangs in der natürlichen Umgebung des Umgangselternteils stören, aber nicht nachhaltig den unmittelbaren Kontakt zwischen Elternteil und Kind erfassen (zB der Ausschluß des neuen Partners des Umgangselternteils).

**cc)** Liegt ein Fall des Abs 4 S 2 vor (Ausschluß oder längerfristige/dauernde Ein- **268** schränkung), so entspricht die Eingriffsschwelle der **Gefährdung des Kindeswohls** dem Maßstab des §1666 (JOHANNSEN/HENRICH/JAEGER Rn 34; **aA** PALANDT/DIEDERICHSEN Rn 52). Die Formulierung, das „Wohl des Kindes gebiete die Einschränkung" (OLG Celle FamRZ 2000, 48, inhaltlich dürfte allerdings eine Kindeswohlgefährdung vorgelegen haben), wird diesem Maßstab nicht gerecht.

Mit der bisherigen Rechtsprechung kommt aber, selbst nach Feststellung einer konkreten und gegenwärtigen Gefährdung des Kindeswohls, ein – vorübergehender oder dauerhafter – **Ausschluß des Umgangsrechts** nur als äußerste Maßnahme in Betracht, wenn der festgestellten Gefährdung des Kindeswohls nicht durch eine bloße Einschränkung des Umgangs oder dessen sachgerechte Ausgestaltung begegnet werden kann (BVerfGE 31, 194; BGH FamRZ 1984, 1084; BGH FamRZ 1988, 711; BGH NJW 1994, 312; OLG Celle NJW-RR 1990, 1290; OLG Celle FamRZ 1998, 971; OLG Düsseldorf FamRZ 1994, 1277; OLG Hamburg FamRZ 1996, 422, 423; OLG Hamm FamRZ 1997, 307, 308; OLG Köln FamRZ 1997, 1097; OLG Thüringen FamRZ 2000, 47; PALANDT/DIEDERICHSEN Rn 52; OELKERS FamRZ 1995, 449, 453; ders FamRZ 1997, 779, 790).

Auch eine **Befristung des Umgangsausschlusses** ist einem unbefristet ausgesprochenen Ausschluß vorzuziehen (OLG Bamberg FamRZ 1993, 726, 727); ein unbefristeter Umgangsausschluß ist zwar aufzuheben, wenn das Kindeswohl nicht mehr gefährdet ist; eine Befristung von Anfang an verdeutlicht jedoch stärker, daß es Aufgabe beider Eltern ist, die derzeitige Gefährdung für das Kindeswohl zu überwinden.

Der Ausschluß des Umgangs unterliegt damit **strengen Voraussetzungen** (OLG Düsseldorf FamRZ 1998, 1460, 1461; OELKERS ZfJ 1999, 263, 268) und ist nur in **besonders gelagerten Ausnahmefällen** möglich (OLG Bamberg MDR 1998, 1167; OLG Thüringen FamRZ 2000, 47).

Gänzlich kindeswohl- und überdies verfassungswidrig (BVerfG 31, 194; BVerfG NJW 1995, 1342) wäre es dagegen, das Umgangsrecht schon angesichts des üblichen trennungsbedingten Streitpotentials der Eltern ruhen zu lassen (so aber in der Reformdiskussion SCHULZE FamRZ 1997, 42, 44; zu Recht hiergegen deutlich: WEYCHARDT FamRZ 1997, 444, 445), da dies zu Entfremdung führt und damit erst eine Kindeswohlgefährdung heraufbeschwört.

#### d) Eingriffsschwelle bei kürzerfristiger Einschränkung (Abs 4 S 1)

**269 aa)** Für eine bloß kurzfristige Einschränkung des Umgangsrechts genügt die **Erforderlichkeit** zum Wohl des Kindes. Insoweit bedarf es keiner nachgewiesenen Kindeswohlgefährdung; es genügen – insoweit mit der bisher zu § 1634 Abs 2 S 2 aF vertretenen Mindermeinung – *konkrete, triftige und gegenwärtige Gründe, die das Wohl des Kindes nachhaltig berühren* (JOHANNSEN/HENRICH/JAEGER Rn 34; vgl STAUDINGER/ PESCHEL-GUTZEIT[12] § 1634 aF Rn 264 f). Diese Gründe müssen jedoch von solcher Schwere sein, daß sie bei angemessener Berücksichtigung der grundsätzlichen Bedeutung des Umgangsrechts für das Kind eine Einschränkung als erforderlich erscheinen lassen.

**270 bb)** Hierbei ist wesentlich zu bedenken, daß auch die **Folgen der Einschränkung nicht kindeswohlneutral** sind. Selbst wenn es zunächst den Anschein haben mag, daß ein triftiger Grund für eine Einschränkung spricht, so ist sorgfältig zu prüfen, ob diese Einschränkung nicht wiederum selbst zu einer Spannung im Verhältnis zum Umgangselternteil führt und damit womöglich eine Kindeswohlgefährdung heraufbeschwört. Ein besonders häufiges Beispiel hierfür ist die Situation der **Umgangsablehnung** durch den Elternteil, bei dem das Kind lebt. Abs 4 S 1 ist nicht das Einfallstor für die Einschränkung von Umgang wegen Schwierigkeiten, die durch den anderen Elternteil provoziert werden; der Wunsch, einen Schlußstrich unter die Beziehung zum früheren Partner zu ziehen (OLG Bamberg FamRZ 1984, 507) muß irrelevant bleiben; wenn man die Grenze zwischen einer nicht genügenden Schonung der Gefühle des Betreuungselternteils und daraus resultierenden Beeinträchtigungen des Kindes als „fließend" erkennt (STAUDINGER/PESCHEL-GUTZEIT[12] § 1634 aF Rn 267), so gibt dies allen Anlaß, gerade nicht mit kurzfristigen Umgangseinschränkungen der Antipathie den Weg zur Obstruktion und letztlich zur faktischen Entscheidungsmacht über den Umgang (diese Gefahr sehen zutreffend OLG Frankfurt FamRZ 1984, 614, 615; PALANDT/DIEDE-RICHSEN Rn 52) zu ebnen, sondern den Anfängen zu wehren, um sie nicht zur Kindeswohlgefährdung wachsen zu lassen. Nur so kann die Neufassung des Abs 4 die kindeswohlschädliche Logik beenden, das Umgangsrecht zu beschränken oder auszuschließen, wenn der Umgangselternteil das Kind aufhetzt oder in den Streit der Eltern zieht (KG FamRZ 1980, 399; OLG Schleswig ZfJ 1957, 276; OLG Stuttgart NJW 1979, 1168), es aber ebenfalls zum Umgangsausschluß kommen zu lassen, wenn der Betreuungselternteil dies tut.

Wenn hiergegen, durchaus verständnisvoll für die *aktuelle Lage* des Kindes, eingewendet wird, aus Sicht des Kindes werde der Umgang nicht erträglicher, wenn die Belastungen von einem der Elternteile her begründet sind (GERNHUBER/COESTER-WALT-JEN § 66 IV 1), so beschreibt dies zwar zutreffend die Zwangslage, in die ein sich solchermaßen verhaltender Elternteil das Kind bringt. Den Umgang deshalb zu beschränken bedeutet aber aus Sicht des Kindeswohls, ein gebrochenes Bein mit Heftpflaster zu bekämpfen: Sicher nimmt man dem Kind die kurzfristige Belastung, man nimmt ihm aber auf lange Sicht auch den Umgangselternteil, was letztlich dem Kindeswohl mehr schadet. Obstruktion kann nicht bekämpft werden, indem man nur versucht, den Druck vom Kind zu nehmen; es ist zugleich der Druck auf den obstruierenden Elternteil zu erhöhen!

In Betracht kommen also für eine – erleichterte – Einschränkung nach Abs 4 S 1 vorwiegend **Umstände aus der Sphäre des Kindes**. So können Eingewöhnungsschwierigkeiten in einer neuen Umgebung, ein Schulwechsel oder schulische Schwierigkeiten oder pubertär bedingte Ablehnung eines Umgangs mit dem Umgangselternteil durch kürzerfristige Einschränkungen ausgestanden werden, ohne daß von einer Kindeswohlgefährdung aufgrund des Umgangs die Rede wäre. In solchen Fällen wird (lediglich) ein vorübergehender Belastungsdruck, den zu ertragen erst nach und nach Erziehungsziel sein kann, von dem Kind genommen, ohne die Gefahr der Entfremdung heraufzubeschwören.

**cc)**     Sowohl die **unterschiedliche Intensität der Kindeswohlbetroffenheit** als auch die  **271** hier vertretene Orientierung der Bestimmung der „längeren Zeit", welche die Grenze zwischen Abs 4 S 1 und S 2 setzt (oben Rn 267), an der **Schwere der Einschränkung** bewirken einen fließenden Übergang zum Fall des Abs 4 S 2 (JOHANNSEN/HEN-RICH/JAEGER Rn 34): Je stärker das Kindeswohl betroffen ist, umso eher ist die Grenze zu Abs 4 S 2 erreicht. Gleichzeitig aber verringert sich der Zeitraum, für den eine *stärkere Einschränkung* als Reaktion auf diesen Grund ohne nachgewiesene *Kindeswohlgefährdung* angeordnet werden kann. Gerade in Grenzfällen zur Kindeswohlgefährdung verringert sich damit der zeitliche Spielraum, in dem das Gericht Maßnahmen *versuchen* kann, denn um Erprobungen der Reaktion des Kindes und der Eltern wird es häufig gehen, wenn kürzerfristige Maßnahmen angeordnet werden. Dieser scheinbare Widerspruch ist durchaus folgerichtig: Die längerfristige Einschränkung des Umgangs oder sein Ausschluß tragen in sich die Gefahr der Kindeswohlgefährdung, so daß das Gericht nur für sehr kurze Zeit offenlassen kann, ob das Kindeswohl durch den behaupteten Grund oder durch die begehrte Maßnahme mehr gefährdet wird.

## 2. Entscheidungsinhalt

**272 a)** Auch unterhalb der Schwelle des Ausschlusses des Umgangsrechts gilt der **Grundsatz der Verhältnismäßigkeit** (JOHANNSEN/HENRICH/JAEGER Rn 34; MünchKomm/ HINZ § 1634 aF Rn 42). Schon die von Abs 4 S 1 vorausgesetzte *Erforderlichkeit* für das Kindeswohl verlangt, daß die dem Kindeswohl drohende nachteilige oder gefährdende Entwicklung nicht durch andere mildere Maßnahmen abgewendet werden kann (vgl oben Rn 268). Dieser schon zu § 1634 aF geltende Grundsatz wurde durch den Begriff „soweit" in Abs 4 S 1 noch verdeutlicht (RAUSCHER FamRZ 1998, 329, 334).

**273 b)** Der Situation angemessenere **Anordnungen über Ort, Zeit und Art des Umgangs** (SOERGEL/STRÄTZ § 1634 aF Rn 27) können eine Einschränkung entbehrlich machen. Auch Maßnahmen gegenüber Dritten nach Abs 3 S 1 greifen weniger in das Umgangsrecht ein als dessen Beschränkung im Verhältnis zum Umgangselternteil.

**aa)** Dabei ist allerdings zu beachten, daß auch die Grenze zwischen der Regelung des Umgangs und seiner Einschränkung fließend ist. Vor allem Maßnahmen, welche hinsichtlich des **Ortes des Umgangs** beschränkend wirken, sind als milderes Mittel gegenüber einem Ausschluß oder einer Überwachung vorzuziehen. Hierzu gehört die Bestimmung eines neutralen Ortes des Umgangs bei *Prostitution* des Umgangselternteils (OLG Braunschweig MDR 1962, 132, vgl zum „anstößigen Lebenswandel" auch OLG Celle ZfJ 1956, 137), die nicht nur Umgangsregelung ist, da ohne den gegebenen Anlaß die Ausübung des Umgangs in der Wohnung des Umgangselternteils nicht untersagt werden könnte. Der Befürchtung einer *Entführungsgefahr* oder auch schon der Besorgnis einer solchen Gefahr kann ggf begegnet werden durch ein Verbot, mit dem Kind Deutschland zu verlassen (OLG München FamRZ 1993, 94, 95; OLG Karlsruhe FamRZ 1996, 424, 425; AG Kerpen FamRZ 2000, 50, 51); bei einer konkreten Wiederholungsgefahr nach einem früheren Entführungsversuch wird eher ein Umgang an einem bestimmten Ort, der eine Verhinderung einer Entführung ohne konkrete Gegenwart eines Dritten erlaubt, geboten sein (OLG Celle FamRZ 1996, 364: Haus der Großeltern).

**274 bb)** Auch **zeitliche Beschränkungen** (zum Ausschluß *auf Zeit* vgl unten Rn 276) sind einem Umgangsausschluß vorzuziehen. Sie eignen sich insbesondere, um nach längerer Unterbrechung des Umgangs eine schonende Gewöhnung zu ermöglichen (OLG Köln MDR 1997, 653) oder in Phasen besonderer Belastung oder abwehrender Haltung des Kindes einer ungünstigen Entwicklung vorzubeugen. Dabei kommen in der ersten Fallgruppe *kürzere* Besuche (KG FamRZ 1985, 639; OLG Hamm ZfJ 1967, 314; OLG Hamm FamRZ 1996, 424) mit Tendenz zu einer normalen Häufigkeit, in der zweiten eher für eine gewisse Zeit *seltenere* (und kürzere) Besuche in Betracht (OLG Celle FamRZ 1989, 892; OLG Stuttgart NJW 1978, 380; LG Heilbronn Justiz 1974, 126; AG Bochum ZfJ 1978, 373; oder ein kürzerfristiger Ausschluß: OLG Bamberg ZfJ 1996, 194).

**275 cc)** Milderes Mittel gegenüber einem Ausschluß können schließlich **Auflagen** sein. Hierzu gehören insbesondere Verbote, bestimmte Probleme im Gespräch mit dem Kind zu thematisieren, das Verbot der Benutzung von KFZ, wenn dadurch einer Besorgnis der Entführungsgefahr begegnet werden kann (vgl OLG München FamRZ 1998, 976) sowie, als verhältnismäßig schwerwiegend eingreifende Maßnahme (RUMMEL ZfJ 1997, 202, 214: „ungeheure Diskriminierung"), der nunmehr ausdrücklich geregelte (Abs 4 S 3) **beschützte Umgang** (dazu unten Rn 307 ff). Von der Möglichkeit der Auflage, die sich als Brücke zwischen der bloßen Regelung nach Abs 3 und der Einschränkung nach Abs 4 erweist, sollte gerade im Hinblick auf den Verhältnismäßigkeitsgrundsatz intensiver Gebrauch gemacht werden (RUMMEL aaO).

**c)** Ein **Ausschluß** kommt nur als äußerstes Mittel in Betracht, wenn ein milderes **276** Mittel zur Abwehr der Gefährdung des Kindeswohls nicht in Betracht kommt (oben Rn 268).

**aa)** Auch der im Verhältnis dazu mildere **Ausschluß auf Zeit** steht im Verhältnis zu anderen, nur beschränkenden Maßnahmen unter dieser Voraussetzung. Ordnet das Gericht eine Beschränkung oder einen Ausschluß auf Zeit an, so ist aus Gründen der Rechtssicherheit regelmäßig eine *Bestimmung der Zeitdauer* vorzunehmen (Münch-Komm/HINZ § 1634 aF Rn 44; SOERGEL/STRÄTZ § 1634 aF Rn 27); nicht erforderlich ist die Festlegung eines präzisen Kalenderdatums als Endtermin, sofern sich aus der Entscheidung die Dauer durch Bezugnahme auf ein künftiges gewisses Ereignis (JOHANN-SEN/HENRICH/JAEGER Rn 34; MünchKomm/HINZ aaO) eindeutig bestimmen läßt (BGH FamRZ 1984, 1084, 1085: „bis zur Entlassung aus der Strafhaft"). Hängt der Wegfall des Anlasses des zeitlichen Ausschlusses nicht von einem solchen Ereignis ab, sondern lediglich von der nicht absehbaren Entwicklung des Kindes, so ist eine kalendermäßige Bestimmung erforderlich (BayObLG FamRZ 1982, 958; KG FamRZ 1980, 399; OLG Celle FamRZ 1998, 973, 974; OLG Düsseldorf FamRZ 1977, 827; OLG Düsseldorf FamRZ 1998, 1460; OLG Frankfurt FamRZ 1983, 217; OLG Hamm ZfJ 1967, 314, 315; OLG Hamm FamRZ 1996, 361; OLG Stuttgart NJW 1978, 1593). Ein Ausschluß auf Zeit kann grundsätzlich nicht für einen unbestimmten Zeitraum oder „vorübergehend" bestimmt werden (vgl aber KG FamRZ 1986, 503; AG Hamburg-Harburg Streit 1984, 143). Kein Ausschluß auf Zeit, sondern inhaltlich unbefristet ist der *Ausschluß für die Dauer der Minderjährigkeit* (OLG Thüringen FamRZ 1996, 359, 360).

**bb)** Das im Sinne der Rechtssicherheit liegende Erfordernis der konkreten Befri-   **277** stung kann mit der Einschätzung des gutachtlich beratenen Gerichts kollidieren, wenn diese dahin geht, daß eine Störung oder Gefährdung des Kindeswohls zwar zu Beschränkung oder Ausschluß zwingt, aber wegen der erhofften Besserung der Kindesentwicklung der **vorübergehende Charakter** eines bloßen „Aussetzens" des Umgangs (OLG Bamberg ZfJ 1997, 337) deutlich gemacht werden soll. In solchen Fällen ist schon aus Gründen der Verhältnismäßigkeit ein Ausschluß auf Dauer nicht angezeigt (vgl zum „einstweiligen, aber unbefristeten" Ausschluß: OLG Hamm FamRZ 1997, 693, 694). Die Rechtssicherheit erfordert es auch, daß beide Elternteile wissen, zu welchem Zeitpunkt das Gericht eine neue Überprüfung für sinnvoll hält (OLG Celle FamRZ 1998, 971) oder, innerhalb welchen Zeitraums das Gericht von ihnen eine Auseinandersetzung mit den zugrundeliegenden Problemen erwartet (OLG Celle FamRZ 1998, 973, 974). Der einstweilige Charakter ist vielmehr dadurch zum Ausdruck zu bringen, daß das Gericht die Maßnahme für eine bestimmte, eher knapper bemessene Frist (OLG Bamberg ZfJ 1996, 194, 197: 6 Monate zur Selbstfindung bei 14-jährigem Mädchen) anordnet, und das Erfordernis einer erneuten Überprüfung der Entwicklung des Kindes am Ende dieser Frist in den Entscheidungsgründen erkennbar macht (OLG Bamberg ZfJ 1997, 337, 338).

**d)** Liegen die Voraussetzungen einer Einschränkung oder eines Ausschlusses vor,   **278** so kann das Gericht **nicht die Entscheidung unterlassen**. Abs 4 S 1 und 2 eröffnen kein

Ermessen. Der Ausdruck „kann" macht lediglich die gerichtliche Entscheidungsbefugnis deutlich, von der Gebrauch gemacht werden *muß*. Auch im Beschwerdeverfahren gegen die bloße Abweisung eines Antrags nach Abs 3 hat das OLG zu prüfen, ob und für welche Dauer das Kindeswohl eine Beschränkung des Umgangs nach Abs 4 verlangt; das Gericht ist dem Kindeswohl verpflichtet; ein Verböserungsverbot besteht nicht (OLG Düsseldorf FamRZ 1998, 1460, 1461).

Die Problematik stellt sich häufig zusammen mit der oben (Rn 166 ff) erörterten Frage, ob eine beantragte Umgangsregelung nach Abs 3 unterbleiben kann und muß in gleicher Weise wie dort beantwortet werden. Aus Verfahrenssicht stellt sich die Frage der Nichtregelung meist in Fällen, in denen ein Elternteil eine Regelung nach Abs 3 beantragt und der andere mit einem Antrag nach Abs 4 reagiert. Materiellrechtlich kann eine Umgangsregelung nur versagt oder substantiell eingeschränkt werden, wenn die Voraussetzungen des Abs 4 vorliegen. Das Gericht ist hier grundsätzlich darauf beschränkt, entweder den Umgang nach Abs 3 zu regeln oder eine Maßnahme nach Abs 4 zu treffen; durch eine Nichtentscheidung bleibt das Umgangsrecht nur scheinbar unberührt; tatsächlich aber wissen weder der Umgangselternteil noch das Kind, in welchem Umfang ein Umgangsrecht besteht (BGH NJW 1994, 312). Dem Umstand, daß das **Kind den Umgang** aus objektiv nicht nachvollziehbaren Gründen **ablehnt**, dazu aber auch nicht gezwungen werden kann, läßt sich nicht durch Unterlassen einer Regelung begegnen (so aber OLG Hamm FamRZ 1997, 307), sondern nur durch Unterlassen von *Vollstreckungsmaßnahmen*, die in Form von Zwang gegen das Kind ohnehin nicht zulässig sind (§ 33 Abs 2 S 2 FGG).

Die hier vorgeschlagene **Ausnahme** (oben Rn 167) erfaßt auch Abs 4: Wenn sich streitige Anträge nach Abs 3 und Abs 4 gegenüberstehen und lediglich das aktuell hohe Niveau an Feindseligkeit der Eltern dem Umgang entgegensteht, kommt eine *Anregung* des Gerichts zur *Antragsrücknahme* und eine Nichtentscheidung in Betracht (OLG Thüringen FamRZ 1996, 359); hier schafft bereits die Bereitschaft des Umgangselternteils, vorübergehend auf den Umgang zu verzichten, die Voraussetzungen des Abs 4 aus der Welt, so daß das Gericht nicht mehr von Amts wegen eingreifen muß. Auch dieses Vorgehen empfiehlt sich freilich nur, wenn das Gericht die begründete Erwartung hegt, daß sich der Streit der Eltern legt, weil sonst nur der Entfremdung durch das faktisch ausgesetzte Umgangsrecht Vorschub geleistet wird. Keinesfalls sollte, wenn Gründe nach Abs 4 S 2 nicht vorliegen, Rücknahme des Antrags nach Abs 3 angeregt werden, da sonst der betreuende Elternteil faktisch schon bei Vorliegen von ihm für „triftig" gehaltener Gründe den nicht geregelten Umgang *ausschließen* kann, obwohl ohne Kindeswohlgefährdung dazu nicht einmal das Gericht befugt wäre (vgl aber OLG Karlsruhe FamRZ 1990, 655).

**279** **e)** Eine Beschränkung oder der Ausschluß des Umgangsrechts umfaßt nicht ohne weiteres andere, insbesondere **telefonische** und **briefliche Kontakte** (OLG Schleswig SchlHAnz 1984, 173). Sollen (auch) diese beschränkt werden, so gelten die Maßstäbe des Abs 4. Ein – regelmäßig neben einer Beschränkung oder einem Ausschluß persönlicher Kontakte – angeordneter Ausschluß oder eine längerfristige Einschränkung von Telefonaten und/oder Briefen ist daher an Abs 4 S 2 zu messen; eine bloß kürzerfristige Einschränkung an Abs 4 S 1.

**280** **f)** Auch eine nicht ausdrücklich befristete Anordnung ist **aufzuheben**, wenn ihre

Grundlage entfallen ist (BayObLG FamRZ 1982, 958, 960). Die Aufhebung erfolgt jedoch nicht unter den flexiblen Voraussetzungen des § 1696 Abs 1, sondern analog *§ 1696 Abs 2* auch ohne Antrag, da die Anwendung von Abs 4 eine Ausübung des staatlichen Wächteramts bedeutet, welche bei Wegfall der Eingriffsgrundlage von Amts wegen zurückzunehmen ist (Gernhuber/Coester-Waltjen § 66 IV 1; Johannsen/Henrich/Jaeger Rn 34; Staudinger/Coester § 1696 Rn 15).

### 3. Bedeutung des Kindeswillens

#### a) Persönlichkeitsrecht und Kindeswohl
**aa)** Die Bedeutung der **Ablehnung des Umgangs** durch das Kind rückt seit den **281** Vorarbeiten zum SorgeRG verstärkt in den Vordergrund der Diskussion (eine Schrifttumsauswahl der 70-er und 80-er Jahre findet sich bei Staudinger/Peschel-Gutzeit[12] § 1634 aF Fn zu Rn 200; vgl im übrigen Nachw im folgenden). Kein anderer Aspekt der Kindeswohlbeurteilung wird – jedenfalls gemessen an der veröffentlichten oberlandesgerichtlichen Rechtsprechung – so häufig vorgetragen wie die ablehnende Haltung des Kindes (vgl auch den deutlichen Hinweis von Klenner FamRZ 1995, 1529). Schon diese Tatsache mahnt zur Vorsicht: Wenn der Gesetzgeber in § 1626 Abs 3 S 1 nicht irrt – was niemand behauptet – so wirkt es doch irritierend, wenn das Argument „…aber das Kind will ja nicht" (Klenner FamRZ 1995, 1529, 1532) zur Grundausrüstung der einen Umgang ablehnenden Betreuungselternteile gehört.

Der Gesetzgeber des KindRG hat die seinerzeit heftig kritisierten Ausführungen des Rechtsausschusses zum SorgeRG (dazu unten Rn 283; zur Kritik vgl Staudinger/Peschel-Gutzeit[12] § 1634 aF Rn 197; Johannsen/Henrich/Jaeger[2] § 1634 aF Rn 38) im Kern bestätigt. Damit sollte als Ausgangspunkt klar sein, daß der Gedanke, den Kindeswillen *nicht* zum entscheidenden Maßstab zu machen, weder illiberale Erziehung haucht, noch dem Persönlichkeitsrecht des Kindes Gewalt antut. Im Gegenteil: Der Kindeswille ist gerade in der Phase von Trennung und Scheidung der Eltern keine autonome Größe; eine Rechtsordnung, die den Willen des Kindes in Fragen, die das Kindeswohl berühren, zu stark gewichtet, läuft Gefahr, dem Kind die Verantwortung für sein eigenes Wohlergehen zuzuschieben in einer Situation, in der seine Eltern versagen; und sie setzt das Kind zwangsläufig Beeinflussungen durch die widerstreitenden Interessen der Eltern aus.

**bb)** Da das Wohl des Kindes betroffen ist, geht es grundsätzlich um die von § 1626 **282** Abs 2 vorgezeichnete Beachtung des **Persönlichkeitsrechts des Kindes** in Erziehungsfragen. Anders als im unmittelbaren Anwendungsbereich des § 1626 Abs 2 kann ein Ausgleich zwischen *elterlicher Erziehungseinschätzung* und Beteiligung des Kindeswillens aber keinen Erfolg versprechen, weil eine harmonische elterliche Einschätzung nicht existiert. Auch die Abwägung gegen das *Interesse des Umgangselternteils* (BGH FamRZ 1980, 131) ist nicht der richtige Ausgangspunkt; es geht nicht, jedenfalls nicht vorrangig, um die Frage, ob das Kind den Umgang ablehnen oder der Elternteil ihn verlangen darf (von diesem Ansatz argumentierend auch Ell DAVorm 1986, 748, 752; Walter ZfJ 1996, 270, 271). Eine solche Abwägung verdeckt sogar das eigentliche Anliegen und bringt es leicht in Mißkredit (vgl Johannsen/Henrich/Jaeger Rn 40: „zweifelhaft"). Es geht vielmehr um die Frage, ob und in welchen Fällen es gute Gründe dafür gibt, daß die **objektive Prämisse**, wonach der Umgang dem Wohl des Kindes im Regelfall dient (**§ 1626 Abs 3 S 1**), im Interesse des Kindeswohls der subjektiven (und womöglich kurzfristigen und -sichtigen) Einschätzung des Kindes weichen darf oder muß. Das *BVerfG* (NJW 1993, 2671; vgl auch BVerfGE 31, 194, 210) hat diese Aufgabe der Gerichte völlig zutreffend formuliert: „Der Wille des Kindes ist zu berücksichtigen, soweit dies mit seinem Wohl vereinbar ist." (vgl ausdrücklich auch OLG Bamberg FamRZ 2000, 46).

### b) Der Standpunkt von SorgeRG und KindRG

**283** Dieser Spannung zwischen Persönlichkeitsrecht und Kindeswohl hat sich sowohl der Gesetzgeber des SorgeRG als auch des KindRG gestellt.

**aa)** Der Entwurf des **SorgeRG** wollte in § 1634 aF eine nicht Gesetz gewordene Bestimmung einbringen, wonach „gegen den Willen des Kindes, das das 14. Lebensjahr vollendet hat oder das nach seinem Entwicklungsstand zu einer selbständigen Beurteilung fähig ist ... die Befugnis [sc zum Umgang] nicht ausgeübt werden [darf]" (Regierungsentwurf BT-Drucks 7/2060; Fraktionenentwurf BT-Drucks 8/111). Der Entwurf war getragen von dem Gedanken, daß nach vormaliger Praxis die *Überwindung des kindlichen Widerstandes* durch erzieherische Mittel eher im Vordergrund, die Beachtung des Willens eher im Hintergrund stand. Im Rechtsausschuß (BT-Drucks 8/2788, 53 f) wurde zwar der grundsätzliche Ansatz, dem Persönlichkeitsrecht des Kindes und damit auch seinem Willen Bedeutung zu geben, nicht bestritten. Es wurde aber die Gefahr gesehen, daß eine Normierung der Beachtlichkeit des Kindeswillens als Normalfall den das Kind betreuenden (damals den sorgeberechtigten) Elternteil dazu verleiten könnte, das Kind gegen den anderen Elternteil einzunehmen, um so das Kind zur Rache zu mißbrauchen. Die dann eintretende Entfremdung wäre für die Entwicklung des Kindes in der Regel ungünstiger als der vom Kind nicht gewollte oder doch nicht vorbehaltlos bejahte Umgang.

**284 bb)** Der Regierungsentwurf zum **KindRG** hatte sich mit der auch zu § 1634 idF des SorgeRG nie verstummten Diskussion auseinanderzusetzen und blieb bei der Entscheidung, der Wille des Kindes, das nach Maßgabe von § 50 b FGG vom Gericht angehört werden muß (was von Verfassungs wegen geboten ist: BVerfG NJW 1993, 2671, 2672) sei ein wichtiges, jedoch nicht das allein maßgebliche Kriterium. Es solle auch künftig die Umgangsregelung nicht gänzlich vom Willen des Kindes abhängig sein, da dieser nicht selten von außen beeinflußt wird und Schwankungen unterliegt (BT-Drucks 13/4899, 69).

### c) Was sagt der Kindeswille aus?

**285** Die **Aussagekraft** des den Umgang ablehnenden Kindeswillens umfaßt mehrere Aspekte, die in den letzten drei Jahrzehnten nicht immer in gleicher Weise gewichtet wurden.

**aa)** Der Wille des Kindes ist einerseits **Ausdruck seiner Selbstbestimmung**. Ihn zu beachten, setzt unter diesem Gesichtspunkt voraus, daß das Kind nach seiner Reife, Urteilskraft, Kritik- und Einsichtsfähigkeit und Rationalität so weit entwickelt ist, eine seinen Interessen gerechte Entscheidung zu treffen. Hier geht auch der Gesetzgeber (vgl § 50 b FGG) davon aus, daß diese Fähigkeiten kontinuierlich mit dem Heranwachsen steigen (BayObLGZ 1974, 317; BayObLG FamRZ 1976, 38; BayObLG NJW 1977, 1733; OLG Düsseldorf ZfJ 1988, 466; OLG Hamm FamRZ 1988, 1313; OLG Karlsruhe FamRZ 1966, 315, 316; OLG Köln FamRZ 1972, 264; OLG Hamm FamRZ 1978, 262, 265; COESTER Kindes-

wohl 266; LEMPP ZfJ 1977, 507, 509; BOSCH FamRZ 1973, 489, 498; DICKMEIS ZfJ 1982, 271).
Gerade unter diesem Aspekt muß der Kindeswille sich im Einzelfall der Frage
nach rational beachtlichen Gründen stellen. Wer hier wegen der angeblich vorhandenen abstrakt bestimmten Reife die Irrationalität der eigenen Entscheidung gelten
läßt, übersieht, daß diese Irrationalität gerade einen Mangel an Einsichtsfähigkeit
und eine noch nicht gänzlich zur eigenverantwortlichen Entscheidung fähige Persönlichkeit offenbart. Überdies wird das Kind überfordert, wenn ihm die Verantwortung
für sein eigenes Wohl überbürdet wird (RICHTER/KREUZNACHT ZfJ 1999, 45, 50).

**bb)** Der Wille des Kindes ist **Indiz seiner inneren Bindung** an einen Elternteil. Diese **286**
Funktion des Willens ist nicht von der geistigen Reife des Kindes abhängig (BGH
FamRZ 1984, 1084: auch bei $4^{1}/_{2}$-jährigem Kind), sondern alleine von seiner Fähigkeit, seine
psychische und soziale Beziehung zu beiden Eltern wirklichkeitsgetreu mitzuteilen
oder auch nur der Möglichkeit, aus den Mitteilungen des Kindes auf seine Bindungen
Rückschlüsse zu ziehen (OLG Hamm NJW-RR 1993, 1290; OLG Karlsruhe FamRZ 1978, 270;
OLG München FamRZ 1979, 70, 71; OLG Stuttgart ZfJ 1975, 131; COESTER Kindeswohl 261;
DICKMEIS ZfJ 1982, 271; DIECKMANN AcP 178 [1978] 298, 315; LEMPP NJW 1963, 1659, 1660; ders
NJW 1964, 440; ZENZ StAZ 1973, 257, 269; OELKERS FamRZ 1995, 1386, 1388). Andererseits ist
der *geäußerte* Wille in dieser Funktion nur eines von zahlreichen Kriterien, aus denen
sich die wirklichen Bindungen des Kindes ermitteln lassen; Bindung und *geäußerter*
Wille sind nicht identisch (WEISBRODT KindPrax 2000, 9, 10). Gerade bei jüngeren Kin-
dern, bei denen die Selbstbestimmungsfunktion des Willens keine ausschlaggebende
Bedeutung haben kann, kommt es also in erster Linie darauf an, die hinter dem
Willen stehende wirkliche Haltung des Kindes zu ermitteln und einzuordnen (DICK-
MEIS ZfJ 1982, 271, 273). Der geäußerte Wille kann *emotional bestimmt* sein (KALTENBORN
FamRZ 1987, 990, 999) oder *rational* (ELL ZfJ 1980, 319, 321 f). Der *geäußerte* Wille muß
jedenfalls nicht notwendig den gefühlten Bedürfnissen des Kindes entsprechen, die
erforderlichenfalls mit Hilfe des Sachverständigen herauszufinden sind (FTHENAKIS/
OBERNDORFER EzFamR § 1634 aF Nr 3 Anm).

**cc)** Der Wille des Kindes **kann beeinflußt** sein. Daß eine Beeinflussung durch den **287**
den Umgang ablehnenden betreuenden Elternteil häufig stattfindet, ist kaum be-
streitbar (GERNHUBER/COESTER-WALTJEN § 66 IV 2; KLENNER FamRZ 1995, 1530 ff; OFUATEY-
KODJOE/KOEPPEL DAVorm 1998, 9 ff). Diese Beeinflussung muß nicht bewußt oder gar
vorsätzlich erfolgen, sie kann auch in der Übertragung eigener unbewältigter Emotionen auf das Kind liegen (RICHTER/KREUZNACHT ZfJ 1999, 45, 50). Erfreulicherweise
kommt es auch im Fall der Beeinflussung häufig dazu, daß das Kind bei der Anhörung, insbesondere, wenn es dem Umgangselternteil begegnet, sich spontan von der
Beeinflussung löst und erklärt, den Umgang zu wollen (ELL DAVorm 1986, 745: „Zur
staunenden Verärgerung des Sorgeberechtigten"; vgl auch OLG Hamm FamRZ 1998, 256). Die
immer stärker in den Vordergrund tretende und erheblich strittige Frage lautet: Kann
ein solcher beeinflußter Wille beachtlich sein?

**d)      Umgang mit dem manipulierten, aber verfestigten Kindeswillen**
**aa)** Eine vor allem in der **Rechtsprechung** vertretene Ansicht ordnet den als ma- **288**
nipuliert erkannten Kindeswillen als unbeachtlich ein, da er kein brauchbares Indiz
für die wirkliche Bindung des Kindes erbringe (vgl Nachw unten Rn 298).

**bb)** Die Gegenansicht weist darauf hin, daß auch der manipulierte Wille, sofern er **289**

zu einer **psychischen Prägung** des Kindes geführt habe, als Tatsache hingenommen werden müsse, auch wenn er durch illegitime Beeinflussung verursacht sei. Nur der unter manipulativem Einfluß erklärte, die wirkliche psychische Situation des Kindes *verfälschend* darstellende Wille sei unbeachtlich. Stimme dagegen nach einer umfassenden Aufklärung des Sachverhalts einschließlich der Anhörung des Kindes der geäußerte Wille mit der *inneren Haltung* überein, so sei dieser grundsätzlich zu beachten, es sei denn, schwerwiegende objektive Gründen stünden dem subjektiven Kindeswillen entgegen (ELL ZfJ 1980, 319, 320 f; ders DAVorm 1986, 745; ders ZfJ 1988, 436, 440; JOHANNSEN/HENRICH/JAEGER Rn 41; STAUDINGER/PESCHEL-GUTZEIT[12] § 1634 aF Rn 208).

**290 cc)** Für die erstgenannte Ansicht spricht, daß ausgehend von der **Kindeswohldienlichkeit des Umgangs** *objektiv* nichts für eine Einschränkung oder einen Ausschluß des Umgangs spricht, wenn nur der manipulierte Kindeswille sich gegen ihn wendet. Der Umgang bleibt die objektiv für das Kind am ehesten anzustrebende Lösung.

Für die Gegenansicht spricht, daß auch ein manipulierter Wille, der sich zur inneren Überzeugung des Kindes verfestigt hat, für das Kind *subjektiv* zu einer **psychisch ausweglosen Realität** wird (BGH FamRZ 1980, 131, 132; OLG Hamburg FamRZ 1991, 471, 472; GERNHUBER/COESTER-WALTJEN § 66 IV 2; LEHMKUHL/LEHMKUHL KindPrax 1999, 159, 161). Wenig überzeugend ist es dagegen, schon bei kleineren Kindern und unterhalb der Schwelle eines schweren psychischen Konflikts allzu leichtherzig auf das **Persönlichkeitsrecht** abzustellen, nur weil der aktuell gebildete ernsthafte Wille des Kindes sich gegen den Umgang ausspricht (vgl aber OLG Bamberg FamRZ 1994, 1276; OLG Hamburg FamRZ 1991, 471; AG Rothenburg/W DAVorm 1993, 593; JOHANNSEN/HENRICH/JAEGER Rn 41).

**e)   Ziel: Bekämpfung der Manipulation**

**291 aa)** Auf der Suche nach einem **Lösungsmodell** wird man der Erkenntnis, daß sowohl die Kindeswohldienlichkeit des Umgangs trotz manipulierten Kindeswillens als auch die Vermeidung einer als ausweglos empfundenen Lage Maßstab der familiengerichtlichen Regelung sein müssen, nicht gerecht, indem man den Kindeswillen als Tatsache nimmt und sich der scheinbar unvermeidlichen Konsequenz beugt, den Umgang für ein oder zwei Jahre auszuschließen. Die Feststellung, daß die Belastung des Kindes durch das Umgangsrecht seine Ursache regelmäßig nicht in der Person des Kindes hat, sondern in der Konfliktsituation der Eltern (ELL DAVorm 1986, 745, 750; FTHENAKIS/OBERNDORFER EzFamR § 1634 aF Nr 3 Anm; JOPT ZfJ 1990, 285, 290; KLENNER FamRZ 1995, 1529 f) beschreibt das Problem zutreffend; sie beweist aber nicht, daß die Kapitulation des Kindeswohls nach einer Richtung die richtige Lösung ist. Und um nichts anderes geht es, wenn der dem Kindeswohl eigentlich förderliche Umgang ausgeschlossen wird, weil der Konflikt der Eltern und nicht selten die Beeinflussung durch den betreuenden Elternteil den Umgang zu einem *subjektiv* bedrängenden Ereignis gemacht hat. Das mag *kurzfristig* eine Option sein, um eine unerträgliche Situation zu beruhigen. Es ist aber völlig verfehlt, den Ausschluß des Umgangs aufgrund eines manipulierten Kindeswillens als Respekt vor dem Persönlichkeitsrecht darzustellen (so JOHANNSEN/HENRICH/JAEGER Rn 41) oder gar als eine Befreiung des Kindes von einem psychischen Dauerkonflikt (LEHMKUHL/LEHMKUHL KindPrax 1999, 159, 161). Das Persönlichkeitsrecht kann eine Beachtung des Kindeswillens ohne eine Hinterfragung der Motive dieses Willens nur dann gebieten, wenn das Kind zur freien Willensbildung fähig *und* an der freien Willensbildung nicht von außen behindert ist. An Respekt vor dem Persönlichkeitsrecht des Kindes fehlt es vor allem einem Elternteil, der nicht in

der Lage ist, seine persönlichen Probleme mit dem ehemaligen Partner so zu beherrschen, daß er eine Beeinflussung des Kindes vermeidet, die Haß auf den anderen
Elternteil schürt und damit die Persönlichkeit des Kindes schwer schädigt. Hinzu
kommt, daß ein Kind mit seltenen Ausnahmen (zB Mißbrauchsfälle) tendenziell
Loyalität zu beiden Elternteilen anstrebt, so daß ein den Umgang ablehnender Wille
nichts ist, was das Gericht *hinnehmen* kann, sondern eine Erscheinung, der das
Gericht möglichst frühzeitig *entgegenwirken* sollte (zu Strategien der richterlichen Einflußnahme: WEISBRODT KindPrax 2000, 9, 11 ff).

**bb)**  Anzustreben ist daher eine **auf lange Sicht dem Kindeswohl optimal dienliche** 292
**Lösung**.

**α)**  Das erfordert, daß das Gericht, wenn es nach sachverständiger Beratung einen
beeinflußten Kindeswillen erkennt, alle ihm zu Gebote stehenden Mittel ausschöpft,
um einen das Kind beeinflussenden Elternteil zur Vernunft zu bringen. Zunächst ist
eine **Beratungslösung** anzustreben. Das Familiengericht muß die Bedeutung des Umgangsrechts für die Entwicklung des Kindes und sein Wohl erläutern und auf das
Kind, vor allem aber auf den das Kind beeinflussenden Elternteil argumentativ einwirken, um beide zu veranlassen, die ablehnende Haltung zu überprüfen (BGH FamRZ
1980, 131, 133; JOHANNSEN/HENRICH/JAEGER Rn 41).

**β)**  Fruchtet dies nicht, so darf das Gericht **nicht resignieren.** Der Standpunkt, dem 293
Gericht stünden keine weiteren legitimen, erfolgversprechenden Mittel zur Umstim-
mung des Kindes zu Gebote (JOHANNSEN/HENRICH/JAEGER Rn 41; STAUDINGER/PESCHEL-
GUTZEIT[12] § 1634 aF Rn 209) ist unzutreffend *und* setzt an der falschen Stelle an. Ziel
jeder Maßnahme muß in dieser Situation der widerstrebende Elternteil sein und
nicht das Kind. Diesem Elternteil muß durch Inhalt und Begründung der Entscheidung die Unrechtmäßigkeit seines Verhaltens klargemacht werden. Ist es zu der
Konfliktsituation gekommen, die für das Kind aktuell aussichtslos erscheint, so
kommt zwar eine aktuelle *Durchsetzung* des Umgangs gegen den Willen des Kindes
nicht in Betracht. Dies erlaubt jedoch nicht den – auch zeitweisen – Ausschluß des
Umgangs. Vielmehr entspricht in dieser Konstellation nur eine **vorübergehende Aussetzung des Vollzugs der Umgangsentscheidung** (im einzelnen unten Rn 301) dem Verhältnismäßigkeitsgrundsatz, dem Kindeswohl und der Grundwertung des § 1626 Abs 3.
Eine solche Aussetzung ist auch möglich, wenn bisher eine Umgangsregelung noch
nicht vorliegt. Das Gericht hat ggf auf den Antrag des Umgangselternteils hin den
Umgang zu regeln und seine Entscheidung für einen befristeten Zeitraum auszusetzen.

**γ)**  Vor allem aber muß sich der Blickwinkel verschieben, aus dem das Phänomen 294
diskutiert und in der Praxis entschieden wird. Bis in jüngste Zeit mußte bei einer
Umschau im Schrifttum der Eindruck entstehen, das Familienrecht befasse sich mit
dem Phänomen des beeinflußten Kindeswillens erst dann, wenn das Unglück bereits
geschehen ist. Der **Vorsorge gegenüber der beeinflußten Entfremdung** kommt aber
tatsächlich die weitaus größere Bedeutung zu. In jüngster Zeit haben nicht nur Vertreter der Theorie des *Parental Alienation Syndrome* (PAS; dazu oben Rn 37 ff) deutlich
gemacht, daß der vieldiskutierte und gerne als Tatsache genommene Wille des Kindes eine *familienpsychologische Vorgeschichte* hat. Jeder Familienrichter kennt jene
„Rituale der Umgangsvereitelung", die *Klenner* (FamRZ 1995, 1529; vgl auch WEISBRODT

KindPrax 2000, 9, 12 ff) zutreffend auf einen **Mangel an Unrechtsbewußtsein** zurückführt. Die Entwicklung vom Nicht-Sollen zum Nicht-Wollen muß unterbrochen werden, will man dem Kindeswohl dienen, statt zu retten, was noch zu retten ist.

Das bedeutet zum einen, daß im frühen Stadium des Konflikts angeordnete Umgangsregelungen mit allen zu Gebote stehenden Mitteln gegen einen Widerstand des Betreuungselternteils durchzusetzen sind. Toleranz gegenüber Verstößen gegen die Wohlverhaltenspflicht ist fehl am Platz; sie verstärkt das Bewußtsein, der „Besitz am Kind" sei ein „gutes Recht" und hindert die Ausbildung von Unrechtsbewußtsein. In dieser Phase ist neben Vollstreckungsmaßnahmen auch an Sorgerechtsmaßnahmen zu denken, wobei das Gericht *vernehmlich* denken, also dem betroffenen Elternteil nicht den Eindruck richterlicher Hilflosigkeit vermitteln sollte (im einzelnen zu den möglichen Maßnahmen oben Rn 100 ff).

Zum zweiten muß das Familiengericht die durch das KindRG präzisierte **Beratungs-** und **Erörterungspflicht** in Ehesachen (§ 613 Abs 1 S 2 ZPO) gerade auch im Hinblick auf die Gestaltung des Umgangs nutzen; dies ist meist der früheste Moment, in dem das Familiengericht mit der Krise der Elternbeziehung befaßt ist; hier ist die Chance am größten, daß noch kein unabänderlicher Kindeswille gegen einen Umgang spricht.

Nicht erreichbar sind hierdurch die Fälle, in denen es lange Zeit nicht zu einer Befassung des Familiengerichts kommt, insbesondere die Situation von Kindern nicht verheirateter Eltern. Insoweit werden jedoch häufiger die **Jugendämter** befaßt sein, die hier ebenfalls Verantwortung tragen, Konfliktsituationen, insbesondere anläßlich der Trennung von zunächst zusammenlebenden Eltern zu erfassen und ihre Kompetenz zum Nutzen des Umgangs und zur Vermeidung von festgefahrenen Situationen einzusetzen.

**f)   Der Kindeswille in der Rechtsprechung – Bewertung**

**295 aa)**   Bei **kleineren Kindern** im Alter bis zu etwa 10 bis 12 Jahren geht die ganz überwiegende Rechtsprechung davon aus, daß der das Kind betreuende (bisher: der sorgeberechtigte) Elternteil verpflichtet und regelmäßig in der Lage ist, einen entgegenstehenden Kindeswillen durch geeignete erzieherische Maßnahmen zu überwinden (KG NJWE-FER 2000, 175, 176; OLG Celle FamRZ 1987, 622; OLG Frankfurt FamRZ 1966, 258; OLG Frankfurt/Main FamRZ 1993, 729, 730; BezG Frankfurt/Oder FamRZ 1994, 58; OLG Hamm FamRZ 1996, 363; OLG Zweibrücken FamRZ 1987, 90, 91 MünchKomm/ Hinz § 1634 aF Rn 30 a; Soergel/Strätz § 1634 aF Rn 26; vgl auch BayObLG FamRZ 1977, 736, 740: nicht mehr ab etwa 13 Jahren). Dieser Ansicht ist zuzustimmen. Dabei kann es keinesfalls darum gehen, den Willen des Kindes durch Strafmaßnahmen zu überwinden oder zu brechen. Vielmehr hat der betreuende Elternteil die Aufgabe, dem Kind eine positive Vorstellung von dem Umgangselternteil zu geben, den Umgang als etwas Positives zu verdeutlichen und regelmäßig vorhandene eigene Aversionen gegen den ehemaligen *Partner* von dem dem Kind vermittelten Bild des anderen *Elternteils* zu trennen.

Diese Verpflichtung kann gegenüber dem betreuenden Elternteil auch durch Zwangsmaßnahmen nach § 33 FGG durchgesetzt werden (OLG Brandenburg FamRZ 1996, 1092; OLG Celle FamRZ 1987, 622; BezG Frankfurt/Oder FamRZ 1994, 58; OLG Hamm

FamRZ 1996, 363; OLG Zweibrücken FamRZ 1987, 90). Auch dem ist beizupflichten: Unter Zwangsgeldandrohung kann zwar nicht der *Erfolg* der erzieherischen Maßnahmen gestellt werden (deshalb zweifelnd AG Charlottenburg FamRZ 1989, 1217; JOHANNSEN/HEN-RICH/JAEGER Rn 40), wohl aber das *ernsthafte Bemühen.* Hierbei trifft den betreuenden Elternteil die Darlegungslast; es spricht ein Erfahrungssatz dafür, daß ein vom betreuenden Elternteil positiv beeinflußtes Kind sich dem Umgang mit dem anderen Elternteil nicht verschließt – sofern nicht objektive Gründe gegen den Umgang sprechen, die ohnehin jenseits der Willensfrage beachtlich wären. Man sollte sich nicht dem offenkundig in großer Zahl vorhandenen Phänomen der mittelbar oder unmittelbar durch negative Beeinflussung entstandenen Ablehnung verschließen und das Wollen oder Nicht-Wollen des Kindes gleichsam als neutrale Größe behandeln, auf die der betreuende Elternteil bei bestem Willen nur mit gleichverteilten Erfolgschancen einwirken könnte. Der Fall, daß ein *unbeeinflußtes* Kind den Umgangselternteil wirklich nicht sehen will, kommt erfreulicherweise selten vor (KLEN-NER FamRZ 1995, 1529, 1533).

**bb)**   Die auf diesem Wege nicht zu behebende **klare und ernsthafte Weigerung eines**   **296**
**kleineren Kindes** wird von der herrschenden Rechtsprechung nicht als absoluter, den Umgang ausschließender Gesichtspunkt angesehen. Eine letztentscheidende Bedeutung ohne weitere Differenzierung wird bei kleineren Kindern nur vereinzelt behauptet (KG FamRZ 1986, 503 trotz Anhaltspunkten für Beeinflussung; OLG Hamburg FamRZ 1991, 471 trotz festgestellter Überidentifkation des Kindes mit dem Betreuungselternteil; AG Rothenburg DAVorm 1993, 593 [9-jähriger], wobei auch dort in den Entscheidungsgründen darauf abgestellt wird, daß das Kind keine Erinnerung an den Vater hatte und sich mit ihm sprachlich nicht verständigen konnte). Vielmehr ist zu differenzieren:

**α)**     In jedem Fall gibt die Weigerung des Kindes Anlaß, sorgfältig den **Gründen**   **297**
**nachzugehen,** auf denen dieser Wille beruht (BVerfG NJW 1993, 2671).

Ergeben sich **nachvollziehbare Gründe**, die gegen einen Umgang sprechen, so ist die Weigerung des Kindes beachtlich; hierbei wird überwiegend auf die *objektive Bedeutung* der geltend gemachten Gründe abgestellt (OLG Bamberg FamRZ 1989, 890: vorbereitungslose Verbringung in die USA durch bisher persönlich unbekannten Vater; OLG Celle FamRZ 1998, 973: Angst wegen – erhärtetem – Verdacht sexuellen Mißbrauchs; OLG Celle FamRZ 1998, 1458, 1459: nicht verarbeitete Erlebnisse und Überforderung; OLG Hamm FamRZ 1997, 307, 308: Angst wegen früherem Entführungsversuch; OLG Karlsruhe ZfJ 1980, 292: Angst wegen früherer Gewalt durch den Vater; OLG Schleswig FamRZ 2000, 48, 49: Angst vor Trennung von der Pflegefamilie). Nicht entscheidend ist, ob diese Gründe gutzuheißen sind, in dem Sinn, daß ein reifer Mensch es sich auferlegen würde, die Ablehnung zu überwinden (OLG Hamm FamRZ 1997, 307: schwer kranker Vater). Beruht die Ablehnung auf einer langfristigen Entfremdung, so ist eine behutsame *Anbahnung* des Umgangs erforderlich (OLG Braunschweig FamRZ 1999, 185; OLG Thüringen FamRZ 1996, 359, auch auf das Recht des Umgangselternteils abstellend; anders OLG Schleswig FamRZ 2000, 48, 49: Kontaktablehnung nach langjähriger Familienpflege). Erweisen sich die nachvollziehbaren Gründe als absehbar vorübergehend, so ist der Ausschluß oder die Einschränkung des Umgangs zeitlich zu begrenzen (OLG Celle FamRZ 1998, 1458, 1459).

Dem ist zuzustimmen, weil der entgegenstehende Kindeswille in diesem Alter vorrangig ein Indiz für die Betroffenheit des Kindeswohles ist, dem das Gericht nachgehen muß. Die Gewichtigkeit der Gründe kann in dieser Altersstufe nicht aus dem Blickwinkel des Kindes erfolgen, weil diesem die Reife fehlt, deren Gewicht im Hinblick auf sein Wohl abzuschätzen.

**298** β)    Ergeben sich **keine nachvollziehbaren Gründe**, so kann ein Umgang auch gegen den erklärten Willen des Kindes angeordnet werden (BGH FamRZ 1980, 131; KG FamRZ 1985, 639; OLG Düsseldorf FamRZ 1994, 1277; OLG Frankfurt/Main FamRZ 1993, 729: Überinterpretation von Ungeschicklichkeiten des Umgangselternteils m zweifelnder Anm LUTHIN). Dies gilt insbesondere, wenn sich der Wille als beeinflußt erweist oder einer ablehnenden Haltung des betreuenden Elternteils korrespondiert (BayObLGZ 1951, 330, 335; BayObLGZ 1951, 421, 423; BayObLGZ 1957, 134, 145; BayObLG FamRZ 1959, 12, 125; BayObLGZ 1964, 443; BayObLGZ 1974, 443; BayObLGZ 1977, 200; BayObLG FamRZ 1977, 650, 652; OLG Bamberg FamRZ 2000, 46; OLG Düsseldorf FamRZ 1969, 664; OLG Frankfurt FamRZ 1966, 258; OLG Frankfurt FamRZ 1993, 729, 730; OLG Hamburg FamRZ 1996, 422, 423; OLG Hamm OLGZ 1975, 386; OLG Hamm NJW-RR 1996, 770; OLG Hamm FamRZ 1994, 57; OLG Karlsruhe FamRZ 1968, 170; OLG Köln FamRZ 1972, 144, 145; OLG Köln FamRZ 1972, 574, 576; COESTER Kindeswohl 264; anders, wenn die Beeinflussung zu einer nicht anders verhinderbaren Gefährdung geführt hat: OLG Hamm NJWE-FER 1999, 235). Das *OLG Bamberg* (MDR 1998, 1167, 1168; ähnlich FamRZ 2000, 46) hat zutreffend darauf hingewiesen, daß durch das KindRG, insbesondere durch § 1626 Abs 3 die bisherige Rechtsprechung insoweit bestätigt wird, als die grundsätzliche Kindeswohldienlichkeit des Umgangs nicht durch den bloßen Kindeswillen beseitigt wird und eine Ablehnung des Umgangs eher noch kritischer zu hinterfragen ist.

Dem ist zuzustimmen. Eine absolute Beachtung des Willens eines noch nicht zu einer umfassenden Beurteilung der Bedeutung des Umgangs für seine Entwicklung fähigen Kindes würde eine kurzfristige Entlastung um den Preis längerfristiger schwerer wiegender Nachteile für das Kind bedeuten. Der Wille des Kindes darf nur im Rahmen seines wohlverstandenen Interesses berücksichtigt werden (BGH FamRZ 1980, 132, 133; OLG Hamburg FamRZ 1996, 422, 423; deutlich OLG Bamberg MDR 1998, 1167, 1168: „Zum Wohle E's darf daher sein – geäußerter – Wille nicht berücksichtigt werden"). Ist der Wille eindeutig beeinflußt, so kommt ihm die in dieser Altersgruppe wesentliche indizielle Funktion für das Kindeswohl nicht zu. Erweist sich ausnahmsweise die gegenwärtige Belastung des Kindes durch den von ihm, subjektiv überzeugt, abgelehnten Umgang als kindeswohlgefährdend, so kann eine Einschränkung oder ein Ausschluß unvermeidbar sein. Hierzu ist erforderlich, daß eine Ablehnung erkennbar wird, die deutlich über den bei Kindern in der Konfliktsituation der Eltern häufigen Loyalitätskonflikt hinausgeht und eine Durchsetzung des Umgangs zu einer konkreten Kindeswohlgefährdung führen würde (OLG Celle FamRZ 1998, 971, 972; OLG Hamm FamRZ 1996, 361; OLG Hamm NJWE-FER 1999, 235: massive Angst trotz Beeinflussung beachtlich). Beruht in einem solchen Fall die Ablehnung auf dem erkennbaren negativen Einfluß des betreuenden Elternteils, so muß das Gericht diesem mit allem Nachdruck deutlich machen, daß er nachhaltig gefordert ist, das Bild des Kindes von dem Umgangselternteil wieder zu korrigieren (zutreffend OLG Celle FamRZ 1998, 971, 972). Daß ein Gericht bloß die „Hoffnung" (OLG Hamm FamRZ 1996, 361, 362) ausspricht, die Beeinflussung werde nachlassen, ist zu wenig. Überdies sollte in solchen Fällen die neu geschaffene Möglichkeit der Aussetzung des Vollzuges der Umgangsregelung anstelle der Umgangsbeschränkung oder des Umgangsausschlusses eingesetzt werden, um jede Bestätigung des obstruierenden Elternteils in seinem Fehlverhalten zu vermeiden.

**cc)** Eine ernstliche **Weigerung eines älteren Kindes/Jugendlichen** wird in weiterem **299** Umfang beachtet.

**α)** Hierbei ist nicht von einer festen Altersgrenze auszugehen, sondern von der Beurteilungsfähigkeit des Kindes nach dem Stand seiner individuellen Entwicklung. Hierzu muß das Gericht sich mit den Gründen, die das Kind vorbringt, argumentativ auseinandersetzen und ihm Gelegenheit geben, seine Haltung zu überprüfen (BGH FamRZ 1980, 131, 133). Dies kann auch bei einem Kind im Alter von elf bis zwölf Jahren schon der Fall sein. Der Wille ist mit Rücksicht auf das Persönlichkeitsrecht des Kindes beachtlich, wenn der Jugendliche **nachvollziehbare Gründe** geltend macht; dabei ist nicht auf objektiv berechtigte Gründe abzustellen. Maßgeblich ist vielmehr, daß *aus Sicht des Kindes* die Ablehnung berechtigt erscheint, auf tatsächliche oder auch eingebildete, nicht sachgerecht verarbeitete Ereignisse zurückführbar ist (BGH FamRZ 1980, 131, 133: Furcht, erneut in die schweren Konflikte der Eltern gezogen zu werden; OLG Bamberg FamRZ 1994, 1276: Pflegekinder nach massiver Enttäuschung und Abgrenzung von ihren Eltern; OLG Bamberg NJW-RR 1999, 515, 517: erhebliches Gewaltpotential des Umgangselternteils [Schüsse] gegen anderen Elternteil; OLG Düsseldorf FamRZ 1998, 1460, 1461: schon bei 11-jährigem Pflegekind bei Besorgnis von Kindesmißbrauch und dadurch verursachter Entfremdung; OLG Hamm FuR 1998, 410: begründete Furcht wegen früherem Entführungsversuch; OLG Hamm NJWE-FER 1999, 235: Abneigung wegen im Kern realer Gewalttätigkeit; OLG Jena FamRZ 1996, 359: Art der Annäherung des Vaters ggü 16-jähriger Tochter; OLG Karlsruhe ZfJ 1980, 292, 293: Gewalttätigkeit des Vaters und Angst 15-jähriger Tochter; LG München FamRZ 1971, 311; LG Ravensburg DAVorm 1975, 243: Vorstrafe des Vaters wegen sexuellen Mißbrauchs von Kindern; **keine solchen Gründe lagen vor bei**: OLG Brandenburg DAVorm 2000, 72, 74: zu wenig abwechslungsreiche Gestaltung des Umgangs, Mitgliedschaft in Sportverein, neuer Partner der Mutter als „Vater"; OLG Düsseldorf FamRZ 1994, 1277: schlichte Ablehnung beeinflußt durch kleinlich-aggressive Haltung des betreuenden Vaters; vgl zum beeinflußten Willen bei älteren Kindern, wenngleich ohne ausreichende Abwägung auch OLG München FamRZ 1978, 614, 617; OLG Hamm FRES 3, 27; OLG Hamm FamRZ 1994, 57: gebetsmühlenhaft nicht begründbare Ablehnung durch 13-jähriges Kind).

Dem ist zuzustimmen; die Beurteilung, ob ein Kind nach seiner Entwicklung über die gehörige Reife verfügt, kann nicht unabhängig von der Beurteilung der Erwägungen getroffen werden, die das Kind für seine Ablehnung dartut. Eine gänzlich irrationale Ablehnung oder eine beeinflußte Ablehnung wird kaum den Schluß erlauben, daß ein Kind oder Jugendlicher bereits zu einer gehörig gereiften Beurteilung fähig ist (OLG Karlsruhe FamRZ 1990, 901, 902: Beharren einer 13-jährigen auf 7 Jahre während Verweigerung, die sich auf ebenso alte Vorfälle bezieht). Umgekehrt kann der Annahme, das Kind habe sich nur einnehmen lassen, kaum Glaube geschenkt werden, wenn das Gericht den Eindruck einer schon weitgehend gereiften und eigenverantwortlichen Persönlichkeit gewinnt (OLG Thüringen FamRZ 1996, 359, 360). Dies bedeutet nicht, daß der Wille eines Jugendlichen letztlich wieder nur bei Bestehen *objektiv* guter Gründe beachtlich wäre. Das Gericht darf den Willen jedoch nicht aufgrund einer abstrakten Beurteilung der Einsichtsfähigkeit nach Altersklassen zur Entscheidungsgrundlage nehmen, sondern muß sich mit der Ansicht des Jugendlichen auseinandersetzen, um die subjektive Konsistenz seiner Gründe zu erproben (BGH FamRZ 1984, 131, 133 auf die

Begründung des Beschwerdegerichts bezogen: „diese Frage mit vernünftigen Überlegungen zu prüfen, wobei sie sich auch Gegenargumenten nicht verschlossen und hierzu Stellung genommen hätten").

**300 β)** In dieser Altersgruppe tritt jedoch bei **Fehlen nachvollziehbarer Gründe** zudem die Abwägung des Willens als Ausdruck der wachsenden Selbstbestimmung und damit das **Persönlichkeitsrecht** in die Argumentation ein.

Eine absolute Beachtung des Willens scheidet zwar auch in dieser Altersgruppe aus, denn der gegen den Umgang gerichtete Wille ist generell auf einen nicht mit dem Wohl des Kindes vereinbaren völligen Abbruch der persönlichen Beziehung zu einem Elternteil gerichtet (OLG Bamberg ZfJ 1996, 194, 196; OLG Düsseldorf FamRZ 1994, 1277; anders wohl OLG Hamm FamRZ 1997, 307 [LS]: „schon aus dem Persönlichkeitsrecht").

Jedoch muß ggf dem Willen des älteren Kindes auch nachgegeben werden, wenn dieser zwar von subjektiv stark empfundenen Gründen getragen ist, sich einer argumentativen Überprüfung aber nicht stellen will oder kann. Dies ist auch der Erkenntnis geschuldet, daß ein älteres Kind auch einmal erfahren muß, aus eigenen Fehlentscheidungen zu lernen, sofern dadurch keine irreparablen Schädigungen drohen. Deshalb wird in solchen Fällen eine eng begrenzte Aussetzung des Umgangsrechts (OLG Bamberg ZfJ 1969, 194, 197) oder eine erhebliche zeitliche Einschränkung (OLG Celle FamRZ 1989, 892) vorgenommen; dabei ist aber dem Kind eindringlich anzuraten, sich dem subjektiv als ausschlaggebend angesehenen Konflikt auf längere Sicht zu stellen (OLG Bamberg FamRZ 1998, 970, 971: Zweifel an Abstammung). Ist der Schaden bereits eingetreten, weil ein älterer Jugendlicher aufgrund des Verhaltens seines sorgeberechtigten Elternteils dem anderen Elternteil gänzlich entfremdet ist, so kann gegen seinen Willen keine Umgangsregelung getroffen werden; auch hier bleibt nur die Hoffnung auf eine Entwicklung der eigenen Haltung des Jugendlichen (OLG Rostock ZfJ 1999, 399; auffällig ist jedoch, daß das Gericht keinen Vermittlungsversuch unternimmt, den der Vater wünschte, wieso sollte einem „normal entwickelten" 17-jährigen eine *Anhörung* schaden? In diesem Fall zeigt sich, wie riskant es ist, wenn eine Rechtsordnung, wie dies die Praxis der DDR-Gerichte war, der Umgangsablehnung nicht entgegentritt).

Auch diese letztlich auf die Verweigerung des Jugendlichen Rücksicht nehmende Rechtsprechung verdient Zustimmung: Die Achtung vor dem Kindeswohl und der heranwachsenden Persönlichkeit gebieten es, Toleranz gegenüber dem Willen mit erzieherischen Elementen zu verbinden. In Anwendung von Abs 4 wird in solchen Fällen wiederum eine Aussetzung der Vollziehung einer Umgangsregelung in Betracht kommen (vgl schon OLG Karlsruhe FamRZ 1990, 901, 902: Umgangsrecht von seiner Durchsetzung zu unterscheiden). Demgegenüber vorzugswürdig – und dem Umgangselternteil nahezulegen – ist ein vorübergehender freiwilliger Verzicht auf den Umgang seitens des Umgangselternteils (vgl OLG Karlsruhe FamRZ 1990, 655), um dem Minderjährigen die Chance zur Selbstfindung in Respekt vor der selbstlosen Entscheidung des Elternteils zu geben.

**4. Einschränkung oder Aussetzung des Vollzugs früherer Entscheidungen**

**301 a)** Bisher wenig Beachtung findet die durch das KindRG neu geschaffene Möglichkeit der Einschränkung oder Aussetzung des Vollzugs früherer Entscheidungen.

**Gesetzgeberischer Hintergrund** dieser Entscheidungsmöglichkeit ist der von § 1634 Abs 2 S 2 aF her bekannte Konflikt in Fällen, in denen das Umgangsrecht nur deshalb dem Wohl des Kindes widerspricht oder gar schadet, weil der das Kind betreuende Elternteil den Umgang obstruiert und das Kind beeinflußt. In solchen Fällen bestand nach § 1634 Abs 2 S 2 aF nur die Möglichkeit, das Umgangsrecht selbst zu beschränken oder auszuschließen. Der Regierungsentwurf weist zu Recht darauf hin, daß durch eine solche Entscheidung *falsche Signale* gesetzt werden (BT-Drucks 13/4899, 106). Der Umgangselternteil kann nicht verstehen, warum ein Verhalten des anderen Elternteils zum Anlaß genommen wird, ihm das Umgangsrecht zu nehmen. Das falsche Signal gegenüber dem betreuenden Elternteil besteht darin, daß er für sein Verhalten mit dem Wegfall des Umgangsrechts „belohnt" wird (BT-Drucks 13/4899, 106). Mit der bloßen Aussetzung des Vollzuges wird der richtige Adressat für die Pflichtwidrigkeit benannt (LIPP FamRZ 1998, 65, 75).

**b)**     Die **Anwendungssituation** der Aussetzung einer Umgangsentscheidung ist frag- **302** lich:

**aa)**     Nach dem Wortlaut (**„früherer Entscheidungen"**) stellt es sich so dar, als komme eine Aussetzung oder Einschränkung des Vollzuges nur in Betracht, wenn das Gericht nach Vorliegen einer Umgangsregelung (Abs 3) erneut, insbesondere im Vollstreckungsverfahren, einschreiten muß. Auch der Regierungsentwurf spricht „insbesondere" von den nicht seltenen Fällen, in denen der Umgangsberechtigte die Vollstreckung aus einer gerichtlichen Entscheidung betreibt und das Gericht die Überprüfung des Sachverhalts zum Anlaß nimmt, das Umgangsrecht (meist: für eine bestimmte Zeit) auszuschließen (BT-Drucks 13/4899, 106).

**bb)**     Diese am Wortlaut und der den Gesetzgeber zur Regelung veranlassenden **303** Vollstreckungssituation orientierte **Auslegung** erscheint jedoch **zu eng.** Die Interessenlage ist nämlich nicht von dem Vorhandensein einer älteren Umgangsregelung und der Vollstreckungssituation geprägt; vielmehr ergibt sich die regelungsbedürftige Konfliktsituation daraus, daß von seiten des Umgangselternteils dem Umgang keine Einschränkungsgründe entgegenstünden, die Maßnahme nach Abs 4 jedoch durch ein Verhalten des betreuenden Elternteils indiziert ist, welches sich so stark auf die psychische Situation des Kindes auswirkt, daß der Umgang zu einer Kindeswohlbeeinträchtigung oder -gefährdung führen würde (vgl PALANDT/DIEDERICHSEN Rn 46). Die Möglichkeit der Einschränkung oder Aussetzung des Vollzuges muß also auch bestehen für eine **gleichzeitig getroffene Umgangsregelung.** Würde man eine früher getroffene Umgangsregelung voraussetzen, so würde dies den betreuenden Elternteil belohnen, der nachhaltig und schnell genug auf das Kind einwirkt, so daß sich schon aus Anlaß der erstmaligen Umgangsregelung das Dilemma der Kindeswohlschädlichkeit des eigentlich zu gewährenden Umgangs stellt.

**cc)**     Damit aber ergibt sich gerade für Fälle des **ohne gute Gründe entgegenstehen- 304 den Kindeswillens**, insbesondere des **beeinflußten Kindeswillens** eine vorzügliche Regelungsmöglichkeit, welche einerseits die grundsätzliche Kindeswohldienlichkeit des Umgangs klarstellt, andererseits die vom Umgangselternteil nicht verursachte, jedoch vorhandene und vom Kind als unerträglich empfundene Belastung des Kindes durch einen erzwungenen Umgang vermeidet. Gerade jene Stimmen, die unter § 1634 Abs 2 S 2 aF unermüdlich und oft ein wenig einseitig auf die ursachenunabhängige Schädlichkeit des *erzwungenen* Umgangs hingewiesen haben, werden erkennen müssen, daß die ausgesetzte *Umgangsregelung* genau diese Belastung vom Kind nimmt, dabei aber gänzlich verfehlte Siegesstimmung beim betreuenden Elternteil und Resignation beim Umgangselternteil vermeidet. Druck vom Kind zu nehmen und den Druck auf den sich falsch verhaltenden Elternteil zu verlagern, erscheint die einzig richtige Lösung dieser Problematik.

**305** **c)** Die **Eingriffsschwellen** für eine Einschränkung oder Aussetzung des Vollzugs einer Umgangsregelung ergeben sich aus Abs 4 S 1 und 2 in gleicher Weise wie für die Einschränkung und den Ausschluß des Umgangsrechts. Eine Aussetzung des Vollzugs einer Umgangsregelung oder eine Einschränkung für längere Zeit ist also nur zulässig, wenn andernfalls das Wohl des Kindes gefährdet ist (LIPP FamRZ 1998, 65, 75; oben Rn 260, 265 ff). Dies entspricht nicht nur dem Wortlaut der Bestimmung. Auch die aktuelle Auswirkung des Ausschlusses (oder der längerfristigen Einschränkung) des Vollzuges erfordert es, die Eingriffsschwelle ebenso hoch anzusetzen wie für Maßnahmen gegen das Umgangsrecht selbst. Insbesondere ist die *negative Auswirkung* der Vollzugsaussetzung auf das Kindeswohl, die gegen die Kindeswohlbetroffenheit durch den Umgang abzuwägen ist, vollständig identisch. Vor allem das kleinere Kind vermag den Unterschied zwischen einer Aussetzung der Regelung und einem Ausschluß des Umgangsrechts nicht zu erkennen; es erkennt nur, daß es den Umgangselternteil nicht sieht und wird in beiden Fällen durch die Entfremdung vom Umgangselternteil bedroht. Die Aussetzung der Umgangsregelung darf also keinesfalls zu einem Instrument werden, das sorgloser eingesetzt wird, um eine vordergründige Beruhigung zu erreichen; eine solche Praxis würde die gute Intention des Gesetzgebers zunichte machen (vgl RAUSCHER FamRZ 1998, 329, 341).

**306** **d)** Dennoch ist die Einschränkung oder Aussetzung der Entscheidung über das Umgangsrecht im **Verhältnismäßigkeitsgefüge des Abs 4** das mildere Mittel. Der besondere Wert liegt darin, daß im Konflikt zwischen dem Kindeswohl und dem ablehnenden Willen des betreuenden Elternteils der Verfestigung der Fehlvorstellungen des Elternteils kein Vorschub geleistet wird und der Umgangselternteil nicht resigniert; gerade letzteres erscheint höchst bedeutsam, weil Resignation gegenüber der Gerechtigkeit der Rechtsprechung als ein leider allzu bekanntes Phänomen einem späteren Mitwirken des eigentlich schuldlosen, an der Fairness der Justiz aber verzweifelten, Elternteils an kooperativen Lösungen entgegensteht.

Liegt eine Situation der durch den betreuenden Elternteil verursachten Kindeswohlberührung oder -gefährlichkeit des Umgangs vor, so wird daher in aller Regel ein Ausschluß oder eine Einschränkung des Umgangsrechts nicht mehr in Betracht kommen, weil als milderes und dem Kindeswohl ebenso dienliches Mittel die Regelung mit sogleich nachfolgender (meist vorübergehender) Vollzugsbeschränkung zur Verfügung steht. Allenfalls bei deutlich gereiften Jugendlichen, die, weniger elterngesteuert als in einer verfestigten, jedoch eigenverantwortlich gebildeten Fehlhaltung befangen, den Umgang grundlos ablehnen, kann ausnahmsweise ein Vollzugsausschluß die Kindeswohlgefährdung nicht abwenden, so daß ein Umgangsausschluß erforderlich ist; auch in diesen Fällen sollte jedoch bedacht werden, daß Reife sich auch durch das Offenhalten einer Situation und des möglichen späteren Gesinnungswandels auszeichnet. Dann wird ein milderer Eingriff geeigneter sein, das Aufeinanderzugehen von Kind und Umgangselternteil zu fördern.

Geht hingegen der Grund für die Kindeswohlbetroffenheit oder -gefährdung von dem Umgangselternteil aus, so wird – wie bisher – regelmäßig die Maßnahme gegen das Umgangsrecht selbst verhältnismäßig sein. Hier fehlt es gerade an den Voraussetzungen für eine positive Umgangsregelung, so daß mit einer bloßen Vollzugsbeschränkung ein falsches (zu positives) Signal in Richtung des Umgangselternteils gesetzt würde.

## 5. Beschützter (begleiteter) Umgang (Abs 4 S 3, 4)

### a) Institutionalisierung durch das KindRG, frühere Rechtsprechung

**aa)** § 1634 aF sah einen beschützten Umgang nicht ausdrücklich vor. In der Recht- **307** sprechung wurde jedoch zunehmend die Anordnung der Anwesenheit eines „**Überwachungspflegers**" als eine mögliche Einschränkung des Umgangsrechts für möglich gehalten, um die ansonsten drohende Notwendigkeit eines Ausschlusses des Umgangsrechts zu vermeiden (BayOblLGZ 1967, 412; OLG Celle ZfJ 1956, 137; OLG Hamm ZfJ 1967, 314, 315; MünchKomm/Hinz § 1634 aF Rn 42; Soergel/Strätz § 1634 aF Rn 27). Wegen des einschränkenden Charakters setzte diese Maßnahme voraus, daß eine solche Überwachung iSd § 1634 Abs 2 S 2 aF zum Wohl des Kindes erforderlich war (OLG Hamm NJW 1967, 446). In der jüngeren Rechtsprechung wurde hierfür zunehmend der aus der Psychologie übernommene Begriff des „**beschützten**", „**behüteten**" **oder „begleiteten" Umgangs** eingeführt (OLG Celle FamRZ 1996, 364; OLG Frankfurt/Main FamRZ 1995, 1432; OLG Hamburg FamRZ 1996, 422; OLG Hamm NJW 1989, 2336; OLG Hamm FamRZ 1993, 1233; OLG Hamm FamRZ 1996, 424; OLG Hamm FamRZ 1997, 307; OLG München FamRZ 1998, 976; OLG Stuttgart FamRZ 1994, 718).

**bb)** Abs 4 S 3 und 4 idF des **KindRG** regeln nunmehr ausdrücklich den beschützten **308** Umgang. Hierdurch soll insbesondere verdeutlicht werden, daß ein völliger Ausschluß des Umgangs wegen des Grundsatzes der Verhältnismäßigkeit (Erforderlichkeit) nur in Betracht kommt, wenn ein beschützter Umgang nicht ausreicht, das Wohl des Kindes zu gewährleisten (BT-Drucks 13/4899, 106). Während bis in jüngere Zeit unter § 1634 aF der beschützte Umgang als ein seltenes Regelungsinstrument verstanden wurde, ist nun zu erwarten, daß in vielen Fällen ein Ausschluß durch einen beschützten Umgang ersetzt werden kann (FamRefK/Rogner Rn 23).

Der beschützte Umgang ist freilich kein Allheilmittel. Einerseits bedeutet die Überwachung durch einen beim Umgang anwesenden Dritten eine schwere Zumutung an den Umgangselternteil, so daß keinesfalls der beschützte Umgang als ein besonders mildes Mittel angesehen werden sollte, das zur Streitschlichtung im üblichen Umgangskonflikt herangezogen werden dürfte (dazu unten Rn 309 ff). Andererseits ist einer Kindeswohlgefährdung nur in bestimmten Fallgruppen durch einen beschützten Umgang zu begegnen (dazu unten Rn 313 ff). Schließlich setzt das – zur Sicherstellung des Erfolgs einer solchen Anordnung notwendige – Erfordernis der *Mitwirkungsbereitschaft* eines Dritten praktische Grenzen (dazu unten Rn 319 ff).

### b) Anwendungsschwelle, Verhältnismäßigkeit

**aa)** Der beschützte Umgang ist eine Maßnahme nach Abs 4, bedeutet also eine **309** **Einschränkung des Umgangsrechts** (KG ZfJ 1999, 395, 396; Johannsen/Henrich/Jaeger Rn 32). Damit steht die Anordnung des beschützten Umgangs im Gefüge der Eingriffsschwellen des Abs 4 (oben Rn 260 ff) und setzt daher eine anders nicht abwendbare Gefährdung des Kindeswohls voraus, sofern er nicht nur für eine kürzere Zeit angeordnet wird. Der beschützte Umgang eignet sich daher für Fallgruppen, in denen eine häufig nicht geringe Gefährdung des Kindes besteht, die sich aber nicht aus dem Umgang als solchem ergibt, sondern aus Risiken, die von dem Umgangselternteil ausgehen und durch die Anwesenheit eines Dritten beherrscht werden können. Dabei besteht durchaus die Erwartung, daß der beschützte Umgang nicht nur in Fällen eingesetzt werden kann, die der Gesetzgeber als plastische Situationen der Gefahrabwehr genannt hat (Gefahr des sexuellen Mißbrauchs, Kindesentziehung, BT-Drucks 13/4899, 106); der beschützte Umgang kann vielmehr auch zu einem Instrument werden in Fällen, in denen bisher ein Ausschluß des Umgangs wegen irrationaler oder vom betreuenden Elternteil geschürter Angst, psychischer Einflußnahme durch den Umgangselternteil, also extremen Konfliktsituationen zu erwägen war (RICHTER/KREUZNACHT ZfJ 1999, 45, 49 sprechen sogar von dem beschützten Umgang als Regelinstrument, ehe an einen Ausschluß gedacht wird). Hingegen kommt er als Einschränkung des Umgangsrechts nicht in Betracht, wenn die Voraussetzungen des Abs 4 nicht vorliegen, der andere Elternteil sich jedoch mit einem Umgangsrecht in Anwesenheit Dritter leichter abfinden könnte (unklar FamRefK/ROGNER Rn 23).

Vom beschützten Umgang iSd Abs 4 S 3 zu unterscheiden ist die **außergerichtliche Umgangsvermittlung** bzw der **einverständliche begleitete Umgang** (§ 18 Abs 3 SGB VIII; ungenau Jugendamt Siegburg KindPrax 1999, 125, wo der „begleitete Umgang" iSd freiwilligen Hilfsangebotes erörtert, aber auch auf § 1684 Abs 4 S 3 gestützt wird; zu dieser konsensualen Form begleiteten Umgangs auch NORMANN-KOSSAK/MAYER KindPrax 1999, 74). Das staatliche Angebot, bei Schwierigkeiten in der Durchführung des Umgangs dem Kind und den Eltern beratend und helfend beizustehen, kann nicht über Abs 4 S 3 zwangsweise verwirklicht und dabei das Umgangsrecht eingeschränkt werden.

**310 bb)** Für den beschützten Umgang gilt der **Verhältnismäßigkeitsgrundsatz**. Die Anwesenheit eines Dritten darf nur angeordnet werden, wenn keine milderen Mittel zur Verfügung stehen, um dem Kindeswohl zu entsprechen; insbesondere darf der beschützte Umgang nicht angeordnet werden, wenn davon auszugehen ist, daß der Umgangselternteil **Auflagen** beachten wird, welche eine Kindeswohlgefährdung verhindern (zB im Fall einer AIDS-Infektion Problembewußtsein besteht).

Im **Verhältnis zum Ausschluß** des Umgangs ist der beschützte Umgang das mildere Mittel; ist beschützter Umgang geeignet, die Kindeswohlgefährung zu beseitigen, so kommt ein Umgangsausschluß nur in Betracht, falls der Umgangselternteil sich dem beschützten Umgang verweigert. Im Verhältnis zu anderen Einschränkungen des Umgangs ist zu beachten, daß der beschützte Umgang eine unnatürliche Umgangssituation bedeutet, insbesondere die Ungezwungenheit des Umgangs stark belastet. Auch das Kind kann durch beschützten Umgang in seiner Umgebung stigmatisiert werden oder Angst aufbauen, wenn der betreuende Elternteil ihm die Vorgeschichte, die zu einem beschützten Umgang führt, mitteilt (SALZGEBER FamRZ 1999, 975, 976). Häufig wird auch der *Kostenaspekt* dazu führen, daß der beschützte Umgang nur für relativ kurze Zeiträume stattfinden kann; beschützter Umgang ist also eine in der Verhältnismäßigkeitsskala dem Ausschluß sehr nahe stehende Maßnahme, die zu vermeiden ist, wenn andere Einschränkungen genügen.

**311 cc)** Abs 4 S 3 läßt auch verhältnismäßig mildere **Abstufungen der Begleitung** zu. So kann statt der dauernden Anwesenheit eines Dritten während des Umgangs eine Anwesenheit lediglich in der Wohnung oder dem Haus angeordnet werden, in dem der Umgang stattfindet, wenn – zB bei Entführungsgefahr (OLG Celle FamRZ 1996, 364) – dadurch das Kindeswohl gewahrt und zugleich die Ungezwungenheit des Umgangs besser gesichert werden kann. Häufig wird ein beschützter Umgang, der nicht an einen bestimmten Ort gebunden ist, sondern Aktivitäten im Freien erlaubt, angeordnet werden können. Eine solche Gestaltung beugt der Langeweile und Ablehnung beim Kind vor, das kaum mehrere Stunden in einer unnatürlichen Umgebung mit dem Umgangselternteil verbringen will (SALZGEBER FamRZ 1999, 975, 976). Auch eine Überwachung während eines im übrigen frei gestalteten Umgangs kommt in Betracht (OLG München FamRZ 1998, 976, 977: Detektiv bei Entführungsgefahr).

Hingegen muß eine Regelung, wonach das Kind von einem mitwirkungsbereiten Dritten zum Umgangselternteil gebracht und abgeholt wird, weil es zwischen den Eltern bei der Abholung häufig zu Streit kommt, nicht auf Abs 4 S 3 gestützt werden (vgl SALZGEBER FamRZ 1999, 975). Vielmehr wird dadurch nicht in das Umgangsrecht eingegriffen, sondern lediglich iSd Abs 3 das Holen und Bringen ausgestaltet. Aus Abs 4 S 3 läßt sich jedoch folgern, daß das Gericht auch im Rahmen einer Regelung nach Abs 3 mitwirkungsbereite vertrauenswürdige Dritte einbeziehen kann.

**dd)** Der beschützte Umgang kann nach den Erfordernissen des Falles längerfristig **312** sein, er ist aber von seiner Zielsetzung her **keine Dauerlösung**.

Ohnehin erfordert, wie bei jeder Maßnahme nach Abs 4, der Verhältnismäßigkeitsgrundsatz eine regelmäßige Überprüfung, ob die Maßnahme **aufzuheben** ist, weil sich die zugrundeliegende, meist aus dem aktuellen Partnerkonflikt gespeiste Konfliktsituation beruhigt hat (KG ZfJ 1999, 395, 396: wachsende Indizien gegen eine Umsetzung von Entführungsdrohungen; OLG Zweibrücken NJWE-FER 1999, 95: nicht ohne weiteres Verzicht auf Begleitung trotz gefestigter neuer Familienverhältnisse des – wegen eines beziehungsgestörten Gewaltdelikts verurteilten – Umgangselternteils).

Darüber hinaus ist aber der beschützte Umgang auch als eine **unnatürliche Umgangssituation** darauf angelegt, daß alle Beteiligten daran arbeiten, die Grundlage für einen späteren unbeschützten Umgang zu legen. Daher kommt der Auswahl des begleitenden Dritten nicht nur Bedeutung wegen der Gefahrabwehr während der Umgangssituation zu, sondern vor allem im Hinblick auf die gleichzeitig anzustrebende Vermittlung. Während die Beratung und Vermittlung nach § 18 Abs 3 SGB VIII nicht isoliert erzwungen werden kann, muß umgekehrt bei Vorliegen der Voraussetzungen des Abs 4 und Anordnung eines beschützten Umgangs der Versuch unternommen werden, den beschützten Umgang in einen Beratungs- oder Entwicklungsprozeß einzubinden (RICHTER/KREUZNACHT ZfJ 1999, 45, 50; SALZGEBER FamRZ 1999, 975, 976).

**c)    Anwendungsfälle**

**aa)**    Häufig geeignet ist der beschützte Umgang in Fällen des unbewiesenen, jedoch **313** **nicht fernliegenden Verdachts des sexuellen Mißbrauchs** (OLG Celle FamRZ 1998, 971; OLG Frankfurt/Main FamRZ 1995, 1432; OLG Hamm FamRZ 1993, 1233; OLG München FamRZ 1999, 674, 675; AG Kerpen FamRZ 1998, 254, 255; BT-Drucks 13/4899, 106; PALANDT/DIEDERICHSEN Rn 50; RICHTER/KREUZNACHT ZfJ 1999, 45, 49; RÖSNER/SCHADE FamRZ 1993, 1135). Voraussetzung der Anordnung ist, daß andernfalls der Umgang auszuschließen wäre. Es ist also das Gewicht des Verdachts zu prüfen; ein bloßer Verdacht oder eine Verdächtigung, die nicht widerlegt, aber auch nicht naheliegend substantiiert sind (vgl unten Rn 337), erlauben keine Einschränkung des Umgangsrechts. Der beschützte Umgang kann in solchen Fällen auch nicht ein Instrument des Mittelwegs sein, weil dadurch ohne hinreichend begründeten Anlaß schwer in das Umgangsrecht eingegriffen würde (OLG Stuttgart FamRZ 1994, 718). Bei **nachgewiesenem sexuellem Mißbrauch** kommt der beschützte Umgang grundsätzlich auch in Betracht (PALANDT/DIEDERICH-SEN Rn 50). Hier ist jedoch zu prüfen, ob ein – vorübergehender – Ausschluß nicht dennoch erforderlich ist, weil das Kindeswohl nicht nur durch die Wiederholungs-gefahr, sondern auch durch die Erinnerung an traumatische Erlebnisse gefährdet ist (OLG Celle FamRZ 1998, 973, erhärteter Verdacht, Verurteilung noch nicht rechtskräftig). Vor allem, wenn das Kind den Umgang wünscht, kann der beschützte Umgang ein Mittel sein, um den abrupten Abbruch des Kontakts und mögliche Schuldgefühle des Kindes zu vermeiden (LORENZEN-LINKE/BALLOFF FamRZ 1993, 1032).

**314  bb)**  Häufig wird beschützter Umgang auch bei **Entführungsgefahr**, insbesondere ins Ausland, in Betracht kommen (OLG Celle FamRZ 1996, 364; OLG München FamRZ 1998, 976; PALANDT/DIEDERICHSEN Rn 50). Auch hier steht die Eignung meist außer Frage, es sei denn, der Umgangselternteil hätte bereits erhöhte Energie gezeigt, auch eine schützende Begleitung zu überwinden (OLG Hamm FamRZ 1997, 307, 308). In dieser Fallgruppe sind jedoch auch andere, mildere Möglichkeiten der Einschränkung im Grenzbereich zur bloßen Auflage zu erwägen (im einzelnen oben Rn 184). In dieser Situation kommt auch ein längerfristiger beschützter Umgang in Betracht (SALZGEBER FamRZ 1999, 975, 976); dabei darf aber nicht übersehen werden, daß gerade Entführungsdrohungen und -pläne oft schon nach kurzer Zeit nicht mehr ernsthaft verfolgt werden, weil dem Elternteil selbst die damit verbundenen Konsequenzen, der Verlust des Arbeitsplatzes und des Lebensumfelds in Deutschland bewußt werden (KG ZfJ 1999, 395, 396).

**315  cc)**  **Frühere körperliche oder seelische Mißhandlung oder Bedrohung** des Kindes durch den Umgangselternteil kann einen beschützten Umgang indizieren (RICHTER/ KREUZNACHT ZfJ 1999, 45, 49); dabei spielt nicht nur – wie in den beiden ersten Fallgruppen – der Schutz des Kindes vor Wiederholungen eine Rolle (vgl KG FamRZ 1999, 876, Bedrohung), sondern die Überwindung von Erinnerungen an traumatische Ereignisse.

**316  dd)**  Ist der Umgangselternteil **psychisch krank** oder **drogenabhängig** und neigt deshalb zu unvorhersehbaren oder für das Kind beängstigenden Verhaltensweisen (RICHTER/KREUZNACHT ZfJ 1999, 45, 49), so kann die Anordnung eines beschützten Umgangs das Risiko beseitigen, daß der Umgangselternteil in einem für das Kindeswohl ungeeigneten Zustand erscheint, oder daß sich das Kind während des Umgangs hilflos irritierenden Verhaltensweisen ausgesetzt sieht (SALZGEBER/VOGEL/PARTALE FuR 1991, 324, 328: Alkohol). Ein beschützter Umgang kann in dieser Fallgruppe aber auch zu weitgehend sein, wenn es etwa nur darum geht, vor dem Umgang zu prüfen, ob der Umgangselternteil alkoholisiert ist; andererseits kann ein Ausschluß erforderlich sein, wenn das Kind durch plötzliche beängstigende Anfälle einer psychischen Krankheit des Umgangselternteils auch in Begleitung eines Dritten verängstigt wird oder längerfristig ein negatives Elternbild bekommt.

Bei **physischen Krankheiten** des Umgangselternteils, insbesondere bei Infektionskrankheiten (näher unten Rn 329) wird ein beschützter Umgang nur in Betracht kommen, wenn die Krankheit ansteckend ist, aber unter Beachtung von medizinischen
Vorsichtsmaßregeln die Ansteckungsgefahr ausgeschlossen werden kann (sehr weitgehend die – insoweit nicht angefochtene – erstinstanzliche Regelung bei OLG Hamm NJW 1989,
2336). Häufig ist dann aber auch ein beschützter Umgang nicht erforderlich, sofern
der Umgangselternteil sich des Risikos bewußt ist und sich entsprechend verhält.

**ee)** **Psychische Ausnahmesituationen** in der Folge der Partnerkrise der Eltern kön-   **317**
nen den beschützten Umgang als eine vorübergehende Lösung begründen. Da grundsätzlich die Fortdauer des elterlichen Streits Eingriffe in das Umgangsrecht nicht
begründet (unten Rn 351), geht es insoweit um Ausnahmefälle, in denen der Umgangselternteil bewußt oder unbewußt das Kind anläßlich des Umgangs in den Konflikt
zieht, sei es durch den Aufbau einer übermäßigen Bindung an das Kind zum Zweck
der eigenen Konfliktbewältigung, Schuldzuweisungen, Herabsetzen des anderen Elternteils, sei es als Brücke, um über den Umgang mit dem Kind wieder Kontakt zu
dem anderen Elternteil zu knüpfen (Richter/Kreuznacht ZfJ 1999, 45, 49). Da hier nicht
der Umgang als solcher das Kindeswohl schädigt, sondern seine Instrumentalisierung
durch den Umgangselternteil, kann ein beschützter Umgang eine Alternative geben.
Da die beschriebenen Verhaltensweisen in der Partnerkrise häufig geradezu zwang-
haft auftreten, andererseits aber bei intellektueller Betrachtung von den meisten
Menschen abgelehnt werden, ist durchaus zu erwarten, daß sich der Umgangselternteil in Gegenwart Dritter zu beherrschen vermag. Umgekehrt kommt ein beschützter
Umgang auch in Betracht, wenn das Kindeswohl durch begründete oder unbegründete Angst vor dem Umgang gefährdet ist (OLG Hamm KindPrax 1999, 63; OLG Hamm
FamRZ 1999, 326). Die Anwesenheit einer Vertrauensperson des Kindes wird zwar
nicht den obstruierenden betreuenden Elternteil beruhigen, aber in aller Regel
das Kind (daher sollte der Gedanke eines beschützten Umgangs bei entgegenstehendem Willen
eines kleineren Kindes nicht pauschal abgetan werden, vgl aber OLG Düsseldorf FamRZ 1998, 1460,
1461). Solche Regelungen können dann in einen unbeschützten Umgang münden,
wenn das Kind Zutrauen zum Umgangselternteil gefaßt hat. Auch den Elternteilen
kann eine psychologische Begleitung des beschützten Umgangs zeigen, wie sie durch
ihr Verhalten auf das Kind nachteilig einwirken (Salzgeber FamRZ 1999, 975, 976).

**ff)**   War der Umgang für längere Zeit **unterbrochen** oder soll ein **Umgang erst**   **318**
**angebahnt werden**, so kann, wiederum für eine Übergangszeit, ein beschützter Umgang vor allem einem kleinen Kind helfen, die Scheu zu verlieren und sich an den
Umgangselternteil zu gewöhnen (OLG Hamm FamRZ 1996, 424; Johannsen/Henrich/Jae-
ger Rn 32). Kaum erforderlich wird dagegen ein beschützter Umgang im Hinblick auf
die bei einem Säugling erforderliche normale Hygienepflege sein (vgl aber noch
BayObLG JFG 5, 76; Palandt/Diederichsen Rn 50); Umgang mit Kleinstkindern wird
ohnehin zeitlich so gestaltet, daß solche Pflegemaßnahmen nicht anfallen. Im übrigen
wird man heute auch Vätern das Wechseln von Windeln und das Füttern eines
Kleinkinds zutrauen dürfen.

**d)**   **Mitwirkungsbereiter Dritter**
**aa)**   Der zur Begleitung bestimmte Dritte muß **zur Mitwirkung bereit** sein. Das hat   **319**
das Gericht vor Anordnung des beschützten Umgangs zu klären (OLG Frankfurt/Main
FamRZ 1999, 617). Auf Abs 3 S 1 Hs 2, wonach Regelungen auch gegenüber Dritten

getroffen werden können, kann eine Einbeziehung in den beschützten Umgang nicht gestützt werden, da die Vorschrift sich nach ihrem Zweck nicht darauf bezieht, daß ein Dritter gegen seinen Willen zur *Anwesenheit* bei Ausübung des Umgangsrechts gezwungen werden könnte (BT-Drucks 13/4899, 106; FamRefK/Rogner Rn 25; Palandt/Diederichsen Rn 51; Johannsen/Henrich/Jaeger Rn 32). Auch im Fall des Abs 4 S 4 kann der Träger der Jugendhilfe oder der jeweilige Verein nicht von Gericht gezwungen werden, die Aufgabe des beschützenden Dritten zu übernehmen, obwohl dies zum Aufgabenbereich des Jugendamtes gehört (§ 18 Abs 3 S 3 SGB VIII; BT-Drucks 13/4899, 106; vgl zur Rechtslage vor Inkrafttreten des KindRG OLG Saarbrücken DAVorm 1996, 277).

**320 bb)** Dritter kann eine **Privatperson** sein, also Freunde, Bekannte, Verwandte, Lehrer oder Geistliche (Palandt/Diederichsen Rn 51). Dabei bedarf es nicht notwendig des Einverständnisses der Beteiligten. Für einen gedeihlichen Umgang ist es jedoch erforderlich, daß der Dritte das Vertrauen des Kindes genießt und möglichst auch das des Umgangselternteils, weil er mit diesem zusammentreffen muß. Für die Begleitung durch Privatpersonen eignen sich vor allem Fälle, in denen es vorrangig um den *äußeren Schutz* des Kindes geht und besondere *psychologische Kenntnisse* nicht erforderlich sind. Hier kann die Begleitung durch eine den Beteiligten bekannte Privatperson oder die Durchführung des Umgangs im Haus eines Verwandten dem beschützten Umgang einiges von seiner unnatürlichen Gestalt nehmen (vgl OLG Celle FamRZ 1996, 364, 365; OLG Hamburg FamRZ 1996, 422, 424: jeweils im Haus der Großeltern seitens des Umgangselternteils). Sofern es ausschließlich um die Bewachung zur Verhinderung einer Entführung geht, kann Dritter auch ein Detektiv sein (OLG München FamRZ 1998, 976, 977). Ist keine besondere Fachkompetenz gefordert, so kann zwar auch nach Abs 4 S 4 ein Jugendhilfeträger oder ein Verein bemüht werden; zu bedenken ist jedoch, daß sich die Gewinnung geeigneter Dritter zu einem Problem personeller Ressourcen entwickeln könnte.

**321 cc)** Ist (Mit-) Ursache für die Anordnung des beschützten Umgangs eine Problematik, die möglichst mittels einer psychologischen Hilfestellung abgebaut werden soll, empfiehlt sich die Einschaltung eines professionell, insbesondere (vgl zur Einschaltung eines Arztes als Dritter bei AIDS-Infektion: OLG Hamm NJW 1989, 2336) **psychologisch ausgebildeten Dritten** (Salzgeber/Vogel/Partale FuR 1991, 324, 328). In Betracht kommen **Träger der Jugendhilfe** bzw einschlägig tätige **Vereine** (Abs 4 S 4 HS 1). Da nach § 18 Abs 3 SGB VIII dies zu den Aufgaben den **Jugendämter** gehört (weshalb dem Kind insoweit ein verwaltungsgerichtlich durchsetzbarer Anspruch zusteht: FamRefK/Rogner Rn 25; FamRefK/Sonnenfeld SGB VIII § 18 Rn 8, 15; Palandt/Diederichsen Rn 51), sollte es – im Rahmen der Möglichkeiten dieser Behörde – möglich sein, das Jugendamt, auch wegen der dort gesammelten Kompetenz (BT-Drucks 13/4899, 106) jedenfalls in Fällen der Wiederanbahnung des Umgangs, bei Angstsituationen des Kindes oder bei Verdacht sexueller Übergriffe des Umgangselternteils zu gewinnen (vgl OLG Hamm FamRZ 1996, 424; OLG Hamm, FamRZ 1999, 326; OLG Hamm KindPrax 1999, 63). Zumal die Jugendämter durch §§ 1712 ff nF von der Aufgabe der Amtspflegschaft entlastet sind (von Schwierigkeiten beim Finden mitwirkungsbereiter Institutionen berichtet OLG Hamburg FamRZ 1996, 422, 424). Sofern es gelingt, neben dem ohnehin zwangsläufig involvierten Umgangselternteil auch den betreuenden Elternteil einzubinden, kann dann der entsprechend ausgebildete Dritte auch Ziele eines einverständlich begründeten begleiteten Umgangs verwirklichen (dazu Jugendamt Siegburg KindPrax 1999, 125).

Die Einschaltung von Psychologen auf **Honorarbasis** mag in schwierigen Fällen sinnvoll sein; sie kann allerdings wegen der dadurch verursachten Kosten (dazu unten Rn 323) auch die Konzeption des beschützten Umgangs gefährden.

Wenig glücklich ist die Zuziehung von Organisationen, die im Umgangsstreit **den betreuenden Elternteil gutachtlich unterstützt** und einen Ausschluß des Umgangsrechts vertreten haben. Insbesondere im Fall des Verdachts sexuellen Mißbrauchs findet nicht selten im Verhältnis von betreuendem Elternteil und Mitarbeitern solcher Organisationen eine Vorverurteilung des Umgangselternteils statt, die einem zwanglosen beschützten Umgang abträglich ist. Grundsätzlich kommt jedoch in Fällen des Mißbrauchsverdachts auch der *Kinderschutzbund* als Dritter in Betracht (vgl OLG Celle FamRZ 1998, 971).

**dd)** Im Fall der Übertragung der Aufgabe des Dritten auf einen Träger der Jugend- **322** hilfe oder einen Verein bestimmt dieser, **welche Einzelperson** die Aufgabe wahrnimmt (Abs 4 S 4 HS 2). Entgegen dem weiten Wortlaut bedeutet dies nicht, daß die Aufgabe durch die Organisation weiterübertragen werden darf. Die Bestimmung des Dritten setzt zwar dessen Einverständnis voraus, ist aber im übrigen Aufgabe des Gerichts; die Auswahl des Dritten geschieht auch mit Rücksicht auf dessen Fachkunde, Neutralität, Akzeptanz bei den Beteiligten. Die Organisation darf also keine außenstehenden Privatpersonen bestimmen, insbesondere nicht den betreuenden Elternteil oder diesem nahestehende Personen; neben den Mitarbeitern der jeweiligen Jugendhilfebehörde oder Mitarbeitern bzw Mitgliedern des jeweiligen Vereins kommen insbesondere auch auf Honorarbasis beschäftigte Fachkräfte in Betracht.

**ee)** Die im Regierungsentwurf vorgesehene Befugnis des Jugendamts, für die Tä- **323** tigkeit beim beschützten Umgang **Kosten** zu erheben (Entwurf § 90 Abs 1 S 1 Nr 4 SGB VIII), wurde im Gesetzgebungsverfahren verworfen. Schon der Bundesrat hatte in seiner Stellungnahme zutreffend betont, daß der Verursacher oft schwer ermittelbar sei und sowohl die Belastung des betreuenden Elternteils als auch die des Umgangselternteils mit den Kosten die Situation verschärft und zu Ungerechtigkeiten führt (BT-Drucks 13/4899, 164; Zustimmung der Bundesregierung BT-Drucks 13/4899, 173; Rechtsausschuß BT-Drucks 13/8511, 82). Soweit das Jugendamt die Aufgabe übernimmt und durch eigene Mitarbeiter bzw außenstehende Fachkräfte erfüllen läßt, trägt das Jugendamt die Kosten (vgl zur internen Genehmigung Jugendamt Siegburg KindPrax 1999, 125, 127). Dasselbe gilt für Vereine.

Bei Bestimmung eines im Rahmen seines Berufes ausgewählten Dritten (Psychologe, Arzt, Detektiv) wird dieser regelmäßig sein Einverständnis von der Übernahme der Kosten abhängig machen. In diesem Fall müssen die Eltern sich darüber einigen, wer die Kosten trägt, insbesondere, wenn eine Einigung über eine Familientherapie aus Anlaß des beschützten Umgangs erzielt wird.

**6.  Einzelfälle von Umgangsbeschränkung und -ausschluß**

**a)  Nicht unmittelbar auf das Kind bezogene Umstände des Umgangselternteils**
**aa)** In der älteren Rechtsprechung spielte **sozial mißbilligtes Verhalten**, insbeson- **324** dere mit sexueller Färbung, eine erhebliche Rolle. In diesen Fällen besteht inzwischen Einigkeit, daß der mißbilligte Lebenswandel als solcher nicht zu einer Ein-

Thomas Rauscher

schränkung oder gar einem Ausschluß des Umgangs führt; vielmehr ist jeweils zu prüfen, ob sich ein dem Kindeswohl nachteiliger oder schädlicher Einfluß ergibt; in diesem Fall wird es jedoch häufig möglich sein, durch die Ausgestaltung des Umgangs oder eine geringfügige Beschränkung, insbesondere in räumlicher Hinsicht, dem Kindeswohl Rechnung zu tragen.

**325 bb)** Weder die **Prostitution** noch ein sonst „**sittlich anstößiger**" Lebenswandel des Umgangselternteils stehen dem Umgang ohne weiteres entgegen (KG OLGE 46, 175, 176; OLG Braunschweig MDR 1962, 132; OLG Celle ZfJ 1956, 137). Zu berücksichtigen ist dabei insbesondere der Wandel sittlicher Anschauungen; der Umstand, daß der Umgangselternteil häufiger wechselnde intime Bekanntschaften pflegt, wird heute noch nicht einmal mehr als Anlaß für eine mögliche Kindeswohlbetroffenheit gesehen werden können.

**326 cc)** Erst recht gilt dies für **nichteheliche Partnerschaften**. Daß eine solche Beziehung des Umgangselternteils nicht den Ausschluß des Umgangs rechtfertigt, war schon in der älteren Rechtsprechung anerkannt (OLG Schleswig MDR 1957, 420). Aber auch eine Beschränkung oder besondere Ausgestaltung mit Rücksicht auf eine solche Beziehung (so OLG Braunschweig OLGE 26, 249, 252) entspricht schwerlich noch deren vorherrschender gesellschaftlicher Akzeptanz (vgl schon OLG Schleswig MDR 1957, 420). Hiervon zu unterscheiden ist die Frage, ob ein neuer Partner des Umgangselternteils von der Anwesenheit anläßlich des Umgangs des Elternteils mit dem Kind ausgeschlossen werden kann, was nur ausnahmsweise anzunehmen ist, insbesondere, wenn dadurch in die Hoffnung des Kindes auf eine Versöhnung seiner Eltern in einer das Kind belastenden Weise eingegriffen wird (vgl oben 77, 221 f).

**327 dd)** **Vorstrafen** des Umgangselternteils begründen ebenfalls nicht ohne weiteres eine Umgangsbeschränkung. Insbesondere Straftaten, deren Unrechtsgehalt sich nicht auf das familiäre Umfeld des Kindes bezogen hat und die sich allenfalls mittelbar durch die Verurteilung auswirken, sind grundsätzlich nicht geeignet, das Kindeswohl relevant zu betreffen (vgl OLG München JFG 14, 189: Münzdelikt). Eine Strafhaft aufgrund einer Verurteilung wegen eines Gewaltverbrechens, das sich nicht gegen die eigene Familie gerichtet hat, indiziert nicht ohne weiteres eine Gefährdung des Kindeswohls durch den Umgang des Täters mit dem Kind (OLG Celle FamRZ 1990, 1026, 1027). Vielmehr ist im Einzelfall zu prüfen, ob – ausnahmsweise – eine solche Gefährdung vorliegt. Regelmäßig wird der Umgang des Häftlings mit seinem Kind ohnehin nur als beschützter Umgang stattfinden, so daß einer Gefährdung zumeist durch diese Einschränkung vorgebeugt werden kann (BayVerfGH NJW 1973, 1644 zu Recht auch die Rechte des Inhaftierten berücksichtigend; BGH FamRZ 1984, 1084; kritisch BECKER RDJ 1975, 344, 347; vgl auch oben Rn 186; zur Nichtregelung als schonenderes Mittel für die Dauer der Strafhaft, wenn ansonsten nur ein Ausschluß in Betracht käme: OLG Frankfurt/Main FamRZ 1995, 1431).

Erst recht ist die **Inhaftierung** des Umgangselternteils (als rein tatsächlicher Umstand ohne Rücksicht auf den Grund) für sich allein nicht geeignet, den Ausschluß des Umgangs zu begründen (OLG Hamm FamRZ 1980, 481; OLG Köln KindPrax 1999, 173). Der Kindeswohlbeeinträchtigung, die sich aufgrund der Ausübung des Umgangs in der JVA ergeben würde, ist nach Möglichkeit durch Wahl eines geeigneten neutralen Umgangsortes vorzubeugen (BGH FamRZ 1984, 1084; OLG FamRZ 1980, 481; OLG Köln

KindPrax 1999, 173). Führt allerdings der Besuch des Kindes bei dem inhaftierten Elternteil dazu, daß die Erinnerung des Kindes an die sein soziales Umfeld betreffende Tat aufgefrischt wird und das Kind dadurch neuen Belastungen ausgesetzt ist, so kann deshalb ein Ausschluß des Umgangsrechts in Betracht kommen (KG FamRZ 1968, 260, 261: Sexualdelikt an Freundin der Tochter).

Bei **Untersuchungshaft** müssen jedenfalls seitens der Haftanstalt Vorkehrungen getroffen werden, damit eine angemessene Ausübung des Umgangsrechts möglich ist (vgl BVerfG FamRZ 1993, 1296, 1297).

**ee)**   Hingegen ist durch eine (schwere) **Straftat** des Umgangselternteils **gegen den**   **328** **anderen Elternteil** regelmäßig das Wohl des Kindes stark berührt. Handelt es sich um ein schweres Gewaltdelikt, von dem das Kind noch keine Kenntnis erlangt hat, so kann der Ausschluß des Umgangs bis zu einem Alter geboten sein, in dem dem Kind zugemutet werden kann, von der Tat zu erfahren und dies zu verarbeiten (BGH LM § 1634 aF BGB Nr 6 = NJW 1981, 2067: Totschlag des Vaters an der Mutter mit nachfolgender Entziehung des Sorgerechts nach § 1666). Ist die Tat andererseits dem Kind – aus eigener Beobachtung oder aus Erzählungen des Tatopfers – bekannt, so bedarf es einer sorgfältigen Abwägung des Konflikts (VOLLERTSEN ZfJ 1977, 230, 236; LEMPP-WINKELMANN UJ 1977, 85 f; eher ablehnend: ANDRIESSENS UJ 1978, 344). So schwer die Tat auch wiegen mag, ist sie zumeist kein Indiz dafür, daß der Täter auch gegen das Kind gewalttätig werden wird. Der Konflikt entsteht nicht durch den Umgang, sondern er besteht bereits aufgrund der Tat und der Kenntnis des Kindes von dem Geschehen. Insbesondere, wenn das Kind den verurteilten oder der Tat dringend verdächtigen Elternteil *sehen will*, kann ein Ausschluß des Umgangs zu einer gefährlichen Verdrängung der Wahrheit und einer Flucht in eine Scheinrealität führen. Auch wenn die nicht unerhebliche *Straftat aus Verzweiflung* begangen wurde, um den Umgang mit dem Kind zu erzwingen, ist eine gegenwärtige Kindeswohlgefährdung nicht ohne weiteres aus der Tat herleitbar (OLG Hamm FamRZ 1997, 1095, 1096: Entführung der Mutter). In solchen Fällen kann das Gericht in aller Regel nur nach sachverständiger Beratung entscheiden (OLG Zweibrücken NJWE-FER 1999, 95: Vergewaltigung der Mutter mit nachfolgender gefährlicher Körperverletzung [Messerstich], eines der Kinder bezichtigte die Mutter der falschen Anschuldigung).

Ähnlich verhält es sich bei Straftaten gegen sonstige **nahe Angehörige und Freunde des Kindes**. Insbesondere bei Sexualdelikten gegen Freunde oder Freundinnen des Kindes kann der Umgang mit dem Täter einerseits zu einer dauernden Erinnerung des Kindes an das Tatgeschehen führen; andererseits kann die Tat auch den Verdacht begründen, daß der Täter sich womöglich auch am eigenen Kind vergehen könnte (zum Umgangsausschluß in solchen Konstellationen vgl KG FamRZ 1968, 260, 261; KG FamRZ 1968, 262; LG Berlin FamRZ 1973, 147).

Zur **Straftat gegen das Kind** selbst, insbesondere zu Sexual- und Gewaltdelikten unten Rn 334 f.

**ff)**   **Krankheiten des Umgangselternteils** erfordern (und erlauben) zunächst nur   **329** diejenigen Einschränkungen des Umgangs, die erforderlich sind, um das Kind vor einer *Ansteckung* zu schützen.

α)  Bei unbekannten **Infektionskrankheiten** sowie bei bekannten ohne sicheren Impfschutz ist ein vorübergehender Ausschluß das einzig mögliche Mittel. Die bloße Möglichkeit, daß eine erfolgreich therapierte ansteckende Krankheit wieder ausbrechen könnte, rechtfertigt keine Beschränkungen des Umgangsrechts (KG ZfJ 1927/28, 271 Nr 8).

Praktisch bedeutsam ist in jüngerer Zeit vor allem der Umgang mit einem **AIDS**-infizierten Elternteil. Nachdem die Übertragungswege dieser Infektionskrankheit bekannt sind, kommt ein Ausschluß des Umgangs nicht mehr in Betracht, da bei normalen sozialen Kontakten die Übertragung des AIDS-Virus ausgeschlossen ist (OLG Frankfurt/Main NJW 1991, 1554; OLG Hamm NJW 1989, 2336; TIEDEMANN NJW 1988, 729, 730, 736; ebenso zur Sorgerechtsübertragung auf den infizierten Elternteil: OLG Stuttgart NJW 1988, 2620). Das Restrisiko, das im wesentlichen in der Gefahr des Kontakts mit Blut bei einer Verletzung des Umgangselternteils besteht (OLG Frankfurt/Main NJW 1991, 1554), rechtfertigt aber auch keine Einschränkung des Umgangsrechts, sofern der Umgangselternteil verantwortungsbewußt mit dem Risiko umgeht. Bestehen hieran Zweifel, so kann der Gefahr durch einen Umgang in Begleitung eines fachkundigen Dritten begegnet werden (vgl OLG Hamm NJW 1989, 2336, wo allerdings die Entscheidung der Vorinstanz entschieden zu strenge Auflagen gemacht hatte).

**330** β)  Ist die Krankheit des Umgangselternteils nicht ansteckend, erregt sie aber bei dem Kind **Widerwillen oder Ekel**, so kann das Kindeswohl durch den Umgang berührt, ausnahmsweise auch gefährdet sein. Auch wenn ein solcher Widerwille von einem objektiv-sittlichen Standpunkt nicht zu billigen sein mag, kann er doch als nachvollziehbarer Grund die Verweigerung eines Umgangs durch das Kind beachtlich machen (OLG Hamm FamRZ 1997, 307). Dabei kommt dem Gericht die schwierige Aufgabe zu, in sachlicher Abwägung des Krankheitsbildes und ohne moralisierende Ermahnungen dem Kind den Umgang nahezubringen oder, was noch schmerzlicher sein dürfte, dem Elternteil die Irritation des Kindes durch das Krankheitsbild verständlich zu machen.

**331** γ)  Bei **Suchtkrankheiten** (Alkohol- oder Drogenabhängigkeit; dazu SALZGEBER/VOGEL/PARTALE FuR 1991, 324) besteht eine Gefahr für das Kindeswohl, wenn die Abhängigkeit zu zeitweisen und nicht absehbaren Ausfallerscheinungen führt, so daß eine ordnungsgemäße Betreuung des Kindes während des Umgangs nicht gewährleistet ist. Auch bei suchtbedingter unkontrollierter Aggression kann jedenfalls ein unbegleiteter Umgang mit dem Kind nicht stattfinden. Ob der süchtige Elternteil Einsicht zeigt, ist nur von geringer Bedeutung; Maßnahmen nach Abs 4 dienen nicht dem Zweck, Süchtige einer Therapie zuzuführen. Entscheidend ist, ob im konkreten Fall eine Gefährdung des Kindeswohls besteht; das kann bei einem vor dem Familiengericht betont „einsichtigen" Süchtigen durchaus auch der Fall sein, wenn er sich nicht zu kontrollieren vermag. Andererseits kann es vorkommen, daß ein „uneinsichtiger" Abhängiger, insbesondere, wenn ein Alkoholmißbrauch auf die Partnersituation zurückführbar ist, vor dem Umgang mit dem Kind auf Konsum verzichtet, weil die Hemmschwelle, vor dem Kind angetrunken zu erscheinen und sein Gesicht auch noch gegenüber dem Kind zu verlieren, besonders hoch sein mag. Mit Ausnahme schwerer Fälle, in denen das Kind auch davor geschützt werden muß, die menschliche Achtung gegenüber dem suchtkranken Elternteil zu verlieren, ist ein beschützter Umgang einem Ausschluß des Umgangs vorzuziehen.

Nach **erfolgreichem Entzug** ist abzuwägen zwischen dem notwendigen Vertrauens-
vorschuß gegenüber dem Umgangselternteil und dem nicht nur bei Alkohol bekann-
termaßen extrem hohen Rückfallrisiko. Ein Ausschluß des Umgangs kommt hier
nicht in Betracht; ggf bedarf es aber einer vorsichtigen Wiederaufnahme oder Erweiterung der Umgangskontakte, bis sich die Situation des Umgangselternteils als
nachhaltig stabil erweist.

Zu beachten ist, daß der **Vorwurf des Alkoholismus** angesichts der diffusen Grenzlinie
zwischen Normalität und Mißbrauch nicht selten auch als wohlfeile Waffe gegen den
Umgangselternteil eingesetzt wird. Das Gericht sollte nicht Diskussionen um Kon-
sumgewohnheiten in den Vordergrund stellen, sondern nach Vorfällen forschen, die
im dargelegten Sinn das Kindeswohl berühren und weit weniger einer bloßen Behauptung zugänglich sind als ein „Übermaß" des Genußmittelkonsums.

**δ)**   Leidet der Umgangselternteil an einer **psychischen Erkrankung**, so kann ein   **332**
Ausschluß des Umgangs geboten sein, wenn das Verhalten des Elternteils auf das
Kind beängstigend wirkt oder wenn eine Gefahr von dem Elternteil ausgeht, zB bei
Depressionen mit ernst zu nehmenden Suiziddrohungen. Ein Ausschluß des Um-
gangs kann auch geboten sein, wenn dem kranken Elternteil die Fähigkeit fehlt, sich
auf das Kind einzustellen, was häufig bei Psychosen (zur Beeinflussung der Erziehungs-
fähigkeit durch Psychosen und zu Möglichkeiten der Wiederherstellung der Erziehungsfähigkeit:
Salzgeber/Vogel/Partale/Schrader FamRZ 1995, 1311) der Fall ist; das gilt auch, wenn
ein echter menschlicher Kontakt gegenüber dem Kind nicht mehr möglich ist (AG
Peine FamRZ 1965, 85). Abzuwägen ist auch in diesen Fällen, ob die Schwere der
Störung einen Ausschluß des Umgangs erfordert, oder ob ein beschützter, ggf zeitlich
stark eingeschränkter Umgang möglich bleibt (KG KGJ 52, 19).

**gg)**   **Weltanschauliche Überzeugungen** des Umgangselternteils erlauben grundsätz-   **333**
lich keine Beschränkung des Umgangs. Daß dem Kind diese Überzeugungen anläßlich
des Umgangs bekannt werden, ist Folge der mit dem Umgang selbstverständlich verbundenen erzieherischen Elemente (dazu oben Rn 41, 66) im Sinn einer Erweiterung des
Erfahrungshorizonts des Kindes. Solange der Umgangselternteil nicht massiv versucht, das Kind zu beeinflussen und solange die Gestaltung des Umgangs nicht leidet,
ist die bloße Zugehörigkeit zu einer weltanschaulichen oder religiösen Gruppe kein
Grund zur Einschränkung des Umgangs (OLG Nürnberg 7 WF 1620/95 JURIS: Zeugen Jehovas; aA AG Hagen DAVorm 1968, 191). Gewisse Beeinflussungen in der religiösen Erziehung
sind unvermeidlich und rechtfertigen keine Eingriffe in das Umgangsrecht (aA
BayObLGZ 1961, 119 von einem noch gänzlich anderen gesellschaftlichen Verständnis der Bedeutung
konfessionell-religiöser Erziehung her argumentierend). Andererseits schließt die weltanschauliche Motivierung eines Verhaltens die Gefährdung des Kindeswohls nicht aus;
wirkt der Umgangselternteil massiv „bekehrend" auf das Kind ein oder ängstigt sich
das Kind nachhaltig vor den Begleiterscheinungen, so kann diese Folge einen Anlaß zu
Maßnahmen nach Abs 4 geben (vgl auch OLG Schleswig NJW 1985, 1786 zu Maßnahmen
gegenüber der Partnerin des umgangsberechtigten Vaters wegen angeblich okkulter Fähigkeiten).

**b)**   **Konfliktlagen zwischen dem Umgangselternteil und dem Kind**
**aa)**   Eine auffällige, nicht alleine mit der tatsächlichen Häufigkeit des Phänomens   **334**
erklärbare Mehrung haben Fälle erfahren, in denen dem Umgangselternteil **sexueller**
**Mißbrauch** des Kindes vorgeworfen wird.

Daß **nachgewiesener sexueller Mißbrauch** des Kindes einen Ausschluß des Umgangs zur Folge haben muß (AG Kerpen FamRZ 1998, 254) und nur eine vorsichtige – beschützte – Neuanbahnung (Lorenzen-Linke/Balloff FamRZ 1993, 1032) des Umgangs in Betracht kommt, nachdem geraume Zeit verstrichen ist und der Täter seine Strafe verbüßt hat, steht wohl außer Frage. Handelt es sich um eine Ausnahmesituation, so kann die Behauptung des Täters, dies werde nicht mehr vorkommen, nicht genügen, weil ungewiß ist, ob der Täter in der Lage ist, nach seinem Willen zu handeln (AG Bad Iburg FamRZ 1988, 536, 537). In solchen Fällen ist jedoch sogleich an einen beschützten Umgang zu denken (AG Kerpen aaO).

**335  bb)**  Fälle nachgewiesenen sexuellen Mißbrauchs sind jedoch in der familiengerichtlichen Praxis äußerst selten; meist kommt es gleichzeitig mit dem durch den **Vorwurf sexuellen Mißbrauch** ausgelösten staatsanwaltschaftlichen Ermittlungsverfahren auch zu einem Verfahren nach Abs 4; das Familiengericht ist dann – meist ohne Vorliegen greifbarer staatsanwaltschaftlicher Erkenntnisse – im Interesse des Kindeswohls zu einer weitaus schnelleren Entscheidung gezwungen als die Staatsanwaltschaft und die Strafgerichte.

**336  α)**  Das Gewicht der Problematik des **Verdachts auf sexuellen Mißbrauch** (hierzu: Walter ZfJ 1996, 270, 275; Carl FamRZ 1995, 1183; Kühne/Kluck FamRZ 1995, 981; Rösner/Schade FamRZ 1993, 1133; Storsberg FamRZ 1994, 1543) oder sexuell gefärbtes Verhalten ergibt sich aus der Ungeheuerlichkeit des Vorwurfs und der Schwierigkeit seiner Aufklärung: Bewahrheitet sich der Vorwurf, so besteht eine schwere Kindeswohlgefährdung; andererseits eignet sich der Vorwurf gerade deshalb, weil er gleichermaßen schwerwiegend und schwer aufklärbar ist wie kaum ein anderer für eine böswillige umgangsvereitelnde Verleumdung. Der Mißbrauch des Mißbrauchsarguments wird von sachverständiger Seite sogar „gewissen Professionellen" vorgeworfen (OLG Frankfurt/Main FamRZ 1995, 1432, 1433; Rösner/Schade FamRZ 1993, 1133), womit gleichermaßen einzelne skrupellose Prozeßbevollmächtigte als auch einzelne von festgefügten Feindbildern ausgehende Sachverständige bzw Interessenvereine (vgl die von OLG Stuttgart FamRZ 1994, 718 gerügte Unüberprüfbarkeit einer Stellungnahme des Interessenvereins KOBRA) angesprochen sein dürften. Hinzu kommen Fälle, in denen der andere Elternteil subjektiv von dem Mißbrauch überzeugt ist, selbst wenn ihm sachverständig das Gegenteil nachgewiesen wird (Rösner/Schade aaO) – was sich wohl nur aus der Grundeinstellung in der Partnerkrise erklären läßt. Auch mit Rücksicht auf die Unschuldsvermutung (OLG Frankfurt/Main FamRZ 1995, 1432, 1433; Oelkers FamRZ 1997, 779, 790) ist Vorsicht geboten, einem Elternteil den Vorwurf einer Straftat von derart einschneidender Schwere zu machen (OLG Frankfurt/Main FamRZ 1995, 1432, 1433; OLG Stuttgart FamRZ 1994, 718). Leider geht es, wenn der Vorwurf sexuellen Mißbrauchs im Spiel ist, dem anklagenden Elternteil nicht immer um das Kindeswohl, sondern oft auch um einen bequemen Weg, den Umgang dauerhaft auszuschließen (umso schlimmer, wenn dieses Denken sogar – vereinzelt – im juristischen Schrifttum durchscheint, vgl Schulze FamRZ 1997, 42, 44, die das Problem mit einem zweijährigen Umgangsrechtsausschluß auf unbegründeten Antrag „bereinigen" will; zutreffend gegen dieses Maß an Wirklichkeitsfremdheit Weychardt FamRZ 1997, 444).

**337  β)**  Der ganz herrschenden Rechtsprechung ist daher beizupflichten, daß der **bloße Verdacht** sexuellen Mißbrauchs des Kindes kein Grund ist, den Umgang einzuschränken oder auszuschließen (**aA** Fegert Sexuell mißbrauchte Kinder und das Recht [1993] 137 ff).

Der bloße Verdacht des sexuellen Mißbrauchs und die daraus resultierende Möglichkeit eines psychischen Folgeschadens ist abzuwägen gegen die sicheren Schäden in der Entwicklung des Kindes, die ein Ausschluß des Umgangs nach sich zöge (OLG Bamberg FamRZ 1995, 181; OLG Frankfurt/Main FamRZ 1995, 1432 m Anm SCHULZE FamRZ 1997, 42 und WEYCHARDT FamRZ 1997, 444; OLG Stuttgart FamRZ 1994, 718). Gerade bei einem bis dahin ungetrübten Umgang ist der Schock zu bedenken, den der Abbruch, gestützt auf einen solchermaßen ungeheuerlichen Vorwurf für das Kind bedeutet (OLG Stuttgart FamRZ 1994, 718). Wollte man auf den Verdacht – oder auf das Ermittlungsverfahren, welches dem Verdacht zwangsläufig nachfolgt – hin den Umgang regelmäßig ausschließen, so hätte es der betreuende Elternteil immer auf recht einfache Weise in der Hand, den anderen Elternteil vom Kontakt mit seinem Kind auszuschließen (OLG Bamberg FamRZ 1995, 181, 182).

Die Lösung kann nicht in der Betonung der unbestrittenen abstrakten Gefahr eines wirklich erfolgten sexuellen Mißbrauchs liegen; so schwer diese auch wiegt, vermag sie nicht einen bloßen Verdacht zur Realität zu erheben oder das Risiko der Fehlreaktion auf einen „bloßen Verdacht" zu kompensieren (das übersieht STORSBERG FamRZ 1994, 1543).

γ)	Ungeeignet sind andererseits Erwägungen, der Verdächtige werde, sollte der **338** Verdacht zutreffen, nunmehr jedenfalls das Risiko der Entdeckung scheuen, was einen Mißbrauch des Kindes jedenfalls künftig ausschließe (vgl OLG Hamm FamRZ 1998, 256). Ebenso fragwürdig ist auch die Erwägung, das Kind selbst könne ausreichend sensibilisiert werden, um sich künftig zu wehren (OLG Stuttgart FamRZ 1994, 718). Die scheinbare Plausibilität einer solchen Logik übersieht, daß die Neigung des Täters suchtähnlich sein kann und die Angst des Kindes seine scheinbare Bindung an den Täter sogar verstärken mag (insoweit zutreffend STORSBERG FamRZ 1994, 1543).

Das Gericht muß daher den Verdacht unabhängig vom Stand des staatsanwaltschaftlichen Ermittlungsverfahrens (OELKERS FamRZ 1997, 779, 790) **sachverständig beraten** auf seine Stichhaltigkeit untersuchen (auch insoweit zutreffend STORSBERG FamRZ 1994, 1543). Hierzu genügt nicht nur die Erhärtung des Verdachts, daß ein sexueller Mißbrauch begangen wurde, sondern auch die Erhärtung des Verdachts, daß der Umgangselternteil der Täter ist (AG Kerpen FamRZ 1998, 254, 255). Dieses starke Angewiesensein des Richters auf die sachverständige Hilfe (zum Einsatz eines **Polygrafen** durch einen Sachverständigen zum Nachweis einer hohen Wahrscheinlichkeit der *Unschuld*, nicht aber der *Schuld*: OLG Bamberg NJW 1995, 1684; OLG München FamRZ 1999, 674) darf es freilich nicht ausschließen, daß das Gericht das eingeholte Gutachten hinterfragt und auch aus dem Ausweichen des Gutachters Schlüsse zieht (so das OLG Stuttgart FamRZ 1994, 718, dem STORSBERG aaO zu Unrecht die Unterlassung der Einholung eines Sachverständigengutachtens vorwirft).

δ)	Läßt sich nach der erschöpfenden sachverständigen Begutachtung der **Verdacht 339 nicht beibehalten**, so kommt weder ein Ausschluß noch eine Einschränkung des Umgangs in Betracht (OLG Frankfurt/Main FamRZ 1995, 1432, 1433; OLG Hamm FamRZ 1998, 256). Ist es aufgrund des Verdachts zu einer längeren faktischen Umgangsunterbrechung gekommen, so kann es sich allerdings als erforderlich erweisen, den Umgang für eine Gewöhnungsphase eingeschränkt oder beschützt zu gestalten (unklar AG Kerpen FamRZ 1998, 254, 255, wo der beschützte Umgang wohl auch auf den ausgeräumten Verdacht

gestützt wird); Ziel ist dabei aber nicht der Schutz des Kindes gegen einen nicht erwiesenen Verdacht, sondern die Überwindung der durch den Verdacht eingetretenen
Konfliktlage und Entfremdung. In diesem Fall muß die familiengerichtliche Regelung eine Tendenz zur Normalisierung durch Umgangsförderung verfolgen; ein bloßes Abwarten einer Änderung der Konfliktlage bei fortdauerndem Umgangsausschluß dient nicht dem Kindeswohl (anders verhält es sich, wenn sich der Verdacht gegen
einen Angehörigen des Umgangselternteils gerichtet hat, weil hier die Normalisierung im Verhältnis
zum Umgangselternteil voranschreiten kann, auch wenn Beschränkungen gegenüber dem betroffenen Dritten zunächst aufrecht bleiben, vgl OLG Düsseldorf FamRZ 1992, 205).

**340 ε)** Spricht nach sachverständiger Einschätzung oder aufgrund von nachgewiesenen Indizien (zB eingestandenes früheres sexuell gefärbtes Verhalten gegenüber Kindern: OLG
Hamburg FamRZ 1996, 422, 423; pädophile Neigung: OLG Hamm FamRZ 1993, 1233) eine **erhöhte Wahrscheinlichkeit** dafür, daß der – nicht erwiesene – Vorwurf zutreffen
könnte, so ist vorrangig ein *beschütztes Umgangsrecht* anzuordnen. Hierdurch wird
meist zugleich der Gefahr sexueller Übergriffe vorgebeugt und damit die Gefahr für
das Kindeswohl abgewendet (OLG Hamm aaO; OLG München FamRZ 1999, 674), als auch
das Risiko einer Entfremdung gemieden (OLG Hamburg FamRZ 1996, 422, 423; grundsätzlich auch OLG Celle FamRZ 1998, 973). Die immer noch ungeheure Belastung des Umgangselternteils durch diese Maßnahme ist in diesem Fall wegen der Verdichtung des
Verdachts hinzunehmen.

Ergibt sich, daß sich die Gefahr eines sexuellen Mißbrauchs durch einen beschützten
Umgang nicht ausschließen läßt, was wohl nur dann in Betracht kommt, wenn der
verdächtige Elternteil sich noch nicht einmal durch die Anwesenheit Dritter von
sexuellen Handlungen abhalten läßt, so kann nur ein Ausschluß des Umgangs die
Gefährdung des Kindeswohls verhindern (so OLG Bamberg NJW 1994, 1163; allerdings ein
Fall praktisch erwiesenen sexuellen Mißbrauchs).

Freilich können auch **andere, zusätzliche Gründe**, insbesondere eine für das Kind
derzeit nicht erträgliche Konfliktlage, die sich aus dem Vorwurf entwickelt hat,
und die Unfähigkeit der Eltern, dem Kind bei der Überwindung dieser Lage zu
helfen, den vorübergehenden Ausschluß des Umgangs erforderlich machen (OLG
Celle FamRZ 1998, 973; zweifelnd, daß diese Differenzierung ernst gemeint sei PALANDT/DIEDE-
RICHSEN Rn 54). Hingegen rechtfertigen **ermittlungstaktische Erwägungen** in keinem
Fall den Ausschluß oder die Einschränkung des Umgangs (OLG Bamberg FamRZ 2000,
43 betreffend den Umgangsausschluß gegen die selbst nicht tatverdächtige Mutter und Ehefrau des
Beschuldigten).

**341 cc)** Besteht die konkrete Gefahr einer **Entführung des Kindes** durch den Umgangselternteil, so ist eine Einschränkung des Umgangs erforderlich (OLG Braunschweig
OLGE 26, 249; OLG Celle FamRZ 1996, 364; OLG München FamRZ 1993, 94; BAER ZfJ 1977,
516, 526). Eine solche Gefahr ist jedenfalls anzunehmen, wenn bereits eine Entführung
versucht wurde und nach den sonstigen Fallumständen Wiederholungsgefahr besteht
(OLG Celle FamRZ 1996, 364: Uneinsichtigkeit, Medienkampagne), nicht aber schon dann,
wenn der Umgangselterteil Ausländer ist und womöglich erregt, aber ohne Plan,
angekündigt hat, das Kind in seine Heimat zu verbringen (OLG Köln FuR 2000, 238,
239). Gegenüber einem Ausschluß des Umgangsrechts bieten sich als mildere Mittel
nach den Umständen des Einzelfalles, insbesondere der Bindung des Kindes und dem

Maß der Gefahr das Verbot der Verbringung des Kindes in ein KFZ, die Überwachung des Umgangs durch einen Detektiv (OLG München FamRZ 1998, 976), die räumliche Beschränkung des Umgangs (vgl auch oben Rn 184) auf einen neutralen überwachten Ort (OLG Celle FamRZ 1996, 364, 365) bis hin zum eigentlichen beschützten Umgang, also der dauernden Anwesenheit eines Dritten ggf auch des anderen Elternteils (AG Frankfurt Streit 1986, 69) an. Nicht zulässig ist die Anordnung der Hinterlegung von **Ausweispapieren** (oben Rn 184).

Ein Ausschluß des Umgangs kommt in Betracht, wenn sich die Gefahr der Entführung durch diese Formen der Gestaltung und Beschränkung des Umgangs nicht beseitigen läßt oder wenn (auch) aufgrund eines früheren Entführungsversuchs das (zu einer einsichtigen Entscheidung fähige) Kind den Umgang ablehnt (OLG Bamberg FamRZ 1993, 726; OLG Hamm FuR 1998, 410). Nicht genügend ist ein Entführungsverdacht, der sich nur davon nährt, daß der Umgangselterteil den Sorgeberechtigten für erziehungsunfähig hält (**aA**: OLG Köln Fur 2000, 239, 240).

**dd)** **Interesselosigkeit** des umgangsberechtigten Elternteils und eine hierauf zurück- **342** zuführende Entfremdung führt weder zu einem wirksamen Verzicht noch zu einer Verwirkung des Umgangsrechts (oben Rn 47 f).

**α)** Grundsätzlich rechtfertigt eine langjährige Nichtausübung des Umgangsrechts auch nicht einen künftigen Ausschluß. Sofern der Elternteil sich eines **Besseren besinnt** und nunmehr den Umgang sucht, ist dies grundsätzlich als dem Kindeswohl vorteilhaft zu fördern und nicht zu behindern. Allerdings muß mit Rücksicht auf die Entfremdung oder gar Fremdheit, wenn dem Kind der Elternteil gänzlich unbekannt ist, eine *vorsichtige* und *schonende Anbahnung* des Umgangs erfolgen (OLG Hamm FamRZ 1996, 424). Dies kann es erfordern, daß der persönliche Umgang zunächst für eine Weile ausgeschlossen wird, um eine Kontaktaufnahme auf brieflichem, telefonischem oder anderem Weg einzuleiten, ehe ein persönlicher Kontakt aufgenommen wird (OLG Bamberg FamRZ 1989, 890).

**β)** Insbesondere bedarf es aktiver Förderungsmaßnahmen durch das Familienge- **343** richt im Sinn einer behutsamen Umgangsbelebung, wenn der Umgang **aufgrund des Partnerkonflikts der Eltern** für längere Zeit faktisch unterblieben ist und vom betreuenden Elternteil weiter abgelehnt wird. In solchen Fällen kann von Desinteresse meist keine Rede sein, so daß sowohl das Kind als auch der umgangswillige Elternteil auf die Förderung ihres beiderseitigen Umgangsrechts angewiesen sind; das Gericht muß zwar auch in diesem Fall ggf den Umgang behutsam wiederbeleben; die Zielrichtung ist hier jedoch eindeutig gegen die Umgangsvereitelung und den Umgangsausschluß und auf eine Förderung des Umgangs zu richten (OLG Braunschweig FamRZ 1999, 185). Diese Situation kann nach Scheidung oder Trennung der Eltern bestehen, nachdem das Kind zunächst mit beiden Eltern zusammengelebt hatte. Nach der Anerkennung des Umgangsrechts zwischen dem Kind und dem nicht mit der Mutter verheirateten Vater kommen hierfür jedoch auch Konstellationen in Betracht, in denen der Vater nach längeren erfolglosen Versuchen erstmals mit gerichtlicher Hilfe versucht, Kontakt mit seinem Kind zu erhalten (dazu auch unten Rn 362 ff).

**γ)** Anders verhält es sich, wenn der Elternteil auch noch im Zeitpunkt der fami- **344** liengerichtlichen Entscheidung im Grunde **kein am Wohl des Kindes orientiertes In-**

**teresse** am Umgang zeigt, aber aus Rechthaberei oder sonst aus eigensinnigen Motiven weiter um das Umgangs*recht* streitet. Indizien hierfür können die fehlende Beteiligung im Verfahren, aber auch ein am Wohlergehen des Kindes desinteressiertes sonstiges Verhalten sein. In diesem Fall kann ein Ausschluß des Umgangs geboten sein (OLG Düsseldorf FamRZ 1994, 1276, 1277; OLG Hamm FamRZ 1997, 693). In solchen Fällen sollte allerdings sorgfältig geprüft werden, ob nicht ein Fall von Resignation seitens des Umgangselternteils vorliegt, die auch durch Umgangsvereitelung ausgelöst sein kann und sich womöglich in unbedachten Reaktionen wie Nichtleistung von Unterhalt, innere Ablehnung des Familiengerichts und Abschieben des Verfahrens auf den Prozeßbevollmächtigten Luft macht und durch eine weitere als unverständig empfundene familiengerichtliche Entscheidung nur verstärkt würde (siehe hierzu OLG Hamm FamRZ 1997, 693).

**345 ee)** Hat der umgangsberechtigte Elternteil (bzw beide Elternteile) das Kind **grob vernachlässigt** und/oder **mißhandelt** oder hat er unverschuldet das Kindeswohl gefährdet, so daß ihm deswegen die elterliche Sorge entzogen werden mußte (bzw, so er sie innehätte, entzogen werden müßte), so kann ein Ausschluß des Umgangs erforderlich sein, insbesondere, wenn das Kind bereits bei Pflegeeltern mit dem Ziel der Adoption lebt (AG Hamburg DAVorm 1977, 457, 458). Allerdings sollte nach Möglichkeit auch in solchen Fällen der Ausschluß zeitlich begrenzt werden, um ein mögliches späteres Bedürfnis des Kindes nach Kennenlernen seiner Eltern offenzuhalten (vgl OLG Bamberg FamRZ 1993, 726, wo noch eine Entführung hinzukam).

Insbesondere in Konkurrenz mit Pflegeeltern, denen ein Kind im jungen Alter oder gar Säuglingsalter übergeben wurde und die sich gegen ein Rückgabeverlangen der Eltern zur Wehr setzen, ergibt sich ein schwieriger Konflikt. Einerseits macht § 1632 Abs 4 deutlich, daß das Kindeswohl einer *Herausgabe* zur Unzeit entgegenstehen kann. Andererseits sollte dann wenigstens dem Elternteil, der wieder Kontakt zu seinem Kind finden möchte, der Umgang nicht verweigert werden, wenn nicht zusätzliche Gründe für einen Ausschluß des Umgangsrechts sprechen. Klare Verhältnisse, die sich in der Weise gestalten, daß das Kind bei den Pflegeeltern oder in einem Heim bleibt und seine Eltern nicht sehen darf, mögen das Kind aktuell vor einem Konflikt bewahren (BayObLG FamRZ 1994, 1411, 1412; OLG Oldenburg FamRZ 1979, 1038); auf längere Sicht aber verfestigt sich eine Situation, die letztlich einen dauernden Verbleib bei den Pflegeeltern als einzige Lösung erscheinen läßt. Ist absehbar, daß für eine Rücknahme des Kindes in absehbarer Zeit keine Chance besteht, so kann es erforderlich sein, den Umgang auf kurze und seltenere Besuche langfristig zu beschränken, um dem Kind einen dauernden Loyalitätskonflikt zwischen zwei Elternpaaren zu ersparen (OLG Celle FamRZ 2000, 48: alle sechs Wochen 1½ Stunden). Andererseits sind auch Chancen zu nutzen, die durch eine vorsichtige Wiederanbahnung von Kontakten das Kind zu seinen wirklichen Eltern eine Rückführung des Kindes in die leibliche Familie vorbereiten können. Wenn dies möglich erscheint, ist daher eine vorsichtige Wiederbelebung des Umgangs zu versuchen und den Gefahren für das Kindeswohl durch eine sachgerechte Ausgestaltung zu begegnen, wobei auch die Loyalität des Jugendamtes gegenüber den Eltern gefordert ist (OLG Köln MDR 1997, 653, 654).

**346 ff)** **Gewalttätiges Auftreten** bei familiären Auseinandersetzungen, häufig im Vorfeld der Trennung der Eltern ist hingegen ein psychologisch äußerst schillerndes

Phänomen. Fälle, in denen Gewalttätigkeit des den Umgang suchenden Elternteils behauptet wird, bewegen sich im weiten Bereich zwischen schweren körperlichen Angriffen auf Partner und/oder Kinder und streitbedingten Unbeherrschtheiten, die oft Ausdruck der Schwäche im Kampf mit subtileren Mitteln der Aggression sind (treffend OLG Köln FuR 2000, 238, 239, die Antragstellerin solle sich fragen, wie sie reagieren würde, wenn der Antraggegner den Zugang zu den Kindern ganz entziehen wollte). Gewalt entzieht sich daher einer eigenständigen Kategorisierung. Je nach dem Erscheinungs- bild handelt es sich um Fälle schwerer Straftaten gegen einen nahen Angehörigen des Kindes (oben Rn 328) oder das Kind selbst oder um Situationen, in denen das Kind subjektiv gute Gründe hat, den Umgang im Hinblick auf solche früheren Vorfälle abzulehnen (oben Rn 297, 299). Dabei sollte allerdings bedacht sein, daß dem Um- gangselternteil kein gegenüber dem Alltagsleben verfeinerter Maßstab entgegenge- halten werden darf. Kaum ein Kind wird bei zusammenlebenden Eltern von sich aus wegen zorniger Worte oder einzelner Handgreiflichkeiten den weiteren Kontakt mit einem Elternteil ablehnen. Menschen haben nun einmal Aggressionen, die sie in extremen Konfliktlagen nicht immer optimal verarbeiten (sehr verständig OLG Hamm FamRZ 1999, 326) und auch Kinder erwarten für unkontrollierte Aggressionsausbrüche Verständnis und Verzeihung ihrer Eltern. So wenig also wirkliche Gewalt im fami- liären Bereich zu bagatellisieren ist, so sehr ist vor der Instrumentalisierung nicht souverän verarbeiteter Aggression seitens des Umgangselternteils zu warnen. Häufig wird es sich bei Fällen angeblicher Gewalt um nichts anderes handeln als um die Fallgruppe der Partnerkonflikte (unten Rn 351 ff), in der niemand behaupten möge, er verwende nur salonfähige Streitwaffen.

**gg)**   In Frage gestellt wird nicht selten das Umgangsrecht, wenn die **Abstammung**   347 des Kindes von dem Umgangselternteil **angefochten** oder angezweifelt wird.

**α)**   Insbesondere dann, wenn der **Vater die Abstammung anficht** und während des laufenden Statusverfahrens den Umgang zu dem Kind begehrt, liegt auf den ersten Blick das Gegenargument nahe, der Vater habe sich von dem Kind endgültig los- gesagt, so daß ein Ausschluß des Umgangsrechts zur Vermeidung einer das Kindes- wohl gefährdenden Widersprüchlichkeit geboten sei. Dem hat zurecht der BGH entgegengesetzt, daß eine Ausnahme von der Sperrwirkung (§ 1593 aF, nun § 1599 Abs 1) vom Kindeswohl nicht gefordert sei. Der Vater, der die Klärung der Abstammung betreibt, handelt auch im Interesse des Kindes an der Klärung von dessen Status; er verhält sich nicht widersprüchlich, wenn er die emotionale Bindung zu dem Kind dennoch aufrecht erhalten will – und womöglich hofft, sein Verdacht hinsichtlich der Abstammung möge sich nicht bewahrheiten (BGH LM § 1593 aF BGB Nr 15; OLG Düsseldorf NJW 1988, 831; **aA** OLG Nürnberg NJW 1988, 831). Eine Aussetzung des Umgangs für die Dauer des Statusverfahrens wäre nicht kin- deswohlneutral; die Wiederherstellung des Umgangs nach Abweisung der Vater- schaftsanfechtung ist nicht immer gewährleistet. Selbst wenn sich die Nichtabstam- mung des Kindes von dem Mann erweist, kann eine gewachsene soziale Vater-Kind- Beziehung als Sozialbeziehung erhalten bleiben, so daß dem Kind durch die Fort- setzung des Umgangs in der Krise der Beziehung der „Eltern" jedenfalls ein Vorteil entsteht.

Letzteres gilt insbesondere auch, wenn das Kind durch heterologe Insemination gezeugt wurde (OLG Nürnberg NJW 1988, 831) und erst recht, wenn nur Zweifel an der Abstammung erhoben werden, ohne daß es schon zu einem Statusverfahren gekommen ist (AG Kerpen FamRZ 1994, 1486; zum ganzen STAUDINGER/RAUSCHER [2000] § 1599 Rn 61).

**348** **β)**　Anders verhält es sich, wenn der Mann zwar de iure Vater des Kindes ist, es aber **nach Sachlage biologisch nicht sein kann**, weil sich die Ehegatten bereits längere Zeit vor der Geburt des Kindes getrennt haben und auch kein Umgang mit dem Kind stattgefunden hat. In diesem Fall fehlt die den Umgang bei Zweifeln an der biologischen Vaterschaft rechtfertigende soziale Vater-Kind-Beziehung. Die einseitige emotionale Bindung des scheinbaren Vaters an das Kind genügt nicht; es ist daher das Umgangsrecht auszuschließen (OLG Frankfurt/Main FamRZ 1990, 655). Hingegen steht dem Umgangsrecht nicht entgegen, daß der Vater das Kind wegen der bereits vor der Geburt erfolgten Trennung nicht kennt, jedoch die Vaterschaft nicht angezweifelt wird (OLG Hamm FamRZ 1994, 58).

**349** **γ)**　Schwierig zu beurteilen sind Fälle, in denen die **Mutter die Vaterschaft anzweifelt** oder anficht und selbst einen neuen Partner als Vater bezeichnet. Dies kann einen Umgangsausschluß gegenüber dem Mann, dessen Vaterschaft bestritten wird, erforderlich machen, um das Kind vor Loyalitätskonflikten zu bewahren. Zu bedenken ist aber auch, daß eine solche Behauptung vorzüglich geeignet wäre, gerade bei kleinen Kindern den Umgang für eine Weile zu unterbinden, so daß nach Abschluß des Statusverfahrens das Kind dem wirklichen Vater entfremdet wäre.

**350** **hh)**　Ausbleibende oder unzureichende **Unterhaltsleistungen** rechtfertigen nicht den Ausschluß oder die Einschränkung des Umgangsrechts; das Umgangsrecht ist kein Druckmittel gegen säumige Unterhaltsschuldner (KG ZfJ 1978, 372; BayObLGZ 32, 364; BayObLGZ 1957, 134, 145; OLG Celle ZfJ 1954, 86; OLG Düsseldorf ZfJ 1955, 274; OLG Hamm FamRZ 1966, 269; MünchKomm/HINZ § 1634 aF Rn 33; SOERGEL/STRÄTZ § 1634 aF Rn 28). Nur in extremen Fällen lassen sich mit hinreichender Sicherheit aus der Nichtzahlung von Unterhalt Schlüsse auf eine fehlende elterliche Zuneigung ziehen, die dann einen Ausschluß des Umgangsrechts mangels echter persönlicher Beziehung rechtfertigen können (KG ZfJ 1978, 372: eigene emotionale Betroffenheit des Kindes, das das Ausbleiben des Unterhalts als Lieblosigkeit empfand; ähnlich AG Ingolstadt DAVorm 1967, 24: STEFFEN ZfJ 1979, 129, 133; MARTINY Sorgerecht, Umgangsrecht und Unterhalt, 309, 325, 326). Dies sollte jedoch nicht zur Ersatzbegründung werden, um schließlich doch die Umgangsverweigerung als Druckmittel zu legitimieren; oft ist Unterhaltsverweigerung gerade ein Ausdruck der Empörung über eine Umgangsbehinderung und könnte am besten durch eine angemessene menschliche Achtung des Unterhalts*pflichtigen* als Elternteil geheilt werden.

**c)　Gründe aus dem Verhältnis zwischen den Eltern**

**351** **aa)**　In der Haltung der Rechtsprechung gegenüber dem Umgangsrecht angesichts **fortdauernder Spannungen** zwischen den Eltern ist in jüngerer Zeit eine deutliche Änderung festzustellen.

**α)**　**Zunächst** überwog die **Tendenz**, das **Umgangsrecht zumindest zeitweise auszuschließen**, mit der Begründung, anhaltende Spannungen zwischen den Eltern wirkten sich nachteilig auf das Kind aus (LG Berlin FamRZ 1973, 99; LG Ravensburg DAVorm 1976, 417; LG Paderborn DAVorm 1984, 1030). Teilweise wurde angenommen, auf die Verursachung durch den einen oder den anderen Elternteil komme es nicht an (OLG Stuttgart NJW 1978, 1593), teilweise wurden „verständliche" Gründe auf Seiten des Sorgeberechtigten gefordert (OLG Stuttgart NJW 1978, 1593, wobei die Sorge der Mutter, das Kind könne zum Vater „überwechseln", verständlich sein mag, aber nicht hinnehmbar ist, weil subjektives Liebesbedürfnis des Elternteils nicht die Besitzstandswahrung am Kind rechtfertigt). Diese häufig auf die Ansicht von LEMPP (NJW 1972, 315, 317; ders Die Ehescheidung und das Kind 34, 39), eine Einräumung des Umgangsrechts sei ohne erheblichen Schaden für das Kind überhaupt nicht möglich, solange noch Spannungen zwischen den Eltern bestünden, gestützte Auffassung wird heute kaum noch vertreten.

β) Die heute ganz überwiegende Ansicht vertritt mit Rücksicht auf die Gefahr der **352** **Entfremdung** und der Gefahr eines ansonsten gänzlich zur **Disposition** des betreuenden Elternteils gestellten Umgangs zurecht den gegenteiligen Ansatz: Fortbestehende Spannungen oder sogar Verfeindung der Eltern sind als solche kein Grund, das Umgangsrecht einzuschränken oder auszuschließen (KG FamRZ 1985, 639; OLG Karlsruhe FamRZ 1990, 901; OLG Hamm FamRZ 1994, 58: selbst, wenn sich die Eltern schon vor Geburt des Kindes getrennt haben und ein Umgang erst herzustellen ist; OLG Hamm FamRZ 1999, 326; OLG Thüringen FamRZ 2000, 47; JOHANNSEN/HENRICH/JAEGER Rn 35; SOERGEL/STRÄTZ § 1634 aF Rn 27; STEFFEN ZfJ 1979, 129, 138). Der gutgemeinte Versuch der Gegenansicht, dem Kind die Hilflosigkeit im Konflikt der Erwachsenen zu ersparen, bis es ein selbstbewußteres Alter erreicht (vgl insbesondere STAUDINGER/PESCHEL-GUTZEIT[12] § 1634 aF Rn 299), übersieht, daß damit dem Kindeswohl auf lange Sicht durch Entfremdung geschadet wird. Die Forderung, daß es Aufgabe der Eltern ist, die Konflikte – durch Inanspruchnahme von Beratungsmöglichkeiten – soweit auszuräumen, daß ein gedeihlicher Umgang möglich ist, verbindet beide Ansichten. Nur setzt die erste Ansicht auf den guten Willen der Eltern (der gerade in solchen Konstellationen bei wenigstens einem fehlt), während die hier vertretene Ansicht auf die Notwendigkeit aktiver Förderung (zu Strategien des „Umgangs mit dem Nein" SPANGENBERG/SPANGENBERG ZfJ 1994, 458) des Pflichtbewußtseins der Eltern setzt – was der menschlichen Natur wohl eher entspricht. Daher sollte auch vermieden werden, daß das Gericht Mitgefühl für die Position eines Elternteils zum Maßstab macht (vgl aber OLG Köln FuR 2000, 239, 240, wo ohne Nachweis vermutet wird, die Mutter müsse „große Not" gelitten haben, ehe sie sich entschlossen habe, den Ehemann zu verlassen).

γ) Auch bei Streit der Eltern darf also das Umgangsrecht nur dann ausgeschlossen **353** werden, wenn eine **konkrete Kindeswohlgefährdung** vorliegt. Diese kann sich alleine aus der Person des Kindes ergeben. Wenn das Kind traumatisch auf die ständigen Konflikte reagiert (OLG Hamm FamRZ 1995, 314), auch wenn ein weniger empfindliches Kind gelassener reagieren würde, muß das Umgangsrecht ggf ausgeschlossen werden, ohne daß es auf die Ursächlichkeit des Phänomens ankommt. Ist die Fortsetzung des Streits eindeutig dem betreuenden Elternteil anzulasten, so kommt jedoch auch in diesem Fall eine Umgangsregelung mit sogleich nachfolgender zeitweiser Aussetzung dieser Regelung in Betracht (vgl oben Rn 303), um dem pflichtwidrig handelnden Elternteil ein Signal zur Änderung der Situation zu geben.

Bei geringerer Kindeswohlbetroffenheit, die sich nicht ohne weiteres als Gefährdung offenbart, muß aber auch die **pflichtwidrige Verhaltensweise** eines Elternteils berücksichtigt werden. Wenn der Umgangselternteil den Umgang dazu mißbraucht, das Kind gegen den anderen Elternteil *aufzuhetzen* (OLG München JW 1939, 289; OLG

Schleswig ZfJ 1957, 276), dessen Ansehen herabzusetzen (KG FamRZ 1968, 260; KG FamRZ 1980, 399), er das Kind „abwerben" will, um schließlich das Sorgerecht alleine zu erhalten (KG FamRZ 1980, 399; OLG Stuttgart NJW 1978, 1593), so kann dies Einschränkungen oder bei intensiver Einflußnahme, die zu einer konkreten Gefährdung führt, auch einen zeitweiligen Ausschluß des Umgangsrechts begründen.

Umgekehrt muß das Familiengericht aber auch auf die ebenso häufige und ebenso pflichtwidrige einseitige Einflußnahme durch den betreuenden Elternteil gegen den Umgangselternteil geeignet reagieren, auf diesen Elternteil einwirken, ihm aber auch die Möglichkeit sorgerechtlicher Maßnahmen verdeutlichen.

**354** δ)   Wenn es, was nicht selten der Fall ist, **anläßlich der Übergabe** des Kindes zum Umgang regelmäßig zu **neuem Streit** kommt, darf nicht ohne weiteres dem Umgangselternteil hierfür die Verantwortung aufgebürdet werden (es verwundert die Einseitigkeit der Fallgruppe „Umgangselternteil nutzt Übergabe zu neuem Streit": KG FamRZ 1978, 728, 729; OLG Stuttgart NJW 1979, 1168; LG Heilbronn Justiz 1974, 126; AG Gelsenkirchen Streit 1987, 65). Erst recht rechtfertigt es keine Einschränkung des Umgangsrechts, wenn der betreuende Elternteil anläßlich des Zusammentreffens mit dem Umgangselternteil nervöse Beschwerden erleidet (zutreffend OLG Bamberg FamRZ 1984, 507).

Überdies wird in solchen Fällen der ein- oder beidseitigen Streitwilligkeit angesichts der Übergabesituation eine marginale Auflage oft helfen: Der Umgangselternteil hat das Kind vor der Haustüre abzuholen, der betreuende Elternteil hat es dorthin zu schicken, sobald der Umgangselternteil wartet. Eine solche Anordnung ist weitaus milder als jeder Eingriff in das Umgangsrecht und höchst effizient, denn sie entlarvt den Streitsuchenden, der sich äußerlich nicht an die Anordnung hält, weit schneller als die unerquickliche Suche nach dem ersten Wort im Streit.

**355**   Erst recht rechtfertigen Streitigkeiten **mit der Familie des Umgangselternteils** keine Eingriffe in das Umgangsrecht. Liegt seitens der Verwandten des Umgangselternteils eine der beschriebenen (soeben Rn 353) Kindeswohlgefährdungen vor, so muß dem durch entsprechende Ausgestaltung nach Abs 3 S 1 Hs 2 bis hin zu Kontaktverboten mit den betreffenden Verwandten (zu deren eventuellen eigenen Umgangsrechten vgl § 1685) Rechnung getragen werden (OLG Stuttgart NJW 1978, 380).

**d)   Umstände von seiten des Kindes**

**356 aa)**   Ein sehr **junges Alter** des Kindes begründet keine Einschränkung des Umgangs; auch der Umgang mit Säuglingen und Kleinkindern dient nach dem Zweck des Umgangsrechts dem Kindeswohl, da insbesondere eine Entfremdung zwischen Kind und Elternteil zu vermeiden ist (OLG Bamberg FamRZ 1984, 507; OLG Hamm JMBlNRW 1959, 68; OLG Karlsruhe FamRZ 1999, 184; OLG Stuttgart NJW 1981, 404; OLG Zweibrücken DAVorm 1986, 355; AG Kerpen FamRZ 2000, 50, 51). Den besonderen Bedürfnissen des kleinen Kindes ist durch eine entsprechende *Ausgestaltung* des Umgangs Rechnung zu tragen (oben Rn 188).

Zur Differenzierung hinsichtlich der Beachtlichkeit des *Kindeswillens* nach dem Alter des Kindes oben Rn 295 ff.

**357 bb)   Psychische und physische Störungen**, mit denen das Kind auf den Umgang reagiert, können Beschränkungen oder einen Ausschluß des Umgangs erforderlich machen.

**α)**    Dabei ist allerdings sehr genau zu differenzieren zwischen Störungen, die im **Zusammenhang mit dem Umgang** stehen und solchen, die zwar auf der Trennung der Eltern und deren Konflikt beruhen, jedoch nicht durch den Umgang entstanden oder verstärkt sind. Den Umgang einzuschränken, weil das Kind Entwicklungsstörungen zeigt, ohne daß diese Störungen nachweisbar mit dem Umgang zu tun hätten (so aber anscheinend LEMPP ZfJ 1981, 283; vgl auch erkennbar voreingenommene Gutachten: OLG Hamm KindPrax 1999, 63: ungeklärte Ängste, Empfehlung eines mehrjährigen [!] Umgangsausschlusses; OLG Zweibrücken FamRZ 1997, 687: unerklärte Ängste, Vermutung, der Vater habe die Mutter geschlagen), ist bestenfalls zielloser Aktionismus, schlimmstenfalls Parteinahme gegen den Umgangselternteil. Wenn es dem Kind schlecht geht, besteht keineswegs eine Vermutung, daß der Umgangselternteil dafür die Ursache ist. Umgangsrelevant können solche Störungen *nur* sein, wenn sie nachweisbar durch den Umgang entstehen oder durch ihn verstärkt werden (OLG Karlsruhe ZfJ 1980, 292; OLG Hamm Kind-Prax 1999, 63; OLG Stuttgart NJW 1981, 404).

**β)**    Nicht jede psychische Abwehrreaktion des Kindes gegen den Umgang recht-   **358** fertigt unter diesem Gesichtspunkt eine Umgangsbeschränkung. **Altersbedingt typische oder häufige Reaktionen** berühren bereits nicht das Kindeswohl, sondern sind völlig normale Ausdrucksweisen gegenüber zunächst neuen Situationen. Hierzu gehört das „Fremdeln" eines Kleinkindes gegenüber dem Elternteil, den es ein halbes Jahr nicht gesehen hat (OLG Bamberg FamRZ 1984, 507, 508) ebenso wie Unlustreaktionen, die Kinder jeden Alters phasenweise gegenüber bestimmten mit den Eltern gepflogenen Freizeitaktivitäten zeigen.

**γ)**    Beachtlich sind nur solche Auswirkungen, die sich als **pathologisch** einordnen   **359** lassen im Sinne eines das Wohlbefinden des Kindes nachhaltig berührenden abnormalen Zustandes (nicht aber unsubstantiiert behauptete „Verhaltensauffälligkeiten": KG FamRZ 2000, 49). Hierzu gehören insbesondere erhebliche, über das übliche Maß der Betroffenheit des Kindes vom elterlichen Konflikt hinausgehende *physische Gefährdungen* (OLG Bamberg ZfJ 1997, 337; BayObLG ZfJ 1968, 145; KG FamRZ 1989, 656; OLG Hamm FamRZ 1995, 314; LG Mannheim NJW 1972, 950; sehr weit gehend BayObLG DAVorm 1991, 942, 944: Vermutung der Störung des seelischen Gleichgewichts), oder drohende erhebliche *seelische Schädigungen* (BayObLG ZfJ 1968, 145). Solche Gefährdungen sind grundsätzlich auch dann beachtlich und können eine Einschränkung des Umgangs erforderlich machen, wenn sie nicht dem Umgangselternteil anzulasten sind, insbesondere, wenn sie aus der von beiden Eltern zu vertretenden Situation entstehen (OLG Hamm FamRZ 1995, 314: irrationale Ängste des betreuenden Elternteils, die aufgrund der Vorfälle der Vergangenheit diesem nicht anzulasten sind).

**δ)**    Problematisch ist die Behandlung **vom betreuenden Elternteil induzierter** pa-   **360** thologischer Zustände, insbesondere **Angstreaktionen**. Insoweit besteht eine deutliche Parallele zu der Behandlung des beeinflußten Kindeswillens bei kleineren Kindern (oben Rn 295). Nach zutreffender herrschender Rechtsprechung ist anerzogene Angst, grundlose Furcht und Abneigung des Kindes kein Grund, den Umgang einzuschränken (BayObLGZ 32, 364; BayObLGZ 1964, 443; KG OLGE 26, 269; sowie die Nachw oben Rn 295 zur Willensbeeinflussung). Ebenso, wie es bei einem kleineren Kind Aufgabe des erziehenden und betreuenden Elternteils ist, das Kind zum Umgang zu motivieren, ist es auch dessen Aufgabe, Angst hiervor zu vermeiden, statt zu schüren. Daß in der älteren Rechtsprechung über die erzieherischen *Methoden* teilweise Vorstellungen geherrscht haben, die mit der heutigen Ablehnung von Zuchtmitteln nicht mehr vereinbar sind, ist kein Grund, dieses *Erziehungsziel* in Frage zu stellen.

Zeigt das Kind ersichtlich Angst vor dem Umgang, so muß das Familiengericht also den **Gründen** hierfür sorgfältig nachgehen (OLG Zweibrücken FamRZ 1997, 687; SOERGEL/ STRÄTZ § 1634 aF Rn 26; NOWKA FamRZ 1960, 218). Es darf gerade nicht die Angst als ein den Umgang ausschließendes Faktum angenommen werden; vielmehr schuldet das Gericht dem Kindeswohl ein den Gründen der Angst entsprechendes Eingreifen. Eine Beschränkung oder ein Ausschluß des Umgangs kann nur die abschließend richtige Lösung sein, wenn die Ursache der Angst im Verhältnis zum Umgangselternteil oder in der von keinem Elternteil alleine zu vertretenden Streitsituation begründet liegt. Oft wird sich bei einer Mitverursachung der Ängste durch den Umgangselternteil ein beschützter Umgang zur Ausräumung der Angst empfehlen (OLG Hamm KindPrax 1999, 63).

Hat hingegen der betreuende Elternteil die **Angstreaktion** oder eine **physische Reaktion** des Kindes **verursacht** (vgl den extremen Fall des KG FamRZ 1989, 656, Neurodermitis), so kann der vorübergehende Ausschluß des Umgangs allenfalls eine Nothilfe zur Linderung eines unerträglichen Zustands sein (zu Recht auch insoweit sehr restriktiv KG FamRZ 1989, 656), nicht aber die Lösung. Wer den Ausschluß des Umgangs bei fortbestehender psychischer oder physischer Belastung des Kindes vertritt, wenn dem Kind die Angst nicht durch liebevolles Eingehen genommen werden könne, übersieht, daß es hier nicht um Eltern geht, die ihr Kind liebevoll auf den anderen Elternteil einstimmen (dann hätte das Kind in aller Regel keine Angst!), sondern um Eltern, die ihrem Kind Schaden zufügen, weil sie selbst durch den Haß gegenüber dem ehemaligen Partner psychisch belastet sind. Ein betreuender Elternteil, der den Umgang zu verhindern sucht, indem er dem Kind psychischen Druck zufügt, der psychische oder psychosomatische Folgen zeigt, handelt ebenso übel, als wenn er das vom Umgang zurückkehrende Kind regelmäßig zur Strafe verprügeln würde. Es ist in einem solchen Fall der betreuende Elternteil eindringlich auf die Kindeswohlschädlichkeit seines Verhaltens hinzuweisen (KG FamRZ 1989, 656, 659). Will er hierauf nicht reagieren, so können Maßnahmen nach § 33 FGG fruchten (SOERGEL/STRÄTZ § 1634 aF Rn 26); hilft dies nicht oder ist er unfähig, seinen Haß gegen den Umgangselternteil rational zu steuern, so bleiben nur Maßnahmen nach § 1666 (SOERGEL/ STRÄTZ aaO). Allenfalls wird man den Umgang für eine Übergangszeit als beschützten Umgang gestalten können, damit das Kind zu dem Umgangselternteil Vertrauen fassen kann.

**361** **ee)** Gelegentlich wird ein Ausschluß oder eine Einschränkung des Umgangs vertreten, wenn der Elternteil, bei dem das Kind lebt, eine neue Partnerschaft eingegangen ist und das Kind in die **neue Familie integriert** werden soll. Regelmäßige Kontakte mit dem Umgangselternteil seien dem Wohl des Kindes nicht förderlich, weil sie dessen Integration in die neue Familie hemmten (LG Berlin DAVorm 1980, 936; LG Paderborn DAVorm 1984, 1030; AG Kamen DAVorm 1983, 228; vgl auch LEMPP ZfJ 1981, 283, 285).

Dieser Argumentation ist entschieden zu widersprechen. Ein Ausschluß des Umgangs wird in solchen Fällen regelmäßig deshalb angestrebt, weil der das Kind betreuende Elternteil in *seiner* neuen Familie eine Störung nicht wünscht und dem Kind eine geänderte Familienlage aufdrängen will, um sein eigenes Idyllebedürfnis zu befriedigen (vgl OLG Stuttgart NJW 1981, 404). Diese Spannungslage ist Folge der eigenen, verschuldeten oder unverschuldeten, jedenfalls aber selbst zu vertretenden Lebenslage. Dem Kind kann nicht die zu seinem Persönlichkeitsrecht rechnende Aufrechterhaltung der sozialen Bindung zu seinem leiblichen Elternteil vorenthalten werden.

Durch das Leben in der Familie des betreuenden Elternteils mit dessen neuem Partner und den gleichzeitigen Umgang mit dem anderen Elternteil entstehen dem Kind auch nicht mehr typischerweise unerträgliche soziale Belastungen, weil angesichts der steigenden Zahl von Scheidungen und Geburten ohne Ehe der Eltern diese Situation allgemein vom sozialen Umfeld des Kindes in Kindergarten, Schule und Nachbarschaft als etwas Normales empfunden wird.

Einen zusätzlichen Impuls hat die Ablehnung dieser verfehlten Übersteigerung der Bedeutung der neuen sozialen Familie des betreuenden Elternteils durch die Einbeziehung des nicht mit der Mutter verheirateten Vaters in das Umgangsrecht des § 1684 gefunden. Zu Recht wird auch dann, wenn die sorgeberechtigte Mutter eine anderweitige Bindung eingegangen ist und sich nach ihrer Vorstellung zu dem neuen Partner eine soziale Vater-Kind-Beziehung entwickeln soll, dieser Beziehung keine den Umgang einschränkende Bedeutung beigemessen (OLG Karlsruhe FamRZ 1999, 184; Hohloch JuS 1999, 399, 400). Nichts anderes kann gelten, wenn ein verheirateter Elternteil nach Scheidung eine neue Beziehung eingeht.

**7.  Nicht verheiratete Eltern: Abgrenzung zu § 1711 aF**

**a)**  Ein zentrales Anliegen des KindRG war die **Gleichstellung von Kindern nicht** **362** **miteinander verheirateter Eltern** mit Kindern verheirateter Eltern, die sich insbesondere auch im Umgangsrecht auswirkt. Die vollständige Gleichstellung durch Einbeziehung dieser Kinder in den Anwendungsbereich des § 1684 und die Aufgabe der bisherigen materiellen Beweislastumkehr des § 1711 Abs 2 aF („wenn ... dem Wohl des Kindes dient") verdienen volle Zustimmung. § 1626 Abs 3 S 1 gilt auch für das Verhältnis des Kindes zum nicht mit der Mutter verheirateten Vater. Der Umgang ist grundsätzlich dem Kindeswohl dienlich; einer positiven Begründung im Einzelfall bedarf es nicht (so bereits in der jüngeren Rechtsprechung zu § 1711 aF: LG Aachen DAVorm 1990, 1160; LG Arnsberg FamRZ 1990, 908; LG Arnsberg DAVorm 1996, 205; LG Bonn NJW 1990, 128; LG Lüneburg FamRZ 1991, 111; LG Offenburg FamRZ 1996, 239; LG Zweibrücken FamRZ 1997, 633). Das KindRG hat von dieser Rechtsprechung die Last des Konflikts mit § 1711 aF genommen (vgl noch Luthin FamRZ 1996, 564 zu einer „Polarisierung" am VormG München).

Insbesondere ist bemerkenswert, daß die zum Teil noch polemische Ablehnung des nicht weiter verfolgten Entwurfs eines Nichtehelichen-Umgangsgesetzes (BT-Drucks 11/5494; vgl Hahne FamRZ 1990, 928, 930: Konflikt zu neuer Partnerbindung der Mutter; Schwab FamRZ 1990, 932, 933: bei flüchtigen Verbindungen: generelle Gefahr, auf Mutter und Kind belastend zu wirken; Knöpfel FamRZ 1989, 1017, 1018: mögliche Gefahren für das Kind unter-, hingegen den möglichen Vorteil überbewertet; FINGER JZ 1989, 231, 232: „Selbstbestimmungswille" der Mutter schließt Umgang aus) verstummt ist.

Es gilt also auch für Kinder nicht verheirateter Eltern, unabhängig davon, wer das Sorgerecht innehat (§ 1626 a), die umgangsrechtliche Systematik des § 1684. Damit hängt das Umgangsrecht des Vaters und des Kindes nicht mehr davon ab, daß der Sorgeberechtigte oder das Gericht ein Umgangsrecht einräumen. Vielmehr besteht ein Umgangsrecht des Kindes und des Vaters, das nur noch unter den Voraussetzungen des Abs 4 ausgeschlossen werden kann (OLG Bamberg FamRZ 2000, 46; KG FamRZ 2000, 49; OLG Karlsruhe FamRZ 1999, 184; FamRefK/ROGNER Rn 5; WEYCHARDT ZfJ 1999, 326, 327; RAUSCHER FamRZ 1998, 329, 335). Ein Ausschluß oder eine längerfristige Einschränkung ist also nur noch zulässig, wenn ansonsten das Kindeswohl gefährdet wäre.

**363 b)** Bei Geburt eines Kindes durch eine nicht verheiratete Frau lassen sich allerdings **besondere Fallgruppen** unterscheiden, die zwar keinesfalls zu einer typisierten Bejahung oder Ablehnung des Umgangs von Vater und Kind führen dürfen, die sich jedoch in den tatsächlichen Gegebenheiten und damit auch hinsichtlich der grundsätzlich von § 1626 Abs 3 S 1 gebotenen Förderung des Umgangs mit dem Vater – dies ist die im allgemeinen kritische Situation, da über den Umgang der Mutter mit dem Kind seit Jahrzehnten keine Zweifel bestanden – unterscheiden.

**aa)** Haben die Eltern nach der Geburt des Kindes **zunächst zusammengelebt**, so daß sich eine normale Vater-Kind-Beziehung entwickeln konnte, so ergeben sich keine Unterschiede gegenüber der Situation der Trennung zunächst verheirateter Eltern. Dies wurde auch von Kritikern einer Gleichstellung anerkannt (KNÖPFEL FamRZ 1989, 1017, 1018; SCHWAB FamRZ 1990, 932, 933) und in der jüngeren Rechtsprechung zu § 1711 aF verbreitet vertreten (LG Aachen FamRZ 1990, 202, 202; LG Berlin FamRZ 1990, 92; LG Bonn NJW 1990, 128; LG Essen FamRZ 1994, 399, 400; LG Lüneburg FamRZ 1991, 111; AG Herne DAVorm 1989, 298; AG München ZfJ 1994, 291; AG Nidda ZfJ 1994, 541; AG Leutkirch FamRZ 1994, 401; vgl auch STAUDINGER/GÖPPINGER[12] § 1711 aF Rn 38). Dasselbe gilt, wenn die Eltern **zunächst erzieherisch zusammengewirkt** haben. Dabei sind die tatsächlichen Verhältnisse ausschlaggebend. Auch wenn die Mutter sich einer gemeinsamen Sorgeerklärung (§ 1626 b) verweigert hat, weil sie die Sorgebeteiligung des Vaters nicht stabilisieren wollte (was zwar nicht gutzuheißen ist, in der notariellen Praxis zum Teil aus Gründen der Vermeidung notarieller Haftung wegen der Unwiderruflichkeit der Sorgeerklärung aber angeraten wird), ist die tatsächliche Bindung von Vater und Kind vorhanden. Dabei sollte nicht um Zeiträume des Zusammenlebens geschachert werden: Die Gewöhnung eines Kleinstkindes an eine väterliche und eine mütterliche Bezugsperson erfolgt ebenso schnell, wie in diesem Alter eine Entfremdung eintreten kann.

**364 bb)** Hat sich **bisher keine Beziehung** zwischen dem Kind und dem Vater entwickelt, so wird es sich regelmäßig um Fälle handeln, in denen die Mutter allein das Sorgerecht nach § 1626 a Abs 2 innehat. Auch in diesem Fall entscheidet nicht die Mutter über den Umgang mit dem Vater, sondern das Kindeswohl. Das aus § 1711 aF kunstvoll hergeleitete Argument, der Richter dürfe sich in der Einschätzung der Kindeswohldienlichkeit nur in den Grenzen des § 1666 über die Vorstellungen der Mutter hinwegsetzen (GERGAUT JuS 1991, 460, 462) ist durch § 1626 Abs 3 S 1 nun eindeutig

widerlegt: Die grundlose Verweigerung des Umgangs durch die sorgeberechtigte
Mutter *schadet* dem Kindeswohl. Der Umgang dient dem Kindeswohl, und nur
das Kindeswohl kann ausnahmsweise eine Einschränkung gebieten oder eine Gefährdung des Kindeswohls den Ausschluß verlangen. Dieser Fall entspricht dem
verheirateter Eltern, die sich bereits vor Geburt des Kindes getrennt haben (BT-
Drucks 13/4899, 105) oder Fällen, in denen lange Zeit der Umgang faktisch nicht stattgefunden hat, so daß es zu einer Entfremdung gekommen ist (vgl auch LG Offenburg
FamRZ 1996, 239). Die *Grundtendenz* in diesen Fällen muß eine *behutsame Anbahnung*
des Umgangs anstreben, wobei Behutsamkeit nicht Zögern bedeutet, sondern einen
schnellen Beginn in vorsichtigen Schritten (KG FamRZ 2000, 49: vorläufige Anordnung zur
Vermeidung weiterer Entfremdung; OLG Braunschweig FamRZ 1999, 185; AG München DAVorm
1999, 310). Was dem Kindeswohl dient, muß nach Kräften auch *hergestellt* werden! (vgl
dagegen noch KNÖPFEL FamRZ 1989, 1017, 1018). Für das Kind ist der Aufbau einer Beziehung zu einer männlichen Identifikationsperson notwendig für eine gesunde Persönlichkeitsentwicklung; der Kontakt zum wirklichen Vater vermeidet spätere Konflikte in der Identitätsfindung, insbesondere, wenn es später abrupt erfährt, daß es
einen bisher nicht bekannten Vater hat (LG Arnsberg FamRZ 1990, 908; LG Arnsberg
DAVorm 1996, 205, 206; LG Arnsberg FamRZ 1998, 319; LG Bonn NJW 1990, 128; LG Lüneburg
FamRZ 1991, 111; LG Offenburg FamRZ 1996, 239); im übrigen gibt eine Beziehung zu
beiden Eltern zusätzliche Lebenssicherheit, wenn der sorgeberechtigte Elternteil
durch einen Schicksalsschlag ausfällt (OLG Braunschweig FamRZ 1999, 185).

Dabei muß gerade in dieser Situation aber auch Berücksichtigung finden, aus welchen *Gründen* ein Umgang bisher nicht stattgefunden hat und sich der das Kind
betreuende Elternteil (meist die Mutter) dem Umgang mit dem anderen Elternteil
widersetzt. Pauschalierende Behauptungen über ein Desinteresse unverheirateter
Väter können den Ausschluß des Umgangs nicht mehr tragen; es sind die individuelle
Haltung des Vaters und die Gründe einer Ablehnung des Umgangs durch die Mutter
zu untersuchen.

**cc)**    Eine Umgangseinschränkung ist daher in den bereits erörterten nicht spezifisch  **365**
von der Situation des Kindes unverheirateter Eltern abhängigen Fällen (oben
Rn 324 ff) nicht anders zu beurteilen als sonst. Hinzu kommen **spezifische Argumente**,
mit denen häufig eine Einschränkung oder ein Ausschluß des Umgangs des nicht mit
der Mutter verheirateten Vaters begehrt wird.

**α)**    Der **Wunsch der Mutter, den Vater des Kindes aus ihrem Leben zu streichen**, ist
unbeachtlich, sofern dieser Wunsch nicht auf einem Grund beruht, der *als solcher*,
also unabhängig vom Partnerkonflikt, die Maßnahme gegen das Umgangsrecht
rechtfertigen würde; dies wurde schon in der jüngeren Rechtsprechung zu § 1711
aF verbreitet anerkannt (LG Arnsberg FamRZ 1998, 319, 320; LG Bonn NJW 1990, 128; LG
Frankfurt FamRZ 1985, 645; LG Heilbronn Justiz 1974, 461; LG Köln DAVorm 1990, 704, 707 f; LG
Paderborn FamRZ 1984, 1040; AG Leutkirch FamRZ 1994, 401; **aA** LG Essen FamRZ 1994, 399:
„verständliche emotionale Vorbehalte" trotz vorherigem Zusammenleben). Auch die Einschätzung der Beziehung durch die Mutter als vergessenswerten Fehlgriff kann die Umgangsbeschränkung nicht begründen, weil der Mutter gerade angesichts großer sexueller Toleranz in der Gesellschaft die Verarbeitung zuzumuten ist und dem Kind
daraus kein Schaden entstehen darf. Umso mehr gilt dies, wenn die Umgangsverweigerung letztlich aus einer mangelnden emotionalen Verarbeitung des Partnerkon-

flikts herrührt (OLG Braunschweig FamRZ 1999, 185). Abzulehnen ist auch die Motivation einer Mutter, die das Kind von vornherein vaterlos aufwachsen lassen will, um sich selbst zu verwirklichen (RAUSCHER FamRZ 1998, 329, 336; WEYCHARDT ZfJ 1999, 326, 327). Denn auch hier gibt allein das Kindeswohl den Ausschlag und nicht der „Selbstbestimmungswille" der Mutter (so aber FINGER JZ 1989, 231, 232).

**366** β)     Das Bestreben, eine **soziale Vater-Kind-Beziehung** zu einem neuen Partner der Mutter herzustellen oder das Bestehen einer solchen Beziehung stehen dem Umgang mit dem wirklichen Vater nicht entgegen. Die Ausübung des Umgangsrechts hat Vorrang vor einer „störungsfreien" Eingliederung des Kindes in eine neue Familiengemeinschaft (OLG Bamberg FamRZ 2000, 46; OLG Brandenburg DAVorm 2000, 72, 74; OLG Karlsruhe FamRZ 1999, 184; OLG Stuttgart NJW 1981, 404; JOHANNSEN/HENRICH/JAEGER Rn 29; HOHLOCH JuS 1999, 399, 400; **aA** LG Wuppertal FamRZ 1997, 634, allerdings maßgeblich auf die Regel-Ausnahme-Situation des § 1711 aF gestützt). Insoweit verhält sich die Situation beim Kind unverheirateter Eltern in keiner Weise anders als bei einem Kind verheirateter Eltern. Dies gilt auch, wenn zwischen dem Kind und dem Vater noch keine Beziehung bestanden hat. Ein neuer Partner der Mutter als „sozialer" Vater kann dem Kind, wenn es in späteren Jahren die Suche nach seinem Woher und Wohin antritt, den Kontakt zum wirklichen Vater nicht ersetzen (**aA** KNÖPFEL FamRZ 1989, 1017, 1018 unter Bezugnahme auf eine Studie aus dem Jahr 1961!). Im übrigen bietet nur der Kontakt zum wirklichen Vater die Lebenssicherheit, daß ein zweiter Elternteil dem Kind bei Schicksalsschlägen beisteht. Gerade angesichts der zunehmenden Instabilität von Beziehungen wird sich häufig auch die Beziehung der Mutter zu dem neuen Partner zerschlagen, der dann meist wenig Grund haben dürfte, sich für das nicht von ihm abstammende Kind verantwortlich zu fühlen. Für ihn ist – aus verständlichen, primär egoistischen Gründen – die Toleranz gegenüber dem mitgebrachten Kind der Partnerin eine Voraussetzung, diese Beziehung einzugehen und zu stabilisieren. Er liebt das Kind, wenn er es denn liebt, weil er die Mutter liebt. Deshalb verdeckt zumeist das Argument der Stabilisierung einer sozialen Vater-Kind-Beziehung nur das ehrlichere, aber weniger familiengerichtstaugliche Bestreben, die *neue Beziehung* in Ruhe vor dem Kindesvater führen zu wollen. Dem Wohl des Kindes dient es jedenfalls nicht, wenn es wiederholt Beziehungen zu einer als „Papa" bezeichneten Bezugsperson wieder abbrechen muß (LG Aachen FamRZ 1990, 202, 204).

Dies gilt auch, wenn vorgetragen wird, der **Großvater mütterlicherseits** ersetze dem Kind die väterliche Bezugsperson (MünchKomm/HINZ § 1711 aF Rn 8; SOERGEL/ROTH-STILOW § 1711 aF Rn 13; **aA** noch LG Karlsruhe DAVorm 1974, 561). Ein gedeihliches Verhältnis zu seinen Großeltern ist für das Kind *auch* wünschenswert (vgl § 1685); eine Opa-Kind-Beziehung kann jedoch die Vaterperson nicht ersetzen, zumal dem Kind in aller Regel der frühe Verlust durch Tod einer solchen Ersatzvaterperson zugemutet würde und überdies das Verhältnis zur Mutter belastet wird, die für das Kind in eine Rolle als Schwester-Mutter gerät.

**367** γ)     **Spannungen** zwischen den Eltern sind bei nicht verheirateten Eltern grundsätzlich ebensowenig Anlaß, das Umgangsrecht einzuschränken, wie zwischen (ehemals) verheirateten Eltern. Wirkt sich der Konflikt auf das Kindeswohl nachteilig oder schädlich aus, so ist er unabhängig vom Personenstand der Eltern zu behandeln (zum Kindeswohl im Konflikt der Eltern oben Rn 351 ff; **aA** zu § 1711 aF: LG Wuppertal FamRZ 1997, 634). Es spricht auch keine Vermutung dafür, daß ein solcher Konflikt durch die ggf sogar krankhafte Streitsucht des Vaters ausgelöst wäre (so aber KNÖPFEL FamRZ 1989, 1017, 1018, unter Hinweis auf eine entsprechende Annahme von ELL).

δ)     Der Umstand, daß das Kind **bisher keinen Umgang** mit dem Vater hatte oder  **368** wegen langfristiger Unterbrechung des Umgangs **dem Vater entfremdet** ist, begründet nicht den Ausschluß des Umgangsrechts (LG Arnsberg FamRZ 1998, 319, 320; LG Lüneburg FamRZ 1991, 111; LG Offenburg FamRZ 1996, 239, 240). In diesem Fall ist durch die Umgangsregelung, ggf durch zeitlich befristete Umgangsbeschränkungen, sicherzustellen, daß eine schonende Umgangsanbahnung erfolgt. Eine längerfristiger faktisch erfolgter Ausschluß von Kontakten spricht jedenfalls nicht dafür, diesen Ausschluß zu verlängern, sondern erfordert vielmehr Maßnahmen, um die zu befürchtende Entfremdung zu verhindern (KG FamRZ 2000, 49: vorläufige Anordnung zur Herstellung des Umgangs). Insoweit bestehen keine Besonderheiten (vgl zur Entfremdungssituation oben Rn 343).

ε)     In der bisherigen Rechtsprechung zu § 1711 aF wurde häufig die **Motivation des**  **369** **Vaters**, aus der er den Umgang sucht, als entscheidungserheblich behandelt und dabei formuliert, wenn der Vater nicht aus eigensüchtigen Motiven (zB Kontaktsuche zur Mutter), sondern aus echter Anteilnahme und Zuneigung den Umgang suche, diene dieser dem Kindeswohl und sei ein Umgangsrecht zu gewähren (LG Arnsberg FamRZ 1990, 908; LG Berlin FamRZ 1990, 92; LG Nürnberg-Fürth FamRZ 1987, 1079; AG Leutkirch FamRZ 1994, 401; einschränkend LG Berlin FamRZ 1990, 1146 bei Spannungen der Eltern; unzutreffend LG Duisburg FamRZ 1991, 1099, wo dieses Erfordernis *kumulativ* neben dem früheren Zusammenleben der Eltern gefordert wurde).

Diese Motivation wird vor allem in Fällen, in denen der Vater nie mit dem Kind zusammengelebt hat, so daß eine Vater-Kind-Beziehung erst aufzubauen ist, auch weiterhin eine Rolle spielen. Entscheidend für eine dem Kindeswohl dienliche Umsetzung ist es jedoch, daß die der Systematik des § 1711 aF entsprechende Motiv-Formel nunmehr in der Sache umzukehren ist: Der Umgang ist nur dann auszuschließen, wenn der Vater den Umgang *nicht* aus echter Anteilnahme und Zuneigung sucht. Die vom KindRG gewollte Förderung der Herstellung von Umgang und Beziehung mit dem Vater kann nur gelingen, wenn die Ausfüllung dieser Problematik vorurteilsfrei erfolgt. Der Vater hat nicht mehr seine Zuneigung zu beweisen; wer sich dem Umgang widersetzt und sachwidrige Motive behauptet, muß dartun, daß der Umgang dem Kindeswohl schadet. Dies kann der Fall sein, wenn der Vater das Durcheinander seiner unbewältigten Beziehungen nicht in Ordnung bringt und über das Kind Kontakt zur Mutter sucht (LG Köln DAVorm 1990, 704); es kann auch der Fall sein, wenn der Vater Umgang als sein Recht im Gegenzug zu seiner Unterhaltspflicht sieht. Dies alles kann aber nicht mehr und nicht weniger sein als bei einem früher mit der Mutter zusammenlebenden und/oder verheirateten Vater.

Der Umstand, daß bisher nur selten mit Erfolg eine erstmalige Umgangsanbahnung gegen den Willen der Mutter versucht wurde, darf nicht zu der Annahme verleiten, unverheiratete Väter wünschten einen solchen Umgang nicht, und wenn sie ihn wünschten, sei Querulanz zu vermuten. Hier liegt eine der wesentlichen überzeugungsbildenden Aufgaben des Kindschaftsrechts in der Gestaltung durch das KindRG: Nun, da die Rechtsordnung dem Vater den Umgang nicht mehr erschwert, da sie ihn von ihm als Recht des Kindes sogar einfordert, muß die Rechtsprechung helfen, die lähmende Resignation von jenen Vätern zu nehmen, die unter altem Recht den aussichtslosen Versuch nicht gewagt haben, einen Umgang zu begründen, zu erhalten oder wiederzubeleben. Erste Entscheidungen weisen hierzu den Weg (OLG Braunschweig FamRZ 1999, 185; OLG Karlsruhe FamRZ 1999, 184; AG München DAVorm 1999, 310).

## VIII. Verfahren*

### 1. Umgangsregelung im und außerhalb des Scheidungsverbunds, Zuständigkeit

#### a) Verfahrensart und -grundsätze

**370 aa)** Umgangsregelungen sind **Familiensachen** (§ 621 Abs 1 Nr 2 ZPO) im Verfahren nach den Bestimmungen des FGG, soweit sich aus ZPO und GVG keine Sonderregelungen ergeben (§ 621 a Abs 1 ZPO).

Als Umgangsregelungen kommen, weiter als nach früherem Recht, alle in §§ 1684, 1685 vorgesehenen gerichtlichen Regelungen des Umgangs der Eltern mit einem gemeinschaftlichen Kind, Dritter nach § 1685 mit einem Kind, sowie eines Ehegatten mit dem Kind des anderen Ehegatten nach § 1685 Abs 2 in Betracht (JOHANNSEN/ HENRICH/SEDEMUND-TREIBER § 621 ZPO Rn 4 a).

**371 bb)** Zu unterscheiden ist zwischen dem **isolierten Umgangsverfahren** und der **Umgangsregelung im Scheidungsverbund** (§ 623 Abs 2 S 1 Nr 2 ZPO). Sobald eine **Ehesache anhängig** ist, ergeben sich außerdem Besonderheiten hinsichtlich der örtlichen Zuständigkeit auch für isolierte Umgangsverfahren: Während der Anhängigkeit einer Ehesache zwischen den Eltern kann ein Umgangsverfahren für ein gemeinschaftliches Kind nur bei dem Gericht der Ehesache anhängig gemacht werden; eine bereits anhängige Umgangssache wird an dieses Gericht abgegeben; dadurch wird jedoch das Umgangsverfahren nicht in jedem Fall Verbundsache (§§ 621 Abs 2 S 1 Nr 2, 621 Abs 3 ZPO; näher unten Rn 381 ff).

Ist ein **Scheidungsverfahren im Ausland** anhängig, so steht die Möglichkeit, nach dortigem Verfahrensrecht den Umgang mit einem gemeinschaftlichen Kind mitzuregeln, der Einleitung eines selbständigen Umgangsregelungsverfahrens in Deutschland *nicht* entgegen, soweit deutsche Gerichte international zuständig sind (OLG Karlsruhe FamRZ 1991, 362, 363).

Damit gelten für *selbständige Umgangsregelungsverfahren* die Bestimmungen des FGG mit Ausnahme der in § 621 a Abs 1 S 2 ZPO ausgeschlossenen; das Umgangsregelungsverfahren ist insbesondere *keine* Kindschaftssache. Für die Umgangsregelung im *Scheidungsverbund* gelten dagegen die sich aus §§ 622 bis 630 ZPO ergebenden Besonderheiten.

**372 cc)** Das Umgangsregelungsverfahren ist **Amtsverfahren**. Ist eine **Ehesache anhängig**, so erfolgt eine Umgangsregelung jedoch regelmäßig nur auf Antrag oder Anregung. Bereits vor dem Wegfall des Zwangsverbundes der *Sorgerechtsregelung* im

---

* Zur **Vollstreckung** von Umgangsentscheidungen vgl oben Rn 223 ff.

KindRG war über den Umgang nur auf Anregung eines der Ehegatten zu entscheiden (§ 623 Abs 3 S 2 aF ZPO). Dies gilt erst recht, nachdem auch über das Sorgerecht nicht mehr von Amts wegen entschieden wird (BT-Drucks 13/4899, 122). Für den Umgang gilt jedoch im Verbundverfahren § 613 Abs 1 S 2 ZPO entsprechend: Die Anhörung zur elterlichen Sorge und der Hinweis auf Beratungsmöglichkeiten erstreckt sich auch auf den Umgang des Kindes mit beiden Eltern, weil die elterliche Sorge in einem weiten Sinn den Umgang umfaßt und den Eltern die Notwendigkeit einer dem Kindeswohl dienlichen Lösung auch hinsichtlich des Umgangs zu verdeutlichen ist. Ergibt sich – was in der Praxis selten der Fall ist – im Ehesachenverbund, daß wegen Gefährdung des Kindeswohls eine Entscheidung zum Umgang, insbesondere eine Maßnahme nach Abs 4, erforderlich ist, so wird das Gericht von Amts wegen tätig. Unterhalb der Eingriffsschwelle der Kindeswohlgefährdung, die der des § 1666 entspricht, kommt eine Entscheidung von Amts wegen nicht in Betracht (BÜTTNER FamRZ 1998, 585, 588).

Ist eine Scheidung nach der Vermutung des § 1566 Abs 1 (**einverständliche Scheidung**) beantragt, so ist hinsichtlich des Umgangs mit gemeinschaftlichen Kindern in der Antragsschrift entweder einverständlich mitzuteilen, daß ein Antrag nicht gestellt wird oder es ist ein Antrag mit Zustimmung des Antragsgegners zu stellen (§ 630 Abs 1 Nr 2 ZPO; dazu STAUDINGER/RAUSCHER [1999] § 1566 Rn 48, 52 auch zur Folge des Widerrufs der Einigung).

**dd)**  Aus der Natur des Amtsverfahrens folgt, daß ein **Antrag** nicht erforderlich ist; **373** insbesondere muß ein Elternteil, der das Verfahren anregt, keinen konkret ausgestalteten Vorschlag präsentieren (BGH FamRZ 1994, 158, 159). Wird dennoch ein Antrag gestellt, so hat dieser keine Sachantragsfunktion (OLG Hamburg FamRZ 1996, 676; OLG Köln OLGZ 66, 76, 77; OLG Zweibrücken DAVorm 1986, 355; MünchKomm/HINZ § 1634 aF Rn 45). Auch die Rücknahme des Antrags beendet das Verfahren grundsätzlich nicht (OLG Thüringen FamRZ 1996, 359 Nr 197). Haben sich die Eltern jedoch geeinigt und wird deshalb der Antrag zurückgenommen, so ist dies im Rahmen der elterlichen Befugnis zur Umgangsregelung (oben Rn 115 ff) vom Gericht zu berücksichtigen; das Verfahren kann in einem solchen Fall wegen Wegfalls des Bedürfnisses einer Regelung ohne eine Entscheidung zur Sache enden (OLG Thüringen aaO).

Widerstreitende Anträge nach Abs 3 und Abs 4 begründen **keine verschiedenen Verfahrensgegenstände** und können nicht nach bzw entsprechend § 145 ZPO voneinander getrennt werden (OLG Hamburg FamRZ 1996, 676).

**b)  Sachliche und funktionelle Zuständigkeit**
**aa)**  Sachlich zuständig ist das **Familiengericht** (§ 621 Abs 1 Nr 2 ZPO iVm § 1684 **374** Abs 3 S 1, Abs 4 S 1, ebenso § 1686 S 2). Diese sachliche Zuständigkeit ist nunmehr umfassend, unabhängig davon, ob die Eltern verheiratet oder nicht verheiratet sind, sowie für die Regelung des Umgangs mit (§ 1685 Abs 3) und gegenüber (§ 1684 Abs 3 S 1 HS 2; § 1632 Abs 3) Dritten. Ausschließlich zuständig sind in erster Instanz die Familiengerichte (§ 23 b Abs 1 Nr 3 GVG), in zweiter Instanz die Familiensenate (§ 119 Abs 1 Nr 2, Abs 2 GVG).

Die Zuständigkeit des Familiengerichts besteht in erweiternder Auslegung des § 621 a Nr 2 ZPO auch für Streitigkeiten über eine Vereinbarung betreffend den mit dem Holen und Bringen verbundenen Aufwand (OLG Zweibrücken FamRZ 1997, 32).

**375 bb)** Die bis zum Inkrafttreten des KindRG bestehenden Zuständigkeiten des *Vormundschaftsgerichts*, insbesondere zur Regelung des Umgangs nach § 1711 aF, sind entfallen (zur Zuständigkeitskonzentration BT-Drucks 13/4899, 120; OELKERS ZfJ 1999, 263, 264). Da auch Regelungen nach § 1666 BGB in die Zuständigkeit des Familiengerichts fallen, hat sich der frühere Streit um die Zuständigkeit zur Regelung des Umgangs mit Elternteilen, denen gegenüber eine Maßnahme nach § 1666 getroffen wurde, erledigt (dazu STAUDINGER/PESCHEL-GUTZEIT[12] § 1634 aF Rn 376 f; vgl BVerfGE 83, 111; OLG Düsseldorf FamRZ 1996, 45; OLG Hamm FamRZ 1995, 1073).

**376 cc) Funktionell zuständig** ist auch in isolierten Umgangsverfahren der Richter (§ 14 Abs 1 Nr 16 RPflG; GRESSMANN Rn 481).

**c) Internationale Zuständigkeit**

**377 aa)** Die internationale Zuständigkeit deutscher Gerichte bestimmt sich nach dem **Haager Minderjährigenschutzabkommen (MSA)**, da es sich bei Regelung, Einschränkung und Ausschluß des Umgangsrechts um eine Schutzmaßnahme iSd Art 1 MSA (sachlicher Anwendungsbereich) handelt. Das Haager Übereinkommen vom 19. 10. 1996 über den Schutz von Kindern (RabelsZ 1998, 502), welches das MSA auch hinsichtlich der internationalen Zuständigkeit für Umgangsregelungen ersetzen soll, ist noch nicht in Kraft getreten.

Der persönliche und räumliche Anwendungsbereich des MSA ist eröffnet, wenn das Kind seinen gewöhnlichen Aufenthalt in einem Vertragsstaat hat (Art 13 MSA) und sowohl nach seinem Heimatrecht als auch nach seinem Aufenthaltsrecht minderjährig ist (Art 12 MSA; im einzelnen STAUDINGER/KROPHOLLER [1994] Vorbem zu Art 19 EGBGB, B. Minderjährigenschutzabkommen).

**378 bb)** Ist der **Anwendungsbereich des MSA eröffnet**, so kann, auch bei Fehlen einer internationalen Zuständigkeit deutscher Gerichte nach dem MSA, eine internationale Zuständigkeit *nicht* aus dem deutschen internationalen Verfahrensrecht hergeleitet werden. Insbesondere besteht für eine **Umgangsregelung im Scheidungsverbund** keine internationale Verbundzuständigkeit analog §§ 621 Abs 3, 623 Abs 1 ZPO, selbst wenn alle Beteiligten Deutsche sind (OLG Düsseldorf FamRZ 1993, 1108; OLG Bamberg FamRZ 1996, 1224). Hat das Kind seinen gewöhnlichen Aufenthalt nicht in Deutschland, jedoch in einem anderen MSA-Vertragsstaat, so sind deutsche Familiengerichte für die Umgangsregelung international nicht zuständig, es sei denn, das Kind ist Deutscher und das Wohl des Kindes erfordert ein Eingreifen deutscher Gerichte (Art 4 MSA; BGH FamRZ 1997, 1070).

Dies führt dazu, daß der allein sorgeberechtigte Elternteil, der das Kind (gegen den Willen des Umgangselternteils) ins Ausland verbringt, zugleich den deutschen Gerichten die Zuständigkeit zur Umgangsregelung entzieht. Anders als bei Bestehen einer gemeinsamen elterlichen Sorge tritt bei Verlagerung des Aufenthalts mit dem allein Sorgeberechtigten grundsätzlich sogleich eine Änderung des gewöhnlichen Aufenthalts ein (insoweit zutreffend OLG Celle Rpfleger 1992, 390). Das deutsche Familiengericht sollte allerdings in diesem Fall von der Heimatstaatszuständigkeit nach

Art 4 MSA nicht nur dann Gebrauch machen, wenn die Gerichte des Aufenthalts-
staates zu einer dem Kindeswohl entsprechenden Umgangsregelung nicht in der
Lage oder Willens sind (so OLG Celle Rpfleger 1992, 390). Ein Eingreifen deutscher
Gerichte in der Umgangsregelung kann bereits dann erforderlich sein, wenn die
Umgangsregelung durch die Aufenthaltsgerichte zu spät käme, um eine drohende
Entfremdung zu vermeiden und die unzulässige (oben Rn 67 ff) Vereitelung des Um-
gangsrechts durch Wegzug ins Ausland zu verhindern. Gerade in Fällen, in denen ein
Kind von dem allein sorgeberechtigten Elternteil in dessen Heimatstaat verbracht
wird, muß damit gerechnet werden, daß die Gerichte des Heimatstaates faktisch
diesen Elternteil bei der Umgangsregelung begünstigen. Hier muß von der Heimatstaatszuständigkeit nach Art 4 MSA Gebrauch gemacht werden (zur Rückführung des
Kindes sogleich Rn 380).

**cc)** Ist hingegen der **Anwendungsbereich des MSA nicht eröffnet**, was selten vor- 379
kommt (gewöhnlicher Aufenthalt in Nichtvertragsstaat, Volljährigkeit des Kindes
nach Heimatrecht, nicht aber nach Aufenthaltsrecht), so bestimmt sich die internationale Zuständigkeit deutscher Gerichte für eine Umgangsentscheidung im **Verbund**
mit einer Ehesache analog §§ 621 Abs 3, 623 Abs 1 ZPO als internationale Verbundzuständigkeit (AG Köln IPRax 1988, 115; JAYME FamRZ 1979, 21; HENRICH IPRax 1986, 364).
Für ein isoliertes Umgangsverfahren sind deutsche Gerichte nach §§ 64 Abs 3 S 2,
35 b FGG international zuständig (WEYCHARDT ZfJ 1999, 326, 330), wenn das Kind
Deutscher ist oder seinen gewöhnlichen Aufenthalt in Deutschland hat.

**dd)** Von der Frage der internationalen Zuständigkeit zur Umgangsregelung zu 380
unterscheiden ist die Einleitung eines Verfahrens nach dem **Haager Übereinkommen
über die zivilrechtlichen Aspekte internationaler Kindesentführung** v 25. 10. 1980 (BGBl
1990 II 207; im einzelnen STAUDINGER/PIRRUNG [1994] Vorbem 627 ff zu Art 19 EGBGB). Ziel
dieses Übereinkommens ist nicht primär die abschließende, am Kindeswohl orientierte Detailregelung, sondern die Herstellung des status quo ante, wenn ein Kind
widerrechtlich in einen anderen Staat verbracht oder dort zurückgehalten wird. Gemäß Art 4 ist dieses Übereinkommen auch anzuwenden auf Fälle der Verletzung des
Rechts zum persönlichen Umgang. Hierbei erweitert das Übereinkommen nicht die
Umgangsberechtigungen nach nationalem Recht (LIMBROCK FamRZ 1999, 1631, 1632, dort
auch zur Frage der Anwendung auf Umgangsrechte Dritter). Insbesondere kann ein Verfahren
zur Rückführung auch eingeleitet werden, wenn der allein Sorgeberechtigte das Kind
in das Ausland verbringt, hierzu jedoch im Verhältnis zum Umgangselternteil nicht
berechtigt ist (STAUDINGER/PIRRUNG [1994] Vorbem 642 zu Art 19 EGBGB). Dies ist aus Sicht
des § 1684 dann der Fall, wenn, wie hier vertreten (oben Rn 67 ff), das Familiengericht
dem Sorgeberechtigten die Verbringung des Kindes in einen anderen Vertragsstaat
untersagt hat.

In anderen Fällen der Behinderung des Umgangsrechts durch Verbringung des Kindes in einen anderen Vertragsstaat kann ein Antrag mit dem Ziel der Herstellung des
Umgangs nach Art 21 iVm Art 8 analog des Übereinkommens geltend gemacht
werden (STAUDINGER/PIRRUNG [1994] Vorbem 699 zu Art 19 EGBGB).

**d)    Örtliche Zuständigkeit**
**aa)**    Für das **isolierte Umgangsverfahren** ergibt sich die örtliche Zuständigkeit aus 381
§§ 621 Abs 2 S 2, 621 a Abs 1 S 1 ZPO, §§ 64 Abs 3 S 2, 43 Abs 1, 36 FGG (BGH NJW-

RR 1994, 646): Zuständig ist das Gericht am Wohnsitz des Kindes im Zeitpunkt des Tätigwerdens des Gerichts. Fehlt es an einem inländischen Wohnsitz, so kommt es auf den (schlichten) Aufenthalt des Kindes im Inland an (BGH NJW-RR 1994, 646; höchst hilfsweise bei deutschen Kindern ohne Wohnsitz oder Aufenthalt im Inland § 36 Abs 2 FGG: Berlin-Schöneberg). Der Wohnsitz bestimmt sich für Zwecke der Zuständigkeit nach deutschem Recht als *lex fori* (BGH NJW-RR 1994, 646; OLG Hamm FamRZ 1995, 1073; OLG Frankfurt/Main FamRZ 1993, 228) als *abgeleiteter Wohnsitz* nach § 11 beim sorgeberechtigten Elternteil (BGH NJW-RR 1994, 646); steht beiden Eltern die elterliche Sorge zu, so hat das Kind einen Doppelwohnsitz bei jedem Elternteil. Dies gilt auch bei Trennung und Scheidung, solange keine Entscheidung nach § 1671 ergeht (BGHZ 48, 228, 234; BGH NJW 1984, 971; BGH NJW 1995, 1224; auch bei Geburt des Kindes nach Trennung: KG NJW 1964, 1577; zur Wohnsitzbegründung bei längerem Aufenthalt der Mutter in einem Frauenhaus: OLG Hamm FamRZ 1997, 1294). Bestimmen die gemeinsam sorgeberechtigten Eltern einverständlich dem Kind einen gewillkürten Wohnsitz, so wirkt auch nur dieser zuständigkeitsbegründend (BayObLGZ 1962, 11, 14; BayObLGZ 1979, 149; OLG Düsseldorf OLGZ 1968, 122, 124; OLG Koblenz FamRZ 1983, 201). Steht das Kind unter Vormundschaft oder Pflegschaft, so ist das Gericht zuständig, bei dem die Vormundschaft oder Pflegschaft anhängig ist (§ 43 Abs 2 FGG, BGH FamRZ 1997, 173); sachlich zuständig ist auch in diesem Fall für die Umgangsregelung das Familiengericht.

**382 bb)** Die Lösung von **Zuständigkeitskonflikten** ist umstritten. Gemäß § 621 a Abs 1 S 2 ZPO finden nicht §§ 4, 5 FGG Anwendung, sondern die Bestimmungen der ZPO. Dabei ist zu unterscheiden zwischen der Bestimmungskompetenz und der materiellen Bestimmung des zuständigen Gerichts.

**α)** Für die *Bestimmungskompetenz* ist nach herrschender Rechtsprechung nicht § 5 FGG, sondern **§ 36 Nr 6 ZPO** anzuwenden (BGHZ 71, 15, 16; BGH FamRZ 1988, 1259; BGH NJW-RR 1991, 1346; BGH NJW-RR 1994, 646; BGH FamRZ 1997, 173; OLG Düsseldorf FamRZ 1986, 478; OLG Bremen FamRZ 1979, 861). Eine *Wahl durch den Antragsteller* (entsprechend § 35 ZPO) kommt nicht in Betracht, da § 35 keine Lösung für von Amts wegen einzuleitende Verfahren bereithält (OLG Schleswig SchlHA 1981, 148; STEIN/ JONAS/SCHLOSSER § 621 a ZPO Rn 6; ZÖLLER/PHILIPPI § 621 a ZPO Rn 10; JOHANNSEN/HENRICH/ SEDEMUND-TREIBER § 621 a ZPO Rn 3; **aA** OLG Koblenz FamRZ 1983, 201).

Das angerufene Gericht prüft also von Amts wegen die Voraussetzungen seiner Zuständigkeit (BGH NJW-RR 1991, 1346). Ergibt sich seine Unzuständigkeit und die Zuständigkeit eines anderen Gerichts, so kommt eine Verweisung nach § 281 ZPO in Betracht (BGH NJW-RR 1991, 1346). Die Verweisung setzt im Verfahren nach den Bestimmungen der FG nicht die Rechtshängigkeit voraus; sie ist bindend nach Maßgabe von § 281 Abs 2 S 2 ZPO (BGH IVb ARZ 6/89 JURIS; FamRZ 1997, 173 stellt auf die formlose Mitteilung des Antrags ab). Hält sich das Gericht, an das verwiesen wurde, für unzuständig, so ist der Konflikt nach § 36 Nr 6 ZPO – regelmäßig durch den BGH als das nächsthöhere Gericht – zu entscheiden.

**383 β)** Für die *materielle Bestimmung* des unter mehreren Wohnsitzgerichten zuständigen Gerichts bedarf es nicht der Anwendung von § 4 FGG – was teilweise entgegen § 621 a Abs 1 S 2 ZPO vorgeschlagen wird (vgl ältere Nachw bei STAUDINGER/PESCHEL-GUTZEIT[12] § 1634 aF Rn 384 jüngst auch WEYCHARDT ZfJ 1999, 326, 330). Obgleich § 35 ZPO nicht anwendbar ist und § 36 ZPO nur die Bestimmungskompetenz regelt, kann der Rechtsgedanke des § 261 Abs 3 Nr 1 ZPO entsprechend nutzbar gemacht werden: Sobald bei einem zuständigen Familiengericht ein Umgangsverfahren anhängig ist, werden andere Wohnsitz-Familiengerichte unzuständig (Stein/Jonas/Schlosser aaO; Zöller/Philippi aaO; Baumbach/Lauterbach/Albers/Hartmann/Albers § 621 a Rn 4). Da im Verfahren der Freiwilligen Gerichtsbarkeit eine förmliche Zustellung nicht erfolgt, tritt eine Rechtshängigkeit des Antrags iSd § 261 ZPO nicht ein. Der BGH will bei Vorliegen eines Antrags auf dessen formlose Mitteilung an den Antragsgegner abstellen (BGH FamRZ 1997, 173). Vorzugswürdig dürfte es sein, auf die Verhältnisse im Zeitpunkt der Befassung des Gerichts abzustellen; auch hierfür bedarf es keines Rückgriffs auf den von § 621 a Abs 1 S 2 ZPO ausgeschlossenen § 4 FGG (Tätigwerden), da auch § 43 Abs 1 S 2 HS 2 FGG den Zeitpunkt der Befassung als den für die Zuständigkeitsbestimmung maßgeblichen bezeichnet.

**cc)**	Die **Änderung einer Umgangsregelung** ist eine neue selbständige Verrichtung	**384** iSd § 43 Abs 1 S 2 Hs 2 FGG; die örtliche Zuständigkeit ist daher im Zeitpunkt der Befassung des Gerichts mit dem Änderungsverfahren zu bestimmen (BGHZ 21, 306, 315; BayObLG FamRZ 1964, 640; BayObLGZ 1967, 474, 477; BayObLG FamRZ 1975, 647, 659; BayObLGZ 1975, 197, 199; OLG Düsseldorf FamRZ 1978, 621).

Auch im Verhältnis zu einem *Sorgerechtsverfahren* nach § 1670 ist das Umgangsverfahren selbständig iSd § 43 Abs 1 S 2 Hs 2 FGG.

**dd)**	Ist eine **Ehesache anhängig**, so ist für eine Umgangsregelung der in § 621 Abs 2	**385** S 1 Nr 2 ZPO genannten Art das Gericht ausschließlich zuständig, bei dem die Ehesache im ersten Rechtszug anhängig ist (§ 621 Abs 2 S 1 Nr 2 ZPO). Wird eine Ehesache anhängig, während ein isoliertes Umgangsverfahren dieser Art (bei einem anderen Familiengericht) im ersten Rechtszug anhängig ist, so ist dieses Verfahren von Amts wegen an das Gericht der Ehesache abzugeben (§ 621 Abs 3 S 1 ZPO). Diese ausschließliche Zuständigkeit des Gerichts der Ehesache betrifft nicht nur die Regelung des Umgangs der Ehegatten mit dem Kind, sondern auch die Regelung des Umgangs *Dritter* mit einem gemeinschaftlichen Kind der Ehegatten (§ 621 Abs 2 S 1 Nr 2 ZPO). Durch diese Konzentration wollte der Gesetzgeber des KindRG sicherstellen, daß die Interessen der einzelnen Umgangsberechtigten und des Inhabers der Sorge abgestimmt werden (BT-Drucks 13/4899, 120).

**War eine Ehesache anhängig** und wurde das Umgangsrecht nicht im Verbund geregelt, so ist die Zuständigkeit für ein später erforderlich werdendes Umgangsverfahren selbständig zu bestimmen; das Gericht der Ehesache bleibt nicht zuständig (BGH NJW-RR 1991, 1346)

**ee)**	**Verbundsache (Folgesache)** kann ein Verfahren zur Umgangsregelung jedoch	**386** nur nach § 623 Abs 2 Nr 2 ZPO werden; Voraussetzung ist also insbesondere, daß ein *Scheidungsverfahren* anhängig ist; ein Verbund mit anderen Ehesachen ist nicht möglich. Die Voraussetzungen des § 623 Abs 2 Nr 2 ZPO gelten auch für ehemals selbständige Umgangsverfahren, die nach § 621 Abs 3 ZPO an das Gericht der Ehesachen übergeleitet wurden. Solche Verfahren werden im Gegensatz zur Rechtslage vor Inkrafttreten des KindRG allerdings automatisch Verbundsache, sofern sie sich als Verbundsache eignen (§ 623 Abs 5 S 1 ZPO; Zöller/Philippi § 623 ZPO Rn 32); auf

Antrag eines Ehegatten trennt das Gericht jedoch auch solche übergeleitete Folge-sachen entsprechend § 623 Abs 2 S 2 ZPO von der Scheidungssache ab.

**Als Verbundsache geeignet** sind Verfahren zur Regelung des Umgangs eines der *Ehegatten* mit einem gemeinschaftlichen Kind oder einem Kind des anderen Ehe-gatten, *nicht* aber Verfahren betreffend den Umgang mit *Dritten* iSd § 1685 oder Verfahren nach § 1632 Abs 2, 3; sie werden von § 623 Abs 2 Nr 2 ZPO idF des KindRG bewußt nicht erfaßt, da eine einheitliche Entscheidung mit der Ehesache nicht geboten ist (JOHANNSEN/HENRICH/SEDEMUND-TREIBER § 623 ZPO Rn 8 a). Auch Um-gangsverfahren, die durch das *Kind selbst* aufgrund seines Umgangsrechts aus § 1684 eingeleitet werden, fallen nicht in den Verbund; dies entspricht dem in § 623 ZPO verfolgten Prinzip, daß Verbundsachen, mit Ausnahme des § 623 Abs 1 S 3, nur auf *Antrag eines Ehegatten* eingeleitet werden (JOHANNSEN/HENRICH/SEDEMUND-TREIBER § 623 ZPO Rn 8 a). Mit dem Wortlaut der Bestimmung ist diese Einschränkung durch-aus vereinbar, da § 621 Abs 2 S 1 Nr 2 ZPO weiter gefaßt ist als § 623 Abs 2 S 1 Nr 2 ZPO, der ohnehin nicht das gesamte Spektrum der dem Familiengericht zugewiese-nen Umgangsverfahren umfaßt (**aA** GRESSMANN Rn 483).

Eine Umgangsregelung im Verbund erfolgt auch nach der Neufassung des § 623 ZPO *nur auf Antrag* bis zum Schluß der mündlichen Verhandlung in der Scheidungssache (§ 623 Abs 4 ZPO); eine Änderung der Rechtslage war insoweit nicht beabsichtigt (BT-Drucks 13/4899, 122). Dabei kann es sich auch um einen Antrag auf Regelung des Umgangs während des Getrenntlebens handeln; die Einschränkung des § 623 Abs 1 S 1 („für den Fall der Scheidung") gilt für § 623 Abs 2 ZPO nicht (FamRefK/HOFFMANN § 623 ZPO Rn 10; ZÖLLER/PHILIPPI § 623 ZPO Rn 23 b).

Fraglich ist allerdings, ob ein von Amts wegen einzuleitendes Umgangsverfahren wegen **Kindeswohlgefährdung** (nach Abs 3 zur Herstellung des Umgangs oder nach Abs 4 zur Einschränkung) auch *ohne* einen Antrag eines Ehegatten *im Verbund* entschieden werden kann, da § 623 Abs 3 ZPO einen Verbund von Amts wegen nur für eine Sorgerechtsentscheidung wegen Gefährdung des Kindeswohls vorsieht (zweifelnd FamRefK/HOFFMANN § 623 ZPO Rn 11; BÜTTNER FamRZ 1998, 585, 592). Ob hierfür ein Bedarf besteht, ist zweifelhaft; erweist sich aufgrund der in der Ehesache ge-wonnenen Erkenntnisse ein Einschreiten des Gerichts hinsichtlich des Umgangs wegen Kindeswohlgefährdung geboten, so ist regelmäßig eine schnelle Entscheidung geboten, die auch im von Amts wegen eingeleiteten isolierten Umgangsverfahren gewährleistet ist.

## 2. Vertretung im Umgangsverfahren

### a) Kein Anwaltszwang
387 **aa)** Im **isolierten Umgangsverfahren** besteht für die Beteiligten auch im Beschwer-deverfahren kein Anwaltszwang (§§ 621 a Abs 1, 78 Abs 2 S 1 Nr 2 ZPO im Um-kehrschluß; OLG Zweibrücken FamRZ 1997, 687; zur **Beiordnung** eines Rechtsanwalts nach § 121 Abs 2 ZPO unten Rn 447). Nur im Verfahren der *weiteren Beschwerde* zum BGH besteht Anwaltszwang (§ 78 Abs 2 S 1 Nr 2 ZPO; BezG Erfurt FamRZ 1992, 1333, 1334).

Für eine Umgangsregelung im Verbund mit der Ehesache erstreckt sich der Anwalts-zwang aus § 78 Abs 2 S 1 Nr 1 ZPO auch auf die Umgangssache. Soweit das Kind sich

als Dritter formell beteiligt, besteht für das Kind nur Anwaltszwang im Verfahren der
weiteren Beschwerde zum BGH (§ 78 Abs 2 S 1 Nr 1 HS 2 ZPO).

### b)  Verfahrenspfleger für das Kind (§ 50 Abs 1 FGG)
**aa)**   Durch das KindRG wurde die Möglichkeit geschaffen, daß das Gericht dem  **388**
minderjährigen Kind einen **Pfleger zur Wahrnehmung seiner Interessen** bestimmt
(§ 50 Abs 1 FGG). Diese Regelung setzt nicht zuletzt die Forderung des BVerfG
um, durch die Verfahrensgestaltung die Wahrung der Belange des Kindes und seinen
Anspruch auf rechtliches Gehör sicherzustellen (BVerfGE 55, 171, 179; BVerfG NJW 1999,
631; BT-Drucks 13/4899, 129).

Ob die Bestellung erforderlich ist, beurteilt das Gericht nach pflichtgemäßem Ermessen; liegt eines der Regelbeispiele in § 50 Abs 2 FGG vor, so ist von der Erforderlichkeit auszugehen; die nicht erfolgte Bestellung ist besonders zu begründen
(§ 50 Abs 2 S 2 FGG). Wenngleich im Gesetzgebungsverfahren der Vorschlag einer
*zwingenden Vertretung* des Kindes nicht aufgegriffen wurde (Rechtsausschuß BT-Drucks
13/8511, 64), sollte eine Pflegerbestellung nicht auf die zwingenden Fälle beschränkt
werden (kritisch hingegen FamRefK/MAURER § 50 FGG Rn 2 mit zahlr Nachw zur Diskussion im
Vorfeld des KindRG). Die Bestellung eines Verfahrenspflegers kann auch geeignet sein,
den Streit der Eltern wenigstens insoweit zu deeskalieren, daß nicht ein Elternteil
sorgerechtsbeschränkende Maßnahmen beantragt, um das Kind im Verfahren aus
der Beeinflussung durch den betreuenden Elternteil zu lösen.

**bb)**   Im **Umgangsverfahren** wird häufig die Pflegerbestellung nach § 50 Abs 2 Nr 1  **389**
FGG **erforderlich** sein, wenn der (auch) sorgeberechtigte betreuende Elternteil sich
dem Umgang widersetzt oder das Umgangsrecht eines (mit-) sorgeberechtigten Elternteils eingeschränkt werden soll. Daß das Kind in seiner Anhörung die Ansicht
des sorgeberechtigten Elternteils teilt, steht der Annahme eines Interessengegen-
satzes nach § 50 Abs 2 Nr 1 FGG nicht entgegen (**aA** OLG Düsseldorf KindPrax 2000, 27),
da das Interesse des Kindes von seinem Willen unterschieden werden muß. Das
Verfahren dient gerade der Ermittlung dessen, was im Interesse des Kindes liegt.
Der durch einen Verfahrenspfleger angestrebte Schutz des Kindes wäre gerade in
Fällen perfekter Manipulation des Kindeswillens hinfällig.

Deshalb erscheint es auch höchst problematisch, auf eine Pflegerbestellung zu ver-
zichten, wenn zwischen den Eltern ein erheblicher Interessengegensatz besteht, das
Gericht aber den Eindruck hat, der Sorgeberechtigte nehme die eigenständigen
Interessen des Kindes ausreichend wahr (so aber OLG Düsseldorf NJW 2000, 1274). Dieser
Ansatz mag theoretisch richtig sein (vgl auch MÜHLENS/KIRCHMEIER/GRESSMANN/KNITTEL
Kindschaftsrecht, 433), setzt aber in der Praxis voraus, daß das Gericht beurteilen zu
können glaubt, ob der Sorgeberechtigte objektiv zwischen den Interessen des Kindes
und seinen Eigeninteressen unterscheiden kann.

Erst recht ist die Pflegerbestellung erforderlich, wenn das Kind mit der Haltung des
betreuenden Elternteils oder sogar mit dessen Sorgeberechtigung nicht einverstanden ist (JOPT ZfJ 1996, 203, 210). Aber schon dann, wenn die Eltern sich im Umgangsverfahren wie Streitparteien mit gegensätzlichen Anträgen gegenüberstehen, kann
jedenfalls nicht ausgeschlossen werden, daß ein Interessengegensatz besteht (JOHANN-
SEN/HENRICH/BRUDERMÜLLER § 50 FGG Rn 8; **aA** OLG Düsseldorf NJW 2000, 1274; OLG Frank-

furt/Main FamRZ 1999, 1293, 1294, die eine Pflegerbestellung allein aufgrund kontradiktorischer Anträge ablehnen). Jedenfalls wenn der Streit um das Umgangsrecht das übliche Maß übersteigt, ist die Bestellung eines Verfahrenspflegers erforderlich (OLG Rostock ZfJ 1999, 307; ähnlich im Fall einer hochstreitigen Sorgerechtsregelung OLG Hamm FamRZ 1999, 41). Dies sieht wohl auch die Gegenansicht in der Rechtsprechung, die jedenfalls bei Überlagerung des Streits durch den *Partnerkonflikt* eine Pflegerbestellung für erforderlich hält (OLG Düsseldorf KindPrax 2000, 27).

Ebenso ist eine Pflegerbestellung geboten, wenn das Kind selbst aktiv sein Umgangsrecht durchsetzen möchte (PALANDT/DIEDERICHSEN Rn 63).

In *streitigen* Umgangsverfahren dürfte sich daher die Pflegerbestellung häufig empfehlen (BRAK-Ausschuß Familienrecht BRAK-Mitt 1997, 150, 155; OELKERS ZfJ 1999, 263, 264; WEBER NJW 1998, 3083, 3091; vgl auch BT-Drucks 13/4899, 131, einschränkend aber 172: „keineswegs in sämtlichen die Person des Kindes betreffenden Verfahren").

**390** **cc)** Der **beschützte Umgang** nach Abs 4 S 3 ist keine Alternative zur Bestellung eines Verfahrenspflegers und tritt auch nicht in Konkurrenz zu diesem (aA anscheinend PETERS/SCHIMKE KindPrax 1999, 143). Der Verfahrenspfleger soll eine Verbesserung der Artikulationsmöglichkeiten des Kindes *im Verfahren* ermöglichen, seine Bestellung ist kein Eingriff in ein Umgangsrecht und setzt daher auch keine Kindeswohlgefährdung voraus. Die Zielrichtung des beschützten Umgangs ist dagegen die Abwehr einer Gefährdung des Kindeswohls in der *Durchführung* der Umgangsregelung. Im Einzelfall kann zwar der Verfahrenspfleger später als Dritter iSd beschützten Umgangs fungieren, weil er das Vertrauen des Kindes erlangt hat; hierbei handelt es sich aber um eine bloße Personenidentität, nicht um ein Funktionsäquivalent. Hiervon zu unterscheiden ist die *Begleitung des Kindes bei der Umsetzung* einer Umgangsregelung, also die Unterstützung des Kindes im Stadium nach Erlaß einer Umgangsregelung.

**391** **dd)** Die **Auswahl des Verfahrenspflegers** hängt eng mit der nicht unumstrittenen Frage zusammen, welche **Aufgabenstellung** mit der Verfahrenspflegschaft zu verbinden ist.

**α)** Teilweise wird vertreten, der Verfahrenspfleger sei im engsten Sinn ein „Anwalt des Kindes", **dessen Willen verpflichtet** (PETERS/SCHIMKE KindPrax 1999, 143, 146). Die überwiegende Ansicht versteht dagegen die Tätigkeit des Verfahrenspflegers zwar ebenfalls als Interessenwahrnehmung, interpretiert aber das *Interesse* des Kindes weiter als seinen *Willen* (WILL ZfJ 1998, 1; OELKERS ZfJ 1999, 263, 264; DICKMEIS DAVorm 1996, 553, 565; FamRefK/MAURER § 50 FGG Rn 6). Dies erscheint richtig; man sollte zwischen der Interessenvertretung des Kindes und seinem Wohl keinen Widerspruch konstruieren, der den Verfahrenspfleger zwingen könnte, einem womöglich dem Kindeswohl widersprechenden Willen zu folgen. Dem Ziel, die verfahrensrechtliche Stellung des Kindes und sein rechtliches Gehör zu stärken, entspräche es selbstverständlich nicht, wenn der Verfahrenspfleger neben dem Gericht (und dem Jugendamt) als dritte objektiv das Kindeswohl suchende Instanz tätig würde; mit dieser Aufgabenstellung wäre er überflüssig (insoweit richtig PETERS/SCHIMKE KindPrax 1999, 143, 146; ebenso V BRACKEN KindPrax 1999, 183, 184). Er hat also zunächst die Aufgabe, die Interessenlage des Kindes aufzunehmen und zu artikulieren, sowie ggf dieser Inter-

essenlage dienliche Anregungen zu geben. Andererseits ist er aber nicht in einem
parteilichen Sinn dem Willen des Kindes *verpflichtet*. Er hat nicht blind den Willen
des Kindes im Verfahren durchzusetzen, sondern sollte sein Vertrauensverhältnis
zum Kind auch dazu nutzen, *diesem* die am objektiven Kindeswohl orientierte Vorgehensweise des Gerichts zu vermitteln (v Bracken KindPrax 1999, 183, 185). Nur hierdurch kann er dem Ziel dienen, die Belastung des Kindes durch das Verfahren zu
mindern. Es erscheint verfehlt, den Sinn der Verfahrenspflegschaft anzuzweifeln,
weil in diesem Bemühen der Verfahrenspfleger eine Aufgabe wahrnimmt, die
auch dem Jugendamt zukommt (so aber FamRefK/Maurer § 50 FGG Rn 8). Dem Jugendamt gegenüber empfinden sich viele ältere Kinder in der Objektrolle des Begut-
achteten; die Einschaltung des Verfahrenspflegers bedeutet auch den Versuch einer
Subjektivierung des Selbstverständnisses des Kindes im Verfahren. Der Verfahrenspfleger ist also durchaus Mediator; nicht im Sinn objektiv zwischen den Beteiligten
stehender Streitschlichtung, sondern als Helfer des Kindes. Stehen Kindeswohl und
Kindeswille im Widerspruch, so kann dies auch Hilfe zur Überwindung der eigenen
Fehlvorstellungen erfordern.

**β)**     Erste Erfahrungen zeigen, daß in zahlreichen Fällen **Rechtsanwälte und -innen**   392
zu Verfahrenspflegern bestellt werden (Peters/Schimke KindPrax 1999, 143, 144). Dies
dürfte mit § 50 Abs 3 FGG zusammenhängen, wonach die Bestellung unterbleiben
soll, wenn die Interessen des Kindes von einem Rechtsanwalt vertreten werden. Das
suggeriert, ein Rechtsanwalt könnte auch der geeignetste Verfahrenspfleger sein.
Betrachtet man die doppelte Aufgabenstellung (soeben Rn 391), so bestehen daran
Zweifel. Sofern der Rechtsanwalt seine Aufgabe einigermaßen ernst nimmt und
das Kind nicht erst im Gerichtssaal trifft (vgl das erstaunliche Ergebnis der Erhebung von
Peters/Schimke KindPrax 1999, 143, 144), wird er zwar meist in geeigneter Weise den
Willen des Kindes erheben und in verfahrenstauglicher Weise dem Gericht vortragen
können. Allenfalls bei größeren Kindern, die sich hierdurch ernstgenommen fühlen,
wird dadurch aber gegenüber der Anhörung durch den Richter gewonnen; in aller
Regel wird der Familienrichter eher besser geschult sein, den Worten des Kindes
Folgerungen für dessen Wohl zu entnehmen. Auch die Vergütungspflicht nach § 50
Abs 5 FGG kann die Akzeptanz des Verfahrens durch die Beteiligten belasten.

Hingegen dürfte die mediative Aufgabe regelmäßig bei **Sozialarbeitern, Sozialpäd-**
**agogen, Kinderpsychologen, Geistlichen** und anderen Angehörigen sozial orientierter
Berufszweige besser aufgehoben sein. Die Qualität der *Rechtskenntnisse* des Verfahrenspflegers wird eher ausnahmsweise im Vordergrund stehen, wenn es schwerpunktmäßig auf juristische Sachkunde ankommt (BT-Drucks 13/4899, 130; Oelkers ZfJ 1999, 263,
264), da die Materie des Umgangsrechts mehr von der sozialen als der formalen
Dimension des Rechts bestimmt ist. Insbesondere kleinere Kinder werden überdies
weniger Scheu gegenüber ihrem Verfahrenspfleger aufbringen, wenn dieser eine
überdurchschnittliche Fähigkeit des Eingehens auf das Kind hat. Verfahrenspfleger
aus diesen Berufen werden sich freilich bemühen müssen, die Vertretungskompo-
nente nicht aus dem Blick zu verlieren, um ihre Funktion nicht zu einer Zweit- oder
Drittstellungnahme zum Kindeswohl zu verbiegen.

**ee)**     Die **Bestellung eines Verfahrenspflegers** kann von den Eltern, insbesondere von   393
einem Sorgeberechtigten, nicht isoliert **angefochten** werden. Zweifellos handelt es
sich nicht um eine die Instanz abschließende Entscheidung. Fraglich kann also nur

sein, ob ausnahmsweise mit der Verfügung ein so erheblicher Eingriff in die Rechtsstellung eines Beteiligten verbunden ist, daß eine isolierte Anfechtbarkeit der Zwischenentscheidung geboten wäre. Zwar greift die Bestellung insoweit in die elterliche
Sorge ein, als neben den oder die sorgeberechtigten Eltern der Verfahrenspfleger als
weiterer gesetzlicher Vertreter mit einem beschränkten Aufgabenbereich tritt, der zB
zur Einlegung von dem Kind zustehenden Rechtsmitteln namens des Kindes befugt
ist (FamRefK/Maurer § 50 FGG Rn 10). Dieser Eingriff ist jedoch nicht so schwerwiegend, daß eine isolierte Anfechtung zuzulassen ist. Den Eltern bleibt es unbenom-
men, die Interessen des Kindes im Verfahren *ebenfalls* zu vertreten. Sie können
jedenfalls die Bestellung des Verfahrenspflegers mit dem gegen die Endentscheidung
statthaften Rechtsbehelf anfechten (OLG Celle KindPrax 1999, 172; **aA** wohl OLG Rostock
ZfJ 1999, 307: Abweisung der Beschwerde in der Sache; nicht mitgeteilt ist die Verfahrenssituation in
OLG Düsseldorf NJW 2000, 1274).

Ebenfalls mit den gegen die Endentscheidung statthaften Rechtsbehelfen kann gel-
tendgemacht werden, daß das **Absehen von der Bestellung** rechtsfehlerhaft erfolgte;
auch das Kind kann im Rahmen seines Beschwerderechts (§ 59 FGG) dies geltendmachen. Ein eigenständiger Rechtsbehelf zur Erzwingungen der Verfahrenspfleger-
bestellung im laufenden erstinstanzlichen Verfahren besteht dagegen nicht (Büttner
FamRZ 1998, 585, 591).

### 3. Anhörung, Sachverhaltsermittlung

#### a) Anhörung des Kindes (§ 50 b FGG)

**394 aa)** Die persönliche Anhörung des Kindes ist nach § 50 b Abs 2 S 1 FGG bei
Kindern, die das **14. Lebensjahr vollendet** haben, stets erforderlich.

Bei **kleineren Kindern** ist die persönliche Anhörung nach § 50 b Abs 1 FGG im
Umgangsverfahren ebenfalls **grundsätzlich erforderlich,** weil die Neigungen, Bindungen und der Wille des Kindes für die Entscheidung über den Umgang regelmäßig von
Bedeutung sind (BGH FamRZ 1984, 1084, 1086; OLG Frankfurt/Main FamRZ 1997, 571; OLG
Frankfurt/Main FamRZ 1998, 1042, 1043; OLG Hamm FamRZ 1996, 421; OLG Köln FamRZ 1980,
1153; OLG München OLGZ 1980, 191). Die Bestimmung entspricht dem verfassungsrechtlichen Gebot, bei Sorgerechtsentscheidungen durch die Ausgestaltung des Verfahrens sicherzustellen, daß das Gericht den Willen des Kindes zur Kenntnis nimmt und
bei der Entscheidung berücksichtigt, soweit dies mit dem Wohl des Kindes vereinbar
ist (BVerfGE 55, 171; BVerfG NJW 1993, 2671; BVerfG NJW 1999, 631). Höchst ausnahmsweise
kann die Anhörung des Kindes schon deshalb entbehrlich sein, weil offensichtlich
kein Anlaß für eine gerichtliche Maßnahme besteht (BayObLGZ 1993, 203), weil die
Entscheidung über Details der Umgangsregelung von rein objektiven Fragen abhängt (OLG München FamRZ 1998, 974: allgemeine Sicherheitsfragen bei kleinerem Kind, Mit-
fahren auf einem Motorrad) oder weil wegen einer objektiven Gefährdung durch den
Umgangselternteil ein Entscheidungsspielraum nicht besteht (OLG Hamm FamRZ 1993,
1233, 1234: pädophile Neigung). Zweifelhaft erscheint es dagegen, auf die Anhörung mit
der Begründung zu verzichten, daß das Kind den Elternteil, der den Umgang begehrt, seit der Geburt nicht erlebt hat und deshalb Neigungen und Bindungen des
Kindes nicht vorhanden sind (so BayObLG ZfJ 1985, 36). Jedenfalls bei nicht mehr ganz
kleinen Kindern kann in einem solchen Fall die Anhörung des Kindes Aufschluß über
dessen Bedürfnis ergeben, den bisher unbekannten Elternteil kennenzulernen; daß

ein solches Bedürfnis bestehen kann, ist immer zur Grundlage der verfassungsge-
richtlichen Rechtsprechung zur Kenntnis der eigenen Abstammung geworden. Die
Anhörung kann auch nicht ohne sonstigen schwerwiegenden Grund unterbleiben,
weil das Gericht von ihr keine wesentliche Sachaufklärung erwartet (vgl aber AG
Kamen FamRZ 1981, 705, 706), denn die Anhörung ist auch Gewährung rechtlichen
Gehörs. Eine solche Erwartung kann nur in die Abwägung einfließen, ob dem
Kind gegen seinen Willen eine Anhörung zuzumuten ist (sogleich Rn 395).

**bb)**    Die Anhörung ist damit **zwingend** (BayObLG FamRZ 1983, 761; BayObLGZ 1983, 125,   **395**
127; BayObLG ZfJ 1985, 36; OLG Hamm RPfleger 1985, 27). Von ihr darf nur unter den
Voraussetzungen des § 50 Abs 3 FGG, also **aus schwerwiegenden Gründen abgesehen**
werden, die in der Begründung des Beschlusses niederzulegen sind (BGH FamRZ 1984,
1084, 1085; OLG Frankfurt/Main FamRZ 1999, 617; OLG Zweibrücken FamRZ 1997, 687).

**Schwerwiegende Gründe** liegen vor, wenn die Anhörung dem Kind mehr schadet als
nützt und dadurch ihr Sinn in ihr Gegenteil verkehrt würde. Dies ist der Fall, wenn
eine ernstzunehmende *psychische oder physische Beeinträchtigung* des Kindes zu
befürchten ist (BGH NJW-RR 1986, 1130; KG FamRZ 1981, 204; KG FamRZ 1990, 1383,
1385; BayObLG FamRZ 1984, 929, 930; BayObLG FamRZ 1987, 87, 88; OLG Karlsruhe FamRZ
1993, 90; OLG Köln FamRZ 1997, 1549; AG Köln DAVorm 1999, 312), insbesondere bei
Suizidgefahr (BayObLG FamRZ 1995, 500); wobei sich das Gericht in Fällen schwerer
Gefahren für das Kindeswohl kaum auf das bloße Unterlassen der Anhörung wird
beschränken können, sondern positive Maßnahmen zum Schutz des Kindes wird
treffen müssen. Die mit der Anhörung unvermeidbar verbundene *Belastung* reicht
nicht als Grund aus (BayObLG Rpfleger 1992, 422; OLG Köln FamRZ 1997, 1549).

*Sofortiger Handlungsbedarf* kann ein schwerwiegender Grund sein; in diesem Fall ist
die Anhörung jedoch nachzuholen (KG FamRZ 1981, 204; BayObLG FamRZ 1985, 100, 101;
BayObLG FamRZ 1985, 520, 521; Johannsen/Henrich/Brudermüller § 50 b FGG Rn 8).

*Verweigert* das Kind die Anhörung, so darf das Gericht nicht ohne weiteres von ihr
absehen, sondern muß nach pflichtgemäßem Ermessen entscheiden, ob es die Anhörung ggf in einer dem Kind vertrauteren Umgebung durchzuführen versucht
(BayObLG FamRZ 1994, 913, 915). Ist dagegen von der (ggf nochmaligen) Anhörung
keine weitere Sachaufklärung zu erwarten, so kann das Gericht Anlaß haben, nicht
weiter in das Kind zu dringen (OLG Frankfurt/Main ZfJ 1998, 343, 344; OLG Rostock DAVorm
1995, 1150, 1151).

Ein *übereinstimmender Elternvorschlag*, dem sich das Jugendamt anschließt – was in
Umgangssachen, die regelmäßig nur im Streitfall zu Gericht gelangen, kaum vorkommen wird –, macht die Anhörung nicht entbehrlich (aA Freund DRiZ 1982, 268 de
lege ferenda). Die Anhörung hat Doppelfunktion und zielt neben der Sachverhaltsermittlung auch auf die Gewährung rechtlichen Gehörs, das nicht durch die Einigkeit
der anderen Beteiligten ersetzt werden kann. Überdies sollte das Gericht die Entscheidung nicht an das Jugendamt delegieren.

**cc)**    Das **Alter des Kindes** setzt keine absolute Grenze gegen eine Anhörung; eine   **396**
relative Grenze ergibt sich jedoch aus der Fähigkeit des Kindes zur Beantwortung von
Fragen, die jedoch ab einem Alter von 3 Jahren generell anzunehmen ist (BayObLG

FamRZ 1997, 1429; OLG Frankfurt/Main FamRZ 1997, 571). Auch Kleinkinder ab einem Alter von 2 1/2 bis 3 Jahren sind anzuhören (BGH FamRZ 1984, 1084: knapp 5 Jahre; KG FamRZ 1983, 1159: knapp 5 Jahre; BayObLG FamRZ 1983, 761: 6 Jahre; BayObLGZ 1983, 125, 127: 4 Jahre; BayObLG ZfJ 1985, 36: 3 Jahre; OLG Frankfurt/Main FamRZ 1997, 571: ab 3 Jahre; OLG Frankfurt/ Main FamRZ 1998, 1042: ab 3 Jahre; OLG Frankfurt/Main FamRZ 1999, 617: 4 Jahre; OLG Hamburg FamRZ 1983, 527: 5 Jahre; OLG Köln FamRZ 1980, 1153: 2 1/2 und 4 Jahre; OLG Hamm DAVorm 1981, 921: knapp 6 Jahre; OLG Hamm FamRZ 1996, 421: 6 Jahre; OLG Zweibrücken FamRZ 1997, 687: 5 Jahre; BAER FamRZ 1982, 221, 232; FEHMEL DAVorm 1981, 169, 170, 172; ders ZfJ 1982, 654, 657; LUTHIN FamRZ 1981, 111, 113 und 1149; PALANDT/DIEDERICHSEN Einf vor § 1626 Rn 8; anders ältere Entscheidung kurz nach Inkrafttreten des § 50 b FGG: BayObLG FamRZ 1981, 814; BayObLG FamRZ 1981, 999; OLG Oldenburg FamRZ 1981, 811, 813; FREUND DRiZ 1982, 268).

Kann das Gericht ein Kind wegen seines jungen Alters nicht persönlich anhören, so muß es in Erfüllung seiner Aufklärungspflicht nach § 12 FGG in anderer Weise versuchen, eine neutrale Beurteilungsgrundlage über das Kind zu gewinnen. In Betracht kommt eine Augenscheinseinnahme, die es dem Richter ermöglicht, das Kind zu beobachten. Insbesondere anläßlich der Anhörung älterer Geschwister zu Hause, wird es dem Richter möglich sein, sich einen Eindruck auch von einem dabei anwesenden sehr kleinen Kind zu verschaffen. Ansonsten kommt eine kinderpsychologische Begutachtung oder die Einvernahme sachkundiger, mit den Verhältnissen der Familie vertrauter Personen in Betracht (BGH FamRZ 1984, 1084, 1086; OLG Zweibrücken FamRZ 1997, 687).

**397 dd)** Über die **Form der Anhörung** bestimmt das Gericht (BVerfG NJW 1981, 217).

**α)** Die Anhörung erfolgt **persönlich**, also **mündlich**. Sie soll dem Kind Gelegenheit geben, seinen Gefühlen und Neigungen und auch eventuellen Aversionen Ausdruck zu geben. Dabei muß der Richter sich auf das Alter, den Entwicklungsstand und die seelische Verfassung des Kindes einstellen (BVerfGE 55, 171), wobei insbesondere in Fällen behaupteten Kindesmißbrauchs Vorsicht geboten ist (BVerfG FamRZ 1981, 124, 126; BayObLG FamRZ 1992, 1212; JOHANNSEN/HENRICH/BRUDERMÜLLER § 50 b FGG Rn 9; zur Anhörung mittels eines **soziometrischen Tests** OLG Karlsruhe FamRZ 1995, 1001; OELKERS FamRZ 1997, 786).

Die Anhörung durch den **ersuchten** oder **beauftragten Richter** steht im Ermessen des Gerichts (BGH NJW 1985, 1702, 1705: BayObLGZ 1980, 215, 221; BayObLG FamRZ 1985, 100, 101; BASSENGE/HERBST § 50 b FGG Rn 4; DÖRR NJW 1989, 690, 693). Eine Anhörung durch den *ersuchten* Richter sollte jedoch wegen der Bedeutung des persönlichen Eindrucks nur in seltenen Ausnahmefällen erfolgen (BGH NJW 1985, 1702, 1705; BayObLG FamRZ 1985, 100, 101; JOHANNSEN/HENRICH/BRUDERMÜLLER § 50 b FGG Rn 11; FEHMEL DAVorm 1981, 170, 175). Kommt es entscheidend auf den persönlichen Eindruck des Gerichts an (insbesondere im Fall des § 50 b Abs 1 2. Alt FGG), so ist die Anhörung durch den ersuchten Richter regelmäßig unzulässig (OLG Frankfurt FamRZ 1988, 98; OLG Stuttgart Justiz 1980, 149; JOHANNSEN/HENRICH/BRUDERMÜLLER § 50 b FGG Rn 11).

Gegen die Anhörung durch den *beauftragten* Richter eines Kollegialgerichts bestehen hingegen keine Bedenken (BGH NJW 1985, 1702, 1705; BayObLG Rpfleger 1982, 27; BayObLGZ 1983, 231, 234; BayObLG ZfJ 1985, 36, 37; BayObLG FamRZ 1986, 102, 103; OLG Frankfurt Rpfleger 1980, 391).

**β)**     Der **Ort der Anhörung** sollte, vor allem bei kleinen Kindern, so gewählt werden, **398**
daß das Kind nicht neben der Scheu vor dem Richter als einem fremden Menschen
auch noch Ängste vor einer fremden Umgebung verarbeiten muß. Häufig wird ein
dem Kind vertrauter neutraler Ort (Kindergarten, Kindertagesstätte, Räume des
Jugendamtes, die das Kind schon kennt) der düsteren oder funktionell-sterilen Atmosphäre eines Gerichtsgebäudes vorzuziehen sein; bei kindgerechter Gestaltung
von Anhörungsräumen im Gericht ist zu beachten, daß nicht nur der Warteraum
(durch Spielzeuge, Zeitschriften und Farbgebung) Vertrauen weckt, sondern auch
der Anhörungsraum entsprechend gestaltet wird (zur Idee eines „Jugendzimmers" im Ge-
richtsgebäude: FRICKE KindPrax 1999, 191, 192). Bei Kindern im frühen Schulalter kommen
auch andere neutrale Orte in betracht, die eine ungezwungene Unterhaltung ermöglichen (Café). Dabei sollte vermieden werden, daß die Anhörung bei Freunden des
Kindes eine Mischung aus Anteilnahme und Sensationslust weckt. In schwierigen
Fällen, vor allem bei sehr kleinen oder sehr verschüchterten Kindern, wird überwiegend auch ein Hausbesuch des anhörenden Richters in Betracht gezogen (OLG
Hamburg FamRZ 1983, 527; BERES ZfJ 1982, 1, 5; BAER FamRZ 1982, 221, 232; THALMANN FamRZ
1983, 553; JOHANNSEN/HENRICH/BRUDERMÜLLER § 50 b FGG Rn 9). Hiergegen bestehen Bedenken, weil gerade in seiner vertrauten Umgebung das Kind eher belastet und
befangen, aber auch geneigt sein mag, die Bindung an diese Umgebung zu betonen
(ablehnend gegen Hausbesuche: KG FamRZ 1983, 1159, 1161 f; FEHMEL ZfJ 1982, 654, 659). Wählt
der Richter einen Hausbesuch, so sollte er unbedingt das Kind auch in der Wohnung
des anderen Elternteils anhören, um einen vergleichbaren Eindruck zu gewinnen
(zum ganzen WENDL-KEMPMANN/WENDL 2. Teil III 2).

**γ)**     Die **Anwesenheit der Eltern** oder eines Elternteils bei der Anhörung sollte **399**
vermieden werden, um die unbefangene Äußerung des Kindes so weit als möglich
zu erleichtern (BGH NJW 1987, 1024; OLG Köln FamRZ 1997, 1549). Der Ausschluß der
Eltern von der Anhörung ist jedoch zu begründen (OLG Hamm FamRZ 1979, 1065) und
kann nach § 19 FGG angefochten werden (OLG Köln FamRZ 1997, 1549). Eine Anhörung in Gegenwart eines Elternteils kann aber in besonderen Fällen geboten sein,
wenn (auch) Ziel der Anhörung ist, die Reaktion des Kindes auf den Elternteil zu
beobachten und seine Bindung an diesen hierdurch festzustellen (vgl KG FamRZ 1983,
1159). In diesem Fall kommt auch eine Anhörung in Betracht, zu der nur teilweise die
Eltern beigezogen werden. Die **Verfahrensbevollmächtigten** der Eltern nehmen hingegen an der Anhörung nicht teil.

Den Eltern ist jedenfalls das Ergebnis der Anhörung zur Gewährung des rechtlichen
Gehörs bekanntzugeben (KG FamRZ 1980, 1156).

Der **Verfahrenspfleger** des Kindes oder bei Bedarf auch ein pädagogisch geschulter
Dritter (FRICKE KindPrax 1999, 191, 193; dort auch zur Möglichkeit der ablenkenden Betreuung vor
der Anhörung) können nach Ermessen des Gerichts zur Anhörung beigezogen werden.

**δ)**     Der **Zeitpunkt der Anhörung** sollte möglichst frühzeitig gewählt werden. Hier- **400**
durch wird so weit als möglich gewährleistet, daß das Kind nicht bereits durch den
betreuenden Elternteil im Hinblick auf das laufende Verfahren beeinflußt ist (OFUA-
TEY-KODJOE/KOEPPEL DAVorm 1998, 9, 26).

Die **Dauer der Anhörung** bedarf ebenfalls einer kindgerechten Gestaltung; unergiebige Kindesanhörungen beruhen nicht selten darauf, daß die Anhörung zu knapp durchgeführt oder bereits unter zeitlichen Zwängen terminiert wird (FRICKE KindPrax 1999, 191).

**401** ε) Das Ergebnis der Anhörung kann sowohl in einem **Protokoll**, wie auch als Aktenvermerk festgehalten werden; das FGG enthält keine Vorschriften über die Protokollierung, die §§ 159 ff ZPO sind nicht anzuwenden (BayObLG NJW-RR 1994, 1225; KG NJW-RR 1989, 842; OLG Karlsruhe FamRZ 1997, 688; kritisch EWERS FamRZ 1997, 689). Erforderlich ist jedoch, daß das Ergebnis der Anhörung in einer Weise festgehalten wird, die es dem Rechtsmittelgericht ermöglicht, zu überprüfen, ob alle wesentlichen Gesichtspunkte angesprochen wurden. Die Anhörung ist Teil der Sachaufklärung nach § 12 FGG (und nicht nur Gewährung rechtlichen Gehörs), die in der Beschwerdeinstanz hinsichtlich ihrer Vollständigkeit überprüfbar sein muß (BayObLG NJW-RR 1994, 1225; OLG Düsseldorf NJW 1995, 1970, 1971).

Unter dem Gesichtspunkt einer späteren Einbeziehung der Anhörung in die Begutachtung durch einen psychologischen Sachverständigen kann sich ein *Tonbandprotokoll* der Anhörung empfehlen. Hierdurch lassen sich insbesondere die Äußerungen des Kindes auf eine psychische Beeinflussung hin untersuchen (OFUATEY-KODJOE/KOEPPEL DAVorm 1998, 9, 26 mit Hinweis auf das PAS, vgl oben Rn 37 ff). Aus Gründen der Rechtsstaatlichkeit oder Nachvollziehbarkeit der richterlichen Entscheidung hingegen ist eine schriftliche Protokollierung durch den Richter völlig genügend (anders wohl OFUATEY-KODJOE/KOEPPEL aaO Fn 49).

Die Anhörung muß in dem **jeweiligen Umgangsverfahren** erfolgen. Wird ein neues Verfahren eingeleitet, so ist sie ggf zu wiederholen, auch wenn ein Sorgerechtsverfahren vorangegangen ist und in jenem Verfahren zum Umgang eine Elternvereinbarung zum Umgang getroffen wurde (OLG Saarbrücken 6UF46/90UG Juris).

**402** ff) Das Unterbleiben der gebotenen Anhörung ist ein **Verfahrensmangel**, der von Amts wegen zu beachten ist und im Beschwerdeverfahren zur Aufhebung der darauf beruhenden Entscheidung und zur Zurückverweisung in der Sache führt (BayObLGZ 1980, 138, 141; BayObLGZ 1980, 202, 208; BayObLG FamRZ 1984, 205, 207; BayObLG FamRZ 1987, 87, 88).

**b) Anhörung der Eltern (§ 50 a FGG)**
**403** aa) § 50 a Abs 1 S 1 FGG sieht die Anhörung der Eltern in das Sorgerecht betreffenden Verfahren zwingend vor, Abs 1 S 2 macht in Personensorgeverfahren die **persönliche Anhörung** zur Regel. Hiervon erfaßt sind auch Umgangsverfahren. Ebenso wie die Anhörung des Kindes dient die Anhörung der Eltern der **Sachaufklärung**; sie erfordert daher, daß das Gericht sich einen umfassenden persönlichen Eindruck verschafft (BGH NJW 1985, 1702, 1705; BayObLGZ 1980, 202, 205; BayObLGZ 1980, 215, 218; BayObLG FamRZ 1982, 634, 637; BayObLG FamRZ 1995, 230; BayObLG FamRZ 1996, 878; KG FamRZ 1997, 109; OLG München OLGZ 1980, 191; auch bei einstweiliger Anordnung: OLG Düsseldorf DAVorm 1996, 531; OLG Karlsruhe FamRZ 1993, 90). Nicht erforderlich ist die Anhörung, wenn von vornherein keine ausreichenden Anhaltspunkte vorhanden sind, daß eine gerichtliche Maßnahme zu treffen ist (BayObLGZ 1993, 203).

Ob daneben § 50 a FGG auch der **Gewährung rechtlichen Gehörs** dient, ist fraglich (wohl bejahend PALANDT/DIEDERICHSEN Einf vor § 1626 Rn 7; ablehnend JOHANNSEN/HENRICH/ BRUDERMÜLLER § 50 a FGG Rn 1). § 50 a Abs 2 FGG (sogleich Rn 404) legt wohl die Annahme nahe, daß § 50 a FGG insgesamt nur der Sachverhaltsaufklärung dient. Unstreitig ist jedoch rechtliches Gehör nach Art 103 GG jedem Elternteil zu gewähren, der formell oder materiell beteiligt ist (BVerfG FamRZ 1995, 85; BASSENGE/HERBST § 50 a FGG Rn 1), was insbesondere auch dann zu beachten ist, wenn ausnahmsweise nach § 50 a Abs 2 FGG eine Anhörung entbehrlich wäre.

**bb)** § 50 a Abs 2 FGG schränkt das Anhörungserfordernis ein für einen **Elternteil,  404 dem die elterliche Sorge nicht zusteht.** Dieser ist anzuhören, es sei denn, daß von der Anhörung eine Aufklärung nicht erwartet werden kann. Die Anhörung auch des nicht sorgeberechtigten Elternteils ist hiernach ebenfalls regelmäßig erforderlich. Diese Anhörung erfolgt in gleicher Weise **persönlich.** Abs 2 beschränkt lediglich die Erforderlichkeit der Anhörung, bezieht sich aber im übrigen auf Abs 1 (unklar BASSENGE/HERBST § 50 a FGG Rn 6, das Gesetz schreibe keine persönliche, mündliche Anhörung vor).

Die Bestimmung trägt nur dem Umstand Rechnung, daß zwischen dem Kind und dem Elternteil, dem die Sorge nicht zusteht, ein geringerer Kontakt bestehen kann, so daß dieser Elternteil nichts zur Aufklärung beitragen kann; besteht hingegen ein solcher Kontakt, so kann auch dieser Elternteil durch seine Kenntnis der Situation zu einer ausgewogenen und guten Entscheidung beitragen (BT-Drucks 8/2788, 41).

In Umgangsverfahren sind also Elternteile, denen die elterliche Sorge zusteht, nach Abs 1 anzuhören, für einen Elternteil, dem die elterliche Sorge nicht zusteht, gilt Abs 2 (OLG München OLGZ 1980, 191; OLG Schleswig SchlHAnz 1981, 190). Ist das Umgangsrecht des Elternteils, dem die Sorge nicht zusteht, betroffen, so kommt ein Absehen von der Anhörung nach Abs 2 schon deshalb nicht in Betracht, weil dieser Elternteil materiell betroffen ist und daher jedenfalls nach Art 103 GG anzuhören ist (soeben Rn 403).

**cc)**    Von der Anhörung (sowohl im Fall des § 50 a Abs 1 FGG als auch des Abs 2  **405** S 1) darf das Gericht nur **aus schwerwiegenden Gründen absehen,** die im Beschluß festzuhalten sind (§ 50 a Abs 3 FGG; BGH NJW-RR 1986, 1130; BayObLGZ 1980, 202, 205; BayObLG FamRZ 1982, 634, 637; BayObLG FamRZ 1984, 205, 207; BayObLG DAVorm 1984, 517; BayObLG FamRZ 1987, 87; OLG Düsseldorf FamRZ 1993, 1108; OLG Hamm OLGZ 1984, 20; JOHANNSEN/HENRICH/BRUDERMÜLLER § 50 a FGG Rn 17). Häufigster Fall ist die *Nichterreichbarkeit* (unbekannter Aufenthalt; BayObLGZ 1987, 141) oder eine *erheblich erschwerte Erreichbarkeit* (Auslandsaufenthalt; BayObLG FamRZ 1981, 814). Auch eine über die unvermeidbare Belastung hinausgehende erhebliche *Beeinträchtigung des Gesundheitszustandes* (BGH NJW-RR 1986, 1130; BayObLG FamRZ 1987, 87) kann ein schwerwiegender Grund sein. Kein schwerwiegender Grund ist hingegen die Weigerung oder das Nichterscheinen des Anzuhörenden (LG Köln Rpfleger 1984, 101), da § 50 a FGG jedenfalls auch der Sachaufklärung und nicht vorrangig den Interessen des Elternteils dient. Bei *Eilbedürftigkeit* kann die Anhörung zunächst unterbleiben, ist sodann jedoch nachzuholen (OLG Köln FamRZ 1995, 1509).

In Umgangsverfahren, die den Streit zwischen den Eltern um den Umgang eines Elternteils betreffen, sind solche schwerwiegenden Gründe kaum vorstellbar, da beide Elternteile in aller Regel nicht nur materiell, sondern auch formell am Verfahren teilnehmen.

**406  dd)**  Gegen die Anhörung durch den **beauftragten Richter** bestehen keine Bedenken, sofern nicht ausnahmsweise das Rechtsmittelgericht einen Eindruck des gesamten Spruchkörpers für erforderlich hält (BGH NJW 1985, 1702, 1705; BayObLG FamRZ 1980, 1150, 1152; BayObLGZ 1983, 231, 234). Die Anhörung durch den **ersuchten Richter** ist möglich, sofern nicht der persönliche Eindruck des Gerichts von dem anzuhörenden Elternteil wesentlich ist (BGH NJW 1985, 1702, 1705). Dies wird, anders als bei der Anhörung des Kindes (vgl oben Rn 397), bei der Anhörung der Eltern seltener der Fall sein.

**c)  Beteiligung des Jugendamts**

**407  aa)**  Vor einer Entscheidung, die den Umgang betrifft (§§ 1684, 1685, 1632 Abs 2) **hört** das Familiengericht **zwingend das Jugendamt an** (§ 49 a Abs 1 Nr 7 FGG). Dies gilt auch im Verfahren zum Erlaß einer einstweiligen Anordnung (OLG Düsseldorf DAVorm 1996, 531). Das Unterbleiben der Anhörung ist Verfahrensfehler, der zur Aufhebung und Zurückverweisung an die erste Instanz führt (KG FamRZ 1979, 69; BayObLG FamRZ 1987, 87; OLG Celle FamRZ 1990, 1026; OLG Düsseldorf FamRZ 1979, 859; OLG Düsseldorf DAVorm 1996, 531; OLG Schleswig SchlHAnz 1977, 191; OLG Zweibrücken DAVorm 1986, 355). Bei Gefahr im Verzug kann das Familiengericht einstweilige Regelungen schon vor Anhörung des Jugendamts treffen. Die Anhörung ist in diesem Fall unverzüglich nachzuholen (§§ 49 a Abs 2, 49 Abs 4 FGG).

Nicht nach § 49 a FGG zwingend erforderlich ist die Anhörung des Jugendamts im **Scheidungsverfahren**, wenn keiner der Ehegatten einen Antrag zum Sorgerecht oder zum Umgang stellt; dies führt aber nicht dazu, daß im Scheidungsverfahren keine Möglichkeit bestünde, eine Beratung durch das Jugendamt anzuregen (so noch die Befürchtung von LOSSEN FuR 1997, 100, 102). Im Rahmen der Anhörung der Ehegatten nach § 613 Abs 1 S 2 ZPO sowie als Element des Hinwirkens auf eine einvernehmliche Regelung nach § 52 FGG (unten Rn 415) ist insbesondere auch auf die bestehenden Möglichkeiten der Beratung durch das Jugendamt hinzuweisen.

**408  bb)**  Das Jugendamt ist nicht nur Hilfsorgan des Gerichts, sondern hat eine **eigenständige Stellung**, aus der heraus es das Gericht bei der Entscheidungsfindung unterstützt (OLG Schleswig FamRZ 1994, 1129, 1130; OLG Frankfurt/Main FamRZ 1992, 206, 207; BT-Drucks 11/5948, 87; PALANDT/DIEDERICHSEN Einf v § 1626 Rn 12). Es wird dieser Aufgabe nur gerecht, wenn es am Verfahren mitwirkt. Eine bloße Beratung erfüllt diesen Auftrag nicht, eine Abstimmung des Vortrags der Eltern läuft ihm zuwider (näher OELKERS FamRZ 1995, 449, 451; KUNKEL FamRZ 1993, 505). Die Verpflichtung des Jugendamts zur Mitwirkung am Verfahren folgt aus § 50 Abs 1 S 2 SGB VIII (BÜTTNER FamRZ 1998, 585, 589). Eine darüber hinausgehende Verpflichtung des Jugendamts zur aktiven Mitwirkung an der Durchführung einer Umgangsregelung, insbesondere an einem beschützten Umgang, besteht dagegen nicht (OLG Karlsruhe FamRZ 1991, 969; zur Mitwirkungsbereitschaft bei Abs 4 S 3, 4 oben Rn 319 ff). Ist die Rechtsstellung des Jugendamts unmittelbar von der gerichtlichen Verfügung beeinträchtigt, so hat es ein eigenständiges Beschwerderecht (OLG Karlsruhe FamRZ 1991, 969; dort ein Fall entsprechend § 620 c ZPO, in dem auch das Jugendamt nur gegen *greifbar gesetzwidrige* Entscheidungen beschwerdeberechtigt ist).

**cc)** Anzuhören ist das Jugendamt, welches für den **gewöhnlichen Aufenthalt** der **409**
Eltern zuständig ist; bei verschiedenen gewöhnlichen Aufenthalten das für den gewöhnlichen Aufenthalt des sorgeberechtigten Elternteils zuständige Jugendamt
(§§ 87 b Abs 1 S 1, 86 Abs 1 S 1, 86 Abs 2 S 1 SGB VIII). Steht die Personensorge
beiden Eltern gemeinsam zu, so richtet sich die Zuständigkeit nach dem gewöhnlichen Aufenthalt des Elternteils, bei dem das Kind seinen gewöhnlichen Aufenthalt
hat (§ 86 Abs 2 S 2 SGB VIII). Das Jugendamt, welches für den gewöhnlichen Aufenthalt des Umgangselternteils zuständig ist, ist jedoch ebenfalls zu hören (vgl OLG
Hamm FamRZ 1965, 83). Aus § 12 FGG ergibt sich, daß der förmliche Behördenweg
nicht eingehalten werden muß (OLG Köln FamRZ 1986, 707).

Der Bericht des Jugendamts ist zur Wahrung des rechtlichen Gehörs (Art 103 GG)
den Verfahrensbeteiligten, insbesondere den Eltern, zur Kenntnis zu bringen (KG
FamRZ 1979, 69), auch wenn sie zuvor bereits angehört wurden. Die Bekanntgabe der
Namen von Informanten des Jugendamts kann regelmäßig nicht verlangt werden
(OVG Koblenz FamRZ 1983, 300); jedoch sollte das Jugendamt bemüht sein, heimliche
Ermittlungen nur ausnahmsweise, falls dies dringend erforderlich ist, anzustellen,
weil der Rechtsschutz Betroffener verglichen mit den beteiligten öffentlichen Er-
mittlungen des Gerichts hierdurch erheblich eingeschränkt wird.

**d)   Amtsermittlung, insbesondere Begutachtung durch Sachverständigen**
**aa)** Im Rahmen des **Amtsermittlungsgrundsatzes** (§ 12 FGG) hat das Gericht alle **410**
nach pflichtgemäßem Ermessen erforderlichen Beweismittel auszuschöpfen. Dazu
gehören in *erheblich streitigen Umgangsfällen* auch Sachverständigengutachten.
Wenn die Eltern stark zerstritten oder gar verfeindet sind, vor allem aber, wenn
das Kind den Umgangselternteil (angeblich) nicht sehen will, kann in aller Regel
nur der psychologische Sachverständige die Ursachen des elterlichen Konflikts und
die Hintergründe der kindlichen Ablehnung aufdecken und das Gericht zu einer dem
Kindeswohl dienenden Entscheidung befähigen. Eine Entscheidung ohne Einholung
eines Sachverständigengutachtens ist in solchen Fällen, insbesondere, wenn sie sich
auf den angeblich entgegenstehenden Kindeswillen stützt, verfahrensfehlerhaft und
auf Beschwerde aufzuheben und zurückzuverweisen (OLG Zweibrücken FamRZ 1997,
687: Kindeswille; OLG Zweibrücken NJWE-FER 1999, 95: schwerer Elternkonflikt), es sei denn,
das Familiengericht verfügt über eigene Sachkunde (OLG Zweibrücken NJWE-FER 1999,
95). Hingegen bedarf es nicht der Einholung eines weiteren Gutachtens, wenn nach
Einschätzung des Gericht das Ergebnis des Sachverständigengutachtens überzeugend ist, jedoch ein Elternteil ein solches Gutachten wünscht (OLG Frankfurt/Main
ZfJ 1998, 343, 344; OLG Zweibrücken NJWE-FER 1999, 95). Muß von der Anhörung des
Kindes nach § 50 b Abs 3 FGG abgesehen werden, so ist die Einholung eines Sachverständigengutachtens auch eine Möglichkeit der Gewinnung einer neutralen Beurteilungsgrundlage (BGH FamRZ 1984, 1084, 1086).

Die Gefahr, daß das Gutachtenergebnis den Streit verschärft, weil ein Elternteil in
dem Gutachten Fehler vorgehalten bekommt und sich hiergegen auflehnt (vgl zu
diesem Phänomen Puls ZfJ 1984, 8), kann nicht von der Begutachtung abhalten.

Eine **wiederholte Begutachtung** kommt wegen der damit verbundenen Belastungen
nur ausnahmsweise in Betracht; die für das Kind verbundenen Belastungen sind
abzuwägen gegen Beeinträchtigungen des Kindeswohls, die durch eine erneute Be-

gutachtung überwunden werden sollen. Insbesondere bei Auftreten von Hinweisen auf bisher nicht ausreichend gewürdigte Gesichtspunkte kann das Bemühen um das Kindeswohl schwerer wiegen als die eher kurzfristige Belastung des Kindes (OLG Zweibrücken DAVorm 1999, 139, 140: Hinweise auf erhebliche Beeinflussung des Kindes).

**411 bb)** Die **Aufgabenstellung des Gutachters** als Entscheidungshelfer bringt es mit sich, daß er grundsätzlich nur *diagnostisch*, nicht aber therapeutisch tätig wird. Eine Familientherapie kann gegen den Willen eines Elternteils nicht auf dem Umweg über ein Sachverständigengutachten erreicht werden (BGH FamRZ 1994, 158, 160).

Zu beachten ist jedoch, daß die herkömmliche **Statusdiagnostik** in der psychologischen Praxis durch die sog **Interventionsdiagnostik** ergänzt wird (AG Mönchengladbach-Rheydt FamRZ 1999, 730, 731; SCHADE/FRIEDRICH FPR 1998, 237, 238), die trotz ihrer interaktiven Methoden nicht mit Therapie verwechselt werden darf. Es ist also durchaus zulässig, daß das Gericht den Sachverständigen beauftragt, mit den Eltern die Möglichkeiten einer einverständlichen Umgangsregelung zu erkunden, und nur für den Fall des Scheiterns der Einigung eine Statusdiagnose anfordert und zur Grundlage seiner Entscheidung macht (weitergehend JOPT ZfJ 1996, 203, 211, der die Befriedungsfunktion im gegenwärtigen Verfahrensrecht nicht ausreichend abgesichert sieht und den Gutachter als Entscheidungshelfer für verzichtbar hält, weil bei Scheitern der Befriedung ohnehin nur noch Pragmatismus, nicht aber eine psychologische Optimierung der kindlichen Lebensbedingungen möglich sei).

Der auch in juristischen Fachzeitschriften geführte **Theorienstreit** psychologischer Sachverständiger um für das Umgangsrecht relevante Phänomene (vgl jüngst den erbitterten Streit um PAS, oben Rn 37) mahnt zur Vorsicht bei der unreflektierten Übernahme von Gutachtenergebnissen durch das Familiengericht. Häufig wird das Familiengericht mangels eigener Sachkunde faktisch das Gutachten nicht als Erkenntnisquelle, sondern als Entscheidungsvorschlag nutzen, den es allenfalls einer Plausibilitätskontrolle unterzieht. Das Gericht sollte freilich dogmatische Grundüberzeugungen des Gutachters zu strittigen Fragen der Psychologie des Umgangs erfahren, was häufig nur durch eine mündliche Anhörung des Sachverständigen zu Grundsatzfragen möglich ist. Nur so kann sichergestellt werden, daß nicht die Grundüberzeugung des Sachverständigen stärker die Entscheidung prägt als die individuelle Situation des Kindes; die Erwartung, ein naturwissenschaftlicher Gutachter werde umfassend Gegenmeinungen mitteilen und dadurch das Gericht zur Abwägung befähigen, beruht auf einer verfehlten Projektion der rechtswissenschaftlichen Arbeitsmethode (schwere Bedenken an der Vertrauenswürdigkeit der Gutachtenpraxis in Umgangsverfahren äußern OFUATEY-KODJOE/ KOEPPEL DAVorm 1998, 9, 25).

**412 cc)** Die psychologische Begutachtung des Kindes erfordert die **Zustimmung des Sorgeberechtigten** (BayObLG FamRZ 1995, 501; OLG Zweibrücken DAVorm 1999, 139; OLG Karlsruhe FamRZ 1993, 1479). Bei Verweigerung kann die Zustimmung jedoch gemäß § 1666 gerichtlich ersetzt werden (BayObLG aaO; OLG Karlsruhe aaO), wofür nach Inkrafttreten des KindRG das Familiengericht selbst zuständig ist (OLG Zweibrücken DAVorm 1999, 139, 140). Das einsichtsfähige Kind, welches ein solches Maß an Verstandesreife erlangt hat, daß es die Tragweite dieser höchstpersönlichen Entscheidung übersehen kann, kann die Einwilligung selbst erteilen (BGHZ 29, 33; BayObLG FamRZ 1987, 87).

Die Anordnung der Begutachtung des Kindes sowie die – ggf hierin enthaltene –
Ersetzung der Zustimmung des Sorgeberechtigten können als Zwischenentscheidungen von diesem mit der **Beschwerde** nach §§ 19, 20 FGG selbständig angegriffen
werden, weil diese das Sorgerecht einschränkt und damit bereits unmittelbar in
Rechte eingreift (BayObLG FamRZ 1995, 501; OLG Zweibrücken DAVorm 1999, 139).

Unzulässig ist eine zwangsweise **Einbeziehung der Eltern** (OLG Hamm FamRZ 1982, 94)
oder Dritter (neuer Partner eines Elternteils; OLG Hamm FamRZ 1981, 706) in die für
die Begutachtung erforderliche psychologische Untersuchung. Aus der Weigerung
eines Elternteils, an der vom Gericht im Interesse des Kindeswohles für erforderlich
gehaltenen Begutachtung teilzunehmen, dürfen freilich Rückschlüsse auf die Haltung dieses Elternteils gegenüber dem Kindeswohl gezogen werden.

**dd)**   Als **weiteres Beweismittel** im Rahmen der Amtsermittlung kommt insbesondere  **413**
die im Freibeweis auch formlos mögliche Anhörung von Auskunftspersonen (OLG
München FamRZ 1979, 70, 71), die Einholung von behördlichen Auskünften (Schule,
Gesundheitsamt; OLG Köln FamRZ 1986, 707: Einhaltung des Behördenwegs nicht erforderlich)
oder die Beiziehung von Akten in Betracht. Die Beweiserhebung im Strengbeweis
(§ 15 FGG) ist möglich, wird aber selten in Betracht kommen.

**Dritte**, denen gegenüber der Umgang geregelt werden soll (Abs 3 S 1), kann das
Gericht im Rahmen der Amtsermittlung (§ 12 FGG) anhören. Für die Anhörung von
*Pflegepersonen*, bei denen das Kind in Familienpflege lebt, vgl § 50 c FGG. Soll durch
die Regelung in ein **eigenes Umgangsrecht** eines Dritten (§ 1685) eingegriffen werden, so muß das Gericht diesem rechtliches Gehör (§ 103 GG) gewähren.

**ee)**   Verhandelt das Gericht mündlich oder hört es mündlich in der Verhandlung an,  **414**
so ist die Verhandlung **nicht öffentlich** (§§ 170 S 1, 23 b Abs 1 S 2 Nr 3 GVG), jedoch
beteiligtenöffentlich (zum Ausschluß der Eltern von einer Anhörung des Kindes außerhalb der
mündlichen Verhandlung oben Rn 399). Öffentliche Verhandlung begründet einen unheil-
baren Verfahrensmangel (OLG Köln NJW-RR 1986, 560).

**e)     Hinwirken auf einvernehmliche Regelung (§ 52 FGG)**
Unbeschadet des speziellen Vermittlungsverfahrens nach § 52 a FGG, das im Vorfeld  **415**
von Vollstreckungsmaßnahmen eingreift (oben Rn 243 ff), gilt auch im Umgangsverfahren § 52 FGG idF des KindRG (FamRefK/Maurer § 52 FGG Rn 2; Weber NJW 1998,
3083, 3091; Rauscher FamRZ 1998, 329, 338; Oelkers ZfJ 1999, 263, 264). Das Gericht ist
verpflichtet, in jeder Phase des Verfahrens auf eine **einvernehmliche Regelung** hinzuwirken. Neben die Erörterung von Einigungsmöglichkeiten mit den Eltern tritt
insbesondere der Hinweis auf die *außergerichtlichen Beratungsmöglichkeiten*, also
auch die Hilfe durch das Jugendamt nach § 18 Abs 3 SGB VIII. Einer *Aussetzung des
Verfahrens* (§ 52 Abs 2 FGG) steht in Umgangssachen meist das Kindeswohl entgegen, wenn nicht für die Dauer der Aussetzung eine vorübergehende Einigung erzielt
oder eine einstweilige Anordnung nach § 52 Abs 3 FGG erlassen werden kann, die
den Umgang sichert und einer Entfremdung vorbeugt.

**f)     Verfahrensförderung – Verfahrensdauer**
**aa)**   Das Rechtsstaatsprinzip fordert grundsätzlich, daß strittige Rechtsverhältnisse,  **416**
zu denen auch die Regelung des Umgangsrechts gehört, **in angemessener Zeit** geklärt

werden (BVerfG FamRZ 1997, 871, 872). Gerade im Umgangsverfahren, in dem häufig die Gefahr besteht, daß der unentschiedene status quo zu einer Entfremdung zwischen dem Kind und dem Umgangselternteil führt, kommt der Dauer des Verfahrens eine außerordentliche Bedeutung zu. Die Angemessenheit der Zeit ist mit Rücksicht darauf, daß jede Verfahrensverzögerung schon rein faktisch zu einer (Vor-)Entscheidung führt, noch bevor ein richterlicher Spruch vorliegt, in Umgangsverfahren knapper zu bemessen (BVerfG 873). Gegen dieses Gebot verstößt das Gericht nicht nur dann, wenn es untätig bleibt, was in Umgangsverfahren schwerlich über Jahre der Fall sein wird, sondern auch, wenn es zwar durch Versuche der Beweiserhebung und Terminierung seinem Willen Ausdruck verleiht, das Verfahren zu fördern, aber an der ablehnenden Haltung eines Beteiligten scheitert (BVerfG aaO).

Auch über Anträge auf **vorläufigen Rechtsschutz** ist in angemessener Zeit zu entscheiden; daß möglicherweise das Gericht sich nicht in der Lage sieht, vor einer länger dauernden Beweiserhebung, insbesondere der Einholung eines Gutachtens, *positiv* über einen Eilantrag zur Regelung des Umgangs zu entscheiden, erlaubt nicht den Verzicht auf eine Entscheidung (unzutreffend daher OLG Bamberg FamRZ 1998, 1443). Dem Antragsteller muß auch in einem solchen Fall wegen der Gefahr der Entfremdung die Möglichkeit gegeben werden, die Entscheidung des Familiengerichts durch das Beschwerdegericht überprüfen zu lassen. Überdies muß das Gericht bei Vorliegen eines Eilantrags gerade das Bedürfnis nach weiteren Beweiserhebungen gegen die Gefahr der Entfremdung abwägen; daß das Gericht für eine abschließende Entscheidung noch ein Gutachten einholen will, rechtfertigt nicht ohne weiteres die Versagung einer einstweiligen Regelung (zutreffend HEILMANN FamRZ 1999, 445, 446).

**417 bb)** Dies führt zu der Frage, in welcher Weise das Gericht dem **Boykott des Verfahrens** durch einen Elternteil entgegentreten kann und muß. Einerseits trifft das Gericht die Amtsermittlungspflicht (§ 12 FGG), die es nicht erlaubt, ohne Beweiserhebung gegen den boykottierenden Beteiligten zu entscheiden, weil dies eine Entscheidung ohne Bemessung am Kindeswohl wäre. Das BVerfG (BVerfG FamRZ 1997, 871, 873) betont aber, daß das Gericht die Blockadehaltung beseitigen muß.

**Beweisrechtlich** kann das Gericht versuchen, den Sachverhalt durch Ausschöpfung der Beweismittel aufzuklären, auf die der boykottierende Elternteil keinen Einfluß hat. Der häufigste Boykottfall dürfte aber darin bestehen, daß der das Kind betreuende (sorgeberechtigte) Elternteil die Anhörung oder auch eine Begutachtung des Kindes verhindert. Hier kommt eine vorübergehende **Entziehung des Sorgerechts** in Betracht (BVerfG FamRZ 1997, 871, 873; vgl auch BayObLG FamRZ 1995, 501, 502; OLG Hamburg FamRZ 1996, 422). Freilich wird diese Maßnahme als solche den zum Boykott entschlossenen Beteiligten ebenso wenig beeindrucken wie die Ersetzung seiner Zustimmung zur Begutachtung des Kindes, die nach § 1666 ohnehin möglich ist. Daher gebietet die Verfahrensförderungspflicht auch, daß das Gericht konsequent **Vollstreckungsmaßnahmen** zur Durchsetzung seiner Anordnungen trifft.

Zur **außerordentlichen Beschwerde** wegen Verfahrensstillstand unten Rn 435.

## 4.   Entscheidung

### a)   Endentscheidung

**aa)**   Die Endentscheidung in der isolierten Umgangssache ergeht als **Beschluß**, die   **418**
Umgangsregelung im Scheidungsverbund durch **Verbundurteil** (§ 629 Abs 1 ZPO).
Über ein abgetrenntes Umgangsverfahren (§ 628) wird durch Beschluß entschieden.
Wird der Scheidungsantrag abgewiesen, so wird grundsätzlich die beantragte Umgangsregelung gegenstandslos (§ 629 Abs 3 S 1 ZPO). Soweit die Möglichkeit einer
amtswegigen Umgangsentscheidung im Verbund bei Gefährdung des Kindeswohls
möglich ist (oben Rn 386), gilt § 629 Abs 3 S 1 ZPO entsprechend: Die Umgangssache
bleibt anhängig und wird als selbständige Familiensache fortgeführt. Das selbe gilt,
wenn auf Antrag die Fortsetzung als selbständige Familiensache vorbehalten wird
(§ 629 Abs 3 S 2 ZPO), was in Betracht kommt, wenn die Ehegatten weiter getrennt
leben.

**bb)**   **Inhalt** der Endentscheidung ist die (positive) Regelung des Umgangs (Abs 3   **419**
S 1), die Einschränkung oder der Ausschluß des Umgangsrechts (Abs 4 S 1) oder die
Billigung der elterlichen Vereinbarung über das Umgangsrecht. Nicht zulässig ist die
Abweisung eines Regelungsantrags ohne Entscheidung über die Frage, in welchem
Umfang das Umgangsrecht besteht bzw einzuschränken ist (dazu oben Rn 165 f). Adres-
saten der Entscheidungen können die Eltern oder Dritte sein, im Fall des § 1685 auch
die dort genannten Umgangsberechtigten, nicht aber das Kind, das aus § 1684 nur
berechtigt, nicht verpflichtet ist.

**cc)**   Die isolierte Umgangsentscheidung wird **wirksam** mit der Bekanntgabe an   **420**
denjenigen, für welchen sie ihrem Inhalt nach bestimmt ist (§ 16 Abs 1 FGG). Die
Bekanntmachung *erfolgt* durch **Zustellung von Amts wegen** (§ 329 ZPO); §§ 16 Abs 2,
3 FGG sind nicht anzuwenden (§ 621 a Abs 1 S 2 ZPO). Ist ein Elternteil bei Verkündung der Entscheidung anwesend, so tritt die Wirksamkeit diesem gegenüber
bereits bei Verkündung ein (OLG Hamburg FamRZ 1985, 93, 94). **Zustellungsadressaten**
sind die Beteiligten, also nicht nur die formell, sondern auch die materriell Beteiligten. Materiell Beteiligte der Umgangsregelung sind regelmäßig die beiden Eltern,
es sei denn das Umgangsrecht eines Elternteils wird im Verhältnis zu Dritten (Pflegeeltern) geregelt und der andere Elternteil ist nicht Inhaber der elterlichen Sorge.
Dem Kind ist die Entscheidung zuzustellen, wenn es bei Verkündung oder Übergabe
der Entscheidung an die Geschäftsstelle das 14. Lebensjahr vollendet hat (§ 59 Abs 3,
Abs 1 FGG). Die Zustellung erfolgt an das Kind persönlich, also nicht an den gesetzlichen Vertreter (RÜFFER FamRZ 1979, 405; HEINTZMANN FamRZ 1980, 112, 116) weil das
über 14-jährige, beschränkt geschäftsfähige Kind selbst zur Einlegung der Beschwerde befugt, also nicht prozeßunfähig ist (§ 59 Abs 1 S 1 FGG). Eine Ersatzzu-
stellung an die Eltern scheidet aus (HEINTZMANN FamRZ 1980, 112, 117). Eine *Begründung* soll dem Kind nicht mitgeteilt werden, wenn Nachteile für seine Entwicklung,
Erziehung oder Gesundheitszustand zu befürchten sind. Über den Inhalt der Zustellung an das Kind entscheidet das Gericht nicht anfechtbar (§ 59 Abs 2 FGG).

Dem **Jugendamt** ist die Entscheidung zuzustellen, weil das Jugendamt beschwerdeberechtigt ist (§ 64 Abs 3 S 3 FGG, § 621 e Abs 1 ZPO).

Die Umgangsregelung im **Verbundurteil** wird nach § 629 d ZPO **wirksam** mit der

Rechtskraft des Scheidungsausspruchs (zu den Rechtsmitteln gegen diesen § 629 a ZPO).

### b) Einstweilige Maßnahmen

**421 aa)** Im isolierten Umgangsverfahren kann das Gericht **vorläufige Anordnungen** treffen, die im FGG-Verfahren trotz fehlender gesetzlicher Regelung nach allgemeiner Ansicht zulässig sind (BGHZ 72, 169; BayObLG FamRZ 1984, 933, 934; BayObLG FamRZ 1985, 100; OLG Brandenburg FamRZ 1998, 1249; KEIDEL/KUNTZE/WINKLER § 19 FGG Rn 30 ff; PALANDT/DIEDERICHSEN Einf v § 1626 Rn 6).

Im Fall der **Aussetzung nach § 52 Abs 2 FGG** ergibt sich eine ausdrückliche Grundlage zum Erlaß einstweiliger Anordnungen aus § 52 Abs 3 FGG.

**422 bb)** **Verfahrensvoraussetzung** für den Erlaß einer vorläufigen Anordnung ist die Anhängigkeit eines **Hauptsacheverfahrens**, welches das Umgangsrecht betrifft (OLG Hamburg FamRZ 1986, 181; OLG Karlsruhe FamRZ 1988, 1186; OLG Karlsruhe NJW-RR 1992, 709; offen gelassen für die gerichtliche Bestätigung einer Elternvereinbarung: OLG Brandenburg FamRZ 1995, 484); es genügt, wenn ein solches Verfahren gleichzeitig mit dem Antrag auf Erlaß einer vorläufigen Anordnung anhängig gemacht wird (OLG Bamberg FamRZ 1995, 181; OLG Hamm FamRZ 1992, 337, 338; KEIDEL/KUNTZE/WINKLER § 19 FGG Rn 30). Die Stellung eines PKH-Antrags genügt nicht.

Mit **Erlaß der Hauptsacheentscheidung** tritt die vorläufige Anordnung ohne weiteres von selbst außer Kraft (BayObLG DAVorm 1985, 335; OLG Hamm FamRZ 1980, 1155).

**423 cc)** Grundsätzlich kann in einem anhängigen **Verfahren zur Regelung der elterlichen Sorge** keine vorläufige Umgangsregelung getroffen werden, weil Sorgerechts- und Umgangsverfahren unterschiedliche Verfahrensgegenstände betreffen (vgl §§ 23 b Abs 1 S 2 Nr 2 und 3 GVG, §§ 621 Abs 1 Nr 1 und 2, 602 S 1 Nr 1 und 2 ZPO).

**α)** **Ausnahmsweise** wird jedoch, mit unterschiedlichen Begründungsansätzen, eine **vorläufige Anordnung zum Umgangsrecht** auch im anhängigen Sorgerechtsregelungsverfahren als zulässig angesehen.

Teilweise wird eine Befugnis zur einstweiligen Umgangsregelung damit begründet, daß das Umgangsrecht ein Teil der elterlichen Sorge sei und deshalb die Umgangsregelung, solange das Sorgerecht nicht zwischen den Eltern verteilt ist, ein *Teil der Sorgerechtsregelung* sei (OLG Zweibrücken FamRZ 1989, 1108). Dies trifft angesichts der Eigenständigkeit des Umgangsrechts nicht zu. Insbesondere unzutreffend ist die aus dieser Begründung hergeleitete Folgerung, im Sorgerechts*änderungs*verfahren sei eine vorläufige Umgangsregelung nicht möglich, weil die Sorgerechtsverteilung in diesem Verfahren nicht mehr ungeregelt sei. Die Natur des Umgangsrechts ändert sich nicht dadurch, daß der Umgangselternteil nicht (mehr) Inhaber der elterlichen Sorge ist (zutreffend MAURER FamRZ 1990, 193, 194; gegen OLG Zweibrücken aaO).

Eine andere Begründungslinie hält die vorläufige Umgangsregelung für zulässig, wenn dadurch die *Sorgerechtsentscheidung* in der Hauptsache *offengehalten* werden soll (sog „dienende Regelung": OLG Frankfurt/Main FamRZ 1992, 579; OLG Zweibrücken FamRZ 1996, 234; GIESSLER, Vorläufiger Rechtsschutz in Ehe-, Familien- und Kindschaftssachen[2] Rn 317 a).

Nach dieser Ansicht kommt eine vorläufige Umgangsregelung nicht in Betracht, wenn sie nicht der Vorbereitung der Sorgerechtsverteilung dient, sondern unabhängig die Umgangspflege zum Gegenstand hat (OLG Zweibrücken FamRZ 1996, 234). Ähnlich motiviert sind Entscheidungen, die eine einstweilige Umgangsregelung im Sorgerechtsverfahren ausnahmsweise nach den *Fallumständen* zulassen wollen, wenn diese im Einzelfall entweder eine Sorgerechtsübertragung vorbereitet (OLG Köln FamRZ 1997, 386) oder der Umgang des Kindes mit dem einen Elternteil vorläufig geregelt werden muß, weil das Sorgerecht oder Aufenthaltsbestimmungsrecht vorläufig auf den anderen Elternteil übertragen wurde (OLG Karlsruhe NJW-RR 1992, 709).

**β)**     Ergibt sich aus Anlaß eines Sorgerechtsverfahrens (gleich ob Regelung oder  **424** Änderung) ein dringendes Bedürfnis zur unverzüglichen Umgangsregelung, so kann freilich unabhängig von den vorgenannten Begründungsversuchen das Gericht meist ohnehin **von Amts wegen** tätig werden. Das Gericht kann also eine vorläufige Anordnung treffen und sodann unverzüglich das Hauptsacheverfahren einleiten (OLG Bamberg, FamRZ 1995, 181, 182; KEIDEL/KUNTZE/WINKLER aaO). Das *dringende Bedürfnis*, welches die hohe materielle Eingriffsschwelle für eine vorläufige Anordnung erfüllt (sogleich Rn 425), kann auch inzident die Voraussetzungen eines Einschreitens von Amts wegen begründen (OLG Bamberg FamRZ 1995, 181, 182; vgl schon OLG Frankfurt FamRZ 1988, 1315; kritisch LUTHIN ebenda). Das gleichzeitig anhängige Sorgerechtsverfahren gibt bei dieser Begründung nur den *Anlaß* für das Tätigwerden des Gerichts, nicht aber die verfahrensrechtliche *Grundlage*.

**dd)**   **Sachliche Voraussetzung** einer vorläufigen Anordnung ist, daß zum Schutz des  **425** Kindes ein dringendes Bedürfnis für ein unverzügliches gerichtliches Einschreiten besteht, das ein Abwarten bis zur endgültigen Entscheidung nicht gestattet (KG FamRZ 1979, 859; LG München DAVorm 1976, 210). Voraussetzung ist, daß ohne ein Eingreifen des Gerichts eine Beeinträchtigung des Kindeswohls ernsthaft zu befürchten ist (OLG Brandenburg FamRZ 1998, 1249; OLG Karlsruhe FamRZ 1990, 304, 305). Das ist grundsätzlich zu bejahen, wenn aus zwingenden Gründen (Ermittlungen in hochstreitigen Verfahren) die Hauptsacheentscheidung sich verzögert und nicht abgewartet werden kann, weil sie zu spät käme, um das Wohl des Kindes angemessen zu wahren. Andererseits kommt auch der Kontinuität Bedeutung zu; eine vorläufige Anordnung sollte möglichst nicht dazu führen, daß das Kind mehrfachen Änderungen der Lebensverhältnisse ausgesetzt ist (OLG Brandenburg FamRZ 1998, 1249, 1250).

Diese Voraussetzungen liegen vor, wenn der das Kind betreuende Elternteil jeden **persönlichen Umgang** des Kindes mit dem anderen Elternteil **verweigert** und Gründe für eine Einschränkung des Umgangs nicht erkennbar sind (OLG Bamberg FamRZ 1995, 181, 182; ähnlich OLG Köln FamRZ 1997, 386, 387 bei eigenmächtiger Aufenthaltsverlegung; vgl auch OLG Brandenburg FamRZ 1998, 1249). Verzögerung bedeutet in solchen Fällen immer Gefahr für das Kindeswohl, weil ohne eingehende Prüfung in Fällen der Blokkade mit einer psychisch nachteiligen Beeinflussung des Kindes bis hin zur Entstehung eines PAS (oben Rn 37 ff) gerechnet weden muß. Die vorläufige Anordnung darf in solchen Fällen nicht zur seltenen Ausnahme gemacht werden, insbesondere, wenn ein Umgangsregelungsverfahren aufgrund erheblichen Streits aufwendige Beweiserhebungen erfordert. Zwar besteht gerade in streitigen Fällen die Gefahr, daß auch die vorläufige Anordnung mit der Beschwerde angegriffen wird und ggf später vollstreckt werden muß, was sie nicht zu einem Mittel unverzüglicher Hilfe für das Kind macht. Deshalb aber auf sie zu verzichten (so OLG Karlsruhe FamRZ 1997, 44) erscheint nur annehmbar, wenn das Gericht alsbald in der Hauptsache entscheiden kann; ansonsten wird auch mit einer erst nach einiger Zeit durchgesetzten Umgangsregelung immer noch bedeutsame Zeit gewonnen (denn der Hauptsacheentscheidung wird sich der unwillige Elternteil, ebenfalls nicht beugen); der Zeitabstand zwischen Erlaß und effektiver Durchsetzung bleibt also gleich.

Für einen **vorläufigen Ausschluß** des Umgangsrechts bedarf es eines dringenden *objektiv greifbaren* Verdachts des Vorliegens einer Gefahr für das Kindeswohl; es genügt nicht der auf einseitige Äußerungen des anderen Elternteils gestützte Verdacht einer Gefahr für das Kindeswohl; dieser hätte es sonst auf recht einfache Weise in der Hand, den anderen Elternteil vom Kontakt mit dem Kind auszuschließen, intensive Ermittlungen auszulösen und die Zeit gegen das Umgangsrecht arbeiten zu lassen (OLG Bamberg FamRZ 1995, 181, 182).

Eine einstweilige Anordnung im Fall des **§ 52 Abs 3 FGG** ist bereits dann zu erlassen, wenn dies zur Abwendung nachteiliger Auswirkungen der Aussetzung nach § 52 Abs 2 FGG erforderlich ist und diese Auswirkungen nicht bereits eine Aufhebung der Aussetzung angezeigt erscheinen lassen (FamRefK/Maurer § 52 FGG Rn 23; Johannsen/Henrich/Brudermüller § 52 a FGG Rn 8).

**426  ee)**    Vor dem Erlaß einer vorläufigen Anordnung bestehen dieselben **Anhörungspflichten** wie vor Erlaß der Hauptsacheentscheidung (§§ 50 a bis 50 c FGG; OLG Düsseldorf DAVorm 1996, 531).

Der mögliche **Inhalt der Anordnung** muß im Spektrum der für die Hauptsacheentscheidung zulässigen Regelungen liegen. Es können Einzelanordnungen (OLG Köln FamRZ 1985, 1059: Verbot der Verbringung des Kindes in das Ausland), aber auch vollständige Umgangsregelungen getroffen werden, wobei der Ausschluß des Umgangsrechts *auf Dauer* schon begrifflich nicht in Betracht kommt, wohl aber der Ausschluß des Umgangsrechts bis zum Erlaß der Hauptsacheentscheidung. Wegen der Gefahr der Entfremdung ist eine solche Anordnung allerdings nur bei eindeutig festgestellter schwerer Gefährdung des Kindeswohls zulässig.

Die vorläufige Anordnung **wird wirksam** wie die Hauptsacheentscheidung, also durch Bekanntgabe mittels Zustellung §§ 621 a Abs 1 S 2, 329 ZPO, 16 Abs 1 FGG (oben Rn 420). Die **Kosten** der vorläufigen Anordnung sind Kosten des Hauptsacheverfahrens analog § 620 g ZPO (Bumiller/Winkler § 24 FGG Rn 19). Gegen die vorläufige Anordnung findet die **einfache Beschwerde** zum OLG (§§ 19 FGG, 119 Abs 1 Nr 2 GVG) statt (KG FamRZ 1978, 269; OLG Düsseldorf FamRZ 1978, 141; OLG Hamm FamRZ 1978, 441; OLG Karlsruhe NJW 1978, 549; OLG Zweibrücken FamRZ 1989, 1108; auch im Fall des **§ 52 a Abs 3 FGG**: Johannsen/Henrich/Brudermüller § 52 a FGG Rn 8; Büttner FamRZ 1998, 585, 589); § 620 c S 2 ZPO ist nicht entsprechend anzuwenden (BGHZ 72, 169; KG FamRZ 1978, 269; **aA** OLG Düsseldorf FamRZ 1977, 825). Die Anordnung sowie die Ablehnung einer beantragten vorläufigen Anordnung bedürfen der Begründung (Göppinger AcP 169 [1969] 504, 531).

**427  ff)**    Ist eine **Ehesache anhängig**, so kann das Gericht der Ehesache im Weg der **einstweiligen Anordnung** auf Antrag den Umgang regeln (§ 620 Nr 2 ZPO). Dieser

Antrag ist zulässig, sobald die Ehesache anhängig ist, aber auch schon mit Einreichung des PKH-Antrags (§ 620 a Abs 2 S 1 ZPO). Ist die Umgangssache im höheren Rechtszug anhängig, so ist das Rechtsmittelgericht zuständig zum Erlaß der einstweiligen Anordnung. Ist dort nur die Sorgerechtssache anhängig, so bleibt es – bis zur Rechtskraft der Entscheidung in der Ehesache – bei der Zuständigkeit des Amtsgerichts für eine einstweilige Anordnung zum Umgangsrecht (OLG Frankfurt/Main FamRZ 1992, 579).

Die einstweilige Anordnung ergeht durch Beschluß, auch ohne mündliche Verhandlung (§ 620 a Abs 1 ZPO). Das Kind und das Jugendamt sollen angehört, bei Eilbedürftigkeit soll die Anhörung nachgeholt werden (§ 621 a Abs 3 ZPO). Eine **Beschwerde** gegen die einstweilige Anordnung findet nicht statt (§ 620 c S 2 ZPO). Dieser Ausschluß ist grundsätzlich verfassungskonform (BVerfG NJW 1980, 386; OLG Saarbrücken FamRZ 1986, 182; OLG Hamburg FamRZ 1987, 497); eine Beschwerde ist **ausnahmsweise zulässig**, wenn die Anordnung *greifbar gesetzwidrig* ist, was nicht bei jedem Verfahrensmangel der Fall ist, sondern nur bei einer mit der Rechtsordnung schlechthin unvereinbaren Entscheidung (BGH FamRZ 1986, 150; BGH FamRZ 1987, 928, 930; OLG Brandenburg OLG-NL 1994, 159; OLG Frankfurt FamRZ 1986, 183, 184; OLG Hamm FamRZ 1982, 1094; OLG Zweibrücken FamRZ 1980, 386). In einem solchen Fall ist auch das Jugendamt beschwerdebefugt, wenn es in seiner Rechtsstellung unmittelbar von der greifbar gesetzwidrigen gerichtlichen Verfügung betroffen ist (OLG Karlsruhe FamRZ 1991, 969).

Greifbare Gesetzwidrigkeit liegt noch nicht vor bei *Fehlen eines Antrags*, da dieser zwar im Verfahren nach § 620 ZPO erforderlich ist, materiell aber § 1684 ein Einschreiten auch von Amts wegen erlaubt (OLG Brandenburg OLG-NL 1994, 159, 160). Die Verletzung *rechtlichen Gehörs* ist hingegen eine solche greifbare Gesetzwidrigkeit (BGH FamRZ 1986, 150). Wurde ohne mündliche Verhandlung entschieden und legt hiergegen ein Ehegatte Beschwerde ein, so kann diese in einen Antrag auf mündliche Verhandlung (§ 620 b Abs 2 ZPO) umgedeutet werden.

**gg)** Die **Anhängigkeit einer Ehesache** und die damit verbundene Möglichkeit einer **428** einstweiligen Anordnung nach § 620 ZPO steht dem Erlaß einer vorläufigen Anordnung im isolierten Umgangsverfahren nicht entgegen (OLG Hamburg FamRZ 1982, 722; OLG Zweibrücken FamRZ 1996, 234; JOHANNSEN/HENRICH/SEDEMUND-TREIBER vor §§ 620–620 g ZPO Rn 6). Im häufigsten Fall der Anhängigkeit oder des Anhängigwerdens einer *Ehescheidungssache* kommt ein isoliertes Umgangsverfahren nach § 623 Abs 5 ZPO nicht mehr in Betracht. Schon vor Inkrafttreten des KindRG wurde überwiegend angenommen, daß eine vorläufige Anordnung zu einem Gegenstand, der *Scheidungsfolgensache* werden kann, gegenüber der Möglichkeit der einstweiligen Anordnung nach § 620 ZPO subsidiär ist (BGH FamRZ 1979, 472, 473; OLG Frankfurt FamRZ 1981, 188, 189; OLG Düsseldorf FamRZ 1985, 598, 599; OLG Hamburg FamRZ 1982, 408; OLG Koblenz FamRZ 1997, 1412; JOHANNSEN/HENRICH/SEDEMUND-TREIBER vor §§ 620–620 g ZPO Rn 7). Dies muß erst recht gelten, nachdem gemäß § 623 Abs 5 ZPO idF des KindRG nunmehr ein isoliertes Umgangsregelungsverfahren (Hauptverfahren) neben dem Scheidungsverbund nicht mehr in Betracht kommt.

**c)    Kosten**
**aa)**    Zur Bestimmung des **Geschäftswerts** im isolierten Umgangsverfahren ist aus- **429**

zugehen von §§ 94 Abs 2, 30 Abs 2 KostO (regelmäßig 5.000 DM; FamRefK/Rogner Rn 33; Finke/Garbe Rn 363). Verbreitet wird jedoch ein Abschlag nach § 30 Abs 3 KostO von diesem Regelwert vorgenommen, wenn keine Umstände zutage treten, die eine außergewöhnliche Bedeutung oder Schwierigkeit der Umgangsregelung begründen (**1.000 DM**: OLG Zweibrücken JurBüro 1980, 1719; **1.500 DM**: OLG Celle Rpfleger 1979, 35; OLG Frankfurt JurBüro 1985, 1232; **idR nicht mehr als 2.000 DM**: OLG Frankfurt FamRZ 1988, 866; OLG Frankfurt FamRZ 1988, 1315; OLG Frankfurt **2.500 DM**: OLG Köln JurBüro 1981, 1564; OLG Zweibrücken 5 WF 10/98 JURIS; **3.000 DM**: OLG Karlsruhe JurBüro 1980, 1659). Zur Begründung wird insbesondere darauf verwiesen, daß die Umgangsregelung gegenüber einer Sorgerechtsregelung regelmäßig von geringerer Bedeutung sei.

Dem ist zu Recht entgegenzuhalten, daß das Umgangsverfahren selbständig neben dem Sorgerechtsverfahren steht und im Streitfall keinen erkennbar geringeren Ermittlungsaufwand erlaubt, was sich auch im Fall des § 12 Abs 2 S 3 GKG (unten Rn 434) zeigt (**von 5.000 DM gehen aus:** BayObLG NJW 1967, 164; OLG Bamberg JurBüro 1979, 94; OLG Brandenburg OLG-NL 1996, 44; OLG Düsseldorf JurBüro 1980, 1558; OLG Nürnberg FamRZ 1990, 1130); eine typisierte Verschiebung des Regelwerts kommt nicht in Betracht. Allerdings kann im Umgangsregelungsverfahren, sofern es im Grundsatz unstreitig verläuft und nur Details zu regeln sind, ein geringer Verfahrensumfang die Anwendung von § 30 Abs 3 FGG begründen (vgl OLG München FamRZ 1998, 974, 975: 1.000 DM, da nur Benutzung eines KFZ bei Abholung zum Umgang zu regeln).

Wird in einem einheitlich geführten isolierten Verfahren das Umgangsrecht und das Sorgerecht geregelt, so handelt es sich kostenrechtlich um zwei selbständige Verfahren, für die je ein eigener Geschäftswert festzusetzen ist (OLG München OLG Rp München 1997, 106; OLG Oldenburg FamRZ 1997, 383: jedoch ggf nur anwaltliche Mindestgebühr bei einfacher Sach- und Rechtslage).

**430** **bb)** Den **Kostenschuldner** bestimmt das Gericht nach billigem Ermessen (§ 94 Abs 3 S 2 KostO). Von der Erhebung der Gebühr kann auch abgesehen werden (§ 94 Abs 3 S 2 letzter Hs KostO). Grundsätzlich werden die Kosten nicht einem der Beteiligten alleine auferlegt, es sei denn, daß dieser mutwillig oder durch uneinsichtiges Verhalten den Umgangsstreit verursacht hat (OLG Thüringen FamRZ 2000, 47).

Regelmäßig wird für die Entscheidung eine volle Gebühr erhoben, auch wenn sie in der Vollstreckbarerklärung einer ausländischen Entscheidung besteht (BGHZ 88, 113; OLG Bamberg JurBüro 1986, 748).

**431** **cc)** Umstritten ist, ob auch die **Auslagen des Gerichts**, insbesondere die **Sachverständigenentschädigung** vom Kostenausspruch nach § 94 Abs 3 S 2 KostO umfaßt sind (so: OLG Braunschweig NdsRpfl 1978, 212; OLG Celle FamRZ 1990, 900; OLG Celle FamRZ 1996, 1559; OLG Düsseldorf JurBüro 1985, 429; OLG Hamm JurBüro 1981, 1052; OLG Karlsruhe Rpfleger 1981, 716; OLG Nürnberg FamRZ 1995, 104; OLG Rostock FamRZ 1994, 252; OLG Stuttgart Justiz 1979, 266). Die Gegenansicht hält § 94 Abs 3 S 2 KostO wegen des ausdrücklichen Wortlauts nicht, auch nicht entsprechend, für anwendbar (BayObLGZ 1994, 1; OLG Bamberg JurBüro 1979, 740; OLG Bremen KostenRspr § 94 KostO Nr 29; OLG Düsseldorf JurBüro 1981, 1551; OLG Koblenz DAVorm 1980, 583; OLG Koblenz FamRZ 1995, 1367; OLG München FamRZ 1992, 1095; OLG Zweibrücken JurBüro 1979, 1556). Für die letztgenannte Ansicht spricht der eindeutige Wortlaut des § 94 KostO, der nur von Gebühren handelt.

Damit gelten für die Tragung der Auslagen die sonstigen Vorschriften, insbesondere § 2 KostO. In Verfahren zur Umgangsregelung sind nach inzwischen ganz hM neben dem Kind beide Elternteile *Interessenschuldner* nach § 2 Nr 2 KostO, sofern die Eltern um das Umgangsrecht streiten (BayObLGZ 1994, 1; KG Jur Büro 1985, 1378; OLG Celle FamRZ 1990, 900; OLG Celle FamRZ 1996, 1559, 1560; OLG Frankfurt JurBüro 1982, 585, 586; OLG Koblenz FamRZ 1995, 1367; OLG Koblenz FamRZ 1998, 1456: Ausgleich im Innenverhältnis unabhängig von PKH-Bewilligung an die Ausgleichsschuldner; OLG München FamRZ 1992, 1095). Ob das Verfahren von Amts wegen oder auf Antrag geführt wird, ist für die Kosten- tragung ohne Belang, da es sich nicht um ein förmliches Antragsverfahren handelt, so daß § 2 Nr 1 KostO nicht anzuwenden ist. Hingegen ist in einem Verfahren zur *Abänderung* der Umgangsregelung zum Nachteil des Umgangselternteils dieser nicht Interessenschuldner, weil er an der Änderung kein Interesse hat (OLG Celle NdsRpfl 1987, 284; OLG Celle FamRZ 1996, 1559, 1560; OLG Frankfurt MDR 1988, 328; OLG Zweibrücken JurBüro 1988, 17; aA BayObLG JurBüro 1995, 599). Das hierdurch erzielte Ergebnis ist auch interessengerecht, da es zu einer vorhersehbaren Verteilung der Auslagen führt, die oft den wesentlichen Teil der Verfahrenskosten ausmachen.

**dd)** Die Tragung der **außergerichtlichen Kosten** bestimmt sich nach § 13 a Abs 1 S 1 **432** FGG. Das Gericht kann anordnen, daß diese Kosten von einem Beteiligten ganz oder teilweise zu erstatten sind, wenn dies der Billigkeit entspricht.

**ee)** Die **Gebühren des Prozeßbevollmächtigten** bestimmen sich nach Maßgabe der **433** BRAGO aus dem Geschäftswert. Wird in einem Sorgerechtsverfahren oder in einem Umgangsregelungsverfahren eine **Vereinbarung der Eltern** über das Umgangsrecht getroffen, so erhält der Rechtsanwalt eine Vergleichsgebühr (§ 23 BRAGO); wenn- gleich die Beteiligten nicht über den Gegenstand des Verfahrens disponieren können, entspricht es dem materiellen Grundsatz der vorrangigen Regelung des Umgangs durch die Eltern sowie dem Ziel des Hinwirkens auf eine gütliche Einigung, diese Einigung anwaltsgebührenrechtlich entsprechend einem Vergleich zu behandeln (OLG Koblenz FamRZ 1995, 1282; OLG Stuttgart FamRZ 1999, 389; OLG Oldenburg JurBüro 1996, 79; OLG Zweibrücken JurBüro 1996, 419; HÜNNEKENS Rpfleger 1998, 278, 279).

**ff)** Für die Umgangsregelung als **Folgesache im Ehescheidungsverbund** bestimmt **434** sich die Kostentragung nach § 93 a ZPO, auch dann, wenn über die Scheidung nach § 628 ZPO vorab entschieden wurde (§ 93 a Abs 1 HS 2 ZPO); hierunter fallen auch die Auslagen, insbesondere die Sachverständigenentschädigung (§ 91 ZPO). Die Bewertung der Umgangsregelung bestimmt sich nach § 12 Abs 2 S 3 GKG, unab- hängig von der Anzahl der Kinder (§ 19 a S 2 GKG). Der Regelwert beträgt 1.500 DM; er ist dem Wert der Scheidungssache zuzurechnen (§ 19 a S 1 GKG). Wird im Scheidungsverbund sowohl das Sorgerecht als auch das Umgangsrecht ge- regelt, so sind beide Angelegenheiten selbständig zu bewerten und dem Wert der Scheidungssache zuzurechnen (OLG Zweibrücken FamRZ 1998, 1311).

## 5. Rechtsmittel

**a)** Gegen die das Verfahren in der ersten Instanz abschließende Endentscheidung **435** des Familiengerichts im **isolierten Umgangsverfahren** findet die **befristete Beschwerde** zum OLG statt (§ 621 e ZPO). Die Beschwerde wird durch Einreichung einer Be- schwerdeschrift beim Beschwerdegericht eingelegt (§ 621 e Abs 3 ZPO). Die **Ein-**

**legungsfrist** (Notfrist) beträgt einen Monat ab Zustellung des vollständigen Beschlusses (§§ 621 e Abs 3, 516 ZPO); sie wird durch Eingang beim Beschwerdegericht gewahrt; bei Einreichung zum Familiengericht ist dieses zur unverzüglichen Weiterleitung verpflichtet, wobei erst der Eingang beim OLG die Frist wahrt (BGH NJW 1978, 1165; BGH NJW 1979, 109, 110; BGH NJW 1979, 1989; JOHANNSEN/HENRICH/SEDEMUND-TREIBER § 621 e ZPO Rn 13). Das Familiengericht kann der Beschwerde nicht abhelfen und nicht die Aussetzung der Vollziehung anordnen; §§ 18 und 24 Abs 2 FGG gelten nicht, weil das Familiengericht mit der Beschwerde nach § 621 e Abs 3 S 1 ZPO nicht befaßt wird. Das OLG kann nach § 24 Abs 3 FGG eine einstweilige Anordnung erlassen, insbesondere die Vollziehung aussetzen.

Gegen die Versäumung der Beschwerdefrist ist **Wiedereinsetzung** gemäß § 233 ZPO, nicht gemäß § 22 Abs 2 FGG statthaft (BGH NJW 1979, 109, 110; JOHANNSEN/HENRICH/ JAEGER § 621 e ZPO Rn 13).

Kommt das Gericht seiner Verpflichtung zur Förderung des Verfahrens (oben Rn 416) nicht nach, was auch dann der Fall sein kann, wenn das Gericht gegen die Verfahrensobstruktion eines Elternteils keine geeigneten Maßnahmen ergreift, so ist als außerordentlicher Rechtsbehelf auch ohne Vorliegen einer Entscheidung die **außerordentliche Beschwerde** statthaft. Dies setzt voraus, daß ein sachlich nicht mehr zu rechtfertigender Verfahrensstillstand eintritt, der auf Rechtsverweigerung hinausläuft (OLG Saarbrücken OLG Rp Saarbrücken 1999, 179; vgl auch BVerfG FamRZ 1997, 871, 872).

**436 b)** Die **Beschwerde bedarf der Schriftform** (§ 621 e Abs 3 S 1 ZPO). Anwaltszwang besteht nicht (Umkehrschluß aus § 78 Abs 2 Nr 3 ZPO). Die Beschwerde kann auch durch Erklärung zu Protokoll der Geschäftsstelle eingelegt werden, da Schriftform keinen Schrift*satz* erfordert (JOHANNSEN/HENRICH/JAEGER § 621 e ZPO Rn 14). Die Beschwerde ist innerhalb einer weiteren Frist von einem Monat nach Einlegung (§§ 621 e Abs 3, 519 Abs 1, 2 ZPO) zu **begründen**. Für die Beschwerdebegründung gilt jedoch nicht § 519 Abs 3 ZPO, so daß geringere Anforderungen an die Begründung zu stellen sind. Die Beschwerdeschrift muß erkennen lassen, aus welchen Gründen die angefochtene Entscheidung für unrichtig gehalten wird, was der Beschwerdeführer an ihr mißbilligt oder welche Änderung der Beschwerdeführer anstrebt; die bloße Wiederholung des Vortrags aus dem ersten Rechtszug genügt nicht (BGH NJW-RR 1992, 386; OLG Düsseldorf FamRZ 1983, 721, 728; KG FamRZ 1978, 729; OLG Karlsruhe FamRZ 1982, 347). Bestimmter Anträge, die im Umgangsverfahren als Amtsverfahren ohnehin nicht erforderlich sind, bedarf auch die Beschwerde nicht (BGH NJW 1979, 766; BGH FamRZ 1979, 909, 910; BGH FamRZ 1992, 538; BGH NJW 1994, 312, 313; OLG Frankfurt FamRZ 1983, 1041, 1042; OLG Frankfurt FamRZ 1988, 1315).

**437 c)** Zum **Gegenstand der Beschwerde** kann auch **neuer Tatsachenvortrag** gemacht werden; wegen des Amtsermittlungsgrundsatzes (§ 12 FGG) kommt eine Zurückweisung von Vorbringen als verspätet nicht in Betracht (OLG München FamRZ 1985, 79). Dagegen ist eine **Änderung des Verfahrensgegenstandes** im Beschwerdeverfahren nicht zulässig (BGH FamRZ 1990, 606, 607). Im Umgangsregelungsverfahren kann insbesondere nicht erstmals vor dem Beschwerdegericht eine Abänderung der Sorgerechtsregelung begehrt werden. Im Sorgerechtsverfahren kann nicht das Beschwerdegericht erstmals über den Umgang entscheiden (BayObLGZ 1968, 164; OLG Hamm FamRZ 1980, 488; auch nicht in einem Verfahren nach § 1666: BayObLG FamRZ 1995, 1437, 1438).

Hiervon ist eine Ausnahme geboten, wenn sich die Eltern in der Beschwerdeinstanz über das Sorge- und/oder Umgangsrecht einigen, solchermaßen auch einen bisher nicht anhängigen Verfahrensgegenstand einbeziehen, und das Beschwerdegericht diese Einigung (als vollstreckungsfähig) billigt (OLG Stuttgart FamRZ 1981, 1105; OLG Karlsruhe FamRZ 1994, 1401; Johannsen/Henrich/Sedemund-Treiber § 621 e ZPO Rn 17; Zöller/Philippi § 621 e ZPO Rn 22). Dies rechtfertigt sich aus dem Vorrang der elterlichen Vereinbarung, die zu einer abschließenden Streitbefriedung nur führen kann, wenn beide sich berührenden Gegenstände in die Einigung einbezogen werden können.

**d)**    Die **Beschwerdeberechtigung** bestimmt sich nach § 20 FGG (OLG Bamberg **438** FamRZ 1999, 810). Beschwerdeberechtigt ist jeder materiell (BGH NJW 1980, 2418: formelle Beteiligung im ersten Rechtszug nicht erforderlich) oder formell Beteiligte. Dies sind die **Eltern**, ggf sonstige Sorgeberechtigte und im Fall des § 1685 sonstige Umgangsberechtigte sowie Personen, die ein Umgangsrecht für sich behaupten (OLG Bamberg FamRZ 1999, 810). Das **Kind** ist als materiell Beteiligter immer beschwerdeberechtigt; sofern es das 14. Lebensjahr vollendet hat, kann es das Beschwerderecht selbst, also ohne Mitwirkung seines gesetzlichen Vertreters, ausüben (§ 59 Abs 1, 3 FGG); auch der Verfahrenspfleger kann für das Kind Beschwerde einlegen (FamRefK/Rogner Rn 30). Das **Jugendamt** ist beschwerdeberechtigt nach § 64 Abs 3 S 3 FGG. Eine selbständige oder unselbständige **Anschlußbeschwerde** ist statthaft (BGHZ 86, 51, 53 mNachw).

**e)**    Eine **Teilanfechtung** ist möglich, soweit der Verfahrensgegenstand teilbar ist **439** und bindet das Beschwerdegericht hinsichtlich seines Prüfungsumfangs (Johannsen/Henrich/Sedemund-Treiber § 621 e ZPO Rn 17). Regelung und Einschränkung bzw Ausschließung des Umgangsrechts sind jedoch ein einheitlicher Sachverhalt, so daß das OLG nicht darauf beschränkt werden kann, nur die Regelung des Umgangs zu überprüfen; das OLG kann also zB auf Beschwerde des Umgangselternteils gegen eine zu eng erscheinende Umgangsregelung auch über eine ggf erforderliche Einschränkung entscheiden. Es besteht auch kein **Verschlechterungsverbot**, denn die Umgangsentscheidung muß in jedem Verfahrensstadium von Amts wegen am Wohl des Kindes orientiert werden (BGHZ 85, 180, 181; BGH FamRZ 1985, 44, 46; OLG Celle FamRZ 1996, 364; OLG Hamburg FamRZ 1988, 1316; Johannsen/Henrich/Sedemund-Treiber § 621 e ZPO Rn 18; Zöller/Philippi § 621 e ZPO Rn 30, 36). Stellt der Beschwerdeführer einen bestimmten Antrag (was nicht erforderlich ist, soeben Rn 436), so kann er auch hierdurch das Gericht nicht hindern, eine andere als die beantragte Umgangsregelung in Betracht zu ziehen (BGH NJW 1994, 312, 313).

**f)**    Die **Anhörung** der Beteiligten bestimmt sich auch im Beschwerdeverfahren **440** nach §§ 50 a ff FGG (BayObLG FamRZ 1994, 913, 914; BayObLG FamRZ 1995, 500, 501; KG FamRZ 1994, 119; OLG Düsseldorf FamRZ 1993, 1108; Johannsen/Henrich/Brudermüller § 50 a FGG Rn 11). Das Beschwerdegericht muß also grundsätzlich die Eltern und das Kind **erneut anhören**. Von der Anhörung kann jedoch nach § 50 a Abs 3 FGG unter – faktisch – erweiterten Voraussetzungen abgesehen werden, da das Beschwerdegericht in der Sachverhaltsermittlung an die Sachaufklärung des Familiengerichts anknüpft (OLG Köln FamRZ 1996, 310, 311). Eine erneute persönliche Anhörung der Eltern ist also nicht erforderlich, wenn aus dem Protokoll der erstinstanzlichen Anhörung ein entscheidungserheblicher persönlicher Eindruck zuverlässig hervorgeht und eine erneute persönliche Aufklärung nichts zur Sachaufklärung beitragen kann (OLG Köln aaO; OLG Düsseldorf DAVorm 1996, 273; JOHANNSEN/HENRICH/BRUDERMÜLLER § 50 a FGG Rn 11).

Von der erneuten Anhörung des **Kindes** kann nach denselben *Grundsätzen* gemäß § 50 b Abs 3 FGG abgesehen werden (BayObLG FamRZ 1982, 737; BayObLG FamRZ 1984, 208, 209; BayObLG FamRZ 1992, 1212; JOHANNSEN/HENRICH/BRUDERMÜLLER § 50 b FGG Rn 17). Jedoch werden die Voraussetzungen für ein Absehen seltener vorliegen, weil schon der Zeitablauf mit Rücksicht auf die Entwicklung vor allem kleinerer Kinder häufig eine Veränderung der Verhältnisse erwarten läßt, die eine erneute Anhörung erforderlich macht (BGH NJW 1987, 1024; BayObLG FamRZ 1984, 196; BayObLG FamRZ 1984, 933; OLG Zweibrücken FamRZ 1986, 1037; JOHANNSEN/HENRICH/BRUDERMÜLLER § 50 b FGG Rn 17).

**441 g)** Die **Entscheidung des Beschwerdegerichts** kann in der Zurückweisung oder Verwerfung des Rechtsmittels sowie einer Änderung der angefochtenen Entscheidung bestehen. Allgemein anerkannt ist, daß das OLG die Entscheidung auch aufheben und **zurückverweisen** kann (BGH FamRZ 1982, 152; BGH NJW 1994, 312, 313), wenn dies durch besondere Gründe gerechtfertigt ist. Verfahrensmängel, insbesondere die ungenügende Sachaufklärung, Verletzung rechtlichen Gehörs, unterlassene Anhörungen, lückenhafte bzw fehlende Begründung, falsche Einschätzung des amtswegigen gerichtlichen Entscheidungsspielraums (vgl BGH NJW 1994, 312, 313: vermeintliche Antragsbindung) oder fehlende vollzugsfähige Detailregelungen (OLG Braunschweig MDR 1999, 102; insbesondere bei bloßer Abweisung des Regelungsantrags: BGH NJW 1994, 312, 313) erlauben eine Zurückverweisung, sofern der Mangel nicht im Beschwerdeverfahren geheilt werden kann (§§ 539, 540 ZPO).

**442 h)** Entscheidungen im **Vollstreckungsverfahren** (oben Rn 227 ff) unterliegen der einfachen, nicht befristeten Beschwerde nach § 19 FGG. Auf die *Androhung* von Zwangsgeld ist § 620 e Abs 1 ZPO nicht anzuwenden, weil es sich um eine bloße Zwischenentscheidung handelt (BGH NJW 1979, 820; BGH FamRZ 1979, 696; BGHZ 88, 113; OLG Bamberg FamRZ 1979, 859; OLG München FamRZ 1979, 1047; OLG Stuttgart FamRZ 1978, 192; **aA** noch OLG Bamberg JurBüro 1978, 136; OLG Düsseldorf FamRZ 1979, 966). Auch die Ablehnung der Androhung ist mit der einfachen Beschwerde anfechtbar (OLG Karlsruhe OLGZ 1981, 133).

Die *Festsetzung* eines Zwangsmittels ist zwar Endentscheidung, ergeht jedoch im selbständigen Vollstreckungsverfahren und unterliegt daher nicht § 621 e ZPO, sondern ist ebenfalls nach § 19 FGG mit der einfachen Beschwerde anfechtbar (BGH FamRZ 1981, 25; BGHZ 88, 113; OLG Bamberg FamRZ 1979, 859; KG FamRZ 1979, 76; OLG Frankfurt FamRZ 1983, 217, 218; OLG München FamRZ 1977, 824; **aA** insbesondere ältere Entscheidungen: OLG Bamberg JurBüro 1978, 136; KG FamRZ 1978, 440; BayObLGZ 1977, 219; OLG Hamm FamRZ 1980, 481; OLG Köln FamRZ 1977, 735; OLG Koblenz FamRZ 1977, 736).

Hingegen ist gegen die Versagung der **Billigung einer elterlichen Vereinbarung** nicht die einfache Beschwerde, sondern die befristete Beschwerde nach § 621 e Abs 1 ZPO gegeben. Die Billigung ist nicht Teil des Vollstreckungsverfahrens, sondern eine von diesem zu unterscheidende Sachentscheidung über den Umgang, bei der das Gericht nicht an die Einigung der Eltern, die den Charakter eines Vorschlags hat, gebunden ist (OLG Zweibrücken FamRZ 1997, 217).

Zur einfachen Beschwerde gegen **vorläufige Anordnungen** oben Rn 426; zur einfachen Beschwerde gegen die Anordnung eines **Sachverständigengutachtens** oben Rn 412.

**i)**   Gegen Endentscheidungen in Umgangssachen findet nach § 621 e Abs 2 S 1  **443** ZPO die **weitere Beschwerde** zum BGH statt, wenn das OLG sie in dem Beschwerdebeschluß zugelassen hat. Zwischenentscheidungen können dagegen nicht mit der weiteren Beschwerde angefochten werden (BGHZ 72, 169 BGH NJW 1979, 820; BGH FamRZ 1979, 696; BGHZ 88, 113). Dies gilt auch für die Zwangsgeldfestsetzung im Verfahren zur Vollstreckung der Umgangsregelung (BGH FamRZ 1992, 538). Die erfolgte Zulassung der Beschwerde durch das OLG eröffnet in einem solchen Fall nicht die weitere Beschwerde, weil diese von Gesetzes wegen nicht stattfindet (BGH NJW 1984, 2364).

Im Verfahren der weiteren Beschwerde besteht **Anwaltszwang** (§ 78 Abs 2 Nr 3 ZPO). Zu diesem Zweck kann auch ein nach § 59 FGG selbst beschwerdebefugtes (über 14-jähriges) Kind Prozeßvollmacht erteilen (BayObLG FamRZ 1985, 737, 738).

**k)**   Gegen eine Umgangsregelung im **Scheidungsverbund** findet die Beschwerde  **444** und weitere Beschwerde entsprechend § 621 e ZPO statt, sofern nur eine FGG-Folgesachenentscheidung (§ 621 a Abs 1 S 1 ZPO), also auch die Umgangsregelung, angefochten wird (§ 629 a Abs 2 S 1 ZPO). Gegen das gesamte Verbundurteil oder gegen ZPO-Folgesachen finden Berufung und Revision statt. Bei Zusammentreffen von Beschwerde und Berufung/Revision, insbesondere also bei Anfechtung der Umgangsregelung zusammen mit dem Scheidungsausspruch oder einer ZPO-Folgesache ist das Rechtsmittel einheitlich als Berufung oder Revision zu entscheiden (§ 629 a Abs 2 S 2 ZPO).

**6.   Prozeßkostenhilfe**

**a)**   Die Bewilligung von Prozeßkostenhilfe bestimmt sich nach den allgemeinen  **445** Vorschriften (§§ 114 ff ZPO). Für eine Umgangsregelung im **Scheidungsverbund** muß die PKH gesondert bewilligt werden; die Bewilligung für die Scheidungssache erstreckt sich nicht auf die Umgangsregelung als Folgesache (Umkehrschluß aus § 624 Abs 2 ZPO). Die Beiordnung eines Rechtsanwalts erstreckt sich jedoch von selbst auf einen **Scheidungsfolgenvergleich**, auch wenn für die einzelne verglichene Folgesache ein PKH-Antrag erfolglos war. Dies gilt auch für Sorge- und Umgangssachen, über die zwar kein Vergleich, jedoch eine nur unter dem Vorbehalt der Kindeswohlprüfung stehende Vereinbarung möglich ist (ZÖLLER/PHILIPPI § 114 ZPO Rn 47).

**b)**   PKH ist wegen **Mutwilligkeit** für einen Antrag auf Regelung des Umgangs nicht  **446** zu gewähren, wenn der Antragsteller die gebotenen und zumutbaren Möglichkeiten einer **einverständlichen Umgangsregelung** nicht ausschöpft. Vor Inanspruchnahme des Gerichts muß der die Regelung oder eine Änderung der Regelung Begehrende versuchen, eine Einigung mit dem das Kind betreuenden Elternteil herbeizuführen; hierzu muß er auch die Hilfe des zuständigen Jugendamts beanspruchen (AG Holzminden FamRZ 1995, 372, 373). Bei einem heranwachsenden Kind muß der Umgangselternteil sich auch zunächst selbst um Kontakt mit dem Kind bemühen, jedenfalls, wenn der andere Elternteil gegen den Umgang keine Einwendungen erhebt und die

Kontaktaufnahme daher nur vom Bemühen des Umgangselternteils abhängt (OLG Düsseldorf FamRZ 1998, 758). Der Antrag auf Erlaß einer **einstweiligen Anordnung** ist mutwillig, wenn es an einer ernstzunehmenden Gefährdung der Verwirklichung des Umgangsrechts fehlt, insbesondere, wenn der andere Elternteil lediglich verbal mit der Umgangsverhinderung droht, soweit auf solches in Partnerkrisen nicht unübliche Verhalten eine nicht PKH-bedürftige Partei mit Gelassenheit reagieren würde (AG Westerstede FamRZ 1996, 1224).

Grundsätzlich kann aber, angesichts des Bestehens des Rechts des Kindes und der Eltern auf Umgang Prozeßkostenhilfe für eine einverständlich nicht erreichbare Umgangsregelung nicht versagt werden. Eine Versagung mangels Aussicht auf Erfolg kommt nur in Betracht, wenn das Gericht einen Grund feststellt, der einen Ausschluß des Umgangsrechts zwingend erforderlich macht; das setzt voraus, daß sich das mit dem PKH-Antrag befaßte Gericht auch mit Möglichkeiten auseinandersetzt, der Kindeswohlgefährung durch flankierende Maßnahmen zu begegnen und so den Umgang zu ermöglichen (OLG Düsseldorf FamRZ 1999, 1670).

**447** c)  Die **Beiordnung eines Rechtsanwalts** ist auch im isolierten Umgangsverfahren nach § 14 FGG iVm § 121 Abs 2 S 1 2. Alt ZPO jedenfalls dann erforderlich, wenn die Gegenseite ebenfalls anwaltlich vertreten ist (KG KG Rp 1999, 105; OLG Hamm Rpfleger 1990, 264; OLG Hamm FamRZ 1996, 808). Daß das Gericht von Amts wegen den Sachverhalt zu ermitteln hat (§ 12 FGG), spricht nicht grundsätzlich gegen das Gebot der Waffengleichheit. Die Beiordnung zu versagen, wenn die andere Seite anwaltlich vertreten ist, aber ebenfalls die Voraussetzungen für eine PKH-Gewährung erfüllt (OLG Hamm FamRZ 1986, 82; OLG Hamm FamRZ 1990, 896), erscheint zwar aus dem Gesichtspunkt der Waffengleichheit vertretbar, berücksichtigt aber nicht die grundsätzliche Schwierigkeit von Umgangsverfahren.

Auch wenn die andere Partei nicht anwaltlich vertreten ist, gebietet die rechtliche und tatsächliche Schwierigkeit des Umgangsregelungsverfahrens die Beiordnung eines Rechtsanwalts nach § 12 Abs 2 S 2 1. Alt ZPO, jedenfalls dann, wenn sich widerstreitende Anträge gegenüberstehen und die Entscheidung von der Klärung und der rechtlichen Relevanz von psychischen und persönlichen Umständen abhängt (OLG Nürnberg FamRZ 1997, 215).

## IX.  IPR, Übergangsregelung

### 1.  Internationales Privatrecht

**448** a)  Im räumlich-persönlichen **Anwendungsbereich des MSA** (oben Rn 377) ist auf die Regelung des Umgangs einschließlich von Fragen der Einschränkung und des Ausschlusses als Schutzmaßnahme **deutsches Recht** als lex fori anzuwenden (Art 2 MSA; im einzelnen STAUDINGER/KROPHOLLER [1994] Vorbem 251 ff zu Art 19 EGBGB); dies gilt auch, wenn deutsche Gerichte aufgrund der Heimatzuständigkeit nach Art 4 MSA entscheiden (Art 4 Abs 2 MSA; im einzelnen STAUDINGER/KROPHOLLER [1994] Vorbem 377).

**449** b)  Nur in den seltenen Fällen des Bestehens einer deutschen internationalen Zuständigkeit außerhalb des Anwendungsbereichs des MSA (oben Rn 379) bestimmt sich das anwendbare Recht nach **Art 21 EGBGB**; vorbehaltlich einer Rück- oder

Weiterverweisung (Art 4 Abs 1 EGBGB; Johannsen/Henrich/Henrich Art 21 EGBGB
Rn 26; Lorenz IPRax 1992, 305) ist das Recht des Staates maßgeblich, in dem das Kind
seinen gewöhnlichen Aufenthalt hat.

In den Anwendungsbereich des Art 21 EGBGB fällt nicht nur der Umgang des
Kindes mit seinen Eltern; auch der Umgang mit Dritten, insbesondere der Umgang
mit den in § 1685 genannten Berechtigten ist sorgerechtlich zu qualifizieren und
unterfällt daher dem auf das Eltern-Kind-Verhältnis anwendbaren Recht.

## 2.   Übergangsrecht zum Inkrafttreten des KindRG

**a)    Materiellrechtliche** Übergangsvorschriften zur Umgangsregelung enthält das **450**
KindRG nicht. Die neuen Bestimmungen (§§ 1684, 1685, 1686) sind seit 1. 7. 1998
auch in Verfahren anzuwenden, die bereits vor dem Stichtag anhängig waren (Niepmann MDR 1999, 653, 655; FamRefK/Rogner vor § 1626 Rn 37). Ist durch eine gemäß § 1711
aF ergangene Entscheidung ein Umgangsrecht eines Kindes unverheirateter Eltern
mit seinem Vater nicht gewährt worden, so liegen aufgrund der Ablösung des § 1711
aF durch § 1684 die Voraussetzungen des § 1696 Abs 1 regelmäßig vor; es sei denn,
das Umgangsrecht wäre nach § 1684 Abs 4 auszuschließen.

**b)    Verfahrensrechtliche Übergangsvorschriften** enthält Art 15 KindRG.           **451**

**aa)** War am 1. 7. 1998 ein Verfahren nach § 621 Abs 1 Nr 2 ZPO anhängig, so bleibt
das bisher befaßte Gericht, insbesondere auch das nach früherem Recht zuständige
Vormundschaftsgericht, zuständig (Art 15 § 1 Abs 1 KindRG; OLG Schleswig OLG Rp
Schleswig 1999, 41). Dies gilt nur insoweit, als das seit dem 1. 7. 1998 geltende materielle
Recht ein Verfahren dieser Art vorsieht; ein Verfahren nach § 1711 aF wird als
Verfahren zur Regelung des Umgangs nach § 1684 Abs 3 fortgeführt (**aA** LG Kiel
SchlHA 1998, 215). Der Zweck des Art 15 § 1 KindRG, eine bereits fortgeschrittene
Ermittlung des Sachverhalts nicht neu beginnen zu müssen, greift auch in diesem Fall,
da Verfahrensgegenstand sowohl nach § 1711 aF als auch nach § 1684 Abs 3 der
Umgang zwischen Vater und Kind ist.

**bb)** Ist die erstinstanzliche Entscheidung vor dem 1. 7. 1998 verkündet oder statt **452**
einer Verkündung zugestellt bzw bekanntgemacht worden, so beurteilt sich die **Zulässigkeit von Rechtsmitteln** und die **Zuständigkeit des Rechtsmittelgerichts** nach altem
Recht (Art 15 § 1 Abs 2 S 1 KindRG). In einem solchen Fall gilt auch § 63 a FGG aF,
wonach die weitere Beschwerde in Verfahren nach § 1711 aF ausgeschlossen war
(BayObLG 1 Z BR 194/98 JURIS). Rechtsmittel gegen später wirksam gewordene Entscheidungen beurteilen sich nach neuem Verfahrensrecht (Art 15 § 1 Abs 2 S 3
KindRG).

**cc)** Eine am 1. 7. 1998 als **Folgesache** anhängige Umgangssache bleibt, anders als **453**
die Sorgerechtsregelung als Folgesache (dazu Art 15 § 3 Abs 4 KindRG) anhängig;
da die Umgangsregelung im Verbund vor wie nach dem 1. 7. 1998 grundsätzlich nur
auf Antrag erfolgt, bedarf es keiner erneuten Antragstellung.

**dd)** Im übrigen gelten jedoch auch in Verfahren, für die sich die Zuständigkeit bzw **454**
die Rechtsmittelzuständigkeit nach altem Recht bestimmen (soeben Rn 451 f) die

**neuen Verfahrensvorschriften.** Art 15 §§ 1 und 2 KindRG sind Ausnahmebestimmungen, die nicht die Fortgeltung des gesamten Verfahrensrechts in laufenden Verfahren zum Ziel haben, sondern lediglich der Prozeßökonomie und der Vorhersehbarkeit der Zulässigkeit von Rechtsmitteln dienen (OLG Köln FamRZ 1999, 314: § 50 Abs 2 FGG anwendbar). Soweit das Vormundschaftsgericht zuständig bleibt, ist nicht § 621 a ZPO anzuwenden, sondern die Bestimmungen des FGG; § 49 a FGG findet Anwendung (Art 15 § 1 Abs 3).

## § 1685

(1) **Großeltern und Geschwister haben ein Recht auf Umgang mit dem Kind, wenn dieser dem Wohl des Kindes dient.**

(2) **Gleiches gilt für den Ehegatten oder früheren Ehegatten eines Elternteils, der mit dem Kind längere Zeit in häuslicher Gemeinschaft gelebt hat, und für Personen, bei denen das Kind längere Zeit in Familienpflege war.**

(3) **§ 1684 Abs. 2 bis 4 gilt entsprechend.**

**Materialien: neuer Inhalt idF des KindRG:** BT-Drucks 13/4899 v 13. 6. 1996, 105 f; BT-Drucks 13/8511 v 12. 9. 1997, 68; KindRG v 16. 12. 1997.

Zu früheren Fassungen vgl STAUDINGER/BGB-Synopse 1896–2000 § 1685.

### Schrifttum

BIRK, Das Verkehrsrecht der Großeltern / Rechtsvergleichende und kollisionsrechtliche Bemerkungen zur deutschen Rechtsprechung, FamRZ 1967, 306
DARKOW, Haben Großeltern ein Recht auf persönlichen Verkehr mit ihren Enkelkindern?, JR 1953, 333

NIEMEYER, Kinder homosexueller Eltern: Kein Ende der Diskussion über die Reform des Kindschaftsrechts?, FuR 1997, 141
SCHULZE, Le printemps des grands-parents – Das Umgangsrecht Dritter im Entwurf des Bundesjustizministeriums, FuR 1996, 275.

## I. Normgeschichte, Normzweck

**1 1.** Die Bestimmung wurde als Teil der reformierten Gesamtregelung des Umgangsrechts durch das **KindRG** (dazu § 1684 Rn 5 ff) neu eingefügt. Die Fassung geht zurück auf den Regierungsentwurf (BT-Drucks 13/4899 11, 106 f). Der Bundesrat hatte in seiner Stellungnahme (BT-Drucks 13/4899, 153 Nr 20) ein *Recht des Kindes* auch für den Umgang mit den in § 1685 genannten Personen, freilich ebenfalls eingeschränkt durch die Kindeswohldienlichkeit, gefordert. Der Rechtsausschuß übernahm, anders als zu § 1684, diesen Gedanken nicht.

Die ebenfalls vom Bundesrat (aaO Nr 22) geäußerten Bedenken, es könne zu konkurrierenden Umgangsrechten mehrerer in § 1685 genannter Personen (und der Eltern) kommen, sah die Bundesregierung (BT-Drucks 13/4899, 169) als nicht durchgreifend an, da die Umgangsrechte nach § 1685 unter dem Vorbehalt der Kindeswohl-dienlichkeit stünden und § 1623 Abs 3 nicht in jedem Fall eine Vermutung der Kin-deswohldienlichkeit des Umgangs mit diesem Personenkreis begründe, so daß Raum für den Schutz des Kindes gegen Belastungen durch konkurrierende Umgangsrechte sei.

**2.** Die im Gesetz gänzlich neue Regelung folgt dem in der Reformdiskussion **2** vielfach vorgetragenen (Bosch FamRZ 1970, 497, 503; Schwenzer FamRZ 1992, 121, 127; vgl Rauscher FamRZ 1998, 329, 336) Gedanken einer rechtlichen Stärkung der **über die Kleinfamilie hinausgehenden Sozialbeziehungen** des Kindes. Die Regelung setzt die in der Rechtsprechung bereits ausnahmsweise über § 1666 gefundene Durchset-zung des Umgangs von Großeltern (auch gegen den Willen der Eltern) mit dem Kind fort (Palandt/Diederichsen Rn 1; Johannsen/Henrich/Jaeger Rn 1; vgl BayObLGZ 1963, 293; BayObLGZ 1965, 182; KG OLGZ 1970, 297; OLG Köln NJW 1961, 2163; zur historischen Entwick-lung vgl Staudinger/Peschel-Gutzeit¹² § 1634 aF Rn 94 ff). Sie schafft das nach der bishe-rigen Rechtslage allgemein abgelehnte Umgangsrecht der Großeltern (zuletzt noch OLG Köln FamRZ 1998, 695) und erweitert den Personenkreis auch auf Geschwister und Stiefelternteile. Damit will die Bestimmung der rechtstatsächlichen Erkenntnis gerecht werden, daß Kinder, insbesondere Kinder unverheirateter (oder geschiede-ner) Eltern häufig mit anderen Bezugspersonen, insbesondere mit Verwandten der Mutter, zusammenleben.

**3.** Andererseits will die Bestimmung verhindern, daß es zu einer zu starken **Aus-** **3** **weitung von Umgangsrechten** und damit von **Umgangsstreitigkeiten** kommt. Deshalb faßt § 1685 den Kreis der Umgangsberechtigten enger als die Grundsatznorm des **§ 1626 Abs 3 S 2** den Kreis der Personen beschreibt, zu denen bestehende und för-derliche Bindungen im Regelfall zugunsten des Kindeswohls aufrechterhalten wer-den sollen. § 1685 begrenzt das Umgangsrecht auf Bezugspersonen, die dem Kind üblicherweise besonders nahestehen, also Großeltern, Geschwister, Stiefeltern und Pflegeeltern (BT-Drucks 13/4899, 107). Außerdem knüpft die Regelung an das Modell des § 1711 aF an und macht das Umgangsrecht davon abhängig, daß der Umgang positiv dem Wohl des Kindes dient (BT-Drucks 13/4899, 107, 169). Dies verdeutlicht, daß das Umgangsrecht des § 1685, obgleich es als *subjektives Recht* der Bezugspersonen ausgestaltet ist und ihm kein Recht des Kindes korrespondiert, nicht um dieser Personen willen, sondern um des Kindeswohls willen besteht.

## II. Umgangsrecht, keine Umgangspflicht

**1.** Abs 1 und 2 begründen ein Umgangsrecht für die dort genannten Personen. **4** Dem korrespondiert **kein Umgangsrecht des Kindes** (FamRefK/Rogner Rn 2; Palandt/ Diederichsen Rn 4; Johannsen/Henrich/Jaeger Rn 4). Dies hat sowohl im Gesetzge-bungsverfahren (oben Rn 1) als auch hieran anschließend Kritik herausgefordert.

Die Bundesländer Hamburg und Sachsen-Anhalt haben am 16. 6. 1999 einen Entwurf eines **Kinderrechteverbesserungsgesetzes** (BR-Drucks 369/99) eingebracht, der die Aus-gestaltung des Umgangsrechts nach § 1685 in gleicher Weise wie die des Umgangs-rechts nach § 1684 als ein Recht des Kindes vorsieht.

Auf den ersten Blick erscheint die kritische Argumentation zutreffend: Wenn schon im Verhältnis zu seinen Eltern der Umgang primär ein Recht des Kindes ist und § 1684 Abs 1 dies auch anerkennt, so erscheint es fragwürdig, wenn im Verhältnis zu dem in § 1685 erfaßten Personenkreis das Gesetz die unzeitgemäße Sicht eines Rechts des Dritten gegenüber dem Kind einzunehmen scheint (Lipp FamRZ 1998, 65, 75). Großeltern und Geschwistern kann zwar ein achtenswertes Eigeninteresse am Umgang mit dem Kind nicht grundsätzlich abgesprochen werden; im Zentrum steht aber zweifellos das Kindeswohl, so daß § 1685 sicher nicht als Bestimmung zur Förderung der um den Umgang bemühten älteren Generation mißverstanden werden darf (vgl OLG Köln FamRZ 1998, 695, 696; Lipp aaO; anders Schulze FuR 1996, 275, 277). Die Ausgestaltung als Umgangsrecht *mit dem Kind* erweckt auf den ersten Blick den Eindruck, als werde das Kind, dem § 1684 eine Subjektstellung verschaffen will, gegenüber Dritten wieder in die Objektrolle gedrängt (so auch die Begründung des Gesetzesantrags zu einem KinderrechteverbesserungsG, BR-Drucks 369/99, 5).

Dennoch erscheint die gewählte Gestaltung zustimmungswürdig. Einerseits kann Großeltern, Geschwister und noch weniger den in Abs 2 genannten Personen schwerlich der Umgang mit dem Kind zur Pflicht gemacht werden, so daß ein Umgangsanspruch des Kindes sich nicht *gegen die Umgangspersonen* richten könnte (weshalb auch auf Anregung der *Eltern* – vgl Weychardt ZfJ 1999, 326, 327 – nur Regelungen in Betracht kommen, wenn die Eltern uneins sind oder Einschränkungen beantragt werden). Wollte man dagegen dem Kind einen Anspruch *gegen die Eltern* auf Gestattung des Umgangs mit den Umgangspersonen geben (so Lipp FamRZ 1998, 65, 75; Arbeitsgemeinschaft Jugendhilfe ZfJ 1996, 94, 97), so würde dies zwar theoretisch die Subjektstellung des Kindes verdeutlichen; in praxi aber würde der *Streit* um den Umgang in das Eltern-Kind-Verhältnis getragen. Selbst im Anwendungsbereich von § 1684 Abs 1 Hs 1 ist diese Verlagerung des Streits um den Anspruch auf das Kind ein Problem; dort aber ist die Ausgangssituation im Eltern-Kind-Verhältnis ohnehin bereits gespannt, weil ein Elternteil sich dem Umgang des anderen widersetzt. Im Anwendungsbereich des § 1685 würde womöglich erst Streit in das Eltern-Kind-Verhältnis getragen. Die Regelung ist also auch Ausdruck einer Abwägung zwischen den Vorteilen, die der angestrebte Umgang für das Kindeswohl bedeutet und dem Nachteil einer Belastung des Verhältnisses des Kindes zu seinen Eltern als den engsten Bezugspersonen.

**5 2.** Trotz seiner Gestaltung als subjektives Recht des Umgangsberechtigten erweist sich das Umgangsrecht aber als ein **treuhänderisches Recht** im Interesse des Kindes (Johannsen/Henrich/Jaeger Rn 1). Der Umgang dient grundsätzlich dem *Kindes*wohl (§ 1626 Abs 3) und ist um des Kindes willen in § 1685 als Recht formuliert. Verweigert der Sorgerechtsinhaber den Umgang, so ist es aber Sache des Umgangsberechtigten, den Umgang durchzusetzen, insbesondere eine familiengerichtliche Regelung nach Abs 3 iVm § 1684 Abs 3 herbeizuführen. Dies hält das Kind aus dem formalen Streit heraus und ist überdies deshalb sinnvoll, weil ohne Initiative des Umgangsberechtigten nicht absehbar wäre, ob dieser den Umgang überhaupt ausüben würde.

**6 3.** Fraglich bleibt, ob das **Kind** dennoch mittelbar, insbesondere durch eine **Anregung des Jugendamts** auf die Gewährung des Umgangs mit den in § 1685 genannten Personen hinwirken und eine familiengerichtliche Regelung von Amts wegen erreichen kann (so Johannsen/Henrich/Jaeger Rn 4). Grundlage könnte nur eine familiengerichtliche Befugnis zur *amtswegigen* Umgangsregelung sein. Abs 3 iVm § 1684 Abs 3 kommt hierfür nicht in Betracht. Kommen Eltern dem (berechtigten) Wunsch des Kindes nach Umgang mit Dritten nicht nach, so kann ein Eingriff des Gerichts von Amts wegen nur auf der Grundlage des § 1666 erfolgen (PALANDT/DIEDERICHSEN Rn 4 und § 1626 Rn 29). § 1685 hat zwar im Verhältnis zu den Umgangsberechtigten die Eingriffsvoraussetzungen in das elterliche Sorgerecht verschoben und macht die Regelung nicht mehr von einer Kindeswohlgefährdung durch die Umgangsverweigerung abhängig, sondern nur noch von der Kindeswohldienlichkeit des Umgangs. Solange der Umgangsberechtigte nicht aktiv wird, geht aber das Erziehungsrecht der Eltern bis zu der durch das staatliche Wächteramt (Art 6 Abs 2 S 2 GG) gezogenen Grenze vor.

Es ist also im Ergebnis nicht irrelevant, daß § 1685 *kein* Recht des Kindes gegen seine Eltern vorsieht. Die gesetzgeberische Entscheidung, den Umgang mit Dritten gegen den Willen der Eltern nur im Verhältnis zwischen Eltern und Umgangsberechtigtem, nicht aber im Verhältnis zwischen Eltern und Kind gerichtlich zu regeln, ist deshalb aber nicht falsch. Sie ist Ausdruck der grundsätzlichen Wertung, das Eltern-Kind-Verhältnis nicht durch unmittelbaren Streit um den Umgang mit Dritten zu belasten (oben Rn 4). Daß die Eltern verpflichtet sind, einen dem Kindeswohl entsprechenden Umgang mit Dritten zu fördern, ergibt sich schon aus § 1626 Abs 3.

### III. Personenkreis (Abs 1 HS 1, Abs 2)

#### 1. Abs 1: Verwandte

**a)** Abs 1 Hs 1 nennt als **Verwandte**, die ein Umgangsrecht mit dem Kind haben, die **7** *Großeltern* und die *Geschwister*. Der Beschreibung dieses Personenkreises liegt der Verwandtschaftsbegriff des § 1589 zugrunde. In beiden Fällen kommt nur durch Geburt oder Adoption begründete Verwandtschaft in Betracht (PALANDT/DIEDERICHSEN Rn 5).

**Großeltern** sind also nur die mit dem Kind im zweiten Grad gerader Linie verwandten Personen; hingegen hat ein Ehegatte eines Großelternteils kein eigenes Umgangsrecht (PALANDT/DIEDERICHSEN Rn 5); in Betracht kommt in diesem Fall ein Umgangsrecht – unter eingeschränkten Voraussetzungen – nach Abs 2 letzte Alternative (Familienpflege), wenn das Kind längere Zeit ohne einen Elternteil bei den Großeltern gelebt hat (so wohl auch PALANDT/DIEDERICHSEN Rn 5).

**Geschwister** iSd Abs 1 sind sowohl voll- als auch halbbürtige Geschwister; kein eigenes Umgangsrecht haben hingegen Kinder eines Stiefelternteils des Kindes, auch wenn diese eine längere Zeit mit dem Kind zusammen aufgewachsen sind.

**b)** Das Umgangsrecht der in Abs 1 genannten Personen ist nicht davon abhängig, **8** daß sie mit dem Kind in **häuslicher Gemeinschaft** gelebt haben. Die Bestimmung geht vielmehr davon aus, daß Großeltern und Geschwister ohne ein zusätzliches soziales Element schon aufgrund der Verwandtschaft dem Kind so nahestehen, daß ein Umgang regelmäßig wünschenswert ist.

## 2. Abs 2: Soziale Familie

**9 a)** Abs 2 erweitert den Kreis der Umgangsberechtigten auf bestimmte Fälle einer **sozial begründeten Familienbeziehung**.

Umgangsberechtigt ist der **Ehegatte eines Elternteils**, also ein Stiefelternteil des Kindes. Ob dem betreffenden Elternteil die elterliche Sorge zusteht oder während des längeren Zusammenlebens mit dem Kind in häuslicher Gemeinschaft zugestanden hat, ist unerheblich; maßgeblich sind die tatsächlichen Bindungen, die durch die zusätzlich vorausgesetzte längere häusliche Gemeinschaft begründet sind. Erfaßt sind insbesondere Fälle einer erneuten Eheschließung des das Kind betreuenden Elternteils nach Scheidung, aber auch Fälle der Eheschließung eines nicht verheirateten das Kind betreuenden Elternteils mit einem Dritten. Hat das Kind in einer neuen Familie sowohl des einen als auch des anderen leiblichen Elternteils gelebt, so können Umgangsrechte von Stiefeltern auf beiden Seiten bestehen.

Das Umgangsrecht besteht auch zu dem **früheren Ehegatten eines Elternteils**, also wenn die Ehe zwischen dem Elternteil und dem Stiefelternteil beendet ist, nach dem Tod des Elternteils, nach Scheidung oder Aufhebung der Ehe. Dies gilt auch für einen Ehemann, der im Zeitpunkt der Geburt mit der Mutter des Kindes verheiratet war, daher nach § 1592 Nr 1 Vater des Kindes war, dessen Vaterschaft sodann aber angefochten wurde (**Scheinvater**). Sofern die Voraussetzung des längeren Zusammenlebens in häuslicher Gemeinschaft mit dem Kind besteht, kann der nur scheinbare Vater über die Anfechtung der Vaterschaft hinaus ein Umgangsrecht nach Abs 2 haben. Umgekehrt erlangt über Abs 2 nun auch ein Mann, der zwar biologisch der Vater ist, dessen Vaterschaft aber wegen der Sperrwirkung einer anderen Vaterschaft nie festgestellt wird (ein früher viel diskutiertes Problem, vgl STAUDINGER/PESCHEL-GUTZEIT[12] § 1634 aF Rn 110, das sich wegen des nunmehr freien Anfechtungsrecht des Kindes nach § 1600 seltener stellen wird), ein Umgangsrecht nach Abs 2, sofern er längere Zeit mit dem Kind in häuslicher Gemeinschaft lebt.

Umgangsberechtigt sind auch **Pflegeeltern**, bei denen das Kind längere Zeit in Familienpflege war (vgl BVerfG FamRZ 2000, 413); der Begriff der *Familienpflege* entspricht dem des § 1632 Abs 4, der sich wiederum an §§ 33, 44 ff SGB VIII orientiert (§ 27 JWG aF: OLG Bamberg NJW-RR 1999, 804). Das Zusammenleben mit einem Elternteil schließt daher das Bestehen einer Familienpflege zu einem im selben Haushalt lebenden Dritten aus (OLG Dresden DAVorm 2000, 176, 177). Zum Verhältnis der Bestimmung zu § 1632 Abs 4 unten Rn 13.

**10 b)** Den in Abs 2 genannten Fällen liegt der Gedanke zugrunde, daß eine gewachsene soziale Familienbeziehung, in der das Kind gelebt hat, nicht gänzlich beseitigt werden darf, sondern ein Umgangsrecht begründet. Voraussetzung ist daher, daß zwischen dem Kind und dem Umgangsberechtigten **längere Zeit eine häusliche Gemeinschaft** bestanden hat. Im Fall der Pflegeeltern ist die häusliche Gemeinschaft bereits Voraussetzung für die Pflegeelterneigenschaft.

Für die Bestimmung der **längeren Zeit** ist, wie bei § 1632 Abs 4, auszugehen von dem *kindlichen Zeitbegriff*. Maßgeblich ist, ob das Kind in dem Berechtigten eine Bezugsperson gefunden hat (vgl BGHZ 40, 11; BayObLG NJW 1965, 1716; JOHANNSEN/HENRICH/

JAEGER Rn 3). Ohne Bedeutung ist es daher, wenn eine Ehe zwischen dem Stiefelternteil und dem Elternteil nicht während der gesamten Zeit der häuslichen Gemeinschaft bestanden hat (vgl zur entsprechenden Anwendung auf Fälle nichtehelicher Partnerschaft unten Rn 17).

Das Umgangsrecht dieses Personenkreises entfaltet vorzugsweise dann seine Wirkung, wenn die **häusliche Gemeinschaft** mit dem Umgangsberechtigten **nicht mehr besteht**, wenn also die Ehe des Elternteils mit dem Stiefelternteil gescheitert ist oder wenn das Kind, ggf nach einer Änderung der Sorgerechtsregelung bei dem anderen leiblichen Elternteil lebt. In solchen Fällen hat der Elternteil ein Umgangsrecht nach § 1684, der Stiefelternteil ggf eines nach Abs 2.

**c)** Das Umgangsrecht der Berechtigten nach Abs 1 und Abs 2 hat über die un- **11** mittelbare Wirkung hinaus auch eine **mittelbare Auswirkung** auf die **Umgangsregelung nach § 1684 Abs 3 S 1**. Im Rahmen der Regelung des Umgangs mit einem Elternteil kann das Familiengericht nach § 1684 Abs 3 S 1 den Umgang auch gegenüber Dritten regeln. Steht den Dritten ein eigenes Umgangsrecht nach § 1685 zu, so ist die Regelung nicht bloßer Reflex gegenüber einem unbeteiligten Dritten, sondern bedeutet zugleich eine Regelung des Umgangs nach Abs 3 iVm § 1684 Abs 3. Inhaltlich schränkt dies die Regelungsmöglichkeit freilich kaum ein: Da das Familiengericht auch den Umgang mit *nicht selbst umgangsberechtigten* Dritten nicht beliebig beschränken kann, sondern mit Rücksicht auf die ungezwungene Atmosphäre des Umgangs mit dem umgangsberechtigten Elternteil nur solche Anordnungen treffen darf, die das Kindeswohl erfordert, liegen dann regelmäßig auch die Voraussetzungen für eine Regelung gegenüber dem *umgangsberechtigten* Dritten vor; denn dessen Umgangsrecht steht ausdrücklich unter dem Vorbehalt der Kindeswohldienlichkeit (Abs 1 HS 2).

**3.  Verhältnis zu § 1682**

**a)** Hat das Kind längere Zeit mit einem Elternteil und dessen Ehegatten oder mit **12** einem Elternteil und einer nach § 1685 umgangsberechtigten volljährigen Person gelebt, so wird diese soziale Familiengemeinschaft ggf **durch § 1682 stärker geschützt** als durch die bloße Einräumung eines Umgangsrechts. Ruht die elterliche Sorge dieses Elternteils oder verstirbt dieser Elternteil und wird der andere Elternteil alleine aufenthaltsbestimmungsberechtigt, so kann das Familiengericht auf Antrag oder von Amts wegen den Verbleib des Kindes bei dem Umgangsberechtigten anordnen, wenn und solange das Kindeswohl durch die von dem anderen Elternteil unternommene Wegnahme gefährdet wäre (§ 1682 S 1).

**b)** Hinsichtlich von **Pflegeeltern** tritt § 1685 Abs 2 neben die Regelung des § 1632 **13** Abs 4, überschneidet sich aber nicht mit deren Anwendungsbereich. § 1632 Abs 4 ermöglicht ggf den Verbleib des Kindes bei den Pflegeeltern, während § 1685 Abs 2 die Aufrechterhaltung des Umgangs mit den Pflegeeltern insbesondere dann sicherstellt, wenn das Kind wieder bei seinen leiblichen Eltern (oder bei Adoptiveltern, in einem Heim) lebt. Bei der Regelung des Umgangs mit Pflegeeltern ist zu beachten, daß die Pflegefamilie den Schutz des Art 6 Abs 1, 3 GG genießt (BVerfG FamRZ 2000, 413).

**14** c)    Das Schutzbedürfnis ist in beiden Fällen vergleichbar; kommt es nicht zu einer Verbleibensanordnung, so **verbleibt ggf ein Umgangsrecht** nach § 1685. Da § 1682 S 2 allerdings nur hinsichtlich des Personen*kreises* Bezug nimmt auf § 1685, nicht aber das Bestehen eines Umgangsrechts im konkreten Fall voraussetzt (BT-Drucks 13/4899, 104), bleibt nicht in allen von § 1682 erfaßten Fällen wenigstens ein Umgangsrecht erhalten. Hingegen sind die Ausgangsfälle der Familienpflege in § 1632 Abs 2 und in § 1685 Abs 2 identisch.

§ 1685 ist dadurch insbesondere geeignet, die Trennung von Pflegeeltern und anderen Bezugspersonen zu erleichtern und Anordnungen nach § 1632 Abs 4, insbesondere aber solche nach § 1682 auf das unbedingt erforderliche Maß zu reduzieren. Wenngleich nicht zu bestreiten ist, daß ein Bedürfnis bestehen kann, das Kind durch eine Anordnung nach § 1682 gegen das Herausnahmeverlangen eines aufenthaltsbestimmungsberechtigt gewordenen Elternteils bei einer Bezugsperson iSd § 1685 zu belassen, ist insbesondere in den Fällen Vorsicht geboten, in denen Großeltern seitens eines verstorbenen Elternteils mit dem überlebenden Elternteil um den Aufenthalt des Kindes streiten (vgl zur Situation des nicht mit der Mutter verheirateten Vaters, der nach dem Tod der Mutter das Kind zu sich nehmen möchte: RAUSCHER FamRZ 1998, 329, 338). § 1685 eröffnet hier die Chance, daß das Kind bei seinem leiblichen Elternteil lebt und dennoch nicht den Kontakt zu seiner bisherigen sozialen Bezugsperson verliert.

### 4.    Nicht ausdrücklich genannte Bezugspersonen

**15** a)    Anderen als den ausdrücklich genannten Personen steht **kein Umgangsrecht** zu. Dies gilt auch dann, wenn zu solchen Personen aufgrund einer längeren häuslichen Gemeinschaft eine soziale Familienbeziehung besteht und der Umgang dem Kindeswohl dienen würde (BT-Drucks 13/4899, 69). Die Bestimmung ist bewußt enumerativ gefaßt, um ausufernden Umgangsstreitigkeiten vorzubeugen.

Dies bedeutet auch keinen Widerspruch zu § **1626 Abs 3**. Jene Bestimmung beschreibt den Kreis der Personen, mit denen Umgang zu pflegen grundsätzlich dem Kindeswohl dient. Eine andere Frage ist, ob ein Umgangsrecht besteht in dem Sinn, daß ein Umgang auch unterhalb der Grenze der Kindeswohlgefährung *gegen das elterliche Bestimmungsrecht* des § 1632 Abs 2 durchsetzbar sein soll. Hier hat sich der Gesetzgeber zu Recht gegen den weiten Personenkreis des § 1626 Abs 3 entschieden (zutreffend OLG Bamberg NJW-RR 1999, 804), weil der mit einer Umgangsregelung gegen den Willen der Eltern verbundene Eingriff in das Elternrecht bei weniger intensiven sozialen Kontaktpersonen (zB Kindergarten-Erzieherin) oder ferneren Verwandten dem Kind mehr schaden als nützen würde. Die damit verbundene Begrenzung des Personenkreises ist nicht willkürlich (so aber LIPP FamRZ 1998, 65, 75); sie versucht vielmehr auf einer vorhersehbaren Grundlage zu entscheiden, für welchen Umgang mit Dritten notfalls auch eine Belastung des Eltern-Kind-Verhältnisses hingenommen werden muß und für welche nicht.

Verweigern die Eltern den Umgang mit solchen Personen, so kommt eine gerichtliche Regelung nur in Betracht, wenn dadurch das Kindeswohl gefährdet wäre (§ 1666; OLG Zweibrücken FamRZ 1999, 1161, 1162), nicht aber bereits dann, wenn ein solcher Umgang dem Kindeswohl dienen würde. § 1626 Abs 3 gibt keine Eingriffsgrundlage, § 1685 ist nicht anwendbar. Versagt die vom Gesetz gewählte Typisierung ausnahmsweise aufgrund der besonderen Fallumstände, so gibt § 1666 den erforderlichen Raum, um den Umgang mit einer vom Kind als besonders bedeutsam empfundenen Bezugsperson herzustellen (vgl auch PALANDT/DIEDERICHSEN Rn 7).

**b)**     Kein Umgangsrecht haben daher **Tanten** und **Onkel** (OLG Zweibrücken FamRZ   **16**
1999, 1161; WEYCHARDT ZfJ 1999, 326, 327; kritisch LIPP FamRZ 1998, 65, 75), fernere Verwandte in gerader Linie und Seitenlinie, Verschwägerte, sowie zum sozialen Umfeld des Kindes gehörende Personen wie Kindergarten-Erzieher/in, Grundschullehrer/in, Tagesmütter/väter (vgl den noch nach altem Recht entschiedenen Fall in BayObLG NJWE-FER 1998, 53) Freunde oder Nachbarn.

**c)**     Fraglich ist allerdings, ob der Gesetzgeber durch die Beschränkung auf den   **17**
**Ehegatten** eines Elternteils die Stiefkindsituation den heutigen sozialen Verhältnissen entsprechend typisiert hat. Nach dem Wortlaut der Bestimmung hat der **nichteheliche Partner** des Elternteils kein Umgangsrecht, auch wenn er mit dem Kind, wie Abs 2 es ohnehin voraussetzen würde, längere Zeit in häuslicher Gemeinschaft gelebt hat (OLG Bamberg NJW-RR 1999, 804; OLG Dresden KindPrax 2000, 98; zustimmend OTTO FamRZ 2000, 44). Das gesetzgeberische Bestreben, einen klar überschaubaren Personenkreis zu definieren, spricht nicht notwendig gegen eine Einbeziehung des nichtehelichen Partners eines Elternteils. Ginge es nur um das gesetzlich nicht definierte Bestehen einer nichtehelichen Lebensgemeinschaft, so wären in der Tat Abgrenzungsprobleme zu befürchten (so OLG Bamberg aaO; ähnlich OLG Dresden aaO). Das aus Sicht des Kindeswohls entscheidende Abgrenzungskriterium ist aber gar nicht das familienrechtliche Verhältnis zwischen dem Elternteil und dessen Partner, sondern das Verhältnis zu dem Kind als Stief-, oder besser Sozial-Elternteil. Dieses Verhältnis wird aber nicht durch das Bestehen eine Ehe ausgelöst, sondern entscheidend durch das Tatbestandsmerkmal der längeren *häuslichen Gemeinschaft* kontrolliert. Da über die durch diese Gemeinschaft vermittelte Bindung des Kindes auch beim Umgangsbegehren eines mit einem Elternteil *verheirateten* Stiefelternteils Beweis zu erheben wäre, steht der Beweisaufwand (vgl OLG Bamberg aaO) ebenfalls der Ausdehnung auf nichteheliche Partner nicht entgegen.

Diese Einbeziehung erscheint de lege lata durch eine **Analogie zu Abs 2 1. Alt** möglich (iE ähnlich PALANDT/DIEDERICHSEN Rn 7 für eine – wohl großzügige – Anwendung von § 1666; **aA** OLG Dresden KindPrax 2000, 98). Der Gesetzgeber ging anscheinend irrig davon aus, das soziale Phänomen der „Stiefeltern"schaft durch Abs 2 S 1 genügend erfaßt zu haben (BT-Drucks 13/4899, 106 f rekurriert nicht auf das Bestehen einer Ehe, sondern auf den Personenkreis „Stiefeltern").

Der, bei Beschränkung auf Ehegatten nicht in gleichem Maß sich stellenden, Problematik **mehrerer gleichzeitiger oder aufeinanderfolgender Stiefelternteile** läßt sich durch das Erfordernis der Kindeswohldienlichkeit begegnen. Zu mehreren gleichzeitigen Partnern wird das Kind kaum je eine entsprechende Bindung entwickeln. Bei aufeinanderfolgenden Beziehungen werden sich allenfalls dann Doppelbindungen feststellen lassen, wenn eine längerfristige Beziehung des Elternteils endet und durch eine andere längerfristige abgelöst wird. Dieses Phänomen unterscheidet sich jedoch wiederum nicht von zwei aufeinanderfolgenden Ehen des Elternteils; zumal ein späterer Ehegatte des Elternteils schon während eines vorher beginnenden Zusammenlebens zur Bezugsperson des Kindes werden kann (vgl oben Rn 10).

Nicht anzuwenden ist Abs 2 1. Alt hingegen auf **gleichgeschlechtliche Partner** eines Elternteils. Dieses offenbar vom Zeitgeist geforderte Ansinnen (vgl NIEMEYER FuR 1997, 141) verkennt, daß nicht die Intensität der Bindung des *Elternteils* das Umgangsrecht auslöst, sondern die Funktion des Partners als Stiefelternteil. Die Alternativen des Abs 2 beziehen sich auf Situationen, in denen das Kind mit dem/den Umgangsberechtigten (und einem Elternteil) eine soziale Familie erlebt und den Umgangsberechtigten als Sozialäquivalent eines nicht in seiner Umgebung lebenden Elternteils erfahren hat. Hierzu gehört unabdingbar die Zuordnung als sozialer Vater oder soziale Mutter. Ein durch die sexuelle Orientierung des betreuenden Elternteils verursachtes Zusammenleben mit zwei Vätern oder zwei Müttern ist für die Selbstfindung und -orientierung des Kindes eher nachteilig, jedenfalls aber nicht geeignet, die wünschenswerte Ausrichtung des Kindes an zwei Bezugspersonen verschiedenen Geschlechts zu ermöglichen. Die von Abs 2 zugrundegelegte Schutzrichtung paßt also nicht auf diese Lebenssituation.

## IV.  Kindeswohldienlichkeit (Abs 1 HS 2)

**18**  **1.**  Das Umgangsrecht nach § 1685 besteht nur, wenn der Umgang dem Wohl des Kindes dient. Im Gegensatz zum Umgang mit den Eltern wird die **Kindeswohldienlichkeit nicht vermutet**; auch aus § 1626 Abs 3 S 2 ergibt sich eine solche Vermutung nicht (BT-Drucks 13/4899, 107, 169; OLG Koblenz MDR 2000, 160, 161). Da grundsätzlich die Bestimmung des Umgangs Teil der Personensorge ist (§ 1632 Abs 2), bedeutet ein Umgangsrecht Dritter gegen den Willen des Personensorgeberechtigten, regelmäßig also der Eltern, einen Eingriff in das Elternrecht. Dies gebietet einen Ausgleich zwischen den Interessen des Kindes im Verhältnis zu seinen Eltern und dem Kindesinteresse am Umgang (JOHANNSEN/HENRICH/JAEGER Rn 5; SCHULZE FuR 1996, 275).

Für diesen Interessenausgleich hat der Gesetzgeber des KindRG das **Modell des § 1711 aF** gewählt; daß dieses Modell für den Vater, dem jedenfalls nach jüngerem Verständnis das Elternrecht des Art 6 Abs 2 GG zustand, nicht geeignet war, spricht nicht gegen diese Modellwahl (zweifelnd JOHANNSEN/HENRICH/JAEGER Rn 5); den in Abs 1 und 2 Genannten wird zwar ein subjektives Recht auf Umgang gewährt; dieses ist jedoch nicht verfassungsgestützt, so daß der gewählte maßvolle Vorrang des Erziehungsrechts der Eltern auch den Vorgaben des Art 6 Abs 2 GG besser gerecht wird als es eine Gleichgewichtigkeit würde.

**19**  **2.**  **Versagen die Eltern den Umgang**, so hat das elterliche Erziehungsrecht einen relativen Vorrang.

**a)**  Dem Personensorgeberechtigten kommt zwar kein Bestimmungsrecht zu, kraft dessen er den Umgang ausschließen könnte. Vielmehr muß sich die elterliche Entscheidung am Wohl des Kindes messen lassen. Der elterliche Vorrang besteht im Grunde nur darin, daß der den Umgang Begehrende die *Feststellungslast* dafür trägt, daß der Umgang dem Wohl des Kindes dient. Da § 1626 Abs 3 S 2 auch den in § 1685 berechtigten Personenkreis einschließt, ergibt sich für die Kindeswohldienlichkeit zwar keine *Vermutung* (die der Personensorgeberechtigte zu widerlegen hätte), jedoch ein *Beweisindiz* (vgl FamRefK/ROGNER Rn 3). Dieses Indiz wird für den Personenkreis des Abs 1 dadurch verstärkt, daß nach der Lebenserfahrung Kontakte zu Großeltern und Geschwistern üblich und im allgemeinen auch dem Kindeswohl dienlich sind. Dabei bedarf es nicht notwendig bereits existierender Beziehungen; auch der Effekt einer familiären Einbettung auf lange Sicht ist als kindeswohldienlich zu beachten (Johannsen/Henrich/Jaeger Rn 5). Bei dem Personenkreis des Abs 2 wird schon tatbestandlich eine soziale Nähe gefordert, die per se die Annahme der Kindeswohldienlichkeit in sich trägt.

Die Weigerung des Personensorgeberechtigten ist also ein wichtiger *Faktor in der Kindeswohlabwägung*; sie steht jedoch gegen **Indizien, die für eine Umgangsgewährung sprechen**; der Personensorgeberechtigte muß also den Indizien verständige Gründe für sein Verbot entgegensetzen (OLG Koblenz MDR 2000, 162, 163), so daß Befürchtungen, die Rechtslage nach § 1685 könne auf den alten Stand der Beurteilung nach § 1666 zurückfallen (Schulze FuR 1996, 275, 277), übertrieben erscheinen: Die Verweigerungshaltung muß keineswegs *kindeswohlgefährdend* sein, um überwunden zu werden. Vielmehr genügt ein Abwägungsergebnis, das dem Umgang erkennbar mehr Vor- als Nachteile für das Kindeswohl zumißt. Andererseits setzen sich bereits verständige Gründe des Sorgeberechtigten gegen den Umgang durch (noch zu § 1666 aF: OLG Frankfurt/Main FamRZ 1998, 1042); dieser ist nicht erst bei Kindeswohlgefährdung ausgeschlossen.

**b)**	Erst recht verschieben sich die Parameter der Feststellungslast, wenn sich die **20** **Eltern** um den Umgang mit Dritten selbst **nicht einig** sind; in solchen – nicht seltenen – Fällen („Schwiegermutterstreit") wird schon von Elternseite Widersprüchliches zum Kindeswohl zu hören sein. Zudem ist dieser Konflikt nicht mehr vorrangig bei § 1685 angesiedelt, wenngleich er auch in diesem Verfahren entschieden werden kann (BT-Drucks 13/4899, 107), sondern im Bereich der §§ 1627 S 2, 1628. Dort aber trägt faktisch der Elternteil die Feststellungslast, der ein im Kindesleben übliches Element ohne guten Grund versagen will. § 1685 darf insbesondere nicht dazu dienen, daß Großeltern sich im Streit ihres Kindes mit seinem Partner als verlängerter Arm verstehen und dadurch ein Streit „feindlicher Lager" entsteht; dies würde die Situation des Kindes nur verschlechtern, so daß in solchen Fällen gerade wegen des Elternkonflikts der Umgang mit Großeltern zu versagen sein kann (OLG Köln FamRZ 1998, 695, 696).

**c)**	Freilich ist in der Abwägung, anders als im Verhältnis von um den Umgang **21** streitenden *Eltern*; durchaus auch die **Wirkung einer Verweigerungshaltung** und die Folgen der Durchsetzung eines Umgangs auf das Kindeswohl beachtlich. Dem Kindeswohl ist nicht gedient, wenn es den Umgang zu einem Dritten gewinnt, dafür aber schwere Störungen des Verhältnisses zu seinen Eltern oder zu einem Elternteil gewärtigen muß. Gerade angesichts der Entwicklung zur Kleinfamilie kann es in extremen Spannungsfällen (auch wenn diese Spannungen auf Elternseite irrational übertrieben werden) besser sein, mit seinen Eltern in Frieden zu leben, auch wenn der Preis dafür der Kontaktverlust zu Großeltern sein sollte (OLG Koblenz MDR 2000, 162, 163; Rauscher FamRZ 1998, 329, 337). So hart das für Großeltern sein mag; § 1685 ist kein Programm zur Linderung des Problems der Überalterung der Gesellschaft (tendenziell anders wohl Schulze FuR 1996, 275, 277).

**d)**	Erst recht sprechen jene **konkreten Gefährdungsgründe** gegen einen Umgang **22** mit Berechtigten nach § 1685, die selbst zu einer Einschränkung des Umgangs mit einem Elternteil führen müßten. Solche Gründe fallen gegenüber der Kindeswohldienlichkeit des Umgangs mit Dritten stärker ins Gewicht, weil der ohne den Umgang zu befürchtende langfristige Nachteil, den die Entfremdung gegenüber einem Elternteil mit sich brächte, hier nicht besteht. Besondere Anstrengungen, die bei § 1684 einen Umgang gerade noch unter Einschränkungen ermöglichen, insbesondere ein *beschützter Umgang*, kommen daher bei § 1685 kaum in Betracht, weil die Belastung des Kindes im Verhältnis zum Nutzen des Umgangs sich schwerlich vertreten läßt.

Auch der **Wille des Kindes** ist in eher größerem Maß (JOHANNSEN/HENRICH/JAEGER Rn 6) beachtlich, als er gegenüber dem Umgang mit Eltern beachtlich wäre (OLG Frankfurt/ Main FamRZ 1998, 1042, 1043). Insbesondere sollte ein Wille des Kindes, der von nachvollziehbaren, wenngleich nicht sozial edlen Motiven getragen ist (Krankheit, Gebrechlichkeit, altersbedingte Disfunktionen eines Umgangsberechtigten), respektiert werden. Andererseits kann auch ein positiver Umgangswunsch des Kindes nicht immer beachtlich sein, wenn der Umgang objektiv dem Kindeswohl eher schadet (AG Köln DAVorm 1999, 311).

Dem Umgang kann auch entgegenstehen, wenn zwar in der Person des Umgangsberechtigten keine Gründe gegen den Umgang sprechen, das Kind jedoch durch den Umgang an traumatische Erlebnisse im Konflikt seiner Eltern erinnert würde, insbesondere, wenn es anläßlich des Besuchs bei Großeltern mit der noch nicht bewältigten Erinnerung an eine innerfamiliäre Straftat eines Elternteils konfrontiert würde (AG Köln DAVorm 1999, 311, 312).

**23** e)   Dem Kindeswohl nicht dienlich sind auch **konkurrierende Umgangsrechte**. Umgangsrechte nach § 1685 dürfen das Kind nicht einem „Umgangstourismus" (WEYCHARDT ZfJ 1999, 326, 327; vgl schon BT-Drucks 13/4899, 154) aussetzen. Da die Umgangsrechte nach Abs 1 und 2 gleichrangig gestaltet sind, muß insbesondere durch die Ausgestaltung des Umgangs (unten Rn 26) einer Überlastung des Kindes durch dauernde Besuche vorgebeugt werden.

## V.   Wohlverhaltensgebot, gerichtliche Regelung (Abs 3)

**24** 1.   Die Beteiligten trifft aufgrund Verweisung aus Abs 3 auf § 1684 Abs 2 das **Wohlverhaltensgebot**. Dies ist für Zwecke des § 1685 auf das mögliche Spannungsverhältnis zwischen Umgangsberechtigtem und Sorgeberechtigten zu übertragen, also dahin zu verstehen, daß sowohl die Eltern als auch die Umgangsberechtigten die Wohlverhaltenspflicht trifft. Die Eltern haben eine – nicht wohlbegründete – Beeinträchtigung des Verhältnisses des Kindes zu Umgangsberechtigten zu unterlassen. Sie haben auch die Pflicht, das Kind zu Besuchen zu motivieren. Umgekehrt haben die Umgangsberechtigten sich vor allem der Einmischung in Sorgerechtsfragen zu enthalten, was nicht selten als praktisches Problem im Verhältnis zu Großeltern festzustellen ist. Da den Umgangsberechtigten nach § 1685 keine erzieherischen Aufgaben zukommen (anders als einem auch nicht sorgeberechtigten Elternteil vgl § 1684 Rn 64 ff), sind sorgerechtliche Fragen, auch hinsichtlich des Umgangs mit Außenstehenden anläßlich des Umgangs mit den Berechtigten nach § 1685, als Teil der Personensorge von den Sorgeberechtigten zu entscheiden. Diesen erlegt dabei freilich wiederum das Wohlverhaltensgebot Zurückhaltung auf, den Umgang nicht durch zweckwidrige Anordnungen zu erschweren.

Das **Familiengericht** kann zur Erfüllung der sich aus § 1684 Abs 2 ergebenden Pflichten sowohl die Eltern als auch die Umgangsberechtigten durch Weisungen anhalten (Abs 3, § 1684 Abs 3 S 2; Palandt/Diederichsen Rn 11).

**2.** Die Verweisung auf § 1684 Abs 3 besagt, daß über den Umfang und die Aus- **25** übung des Umgangsrechts das **Familiengericht** entscheidet. Das selbe gilt für eine **Einschränkung** oder den **Ausschluß** des Umgangs (FamRefK/Rogner Rn 4).

**a)** Diese Verweisung ist jedoch grundsätzlich **nur verfahrensrechtlich** zu verstehen; für die Regelung ist das Familiengericht zuständig. Hingegen ergeben sich die *materiellrechtlichen Voraussetzungen* der Umgangsregelung, insbesondere aber der Umgangseinschränkung, unmittelbar aus § 1685.

**b)** Die **Ausgestaltung des Umgangs** orientiert sich an der Üblichkeit im Verhältnis **26** zu der jeweiligen Gruppe von Umgangspersonen. Grundsätzlich ist daher bei Großeltern und Geschwistern eine Ausübung des Umgangs durch einen gerichtlich angeordneten eigenständigen Aufenthalt des Kindes bei dem Umgangsberechtigten nicht der Regelfall. Regelmäßig wird der Umgang vielmehr anläßlich üblicher *Tagesbesuche* stattfinden, die im Idealfall wechselseitig, also auch bei dem Kind, stattfinden sollten (FamRefK/Rogner Rn 5). Das schließt den Umgang in der Wohnung des Umgangsberechtigten nicht aus (Johannsen/Henrich/Jaeger Rn 7), gibt ihm aber von der zeitlich-räumlichen Dimension einen anderen Charakter. In erheblich streitigen Fällen, die gemeinsame Besuche der Eltern mit dem Kind bei den Großeltern nicht zulassen, kommen auch eigenständige Besuche des Kindes in Betracht. Einen Anspruch, mit dem Kind einen Urlaub zu verbringen, haben Großeltern nicht.

Bei den in Abs 2 genannten Berechtigten ist die Situation der eines Elternteils eher vergleichbar. So können bei Stiefeltern oder Pflegeeltern durchaus Gestaltungen geeignet sein, die an die Umgangsregelung gegenüber Eltern angelehnt sind.

Einer **Überlastung des Kindes** durch Besuche und Reisen zu mehreren Umgangsberechtigten, bei Kindern getrennt lebender Eltern ggf auch noch zu einem Umgangselternteil, ist dadurch vorzubeugen, daß der Umgang der Berechtigten nach § 1685 eingeschränkt, insbesondere in größeren Zeitabständen gehandhabt wird; wöchentliche Besuchsrundreisen kommen offenkundig nicht in Betracht (FamRefK/Rogner Rn 5).

**c)** Für **Einschränkung** oder **Ausschluß** des Umgangs gelten materiell nicht die Vor- **27** aussetzungen des § 1684 Abs 4 S 2. Die Verweisung aus Abs 3 ist insoweit offensichtlich mißverständlich (Rauscher FamRZ 1998, 329, 338; **aA** ohne nähere Begründung: Palandt/Diederichsen Rn 11). Da das Umgangsrecht ohnehin nur besteht, wenn es dem Kindeswohl *dient*, besteht es schon dann nicht in vollem Unmfang, wenn eine Einschränkung zum Wohl des Kindes erforderlich ist. Für Einschränkung und Ausschluß gilt also der Maßstab des Abs 1: Eine Einschränkung oder ein Ausschluß ist zulässig, wenn *oder soweit* der Umgang nicht dem Kindeswohl dient. Es genügen also jedenfalls die von § 1684 Abs 4 S 1 vorausgesetzten *vernünftigen Gründe des Kindeswohls*.

Kaum dem Kindeswohl dienen wird überdies ein Umgang, der nur als *begleiteter Umgang* (§ 1684 Abs 4 S 3) stattfinden könnte (dazu oben Rn 22).

## VI.   Verfahren

**28**  **1.**    Für das **familiengerichtliche Verfahren** gelten die zu § 1684 erörterten Grundsätze (§ 1684 Rn 370 ff).

Auch das Verfahren nach § 1685 ist **Amtsverfahren**. Ein Eingreifen des Gerichts von
Amts wegen mit dem Ziel der Herstellung eines Umgangs kommt jedoch nur in Betracht, wenn ein Umgangsberechtigter oder, wenn die Eltern über den Umgang mit
dem Berechtigten streiten, ein Elternteil dies anregt (BT-Drucks 13/4899, 107). Im übrigen
besteht kein Bedürfnis zu einer Regelung von Amts wegen, zumal der Umgangsberechtigte zu einem Umgang nicht gegen seinen Willen bewegt werden kann. Zudem
bestünden Bedenken, von Amts wegen in das elterliche Erziehungsrecht unterhalb der
Schwelle des § 1666 einzugreifen, solange es nur um das Verhältnis zwischen Eltern und
Kind geht und der Umgangsberechtigte keine Initiative ergreift (vgl oben Rn 6).

**29**  **2.**    Umgangspersonen nach § 1685 sind in diesem Verfahren nicht Dritte (wie im
Verfahren nach § 1684 Abs 3 S 1), sondern **materiell Beteiligte**, also nicht nur nach
Maßgabe von § 12 FGG anzuhören. Vielmehr ist ihnen rechtliches Gehör zu gewäh-
ren. Im übrigen gelten für die Anhörung §§ 49 a Nr 7, 50 a bis 50 c FGG (JOHANNSEN/
HENRICH/JAEGER Rn 8). Die Bestellung eines **Verfahrenspflegers** bestimmt sich nach § 50
FGG (OLG Frankfurt/Main FamRZ 1998, 1042). Ein **Umgangsvermittlungsverfahren**
kommt nicht in Betracht, da § 52 a FGG dieses Verfahren ausdrücklich auf den
Umgangskonflikt zwischen den *Eltern* beschränkt.

**30**  **3.**    Umgangsverfahren nach § 1685 werden auch bei gleichzeitiger Anhängigkeit
einer Scheidungssache **nicht Verbundsache** (Umkehrschluß aus § 623 Abs 2 Nr 2
ZPO; FamRefK/ROGNER Rn 6). Die **Zuständigkeitskonzentration** bei Anhängigkeit einer
Ehesache erfaßt dagegen auch Verfahren nach § 1685, sofern das Umgangsbegehren
ein gemeinschaftliches Kind der Ehegatten betrifft oder ein Ehegatte Umgang mit
dem Kind des anderen Ehegatten (Fall des Abs 2) begehrt (§ 621 Abs 2 Nr 2 ZPO).

## § 1686

**Jeder Elternteil kann vom anderen Elternteil bei berechtigtem Interesse Auskunft
über die persönlichen Verhältnisse des Kindes verlangen, soweit dies dem Wohl des
Kindes nicht widerspricht. Über Streitigkeiten entscheidet das Familiengericht.**

**Materialien: neuer Inhalt idF des KindRG:** BT-
Drucks 13/4899 v 13. 6. 1996, 107; BT-Drucks 13/
8511 v 12. 9. 1997, 68; KindRG v 16. 12. 1997.
Zu früheren Fassungen vgl STAUDINGER/BGB-
Synopse 1896–2000 § 1686.

**Schrifttum:**

OELKERS, Der Anspruch des nichtsorgeberech-        S auch Schrifttum zu § 1684.
tigten Elternteils auf Auskunft, NJW 1995, 1335.

## I.    Normgeschichte, Normzweck

**1.**    Der in § 1686 durch das **KindRG** neu formulierte Auskunftsanspruch geht 1
inhaltlich im wesentlichen auf § 1634 Abs 3 zurück. Auch dem Vater eines „nichtehelichen" Kindes stand aufgrund Verweisung aus § 1711 aF der Auskunftsanspruch
zu. Wie schon das Umgangsrecht ist nach der Neufassung der Auskunftsanspruch
nicht mehr von der sorgerechtlichen Lage abhängig. Dies trägt dem Umstand Rechnung, daß auch bei gemeinsamer elterlicher Sorge der Elternteil, der das Kind nicht
betreut, ein Auskunftsbedürfnis haben kann (BT-Drucks 13/4899, 107). Änderungen an
Inhalt und Voraussetzungen des Auskunftsanspruchs waren im übrigen nicht beabsichtigt (BT-Drucks 13/4899, 107; JOHANNSEN/HENRICH/JAEGER Rn 1; FamRefK/ROGNER Rn 2;
PALANDT/DIEDERICHSEN Rn 3).

**2.**    **Historischer Zweck** des Auskunftsanspruchs, der erstmals durch das SorgeRG 2
eingefügt wurde, war es, einem Elternteil, der das Umgangsrecht nicht ausüben
konnte (weil es ihm nicht gewährt – § 1711 aF – oder ausgeschlossen war), die
Möglichkeit zu geben, sich fortlaufend von dem Wohlergehen und der Entwicklung
des Kindes zu überzeugen (BT-Drucks 8/2788, 55; BayObLG FamRZ 1983, 1169, 1170; JO-
HANNSEN/HENRICH/JAEGER Rn 1; insbesondere im Fall des § 1711: LG Karlsruhe DAVorm 1984,
202). Diesem Verständnis der Auskunft als Restbestand des Umgangsrechts entsprach auch systematisch die Regelung in § 1634 aF, die angesichts zunehmend um-
gangsfreundlicherer Handhabung des § 1634 aF eine immer geringere Rolle spielte
(OELKERS NJW 1995, 1335 weist allerdings darauf hin, daß in den **neuen Bundesländern** angesichts
der schwächeren Ausgestaltung eines Umgangsrechts im FGB/DDR der seit 3. 10. 1990 bestehende
Auskunftsanspruch eine erheblichere Bedeutung hat als letzter Versuch von Eltern, meist Vätern, zu
einer Kontaktanbahnung mit Kindern, die den betroffenen Elternteil nicht mehr kennen).

Der Auskunftsanspruch ist jedoch **unabhängig** von der Möglichkeit der Ausübung des
**Umgangsrechts**, was auch die selbständige Stellung in § 1686 verdeutlicht. Durch die
stärkere Ausgestaltung des Umgangsrechts insbesondere zugunsten von Vätern, die
mit der Mutter nicht verheiratet sind, tritt eine weitere Funktion des Auskunfts-
spruchs in den Vordergrund: Auch der Umgangselternteil, der regelmäßig mit dem
Kind Kontakt hat, kann ein berechtigtes Interesse an Auskunft über Umstände
haben, die ihm das Kind anläßlich des Umgangs nicht mitteilen kann (PALANDT/DIE-
DERICHSEN Rn 3; im einzelnen unten Rn 12 ff). Der Umgang mit dem Kind soll auch nicht
dadurch belastet werden, daß das Kind vom Umgangselternteil „ausgefragt" wird.
Auch der das Kind betreuende Elternteil kann ein Bedürfnis haben, von dem Um-
gangselternteil Auskunft zu erhalten, insbesondere über Vorgänge aus Anlaß eines
Besuches des Kindes bei dem Umgangselternteil (Erkrankungsursachen, Unfälle;
PALANDT/DIEDERICHSEN Rn 7).

## II.    Auskunftsanspruch; Berechtigter, Verpflichteter

**1.**    Der Auskunftsanspruch ist ein echter **Anspruch iSd § 194**, dem eine Leistungs- 3
pflicht des Auskunftspflichtigen entspricht (OLG Hamm FamRZ 1995, 1288; PALANDT/DIE-
DERICHSEN Rn 4). Dieser hat regelmäßig kein Zurückbehaltungsrecht, etwa wegen
familienrechtlichen Gegenansprüchen (Unterhalt etc); denn der Auskunftsanspruch
besteht auch im Interesse des Kindes; er soll dem Auskunftsberechtigten die Möglichkeit geben, sein Elternrecht in einer dem Kind dienlichen Weise auszuüben und

bedarf daher der gegenwärtigen Erfüllung bei Auftreten des berechtigten Interesses (PALANDT/DIEDERICHSEN Rn 4).

**4 2.** **Auskunftsberechtigt** ist jeder Elternteil. Auf die Verteilung der elterlichen Sorge oder das Bestehen eines Umgangsrechts kommt es nicht an. Insbesondere führt eine Einschränkung oder ein Ausschluß des Umgangsrechts nicht von sich aus zu einer Beschränkung des Auskunftsanspruchs.

Dritten, insbesondere den Umgangspersonen nach § 1685, kommt kein Auskunftsanspruch zu. Darin ist kein Verstoß gegen den Gleichbehandlungsgrundsatz zu sehen (so aber PALANDT/DIEDERICHSEN Rn 6), denn der Auskunftsanspruch hat seine Grundlage nicht in der Ermöglichung, dem Ersatz oder der Ergänzung eines Umgangsrechts. Vielmehr beruht der Auskunftsanspruch unmittelbar auf dem Elternrecht, das den in § 1685 Genannten nicht zusteht. Das *Rechtsverhältnis*, welches grundsätzlich für das Bestehen von Auskunftsansprüchen im BGB vorausgesetzt ist, ist im Fall des § 1686 die Eltern-Kind-Beziehung, nicht aber das von ihr gelöste Umgangsrecht.

Es erschiene auch dem Persönlichkeitsrecht des Kindes nicht angemessen, wenn der das Kind betreuende Elternteil jedem potentiell Umgangsberechtigten Auskunft über die persönlichen Verhältnisse des Kindes erteilen müßte.

**5 3.** **Auskunftsverpflichtet** ist nach dem Wortlaut der Bestimmung nur der andere Elternteil. Insoweit ist die Bestimmung jedoch zu eng gefaßt, da das aus dem Elternrecht fließende Auskunftsbedürfnis sich in gleicher Weise ergeben kann, wenn das Kind nicht bei dem anderen Elternteil lebt, sondern bei Pflegeeltern, einem Vormund oder in einem Heim. Auch gegen solche Obhutspersonen kann in analoger Anwendung von § 1686 ein Auskunftsanspruch bestehen (MünchKomm/HINZ § 1634 aF Rn 55; PALANDT/DIEDERICHSEN Rn 3, 7).

Ist Gegenstand der begehrten Auskunft ein Vorgang, der sich anläßlich eines Besuchs des Kindes bei einem Umgangsberechtigten nach § 1685 ereignet hat, so ist das Informationsbedürfnis vergleichbar demjenigen, das den Umgangselternteil als Auskunftsverpflichteten trifft. Die Passivlegitimation für einen Auskunftsanspruch ist hier Korrelat der Berechtigung zum Umgang mit dem Kind; daher erscheint es erforderlich, daß sie auch alle die Personen trifft, die das Kind aufgrund eines Umgangsrechts vorübergehend in Obhut haben.

## III. Berechtigtes Interesse

**6 1.** Der Anspruch setzt ein **berechtigtes Interesse** des Auskunft Begehrenden voraus, das in dem Zeitpunkt des Auskunftsbegehrens bzw der Entscheidung über das Begehren bestehen muß (OLG Hamm FamRZ 1995, 1288, 1290). *Berechtigt* ist das Interesse dann, wenn der Elternteil keine andere Möglichkeit, insbesondere persönlichen oder brieflichen Kontakt zu dem Kind, hat, sich über die Entwicklung und die persönlichen Verhältnisse des Kindes zu unterrichten (BayObLG FamRZ 1993, 1487; BayObLG FamRZ 1996, 813; OLG Schleswig FamRZ 1996, 1355).

Grundsätzlich ist das dann der Fall, wenn der Auskunft begehrende Elternteil **keinen regelmäßigen Umgang** mit dem Kind hat, so daß er sich über das Befinden und die

Entwicklung des Kindes nicht persönlich Kenntnis verschaffen kann. Dies gilt auch, wenn zwar ein Umgang stattfindet, er sich aber auf seltene Gelegenheiten beschränkt (zB nur Ferienumgang) oder die Abstände zwischen den einzelnen Besuchen so groß sind, daß in der Zwischenzeit ein Informationsbedürfnis anerkannt werden muß (MünchKomm/Hinz § 1634 aF Rn 54; Johannsen/Henrich/Jaeger Rn 2; Palandt/Diederichsen Rn 8; Oelkers NJW 1995, 1335). Ein berechtigtes Interesse besteht in diesen Fällen auch dann, wenn der umgangsberechtigte Elternteil eine Umgangsvereitelung hinnimmt, nicht aber, wenn er den möglichen Umgang aus ihm zurechenbaren Gründen nicht ausübt (Johannsen/Henrich/Jaeger Rn 2).

**2.**     Ein berechtigtes Interesse kann aber auch **neben regelmäßigem Umgang** be-   **7** stehen, wenn das Kind die Auskunft nicht selbst geben kann, sei es, daß es erkrankt ist (OLG Schleswig SchlHAnz 1978, 115), so daß der Umgang ausfallen muß, sei es, daß das Kind wegen eines Alters und/oder der Art der Materie die Auskunft nicht geben kann. Ob der Auskunftsanspruch in solchen Fällen nur *ausnahmsweise* gewährt ist, ist umstritten (einschränkend AG Hamburg FamRZ 1990, 1382: nur Surrogat für Umgang; Johannsen/Henrich/Jaeger Rn 2; für eine großzügigere Handhabung MünchKomm/Hinz § 1634 aF Rn 53; Palandt/Diederichsen Rn 3). Da § 1686 keinen Bezug zum Umgang herstellt und das Bestehen des Auskunftsanspruchs sowohl von einem im Einzelfall berechtigten Interesse abhängig macht, als auch durch das Kindeswohl begrenzt, besteht kein Anlaß, einen Ausnahmecharakter des Anspruchs zu konstruieren. Entscheidend ist auch insoweit das Kindeswohl sowie die angemessene Ermöglichung der Wahrnehmung des Elternrechts.

So hat der das Kind nicht regelmäßig betreuende Umgangselternteil einen Anspruch auf Auskunft über *gesundheitliche Verhältnisse* des Kindes (OLG Zweibrücken FamRZ 1990, 779), auch soweit dies ihm erst ermöglicht, das Kind während des Umgangs sachgemäß zu betreuen (Allergien, Einnahme von Medikamenten, chronische Erkrankungen etc; Palandt/Diederichsen Rn 1). Ist das Kind *aktuell erkrankt*, so besteht ein Anspruch auf Auskunft über das gegenwärtige gesundheitliche Ergehen des Kindes, aber auch über seine Wünsche, die der Auskunftsberechtigte ihm ggf erfüllen möchte (Palandt/Diederichsen Rn 3).

Ein Auskunftsanspruch beruht aber auch auf einem berechtigten Interesse, wenn der Elternteil das Kind befragen könnte, das Kind aber nicht oder nicht vollständig Auskunft geben möchte. Insbesondere sollte bei Gelegenheiten, zu denen ein Kind sich normalerweise einem Elternteil anvertraut, in der Hoffnung, der andere Elternteil werde es erfahren, ohne daß das Kind erneute „beichten" muß (Schulzensuren und -strafen, Kinderstreiche, Mißgeschicke), dem Kind getrennt lebender Eltern nicht der Nachteil entstehen, sich zweimal zur Erzählung unerfreulicher Neuigkeiten überwinden zu müssen. Insbesondere bei gemeinsamer Ausübung des Sorgerechts ist dies ein Bereich, in dem das Kind entlastet und seine Situation der eines Kindes in einer intakten Familie angenähert werden kann.

**3.**     Ein berechtigtes Interesse kann auch der das Kind normalerweise **betreuende  8 Elternteil** haben; wenn das Kind bei dem anderen Elternteil oder einem sonst Umgangsberechtigten (oben Rn 5) zu Besuch war und nachfolgend erkrankt ist, so daß die Infektionsquelle oder die Entstehung einer Verletzung für die richtige Behandlung bekannt sein muß (Palandt/Diederichsen Rn 7). Oder auch, wenn das Kind anläßlich eines solchen Besuches etwas vergessen, verloren oder beschädigt hat, auch, um ggf Schadensersatzansprüche gegen den Schädiger geltend zu machen (PALANDT/DIEDE-RICHSEN Rn 7).

### IV. Einschränkung: Kindeswohl

**9** **1.** Der Auskunftsanspruch besteht nicht, soweit die Auskunft dem **Wohl des Kindes** widerspricht. Gegenüber dem Wortlaut des § 1634 aF („mit dem Wohle des Kindes vereinbar") ist keine Änderung gewollt (vgl BayObLG FamRZ 1993, 1487; JO-HANNSSEN/HENRICH/JAEGER Rn 5; PALANDT/DIEDERICHSEN Rn 10). Durch diese Begrenzung wollte der Gesetzgeber die Orientierung des Auskunftsanspruchs am Kindeswohl verdeutlichen. Dies erschien insbesondere auf dem historischen Hintergrund eines Zusammenhangs mit dem ebenfalls durch das Kindeswohl begrenzten Umgangsrecht plausibel. Der Auskunft Begehrende sollte über alles (und nur über dasjenige) Auskunft erlangen können, was er anläßlich des Umgangs von dem Kind erfahren könnte.

**10** **2.** In dem nun überwiegend vertretenen breiteren und **selbständigen Verständnis des Auskunftsrechts** beziehen sich zahlreiche Fälle der Auskunft auf Umstände, die von dem Kind auch anläßlich des Umgangs nicht zu erfahren wären (OLG Brandenburg DAVorm 2000, 72, 74; BayObLG FamRZ 1993, 1487, 1488; PALANDT/DIEDERICHSEN Rn 10), ohne daß deshalb das Kindeswohl der Auskunft entgegenstünde. Das Kindeswohl wirkt nicht positiv als Maßstab für das Auskunftsrecht (BT-Drucks 13/4899, 107); die Auskunft muß dem Kindeswohl nicht dienlich sein (OLG Schleswig FamRZ 1996, 1355). Das Kindeswohl begrenzt den Auskunftsanspruch nur insoweit, als ein **Mißbrauch des Auskunftsrecht** vorliegt, für die konkrete Anhaltspunkte bestehen müssen (BayObLG FamRZ 1996, 813; PALANDT/DIEDERICHSEN Rn 10; FamRefK/ROGNER Rn 3: negative Kindeswohl-prüfung). Der Maßstab für die Betroffenheit des Kindeswohls entspricht dem des § 1684 Abs 4; das Kindeswohl muß, um die Auskunft zu versagen, meßbar beeinträchtigt sein (OLG Schleswig FamRZ 1996, 1355). Dabei sieht § 1686 jedoch nie einen vollständigen Auskunftsausschluß (BT-Drucks 13/4899, 107) vor, sondern immer nur die Unzulässigkeit bestimmter Auskunftsthemen („soweit"). Insbesondere, wenn ein Umgang nicht besteht, ist ein strenger Maßstab anzulegen, weil der Auskunftsanspruch dann die einzige Möglichkeit für den ausgeschlossenen Elternteil bedeutet, sich über das Wohlergehen des Kindes zu informieren (OLG Köln FamRZ 1997, 111).

**11** **3.** Ein solcher Mißbrauch wird nur in wenigen **Fallgestaltungen** anzunehmen sein, so, wenn die Auskunft begehrt wird, um den Aufenthalt des Kindes herauszubekommen und einen persönlichen Kontakt herzustellen, der dem Auskunft Begehrenden nach § 1684 Abs 4 untersagt wurde (BT-Drucks 8/2788, 55). Hingegen bedarf es nicht der positiven Feststellung, daß der Elternteil die Auskunft aus ehrlichem Interesse an dem Kind begehrt oder daß er sich bisher um das Kind gekümmert hat (BayObLG NJW 1993, 1081; OLG Schleswig FamRZ 1996, 1355, 1356).

Mißbräuchlich ist das Auskunftsbegehren auch, wenn die Auskunft zweckwidrig verwendet werden soll, insbesondere, um das Kind oder den anderen Elternteil bloßzustellen (passim BayObLG FamRZ 1996, 813).

Das Ziel, den betreuenden Elternteil zu **kontrollieren**, muß dem Auskunftsanspruch nicht entgegenstehen (zu pauschal formulieren OLG Schleswig FamRZ 1996, 1355, 1356; OLG Zweibrücken FamRZ 1990, 779); vielmehr ist es dem Auskunftsrecht durchaus immanent, daß äußerstenfalls auch dem Kind nachteilige Erziehungsmaßnahmen durch die Auskunft aufgedeckt werden. Mißbräuchlich ist allerdings ein Auskunftsbegehren, daß nur eine belästigende Kontrolle bezweckt, aber nicht am Kind orientiert ist.

Führt die Auskunfterteilung vorhersehbar jeweils wieder zu neuen **Konflikten**, die sich auf das Wohl des Kindes negativ auswirken, so kann dem durch einen entsprechend längeren zeitlichen Abstand zwischen den einzelnen Auskunftszeitpunkten begegnet werden (BayObLG FamRZ 1996, 813, 814). Dabei ist allerdings auch der zur Auskunft verpflichtete Elternteil gehalten, seine Aversionen wenigstens insoweit zu begrenzen, daß er die mit der Auskunfterteilung verbundene psychische Belastung nicht auf das Kind überträgt (vgl hierzu aber BayObLG FamRZ 1996, 813).

Die **Zustimmung des Kindes** zur Erteilung der begehrten Auskunft ist grundsätzlich nicht erforderlich. In Angelegenheiten eines Jugendlichen, die dessen **Intim- oder Persönlichkeitssphäre** berühren, die dieser nicht geoffenbart sehen möchte (OLG Hamm FamRZ 1995, 1288, 1290; AG Hamburg FamRZ 1990, 1382; OELKERS NJW 1995, 1335, 1336; MünchKomm/HINZ § 1634 aF Rn 55) oder bei einer nachvollziehbaren Aversion gegen den Auskunft begehrenden Elternteil kann das Kindeswohl der Erteilung der Auskunft entgegenstehen. Ein solcher Wille muß sich freilich wenigstens derselben Überprüfung stellen, wie die Ablehnung des Umgangs, weil der Auskunftsanspruch gerade in Fällen der Ablehnung des Elternteils durch das Kind nur noch letztes Surrogat eines abgelehnten Umgangs ist; die bloße Ablehnung des Umgangs mit dem Auskunft begehrenden Elternteil ist als solche noch kein Grund, den Auskunftsanspruch zu versagen (BayObLG NJW 1993, 1081: auch bei 17-jährigem Jugendlichen).

**Interessen des auskunftsverpflichteten Elternteils** können dem Auskunftsbegehren nicht entgegengesetzt werden. Insbesondere der Wunsch, mit dem anderen Elternteil als früherem Partner nichts mehr zu tun haben zu müssen, das Kind in die Familie mit einem neuen Partner zu integrieren oder allgemein die mit der Erteilung der Auskunft verbundene Belastung, stehen dem Auskunftsanspruch nicht entgegen (BT-Drucks 8/2788, 55; PALANDT/DIEDERICHSEN Rn 10). Die Auskunft muß zudem nicht persönlich erteilt werden, sondern kann über eine Mittelsperson, auch einen Rechtsanwalt, erteilt werden (OLG Köln FamRZ 1997, 111).

### V.    Inhalt der Auskunft

**1.**    Auskunftsgegenstand sind die **persönlichen Verhältnisse des Kindes**. Ein Aus-   **12** kunftsanspruch wegen **vermögensrechtlich** relevanter Umstände kann sich im Einzelfall nur aus § 242 ergeben, insbesondere in Verbindung mit der beide Eltern treffenden Unterhaltspflicht (vgl AG Gütersloh FamRZ 1998, 576: im Hinblick auf den Ortszuschlag relevante Umstände; aA OELKERS NJW 1995, 1335, 1336; dagegen stellt BayObLG NJW 1993, 1081, 1082 nur die Verbindung zwischen dem berechtigten Interesse und der gleichzeitig bestehenden Unterhaltspflicht her).

**2.**    Die **persönlichen Verhältnisse** umfassen alle für das Befinden und die Entwick-  **13** lung des Kindes wesentlichen Umstände (BayObLG FamRZ 1993, 1487, 1489; BayObLG NJW 1993, 1081, 1082). Eine Beschränkung auf die Umstände, welche der Auskunfts-

berechtigte nach dem Zweck des *Umgangsrechts* erfahren soll (so JOHANNSEN/HENRICH/
JAEGER Rn 4) ist wegen des selbständigen Zwecks des Auskunftsanspruchs nicht angebracht. Auch eine Beschränkung auf die schulische oder berufliche Entwicklung
oder auf erzieherische Schwierigkeiten findet nicht statt (LG Karlsruhe FamRZ 1983,
1169). Jedoch erfährt der Umfang der Auskunft eine Beschränkung mit Rücksicht auf
das Kindeswohl, soweit es um Umstände aus der Privat- und Intimsphäre geht, die
bereits in den Entscheidungsbereich des Minderjährigen selbst fallen (BayObLG NJW
1993, 1081; OLG Hamm FamRZ 1995, 1288, 1290; vgl auch oben Rn 11).

**14**  **3.**  **Im einzelnen** besteht ein Anspruch auf Auskunft über die **schulischen Leistungen**, insbesondere auf Auskunft darüber, ob das Kind überhaupt noch zur Schule geht
oder sich in einem Ausbildungsverhältnis befindet (OELKERS NJW 1995, 1335, 1336). Der
Anspruch umfaßt auch die Übersendung von Kopien der Schulzeugnisse; nach Abschluß der allgemeinen Schulausbildung genügt die Übermittlung des Abschlußzeug-
nisses sowie ggf aktueller Berufsschulzeugnisse (BayObLG FamRZ 1983, 1169, 1170;
BayObLG NJW 1993, 1081, 1082; OLG Köln FamRZ 1997, 111, 112; LG Karlsruhe FamRZ 1983,
1169).

Über den **Gesundheitszustand** ist grundsätzlich ebenfalls Auskunft zu erteilen
(BayObLG FamRZ 1996, 813, 814). Bei *kleineren Kindern* ist dies regelmäßig unproble-
matisch; die Übersendung von *schriftlichen Nachweisen* ist grundsätzlich nicht erforderlich; insbesondere besteht kein Anspruch auf Überlassung von Nachweisen
regelmäßiger Untersuchungen (OLG Zweibrücken FamRZ 1990, 779). Ein Anspruch auf
*Entbindung behandelnder Ärzte von der Schweigepflicht* besteht generell nicht (OLG
Bremen OLG Rp Bremen 1999, 86; OLG Schleswig SchlHA 1978, 115; OLG Hamm FamRZ 1995,
1288, 1289; OELKERS NJW 1995, 1335, 1336).

Das Begehren nach Auskunft über eine Diagnose anläßlich einer mehrere Jahre
zurückliegenden stationären Behandlung kann trotz der Bedeutung der Erkrankung
nicht mehr gerechtfertigt sein, weil zwischenzeitlich kein aktuelles Interesse an der
Auskunft mehr besteht (OLG Hamm FamRZ 1995, 1288, 1289).

Bei Jugendlichen kommt eine Auskunft über gesundheitliche Verhältnisse gegen
deren Willen nicht in Betracht, weil der Bereich der Privat- und Intimsphäre betroffen ist (AG Hamburg FamRZ 1990, 1382).

Außerdem besteht ein Anspruch auf regelmäßige Übersendung eines aktuellen **Fotos
des Kindes** (BayObLG FamRZ 1983, 1169, 1170; BayObLG NJW 1993, 1081, 1082; BayObLG
FamRZ 1996, 813; OLG Frankfurt/Main FamRZ 1998, 577; OLG Köln FamRZ 1997, 111, 112).

**15**  **4.**  Die Auskunft ist grundsätzlich in **regelmäßigen Abständen** erneut zu erteilen.
Bei besonderem Auskunftsbedürfnis, etwa einer akuten Erkrankung des Kindes kann
der Anspruch auch auf eine einmalige sofortige Auskunft gerichtet sein.

Als angemessener Zeitabstand wird allgemein eine *halbes Jahr* angesehen (BayObLG
FamRZ 1996, 813, 814; OLG Köln FamRZ 1997, 111, 112). Nur in besonders konfliktreichen
Situationen kann eine Ausdehnung des Zeitabstandes zur Konfliktentlastung gebo-
ten sein (BayObLG aaO).

## VI. Entscheidung des Familiengerichts (S 2)

**1.** Über Streitigkeiten hinsichtlich des Bestehens und des Umfangs eines Aus- **16** kunftsanspruchs entscheidet seit der Neufassung durch das KindRG das **Familienge-richt**. Dies entspricht dem Ziel des KindRG, die Kompetenzen in sorgerechtsnahen Verfahren beim FamG zu bündeln (zur Kritik an der früheren Zuständigkeit des Vormundschaftsgerichts vgl STAUDINGER/PESCHEL-GUTZEIT[12] § 1634 aF Rn 90).

Die **örtliche Zuständigkeit** ergibt sich aus §§ 64 Abs 3 S 2, 43, 36 FGG. **Sachlich zuständig** ist der Rechtspfleger (§§ 3 Nr 2 a, 14 Abs 1 Nr 16 RPflG). Gegen die Entscheidung ist die Erinnerung nach § 11 RPflG statthaft.

**2.** Die **Anhörungserfordernisse** der §§ 50 a bis 50 c FGG bestehen auch in diesem **17** Verfahren; eine Anhörung des Jugendamts ist dagegen in § 49 a FGG nicht vorgesehen.

Die **Kosten** bestimmen sich nach § 94 Abs 1 Nr 4 KostO, der **Geschäftswert** nach §§ 94 Abs 2, 30 KostO.

## § 1687

[1] **Leben Eltern, denen die elterliche Sorge gemeinsam zusteht, nicht nur vorübergehend getrennt, so ist bei Entscheidungen in Angelegenheiten, deren Regelung für das Kind von erheblicher Bedeutung ist, ihr gegenseitiges Einvernehmen erforderlich. Der Elternteil, bei dem sich das Kind mit Einwilligung des anderen Elternteils oder auf Grund einer gerichtlichen Entscheidung gewöhnlich aufhält, hat die Befugnis zur alleinigen Entscheidung in Angelegenheiten des täglichen Lebens. Entscheidungen in Angelegenheiten des täglichen Lebens sind in der Regel solche, die häufig vorkommen und die keine schwer abzuändernden Auswirkungen auf die Entwicklung des Kindes haben. Solange sich das Kind mit Einwilligung dieses Elternteils oder auf Grund einer gerichtlichen Entscheidung bei dem anderen Elternteil aufhält, hat dieser die Befugnis zur alleinigen Entscheidung in Angelegenheiten der tatsächlichen Betreuung. § 1629 Abs. 1 Satz 4 und § 1684 Abs. 2 Satz 1 gelten entsprechend.**

[2] **Das Familiengericht kann die Befugnisse nach Absatz 1 Satz 2 und 4 einschränken oder ausschließen, wenn dies zum Wohl des Kindes erforderlich ist.**

**Materialien:** Art 1 Nr 24 KindRG. STAUDINGER/BGB-Synopse 1896–2000 § 1687.

### Schrifttum

BORN, Gemeinsames Sorgerecht: Ende der „modernen Zeiten"?, FamRZ 2000, 396
COESTER, Die Reform des Kindschaftsrechts – ein privatrechtlicher Überblick, RdJB 1996, 430

COESTER, Neues Kindschaftsrecht in Deutschland, DEuFamR 1999, 3
DEINERT, Die Entwicklung des Kindschaftsrechtes, DAVorm 1998, 337

Deutscher Familiengerichtstag, Empfehlungen des 13. DFGT, FamRZ 2000, 273

GERNHUBER/ COESTER-WALTJEN, Lehrbuch des Familienrechts (1994)

GOLDSTEIN/ FREUD/ SOLNIT, Jenseits des Kindeswohls (1974)

GRESSMANN, Neues Kindschaftsrecht (1998)

HEGNAUER, Grundriss des Kindesrechts und des übrigen Verwandtschaftsrechts (1999)

HEILMANN, Kindliches Zeitempfinden und Verfahrensrecht (1998)

HENRICH, Eherecht. Kommentar (1998)

KELLER, Das gemeinsame Sorgerecht nach der Kindschaftsrechtsreform (1999)

KEMPER, Anm zu BezG Erfurt v 26.11.1992, FuR 1993, 162, 163

LUTHIN, Anm zu BezG Erfurt v 26.11.1992, FamRZ 1993, 830, 832

SALGO, Zur gemeinsamen elterlichen Sorge nach Scheidung als Regelfall – ein Zwischenruf, FamRZ 1996, 449

SCHWAB, Familienrecht (1999)

ders, Elterliche Sorge bei Trennung und Scheidung der Eltern – Die Neuregelungen des Kindschaftsrechtsreformgesetzes –, FamRZ 1998, 457

ders, Handbuch des Scheidungsrechts (1995, 2000)

ders, Kindschaftsrechtsreform und notarielle Vertragsgestaltung, DNotZ 1998, 437

ders, Wandlungen der „Gemeinsamen elterlichen Sorge“, in: FS Gaul (1997) 717

SCHWAB/ WAGENITZ, Einführung in das neue Kindschaftsrecht, FamRZ 1997, 1377

WIESNER, Die Reform des Kindschaftsrechts – Auswirkungen für die Praxis der Kinder- und Jugendhilfe, ZfJ 1998, 269

WILLUTZKI, Empfiehlt es sich das Kindschaftsrecht neu zu regeln?, 59. DJT II (1992) M 33

ders, Umsetzung der Kindschaftsrechtsreform in der Praxis, Kind-Prax 2000, 45

ZENZ, Empfiehlt es sich das Kindschaftsrecht neu zu regeln? 59. DJT M 9 (1992)

ZIMMERMANN, Das neue Kindschaftsrecht, DNotZ 1998, 404.

## Systematische Übersicht

**Alphabetische Übersicht**

## I. Allgemeines

### 1. Normbedeutung

**1** Die Vorschrift steht in unmittelbarem Zusammenhang mit § 1671: Das grundsätzliche Fortbestehen der gemeinsamen Sorge trotz Trennung der Eltern – soweit kein Antrag auf eine familiengerichtliche Sorgerechtsregelung gestellt wird (**„Antragssystem"**) – erfordert eine möglichst flexible, **kraft Gesetzes** mit der (nicht nur vorübergehenden) Trennung **eintretende Änderung der Kompetenzverteilung** zwischen den Eltern. Zwar verzichtet der Gesetzgeber auf eine positive Regelung der Voraussetzungen gemeinsamer elterlicher Sorge – erst im Umkehrschluß aus § 1671 ergibt sich das Fortbestehen gemeinsamer elterlicher Sorge –, für die Folgen des dauerhaften Getrenntlebens schienen aber gesetzliche Zuständigkeitszuweisungen unabdingbar.

**2** Bei nicht nur vorübergehend getrennt lebenden (verheirateten oder geschiedenen) Eltern – aber auch bei aufgrund der **Sorgeerklärung** (§ 1626 a Abs 1 Nr 1) gemeinsam sorgeberechtigten, nicht miteinander verheirateten Eltern, bei denen eine faktische Lebensgemeinschaft nicht mehr besteht oder nie bestand – ist in der Regel ein Elternteil im Alltag nicht (mehr) so präsent wie der andere; dies würde bei einem unveränderten (Fort-)Bestehen der gemeinsamen elterlichen Sorge (iSd §§ 1626 Abs 1, 1631 Abs 1) wegen des **Auseinanderfallens von Lebenswirklichkeit und sorgerechtlicher Verantwortungszuweisung** zu belastenden und konfliktreichen Lebenssituationen führen, weil das Kind getrennt lebender Eltern idR nur in Lebensgemeinschaft mit dem einen oder anderen Elternteil leben kann (zu den Konsequenzen eines Verzichts auf eine dem § 1687 entsprechenden Norm vgl JOHANNSEN/HENRICH/JAEGER[3] § 1687 Rn 1; SALGO, FamRZ 1996, 449, 451: eine Neuverteilung der Verantwortlichkeit ist unverzichtbar). Der Gesetzgeber war vom Bestreben geleitet, soviel an gemeinsam wahrgenommener Elternverantwortung trotz Trennung der Eltern, wie es nur geht, zu ermöglichen, zugleich sah er sich er aber wegen der hier ohnehin sehr häufig vorfindlichen **Konfliktspannungen** (vgl ZENZ 59. DJT M9, M20) zu **konfliktreduzierenden Rechtsvorsorgemaßnahmen** verpflichtet (BT-Drucks 13/4899, 107, 154 Nr 23); zur weiterhin bestehenden Staatsverantwortung für das Kindeswohl und für das kindgerechte Funktionieren von Elternautonomie vgl STAUDINGER/COESTER (2000) § 1671 Rn 19. Neben dieser **materiellrechtlichen Abstützung des** vom KindRG favorisierten **Fortbestehens gemeinsamer elterlicher Sorge nach Trennung** durch § 1687 haben die **verfahrensrechtlichen** (§ 52 FGG; § 613 Abs 2 S 2, 622 Abs 2 S 1 Nr 1, 630 Abs 1 Nr 2 ZPO) **und sozialrechtlichen Sicherungen** (§ 17 Abs 2 KJHG) zusätzliche Bedeutung. Somit ist § 1687

**das unverzichtbare Gegenstück zu fortbestehender gemeinsamer elterlicher Sorge trotz Trennung** im „Antragsystem", die Norm „ist daher eine **wichtige Ergänzung** der gemeinsamen Sorge bei getrenntlebenden Eltern" (BT-Drucks 13/4899, 58, 107): Sie **reduziert bei „Getrenntleben"** die **umfassende Sorgegemeinschaft** gemeinsam sorgeberechtigter Eltern auf **Angelegenheiten**, deren Regelung für das Kind von **erheblicher Bedeutung** ist, weist im übrigen dem (rechtmäßigen) Betreuungselternteil die Alleinsorge in allen **Angelegenheiten des täglichen Lebens** zu (zur Abgrenzung dieser beiden Sorgerechtsbereiche vgl unten Rn 26 ff). **Gemeinsames Sorgerecht getrenntlebender Eltern** bedeutet somit etwas anderes als die umfassenden Pflichten und Rechte iSv § 1631 Abs 1: „Gemeinsames Sorgerecht getrennt lebender Eltern bildet ein **aliud gegenüber der eigentlichen gemeinsamen Sorge**" (SCHWAB FamRZ 1998, 457, 468).

Da die gemeinsame Sorge nicht miteinander verheirateter Eltern gem § 1626 a Abs 1 Nr 1 ein Zusammenleben der Eltern nicht voraussetzt, gilt § 1687 auch im Verhältnis getrennt lebender Eltern, die zu keinem Zeitpunkt zusammen gelebt haben. Der Entstehungsgrund gemeinsamer Sorge ist aus der Perspektive von § 1687 irrelevant, es kommt nur auf das **faktische Nichtbestehen** („Getrenntleben") **einer Lebensgemeinschaft** an. Die durch Sorgeerklärung entstehende gemeinsame Sorge ist bei einer zu keinem Zeitpunkt bestehenden Lebensgemeinschaft der Eltern von Anbeginn an, im übrigen ab dauerhaftem „Getrenntleben", ein **gespaltenes gemeinsames Sorgerecht** (SCHWAB FamRZ 1998, 457, 468) mit den Befugnissen gem § 1687 Abs 1.

**2.   Das abgestufte System von Befugnissen**

Das Gesetz schafft ein **System abgestufter Befugnisse** zwar gemeinsam sorgeberech- **3** tigter, aber getrennt lebender Eltern für unterschiedliche Angelegenheiten und Situationen, weil die Situation des dauerhaften Getrenntlebens erheblich von den in den §§ 1626, 1627, 1631 vorausgesetzten Situationen gemeinsam lebender Eltern abweicht:

– für *Angelegenheiten*, deren Regelung für das Kind *von erheblicher Bedeutung* ist, bleibt es bei der *Erforderlichkeit gemeinsamer Regelung* (Abs 1 S 1);

– in *Angelegenheiten des täglichen Lebens* hat der Betreuungselternteil die Befugnis zur *alleinigen Entscheidung* (Abs 1 S 2);

– in *Angelegenheiten der tatsächlichen Betreuung* hat der Elternteil, bei dem sich das Kind idR gewöhnlich nicht aufhält, während des Aufenthaltes des Kindes bei sich die Befugnis zur *alleinigen Entscheidung* (Abs 1 S 4);

– bei *Gefahr im Verzug* ist jeder Elternteil zu Rechtshandlungen *alleine entscheidungsbefugt* (Abs 1 S 5 iVm § 1629 Abs 1 S 4);

– die *Alleinentscheidungsbefugnisse* nach Abs 1 S 2 und S 4 kann das FamG *einschränken* oder *ausschließen* (Abs 2).

Der Zweck dieses Systems abgestufter Befugnisse liegt in der **konfliktvermeidenden Rechtsvorsorge** für die Alltagspraxis (vgl JOHANNSEN/HENRICH/JAEGER[3] § 1687 Rn 1, 2). In diesem Kontext steht die Verweisung in Abs 1 S 5, 2 HS auf die gegenseitige **Ver-**

**pflichtung zu loyalem Verhalten** auch bei der Wahrnehmung der jeweiligen Befugnisse gem § 1687 Abs 1. Gerade bei Fortbestehen gemeinsamer elterlicher Sorge nach Trennung kommt der **unausweichlichen Aufgabenverteilung** unter den Eltern besondere Bedeutung zu (STAUDINGER/PESCHEL-GUTZEIT[12] § 1627 Rn 10).

**4** Die **familiengerichtliche Konfliktregelung** über eine Angelegenheit von erheblicher Bedeutung mittels gerichtlichem **Beitritt zur Meinung eines Elternteils** bestimmt sich nicht nach § 1687, sondern gem § 1628. Hingegen erfolgt die **familiengerichtliche Qualifizierung** als Angelegenheit von erheblicher Bedeutung gem § 1687 Abs 1 (vgl hierzu Rn 20 ff). Lehnt das gem § 1628 angerufene FamG eine Übertragung mit der Begründung ab, es handle sich nicht um eine Angelegenheit von erheblicher Bedeutung, so ist damit klargestellt, daß die Entscheidungsbefugnis dem Betreuungselternteil gem § 1687 Abs 1 S 3 im Rahmen der „Alltagssorge" zugewiesen bleibt (vgl BT-Drucks 13/8511, 75).

## 3. Entstehungsgeschichte

**5** Bei § 1687 handelt es sich um eine **völlig neue Regelung**, die keinen Vorläufer im Familienrecht des BGB vor dem KindRG hatte. Das nunmehr von § 1687 geregelte Problem stellte sich zwar seit der Entscheidung des BVerfG vom 3. November 1982 (BVerfGE 61, 358) – beließen doch die FamGe mit zunehmender Tendenz die **gemeinsame elterliche Sorge beiden Eltern** (zwischen 1994 und 1995 **bundesweit in 17,07 %** der Fälle, BT Drucks 13/4899, 37) –, solche Konflikte wurden indes im Rahmen der §§ 1671, 1696 jew aF geregelt (Zu den Folgewirkungen bei gemeinsamer elterlicher Sorge nach alter Rechtslage vor Inkrafttreten des KindRG vgl STAUDINGER/COESTER[12] § 1671 Rn 188; STAUDINGER/SALGO[12] § 1631 Rn 61; SCHWAB, Handbuch des Scheidungsrechts[3] III Rn 100 ff jew mwN). Die **frühere Rechtslage** setzte idR einen **übereinstimmenden Antrag der Eltern** zur Fortführung gemeinsamer elterlicher Sorge voraus; in diesem Erfordernis mag es begründet gewesen sein, daß trotz Fehlens einer dem § 1687 entsprechenden Kompetenznorm zunächst ein entsprechender Regelungsbedarf kaum thematisiert worden war.

**6** Während die rechtspolitische Diskussion Anfang der 90er Jahre sich noch auf das „Ob" gemeinsamer elterlicher Sorge nach Scheidung konzentrierte – die Beschlüsse des 59. DJT M 256 ff enthalten **zur Kompetenzzuweisung bei gemeinsamer elterlicher Sorge** (ebd M 261 f) **keine Empfehlungen**, obwohl bereits in einem der Referate gefordert worden war, daß in allen Problemen des täglichen Lebens der Elternteil, bei dem das Kind seinen Lebensmittelpunkt findet, allein entscheidungsberechtigt sein sollte (WILLUTZKI 59. DJT M 50) –, befassen sich die späteren rechtspolitischen Forderungen bereits mit dem „Wie", also der konkreten **Ausgestaltung gemeinsamer elterlicher Sorge** nach Trennung/Scheidung (vgl Antrag der Fraktion der SPD, BT-Drucks 12/4024, 70, Nr 15, u 74). Der Referentenentwurf des KindRG (Stand 24. Juli 1995) aus dem BMJ nimmt sich bereits in einem § 1687-E der Problematik der Alleinentscheidungsbefugnis des Elternteils, in dessen Obhut sich das Kind aufhält, an. Die zunächst von der SPD-Fraktion (BT-Drucks 13/1752 5, 15) favorisierte Verpflichtung an die Adresse der Eltern, in jedem Falle fortgeführter gemeinsamer elterlicher Sorge nach Scheidung eine **Elternvereinbarung („Sorgeplan")** vorzulegen, wurde im RegE ausdrücklich verworfen (BT-Drucks 13/4899, 64). Die Fassung des § 1687 im **RegE des KindRG** (BT-Drucks 13/4899) fiel gegenüber der später Gesetz gewordenen Fassung dieser Norm

wesentlich kürzer aus. Im RegE standen sich die Bereiche „grundsätzliche Entscheidungen" und „Angelegenheiten des täglichen Lebens" gegenüber. Die Norm hat erst
nach einem **Änderungsvorschlag des BR** (BT-Drucks 13/4899, 154 Nr 23), dem die BuReg
nicht zugestimmt hat (BT-Drucks 13/4899, 169), im **Rechtsausschuß** (BT-Drucks 13/8511, 18,
66 u 74 f) ihre vom Gesetzgeber nunmehr geltende Fassung erhalten. Mit der verab-
schiedeten Unterscheidung im Gesetz („Angelegenheiten, deren Regelung für das
Kind von erheblicher Bedeutung ist") und der Legaldefinition der „Angelegenheiten
des täglichen Lebens" in Abs 1 Satz 3 glaubte der Gesetzgeber zu einer „größtmöglichen Klarstellung" gelangt zu sein (BT-Drucks 13/8511, 67). Bereits an diesem Verlauf
der Beratungen während des Gesetzgebungsverfahrens, die vor allem von Präzisierungsbemühungen bestimmt waren, läßt sich die Schwierigkeit der zu regelnden
Problemstellung und auch die dadurch ausgelöste Unsicherheit der Rechtspolitik
ablesen.

**4.    § 1687 im System der gemeinsamen Sorge nach Trennung der Eltern**

Die Vorschrift steht in engem Zusammenhang zum Sorgerechtsmodell im „Antrags-   7
system" (§ 1671) – ist gewissermaßen das Gegenstück – und regelt die **gesetzlichen
Auswirkungen dauerhaften Getrenntlebens gemeinsam sorgeberechtigter Eltern** (STAU-
DINGER/COESTER [2000] § 1671 Rn 1). „Die alleinige Entscheidungsbefugnis des allein
betreuenden Elternteils für Angelegenheiten des täglichen Lebens ist (...) eine wichtige Ergänzung der gemeinsamen Sorge bei getrennt lebenden Eltern" (BT-Drucks 13/
4899, 58, 107). Das **Kooperationsgebot** des § 1627 hat gerade für die Fortdauer gemeinsamer elterlicher Sorge trotz Trennung eine besondere Bedeutung (hierzu BVerfGE 31,
194, 205; OLG Oldenburg FamRZ 1998, 1464; OLG Bamberg FamRZ 1999, 803). Die drei Grundsätze dieser Bestimmung (Vorrangstellung der Eltern gegenüber dem Staat, gleichberechtigte und -verpflichtete Eltern, Bindung der Ausübung der elterlichen Sorge
an das Kindeswohl) gelten gerade hier unverändert fort (STAUDINGER/PESCHEL-GUT-
ZEIT[12] § 1627 Rn 4). Der Gesetzgeber geht davon aus, daß die **Eltern in wichtigen Angelegenheiten zusammenwirken**, aber auch, daß sie sich jedenfalls grundsätzlich über
alle das Kind betreffenden Angelegenheiten des täglichen Lebens verständigen (BT-
Drucks 13/4899, 58). Die ex lege umgestaltete gemeinsame Sorge der Eltern bei nicht
nur vorübergehendem Getrenntleben gem § 1687 soll den Eltern die Fortführung
gemeinsamer elterlicher Sorge erleichtern und zur **Attraktivität dieses Sorgerechtsmodells** beitragen. Der Gesetzgeber will mit den Ausübungsregeln die **Akzeptanz** des
Antragsmodells **mittels** der **Kompetenzregel erhöhen** und „Streitigkeiten über vergleichsweise unwichtige Fragen, (...) die das Funktionieren der gemeinsamen Sorge
insgesamt gefährden könnten" möglichst vermeiden (ebd). Der Betreuungselternteil
sollte sich nicht ständig Auseinandersetzungen über Detailfragen mit dem anderen
Elternteil ausgesetzt sehen (BT-Drucks 13/4899, 107 vgl hierzu die Krtik von SCHWAB, in: FS
Gaul 717, 726), anderseits sollte die konfliktvermeidende **Alleinentscheidungsbefugnis** nicht soweit gehen, „daß die gemeinsame elterliche Sorge zu einer leeren Hülse
wird", und der Umfang der Alleinentscheidungsbefugnis sollte „möglichst klar geregelt werden" (BT-Drucks 13/8511, 67). Somit ist § 1687 ein **Ausgleichsmodus** zwischen
den **Idealen fortwährender gemeinsamer elterlicher Verantwortung trotz dauerhaften
Getrenntlebens** und der **Lebenserfahrung**, daß unter Eltern in dieser Konstellation
häufig **Konfliktspannungen** vorhanden sind (ZENZ 59. DJT M 9, M 20; FamRefK/ROGENER
§ 1687 Rn 3: „latenter Konfliktherd" sollte ausgeschaltet werden; PALANDT/DIEDERICHSEN[59] § 1687
Rn 3: praktikabler Kompromiß).

**8** Im Gegensatz zur früheren Rechtslage **geht es nicht mehr um „alles oder nichts"**, denn die **„erzwungene Sorgegemeinsamkeit"** (STAUDINGER/COESTER [2000] § 1671 Rn 100, 128 SCHWAB FamRZ 1998, 457, 468; SCHWAB DNotZ 1998, 41) ist aus den dargelegten Gründen gem § 1687 **erheblich reduziert**.

## II. Anwendungsbereich

### 1. Persönlich

#### a) Eltern mit gemeinsamer elterlicher Sorge

**9** Die Norm gilt – wie auch § 1671 – **für alle dauerhaft getrennt lebenden Eltern**, die **kraft Gesetzes oder Sorgeerklärung gemeinsam sorgeberechtigt** sind. Ob jemals diese Eltern zuvor gemeinsam gelebt haben, darauf kommt es nicht an (STAUDINGER/COESTER [2000] § 1671 Rn 40).

#### b) Nicht nur vorübergehendes Getrenntleben

**10** Dieses Tatbestandsmerkmal in § 1687 ist identisch mit dem in § 1671 Abs 1, der seinerseits auf § 1567 Abs 1 Bezug nimmt. Für die Wirkungen des § 1687 reicht das **Nichtbestehen einer Lebensgemeinschaft** (objektiv), das zusätzliche Erfordernis der Ablehnung der Gemeinschaft für die Zukunft (subjektiv) steht im Kontext des § 1687 nicht im Vordergrund. Im Mittelpunkt steht die Voraussetzung, daß für die gesetzlichen Wirkungen des § 1687 Abs 1 der **gewöhnliche Aufenthalt des Kindes beim Betreuungselternteil rechtmäßig** sein muß, dh, daß sich das Kind mit Einwilligung des anderen Elternteils (OLG Stuttgart FamRZ 1999, 39 f) oder auf Grund einer gerichtlichen Entscheidung (OLG Nürnberg FuR 1999, 334, 335; OLG Nürnberg FamRZ 1999, 1160, 1161) beim Betreuungselternteil aufhält. Die Mitnahme des unter gemeinsamer elterlicher Sorge stehenden Kindes ohne entsprechende **Einwilligung des anderen Elternteils** oder ohne eine gerichtliche Entscheidung läßt die gesetzliche Wirkung des § 1687 nicht eintreten (zum Dilemma in einer unzuträglichen Familiensituation vgl STAUDINGER/COESTER [2000] § 1671 Rn 43). Bei Eltern mit gemeinsamer Sorge auf Grund einer **Sorgeerklärung** gem § 1626 a Abs 1 Nr 1, die zu keinem Zeitpunkt in einer Lebensgemeinschaft zusammengelebt haben, lebt das Kind idR ebenfalls mit Einwilligung des anderen Elternteils beim Betreuungselternteil, und die Wirkung des § 1687 Abs 1 tritt ipso jure mit Abgabe der Sorgeerklärung ein. **Uneinigkeit** unter gemeinsam sorgeberechtigten Eltern mit gemeinsamer elterlicher Sorge **über den Lebensmittelpunkt** des Kindes kann nach entsprechendem Antrag entweder zu einer Entscheidung gem § **1628** oder zu einer Entscheidung gem § 1671 führen (zum Verhältnis dieser Alternativen vgl SCHWAB FamRZ 1998, 457, 467 f; STAUDINGER/COESTER [2000] § 1671 Rn 55 ff). Erfolgt eine Aufhebung des gemeinsamen Sorgerechts gem § 1671, so ist § **1687 nicht anwendbar** (SCHWAB FamRZ 1998, 457, 470), erfolgt hingegen lediglich eine Teilregelung entweder nach § 1671 oder nach § 1628, dann bleibt es **im übrigen** bei der **gemeinsamen elterlichen Sorge**, und die Kompetenzregelung des § 1687 behält insoweit ihre Wirkung. Allerdings bleibt trotz der von § 1687 angestrebten **Konfliktreduzierungswirkung** zu prüfen, ob es sich um ein Konfliktniveau handelt, das die **grundsätzlich erforderliche Fähigkeit zur Kooperation** noch nicht in Frage stellt (vgl STAUDINGER/COESTER [2000] § 1671 Rn 117, 124, 129, 136): so zB bei Uneinigkeit über den **Lebensmittelpunkt** des Kindes (warnend SCHWAB FamRZ 1998, 457, 463; ders , in: FS Gaul 717, 725: Aufenthaltsbestimmung isoliert gesehen ist etwas ganz Unsinniges, und STAUDINGER/COESTER [2000] § 1671 Rn 259: Abspaltung des Aufenthaltsbestimmungsrechts sollte nicht zum Kunstgriff der Gerichte werden, um auch zerstrittenen Eltern Sorgerechtsgemeinsamkeit oktroyieren zu können).

Die gesetzlichen Wirkungen des § 1687 entfallen, wenn die Eltern nicht mehr ge- **11** trennt leben; hier ensteht die („ungespaltene") gemeinsame elterliche Sorge automatisch sofort wieder. Während gem § 1567 Abs 2 das **Zusammenleben** für kürzere Zeiträume die Trennungsfristen nicht unterbricht, führt ein Zusammenleben der Eltern mit gemeinsamer elterlicher Sorge (auch zu Versöhnungszwecken) im Kontext des § 1687 **zur Aufhebung der gesetzlichen Wirkung dieser Norm**: Die gemeinschaftliche Zuständigkeit für alle Angelegenheiten der elterlichen Sorge lebt automatisch wieder auf (SCHWAB, FamR[10] 314). Aus einer Änderung des Lebensmittelpunktes des Kindes etwa vom Betreuungselternteil zum anderen Elternteil oder wenn das Kind von Dritten betreut wird (§ 1688), ergeben sich die entsprechenden jeweiligen Verlagerungen der Kompetenzen.

## 2.   Möglichkeiten und Grenzen abweichender Elternvereinbarung

Trotz entsprechender Forderungen nach einer individuell *gestaltbaren Typenvielfalt* **12** *von Sorgerechtsmodellen* (SALGO FamRZ 1996, 449, 454; STAUDINGER/COESTER [2000] § 1671 Rn 60 mwN; COESTER RdJB 1996, 430, 432: „auf die konkreten Familienverhältnisse maßgeschneiderte Vereinbarungen"; ders DEuFamR 1999, 3, 10) hat sich der Gesetzgeber des KindRG nicht für einen von den Eltern jeweils auszufüllenden Rahmen (**„Elternvereinbarung"** oder **„Sorgeplan"** – gefordert auch von der Opposition, BT-Drucks 13/1752, 15) entschieden (vgl die Ablehnungsbegründung BT-Drucks 13/4899, 64), wie ihn viele ausländische Rechtsordnungen bei Fortführung gemeinsamer elterlicher Sorge nach Scheidung zwingend vorschreiben (vgl zB Art 133 Abs 3 ZGB der **Schweiz**: „Haben die Eltern sich in einer genehmigungsfähigen Vereinbarung über ihre Anteile an der Betreuung des Kindes und die Verteilung der Unterhaltskosten verständigt, so belässt das Gericht auf gemeinsamen Antrag beiden Eltern die elterliche Sorge, sofern dies mit dem Kindeswohl vereinbar ist"; zu Einzelheiten vgl HEGNAUER 186 ff), sondern mit den §§ 1671, 1687, 1628 ein gesetzliches **Regelungsmodell vorgegeben**. Damit stellt sich die Frage, inwieweit vom kraft Gesetzes wirksamen Modell des § 1687 abweichende **individuelle Vereinbarungen** überhaupt zulässig sind und von der Rechtsordnung anerkannt werden müssen (vgl JOHANNSEN/HENRICH/JAEGER[3] § 1687 Rn 11). „Private Beziehungen zwischen Menschen verlangen nach privater Regelung, ein Standpunkt, den das Gesetz im ganzen anerkennt und auch anerkennen soll" (GOLDSTEIN/FREUD/SOLNIT 47). Das KindRG greift an diesem Punkt die **„grundsätzlich aufgewertete Elternautonomie als positiven Gestaltungsfaktor"** für Sorgerechtsverhältnisse (STAUDINGER/COESTER [2000] § 1671 Rn 13, 59 f) zu wenig auf. Das relativ offen gestaltete Regelungsmodell des KindRG wirft Fragen nach den **Möglichkeiten und Grenzen autonomer Gestaltung** (vgl SCHWAB DNotZ 1998, 437, 448) im Bereich elterlicher Sorge auf wie keine andere deutsche Regelung zuvor.

Zentrale Fragen, wie etwa die nach dem Lebensmittelpunkt des Kindes, beantworten **13** sich zunächst nicht aus gesetzlichen Grundlagen, sondern aus der individuellen Vereinbarung. Eine solche können Eltern nicht vermeiden, auch wenn **das KindRG sie zur Vorlage entsprechender Absprachen beim FamG nicht zwingt** (BT-Drucks 13/4899, 64). Das „gemeinsame Sorgerecht" getrennt lebender Eltern als offenes Modell bedarf in jedem Falle der **Konkretisierung durch elterliches Einvernehmen** (SCHWAB, in: FS Gaul

717, 724). Die **obligatorische Anhörung der Eltern durch das FamG** gem § 613 Abs 1 S 2 ZPO ersetzt nicht die hier **stets erforderlichen Absprachen**, sondern setzt sie eigentlich voraus. Das KindRG will zu so viel autonomer Regelung wie nur möglich ermutigen, es verzichtet nur darauf, die Eltern zur Vorlage einer stets erforderlichen konkreten Ausgestaltung beim FamG zu verpflichten (BT-Drucks 13/4899, 64: „der Zwang zur schriftlichen Niederlegung (gibt) erst Anlaß für einen Streit"). Zwar sind die erwähnten Vorschläge zur autonomen (und auch nachzuweisenden) Gestaltung der Verhältnisse unter den Eltern zunächst nicht positiv vom Gesetzgeber aufgenommen worden (STAUDINGER/COESTER [2000] § 1671 Rn 60), diese Rechtslage sollte indes eher als **Ermutigung zur individualisierten Vereinbarung** – stets im vom Gesetzgeber des KindRG eröffneten Rahmen (in diesem Sinne auch STAUDINGER/COESTER [2000] aaO; SCHWAB DNotZ 1998, 437, 443 ff; ZIMMERMANN DNotZ 1998, 404, 423 f) –, denn als Hindernis für autonome Gestaltung verstanden werden. Gestaltungsrahmen, Bedingungen und Grenzen privatautonomer Regelung ergeben sich aus dem gesetzlichen Regelungsmodell des KindRG, aus der hier **stets beachtlichen Kindeswohlmaxime** und der **Anpassungsfähigkeit** der getroffenen Vereinbarung. Der Bereich der gesetzlichen Vertretung ist allerdings vor allem unter dem Gesichtspunkt der **Rechtssicherheit** privatautonomer Gestaltung entzogen (SCHWAB DNotZ 1998, 437, 448). Dies schließt aber nicht aus, daß die Eltern sich gegenseitig zur Untervertretungsmacht bevollmächtigen, was selbstverständlich auch **Außenwirkungen** zur Folge hat (JOHANNSEN/HENRICH/JAEGER[3] § 1687 Rn 11; zum generell zulässigen Rahmen der Ermächtigung zwischen Eltern vgl STAUDINGER/PESCHEL-GUTZEIT[12] § 1629 Rn 45 f; GERNHUBER/COESTER-WALTJEN[4] § 58 III 2). Diese Möglichkeiten können aber das gesetzlich vorgegebene Modell nicht außer Kraft setzen. Als Regelungsprinzip hinsichtlich der Grenzen der Gestaltungsfreiheit muß neben den bereits erwähnten Grundsätzen gelten, daß Erweiterungen und Flexibilisierungen erwünscht und zulässig, Verengungen (etwa der Alltagssorge des Betreuungselternteils) gegenüber dem Regelungsmodell des § 1687 Abs 1 hingegen unzulässig sind, weil dies zu Konflikten führen kann, die § 1687 gerade verhindern oder zumindest begrenzen will (JOHANNSEN/HENRICH/JAEGER[3] § 1687 aaO); so würde zB eine Vereinbarung der erheblichen Reduzierung der Alltagssorge dem erkennbaren Willen des historischen Gesetzgebers zuwiderlaufen.

### 3. Gewöhnlicher Aufenthalt („Residenzmodell")

**14** Ausgangspunkt für das Kompetenzzuweisungsmodell des Gesetzes ist der **rechtmäßige gewöhnliche Aufenthalt des Kindes bei einem Elternteil**, welcher das Kind allein oder überwiegend betreut (BT-Drucks 13/4899, 107). Von dieser Arbeitsteilung unter gemeinsam sorgeberechtigten Eltern (**„Residenzmodell"**) geht der Gesetzgeber in § 1687 Abs 1 S 2 bei der gesetzlichen Einräumung der Befugnis zur alleinigen Entscheidung in Angelegenheiten des täglichen Lebens offensichtlich aus (PALANDT/DIEDERICHSEN § 1687 Rn 19). Das Kind lebt bei diesem Modell überwiegend mit dem Betreuungselternteil und unterhält Kontakte verbunden mit entsprechenden Aufenthalten beim anderen Elternteil. Der Begriff des „gewöhnlichen Aufenthaltes" iSd § 1687 Abs 1 S 2 fordert stets – im Gegensatz zur „Obhut" iSv § 1629 Abs 2 S 2 (s hierzu STAUDINGER/PESCHEL-GUTZEIT[12] § 1629 Rn 336) – eine Wohngemeinschaft zwischen Kind und Elternteil. Nach wie vor ist dieses Elternarrangement der statistisch häufigste Fall auch unter getrennt lebenden Eltern mit gemeinsamer elterlicher Sorge (vgl JOHANNSEN/HENRICH/JAEGER[3] § 1687 Rn 7; PALANDT/DIEDERICHSEN[59] § 1687 Rn 19: Kind muß intern einem Elternteil zugeordnet werden und bei ihm leben).

## 4.  Bedeutung der Norm bei anderen Arrangements gemeinsamer Sorge

Bei einem **„Wechsel-"** oder **„Pendelmodell"** wechselt jeweils auch die Alleinentschei-  **15**
dungsbefugnis gem § 1687 Abs 1 S 2: die Alltagssorge „geht praktisch immer mit dem
Kind", während – wie beim „Residenzmodell" – Entscheidungen in Angelegenheiten
von erheblicher Bedeutung gemeinsam getroffen werden müssen (vgl hierzu, aber auch
zu möglichen Belastungen des Kindes beim „Wechselmodell" STAUDINGER/COESTER [2000] § 1671
Rn 145 mwN). Auch beim „Wechselmodell" entsteht ein „gewöhnlicher Aufenthalt",
insbesondere, wenn die Phasen in den unterschiedlichen Haushalten sich über jeweils
mehrere Monate erstrecken; den Betreuungselternteil beim „Wechselmodell" jeweils
nur auf das System von Handlungs- und Vertretungsermächtigungen auf den Stufen
gemäß § 1687 Abs 1 S 1 und S 4 zu verweisen (so aber JOHANNSEN/HENRICH/JAEGER[3] § 1687
Rn 7) –, handelt es sich hier doch nicht um die typische Besuchs-, sondern um eine
Alltagssituation für Eltern und Kind – greift zu kurz und versagt die auch und gerade
in diesem nicht unproblematischen Sorgerechtsmodell erforderliche Konfliktvermei-
dungsintention der Alltagssorge gem § 1687 Abs 1 S 2. Die **vom Gesetz bewußt re-
duzierten Entscheidungskompetenzen** auf Angelegenheiten der tatsächlichen Betreuung (vgl Rn 52) gem § 1687 Abs 1 S 4 reichen beim „Wechselmodell" zur Bewältigung
von Alltagssituationen nicht aus.

## 5.    Die Bedeutung des Leitbildes aus § 1627

Der Gesetzgeber des KindRG sieht die Vorteile gemeinsamer Sorge in einer länger-  **16**
fristigen **Bewußtseinsänderung** (BT-Drucks 13/4899, 63). § 1627 als **Grundregel mit Leit-
bildcharakter** (STAUDINGER/PESCHEL-GUTZEIT[12] § 1627 Rn 3, 10) entfaltet auch im Kontext
der §§ 1671, 1687 besondere Bedeutung (BT-Drucks 13/4899, 107: „Auch in diesem Fall gilt
grundsätzlich § 1627, das heißt, die Eltern müssen ihre elterliche Sorge zum Wohle des Kindes
ausüben, bei Meinungsverschiedenheiten müssen sie versuchen, sich zu einigen"). **Konsens- und
Kooperationsbereitschaft** sind nach wie vor conditio sine qua non fortwährender
gemeinsamer elterlicher Sorge nach Trennung (BGH FamRZ 1999, 1646, 1648; dazu
BORN FamRZ 2000, 396). Für dieses anspruchsvolle Modell behält das Leitbild in
§ 1627 seine spezifische Bedeutung, wenn auch der Gesetzgeber, dem Realitätsprin-
zip gehorchend, gerade mit § 1687 zum Ausdruck bringt, daß Gemeinsamkeiten in
einer solchen Situation „naturgemäß begrenzt sind" (PALANDT/DIEDERICHSEN[59] § 1687
Rn 2): Der Hinweis auf das „gegenseitige Einvernehmen" in § 1356 Abs 1 verfehlt
die Situation zwar gemeinsam sorgeberechtigter, aber nicht in einer Lebensgemeinschaft zusammenlebender Eltern.

## III.  Abgrenzung zu anderen Vorschriften

## 1.    § 1671

Soweit gem § 1671 die elterliche Sorge insgesamt einem Elternteil allein übertragen  **17**
worden ist, entfaltet das abgestufte System des § 1687 Abs 1 S 1 und 2 keinerlei
Wirkungen; allerdings gelten während eines rechtmäßigen Aufenthalts des Kindes
beim Elternteil, der nicht Inhaber der elterlichen Sorge ist, gem § 1687 a die gesetzlichen Wirkungen des § 1687 Abs 1 S 4 und 5 entsprechend (s Erl bei § 1687 a).

Zwar läßt § 1671 Abs 1 ausdrücklich Teilregelungen zu (BT-Drucks 13/4899, 99); zu  **18**

Recht ist aber im Hinblick auf die **Ganzheitlichkeit der Lebens- und Erziehungssituation des Kindes** deutlich vor der **Zergliederung der elterlichen Sorge in Einzelaspekte** immer wieder gewarnt worden (SCHWAB FamRZ 1998, 457, 465: „künstliches Zerschneiden der kindlichen Lebenswelt"; STAUDINGER/COESTER [2000] § 1671 Rn 255 f). Die vom Gesetzgeber angestrebte **konfliktreduzierende Wirkung** des § 1687 Abs 1 würde durch Teilregelungen gem § 1671 Abs 1 teilweise wieder zurückgenommen, weil das für Eltern ohnehin schon schwer durchschaubare System des § 1687 weiter verkompliziert würde. Teilregelungen gem § 1671 Abs 1 können sich ohnehin nur auf Angelegenheiten von erheblicher Bedeutung beziehen – Streitigkeiten im Bereich der Alltagssorge und der tatsächlichen Betreuung (§ 1687 Abs 1 S 2 und 2) sind gem § 1687 Abs 2 und nicht nach § 1671 zu entscheiden. Soweit solche Teilregelungen gem § 1671 Abs 1 nicht den Aufenthaltsort des Kindes betreffen, berühren sie die Alltagssorge des Betreuungselternteils nicht (STAUDINGER/COESTER [2000] § 1671 Rn 253).

**19** Aber auch die Zuweisung anderer Grundfragen an den anderen Elternteil vermag nicht die Alltagssorge, die sich allein aus dem Aufenthaltsort des Kindes beim Betreuungselternteil herleitet, einzuschränken. Würde in einem solchen Fall zusätzlich auch die Alltagssorge im entsprechenden Bereich gem § 1687 Abs 2 noch eingeschränkt oder ausgeschlossen, dann wäre der Alltag des Kindes beim Betreuungselternteil kaum noch bewältigbar – gemeinsame Sorge würde ad absurdum geführt (vgl hierzu und zum nachfolgenden STAUDINGER/COESTER [2000] § 1671 Rn 253). Die Zuweisung von Grundfragen an den nicht mit dem Kind lebenden Elternteil könnte folglich die Alltagssorge – auch in diesem Bereich – des Betreuungselternteils nicht tangieren; die Zuweisung von Grundfragen an den Betreuungselternteil hingegen führt zusätzlich zur ohnehin diesem Elternteil zustehenden Alltagssorge auch zur Alleinentscheidungskompetenz des Betreuungselternteils in dieser Angelegenheit von erheblicher Bedeutung. **Kindeswohlwidrige Verkomplizierungen von Sorgerechtsverhältnissen**, die im Innen- wie im Außenverhältnis zu erheblichen **Rechtsunsicherheiten** beitragen und das hier vorhandene Streitpotential erhöhen, sind unzulässig (SCHWAB FamRZ 1998, 457, 465; STAUDINGER/COESTER [2000] § 1671 Rn 255).

## 2.   § 1628

**20** Die vorausgesagte Belebung von § 1628 idF des KindRG aufgrund von § 1687 läßt sich anhand veröffentlichter Rechtsprechung bisher kaum belegen (vgl STAUDINGER/ PESCHEL-GUTZEIT[12] § 1628 Rn 12, wo bereits auf eine neuartige Bedeutung des § 1628 für Fälle der gemeinsamen Sorge bereits vor dem KindRG verwiesen wird; auch SCHWAB, in: FS Gaul 717, 720 erwartete eine Neubelebung der praktisch „tot[en]" Bestimmung). Während die Abgrenzung von Teilanträgen gem § 1671 zu Anträgen auf Entscheidungsübertragung nach § 1628 erhebliche Probleme bereitet (SCHWAB FamRZ 1998, 457, 468; STAUDINGER/COESTER [2000] § 1671 Rn 55 ff), scheint die Abgrenzung zwischen § 1687 und § 1628 eindeutiger auszufallen: Zuweisungs- und Regelungsnorm einschließlich familiengerichtlicher Konfliktlösung hinsichtlich Entscheidungen in Angelegenheiten des täglichen Lebens unter nicht nur vorübergehend getrennt lebenden Eltern mit fortbestehender gemeinsamer elterlicher Sorge ist ausschließlich § 1687. Besteht ein Elternkonflikt darüber, **ob** es sich um eine Angelegenheit der Alltagssorge oder um eine Angelegenheit, deren Regelung für das Kind von erheblicher Bedeutung ist, handelt, so darf zunächst eine **Konfliktregelung gem § 1628** im Wege der Kompetenzzuweisung **nicht automatisch** erfolgen, sondern es ergeht eine **Feststellungsentscheidung** (vgl JOHANN-

SEN/HENRICH/JAEGER[3] § 1687 Rn 6: nach dem Grundsatz der Verhältnismäßigkeit ist die Feststellung das mildeste Mittel; PALANDT/DIEDERICHSEN[59] § 1687 Rn 34) darüber, um **welche Art von Angelegenheit** es sich handelt (**Qualifizierung**). Diese Entscheidung führt im Falle der Zuweisung der im Streit befindlichen Angelegenheit zur Alltagssorge und somit zur alleinigen Entscheidungsbefugnis des Betreuungselternteils gem § 1687 Abs 1 S 2; im Falle der familiengerichtlichen Qualifizierung als Grundfrage gem § 1687 Abs 1 S 1 ist mit dieser Entscheidung festgestellt, daß mangels Einvernehmens unter den Eltern der Betreuungselternteil zur alleinigen Entscheidung nicht befugt ist – eine positive Kompetenzzuweisung gem § 1628 erfolgt damit noch nicht.

Der „**obsiegende**" **Elternteil** kann mit der erlangten Feststellung, daß es sich um eine **21** Angelegenheit von erheblicher Bedeutung und nicht um eine solche der Alltagssorge handelt – sofern er weiterhin an seiner Zustimmungsverweigerung festhält – **eine Unterlassung der vom Betreuungselternteil** beabsichtigten Handlung erreichen, erforderlichenfalls die Unterlassung der Umsetzung dieser Absicht gerichtlich durchsetzen (vgl OLG Köln FamRZ 1999, 249, 250: in dieser nicht unproblematischen Entscheidung – WILLUTZKI KindPrax 2000, 45, 47 spricht zu Recht von einer völligen **Durchkreuzung der gesetzgeberischen Intention** – führt die familienrichterliche Qualifizierung der von der Mutter beabsichtigten **Reise nach Ägypten** mit ihrem unter gemeinsamer elterlicher Sorge stehenden Kleinkind als eine Angelegenheit von erheblicher Bedeutung, und die mangelnde Einigung zu einer Untersagung der Mitnahme des Kindes; vgl hingegen mit überzeugenderen Argumenten Übertragung der Entscheidungsbefugnis auf einen Elternteil hinsichtlich einer **Flugreise nach Kanada mit einem Kleinkind**, OLG Naumburg FuR 2000, 235). Während § 1628 den Elternstreit jedenfalls in der umstrittenen Angelegenheit durch Entscheidungszuweisung beilegt (vgl STAUDINGER/PESCHEL-GUTZEIT[12] § 1628 Rn 41), führt die **Feststellungsentscheidung** gem § 1687 Abs 1 S 1 zunächst lediglich zu einer **Blockade** der Absichten eines Elternteils.

Vorrangige Pflicht des in Anspruch genommenen FamG ist, jedenfalls soweit es sich **22** um eine die Person des Kindes betreffende Angelegenheit gem § 52 FGG handelt, auf ein **Einvernehmen der Beteiligten** unter **Beachtung der Maxime des § 1697 a** hinzuwirken (vgl § 1628 Abs 2 aF). Da der Elternstreit auch nach der Feststellungsentscheidung weiter bestehen kann (häufig wird) – das **Obsiegen** bzw **Unterliegen** in der Qualifizierungsfrage könnte sogar das **Streitniveau verschärfen** –, empfiehlt es sich für das FamG, mit der beabsichtigten Qualifizierung sich an die Beteiligten zu wenden, um zu überprüfen, ob die Beteiligten sich mit Unterstützung des Gerichts oder auch mit Hilfe außergerichtlicher Beratung (§ 52 Abs 2 Nr 1 FGG) nunmehr einigen können. „Die Einigung der Eltern dient dem **Familienfrieden** am besten und vermeidet, daß ein Elternteil dem anderen, aber auch dem Kinde gegenüber als Sieger dasteht" (STAUDINGER/PESCHEL-GUTZEIT[12] § 1628 Rn 37 mwN bereits zur Rechtslage vor dem KindRG).

Die **Feststellungsentscheidung**, daß es sich um eine Angelegenheit von erheblicher **23** Bedeutung handelt, schließt ein Verfahren gem § 1628 nicht aus. Schon deshalb gebieten Rechtsvorsorgepflicht, Prozeßökonomie und der in kindschaftsrechtlichen Verfahren stets zu beachtende **Zeitfaktor**, bereits **Zuordnungsstreitigkeiten** gem § 1687 Abs 1 S 1 möglichst **früh zu terminieren** (§ 52 Abs 1 S 1 FGG), **zügig durchzuführen** und stets die Möglichkeit eines doch noch zu erzielenden Einvernehmens intensiv zu prüfen. Hierbei dürfen allerdings **eilbedürftige Personensorgerechtsangelegenheiten** nicht verzögert werden, weil dies zu erheblichen Nachteilen, uU zu nicht

revidierbaren Schäden beim Kind führen kann (vgl hierzu inbes HEILMANN S 267 ff). Soweit eine **unmittelbare Gefährdung** des Kindeswohls abgewendet werden muß, ist
jeder Elternteil ohnehin berechtigt, alle Rechtshandlungen vorzunehmen, die zum
Wohl des Kindes notwendig sind (§ 1687 Abs 1 S 5 iVm 1629 Abs 1 S 4), auch wenn es
sich hierbei um Angelegenheiten iSv § 1687 Abs 1 S 1 handelt.

**24**  IdR beinhaltet die **Anrufung des FamG bei Uneinigkeit** darüber, um welche Angelegenheit der elterlichen Sorge es sich handelt, **nicht bereits einen Antrag gem § 1628**;
dies ist in jedem Einzelfall zu prüfen, weil uU bereits die **Feststellung des FamG**, daß
es sich nicht um eine Angelegenheit des täglichen Lebens handelt, **ausreichen kann**
(vgl JOHANNSEN/HENRICH/JAEGER[3] § 1687 Rn 6; PALANDT/DIEDERICHSEN[59] § 1687 Rn 34). Möglicherweise nimmt daraufhin ein Elternteil Abstand vom beabsichtigten Vorhaben,
oder es kommt doch zu einem Einvernehmen unter den Eltern. Zum Streit wird es
häufig deshalb gekommen sein, weil ein Elternteil sich übergangen fühlt, uU gar
nicht gefragt worden war. Wenn dieser Elternteil nach der gerichtlichen Feststellungsentscheidung vom anderen Elternteil um Zustimmung ersucht wird, könnte er
seine Zustimmung geben (vgl GERNHUBER/COESTER-WALTJEN § 58 II 4 zu den Möglichkeiten
der Eltern im Anschluß an eine Entscheidung gem § 1628). Eine **Entscheidung gem § 1628**
**greift** mit der Übertragung der Entscheidungsbefugnis auf einen Elternteil **stets in die**
**elterliche Sorge des anderen Elternteils** ein. Die gesetzlichen Intentionen des KindRG,
**Elternautonomie** zu fördern und so wenig wie möglich und nötig in Elternrechte
einzugreifen, führen beim **Qualifizierungsstreit** unter gemeinsam sorgeberechtigten
Eltern zu einem **abgestuften Verfahren** (in diesem Sinne bereits STAUDINGER/PESCHEL-GUT-
ZEIT[12] § 1628 Rn 10): Die **Qualifizierungsentscheidung** in der ersten Stufe (gem § 1687
Abs 1 S 1; so auch OLG München FamRZ 1999, 111 f) **führt nicht automatisch in ein Ver-**
**fahren gem § 1628**, welches ebenfalls nur auf Antrag in Gang kommt. Es geht im
Kontext des § 1687 Abs 1 zunächst noch nicht, wie bei § 1628, um den richterlichen
Beitritt zur Meinung eines Elternteils, vielmehr ist im Rahmen der Qualifizierungsentscheidung gem § 1687 Abs 1 S 1 das **FamG** vorläufig nur in **unterstützender und**
**klärender Funktion** gefragt. Selbst wenn Feststellung und **Entscheidungszuweisung**
gem § 1628 zugleich beantragt werden, was häufig der Fall sein dürfte, empfiehlt
es sich uU, nach der Feststellung darüber, daß es sich um eine zustimmungsbedürftige
Grundentscheidung handelt, bei den Beteiligten nachzufragen, ob diese Entscheidung ausreicht (zweite Stufe) oder ob eine Kompetenzzuweisung gem § 1628 (dritte
Stufe) erforderlich ist. Vermehrte Entscheidungen gem § 1628 würden die **Autonomie**
**der Familie** untergraben (STAUDINGER/COESTER [2000] § 1671 Rn 130). Beim **Streit um die**
**Qualifizierung** geht es noch nicht um die Entscheidung selbst, sondern um die **Ent-**
**scheidungszuständigkeit**. Allerdings können Streitintensität und **Eilbedürftigkeit** das
FamG zu einer zügigen Entscheidung, uU zu einer **einstweiligen Regelung**, zwingen
(STAUDINGER/PESCHEL-GUTZEIT[12] § 1628 Rn 40 für Verfahren im Rahmen von § 1628 aF: die Befriedigung elementarer Bedürfnisse des Kindes kann nicht aufgeschoben werden).

## V.    Gespaltenes gemeinsames Sorgerecht

### 1.    Das Dilemma der Gesetzgebung

**25**  Sein **Ziel**, das **gemeinsame Sorgerecht bei Getrenntleben gesetzlich auszugestalten**, hat
der Gesetzgeber nur mit einer juristischen Konstruktion der **Reduzierung** (STAUDIN-
GER/COESTER [2000] § 1671 Rn 100, 128) **der** nach Trennung weiterhin **gemeinsam zu tref-**

**fenden Entscheidungen auf Angelegenheiten von erheblicher Bedeutung** erreicht: *„Gemeinsames Sorgerecht getrennt lebender Eltern"* bildet ein aliud gegenüber der eigentlichen gemeinsamen Elternsorge (SCHWAB FamRZ 1998, 457, 468). Der Gesetzgeber, der sich dieser **Lebenstatsache** stellen mußte, versucht mit dem gewählten Sorgerechtsmodell und der Unterscheidung zwischen Angelegenheiten von erheblicher Bedeutung und Angelegenheiten des täglichen Lebens zwischen den Idealen einer die Trennung überdauernden Elternverantwortung und den Realitäten der nicht ungewöhnlichen **Konfliktspannung** in Trennungssituationen zu vermitteln. Der Gesetzgeber wollte erreichen (BT-Drucks 13/8511, 67):

– „(…) daß der Elternteil, bei dem das Kind lebt, sich nicht ständigen Auseinandersetzungen über Detailfragen mit dem anderen Elternteil ausgesetzt sieht.

– Die konfliktvermeidende Alleinentscheidungsbefugnis darf jedoch andererseits nicht soweit gehen, daß die gemeinsame elterliche Sorge zu einer leeren Hülse wird.

– Der Umfang der Alleinentscheidungsbefugnis sollte möglichst klar geregelt werden."

Ob diese gleichzeitig nur schwer erreichbaren **Ziele** verwirklicht worden sind, ob der Gesetzgeber die „Lösung dieses Dilemma (…) gefunden hat" (wie PALANDT/DIEDE-RICHSEN[59] § 1687 Rn 2 meint), läßt sich noch nicht beantworten.

**2.    Die Unterscheidung zwischen Angelegenheiten von erheblicher Bedeutung und Angelegenheiten des täglichen Lebens**

**a)    Kritik an der Neuregelung**
Die Mehrheit im **Rechtsausschuß** des BT war der Ansicht, insbesondere mit der   **26**
**Definition von Angelegenheiten** des täglichen Lebens in § 1687 Abs 1 S 3, „zur größtmöglichen Klarstellung" beigetragen zu haben (BT-Drucks 13/8511, 67). Diese Einschätzung wird im juristischen Schrifttum mehrheitlich bislang nicht geteilt, vielmehr überwiegen hier die dieser Konstruktion gegenüber **kritischen Stimmen** (ua SCHWAB FamRZ 1998, 457, 468 f; ders, in: FS Gaul 717, 726: Streitpotential vergrößert; ders DNotZ 1998, 437, 441: der Praxis werden Probleme aufgebürdet; STAUDINGER/COESTER [2000] § 1671 Rn 255: Abgrenzung in § 1687 führt zu erheblichen Spannungen und birgt Streitpotential für die Eltern; DEINERT DAVorm 1998, 337, 347; WIESNER ZfJ 1998, 269, 272; **aA** GRESSMANN Rn 252; FamRefK/ROGENER § 1687 Rn 10: praktikabler Kompromiß). Die Schwierigkeiten, praxistaugliche **Abgrenzungskriterien** zu bestimmen, hängen mit der Multidimensionalität, Interdependenz und **Ganzheitlichkeit elterlicher Sorge** zusammen. In der **bestehenden Sorgegemeinschaft** gleichberechtigter Partner ist **„Recht nicht spürbar"** – den Eltern wird meist gar nicht bewußt sein, daß sie gerade eine Entscheidung in einer Angelegenheit von erheblicher Bedeutung getroffen oder Einigung in Grundfragen der Erziehung erzielt haben, und die Außenwelt akzeptiert idR einen der Eltern als Repräsentanten der Elterngemeinschaft; unterschiedliche Rollenwahrnehmung und Beteiligung haben – während des Bestehens dieser Lebensgemeinschaft – innerhalb der Partnerschaft, dem Kind wie Dritten gegenüber idR keine Relevanz. Dies alles verändert die Elterntrennung einschneidend.

## b) Praktikabilität der Abgrenzung

27 Die vom Gesetz gewählte **Abgrenzung erfolgt nicht nach Lebensbereichen**, sondern die **Ganzheit elterlicher Sorge wird künstlich aufgespalten**, und es kommt **innerhalb der Bereiche** auf die Bedeutung der jeweiligen einzelnen Angelegenheit für das Kind an (SCHWAB FamRZ 1998, 457, 469). Eine **allgemeingültige Abgrenzung** innerhalb der Bereiche ist **nicht möglich**, und auch die **Konkretisierungsbemühungen** des **Rechtsausschusses** (BT-Drucks 13/8511 67), die in § 1687 Abs 1 S 3 ihren Niederschlag gefunden haben, helfen kaum weiter (vgl insbes die Kritik von SCHWAB FamRZ 1998, 457, 468 f; SCHWAB/WAGENITZ FamRZ 1997, 1377, 1380: klare begriffliche Abgrenzung der beiden Bereiche ist nicht möglich; aA GRESSMANN Rn 252, der keine „Grauzonen" zu erkennen vermag). Das **Tägliche** kann für das Kind erhebliche Bedeutung haben – man denke nur an ein Kleinkind mit Ernährungs- und Verdauungsproblemen; die „tägliche", „häufig vorkommende" Frage der richtigen **Ernährung** kann für dieses Kind eine Überlebensfrage sein; das „Tägliche" ist folglich nicht der Gegensatz zu „Angelegenheiten von erheblicher Bedeutung" (SCHWAB FamRZ 1998, 457, 468). Die Verfasser der regierungsamtlichen Begründung (BT-Drucks 13/4899, 107) kommen nicht umhin einzuräumen, daß das **Alltägliche „prägenden" Charakter** für das Kind hat. Zu Recht stellt SCHWAB (FS Gaul 717, 726) die Frage: *„Den Alltag des Kindes prägend! – was gibt es Grundsätzlicheres?"*

28 Die Empfehlung, ausschließlich „objektive Kriterien" heranzuziehen (so PALANDT/DIEDERICHSEN[59] § 1687 Rn 4), ist angesichts der **„Individualisierung der Lebenswelten"**, pluraler **Lebensauffassungen** (KELLER 86) und **Wertvielfalt** kaum hilfreich. Was in der einen Familie zentrale Bedeutung hat, ist der anderen völlig fremd. Dies würde in jedem Einzelfall (**„Einzelfallgerechtigkeit"**) eine penible Aufklärung der Wertstruktur und der Lebensmodelle eines jeden im Streit befindlichen Elternpaares erfordern sowie die Abschätzung der langfristigen Auswirkungen auf das jeweils individuelle Kind, was die **Prognostizierbarkeit** und damit die **autonome Konfliktregelung unter Eltern** nicht gerade fördern würde. Andererseits lassen sich bis zu einem gewissen Grad – trotz **Individualisierung** und **Vielfalt** – Bereiche bestimmen, die sich eindeutig nach wie vor als Angelegenheiten von erheblicher Bedeutung qualifizieren lassen. Angesichts dieses bereits im Konzept des KindRG angelegten **Dilemmas** empfiehlt sich – auch und gerade unter Berücksichtigung der Begrenztheit justizieller Konfliktlösungen und Ressourcen – eine **kasuistische Abgrenzung und Qualifizierung** mit der Möglichkeit, bei Besonderheiten von der allgemeinen Zuordnung abzuweichen. Fragen der Ernährung etwa haben für die Mehrheit der Familien nicht die Bedeutung wie für Vegetarier, Muslime, Juden oder Anhänger von Vollwert- oder Trennkost (vgl KELLER 87). Was nach allgemein verbreiteter Auffassung eindeutig der Alltagssorge zuzuordnen wäre, kann also unter **besonderen Umständen** eine Angelegenheit von erheblicher Bedeutung sein. Ein anderer, mit Sicherheit einfacherer Weg – von vornherein gesetzlich eindeutig festgelegten Zuordnungen von Bereichen oder den der nachzuweisenden obligatorischen **Elternvereinbarung** in zentralen, für das Kind wichtigen Bereichen – ist durch den Gesetzgeber schließlich nicht beschritten worden. So wenig eine erschöpfende Aufzählung aller Bestandteile der Personensorge möglich ist (vgl STAUDINGER/SALGO[12] § 1631 Rn 9 mwN; GERNHUBER/COESTER-WALTJEN § 58 II 4: scheitert an der Varianz der Lebenssachverhalte), so wenig kann eine solche orientierende und qualifizierende **Kasuistik** abschließend oder stets gültig sein. Die Suche nach einer einprägsamen Formel zur Abgrenzung wird vergeblich bleiben (GK-SGB VIII/FIESELER § 38 Rn 14).

Die vom Rechtsausschuß empfohlene Konkretisierung der „Angelegenheiten von **29** erheblicher Bedeutung" durch Heranziehung der **Rechtsprechung** und Literatur zu § 1628 als Hilfestellung bei der Anwendung des § 1687 Abs 1 (BT-Drucks 13/8511, 75) kann zwar befolgt werden (vgl nur STAUDINGER/PESCHEL-GUTZEIT[12] § 1628 Rn 24 ff mit wertvollen Hilfestellungen). Jedoch zielte bislang § 1628 in erster Linie auf Uneinigkeit von in ehelicher Lebensgemeinschaft lebenden Eltern, und für diese Konstellation war die Bestimmung „praktisch tot" (SCHWAB, in: FS Gaul 717, 720; GERNHUBER/COESTER-WALTJEN § 58 II 4); für getrennt lebende Eltern war vor Inkrafttreten des KindRG ohnehin § 1672 aF der favorisierte Weg.

**c)   Grundsatz und Abgrenzungshilfen**
Auch im Rahmen des § 1687 (wie für § 1628) gilt gem § 1697 a das **Kindeswohl als** **30** **zentrale Entscheidungsmaxime** (BT-Drucks 13/ 4899, 111). Die **erhebliche Bedeutung für das Kind** ergibt sich aus der **Relevanz für seine künftige Entwicklung** und Sozialisation, aber auch aus der Wichtigkeit für sein Sozialisationsfeld (STAUDINGER/PESCHEL-GUTZEIT[12] § 1627 Rn 10; AK-BGB/MÜNDER § 1628 Rn 2). § 1697 a – und dies hat besondere Bedeutung bei gemeinsam sorgeberechtigten, getrennt lebenden Eltern – fordert zusätzlich die Berücksichtigung der **tatsächlichen Gegebenheiten** und Möglichkeiten sowie der berechtigten Interessen der Beteiligten. Zu diesen Gegebenheiten gehört sicherlich der Umstand der dauerhaften Trennung der Eltern. Die Entscheidung über den Lebensmittelpunkt des Kindes, die dort vorhandenen Möglichkeiten und Ressourcen und **nicht abstrakte Erwägungen und eventuelle Möglichkeiten** sind ausschlaggebend für eine gelingende Sozialisation.

Mit dem **Kompetenzmodell** des § 1687 Abs 1 wollte der Gesetzgeber die Akzeptanz **31** gemeinsamer Sorge bei dem Elternteil, bei welchem die Kinder leben (meistens sind dies nach wie vor die Mütter), ua dadurch fördern, „daß der nicht mit dem Kind zusammenlebende Vater ihnen in ihre **Alltagssorge** (nicht) ständig hineinredet" (WILUTZKI KindPrax 2000, 45, 47). Der BR hat dies in seiner Stellungnahme ausdrücklich hervorgehoben: Dem überwiegend verantwortlichen Elternteil soll ausreichende **Sicherheit** bei der Gestaltung des **Erziehungsalltags** gegeben werden, und zugleich sollen konfliktträchtige **Absprachen** und **Einigungsprozesse** mit dem anderen Elternteil möglichst gering gehalten werden (BT-Drucks 13/4899, 154). Von diesem Bestreben nach Sicherheit für das Sozialisationsfeld, in dem das Kind überwiegend lebt, sind die **Abstufungen** zwischen Angelegenheiten von erheblicher Bedeutung und Alltagssorge sowie zwischen „Angelegenheiten des täglichen Lebens" und „Angelegenheiten der tatsächlichen Betreuung" bestimmt. Gerade in **Erziehungsfragen** gebietet der **Respekt vor dem sachnäheren Betreuungselternteil**, der den Alltag mit dem Kind teilt, im **Zweifelsfall** die **Nichteinmischung**.

Der 13. DFGT empfiehlt für Rechtsberatung und Rspr: „Die Interessen des Kindes **32** fordern **in Zweifelsfällen eine Entscheidung zu Gunsten der Alltagssorge**". Für die Qualifizierung als „Angelegenheit von erheblicher Bedeutung" fordert der 13. DFGT zusätzlich: „Nur wenn **positiv festgestellt werden kann**, daß eine Entscheidung **schwer abzuändernde Auswirkungen** hat, handelt es sich um eine Entscheidung von erheblicher Bedeutung" (FamRZ 2000, 273, 274). Solche in ihren Auswirkungen schwer reversible Entscheidungen für die Entwicklung des Kindes gibt es relativ wenige, weil den mannigfachen Möglichkeiten, für das Kind eine „falsche" Entscheidung zu treffen, zumeist Korrekturmöglichkeiten – etwa im Bereich der **Schullaufbahn** – gegenüberstehen. Vielfach wirken vor Entscheidungen und deren Verwirklichung, die für das Kind von erheblicher Bedeutung sind, **Fachleute unterschiedlicher Disziplin** mit (ua Ärzte, Psychologen, Pädagogen). Falls der nicht mit dem Kind lebende Elternteil frühzeitig in den **Abwägungsprozeß einbezogen** wird – hierzu dient der **Auskunftsanspruch** gem § 1686 –, kann das Für und Wider aus der Perspektive der Kindesentwicklung ggf mit Hilfe von Fachleuten abgewogen werden. Ohnehin besteht eine Informationspflicht des Elternteils, bei dem das Kind lebt, falls über eine Angelegenheit von erheblicher Bedeutung eine Entscheidung ansteht (Schwab FamRZ 1998, 457, 469).

**33**  **Irreversibilität** der möglichen Folgen der zu treffenden Regelung als Kriterium für die Qualifizierung als Angelegenheit von erheblicher Bedeutung wäre einerseits mit Sicherheit überzogen, andererseits wäre auch die nachträgliche **Korrekturmöglichkeit** als Qualifizierungskriterium für die **Alltagssorge** untauglich, haben doch trotz inzwischen zahlreicher Revisionsmöglichkeiten bei **Fehlentscheidungen** nachträgliche Korrekturen in vielerlei Hinsicht ihren „Preis" (vgl Rechtsausschuß, BT-Drucks 13/8511, 75: „[…] nur mit erheblichem Aufwand abzuändern sind und in den meisten Fällen faktisch endgültige Entscheidungen sein dürften").

**34**  Die Mitentscheidung des ebenfalls sorgeberechtigten anderen Elternteils in Angelegenheiten von erheblicher Bedeutung **ist nicht Selbstzweck**, sie **dient auch nicht** zur **Kontrolle der Lebensführung des früheren Partners**, vielmehr steht im **Mittelpunkt die Suche nach der jeweils „richtigen" Entscheidung**, die dem Wohl des Kindes am besten entspricht, unter **gleichberechtigten Eltern** bei Berücksichtigung der konkreten Lebenssituation des gemeinsamen Kindes. Hierzu gehört auch, daß für den nichtbetreuenden Elternteil „gemeinsame Sorge" Mitbestimmungsrechte ohne zusätzliche **Betreuungslasten** bedeutet (Staudinger/Coester [2000] § 1671 Rn 130; Salgo FamRZ 1996, 449, 451); die jeweilige gemeinsam zu treffende Grundentscheidung muß am **Lebensmittelpunkt** des Kindes, unter den dort obwaltenden Umständen **verwirklicht und gelebt werden können**.

### 3.    Fallgruppen

**35**  Jeder Versuch einer sinnvollen Unterscheidung, Abgrenzung und der Bildung von **Fallgruppen** steht unter dem Vorbehalt, daß im konkreten Einzelfall etwas anderes gelten kann. Eine magische oder stets gültige Formel gibt es nicht, und **Präzisierungsbemühungen** stoßen sehr bald auf Grenzen. So kann die nachfolgende **Aufzählung weder abschließend** sein, **noch** ist die jeweilige Zuordnung **unwiderlegbar**: „Der Grundirrtum des Gesetzgebers besteht in der Annahme, für das Kind sei das ‚Tägliche' der Gegensatz von ‚erheblicher Bedeutung'" (Schwab FamRZ 1998, 457, 469). Die anschließenden Vorschläge für **Zuordnungen** orientieren sich an der bislang spärlichen Rechtsprechung zu § 1687, soweit es angebracht erscheint, an der bisherigen Rspr zu § 1628 aF (vgl hier insbes Staudinger/Peschel-Gutzeit[12] § 1628 Rn 27) und am Meinungsstand im juristischen Schrifttum.

### a)    Erziehung

**36**  „Erziehung" ist das **wichtigste Element der Personensorge** iSv § 1631 Abs 1 (vgl Staudinger/Peschel-Gutzeit[12] § 1626 Rn 57; Staudinger/Salgo[12] § 1631 Rn 24 ff). Einvernehmen über die Grundrichtung (Palandt/Diederichsen[59] § 1687 Rn 11; vgl zur einvernehmlichen

Ausübung STAUDINGER/PESCHEL-GUTZEIT[12] § 1627 Rn 11 mwN) unter gemeinsam sorgeberechtigten Eltern ist gerade in diesem Bereich **essentiell** und damit prinzipiell eine
Angelegenheit von erheblicher Bedeutung, andererseits „geschieht" Erziehung kontinuierlich im Lebensalltag des Kindes:

„Erziehung ist nicht, wie sich das Gesetzesmacher vorstellen mögen, die juristische
Festlegung von Erziehungsprinzipien, sondern wirkliches Leben; Erziehung ereignet
sich in einer fortlaufenden Abfolge von Situationen, Begegnungen und Reaktionen.
Erziehung ist nicht Einwirken auf das Kind bloß in bestimmten, herausgehobenen
Erziehungsmomenten, sondern ein gegenseitiges persönliches Verhältnis, das im
Alltag gelebt wird" (SCHWAB FamRZ 1998, 457, 468).

Fragen der Erziehung strahlen auf andere Bereiche der Personensorge aus. Was in
**Erziehungsfragen** bei bestehender Lebensgemeinschaft von Eltern gilt, kann im Kontext des § 1687 nicht unbesehen den Maßstab bilden. Gerade in **Fragen der Erziehung**
**führen Zweifelsfälle idR zur Qualifizierung als Alltagssorge** iSv § 1687 Abs 1 S 2, weil
ansonsten bei dauerndem Streit über Erziehungsfragen und **Freizeitaktivitäten** oder
gar bei ständiger Einmischung des anderen Elternteils die Erziehung des Kindes
durch den Betreuungselternteil zu scheitern droht. **Verunsicherungen** des Betreuungselternteils wirken sich nachteilig auf die Sozialisation aus und sind unbedingt
zu vermeiden. Die Inanspruchnahme der durch das KindRG ausgebauten **Rechtsan-**
**sprüche** von Müttern und Vätern **auf Beratung** (§ 17 KJHG) sowie der familienrichterliche Hinweis gem § 52 Abs 1 S 2 FGG auf diese könnten bei Konflikten über
„Erziehungsfragen" hilfreich sein (STAUDINGER/COESTER [2000] § 1671 Rn 19); die **Eltern**
**sind grundsätzlich verpflichtet, diese Beratungsangebote in Anspruch zu nehmen**
(§ 1627) – dem FamG kommt nach dem KindRG hier die Funktion des „Brücken-
bauers" zu –, auch wenn dies nicht erzwingbar ist. Allerdings stellt eine **abgrundtiefe**
**und unüberbrückbare Uneinigkeit** über die Erziehung des gemeinsamen Kindes,
ebenso wie **Uneinigkeit über die sorgerechtliche Hauptfrage** des **Aufenthaltsbestim-**
**mungsrechts** (vgl Rn 38), die das gemeinsame Sorgerecht tragende Einigung in Frage
(vgl hierzu Schwab, HB[3] III 102).

**b)    Religiöse und weltanschauliche Erziehung**
Auch in einer zunehmend religiös indifferenten Welt gehören Fragen der **religiösen**   37
und **weltanschaulichen Erziehung** zu den **Angelegenheiten von erheblicher Bedeutung**
(**hM**, vgl STAUDINGER/PESCHEL-GUTZEIT[12] § 1628 Rn 27; STAUDINGER/SALGO[12] § 2 RKEG Rn 3;
SCHWAB FamRZ 1998, 457, 468; FamRefK/ROGENER § 1687 Rn 13 JOHANNSEN/HENRICH/JAEGER[3]
§ 1687 Rn 4; PALANDT/DIEDERICHSEN[59] § 1687 Rn 9; KELLER 87; BT-Drucks 13/4899, 107). Die
nach Vollendung des vierzehnten Lebensjahres eintretende **Religionsmündigkeit** (§ 5
RKEG), wie bereits die Stellung des Kindes nach Vollendung des 12. Lebensjahres
nach dieser Bestimmung, begrenzen das elterliche Bestimmungsrecht (STAUDINGER/
SALGO[12] § 5 RKEG Rn 3 ff). Die Teilnahme am Gottesdienst, die Einhaltung von institutionell vorgegebenen religiösen Geboten uvam (zu Einzelheiten vgl STAUDINGER/
SALGO[12] § 1 RKEG Rn 1), dh Umsetzungen der gemeinsam zu treffenden **Grundent-**
**scheidung**, fallen in den Bereich der Alltagssorge. Aber die Taufe in den christlichen
Religionen, die An- oder Abmeldung zum/vom **Religionsunterricht**, der Austritt aus
der Religionsgemeinschaft, die Beschneidung nach jüdischem oder moslemischen
Ritus bleiben dennoch Angelegenheiten von erheblicher Bedeutung. Gleiches gilt
für weltanschauliche Gemeinschaften und **Sekten** (STAUDINGER/PESCHEL-GUTZEIT[12]

§ 1628 Rn 27; zur Kindeswohlgefährdung bei extremen ersatzreligiösen Strömungen vgl STAUDIN-
GER/SALGO[12] § 7 Rn 6; STAUDINGER/COESTER [2000] § 1666 Rn 115 jew mwN). Zur Zuständig-
keitsaufspaltung zwischen FamG und VormG im Bereich des **RKEG** vgl STAUDIN-
GER/SALGO[12] § 2 RKEG Rn 17 mwN; SCHWAB FamRZ 1998, 345, 346.

**38  c)  Aufenthalt**

Daß der **Lebensmittelpunkt** des Kindes und damit die Wahl des Sorgerechtsmodells
(JOHANNSEN/HENRICH/JAEGER[3] § 1687 Rn 4; PALANDT/DIEDERICHSEN[59] § 1687 Rn 9) einvernehmlich bereits bestimmt wurde, ist Voraussetzung und bildet Grundlage der abgestuften Elternverantwortung gem § 1687 Abs 1 S 2 (vgl OLG Stuttgart FamRZ 1999, 39,
40). Erst auf dieser **Grundsatzentscheidung** beruhend funktioniert das Regelungsmodell dieser Bestimmung (SCHWAB/MOTZER III Rn 51). Die Festlegung des **gewöhnlichen
Aufenthalts** ist folglich **grundsätzlicher Natur** und kann bei gemeinsamer Sorge – als
*die* Angelegenheit von erheblicher Bedeutung schlechthin – nur von beiden Eltern
einvernehmlich getroffen werden. Wird eine gerichtliche Bestimmung bei **Uneinigkeit** der Eltern hierüber gem § 1671 oder § 1628 (vgl die Abgrenzungskriterien bei STAU-
DINGER/COESTER [2000] § 1671 Rn 55 ff) erforderlich, so schließt dies eine Beibehaltung
gemeinsamer elterlicher Sorge und damit die Gültigkeit des Zuweisungsmodells des
§ 1687 im übrigen nicht aus („oder auf Grund einer gerichtlichen Entscheidung").
Allerdings birgt eine solche **Abspaltung** des **Aufenthaltsbestimmungsrechts** erhebliche
Gefahren für das Funktionieren gemeinsamer elterlicher Sorge (hierzu STAUDINGER/
COESTER [2000] § 1671 Rn 259). Einerseits stellt die **Uneinigkeit** unter Eltern **über** den
**Aufenthaltsort** bei gemeinsamer elterlicher Sorge dieses **Sorgerechtsmodell diametral
in Frage**, weil in einem **Kernbereich des Personensorgerechts Uneinigkeit besteht** (vgl
hierzu Schwab, HB[3] III 102; STAUDINGER/SALGO[12] § 1631 Rn 61 mwN). Die Uneinigkeit über
den Aufenthaltsort hat auch **Ausstrahlungswirkungen** (STAUDINGER/COESTER [2000] § 1671
Rn 259) auf die anderen zentralen Sorgerechtsbereiche wie zB **Erziehung, Aufsicht**
und Umgangsregelung, weshalb die Entscheidung des BezG Erfurt FamRZ 1993, 830
(Belassung gemeinsamer elterlicher Sorge mit Übertragung des Aufenthaltsbestimmungsrechts auf
einen Elternteil) nicht nur unter Geltung der Rechtslage vor Inkrafttreten des KindRG
bedenklich erscheint (vgl Anm LUTHIN FamRZ 1993, 832 ablehnend auch KEMPER FuR 1993,
162 f). Andererseits ist bei einer solchen Situation stets **zu prüfen, ob bereits die
gesamte Basis der gemeinsamen Sorge zerstört** ist. Häufig schafft richterliche Klärung
und Beendigung einer im Streit befindlichen Grundfrage die **Basis für Kooperation**
(vgl zur stets erforderlichen Prüfung der **Kooperationsbereitschaft** nach einer Verbleibensanordnung
STAUDINGER/SALGO[12] § 1632 Rn 94 mwN); eine solche **Wirkung tritt keineswegs automatisch**
und in jedem Falle **ein**, so daß bei einer familiengerichtlichen Entscheidung über
einen Streit in **Kernbereichen der Personensorge** die Auswirkung auf die übrigen
Bereiche, insbesondere auf das **Funktionieren von Gemeinsamkeit** im Rahmen des
§ 1687 Abs 1 mitbedacht und mit den Eltern stets erörtert werden muß. Diese abgestufte Vorgehensweise (vgl Rn 24) fordert der **Grundsatz des geringst möglichen
Eingriffs** (JOHANNSEN/HENRICH/JAEGER[3] § 1687 Rn 6) wie die **Rechtsfürsorgepflicht des
FamG.**

**39** Die Pflicht und das Recht zur **Aufenthaltsbestimmung** hat vielfältige **Binnen-** und
**Außenwirkungen** (STAUDINGER/SALGO[12] § 1631 Rn 50 ff). Der **Zusammenhang mit anderen
aus dem Personensorgerecht fließenden Pflichten und Rechten** ist evident: So sind mit
der konkreten Aufenthaltsbestimmung dem Kind gegenüber fast immer erzieherische Absichten verknüpft. Bei Einvernehmen über den Aufenthaltsort bestimmt der

Betreuungselternteil den Aufenthalt des Kindes im einzelnen (Wahl des **Wohnsitzes**, Teilnahme an **Freizeitaktivitäten, Ferienaufenthalte, Besuche** bei Freunden und Verwandten, vgl SCHWAB FamRZ 1998, 457, 469; KELLER 87). Der sich aus dem **Aufenthaltsbestimmungsrecht** ergebende **Herausgabeanspruch** gem § 1632 Abs 1 gegenüber Dritten steht aufgrund des Einvernehmens dem Betreuungselternteil, bei Aufenthalt beim anderen Elternteil diesem zu; ein Bezug auf die Entscheidungsbefugnis bei **Gefahr im Verzug** (§ 1687 Abs 1 S 5 iVm § 1629 Abs 1 S 4) ist hier nicht erforderlich. Zur **Zustimmungsbedürftigkeit** bei beabsichtigtem **Wohnortwechsel** ins **Ausland** (vgl OLG Hamm FamRZ 1999, 394, 395; PALANDT/DIEDERICHSEN[59] § 1687 Rn 9). Die **Internatsunterbringung** (SALGO FamRZ 1996, 449, 451 SCHWAB FamRZ 1998, 457, 469) sowie die Unterbringung in einem **rein privaten Pflegeverhältnis** (zur Unterbringung in **Vollzeitpflege** als „**Hilfe zur Erziehung**" vgl Rn 46) sind stets als **Angelegenheit von grundsätzlicher Bedeutung** einzustufen.

Die **Mitnahme des gesunden Kindes** auf **Auslandsreisen** (etwa bis zu einem Monat) **40** sollte heutzutage idR als eine **Angelegenheit des täglichen Lebens** zugeordnet werden, sofern es sich nicht um **Abenteuerreisen**, um Reisen in völlig abgelegene Gebiete oder um Reisen in Gebiete mit politischen Unruhen oäm handelt oder die konkrete Gefahr einer **Kindesentführung** besteht. Der Betreuungselternteil würde durch die Mitnahme des Kindes unter diesen Umständen ohnehin die Pflichten und Rechte der elterlichen Sorge verletzten. Hiervon kann allerdings bei den zum Zeitpunkt der Entscheidung des OLG Köln (FamRZ 1999, 249) obwaltenden Umständen in **Ägypten** nicht (mehr) die Rede sein: in dieser nicht unproblematischen Entscheidung (WILLUTZKI KindPrax 2000, 45, 47 spricht zu Recht von einer völligen Durchkreuzung der gesetzgeberischen Intention) führt die familienrichterliche Qualifizierung der von der Mutter beabsichtigten zweiwöchigen Reise nach Ägypten mit ihrem unter gemeinsamer elterlicher Sorge stehenden Kleinkind als eine Angelegenheit von erheblicher Bedeutung, und die mangelnde Einigung zu einer Untersagung der Mitnahme des Kindes (vgl hingegen mit überzeugenderen Argumenten Übertragung der Entscheidungsbefugnis auf einen Elternteil hinsichtlich einer **Flugreise nach Kanada mit einem Kleinkind**, OLG Naumburg FuR 2000, 235).

### d)  Umgang
Daß der **Umgang** mit dem anderen Elternteil, aber auch mit gem § 1685 berechtigten **41** Personen, zu den **einvernehmlich zu regelnden Grundentscheidungen** bei gemeinsamer elterlicher Sorge zählt, kann nicht bezweifelt werden. Die Frage, ob bei richterlicher Regelungsnotwendigkeit hinsichtlich des persönlichen Umgangs mit dem Kind die Basis des gemeinsamen Sorgerechts zerstört ist (so STAUDINGER/COESTER[12] § 1671 Rn 188), stellt sich auch nach Inkrafttreten des KindRG. Zu einem solchen Befund könnte das FamG nach erfolglosen **Vermittlungsbemühungen** (die bei Aussichtslosigkeit entfallen) durchaus gelangen. Allerdings kann die richterliche Regelung des im Streit befindlichen Umgangs uU zum **Abbau der Konfliktspannung** beitragen. Auch hier fällt, wenn über die Qualifizierung als Angelegenheit von erheblicher Bedeutung unter den Eltern Streit besteht, diese Frage unter § 1687 Abs 1 S 1, im übrigen unter § 1684 (vgl Erl RAUSCHER dort). Zur wirksamen **Umgangsbestimmung** dem Kind gegenüber gem § 1632 Abs 2 (vgl STAUDINGER/SALGO[12] § 1632 Rn 44) ist bei gemeinsamer elterlicher Sorge der Betreuungselternteil berechtigt. Dritten gegenüber bedarf es zur wirksamen Umgangsbestimmung einer Übereinstimmung der Eltern im Grundsatz (SCHWAB/MOTZER III Rn 51). Die Bestimmung des Umgangs des Kindes mit Freunden,

Nachbarn und Schulkameraden gehört allerdings zur Alltagssorge, sie trifft daher der Betreuungselternteil (Schwab FamRZ 1998, 457, 469; Keller 87).

### e) Tagesbetreuung

**42** Die Entscheidung über die **Tagesbetreuung** des (unter gemeinsamer Sorge seiner getrennt lebenden Eltern stehenden) Kindes in **Tageskrippe**, **Kindergarten**, **Hort** und in vergleichbaren Einrichtungen (§ 22 KJHG) oder bei einer **Tagesmutter** (§ 23 KJHG) – sowie deren Auswahl – sollte als **Angelegenheit von erheblicher Bedeutung** gemeinsam unter Berücksichtigung der tatsächlichen Gegebenheiten und Möglichkeiten sowie der berechtigten Interessen der Eltern dem Wohl des Kindes am besten entsprechend (§ 1697 a) getroffen werden. Im übrigen fallen die im Rahmen der getroffenen Grundentscheidung anstehenden Fragen in den Bereich der **Alltagssorge** (Keller 87).

### f) Schule

**43** Darüber, welche **Schule** das Kind besuchen oder ob ein **Schulwechsel** etwa zu einer weiterführenden Schule stattfinden soll, müssen gemeinsam sorgeberechtigte Eltern **Einvernehmen** herstellen, weil es sich hier um eine **Angelegenheit von erheblicher Bedeutung** handelt (einhellige Meinung, vgl BT-Drucks 13/4899, 107; Johannsen/Henrich/ Jaeger[3] § 1687 Rn 4; Schwab FamRZ 1998, 457, 469; Keller 87; Schwab/Motzer III Rn 49; OLG München FamRZ 1999, 111 f; OLG Nürnberg FamRZ 1999, 673, 674; OLG Hamm FamRZ 2000, 26, 27: Wechsel zur Sonderschule). Der Bildung kommt heute eine zentrale Bedeutung für das gesamte spätere Leben zu (Staudinger/Salgo[12] § 1631 a Rn 6 mwN). Aber der **schulische Alltag erfordert eine Vielzahl tagtäglich zu treffender Entscheidungen durch den Betreuungselternteil** (Schwab FamRZ 1998, 457, 469; Keller 87: Entschuldigungen, Nachhilfe, Wahlfächer, Teilnahme an schulischen Sonderveranstaltungen, Teilnahme an Ausflügen; ebenso Palandt/Diederichsen[59] § 1687 Rn 24, jedoch verneinend hinsichtlich einer mehrwöchigen Schulfahrt ins Ausland; ebenso Schwab/Motzer III Rn 49). Die Notwendigkeit von Nachhilfe könnte die Grundentscheidung über die Schulwahl tangieren – die Versetzung könnte gefährdet sein; ebenso kann die Bestimmung über Wahlfächer eine Entscheidung mit einschneidenden Konsequenzen sein, insofern könnte es sich auch hierbei um eine Angelegenheit von erheblicher Bedeutung handeln. Bei Uneinigkeit der Eltern hinsichtlich der Grundentscheidung und nach Scheitern von gerichtlichen **Vermittlungsversuchen** ist gem § 1628 zu entscheiden (Staudinger/Peschel-Gutzeit[12] § 1628 Rn 27 mwN). Dabei darf nicht übersehen werden, daß das durchlässige Schulsystem der Bundesrepublik spätere Korrekturmöglichkeiten bei verfehlter **Berufs-** und **Schulwahlentscheidung** ohne allzu große Schwierigkeiten ermöglicht (Staudinger/ Salgo[12] § 1631 a Rn 22 mwN).

### g) Ausbildung

**44** Was für die schulische Ausbildung gilt, muß auch für die **berufliche Ausbildung** Berücksichtigung finden: Die Grundsatzentscheidung, aber auch die Wahl der konkreten Ausbildungsstelle wie der Abschluß des **Ausbildungsvertrages** sind Angelegenheiten von **erheblicher Bedeutung** (BT-Drucks 13/4899, 107; Staudinger/Peschel-Gutzeit[12] § 1628 Rn 27 mwN; Schwab/Motzer III Rn 49). Hier – wie auch bereits je nach Alter und Entwicklung bei der Schulwahl – kommt dem **Selbstbestimmungsrecht des Jugendlichen** ein erheblicher Stellenwert zu (Staudinger/Peschel-Gutzeit[12] § 1626 Rn 83 ff mwN; Staudinger/ Salgo[12] § 1631 a Rn 4).

## h)   Gesundheitsversorgung

In diesem Bereich sind **medizinische Alltagsfragen**, aufschiebbare **Grundentschei-**  45
**dungen** und **Not- und Eilfälle** zu unterscheiden. Für **Not- und Eilfälle** besteht ein
Entscheidungsrecht des Elternteils, bei dem sich das Kind gerade zu dem Zeitpunkt
befindet, zu welchem eine solche unaufschiebbare Entscheidung zu treffen ist
(§§ 1687 Abs 1 S 5, 1629 Abs 1 S 4). Zu den gemeinsam zu treffenden Grundentscheidungen zählen: Die **Entfernung von Mandeln, die nicht eilbedürftige Bluttransfusion**, die aufschiebbare **Operation** insbes mit Risiken, Neben- und Folgewirkungen,
die aufschiebbare Behandlung schwerer Erkrankungen, langwierige **medizinische
Behandlungen**, die Behandlung in der **Kinder- und Jugendpsychiatrie** (STAUDINGER/PE-
SCHEL-GUTZEIT[12] § 1628 Rn 27 mwN), einer Klinik, einem **Krankenhaus** oder einem **Sanatorium**, entsprechend langdauernde Kiefer- und Zahnregulierungen (SCHWAB/MOT-
ZER III Rn 50), nicht nur die mit einer **Freiheitsentziehung** verbundene **Unterbringung**
in der Kinder und Jugendpsychiatrie, sondern auch in Einrichtungen der **Jugendhilfe**
mit diesem Merkmal (STAUDINGER/SALGO[12] § 1631 b Rn 7 f). **Psychotherapeutische Behandlung** wird idR von längerfristiger Dauer sein und damit unter die Angelegenheiten von erheblicher Bedeutung fallen (OLG Hamm FamRZ 2000, 26, 27: Behandlung von
Verhaltensauffälligkeiten). Der **Katalog der Alltagssorge** umfaßt eine Vielzahl von **medizinischen Routinemaßnahmen** (BT-Drucks 13/4899, 107; SCHWAB FamRZ 1998, 457, 469), die
im Einzelfall, wegen der Besonderheiten des Kindes bzw in seinem Sozialisationsfeld
nicht in den Bereich der Angelegenheiten des täglichen Lebens fallen können. Zur
Alltagssorge in diesem Bereich gehören idR: Vorsorge- und Routineuntersuchungen,
empfohlene **Schutzimpfungen** (SCHWAB FamRZ 1998, 457, 469: Routineimpfungen; aA bei
Impfungen KELLER 87) einschließlich der **Grippeimpfung**, **Entfernung von Warzen**, die
**Behandlung von Infektionskrankheiten** (so auch PALANDT/DIEDERICHSEN[59] § 1687 Rn 24),
einschließlich der Verabreichung von **Antibiotika**, die übliche **zahnärztliche Untersuchung** und **Behandlung**, wohl nicht mehr Piercing und Tätowierung. Die **Wundversorgung** einschließlich **Tetanusimpfung** wie die dringend erforderliche **Bluttransfusion**
fällt in den Bereich der **unaufschiebbaren Entscheidungen** (§§ 1687 Abs 1 S 5, 1629
Abs 1 S 4).

## i)   „Hilfen zur Erziehung"

Die den Personensorgeberechtigten als **Rechtsanspruch** zustehenden „**Hilfen zur**  46
**Erziehung**" gem § 27 ff KJHG, die unmittelbare Auswirkung auf das Kind haben,
längerfristig sind und mit einer **Fremdplazierung** des Kindes verbunden sind, wie
**Tagesgruppe** (§ 31 KJHG), **Vollzeitpflege** (§ 33 KJHG), **Heimunterbringung** (§ 34
KJHG), sind als Angelegenheiten von grundsätzlicher Bedeutung einzustufen (vgl
WIESNER SGB VIII § 27 Rn 11). Dies gilt insbesondere auch deshalb, weil als gesetzliche
Voraussetzung für diese Hilfeformen gefordert ist, daß „**eine dem Wohle des Kindes
oder Jugendlichen entsprechende Erziehung nicht gewährleistet ist**" (§ 27 Abs 1
KJHG); dies ist ein Zustand, mit dem, wie seiner Abhilfe, sich beide gemeinsam
sorgeberechtigten Eltern und nicht nur der Betreuungselternteil intensiv auseinandersetzen müssen, da andernfalls uU **zivilrechtliche Schutzmaßnahmen** gem §§ 1666,
1666 a zu ergreifen wären. In der Praxis der Jugendhilfe kann dies bei einem des-
interessierten, aber gemeinsam sorgeberechtigten Elternteil besondere Anstrengun-
gen erfordern; unter diesen Umständen ist gemeinsame Sorge zweifach gescheitert:
Das Wohl des Kindes ist nicht mehr gewährleistet, und der mit dem Betreuungselternteil primär zur Abhilfe berufene mitsorgeberechtigte Elternteil nimmt die auch
ihm mit dem anderen Elternteil gemeinsam zustehende **Rechtsansprüche zur Verän-**

**derung dieser Situation** nicht wahr (Staudinger/Coester [2000] § 1666 Rn 61). Aber auch die Inanspruchnahme von **Eingliederungshilfen** für **seelisch behinderte Kinder** und **Jugendliche** gem § 35 a KJHG fordert Einvernehmen unter den Eltern, auch wenn die **Eltern** hier nicht aus eigenem Recht (Kinder und Jugendliche sind hier Anspruchsinhaber), sondern als **gesetzliche Vertreter** des noch nicht handlungsfähigen Kindes oder unter 15-jährigen Jugendlichen (§ 36 SGB I) handeln (vgl Wiesner SGB VIII § 35 a Rn 15). Soweit Elternteile **eigenständige Rechtsansprüche** (zB gem §§ 17, 18 KJHG) geltend machen oder an anderen Maßnahmen zur Förderung der Erziehung in der Familie teilnehmen, so tun sie dies jeweils eigenständig, ein gegenseitiges Einvernehmen ist hier nicht erforderlich, auch wenn die Beteiligung beider Eltern sinnvoller wäre.

### k)   Status- und Namensfragen

**47** Status- und **Namensfragen** (**Familien-** und **Vornamensgebung** – zur letzteren vgl Staudinger/Peschel-Gutzeit[12] § 1628 Rn 27 mwN; öffentlich-rechtliche **Namensänderung** nach dem NamÄndG) sind stets **Angelegenheiten von erheblicher Bedeutung**, wobei einzelne Spezialnormen hier uU den Elternteilen unabhängig voneinander wahrnehmbare Rechte einräumen können (Schwab FamRZ 1998, 457, 469).

### l)   Vermögenssorge

**48** Die **Vermögenssorge** fällt in den Bereich der Angelegenheiten von erheblicher Bedeutung: **Anlage** und **Verwaltung** des **Kindesvermögens**, alle genehmigungspflichtigen Rechtsgeschäfte gem § 1643 (Palandt/Diederichsen[59] § 1687 Rn 9; Schwab FamRZ 1998, 457, 469). Hiervon ausgenommen und deshalb zur Alltagssorge gehörig sind Vermögenssorgeangelegenheiten geringerer Bedeutung (BT-Drucks 13/4899, 108) sowie die Gewährung von **Taschengeld** und die Einwilligung zur Verwendung der Mittel nach dem **Taschengeldparagraphen** (§ 110; Schwab/Motzer III Rn 52).

### m)   Unterhalt

**49** Zwar sind **unterhaltsrechtliche Fragen von grundsätzlicher Bedeutung**, aber das KindRG privilegiert trotz gemeinsamer elterlicher Sorge den Elternteil, in dessen **Obhut** sich das Kind befindet (§ 1629 Abs 2 S 2). Diesem Elternteil steht ein **Alleinvertretungsrecht für die Durchsetzung** der **Unterhaltsansprüche** des Kindes gegen den anderen Elternteil zu. Mit dieser Lösung wollte der Gesetzgeber vermeiden, daß der Betreuungselternteil zuerst die Alleinsorge zugeteilt bekommen muß, um den Unterhalt des Kindes gegen den anderen Elternteil einklagen zu können (BT-Drucks 13/4899, 96). Eine **Beistandschaft** scheidet hier gem § 1713 Abs 1 aus; einen Antrag auf Beistandschaft kann nur der allein sorgeberechtigte Elternteil stellen (BT-Drucks 13/892, 37 f). **Unterhaltspflichtverletzungen** gefährden das gemeinsame Sorgerecht erheblich (ebenso mit zutreffender Kritik der gegenteiligen, aber unhaltbaren Rspr einiger OLGe Staudinger/Coester [2000] § 1671 Rn 143 mwN; zur Nichtzahlung von Unterhalt als Indiz für Interesselosigkeit, mangelnde Elternliebe und damit für das Fehlen persönlicher Beziehungen vgl Staudinger/Peschel-Gutzeit[12] § 1634 Rn 301).

### 4.   Alleinvertretungsrecht im Bereich der Alltagssorge

**50** Zwar soll es nach dem im RegE eingenommenen Standpunkt bei Angelegenheiten des täglichen Lebens meist nicht um **Rechtshandlungen** (BT-Drucks 13/4899, 107) gehen, bei denen das **Vertretungsrecht** eine Rolle spielt. Diese Auffassung unterschätzt die

Bedeutung der Alltagssorge. Wenn es dem Regelungskonzept des § 1687 vor allem darum geht, den Alltag zu erleichtern und die Akzeptanz gemeinsamer Sorge trotz Trennung zu erhöhen, dann kommt dieses **Regelungssystem** in § 1687 nicht um die Erkenntnis herum, daß seine **Kompetenzverteilung** auch auf die **gesetzliche Vertretung** durchschlägt (Argument aus § 1629 Abs 1 S 3 1 Alt): **§ 1687 erstreckt sich in seinen unterschiedlichen Varianten auch auf die gesetzliche Vertretung** (SCHWAB DNotZ 1998, 437, 444; FamRefK/ROGENER § 1687 Rn 21), sonst machte die Vorschrift keinen Sinn (so auch PALANDT/DIEDERICHSEN[59] § 1687 Rn 26) und wäre kontraproduktiv im Hinblick auf die mit ihr verbundenen gesetzgeberischen Intentionen.

## 5.   Folgen der Beendigung gemeinsamer elterlicher Sorge

Endet die gemeinsame elterliche Sorge, dann verliert § 1687 seine Bedeutung. Dies **51** kann der Fall sein bei einer Zuweisung der elterlichen Sorge an einen Elternteil gem § 1671 allein (SCHWAB FamRZ 1998, 457, 470). Bei **Beendigung** des **Getrenntlebens** lebt die („ungespaltene") gemeinsame elterliche Sorge automatisch sofort wieder auf. Aus einer *nicht nur vorübergehenden Änderung* des **Lebensmittelpunktes** des Kindes etwa vom Betreuungselternteil zum anderen Elternteil oder wenn das Kind *für längere Zeit* von Dritten betreut wird (§ 1688), ergeben sich die jeweils entsprechenden Verlagerungen der Kompetenzen.

## V.   Entscheidung in Angelegenheiten der tatsächlichen Betreuung, Abs 1 S 4

Der Elternteil, bei dem sich das Kind idR gewöhnlich nicht aufhält, hat **während des 52 Aufenthaltes des Kindes** bei sich die Befugnis zur *alleinigen Entscheidung* (Abs 1 S 4) in *Angelegenheiten der* **tatsächlichen Betreuung**. Diese **Entscheidungsbefugnis des Umgangsberechtigten fällt zwangsläufig geringer** aus als die Entscheidungsbefugnis des Elternteils, bei dem das Kind überwiegend lebt (vgl OLG Zweibrücken [UF 40/99] v 29.8.2000). Auch diese **engen Befugnisse** setzen einen rechtmäßigen **Aufenthalt** beim anderen Elternteil voraus. Den Schwerpunkt dieser Befugnisse bilden **Entscheidungen im Binnenverhältnis** dem Kind gegenüber: Wann es ins Bett geht, was es zu **essen** bekommt (BT-Drucks 13/4899, 108), welche **Freizeitaktivitäten** unternommen werden etc. Alleinentscheidungsbefugnisse im Sinne der Alltagssorge gem § 1687 Abs 1 S 2 stehen diesem Elternteil nicht zu. Dieser doch sehr **eingeschränkte Kreis von Befugnissen** sollte nicht darüber hinwegtäuschen, daß etwa bei einem **Kleinkind** oder einem unter medikamentöser Behandlung stehenden Kind sehr **präzise Absprachen** unter den Eltern unbedingt erforderlich sind. Hier spielt das immer erforderliche Einvernehmen der Eltern im Grundsätzlichen eine zentrale Rolle (zB **Fernsehkonsum**, **Eßgewohnheiten**), weil mangels eines solchen auch im Bereich der tatsächlichen Betreuung Konflikte entstehen können, es zu äußerst prekären Situationen für das Kleinkind kommen kann. Diese sensiblen Bereiche beinhalten eigentlich Selbstverständlichkeiten, sie sind zu klein oder zu groß für eine gesetzliche Regelung, weshalb hier die Grenzen gesetzlicher Regulierung schnell erreicht sind.

## VI.   Rechtshandlungen bei Gefahr im Verzug, Abs 1 S 5

Auch das Notvertretungsrecht bei **Gefahr im Verzug** (§§ 1687 Abs 1 S 5, 1629 Abs 1 **53** S 4) enthält nur Selbstverständliches (BT-Drucks 13/4899, 108); von nichts anderem wäre bereits **nach allgemeinen Grundsätzen des Zivilrechts** (mutmaßliche Einwilligung,

GoA), insbesondere des Eltern-Kind-Verhältnisses auch ohne eine spezialgesetzliche Ausformulierung auszugehen. Die hier gesetzlich klargestellte Handlungsmacht ist zugleich eine – sogar strafbewehrte – **Handlungspflicht**.

## VII. Die Wohlverhaltensklausel

**54** Daß auch Eltern mit gemeinsamer elterlicher Sorge zu **wechselseitigem loyalen Verhalten** von Gesetzes wegen angehalten werden müssen (§§ 1687 Abs 1 S 5, 1684 Abs 2 S 1) mag überraschen, zollt aber der Lebensrealität Rechnung (JOHANNSEN/HENRICH/ JAEGER[3] § 1687 Rn 53: Schwächung der elterlichen Autorität des anderen Elternteils durch ständiges unangemessenes Kritisieren bereits getroffener Maßnahmen). Zu den vielfältigen Aspekten, den beiderseitigen Pflichten, zu Konsequenzen bei Verstößen gegen die **Wohlverhaltensklausel** vgl vor allem STAUDINGER/PESCHEL-GUTZEIT[12] § 1634 aF Rn 69 ff, 304 ff mit umfangreichen wN und STAUDINGER/RAUSCHER § 1684 Rn 91 ff, 100 ff.

## VIII. Familiengerichtliche Einschränkung und Ausschluß gem Abs 2

**55** Die Befugnisse der Alltagssorge gem § 1687 Abs 1 S 2 und die Befugnis zur alleinigen Entscheidung in Angelegenheiten der **tatsächlichen Betreuung** (§ 1687 Abs 1 S 4) können durch das FamG eingeschränkt oder ausgeschlossen werden, wenn dies zum Wohle des Kindes erforderlich ist. Diese **familiengerichtlichen Maßnahmen** kommen idR nur auf Antrag in Betracht, auch hier ist das Gericht aufgerufen, auf ein Einvernehmen unter den Beteiligten hinzuwirken (§ 52 FGG). Isoliert ist ein Tätigwerden des Gerichts von Amts wegen nicht möglich; dies widerspräche dem Gesamtkonzept des KindRG (JOHANNSEN/HENRICH/JAEGER[3] § 1687 Rn 54), aber eine inhaltsgleiche auf § 1671 Abs 1 gestützte Regelung ist dem Gericht nicht verwehrt.

## IX. Verfahrensrechtliche Fragen

### 1. Allgemeines

**56** Zu den **Verfahrensfragen** vgl STAUDINGER/COESTER [2000] § 1671 Rn 265 ff. Auf verfahrensrechtliche Fragen wird hier nur insoweit eingegangen, als sie im Kontext des § 1687 Besonderheiten aufweisen. Nach der hier vertretenen Auffassung besteht ein isoliertes Qualifizierungsverfahren gem § 1687 Abs 1 S 1 u 2 – neben dem Verfahren gem § 1628 (vgl Rn 23 f). **Ziel des Verfahrens ist die Wiederherstellung der Funktionsfähigkeit gemeinsamer elterlicher Sorge durch Zuordnung eines im Streit befindlichen Gegenstandes** der elterlichen Sorge und damit die **Wahrung des Kindeswohls trotz Elterntrennung**. Auf Grund des Verweises in § 621 a Abs 1 ZPO gilt der **Amtsermittlungsgrundsatz** gem § 12 FGG. Besondere Bedeutung kommt im **Festellungsverfahren** gem § 1687 Abs 1 u 2 der **Vermittlungspflicht des Gerichts** gem § 52 FGG zu (Rn 57).

### 2. Zuständigkeit

**57** Die **sachliche Zuständigkeit** für eine Feststellungsentscheidung nach § 1687 Abs 1 liegt beim FamG (§ 621 Abs 1 Nr 1 ZPO), es entscheidet der **Richter** (§ 14 Abs 1 Nr 16 RpflG) auf Antrag eines Elternteils. Da eine Ehesache nicht anhängig ist, richtet sich die **örtliche Zuständigkeit** nach den allgemeinen Vorschriften (§ 621 Abs 2 S 2 ZPO). Der maßgebliche Wohnsitz des Kindes besteht bei getrennt lebenden

Eltern mit gemeinsamer elterlicher Sorge bei beiden Eltern (Staudinger/Coester [2000] § 1671 Rn 265; Staudinger/Rauscher § 1689 Rn 381 ff mwNw). Die Verfahrensregeln folgen aus den **Grundsätzen des FGG**.

### 3. Vermittlungspflicht des Gerichts

Vorrangige Pflicht des in Anspruch genommenen **FamG** ist, jedenfalls soweit es sich **58** um eine die Person des Kindes betreffende Angelegenheit gem § 52 FGG handelt, auf ein **Einvernehmen** der Beteiligten unter Beachtung der Maxime des § 1697 a **hinzuwirken** (vgl § 1628 Abs 2 aF). Im **Mittelpunkt** dieser Bemühungen steht das **Kindeswohl**, haben doch elterliche Konflikte um Kompetenzen zumeist negative Rückwirkungen auf das Kind. Die klarstellende richterliche Feststellung soll befrieden und stabilisieren und damit die **Kooperationsfähigkeit unter den Eltern wieder herstellen**. Die ganze Palette des § 52 FGG muß daraufhin überprüft werden, was die **einvernehmliche Konfliktlösung** am ehesten fördert. Da ein **Kompetenzvakuum** zu Überschreitungen, Anmaßungen oder zum Unterbleiben wichtiger anstehender Entscheidungen für das Kind führen kann, sind die Beteiligten **so früh wie möglich anzuhören** (zur Eilbedürftigkeit bereits Staudinger/Peschel-Gutzeit[12] § 1628 Rn 39 und Heilmann 147 ff).

### 4. Inhalt der gerichtlichen Entscheidung

#### a) Feststellung
Scheitern die gerichtlichen **Vermittlungsbemühungen** – nur bei von vornherein aus- **59** sichtslos erscheinenden Fällen dürfen sie unterbleiben, so endet das Verfahren mit einer gerichtlichen Feststellung, die eine Qualifizierung der im Streit befindlichen Angelegenheit beinhaltet (vgl Rn 20). Besteht danach weiterhin **Uneinigkeit**, so hat dies bei einer **Zuordnung zu den Angelegenheiten des täglichen Lebens keine Bedeutung** – abgesehen von der Beschwerdemöglichkeit des unterliegenden Elternteils –, denn dem Betreuungselternteil steht ohne Abstriche die Alleinentscheidungsbefugnis im Bereich der Alltagssorge zu; ergeht hingegen eine **Qualifizierung als Angelegenheit von erheblicher Bedeutung**, dann besteht bei fortwährender **Uneinigkeit** die Möglichkeit für einen Elternteil, den Antrag gem **§ 1628** zu stellen; dies ist ein neues und gegenüber dem **Festellungsverfahren** gem § 1687 Abs 1 **selbständiges Verfahren**.

#### b) Einschränkung und Ausschluß gem Abs 2
Einschränkungen oder gar der **Ausschluß** von ohnehin beschränkten Kompetenzen **60** sollten **nur im äußersten Fall** erfolgen, ansonsten kann der jeweils zu gestaltende Alltag mit dem Kind äußerst erschwert werden. Vor solchen Maßnahmen stehen gerichtliche Vermittlungsbemühungen gem § 52 FGG, insbesondere die **Beratungs- und Hilfsmöglichkeiten der Jugendhilfe**. Werden Restriktionen bereits beschränkter Kompetenzen erforderlich, ist die Grundentscheidung (gemeinsame elterliche Sorge trotz Trennung) in Frage gestellt – dies sollten Antragsteller wie das Gericht stets mitbedenken.

### 5. Anhörungspflichten

Die **Anhörungspflichten** ergeben sich aus den §§ 50 a – 50 b FGG. Über die Pflicht zur **61** **persönlichen Elternanhörung** kann, schon im Hinblick auf § 52 FGG, kein Zweifel bestehen. Obwohl in Verfahren gem § 1687 die **Neigungen**, **Bindungen** oder der **Wille** des Kindes gem § 50 b FGG nicht im Vordergrund stehen, vielmehr der **Kompetenzstreit** unter gemeinsam sorgeberechtigten Eltern, muß das Kind dennoch idR angehört werden, wenn die im Streit befindlichen Entscheidungen unmittelbare Auswirkungen auf es haben können. Jedoch kann es hier bei sehr unterschiedlichen Angelegenheiten auf das **Alter des Kindes** ankommen, so daß uU in begründeten Fällen, insbesondere bei noch jüngeren Kindern von der **Kindesanhörung** abgesehen werden kann. Obwohl das KindRG dem **Jugendamt** eine Vielzahl von Aufgaben bei Elternkonflikten auferlegt (§§ 17, 18 KJHG), ist eine **Anhörung des Jugendamtes in § 49 a Abs 1 FGG nicht vorgesehen**. Bei Einverständnis der Eltern kann das Gericht das Jugendamt dennoch um Unterstützung bitten (Staudinger/Peschel-Gutzeit[12] § 1628 Rn 39), wozu dieses auch gem § 50 Abs 1 S 1 KJHG **verpflichtet** ist (GK-SGB VIII/Schleicher § 50 Rn 43; Wiesner/Mörsberger SGB VIII § 50 Rn 17).

### 6. Vorläufiger Rechtsschutz

**62** In einem Verfahren gem § 1687 als isoliertem Sorgerechtsverfahren sind **vorläufige Anordnungen** nur nach allgemeinen FGG-Grundsätzen zulässig (zu den trotz Kindschaftsrechtreform nach wie vor bestehenden Problemen, aber auch zu Abhilfemöglichkeiten vgl insbes Heilmann 272 ff). Gerade im Kompetenzstreit kann ein besonderes Bedürfnis nach einer vorläufigen Anordnung wegen **eilbedürftiger Entscheidungsnotwendigkeiten** bestehen (vgl Staudinger/Peschel-Gutzeit[12] § 1628 Rn 40). Das **Notvertretungsrecht bei Gefahr im Verzug** (§§ 1687 Abs 1 S 5, 1629 Abs 1 S 4) gibt allerdings dem Elternteil, bei dem eine solche Rechtshandlung notwendig wird, eine **schnelle Reaktionsmöglichkeit** ohne Einschaltung des Gerichts in die Hand.

### 7. Rechtsmittel

**63** Die befristete **Beschwerde** besteht gegen Entscheidungen des FamG zum OLG (§§ 621 e Abs 1 ZPO, § 119 Abs 1 Nr 2 GVG). Die Beschwerdefrist beträgt einen Monat nach Zustellung der Entscheidung. Gegen die Beschwerdeentscheidung des **OLG** besteht die Möglichkeit der **weiteren Beschwerde** zum **BGH** unter der Voraussetzung, daß das OLG diese zugelassen oder die Beschwerde als unzulässig verworfen hat (§§ 621 e Abs 2 ZPO, 133 Nr 2 GVG) auch hier beträgt die Beschwerdefrist einen Monat nach Zustellung der Entscheidung.

### 8. Auslandsbezüge

**64** Vgl hierzu insbes Staudinger/Coester [2000] § 1671 Rn 305 ff.

### § 1687 a

**Für jeden Elternteil, der nicht Inhaber der elterlichen Sorge ist und bei dem sich das Kind mit Einwilligung des anderen Elternteils oder eines sonstigen Inhabers der elterlichen Sorge oder auf Grund einer gerichtlichen Entscheidung aufhält, gilt § 1687 Abs. 1 Satz 4 und 5 und Abs. 2 entsprechend.**

**Materialien:** Art 1 Nr 24 KindRG. STAUDIN-
GER/BGB-Synopse 1896–2000 § 1687.

**Schrifttum**

S bei Erl zu § 1687.

**Systematische Übersicht**

## I.    Normbedeutung

Da sich § 1687 nur auf getrennt lebende, aber gemeinsam sorgeberechtigte Eltern **1**
bezieht, war eine Regelung hinsichtlich der Entscheidungsbefugnisse des nichtsorgeberechtigten Elternteils für die Phasen des Umgangs, zu welchen sich das Kind bei
ihm aufhält, notwendig, müssen doch auch hier während dieser Zeit Entscheidungen,
wenn auch in einem beschränkten Maße, getroffen werden können: Auch wenn ein
Elternteil, der **nicht** Inhaber der elterlichen Sorge ist, das Kind in Ausübung seines
Umgangsrechts bei sich hat, soll dieser Elternteil eine alleinige Entscheidungsbefugnis in **Angelegenheiten der tatsächlichen Betreuung** gem § 1687 Abs 1 S 5 haben und
zu **Rechtshandlungen bei Gefahr im Verzug** berechtigt sein; die **Wohlverhaltensklausel**
gilt aber ebenso wie unter Eltern mit gemeinsamer elterlicher Sorge. Das FamG kann
die Befugnis ebenfalls einschränken oder ausschließen, wenn dies zum Wohl des
Kindes erforderlich ist (BT-Drucks 13/4899, 108).

## II.    Anwendungsbereich: Eltern ohne elterliche Sorge

Die Norm bezieht sich auf Eltern, die nicht Inhaber der elterlichen Sorge sind. Der **2**
Entstehungsgrund der Alleinsorge des Elternteils bzw der Grund, weshalb das Kind
nicht unter elterlicher Sorge steht (zB gem §§ 1626 a Abs 2, 1666, 1666 a, 1671, 1672,
1673, 1674) spielt keine Rolle; die elterliche Sorge könnte auch beiden Eltern nicht
mehr zustehen.

### III. Aufenthalt des Kindes mit Einwilligung des Inhabers der elterlichen Sorge oder auf Grund gerichtlicher Entscheidung

**3** Es besteht das Erfordernis, daß für die gesetzlichen Wirkungen des § 1687 a der **Aufenthalt des Kindes beim Elternteil rechtmäßig** sein muß, dh, daß sich das Kind mit Einwilligung des anderen Elternteils, eines sonstigen Inhabers der elterlichen Sorge oder auf Grund einer gerichtlichen Entscheidung beim nicht sorgeberechtigten Elternteil aufhalten muß. Die illegale Mitnahme oder Aufnahme des unter elterlicher Sorge des anderen Elternteils oder unter Vormundschaft oder Pflegschaft stehenden Kindes ohne entsprechende **Einwilligung des** jew **Berechtigten** oder ohne eine gerichtliche Entscheidung läßt die gesetzliche Wirkung des § 1687 a nicht eintreten.

### IV. Befugnisse zur Alleinentscheidung in Angelegenheiten der tatsächlichen Betreuung

**4** Der Elternteil, der nicht Inhaber der elterlichen Sorge ist und bei dem sich das Kind rechtmäßigerweise aufhält, hat **während des Aufenthaltes des Kindes** bei sich die Befugnis zur *alleinigen Entscheidung* (§§ 1687 a iVm 1687 Abs 1 S 4) in *Angelegenheiten der* tatsächlichen Betreuung. Die **Entscheidungsbefugnis dieses umgangsberechtigten Elternteils fällt zwangsläufig gering** aus (vgl OLG Zweibrücken [UF 39/99] v 29.8.2000). Den Schwerpunkt dieser Befugnisse bilden **Entscheidungen im Binnenverhältnis** dem Kind gegenüber: Wann es ins Bett geht, was es zu **essen** bekommt (BT-Drucks 13/4899, 108), welche **Freizeitaktivitäten** unternommen werden etc. Alleinentscheidungsbefugnisse im Sinne der Alltagssorge gem § 1687 Abs 1 S 2 stehen diesem Elternteil **nicht** zu. Dieser doch sehr **eingeschränkte Kreis von Befugnissen** sollte nicht darüber hinwegtäuschen, daß etwa bei einem **Kleinkind** oder einem unter medikamentöser Behandlung stehendem Kind sehr **präzise Absprachen** mit dem anderen Elternteil oder dem sonstigen Inhaber der elterlichen Sorge und den Betreuungspersonen des fremdplazierten Kindes unbedingt erforderlich sind.

### V. Rechtshandlungen bei Gefahr im Verzug und Wohlverhaltensklausel

**5** Auch das Notvertretungsrecht bei **Gefahr im Verzug** (§§ 1687 a, 1629 Abs 1 S 4) enthält nur Selbstverständliches (BT-Drucks 13/4899, 108); von nichts anderem wäre bereits **nach allgemeinen Grundsätzen des Zivilrechts** (mutmaßliche Einwilligung, GoA) – insbesondere des Eltern-Kind-Verhältnisses – auch ohne eine spezialgesetzliche Ausformulierung auszugehen. Die hier gesetzlich klargestellte Handlungsmacht ist zugleich eine – sogar strafbewehrte – **Handlungspflicht**. Die Verweisung auf die Loyalitätsverpflichtung gem § 1684 Abs 2 S 1 zollt der Lebensrealität Rechnung, daß in solchen Situationen Konfliktspannungen nicht selten sind. Zu den vielfältigen Aspekten, den beiderseitigen Pflichten, zu Konsequenzen bei Verstößen gegen die **Wohlverhaltensklausel** vgl vor allem STAUDINGER/PESCHEL-GUTZEIT[12] § 1634 aF Rn 69 ff, 304 ff mit umfangreichen wN und STAUDINGER/RAUSCHER § 1684 Rn 91 ff, 100 ff.

### VI. Familiengerichtliche Einschränkung oder Ausschluß der Angelegenheiten der tatsächlichen Betreuung gem Abs 2

**6** Die Befugnisse zur alleinigen Entscheidung in Angelegenheiten der **tatsächlichen Betreuung** (§§ 1687 a, 1687 Abs 1 S 4) können durch das FamG eingeschränkt oder ausgeschlossen werden, wenn dies zum Wohle des Kindes erforderlich ist. Diese **familiengerichtlichen Maßnahmen** kommen idR nur auf Antrag in Betracht, auch hier ist das Gericht aufgerufen, auf ein Einvernehmen unter den Beteiligten hinzuwirken (§ 52 FGG). Die Verweisung auf § 1687 Abs 2 bezieht sich nur auf § 1687 Abs 1 S 4, weil § 1687 a nur Befugnisse in Angelegenheiten der tatsächlichen Betreuung gem dieser Bestimmung, jedoch keine Alltagssorge gem § 1687 Abs 1 S 2 gewährt.

## VII. Verfahrensrechtliche Fragen

Vgl hierzu § 1687 Rn 56 ff.           7

## § 1688

[1] **Lebt ein Kind für längere Zeit in Familienpflege, so ist die Pflegeperson berechtigt, in Angelegenheiten des täglichen Lebens zu entscheiden sowie den Inhaber der elterlichen Sorge in solchen Angelegenheiten zu vertreten. Sie ist befugt, den Arbeitsverdienst des Kindes zu verwalten sowie Unterhalts-, Versicherungs-, Versorgungs- und sonstige Sozialleistungen für das Kind geltend zu machen und zu verwalten. § 1629 Abs. 1 Satz 4 gilt entsprechend.**

[2] **Der Pflegeperson steht eine Person gleich, die im Rahmen der Hilfe nach den §§ 34, 35 und 35 a Abs. 1 Satz 2 Nr. 3 und 4 des Achten Buches Sozialgesetzbuch die Erziehung und Betreuung eines Kindes übernommen hat.**

[3] **Die Absätze 1 und 2 gelten nicht, wenn der Inhaber der elterlichen Sorge etwas anderes erklärt. Das Familiengericht kann die Befugnisse nach den Absätzen 1 und 2 einschränken oder ausschließen, wenn dies zum Wohl des Kindes erforderlich ist.**

[4] **Für eine Person, bei der sich das Kind auf Grund einer gerichtlichen Entscheidung nach § 1632 Abs. 4 oder § 1682 aufhält, gelten die Absätze 1 und 3 mit der Maßgabe, daß die genannten Befugnisse nur das Familiengericht einschränken oder ausschließen kann.**

**Materialien:** Art 1 Nr 21 KindRG. Staudinger/BGB-Synopse 1896–2000 § 1688.

### Schrifttum

Baer, Die neuen Regelungen der Reform des Rechts der erlterlichen Sorge für das „Dauerpflegekind", FamRZ 1982, 221

Fricke, Die Wahrnehmung von Angelegenheiten der elterlichen Sorge durch Pflegeeltern oder Heimzieher bei bestehender Vormundschaft, Pflegschaft oder Betreuung, ZfJ 1991, 305

Gernhuber/ Coester-Waltjen, Lehrbuch des Familienrechts (1994)

Gierke von, Der Entwurf eines bürgerlichen Gesetzbuches und das deutsche Recht (1889)

Giesen, Ehe und Familie in der Ordnung des Grundgesetzes, JZ 1982, 817

Gleissl/ Suttner, Zur Rechtsstellung der

Pflegeeltern nach neuem Recht, FamRZ 1982, 122

GOLDSTEIN/ FREUD/ SOLNIT, Jenseits des Kindeswohls (1974)

HEGNAUER, Das schweizerische Pflegekindesrecht – Struktur und Entwicklung, Der Österreichische Amtsvormund 1985, 101

ders, Diskussionsbeitrag, 54. DJT, J 68 (1982)

HEILMANN, Kindliches Zeitempfinden und Verfahrensrecht (1998)

KELLER, Das gemeinsame Sorgerecht nach der Kindschaftsrechtsreform (1999)

LAKIES, Zum Verhältnis von Pflegekindschaft und Adoption, FamRZ 1990, 698

ders, Tagespflege und Vollzeitpflege im Kinder- und Jugendhilfegesetz (KJHG), ZfJ 1990, 545

LAKIES/MÜNDER, Der Schutz des Pflegekindes im Lichte der Rechtsprechung – Eine Untersuchung der Rechtsprechung seit 1980, RdJB 1991, 428

LEMPP, Soll die Rechtsstellung der Pflegekinder unter besonderer Berücksichtigung des Familien-, Sozial-, und Jugendrechts neu geregelt werden? Kinderpsychologischer und -psychiatrischer Aspekt des Themas, Referat, 54. DJT, I 43 (1982)

PESCHEL-GUTZEIT, Übersicht zu Gesetzesvorhaben, FPR 1999, 63

SALGO, Ist das Pflegekind nicht mehr das Stiefkind der Rechtsordnung, StAZ 1983, 89

ders, Pflegekindschaft und Staatsintervention (1987)

ders, Familienpflege zwischen Privatheit und Öffentlichkeit, FamRZ 1990, 343

ders, Unerledigte „Aufträge" des Bundesverfassungsgerichts an den Gesetzgeber auf dem Gebiet des Familienrechts, KritV 1994, 262

ders, Die Pflegekindschaft in der Kindschaftsrechtsreform vor dem Hintergrund verfassungs-, und jugendhilferechtlicher Entwicklungen, FamRZ 1999, 337

ders, Die Regelung der Familienpflege im Kinder- und Jugendhilfegesetz (KJHG), in: Wiesner/ Zarbock, Das neue Kinder- und Jugendhilfegesetz, 115

SCHWAB, Soll die Rechtsstellung der Pflegekinder unter besonderer Berücksichtigung des Familien–, Sozial-, und Jugendrechts neu geregelt werden? Zur zivilrechtlichen Stellung der Pflegeeltern, des Pflegekindes und seiner Eltern – Rechtliche Regelungen und rechtspolitische Forderungen, 54. DJT, A 63 (1982)

ders, Die Gretchenfrage vor Gericht (Glosse), FamRZ 1998, 345

ders, Elterliche Sorge bei Trennung und Scheidung der Eltern – Die Neuregelung des Kindschaftsrechtsreformgesetzes –, FamRZ 1998, 457

ders, Familienrecht (1999)

ders, Handbuch des Scheidungsrechts (1995, 2000)

ders, Kindschaftsrechtsreform und notarielle Vertragsgestaltung, DNotZ 1998, 437

SCHWENZER, Empfiehlt es sich das Kindschaftsrecht neu zu regeln?, 59. DJT A 83 (1992)

TIREY, Das Pflegekind in der Rechtsgeschichte (1996)

WALLMEYER, Soll die Rechtsstellung der Pflegekinder unter besonderer Berücksichtigung des Familien-, Sozial-, und Jugendrechts neu geregelt werden? Referat 54. DJT, I 9 (1982)

WIESNER, Die Reform des Kindschaftsrechts – Auswirkungen für die Praxis der Kinder- und Jugendhilfe, ZfJ 1998, 269

WINDEL, Zur elterlichen Sorge bei Familienpflege, FamRZ 1997, 713

ZENZ, Soll die Rechtsstellung der Pflegekinder unter besonderer Berücksichtigung des Familien-, Sozial-, und Jugendrechts neu geregelt werden? Soziale und psychologische Aspekte der Familienpflege und Konsequenzen für die Jugendhilfe, 54. DJT, A 7 (1982).

## Systematische Übersicht

**Alphabetische Übersicht**

## I.   Allgemeines

### 1.   Pflegekindschaft im BGB

**1** Zum zweiten Male in der über hundertjährigen Geschichte des BGB von 1896 (vgl STAUDINGER/BGB-Synopse 1896–2000) nahm sich der Gesetzgeber der Pflegekindschaft an: Während sie trotz gewichtiger Stimmen (vGIERKE 486; zur Diskussion von Pflegekindschaft bei Schaffung des BGB vgl SALGO [1987] 27 ff; zum „Pflegekind in der Rechtsgeschichte" vgl insbes TIREY) vor der Verabschiedung durch den Reichstag **keine Berücksichtigung im Familienrecht des BGB** fand, erfolgte ihre erste „vorläufige" Berücksichtigung (BT-Drucks. 8/2788, 47) mit dem **SorgeRG** vom 18. 7. 1979 (vgl hierzu STAUDINGER/PESCHEL-GUTZEIT[12] § 1630 Rn 31 ff; STAUDINGER/SALGO[12] § 1632 Rn 42) in den §§ 1630 Abs 3, 1632 Abs 4 jew aF, um durch das **KindRG** vom 16.12.1997 ein zweites Mal seit dem Inkrafttreten des BGB, wenn auch diesmal nur **fragmentarisch**, Beachtung zu finden (§§ 1630 Abs 3, 1632 Abs 4, 1688). Wie bereits bei der Verabschiedung des SorgeRG (vgl SALGO [1987] 71 ff), so erfolgten auch beim KindRG wichtige Modifikationen bzw Ergänzungen der für die Pflegekindschaft relevanten Regelungen erst im Laufe des Gesetzgebungsverfahrens.

**2** Im Gegensatz zu zentralen Bereichen des KindRG waren die Änderungen bzw Ergänzungen, soweit sie Pflege- und andere unter jugendamtlicher Betreuung stehender Kinder nach § 1688 Abs 1 und 2 betreffen, nicht durch Entscheidungen des BVerfG veranlaßt (vgl SALGO KritV 1994, 262). Die Ausgangslage für den Gesetzgeber des KindRG in der 13. Legislaturperiode war indes in mehrfacher Hinsicht wesentlich einfacher als für den Gesetzgeber des SorgeRG in der 8. Legislaturperiode: Während der Gesetzgeber des SorgeRG sich **verfassungsrechtlichen Unsicherheiten** ausgesetzt sah (vgl SCHWAB, 54. DJT, A 125 ff mwN und STAUDINGER/SALGO[12] § 1632 Rn 44 und 82 ff) und deshalb vorsichtig mit Rückversicherungen auf bereits bewährtem Terrain vorging, konnte der Gesetzgeber des KindRG in dieser Hinsicht mit weit mehr Sicherheit an einzelne Regelungsbereiche herangehen, weil inzwischen das **Bundesverfassungsgericht** in einer Reihe von Senats- und Kammerentscheidungen (vgl Nachw bei STAUDINGER/SALGO[12] § 1632 Rn 47 ff) die verfassungsrechtliche Ausgangssituation, wenn auch nicht mit letzter Klarheit, abgesteckt hat. Auch die **fachgerichtliche Rechtsprechung** zu § 1632 Abs 4 BGB aF war im Großen und Ganzen den Erwartungen des SorgeRG-Gesetzgebers gerecht geworden (vgl SALGO [1987] 177 ff sowie LAKIES/MÜNDER RdJB 1991, 428 ff). Hinzu kommt, daß seit Inkrafttreten des SorgeRG **Rechtspolitik** (vgl LEMPP, WALLMEYER, ZENZ und SCHWAB 54. DJT; SCHWENZER 59. DJT A82 ff) und **Rechtswissenschaft** sich der **Pflegekindschaft** angenommen haben (vgl ua STAUDINGER/PESCHEL-GUTZEIT[12] § 1630 Rn 31 ff und STAUDINGER/SALGO[12] § 1632 Rn 42 ff jew mwN; GLEISSL/SUTTNER FamRZ 1982, 122; BAER FamRZ 1982, 221; SALGO StAZ 1983, 89; ders FamRZ 1990, 343; ders FamRZ 1999, 337; LAKIES FamRZ 1990, 698; WINDEL FamRZ 1997, 713). Darüber hinaus sind inzwischen auch und gerade die für die familienrechtlichen Regelungen der Pflegekindschaft relevanten sozialrechtlichen Reformen durch das **Kinder- und Jugendhilfegesetz** (KJHG) vom 26. 6. 1990 (s SALGO, in: WIESNER/ZARBOCK 115 ff; ders, GK-SGB VIII § 33 [2000]) seit dem 1. 1. 1991 in Kraft. Diesen **sozialrechtlichen Entstehungszusammenhang** der meisten Pflegekindschaftsverhältnisse kann das Familienrecht, insbesondere das **zivilrechtliche Kindesschutzrecht**, sowenig übergehen wie die prekäre verfassungsrechtliche Ausgangslage.

## 2.   Problemumfang

Am Ende des Jahres 1998 lebten in Deutschland **54.020 Kinder und Jugendliche** in     **3** **Vollzeitpflege** (§ 33 KJHG) und **82.051 Kinder und Jugendliche** in **Heimerziehung** (§ 34 KJHG). Wie viele Minderjährige in rein privatrechtlich vereinbarten Pflegeverhältnissen, für die nach wie vor meistens gem § 44 Abs 1 KJHG eine **Pflegeerlaubnis** erforderlich ist, untergebracht waren, darüber lassen sich keine exakten Angaben machen. Hinzu kommt die Gruppe der in sog **schwarzen Pflegestellen** untergebrachten und von den **Statistiken** nicht erfaßten Minderjährigen, für die aber die familienrechtlichen Regelungen dennoch Geltung haben können (STAUDINGER/SALGO[12] § 1632 Rn 56). Bereits aus diesen Angaben läßt sich die Bedeutung von § 1688 ersehen.

## 3.   Vorbilder

Das Problem liegt auf der Hand: Die **tatsächliche** Versorgung, Betreuung, Aufsicht,   **4** Erziehung sowie eine Vielzahl tagtäglich anstehender Entscheidungen haben **die Pflegeeltern** oder andere für das Kind in der Einrichtung Verantwortliche übernommen, die **elterliche Sorge** bleibt oft ungeschmälert bei den **Eltern**. Allerdings ist bei einer beträchtlichen Anzahl fremdplazierter Minderjähriger dieses elterliche **Sorgerecht entzogen** oder **beschränkt** worden; in diesen Fällen stehen die den Eltern entzogenen Kompetenzen **Ergänzungspflegern** (§ 1909) bzw **Vormündern** (§ 1773) zu, die zumeist nicht selbst die Betreuung übernehmen, sondern die Minderjährigen bei

Pflegepersonen oder in Einrichtungen unterbringen. Im **Innenverhältnis** dem Kind – insbesondere dem älteren Jugendlichen – wie im **Außenverhältnis** Dritten gegenüber stellen sich eine Vielzahl komplexer rechtlicher wie außerrechtlicher Probleme, wenn diejenigen, denen der Minderjährige anvertraut wurde, nicht mit entsprechenden **Handlungs-** und **Entscheidungskompetenzen** ausgestattet wurden, um die sich ständig in der Sozialisation stellenden Probleme bewältigen zu können: „Familienpflege und die sonstigen Hilfen mit Fremdunterbringung eines Kindes oder Jugendlichen können nur gelingen, wenn Pflege- und Erziehungspersonen diejenigen Entscheidungen, die alltäglich mit der Versorgung, der Erziehung und der Ausbildung des Kindes oder Jugendlichen verbunden sind, treffen können, ohne jeweils mit den **Personensorgeberechtigten** Rücksprache nehmen zu müssen" (GK-SGB VIII/FIESELER § 38 Rn 8).

5  Daß die immer wieder anempfohlene **rechtsgeschäftliche Bewältigung** der bei der Pflegekindschaft aus dem Umstand des **Auseinanderfallens von Recht und Lebenswirklichkeit** sich stets stellenden Fragen nicht funktioniert, ist eine bereits vom **Preußischen Allgemeinen Landrecht** von 1794 erkannte Tatsache.

„Insofern seine Rechte und Pflichten solchergestalt [*gemeint ist ein Pflegevertrag*] nicht bestimmt sind, erstrecken sie sich nicht weiter, als es der Zweck der übernommenen Erziehung erfordert" (§ 773 II 2 ALR).

6  Das **schweizerische ZGB** kennt bereits seit 1976 eine dort als gelungen (HEGNAUER 54. DJT J68; ders, Der Österreichische Amtsvormund 1985, 101, 103) geltende Regelung:

„Wird ein Kind Dritten zur Pflege anvertraut, so vertreten sie, unter Vorbehalt abweichender Anordnungen, die Eltern in der Ausübung der elterlichen Gewalt, soweit es zur gehörigen Erfüllung ihrer Aufgabe angezeigt ist" (Art 300 Abs 1 ZGB).

Auf diese Regelung wurde zwar immer wieder vom deutschen Reformgesetzgeber Bezug genommen (BT-Drucks 13/4899, 108), die mit § 1688 gefundene Lösung – wie bereits § **38 KJHG aF** – fällt aber trotz **Präzisierungsbemühung** weit hinter dieses Vorbild zurück. Im Bestreben nach Perfektion (SCHWAB FamRZ 1998, 457, 472: das KindRG ist ein „haarspalterisches Juristenwerk") geht die **Klarheit** und **Flexibilität** dieses immer wieder zitierten Vorbildes vollends verloren. Der schweizerische Gesetzgeber vermied bewußt, den Umfang der Befugnisse gesetzlich festzulegen, um die **notwendige Flexibilität** zu wahren: Der Umfang der Befugnisse gem Art 300 Abs 1 ZGB ist **klein bei kurzfristiger Unterbringung, größer bei gewöhnlichen Dauerpflegeverhältnissen** und **ausgedehnt bei Unterbringung zum Zwecke künftiger Adoption** (HEGNAUER [1999] 182 vgl indes die Kritik von SCHWAB 54 DJT 108, der jene Vorschrift gerade wegen ihrer Offenheit als „recht vage" und als „nicht hinreichend klar" bemängelt).

7  Auf **schweizerische Initiative** hat auch der **Europarat** eine Empfehlung mit der gleichen Struktur ausgesprochen:

„The foster parents should be presumed to have the power to exercise, on behalf of the legal representatives of the child, those parental responsiblities, which are necessary to care for the child in daily or urgent matters" (Recommendation R [87] 6 v 20.03.1987, Principle 3).

Art 20 des **UN-Übereinkommens über die Rechte des Kindes** vom 20. November 1989 spricht die Pflegekindschaft und Heimerziehung besonders an:

(1) Ein Kind, das vorübergehend oder dauernd aus seiner familiären Umgebung herausgelöst wird oder dem der Verbleib in dieser Umgebung im eigenen Interesse nicht gestattet werden kann, hat Anspruch auf den besonderen Schutz und Beistand des Staates.

(2) Die Vertragsstaaten stellen nach Maßgabe ihres innerstaatlichen Rechts andere Formen der Betreuung eines solchen Kindes sicher.

(3) Als andere Formen der Betreuung kommt unter anderem die Aufnahme in einer Pflegefamilie, die Kafala nach islamischem Recht, die Adoption oder, falls erforderlich, die Unterbringung in einer geeigneten Kinderbetreuungseinrichtung in Betracht. Bei der Wahl zwischen diesen Lösungen sind die erwünschte Kontinuität in der Erziehung des Kindes sowie die ethnische, religiöse, kulturelle und sprachliche Herkunft des Kindes gebührend zu berücksichtigen.

Gemeinsames Merkmal dieser Regelungen ist einerseits die **Ermutigung zur individuellen rechtsgeschäftlichen Regelung** durch Eltern, andererseits die gesetzliche **Ausübungsbefugnis** zugunsten der Betreuungsperson.

## 4.    Lösungsalternativen

### a)    Privatrechtsgeschäftliche Lösung

Solange die Fremdplazierung des Kindes nicht als Folge sorgerechtsbeschränkender **8** Schutzmaßnahmen, sondern durch Eltern als Inhaber der elterlichen Sorge „freiwillig" erfolgt, handeln Eltern im Rahmen der ihnen zustehenden Entscheidungsbefugnisse: Zur **Erfüllung ihrer Elternpflichten** können sie **Dritte einschalten**, handelt es sich doch bei ihren Pflichten **nicht** um nur **höchstpersönlich wahrzunehmende Pflichten**. Allerdings droht bei Unterbringung über lange Zeiten hinweg ein „Zerfall des Elternrechts" (vgl hierzu Erl STAUDINGER/SALGO[12] zu § 1632 Abs 4). Ohne diesen Geltungsgrund elterlichen Wollens (SCHWAB 54. DJT A90: die Ermächtigung der Pflegeperson durch die Sorgeberechtigten zur Ausübung von Sorgebefugnissen bildet die unverzichtbare rechtsgeschäftliche Grundlage des Pflegeverhältnisses) kann kein Pflegekindschaftsverhältnis begründet werden, es sei denn, den Eltern wurden entsprechende Rechte entzogen. Die weit überwiegende **Mehrzahl der Fremdplazierungen** aus dem Spektrum des § 1688 sind **sozialrechtlich** auf der Grundlage des KJHG **indiziert**. Zwingende **sozialrechtliche Voraussetzung** einer Fremdplazierung ist entweder, daß *eine dem Wohl des Kindes entsprechende Erziehung nicht gewährleistet* ist (§§ 27, 33, 34 KJHG) oder die *seelische Behinderung* bzw *die Bedrohung von einer solchen Behinderung* (§ 35 a KJHG). Die Eltern der hier betroffenen Kinder und Jugendlichen befinden sich häufig in einer **Not- und Zwangslage** (GK-SGB VIII/SALGO § 33 Rn 34); ihre Situation ist eine denkbar **ungünstige Ausgangslage für eine privatautonome Ausgestaltung der künftigen Lebensverhältnisse** ihres Kindes, zumal die Fremdplazierung häufig Ausdruck des **Scheiterns vielfältig differenzierter und vorrangiger Hilfsangebote** aus dem Spektrum des KJHG ist. Für eine sozialrechtliche Unterbringung von Kindern und Jugendlichen außerhalb der eigenen Familie kommen daher zunehmend solche Minderjährigen in Betracht, die **nicht mehr über familienunterstützende Hilfen des KJHG erreicht** werden können (BT-Drucks 11/5948, 68). Die Eltern werden häufig ihre Zustimmung zur Unterbringung des Kindes geben, an einer weiteren rechtsgeschäftlichen

Ausgestaltung der Beziehung am künftigen Betreuungsort haben sie kein Interesse oder fürchten sich gar vor einer solchen. **Im sozialrechtlich zwingend vorgeschriebenem Hilfeplanungsverfahren** (§ 36 Abs 2 S 2 KJHG) müssen dennoch die Perspektiven der Inpflegegabe mit den Eltern, den Betreuungspersonen und den Kindern und Jugendlichen erarbeitet werden (vgl STAUDINGER/SALGO[12] § 1632 Rn 55 ff; GK-SGB VIII/ SALGO § 33 Rn 33 ff; WIESNER[2] SGB VIII § 37 Rn 14 ff MÜNDER ua Frankfurter LPK-KJHG[3] § 33 Rn 4 ff). Letztlich setzen das **Kindeswohl** und die **Dynamik der Eltern-Kind-Beziehung** privatrechtgeschäftlichen Lösungen Grenzen; privatrechtliche Sanktionen und Ausgleichsmechanismen versagen, die **Vollstreckung von Vertragspflichten ist häufig zum Scheitern verurteilt**. Die vertraglichen Rechte der Eltern können nicht weniger unter dem Vorbehalt des Kindeswohls stehen als jedes andere das Kind betreffende Recht (SIMITIS, in: GOLDSTEN/FREUD/SOLNIT 118). Das **Vertragsrecht** bildet folglich **keinen geeigneten Ansatzpunkt** zur Lösung der Probleme des Pflegekindschaftsverhältnisses (SCHWAB 54. DJT A134). Die Hoffnung, mit Vertragsrecht die Probleme von Pflegekindschaft zu verringern, trägt nicht mehr. Vielversprechender erscheinen die sozialrechtlichen Ansätze (BT-Drucks 11/5948, 68 unter Verweis auf SALGO [1987] 398) einer *geplanten, zeit- und zielgerichteten Intervention* (iSv §§ 33, 36, 37 KJHG).

### b) Kontrollierte Dispositionsakte der Eltern

9   Mit § 1630 Abs 3 glaubte der Gesetzgeber des SorgeRG von 1979 sichergestellt zu haben, daß das Kind von der Pflegeperson ordnungsgemäß betreut werden kann (BT-Drucks 8/2788, 47). Diese Vorschrift hat aber die Erwartungen hinsichtlich mehr Sicherheit im Alltag des Pflegekindes nur in geringem Umfang erfüllt; **in wenigen hundert Fällen pro Jahr** (zu Einzelheiten vgl SALGO [1987] 281 ff; STAUDINGER/PESCHEL-GUTZEIT[12] § 1630 Rn 36) wird von dieser Möglichkeit eines *richterlich kontrollierten Dispositionsaktes* (GERNHUBER/COESTER-WALTJEN[4] § 57 III 1) durch die Eltern Gebrauch gemacht. Daß für die erhoffte Sicherheit ein Tätigwerden der Eltern in § 1630 Abs 3 vorausgesetzt wird, vermeidet die im Jahre 1991 eingeführte **vermutete Bevollmächtigung** (§ 38 KJHG aF) der Betreuungspersonen von Kindern und Jugendlichen, die durch die öffentliche Jugendhilfe im Rahmen der §§ 33 bis 35 a Abs 1 S 2 Nr 3 und 4 KJHG untergebracht worden sind (BT-Drucks 11/6748, 19, 81).

10  Mit § 1688 **verlagert** das KindRG diese **Rechtswirkungen kraft Gesetzes** aus dem KJHG (§ 38 KJHG aF) ins Zivilrecht und verbreitert ihre **Wirkung auf alle Pflege-** und (jugendhilferechtlich indizierten) **Unterbringungsverhältnisse**. Ob aufgrund des vom KindRG in § 1630 Abs 3 neu eingeführten **Antragsrechts der Pflegeperson** die **nunmehr zuständigen FamGe** häufiger Angelegenheiten der elterlichen Sorge auf die Pflegeperson übertragen werden, könnte bezweifelt werden (vgl SALGO FamRZ 1999, 337, 342). **§ 1630 Abs 3 behält jedoch trotz § 1688 für eine Vielzahl von Fällen ihre Bedeutung.** § 1630 Abs 3 ermöglicht hinsichtlich der sorgerechtlichen Befugnisse Übertragungen in einem weit größeren Umfang (STAUDINGER/PESCHEL-GUTZEIT[12] § 1630 Rn 52), ist in der **Außenwirkung** stärker – **die Pflegeperson** hat die **Rechte und Pflichten eines Pflegers** – (§ 1630 Abs 3 S 2; vgl WINDEL FamRZ 1997, 713, 721: besondere Art der Ergänzungspflegschaft), soweit die Übertragung der elterlichen Sorge reicht, sind die Eltern von der Ausübung der elterlichen Sorge solange ausgeschlossen (STAUDINGER/PESCHEL-GUTZEIT[12] § 1630 Rn 56; SALGO [1987] 285 f), bis das FamG die Übertragung rückgängig macht. Der Antrag von Eltern oder Pflegeeltern (mit elterlicher Zustimmung) nach § 1630 Abs 3 S 1 darf deshalb vom FamG nicht mit dem Hinweis auf § 1688 zurückgewiesen werden (zu den äußerst engen Grenzen familiengerichtlicher Kontrolle

und Zurückweisung mit umfangreichen Nachw vgl STAUDINGER/PESCHEL-GUTZEIT[12] § 1630 Rn 50 ff). Eine **Übertragung von Angelegenheiten der elterlichen Sorge gem § 1630 Abs 3** hat gegenüber der gesetzlich eingeräumten Befugnis stets Vorrang (so zu Recht bereits zu § 38 KJHG aF FRICKE ZfJ 1991, 305, 306); ist doch dieser Gestaltungsweg **Ausdruck bewußten elterlichen Dispositionswillens.** Die Vorbehalte gegenüber der mit § 1630 Abs 3 geschaffenen Möglichkeit sind geblieben. Diese Regelung ist zu stark am Modell privatautonomer Klärung eines vorübergehenden Ausfalls solcher Eltern orientiert, deren Lage nicht durch die typischen Mängel und Probleme der Herkunftsfamilien von „Pflege- und Heimkindern" gekennzeichnet ist. Zur faktischen Begründung oder Fortsetzung eine Pflegeverhältnisses werden die Eltern noch bereit sein, weniger oder überhaupt nicht zu dessen rechtlicher Absicherung (GIESEN JZ 1982, 817, 828), der Weg hierzu spielt dabei keine Rolle.

### c) Rechtswirkungen kraft Gesetzes

Der nunmehr auch vom KindRG eingeschlagene Weg **gesetzlicher Befugnisse** der in **11** § 1688 Abs 1 und Abs 2 genannten Betreuungspersonen des Kindes erscheint nach dem derzeitigen Erkenntnisstand sowie auf dem Hintergrund in- und ausländischer Erfahrungen die praktikabelste Lösung. Der eher **abschreckende Weg zum Gericht** (wie bei § 1630 Abs 3) oder zu einer Behörde zur Erlangung der Wirkungen entfällt (vgl hierzu und zum nachfolgenden insbes HEGNAUER 54. DJT J68 f). Die gesetzliche Befugnis nach § 1688 Abs 1 durchbricht einerseits die **häufig anzutreffende Passivität von Eltern, Behörden und Gericht** hinsichtlich **sorgerechtlicher Mindestausstattung** (s hierzu STAUDINGER/SALGO[12] § 1632 Rn 94) von Betreuungspersonen, andererseits enthält § 1688 Abs 3 eine **Ermutigung an die Adresse der Eltern zur Wahrnehmung ihrer Verantwortung** und zur **autonomen Gestaltung.** Die **gesetzliche Wirkung** des § 1688 Abs 1 **schränkt elterliche Rechte nicht ein,** die in § 1688 Abs 1 und Abs 2 genannten Betreuungspersonen genießen nur **abgeleitete, von den Eltern gestaltbare Rechte. Die Teilhabe am Sorgerecht der Eltern kraft Gesetzes** versetzt die Betreuungspersonen erst in die Lage, der ihnen überantworteten Aufgaben im Verhältnis zum Kind wie auch Dritten gegenüber gerecht zu werden. Die **Wirkungen der Unterbringung des Minderjährigen** beim von der Norm erfaßten Personenkreis sind „selfoperating" (HEGNAUER, Der Österreichische Amtsvormund 1985, 101, 102) , dh, sie treten mit der Unterbringung für längere Zeit bei diesen **automatisch** ein. Es ist doch einiges damit gewonnen, wenn „dem privatrechtlichen Geltungsgrund ein gesetzlicher hinzugefügt wird" (vgl SCHWAB, 54. DJT A 108, der dies bezweifelt, zugleich aber einräumt, daß für den Umgang mit Behörden eine gesetzlich „vermutete Vollmacht" von Nutzen wäre).

### 5.   Entstehungsgeschichte von § 1688

Die vom BT verabschiedete Fassung von § 1688 ist erst während der Beratungen zum **12** KindRG auf **Initiative des Bundesrates** in Anlehnung an die §§ 1630 III, 1632 IV BGB a.F. entwickelt und gegenüber dem RegE vollständig neu gefaßt worden (BT-Drucks 13/4899, 154 f. und BT-Drucks 13/8511, 75). Die **Pflegekindschaft** war zwar **kein zentrales Anliegen des KindRG.** Mit § 1688 wollte die Rechtspolitik indes die bereits seit langem geforderte **Ausstattung** der Personen, bei denen sich das Kind tatsächlich aufhält, **mit Alltagsbefugnissen** endlich im Zivilrecht gesetzlich verankern (BT-Drucks 13/4899, 108). **Entscheidungs-** und **Vertretungsbefugnisse für Pflegepersonen** sah zwar bereits § 38 KJHG aF seit 1991 vor (BT-Drucks 11/6748, 19, 81), jedoch waren diese Ausübungsbefugnisse auf ausdrücklich genannte Unterbringungsverhältnisse im

Kontext der Kinder- und Jugendhilfe nach dem KJHG beschränkt (Wiesner[1] SGB VIII § 38 Rn 8; Salgo, in: Wiesner/Zarbock 115, 145). Zudem war der **systematische Standort** einer die rechtliche Zuständigkeit von Eltern und Pflegeeltern berührenden Regelung im KJHG seit Inkrafttreten kritisiert und die Überführung dieser Materie ins Familienrecht des BGB gefordert worden (s Salgo, in: Wiesner/Zarbock, 115, 145; Schwenzer 59. DJT A83; Lakies ZfJ 1990 545, 553; Windel FamRZ 1997, 713). Zu dem **systematisch falschen Standort im Sozialrecht** (SGB VIII-KJHG) war es gekommen, nachdem während der Beratungen des KJHG darin ein Defizit gesehen wurde, daß der Regierungsentwurf zur Neuordnung des **Kinder- und Jugendhilferechts** (BT-Drucks 11/5948) keinerlei Alltagsbefugnisse für diejenigen Personen vorsah, bei denen das Kind tatsächlich lebte. Erst in den Beschlußempfehlungen des Ausschusses für Jugend, Familie, Frauen und Gesundheit (BT-Drucks 11/6748, 19) fand sich erstmals eine entsprechende Regelung mit § 38 KJHG aF, nachdem das **BMJ** seinerzeit eine diesbezügliche Ergänzung von BGB-Bestimmungen nicht befürwortet hat. Der **BR** ging während der Beratungen des KindRG davon aus, daß sich § 38 KJHG aF bewährt habe (BT-Drucks 13/4899, 155). Das **KindRG überführt** mit § 1688 endlich diese **Materie ins BGB**, stellt sie in den **systematisch richtigen Regelungszusammenhang** der **Alleinentscheidungs- und Alleinvertretungsbefugnisse** nach den §§ 1687 ff ein, hebt die nicht gerechtfertigte Beschränkung der Gültigkeit nur für nach dem KJHG begründete Betreuungsverhältnisse auf – § **1688 gilt für alle Fälle der Familienpflege** – und erstreckt die Wirkungen von § 1688 Abs 1 und 3 **auf Fälle der Verbleibensanordnung** nach den §§ 1632 Abs 4, 1682 (BT-Drucks 13/4899, 108) mit der Maßgabe, daß in diesen Fällen nur das **Familiengericht** (nicht wie sonst die Inhaber der elterlichen Sorge) die Befugnisse der Betreuungspersonen einschränken oder ausschließen kann (§ 1688 Abs 4).

### 6. § 1688 im System der Entscheidungs- und Vertretungsbefugnisse bei Drittbetreuung

**13** Normadressat von § 1688 sind nicht die Jugendämter, vielmehr bestimmt die Vorschrift den Umfang der gesetzlichen Vertretung von Pflegeeltern und anderen Personen (BT-Drucks 13/4899, 108). § 1688 **schließt andere Formen der sorgerechtlichen Ausgestaltung** des Betreuungsverhältnisses und der entsprechenden Ausstattung der für das Kind in der Drittbetreuung verantwortlichen Erzieherperson (Pflegeeltern, Heimerzieher) **nicht aus (Pflegevertrag, Vollmacht)**. Die familiengerichtliche Sorgerechtsübertragung gem § 1630 Abs 3 bietet erhebliche Vorteile (vgl Rn 9 ff) gegenüber der gesetzlichen Ausübungsbefugnis gem § 1688 und sollte deshalb trotz der ipso jure eintretenden gesetzlichen Wirkung des § 1688 stets vorrangig geprüft werden. Soweit an die Stelle der Eltern **Vormünder** bzw **Ergänzungspfleger** getreten sind, gelten die **Wirkungen** des § 1688 **auch in diesem Verhältnis** (Salgo FamRZ 1999, 337, 344; GK-SGB VIII/Fieseler § 38 Rn 10) mit der Maßgabe, daß gem § 1688 Abs 3 auch von diesen Personen – wie von Eltern – anderweitige, aber nicht dem Kindeswohl abträgliche, Erklärungen zulässig sind (vgl Rn 42). Bei **Vormundschaften** bzw **Pflegschaften des Jugendamtes** ist ohnehin **jährlich zu prüfen**, ob nicht dessen Entlassung als Amtspfleger oder Amtsvormund und die Bestellung einer Einzelperson oder eines Vereins angezeigt ist (§ 56 Abs 4 KJHG). Der Vorteil von § 1688 allen diesen nach wie vor möglichen Lösungen gegenüber liegt darin begründet, daß seine Wirkungen ohne weiteres auf alle von ihr erfaßten Erziehungsverhältnisse anwendbar sind, unabhängig von der Passivität der Eltern, von den mannigfach möglichen Verläufen von gerichtlichen oder behördlichen Verfahren, vom Ermessensgebrauch und Entschluß-schwäche der zuständigen Stellen (Hegnauer, Der Österreichische Amtsvormund 1985, 101, 103). Allerdings ist die mit § 1688 Abs 1 geschaffene **gesetzliche Wirkung** auf *Angelegenheiten des täglichen Lebens* (vgl Rn 20 ff) **beschränkt**, für weitergehende Übertragungen bedarf es nach wie vor rechtsgeschäftlicher Gestaltung durch die Eltern bzw einer richterlichen Übertragung gem § 1630 Abs 3.

## II.    Anwendungsbereich des Abs 1

### 1.    Persönlich

#### a)    Betroffene Minderjährige
Vom Wirkungsbereich der Norm erfaßt sind **Minderjährige jeder Altersstufe** und **14** **unabhängig vom Sorgerechtsstatus**, von **Staatsangehörigkeit** (bei gewöhnlichem Aufenthalt des Kindes in Deutschland) und auch davon, ob die Eltern noch Inhaber der elterlichen Sorge sind; die Norm entfaltet ihre **Wirkung allein aufgrund des Umstandes** der **Drittbetreuung** durch den umschriebenen Personenkreis in Abs 1 und 2. Die **tatsächliche** und **rechtmäßige Begründung**, dh die Unterbringung des Kindes durch die jew Inhaber der elterlichen Sorge „für längere Zeit", läßt die gesetzlichen Wirkungen von § 1688 Abs 1 eintreten.

#### b)    „für längere Zeit"
Voraussetzung zur Ausübung von Alltagssorge ist in den §§ 1687, 1688 jew ein **zeit-** **15** **liches Moment** – in der zuerst genannten Norm *ein nicht nur vorübergehndes Getrenntleben*, in der letzteren ein **Aufenthalt außerhalb des Haushalts der Personensorgeberechtigten** *für längere Zeit*. Durch diese neu eingeführte Voraussetzung der **Ausstattung der Pflegeperson mit Befugnissen kraft Gesetzes**, nämlich, daß das Kind „für längere Zeit in Familienpflege" lebt, ergeben sich gegenüber der Regelung in § 38 KJHG aF **gewisse Nachteile** (diese Einschätzung teilt auch Wiesner ZfJ 1998, 269, 275; Wiesner[2] SGB VIII § 33 Rn 10 b): Während die Wirkung des § 38 KJHG aF von Anbeginn der Unterbringung nach §§ 33 bis 35 und 35 a Abs 1 S 2 Nr 3 und 4 KJHG eintrat, muß für die Wirkung des § 1688 Abs 1 das Kind *für längere Zeit in Familienpflege* leben. Wie schon bei § 1630 Abs 3 („für längere Zeit"), ist somit auch bei § 1688 Abs 1 nicht ausschlaggebend, ob die Unterbringung bereits längere Zeit gedauert hat, sondern ob sie nach den Vorstellungen der Beteiligten **voraussichtlich längere Zeit** dauern soll (MünchKomm/Hinz[3] § 1630 Rn 14; Salgo [1987] 284). Damit ist bei den §§ 1630 Abs 3, 1688 Abs 1 eine **prognostische Beurteilung über die voraussichtliche Dauer** gefordert (Wiesner[2] SGB VIII § 33 Rn 9). Es muß folglich **nicht erst eine** „längere Zeit" der Unterbringung des Kindes seit der Aufnahme in der Pflegefamilie oder im Heim **verstrichen** sein, damit die gesetzlichen Wirkungen des § 1688 eintreten. Sofern die Unterbringung von vornherein als die *auf Dauer* oder *längere Zeit angelegte Lebensform* (§§ 33 S 1 2 Alt, 34 S 3 3 Alt KJHG) angestrebt wird, zeigen sich hinsichtlich der gesetzlichen Wirkungen des § 1688 Abs 1 keine Schwierigkeiten. Indes könnten sich **bei den kurzfristigen Unterbringungen Unsicherheiten** ergeben, handelt es sich hier nicht um solche „für längere Zeit", dennoch ergeben sich auch hier Regelungs- und **Entscheidungsnotwendigkeiten** hinsichtlich von „Angelegenheiten des täglichen Lebens" in aller Regel **von Anbeginn an** und nicht erst nach „längerer Zeit".

**16** In den Gesetzesmaterialien zu § 1688 Abs 1 finden sich **keinerlei Konkretisierungen von „längerer Zeit"**. Jedoch ist dort ersichtlich, daß der Gesetzgeber an die Voraussetzungen der §§ 1630 Abs 3, 1632 Abs 4 anknüpfen wollte (BR-Drs 886/96, Anlage 2 f). Dabei zeigt sich, daß die **unpräzise Anknüpfung** jedenfalls an die Tatbestandsvoraussetzung in § 1632 Abs 4 („seit längerer Zeit"), die in erheblichem Umfang andere Lebenssachverhalte regelt, als nicht gelungen gelten kann. In den §§ 1630 Abs 3, 1632 Abs 4 geht es um weit **intensivere richterlich zu kontrollierende Dispositionsakte** der elterlichen Sorge (§ 1630 Abs 3) bzw um **familienrichterliche Eingriffe** in die elterliche Sorge gegen den Willen der Eltern (§ 1632 Abs 4). Hingegen betreffen die gesetzlich eingeräumten Befugnisse gem § 1688 **immer nur Angelegenheiten des täglichen Lebens**, wozu zweifelsohne der von § 1632 Abs 4 geregelte Streit um den Aufenthaltsort des Kindes niemals gehören kann. Die zeitlichen Anforderungen in den §§ 1630 Abs 3, 1632 Abs 4 haben eine völlig andere Bedeutung als die gesetzliche Intention des § 1688: Mit dieser Bestimmung – wie auch mit § 1687 – sollte die **Alltagssorge der Personen**, in deren Obhut das Kind ist, **verbessert** und **erleichtert** werden.

**17** Für die kraft Gesetzes eintretenden Rechtswirkungen des § 1688 Abs 1 kann es folglich auf die für die richterliche Entscheidungen gem § 1632 Abs 4 relevanten Zeiträume („**seit** längerer Zeit") nicht ankommen, weshalb die **zeitlichen Anforderungen** für die Geltung der Alltagssorge **nicht zu hoch angesetzt** werden sollten (WIESNER[2] SGB VIII § 33 Rn 9). **Bei auf nur kurze Zeiträume angelegter Vollzeitpflege**, etwa bis zur Dauer von zwei Monaten, tritt nach dem Wortlaut von § 1688 Abs 1 die gesetzliche Wirkung noch nicht ein, so daß bei solchen Pflege- und Betreuungsverhältnissen stets **besondere Absprachen** hinsichtlich der Befugnisse der Pflege- und Betreuungsperson erforderlich sind – dies stellt zweifellos einen **Rückschritt** gegenüber § 38 KJHG aF dar. Die mit § 1688 erfolgte systematisch richtige Zuordnung des Fragenkomplexes ins Familienrecht ist um den Preis einer **partiellen Bedeutungseinbuße** und damit um den **Preis von Erschwerungen im Alltag einiger Pflegefamilien** („Kurzzeitpflege", „Bereitschaftspflege") erkauft worden (SALGO FamRZ 1999, 337, 342). Sofern ein Kind oder Jugendlicher gem § 42 KJHG in Obhut genommen wurde und bei einer Pflegeperson oder in einer Einrichtung untergebracht wurde, so leiten diese Personen ihre Entscheidungskompetenzen aus denen des Jugendamtes ab, weil während der **Inobhutnahme** das Jugendamt das Recht der Beaufsichtigung, Erziehung und Aufenthaltsbestimmung ausübt (§ 42 Abs 1 S 4 KJHG). Deshalb **muß das Jugendamt bei Unterbringung des in Obhut genommenen Kindes Teile der ihm kraft Gesetztes zustehenden Kompetenzen zwangsläufig auf die für das Kind oder den Jugendlichen tatsächlich verantwortliche Person zur Ausübung übertragen**, soll diese ihre Aufgaben verantwortlich wahrnehmen können.

**c)   Familienpflege und Pflegeperson**

**18** Zur Definition der Begriffe „Familienpflege" und „Pflegeperson" vgl STAUDINGER/ PESCHEL-GUTZEIT[12] § 1630 Rn 37 ff mwN. Familienpflege iSv § 1688 Abs 1 kann bei Nichtverwandten wie auch bei Verwandten wie zB bei Großeltern (BayObLG NJW 1984, 2168) oder bei Verschwägerten begründet worden sein (STAUDINGER/PESCHEL-GUTZEIT[12] § 1630 Rn 39 mwN). Für die **Adoptionspflege** bestimmt nunmehr § 1751 Abs 1 S 5, daß während der Adoptionspflege § 1688 Abs 1 und 3 entsprechend gilt. Unbestritten handelt es sich um Familienpflege iSv § 1688 Abs S 1, wenn das Kind bei einem Ehepaar oder einer Einzelperson, aber auch in einer sog nichtehelichen Lebensgemeinschaft (Belchaus § 1630 Rn 6), zur Pflege und Erziehung mit der expliziten oder impliziten Erwartung untergebracht wird, daß dieses Kind so, wie Kinder in Familien aufwachsen, erzogen und versorgt werden und in der Familienpflege seinen Lebensmittelpunkt – **nicht** so idR bei **Tagespflege** iSv § 23 KJHG – haben soll. Bei der Tagespflege – im Gegensatz zur Vollzeitpflege – ist meistens die Einbindung und Verwurzelung des Kindes im Tagespflegeverhältnis nicht so verfestigt, immerhin verbringt das Kind die meiste Zeit in elterlicher Obhut, weshalb die **Anwendung des § 1688 Abs 1 nicht in Betracht** kommt. Hier bestehen – wie bei Internatsunterbringung – idR die Rechtsbeziehungen im einzelnen regelnde **vertragliche Beziehungen** (BR-Drucks 886/96, Anlage 2 f). Wird hingegen aus der Tagespflege eine Vollzeitpflege für längere Zeit, dann treten die gesetzlichen Wirkungen des § 1688 Abs 1 automatisch ein. Ob die Pflegefamilie ihre Aufgaben aus altruistischen Motiven oder gegen **Kostenübernahme** durch die Unterhaltspflichtigen als private, erlaubnispflichtige Familienpflege (§ 44 Abs 1 KJHG) bzw gem §§ 27, 33, 39 KJHG durch den öffentlichen Träger der Jugendhilfe übernommen hat, darauf kommt es für die gesetzlichen Wirkungen von § 1688 Abs 1 nicht an.

## 2.   Sachlich

### a)   Gesetzliche Entscheidungsbefugnis

Die vom KindRG gewählte **systematische Zuordnung** von § 1688 Abs 1 ist als **gesetz-** **19** **liche Befugnis** und nicht lediglich als eine Handlungsmacht aufgrund gesetzlich vermuteter Einwilligung des Sorgerechtsinhabers zu qualifizieren (vgl zum Meinungsstand Windel FamRZ 1997, 713, 719 f mwN; Schwab, FamR[10] 282). Ein völliger **Ausschluß** der von § 1688 Abs 1 intendierten Wirkung durch den Inhaber der elterlichen Sorge bzw durch einen Vormund **würde der gesetzgeberischen Intention widersprechen** und **kindeswohlabträglich** sein. Für die in § 1688 Abs 1 und 2 genannten Minderjährigen sollen die jew Verantwortlichen die **Befugnis von Gesetzes wegen** erhalten, in Angelegenheiten des täglichen Lebens **zu entscheiden** und den Sorgerechtsinhaber insoweit **zu vertreten**. Sorgerechtsinhaber können jederzeit über die Reichweite des § 1688 Abs 1 hinausgehende Ermächtigungen erteilen (Schwab, FamR[10] 282). Lebt das Kind wieder auf Dauer beim Personensorgeberechtigten, so enden die Befugnisse der Erziehungs- und Betreuungspersonen gem § 1688 Abs 1.

### b)   Angelegenheiten des täglichen Lebens

Auch wenn **Grundentscheidungen** zu den **Angelegenheiten von erheblicher Bedeutung** **20** zu rechnen sind („**Ob**"), so gehört das „**Wie**", also die Umsetzung dieser Entscheidungen, idR zur Alltagssorge der Pflegeeltern und Erzieher (MünchKomm/Hinz[3] KJHG SGB VIII § 38 Rn 4). Zur Definition des Begriffs der „Angelegenheiten des täglichen Lebens" vgl Staudinger/Salgo § 1687 Rn 25 ff. Zwar wollte der BR in Anknüpfung an § 38 Abs S 1 KJHG aF einen graduellen Unterschied zwischen dem Umfang der sorgerechtlichen Befugnisse von Pflegeeltern und Heimbetreuern und dem Umfang der Alleinentscheidungsbefugnisse des Elternteils, bei dem sich das Kind im Falle des Getrenntlebens der Eltern gewöhnlich aufhält, gewahrt wissen, da letzterer bei gemeinsamer Sorge – im Gegensatz zu **Pflegeeltern** und **Heimbetreuern** – zugleich auch Inhaber des Sorgerechts ist (vgl Stellungnahme des BR zu § 1688, BT-Drucks 13/4899, 155). Dies sollte durch die vom BR vorgeschlagene Formulierung „... den Inhaber der Personensorge in der Ausübung von Angelegenheiten des täglichen Lebens zu vertreten ..." sichergestellt werden (aaO). Der **Bundestag** ist dem nicht gefolgt –

ganz abgesehen von der Frage, ob die vorgeschlagene Formulierung den angestrebten Unterschied bewirkt hätte, sondern wählte für beide Fallkonstellationen fast **wortidentische Formulierungen**: § 1687 Abs 1 S 2 : „Befugnis zur alleinigen Entscheidung in Angelegenheiten des täglichen Lebens" § 1688 Abs 1 S 1: „(...) berechtigt in Angelegenheiten des täglichen Lebens zu entscheiden (...)". Daß Pflegeeltern (bzw Heimbetreuern) keine Entscheidungen ohne Absprache mit den Eltern zustehen (anders bei entsprechender Übertragung gem § 1630 Abs 3), die für das Kind von *erheblicher Bedeutung* sind (§§ 1687, Abs 1 S 1 , 1628 S 1), ergibt sich aus dem Wortlaut von § 1688 Abs 1 sowie aus der **unterschiedlichen sorge- und verfassungsrechtlichen Stellung von Eltern und Pflegeeltern**. Das KindRG hat sich hinsichtlich der *Angelegenheit des täglichen Lebens* hingegen **nicht für unterschiedliche Reichweiten der Befugnisse** ausgesprochen. Der Gesetzgeber ist weder dem Vorschlag des BR zur Ausdifferenzierung gefolgt noch hat er in § 1688 Abs 1 dem dort genannten Personenkreis lediglich „die Befugnis zur alleinigen Entscheidung in Angelegenheiten der tatsächlichen Betreuung" (§ 1687 Abs 1 S 4) gesetzlich zugestanden. Daraus folgt, daß die zu § 1687 Abs 1 S 2 und 3 entwickelten Grundsätze zur Definition des Tatbestandsmerkmals der „Angelegenheiten des täglichen Lebens" auch für die Reichweite der gesetzlichen Befugnisse der von § 1688 Abs 1 und 2 erfaßten Betreuungspersonen des Kindes Geltung haben, es sei denn, daß im Einzelfall wegen der **besonderen Natur eines Pflegekindschafts- bzw Betreuungsverhältnisses** oder wegen einer **anderweitigen Erklärung der Inhaber der elterlichen Sorge** etwas **Abweichendes** gilt. Bei den sozialrechtlich begründeten Pflegekindschafts- bzw Betreuungsverhältnisse (und um die geht es zumeist), muß es ohnehin im Rahmen der **obligatorischen Hilfeplanung** gem § 36 Abs 2 S 2 KJHG zu **detaillierten Absprachen zwischen Jugendamt, Eltern, Pflegeeltern bzw den Mitarbeitern in der Einrichtung** gekommen sein (vgl WIESNER[2] SGB VIII § 36 Rn 8; GK-SGB VIII/NOTHACKER § 36 Rn 47; GK-SGB VIII/SALGO § 33 Rn 35 f; STAUDINGER/SALGO[12] § 1632 Rn 59 ff jew mwN).

Die nachfolgende Aufzählung ist **exemplarisch**, die Weite der Alltagssorge der Betreuungspersonen – wie die Reichweite der Personensorge – ist abschließend nicht deskriptiv oder enumerativ erfaßbar (vgl STAUDINGER/SALGO[12] § 1631 Rn 9; MünchKomm-HINZ[3] KJHG SGB VIII § 38 Rn 4); es sollen nur die im Falle der Fremdplazierung eines Minderjährigen wichtigsten Bereiche angesprochen werden.

### aa)   Erziehung

**21**  Zum Begriff „Erziehung" vgl STAUDINGER/PESCHEL-GUTZEIT[12] § 1626 Rn 57; STAUDINGER/SALGO[12] § 1631 Rn 23 ff jew mwN; STAUDINGER/SALGO § 1687 Rn 35. Fragen der **Erziehung** gehören bei fremdplazierten Minderjährigen zweifelsohne zu den **wichtigsten „Angelegenheiten des täglichen Lebens"**. Die „Erziehung" der hier betroffenen Minderjährigen litt häufig aus unterschiedlichen Gründen – *eine dem Wohl des Minderjährigen entsprechende Erziehung* war häufig *nicht gewährleistet* (§ 27 Abs 1 KJHG) – oder die Eltern sind an der Versorgung und Erziehung ihres Kindes aus anderen Gründen verhindert, weshalb sie für dessen Fremdbetreuung in Erfüllung ihrer elterlichen Pflichten nach § 1631 Abs 1 Sorge tragen. **Ohne Erziehungskompetenzen der für die Minderjährigen Verantwortlichen kann Sozialisation nicht gelingen** (vgl Rn 5) – eine „Erziehung aus der Ferne" durch die personensorgeberechtigten Eltern funktioniert nicht. Daß es über Grundsätze der Erziehung **Absprachen** bedarf, ändert nichts daran, daß in jeder Lage Minderjährigen *das Recht auf Erziehung zu einer eigenverantwortlichen und gemeinschaftsfähigen Persönlichkeit* (§ 1

Abs 1 KJHG) zusteht: Eltern handeln nur dann ihren Pflichten aus § 1631 Abs 1 entsprechend, wenn sie dafür Sorge tragen, daß im Alltag des fremdplazierten Kindes „Erziehung" stattfindet.

#### bb)  Religiöse und weltanschauliche Erziehung

Auch in einer zunehmend religiös indifferenten Welt gehören Fragen der **religiösen** 22 und **weltanschaulichen Erziehung** fraglos zu den **Angelegenheiten von erheblicher Bedeutung** (BT-Drucks 13/4899, 107; **hM**, vgl STAUDINGER/PESCHEL-GUTZEIT[12] § 1628 Rn 27; STAUDINGER/SALGO[12] Anh zu § 1631 § 2 RKEG Rn 3; STAUDINGER/SALGO § 1687 Rn 36; SCHWAB FamRZ 1998, 457, 468; FamRefK/ROGENER § 1687 Rn 13; JOHANNSEN/HENRICH/JAEGER[3] § 1687 Rn 4; PALANDT/DIEDERICHSEN[59] § 1687 Rn 9; KELLER 87). Deshalb sind gerade in diesem Bereich **Absprachen** zwischen den Inhabern der elterlichen Sorge und den Pflegeeltern bzw den in der Einrichtung für den Minderjährigen Verantwortlichen **zwingend**. Immer wieder kommt es wegen Fragen der religiösen Erziehung zu erheblichen **Spannungen**, denen nur mit einer **Klärung** dieser Fragen **vorab** begegnet werden kann. Sehen sich die künftigen Pflegeeltern oder Heimerzieher außer Stande, den elterlichen Wünschen hinsichtlich der religiösen Erziehung des fremdzuplazierenden Kindes zu entsprechen, sollten anderweitige Arrangements angestrebt werden. **Pflegeeltern** sind in diesem Bereich nur dann bestimmungsberechtigt, wenn ihnen gem § 1630 Abs 3 auch die **religiöse Kindererziehung übertragen** worden war, was (nach STAUDINGER/PESCHEL-GUTZEIT[12] § 1630 Rn 54; BGB-RGRK/WENZ § 1630 Rn 19; **aA** STAUDINGER-DONAU [10./11. Aufl] Anh nach § 1631, § 1 RKEG Rn 2 sowie SOERGEL-STRÄTZ § 1630 Rn 9) grundsätzlich zulässig ist (auch von der gesetzlichen Ausübungsbefugnis der Pflegeperson aufgrund von § 38 KJHG aF war die religiöse Erziehung *nicht* umfaßt); **im übrigen sind Pflegeeltern bzw Heimerzieher im Bereich religiöser Erziehung nicht bestimmungsberechtigt**. Die nach Vollendung des vierzehnten Lebensjahres eintretende **Religionsmündigkeit** (§ 5 RKEG), wie bereits die Stellung des Kindes nach Vollendung des 12. Lebensjahres nach dieser Bestimmung, **begrenzen das elterliche Bestimmungsrecht** (STAUDINGER/SALGO[12] Anh zu § 1631 § 5 RKEG Rn 3 ff). Die Teilnahme am Gottesdienst, die Einhaltung von institutionell vorgegebenen religiösen Geboten uvam (zu Einzelheiten vgl STAUDINGER/SALGO[12] Anh zu § 1631 § 1 RKEG Rn 1), dh **Umsetzung der von den Personensorgeberechtigten** zu treffenden Grundentscheidung, **fallen in den Bereich der Alltagssorge** der Pflegeeltern bzw für das Kind in der Einrichtung Verantwortlichen. Die Taufe in den christlichen Religionen, die An- oder Abmeldung zum/vom Religionsunterricht, der Austritt aus der Religionsgemeinschaft, die Beschneidung nach jüdischem oder moslemischen Ritus; religiös begründete Ernährungsgebote uä bleiben Angelegenheiten von erheblicher Bedeutung. Gleiches gilt für weltanschauliche Gemeinschaften und Sekten (STAUDINGER/PESCHEL-GUTZEIT[12] § 1628 Rn 27; zur Kindeswohlgefährdung bei extremen ersatzreligiösen Strömungen vgl STAUDINGER/SALGO[12] Anh zu § 1631 § 7 Rn 6; STAUDINGER/COESTER [2000] § 1666 Rn 115 jew mwN). Zur **Zuständigkeitsaufspaltung zwischen FamG und VormG** im Bereich des RKEG vgl STAUDINGER/SALGO[12] § 2 RKEG Rn 17 mwN; SCHWAB FamRZ 1998, 345, 346.

#### cc)  Aufenthalt und Umgang

Daß die **Festlegung des Lebensmittelpunktes** des Kindes, dh die Bestimmung des jew 23 dauerhaften Aufenthaltsorts, **nicht zur Alltagssorge** gehört und deshalb als **Angelegenheit von erheblicher Bedeutung** nur vom Inhaber der elterlichen Sorge bestimmt werden kann, darüber kann kein Streit bestehen (STAUDINGER/PESCHEL-GUTZEIT[12] § 1628

Rn 27; STAUDINGER/SALGO[12] § 1631 Rn 50 ff; STAUDINGER/SALGO[12] § 1632 Rn 73, auch zur Unei-nigkeit zwischen Eltern und Pflegeeltern). Gefährdet die vom Inhaber der elterlichen Sorge getroffene Aufenthaltsbestimmung das Kind, dann sind zivilrechtliche Kin-desschutzmaßnahmen gem §§ 1632 Abs 4, 1666 zu ergreifen (STAUDINGER/COESTER [2000] § 1666 Rn 37; STAUDINGER/SALGO[12] § 1632 Rn 82 ff). Zum Zeitpunkt der Fremdpla-zierung ihres Kindes machen die Personensorgeberechtigten mit ihrer Entscheidung von ihrem Aufenthaltsbestimmungsrecht jew Gebrauch. Darüber hinaus gehören einzelne **Elemente des Aufenthaltsbestimmungsrechts**, die häufig in **engem Zusam-menhang** mit dem **Erziehungsrecht** und **Aufsichtspflicht** der Betreuungspersonen stehen (vgl STAUDINGER/SALGO[12] § 1631 Rn 32), zur **Alltagssorge**. Die am Ort der Fremd-plazierung Verantwortlichen (Pflegeeltern, Heimerzieher) bestimmen den Aufent-halt des Kindes im einzelnen, im Innen- wie im Außenverhältnis. Diesen **im Bereich der Alltagssorge Aufenthaltsbestimmungsberechtigten** stehen Entscheidungen über die Teilnahme an Sport- und Freizeitaktivitäten, schulischen Veranstaltungen, Fe-rienaufenthalte, auch an Auslandsreisen im heute üblichen Rahmen (hierzu § 1687 Rn 40) zu; sie bestimmen auch über Besuche bei Freunden und Verwandten des Kindes. Jedoch stehen den hier im Bereich der Alltagssorge Aufenthaltsbestim-mungsberechtigten Entscheidungen über den Umgang mit den Eltern des fremd-plazierten Kindes nicht zu, da die **Grundentscheidungen über diesen Umgang** (§ 1632 Abs 2) (betreffend das Ob, Wo, Wie, Wie-Lange, Wie-Oft etc) zu den **Angelegen-heiten von erheblicher Bedeutung** zu rechnen sind (zu Einzelheiten in dieser zentralen Frage von Pflegekindschaft vgl SALGO [1987] 299 ff; ders FamRZ 1999, 337, 345; STAUDINGER/SALGO[12] § 1632 Rn 76, 95 jew mwN). Im Rahmen der mit den Inhabern der elterlichen Sorge im Grundsätzlichen erforderlichen Absprachen bestimmen die Pflegeeltern bzw Heimerzieher den Umgang des Kindes mit Freunden, Nachbarn, Schulkame-raden etc als Angelegenheit des täglichen Lebens (SCHWAB FamRZ 1998, 457, 469; KEL-LER 87).

### dd) Tagesbetreuung

**24** Die Entscheidung über die **Tagesbetreuung** des fremdplazierten Kindes in Tages-krippe, Kindergarten, Hort und in vergleichbaren Einrichtungen (§ 22 KJHG) sowie deren Auswahl sollte, obwohl es sich um eine **Angelegenheit von erheblicher Bedeu-tung** handelt, nur gemeinsam unter Berücksichtigung der tatsächlichen Gegeben-heiten und Möglichkeiten sowie der berechtigten Interessen von Eltern und Pflege-eltern dem Wohl des Kindes am besten entsprechend (§ 1697 a) getroffen werden; diese Entscheidung ist **von der Alltagssorge nicht umfaßt** (vgl WIESNER[2] SGB VIII § 38 Rn 28 a). Im übrigen fallen die im Rahmen der getroffenen Grundentscheidung an-stehenden Fragen wie im schulischen Bereich (vgl Rn 25) in den Bereich der Alltags-sorge (KELLER 87).

### ee) Schule

**25** Darüber, **welche Schule** das fremdplazierte Kind besuchen oder ob ein **Schulwechsel** etwa zu einer **weiterführenden Schule** stattfinden soll, müssen die Pflegeeltern mit den Eltern Einvernehmen herstellen, weil es sich hier um eine **Angelegenheit von erheb-licher Bedeutung** handelt (einhellige Meinung vgl BT-Drucks 13/4899, 107; JOHANNSEN/HEN-RICH/JAEGER[3] § 1687 Rn 4; SCHWAB FamRZ 1998, 457, 469; KELLER 87 SCHWAB/MOTZER III Rn 49; WIESNER[2] SGB VIII § 38 Rn 28 a; OLG München FamRZ 1999, 111 f; OLG Nürnberg FamRZ 1999, 673, 674; OLG Hamm FamRZ 2000, 26, 27: Wechsel zur Sonderschule). Zwar steht dem **Inhaber der elterlichen Sorge** diese Entscheidung als Angelegenheit von erheblicher Bedeutung **alleine** zu, aber beim fremdplazierten Kind sind idR die Pflegeeltern bzw Heimerzieher über die schulischen Angelenheiten, über die Stärken und Schwächen des Kindes oft besser informiert als die Eltern, und schließlich sind sie es, die Elternentscheidungen umzusetzen haben, so daß **isolierte Elternentscheidungen auf erhebliche Umsetzungsprobleme stoßen** könnten. Deshalb müssen die Inhaber der elterlichen Sorge hier nicht nur gem § 1631 a Abs 1 **auf die Eignung und Neigung des Kindes Rücksicht nehmen** (STAUDINGER/SALGO[12] § 1631 a Rn 8 f mwN), sondern die für das Kind im Alltag **Verantwortlichen** in die zu treffende Schulwahlentscheidung **einbeziehen**. Dies gilt nicht, soweit gem § 1630 Abs 3 schulische Angelegenheiten auf die Pflegeeltern übertragen worden waren oder falls eine entsprechende Vereinbarung zwischen Eltern und Pflegeeltern in einem Pflegevertrag oder mittels entsprechender Vollmacht erfolgte. Der schulischen Bildung kommt heute eine zentrale Bedeutung für das gesamte spätere Leben zu (STAUDINGER/SALGO[12] § 1631 a Rn 6 mwN). Aber der **schulische Alltag** erfordert eine **Vielzahl tagtäglich zu treffender Entscheidungen durch die Betreuungspersonen** (SCHWAB FamRZ 1998, 457, 469; KELLER 87: Entschuldigungen, Nachhilfe, Wahlfächer, Teilnahme an schulischen Sonderveranstaltungen, Teilnahme an Ausflügen, ebenso PALANDT/DIEDERICHSEN[59] § 1687 Rn 24, jedoch verneinend hinsichtlich einer mehrwöchigen Schulfahrt ins Ausland; ebenso SCHWAB/MOTZER III Rn 49). Die Notwendigkeit von Nachhilfe könnte die Grundentscheidung über die Schulwahl tangieren – die Versetzung könnte gefährdet sein; ebenso kann die Bestimmung über Wahlfächer eine Entscheidung mit einschneidenden Konsequenzen sein. Die Unterschrift unter **Klassenarbeiten** und **Schulzeugnissen**, die Teilnahme an **Elternabenden**, die **Mitwirkung in Elternbeiräten** üäm fallen in den Kreis der üblichen Rechtshandlungen im Rahmen der Schule und zählen somit zu **Angelegenheiten des täglichen Lebens**. Das **Schulrecht** in einer Reihe von **Bundesländern** berücksichtigt bereits den Umstand, daß die Erziehung mancher Schüler außerhalb der Schule von den Eltern in die Hände anderer Personen gelegt wurde und stellt diese Personen (Pflegeeltern, Verantwortliche in Einrichtungen) Eltern gleich: (§ 1 Abs 1 VO des Bad-Württ Kultusministeriums für Elternvertretungen und Pflegschaften an öffentlichen Schulen v 08. Juni 1976, idF v 23. März 1976; § 3 Abs 2 Nr 2 des Schulverfassungsgesetz [Berlin]; §§ 1, 2 VO v 24. Juli 1973 [Hamburg]) über die Gleichstellung von Personen, die Schüler tatsächlich erziehen; mit den Erziehungsberechtigten nach dem Schulverfassungsgesetz; § 100 Nr 3 Hess Schulgesetz; § 69 Abs 2 S 2 Nieders Schulgesetz; § 17 Schulpflichtgesetz Nordrh-Westf; § 2 Abs 3 Schulmitbestimmungsgesetz Saarland).

Bei Uneinigkeit der Eltern mit den Pflegeeltern bzw Betreuern des Kindes hinsichtlich der schulischen Grundentscheidungen, kommt der **Vermittlungpflicht des Jugendamtes** (*bei sonstigen Meinungsverschiedenheiten*) gem § 38 KJHG zentrale Bedeutung zu (GK-SGB VIII/FIESELER § 38 Rn 5 f mwN).

**ff)  Ausbildung**
Was für die schulische Ausbildung gilt, muß auch für die **berufliche Ausbildung** Be-   26
rücksichtigung finden: Die Grundsatzentscheidung, aber auch die Wahl der konkreten Ausbildungsstelle wie der Abschluß des Ausbildungsvertrages sind **Angelegenheiten von erheblicher Bedeutung** (BT-Drucks 13/4899, 107; STAUDINGER/PESCHEL-GUTZEIT[12] § 1628 Rn 27 mwN; SCHWAB/MOTZER III Rn 49). Hier – wie auch bereits je nach Alter und Entwicklung auch bei der Schulwahl – kommt dem **Selbstbestimmungsrecht des Jugendlichen** ein erheblicher Stellenwert zu (STAUDINGER/PESCHEL-GUTZEIT[12] § 1626 Rn 83 ff mwN; STAUDINGER/SALGO[12] § 1631 a Rn 4).

### gg)  Gesundheitsversorgung

**27** In diesem Bereich sind **medizinische Alltagsfragen, aufschiebbare Grundentscheidungen** und **Not- und Eilfälle** zu unterscheiden. Für **Not- und Eilfälle** besteht ein Entscheidungsrecht der Betreuungsperson (§§ 1688 Abs 1 S 3, 1629 Abs 1 S 4), falls eine unaufschiebbare Entscheidung zu treffen ist. Zu den **nur mit Zustimmung** der Inhaber der elterlichen Sorge **zu treffenden aufschiebbaren Grundentscheidungen** in diesem Bereich zählen: die **Entfernung von Mandeln**, die **nicht eilbedürftige Bluttransfusion, aufschiebbare Operationen** insbes mit Risiken, Neben- und Folgewirkungen, die **aufschiebbare Behandlung schwerer Erkrankungen, langwierige medizinische Behandlungen**, die **Behandlung** in der **Kinder- und Jugendpsychiatrie** (Staudinger/Peschel-Gutzeit[12] § 1628 Rn 27 mwN), einer **Klinik** oder in einem **Krankenhaus** oder einem **Sanatorium**, entsprechend langdauernde **Kiefer- und Zahnregulierungen** (Schwab/Motzer III Rn 50), die mit einer **Freiheitsentziehung** verbundene Unterbringung in der **Kinder und Jugendpsychiatrie**, aber auch in **Einrichtungen der Jugendhilfe** in sog geschlossener Unterbringung (zu den „Hilfen zur Erziehung" nach dem KJHG vgl Rn 28) mit diesem Merkmal (Staudinger/Salgo[12] § 1631 b Rn 7 f). **Psychotherapeutische Behandlung** wird idR von längerfristiger Dauer sein und damit unter die Angelegenheiten von erheblicher Bedeutung fallen (OLG Hamm FamRZ 2000, 26, 27: Behandlung von Verhaltensauffälligkeiten). Der Katalog der **Alltagssorge** umfaßt eine **Vielzahl von medizinischen Routinemaßnahmen** (BT-Drucks 13/4899, 107; Schwab FamRZ 1998, 457, 469), die im Einzelfall, nur wegen der Besonderheiten des Kindes bzw in seinem Sozialisationsfeld nicht in den Bereich der Angelegenheiten des täglichen Lebens fallen. Zur **Alltagssorge in diesem Bereich** gehören idR: Vorsorge- und Routineuntersuchungen, empfohlene **Schutzimpfungen** (Schwab FamRZ 1998, 457, 469: Routineimpfungen; **aA** bei Impfungen Keller 87) einschließlich der **Grippeimpfung, Entfernung von Warzen**, die Behandlung von **Infektionskrankheiten** (so auch Palandt/Diederichsen[59] § 1687 Rn 24), einschließlich der Verabreichung von **Antibiotika**, die übliche **zahnärztliche Untersuchung und Behandlung**, wohl nicht mehr Piercing und Tätowierung. Die **Wundversorgung** einschließlich **Tetanusimpfung** wie die dringend erforderliche **Bluttransfusion** fällt in den Bereich der **unaufschiebbaren Entscheidungen** (§§ 1688 Abs 1 S 3, 1629 Abs 1 S 4).

### hh)  „Hilfen zur Erziehung"

**28** Die den Personensorgeberechtigten als Rechtsanspruch zustehenden „Hilfen zur Erziehung" gem § 27 ff KJHG sind als **Angelegenheit von grundsätzlicher Bedeutung** einzustufen (vgl Wiesner[2] SGB VIII § 27 Rn 11 und § 38 Rn 30); **diese sozialrechtlichen Ansprüche stehen Betreuungspersonen des fremdplazierten Kindes nicht zu** – die meisten fremdplazierten Kinder sind gem §§ 33, 34 KJHG untergebracht. Dies gilt insbesondere auch deshalb, weil als gesetzliche Voraussetzung für diese Hilfeformen gefordert ist, daß „eine dem Wohle des Kindes oder Jugendlichen entsprechende Erziehung nicht gewährleistet ist" (§ 27 Abs 1 KJHG); dies ist ein Zustand, mit dem sich die personensorgeberechtigten Eltern intensiv auseinandersetzen und für Abhilfe sorgen müssen, andernfalls wären uU **zivilrechtliche Schutzmaßnahmen** gem §§ 1666, 1666 a zu ergreifen. Die **Fremdplazierung** erfolgte zumeist wegen **erzieherischer Defizite**, werden danach weitere „Hilfen zur Erziehung" notwendig, so ist deren **Geltendmachung** eine Angelegenheit von erheblicher Bedeutung und somit den Inhabern der **elterlichen Sorge vorbehalten** (Staudinger/Coester [2000] § 1666 Rn 61). Lehnen diese es ab, die ihnen von Gesetzes wegen zustehenden sozialrechtlichen Ansprüche geltend zu machen, kann in diesem Unterlassen ein **Sorgerechts-**

**mißbrauch** iSv §§ 1666, 1666 a liegen. Nehmen die **Personensorgeberechtigten** einen **Antrag auf Hilfe zur Erziehung zurück**, obwohl das Kind aufgrund einer Verbleibens-anordnung gem § 1632 Abs 4 im Pflegeverhältnis verbleibt, so ist diese Verhaltens-weise **rechtsmißbräuchlich** und **unbeachtlich**, weil sie nur die zivilrechtliche Kindes-schutzmaßnahme unterlaufen will (vgl OVG Lüneburg FamRZ 1998, 707, 708 m Anm Hoffmann aaO 708). Passivität oder Desinteresse der Inhaber der elterlichen Sorge führen indes nicht automatisch zu Befugnissen der Betreuungspersonen, anstelle der Personensorgeberechtigten deren Rechtsansprüche geltend zu machen. Allerdings können und müssen die für das Kind während der Unterbringung verantwortlichen Pflegeeltern solche Entwicklungen dem Jugendamt mitteilen (§ 37 Abs 3 S 2 KJHG), welches dann zu prüfen hat, ob das Tätigwerden des Familiengerichts er-forderlich ist (§ 50 Abs 3 S 1 KJHG). Aber auch die **Inanspruchnahme von Einglie-derungshilfen für seelisch behinderte Kinder und Jugendliche** gem § 35 a KJHG steht nur den Personensorgeberechtigten zu, auch wenn die Eltern hier nicht aus eigenem Recht (Kinder und Jugendliche sind hier Anspruchsinhaber), **sondern als gesetzliche Vertreter** des noch nicht handlungsfähigen Kindes oder unter 15-jährigen Jugend-lichen (§ 36 SGB I) handeln (vgl Wiesner SGB VIII § 35 a Rn 15). Soweit Pflegeeltern eigenständige Rechtsansprüche (gem § 37 Abs 2 S 1 KJHG) geltend machen oder an anderen Maßnahmen zur Förderung der Erziehung in der Pflegefamilie teilnehmen, so handelt es sich hierbei nicht um Ansprüche, die den Personensorgeberechtigten zustehen.

**ii)   Status- und Namensfragen**
**Status- und Namensfragen** (Familien- und Vornamensgebung – zur letzteren vgl Staudinger/  **29**
Peschel-Gutzeit[12] § 1628 Rn 27 mwN; zur öffentlich-rechtlichen **Namensänderung** nach dem Nam-ÄndG bei Dauerpflegekindern BVerwG StAZ 1987, 252 m Anm Salgo ebd 254 ff) sind **stets Angelegenheiten von erheblicher Bedeutung** (Schwab FamRZ 1998, 457, 469) und sind den Inhabern der elterlichen Sorge vorbehalten, es sei denn, daß das FamG den Eltern die entsprechenden Entscheidungszuständigkeiten entzogen hat.

**kk)   Vermögenssorge**
Die Vermögenssorge fällt in den Bereich der Angelegenheiten von erheblicher Be-  **30**
deutung: **Anlage und Verwaltung des Kindesvermögens**, alle genehmigungspflichtigen Rechtsgeschäfte gem § 1643 (Palandt/Diederichsen[59] § 1687 Rn 9; Schwab FamRZ 1998, 457, 469). Hiervon ausgenommen sind Vermögenssorgeangelegenheiten geringerer Bedeutung (BT-Drucks 13/4899, 108) sowie die Gewährung von **Taschengeld** und die Einwilligung der Verwendung der Mittel nach dem **Taschengeldparagraphen** (§ 110) (Schwab/Motzer III Rn 52), diese Angelegenheiten gehören zur Alltagssorge.

**3.   Alleinvertretungsrecht im Bereich der Alltagssorge**

Im Gegensatz zu § 1687 erwähnt § 1688 Abs 1 S 1 **explizit** das **Recht der Pflegeperson**  **31**
(und der Personen gem § 1688 Abs 2), **den Inhaber der elterlichen Sorge in Angelegen-heiten des täglichen Lebens zu vertreten**. Die hier berechtigten Personen vertreten folglich **nicht das Kind**, sondern **die Eltern**. Solange die Eltern keine anderweitige Erklärung gem § 1688 Abs 3 treffen, steht den Pflegeeltern und Erziehern das **Allein-vertretungsrecht im Bereich der Alltagssorge selbständig** und **unabhängig** von den El-tern zu; sie sollen in diesem Kreis von Angelegenheit **schnell** je nach Erfordernis reagieren und die anstehenden Entscheidungen **umstandslos** treffen können.

**32** Zwar soll es nach dem im RegE eingenommenen Standpunkt bei Angelegenheiten des täglichen Lebens meist nicht um Rechtshandlungen (BT-Drucks 13/4899, 107) gehen, bei denen das Vertretungsrecht eine Rolle spielen soll. Diese Auffassung unterschätzt mE die Bedeutung der Alltagssorge. Wenn es dem Regime der §§ 1687, 1688 vor allem darum geht den Alltag zu erleichtern, dann kommt man bei Anwendung des § 1688 nicht um die Erkenntnis herum, daß seine **Kompetenzverteilung auch auf die gesetzliche Vertretung durchschlägt** (Argument aus § 1629 Abs 1 S 3 1 Alt): Die §§ 1687, 1688 erstrecken sich in ihren unterschiedlichen Varianten auch auf die jeweilige gesetzliche Vertretung (SCHWAB DNotZ 1998, 437, 444; FamRefK/ROGENER § 1687 Rn 21), sonst machen die Vorschriften keinen Sinn (so auch PALANDT/DIEDERICH-SEN[59] § 1687 Rn 26) und wären kontraproduktiv im Hinblick auf die mit ihnen verbundenen gesetzgeberischen Intentionen.

#### 4.    Explizit genannte Befugnisse gem § 1688 Abs 1 S 2

##### a)    Arbeitsverdienst

**33** Pflegeeltern und Erzieher sind berechtigt, den Arbeitsverdienst, auch die Ausbildungsvergütung, des Kindes zu verwalten. Mit den hier betroffenen Minderjährigen ist im Hinblick auf das oberste **Erziehungsziel „Mündigkeit"** (STAUDINGER/PESCHEL-GUTZEIT[12] § 1626 Rn 12 ff STAUDINGER/SALGO[12] § 1631 Rn 26 f), das auch und gerade für fremdplazierte Kinder Gültigkeit hat (§ 1 Abs 1 KJHG, § 1626 Abs 2), die **Verwendung des Arbeitsverdienstes** zu besprechen, weil der selbständige Umgang mit Geld vermittelt werden soll (WIESNER[2] SGB VIII § 38 Rn 30; GÖTZE LPK-SGB VIII § 38 Rn 21).

##### b)    Unterhalts-, Versicherungs-, Versorgungs- und sonstige Sozialleistungen

**34** Der **familienrechtliche Kindesunterhalt** des fremdplazierten Kindes gegenüber den Eltern gehört **nicht zu den hier gemeinten „Unterhaltsleistungen"** (hM vgl PALANDT/DIEDERICHSEN[59] § 1688 Rn 9; MüchKomm/HINZ[3] KJHG SGB VIII § 38 Rn 4; aA SCHWAB, FamR[10] 282). Beim rein privaten Pflegekindschaftsverhältnis leiten die Pflegepersonen ihre Ansprüche gegenüber den Eltern aus der konkreten Vereinbarung ab – nicht aus § 1688 Abs 1 S 2; auch ein gesetzliches **Alleinvertretungsrecht zur Geltendmachung des Unterhaltsanspruchs** gem § 1629 Abs 2 S 2 **steht Pflegepersonen nicht zu.** Bei den im Rahmen der Hilfen zur Erziehung gem §§ 27, 33, 34 KJHG fremdplazierten Minderjährigen erfolgen die Leistungen zum Unterhalt des Kindes oder Jugendlichen als **Annexleistungen** zur erzieherischen Leistung (WIESNER[2] SGB VIII § 38 Rn 30), zu deren Kosten das Kind, der Jugendliche und dessen Eltern gem § 91 Abs 1 Nr 4 a–d KJHG herangezogen werden, so daß hier ebenfalls die Personensorgeberechtigten anspruchsberechtigt sind (vgl zum Meinungsstand KUNKEL LPK-SGB VIII § 39 Rn 7), auch wenn diese Leistungen direkt vom öffentlichen Träger der Jugendhilfe an die Pflegeperson bzw Einrichtung entrichtet werden. Folglich kann es sich im Rahmen von § 1688 lediglich um selten vorkommende **zivilrechtliche Unterhaltsansprüche gegenüber Dritten** handeln (MünchKomm/HINZ[3] KJHG SGB VIII § 38 Rn 4).

**35** **Versicherungs-, Versorgungs- und sonstige Sozialleistungen** können von Pflegepersonen oder Erziehern nur geltend gemacht werden, **soweit das Kind selbst Inhaber des Anspruchs ist** (Lebensunterhalt nach dem **BSGH** Leistungen nach dem **BaföG** vgl WIESNER[2] SGB VIII § 38 Rn 30). **„Hilfen zur Erziehung"** nach den §§ 27 ff KJHG scheiden hier aus (vgl Rn 28). Im übrigen ist bei dieser Art von Leistungsverhältnissen jeweils zu prüfen, ob sie in den Bereich der Alltagssorge fallen.

## 5.  Rechtshandlungen bei Gefahr im Verzug

Bereits § 38 Abs 1 Nr 5 KJHG aF kannte ein Notvertretungsrecht der Pflegeperson  **36**
und der in der Einrichtung Verantwortlichen bei Gefahr im Verzug. Das **KindRG
überträgt dieses Regelungsmodell aus dem Pflegekinderrecht** als **allgemeingültigen
Grundsatz der Vertretung** in den § 1629 Abs 1 S 4 und verweist jew in unterschiedlichen Aufenthaltssituationen auf diesen Grundsatz (§§ 1687 Abs 1 S 5, 1688 Abs 1
S 3). Dieses **Notvertretungsrecht bei Gefahr im Verzug** enthält nur Selbstverständliches (BT-Drucks 13/4899, 108); von nichts anderem wäre bereits nach allgemeinen
Grundsätzen des Zivilrechts (mutmaßliche Einwilligung; GoA), auch ohne eine spezialgesetzliche Ausformulierung, auszugehen. Die Alltagspraxis ging bereits bisher
von einer bestehenden Handlungsmacht der Betreuungspersonen des Kindes in Ge-
fahrensituationen aus. Die hier gesetzlich klargestellte Handlungsmacht ist zugleich
eine – sogar strafbewehrte – Handlungspflicht.

## III.  Pflegepersonen gleichgestellte Personen gem Abs 2

Das in den Gesetzgebungsverfahren zum KJHG wie zum KindRG immer wieder  **37**
berufene **Vorbild** in Art 300 Abs 1 ZGB (vgl Rn 6 ff) geht von vornherein von einem
breiten Kreis von Personen aus, zu deren Gunsten die gesetzliche Handlungsmacht
gelten soll: „Wird ein Kind Dritten anvertraut …, so vertreten sie die Eltern ….".
Das **schweizerischen Kindschaftsrecht** geht einhellig davon aus, daß diese Regelung
**sowohl für Pflegeeltern wie für die Leiter von Kinder- und Jugendheimen** gilt (HEG-
NAUER, Grundriss[5] 182; Botschaft des [Schweizerischen] Bundesrates 12003 v 5. Juni 1974). § 38
Abs 1 KJHG aF hatte bereits über den engen Kreis der Pflegeeltern hinausgehend
den Personenkreis, zu dessen Gunsten die gesetzliche Handlungsmacht galt, wesentlich erweitert. Mit der Übernahme dieser Erweiterung in § 1688 Abs 2 will der Gesetzgeber **den Alltag auch in diesen Erziehungs- und Betreuungsverhältnissen** mit der
Einräumung der Alltagssorge zugunsten dieses Personenkreises **erleichtern** (BT-
Drucks 13/4899, 108; BR-Drucks 886/96 Anlage S 2 f); dieser Personenkreis steht Pflegeeltern
gleich. Es handelt sich hier **ausschließlich um jugendhilferechtlich geregelte Betreu-
ungs- und Erziehungsverhältnisse**, für deren Zustandekommen die Mitwirkung perso-
nensorgeberechtigter Eltern bzw eines Vormundes/Pflegers unverzichtbar ist (vgl
Rn 8). Allerdings muß es sich auch hier um Maßnahmen voraussichtlich für längere
Zeit handeln (vgl Rn 15). Die betroffenen Kinder oder Jugendlichen leben in diesen
Formen **über Tag und Nacht außerhalb des Haushaltes der jew Personensorgeberechtigten:**

– in der **Heimerziehung** oder in sonstigen **betreuten Wohnformen** (§ 34 KJHG);

– in der intensiven **sozialpädagogischen Einzelbetreuung** bei Aufenthalt außerhalb
des Haushalts der Personensorgeberechtigten **über Tag und Nacht** (zB erlebnispäd-
agogische Maßnahme) für längere Zeit (§ 35 KJHG);

– bei der Gewährung von **Eingliederungshilfe für seelisch behinderte Kinder und
Jugendliche durch eine geeignete Pflegeperson** (§ 35 a Abs 1 S 2 Nr 3 KJHG);

– bei der Gewährung von **Eingliederungshilfe für seelisch behinderte Kinder und

**Jugendliche in Einrichtungen über Tag und Nacht** sowie **in sonstigen Betreuten Wohnformen** (§ 35 a Abs 1 S 2 Nr 4 KJHG).

**38** Trotz einer entsprechenden Prüfbitte des **Bundesrates** (BR-Drucks 886/96 Anlage S 2 f) hat sich der Gesetzgeber nicht dafür ausgesprochen, die Alltagssorge auf sämtliche Unterbringungsfälle über Tag und Nacht auszudehnen (zB auf **Internate**), sondern mit Verweis auf die in solchen Verhältnissen üblichen rechtsgeschäftlichen Regelungen die Wirkung des § 1688 Abs 1 **auf Erziehungs- und Betreuungsverhältnisse auf der Grundlage des KJHG beschränkt** (kritisch ggü dieser Beschränkung WIESNER[2] SGB VIII § 38 Rn 13).

## IV.   Abweichende Regelungen gem Abs 3

### 1.   Anderweitige Erklärung der Sorgeberechtigten

**39** Mit der gesetzlichen Handlungsmacht der Pflegeperson in § 1688 Abs 1 bringt der Gesetzgeber zugleich die **Notwendigkeit entsprechender**, wenn auch beschränkter, **Entscheidungs-** und **Vertretungsbefugnisse** zugunsten des in Abs 1 und 2 dieser Bestimmungen genannten Personenkreises zum Ausdruck. Eine rechtsgeschäftliche Erweiterung über die in Abs 1 genannten Befugnisse hinaus ist ohne weiteres ebenso möglich wie die Übertragung von über die Alltagssorge hinausgehenden Befugnissen gem § 1630 Abs 3. Aber gerade wegen häufig nicht erfolgter entsprechender Dispositionen glaubte der Gesetzgeber des KJHG bereits im Jahre 1990 wie der Gesetzgeber des KindRG im Jahre 1997 nicht mehr ohne eine **von Gesetzes wegen automatisch eintretenden Alltagssorge der Betreuungsperson des Kindes auskommen zu können.**

**40** Der **Gesetzgeber ermutigt** die Inhaber der elterlichen Sorge trotz des eingeschlagenen Wegs der gesetzlichen Wirkung **zur individuellen Gestaltung des Pflege- und Erziehungsverhältnisses.** Ebenso wie gem § 36 Abs 2 S 2 KJHG die **Erstellung eines individuellen auf den jew Einzelfall zugeschnittenen Hilfeplans** (gleichsam eines „Maßanzugs") **bei Fremdplazierung des Kindes für längere Dauer zwingend vorschreibt,** kommen Eltern ihren Pflichten nur entweder durch eine positive individuelle Ausgestaltung des Pflegeverhältnisses mittels entsprechender Erklärungen oder durch Akzeptierung der gesetzlichen Wirkungen des § 1688 Abs 1 nach. Die im Gesetz erwähnte anderweitige Erklärung („etwas anderes erklärt") der Eltern kann folglich kaum einmal zu einem völligen Ausschluß der Alltagssorge führen, wäre doch das Erziehungs- und Betreuungsverhältnis bei Drittbetreuung ohne entsprechende Handlungsmacht nicht zu bewältigen (vgl Rn 4). Der **völlige Ausschluß der Befugnisse** nach Abs 1 und 2 ist in § 1688 Abs 3 S 2 **dem Familiengericht** vorbehalten, **wenn dies zum Wohle des Kindes erforderlich ist. Modifikationen** der Entscheidungs- und Vertretungsbefugnisse der Pflegeeltern und Betreuungspersonen hingegen, sofern sie **nicht kindeswohlabträglich** sind und sofern sie nicht in unzumutbarer Weise den Alltag am Ort der Unterbringung des Kindes erschweren, **sind zulässig.** Allerdings gilt bei Fremdplazierung, daß solche **Modifizierungen stets den Umstand berücksichtigen müssen,** daß die Inhaber der elterlichen Sorge den **Alltag mit dem Kind nicht teilen.** Wenn ein völliger Ausschluß der Alltagssorge bereits den Inhabern der elterlichen Sorge zukäme, hätte es der Aussage des Abs 2 S 3 nicht bedurft. Im übrigen würde die Einräumung eines **völligen Ausschlusses** der Befugnisse durch die Inhaber

der elterlichen Sorge die **gesetzgeberischen Absichten konterkarrieren**. Deshalb kann
die gesetzliche Aufforderung an die Adresse der Inhaber der elterlichen Sorge nur
dahingehend verstanden werden, daß sie gegenüber den jew für das Kind Verantwortlichen **ihre besonderen Wünsche und Vorstellungen äußern** und überprüfen, ob
diesen am Unterbringungsort entsprochen werden kann. Gerade die von § 1688
Abs 1 S 1 nicht erfaßten Bereiche der Angelegenheiten von erheblicher Bedeutung,
deren Regelung stets den Inhabern der elterlichen Sorge vorbehalten bleibt, erfordert bei Fremdplazierung hinsichtlich Berücksichtigung und Umsetzung über das
„Wie" eine Vielzahl von **Absprachen**.

## 2.    Vermittlungspflicht des Jugendamtes gem § 38 KJHG

Sofern der Inhaber der elterlichen Sorge durch eine Erklärung gem § 1688 Abs 3 S 1    **41**
die Vertretungsmacht der Pflegeperson soweit einschränkt, daß hierdurch eine dem
Wohle des Minderjährigen förderliche Erziehung nicht mehr möglich ist, sollen die
Beteiligten das **Jugendamt** zwecks **Vermittlung** einschalten (§ 38 KJHG). Auch wenn
der Wortlaut von § 38 KJHG lediglich auf die **Pflegeperson** hinweist, gilt diese **Vermittlungspflicht auch** und gerade **für Konflikte** in diesem Bereich **zwischen den Inhabern der elterlichen Sorge und den Betreuern und Erziehern** gem § 1688 Abs 2. Hier
dürfte es sich um ein **redaktionelles Versehen** während des Gesetzgebungsverfahrens
handeln (WIESNER[2] SGB VIII § 38 Rn 32), macht es doch überhaupt keinen Sinn, diese
Konflikte von der jugendamtlichen Vermittlung auszuschließen (GK-SGB VIII/FIESE-
LER § 38 Rn 4 ff zu den Vermittlungsaufgaben).

## 3.    Familiengerichtliche Regelungsbefugnis

Das **Familiengericht** kann gem § 1688 Abs 3 Satz 2 die Befugnisse nach Abs 1 und 2    **42**
**beschränken** oder **ausschließen**, wenn dies zum Wohl des Kindes erforderlich ist.
Diese familiengerichtlichen Maßnahmen kommen idR nur auf Antrag – uU aber
auch von Amts wegen – in Betracht, und gerade hier ist das Gericht aufgerufen, **auf
ein Einvernehmen unter den Beteiligten hinzuwirken** (§ 52 FGG); dabei hat es zu
überprüfen, ob die **in § 38 KJHG** vorgesehene **Vermittlung** trotz Anrufung des Gerichts noch Sinn macht. Ob das Wohl des Kindes ein familiengerichtliches Einschreiten erforderlich macht, kann nur nach penibler Aufklärung des Konfliktes, des Kon-
fliktniveaus, der Dauer und der Ziele des Pflegeverhältnisses, der Lebenssituation
des Kindes und bei entsprechendem Alter seiner Wünsche und Vorstellungen entschieden werden. Ist es zum Konflikt **wegen Überschreitens der Befugnisse** durch die
Pflegeeltern bzw Heimerzieher gekommen, so wird idR eine entsprechende **Feststellung** durch das Gericht **genügen**. Möglicherweise wäre eine über den Kompeten-
zrahmen des § 1688 Abs 1 hinausgehende Übertragung von Angelegenheiten der
elterlichen Sorge nach § 1630 Abs 3 der Entwicklung des Pflegeverhältnisses angemessener; entsprechende **Anregungen zur Erweiterung** seitens des Gerichts können
im Einzelfall angebracht sein, dem **Gericht steht eine solche Erweiterung indes nicht
zu**, es sei denn, daß die Verhaltensweise der Eltern das Kindeswohl gefährdet
(§§ 1666, 1666 a). Stellt hingegen das Gericht fest, daß die Pflegeperson noch im
Bereich der ihr zustehenden Befugnisse gem § 1688 Abs 1 handelt, so **spricht** zunächst **das Regelungsmodell des Gesetzes gegen eine Einschränkung oder** gar einen
**Ausschluß der ohnehin beschränkten Befugnisse** nach Abs 1 und 2. Zwar liegt die
Eingriffsschwelle hier niedriger als bei § 1666 Abs 1, dennoch **setzt** das **Einschreiten**

des FamG **triftige, das Kindeswohl nachhaltig berührende Gründe** voraus, die befürchten lassen, daß ohne Einschränkung oder Ausschluß der Befugnisse der Pflegeeltern bzw derer nach Abs 2 Verantwortlichen das Kind oder seine Interessen eine ungünstige Entwicklung nehmen könnten (PALANDT/DIEDERICHSEN[59] § 1687 Rn 34). Hinter solchen Konflikten könnten sich grundlegende Konflikte über die Zukunftsperspektive der Fremdplazierung verbergen, so daß das Gericht häufig nicht umhinkommen wird, den **Gesamtkontext des Konfliktes** aufzurollen bzw dessen **Begrenzbarkeit** zu überprüfen.

## V. Gesetzliche Wirkungen nach einer Verbleibensanordnung gem Abs 4

**43** Ist der Aufenthaltsort und Lebensmittelpunkt des Kindes nicht mehr vom Willen der Inhaber der elterlichen Sorge getragen, und waren deshalb zur Abwendung einer Kindeswohlgefährdung bereits **zivilrechtliche Kindesschutzmaßnahmen** in Form von **Verleibensanordnungen** gem § 1632 Abs 4 oder nach § 1682 erforderlich, so besteht **grundsätzlich ein Klärungsbedarf** hinsichtlich der Befugnisse der Personen, bei denen der Verbleib des Kindes angeordnet werden mußte (vgl hierzu mwN STAUDINGER/SALGO[12] § 1632 Rn 94). Einerseits kann in diesen Konstellationen idR nicht mehr von einer vom Einverständnis der Inhaber der elterlichen Sorge getragenen Befugnis der Pflege- bzw Stiefeltern und der anderen umgangsgerechtigten nahen Angehörigen des Kindes (§§ 1632 Abs 4, 1682) ausgegangen werden, andererseits wollte der Gesetzgeber gerade für solche zumeist **spannungsgeladenen Situationen eine Mindestausstattung dieses Personenkreises mit entsprechenden Befugnissen sichergestellt wissen**; deren Befugnisse zur Wahrnehmung alltäglicher Angelegenheiten sollten nicht durch widersprechende Erklärungen der Inhaber der elterlichen Sorge eingeschränkt werden können (BT-Drucks 13/4899, 108).

**44** Da bereits vor Erlaß der Verbleibensanordnung gem §§ 1632 Abs 4, 1682 geprüft werden mußte, ob der jew Aufenthalt des Kindes seit „seit längerer Zeit" bestand, ist unter den Voraussetzungen von § 1688 Abs 4 eine von § 1688 Abs 1 **geforderte Prognose über die voraussichtliche Aufenthaltsdauer entbehrlich** (vgl WIESNER[2] SGB VIII § 38 Rn 14).

## 1. Verbleibensanordnung gem § 1632 Abs 4

**45** Der **Verbleibensanordnung** bei der Pflegeperson gehen eine Vielzahl **verfassungsrechtlicher Abwägungen** im Rahmen des Verfahrens gem § 1632 Abs 4 voraus (s STAUDINGER/SALGO[12] § 1632 Rn 47 ff mwN); desweiteren müssen eine Reihe **verfahrensrechtlicher Besonderheiten** (ebd Rn 103 ff) – bis hin zur **Bestellung eines Verfahrenspflegers** gem § 50 Abs 2 Nr 3 FGG – beachtet werden. **Jugendamtliche Stellungnahmen** müssen stets eingeholt werden (§ 49 a Abs 1 Nr 6 ff FGG), häufig wurden **Fachgutachten** erstellt (STAUDINGER/SALGO[12] § 1632 Rn 101). Unter diesen Umständen ist eine **weitere gesetzliche Beschränkung der Rechte der Inhaber der elterlichen Sorge durch § 1688 Abs 4 auch verfassungsrechtlich gerechtfertigt: nur dem Richter**, aber nicht mehr ihnen steht die ohnehin **nicht unproblematische Einschränkung bzw der Ausschluß der Befugnisse nach § 1688 Abs 1 und 3** zu. Sofern die Inhaber der elterlichen Sorge folglich die Alltagssorge gem § 1688 Abs 1 einschränken oder ausschließen wollen und eine Verleibensanordnung nach § 1632 Abs 4 ergangen ist, können sie dies nicht mehr durch einfache Erklärung gem § 1688 Abs 3 S 1 erreichen, vielmehr müssen sie einen entsprechenden Antrag an das FamG richten. Bis das FamG entschieden hat, stehen den Pflegeeltern die Befugnisse gem § 1688 Abs 1 zu.

## 2.  Verbleibensanordnung gem § 1682

Die Berücksichtigung von § 1682 im Rahmen von § 1688 ist insofern bemerkenswert, **46** als sich der Gesetzgeber bislang trotz entsprechender nach wie vor (vgl STAUDINGER/ SALGO[13] § 1682 Rn 2 mwN) anhaltend vorgebrachter rechtspolitischer Forderungen (s PESCHEL-GUTZEIT FPR 1999, 63 sowie Entwurf zu § 1687 b BGB im Gesetzesantrag der Länder Sachsen-Anhalt, Hamburg, BR-Drucks 369/99) **nicht** für die Einräumung **der Alltagssorge von Stiefeltern** und der anderen umgangsberechtigten nahen Angehörigen des Kindes durchringen konnte (vgl die schwerlich überzeugende ablehnende Begründung der BuReG, BT-Drucks 13/ 4899, 167, die durch eine Alltagssorge des Stiefelternteils das Fortbestehen gemeinsamer Sorge nach Trennung oder Scheidung gefährdet sieht). Mit dem von § 1682 erfaßten Personenkreis wird in § 1688 Abs 4 eine weitere Gruppe von für das Kind **wichtigen Bezugspersonen einbezogen**, die in den vorausgehenden Absätzen dieser Norm nicht erfaßt ist. Das bedeutet, daß **Stiefeltern** und **den anderen umgangsberechtigten nahen Angehörigen des Kindes** zwar **im Normalfall keine Teilhabe** an der elterlichen Sorge **kraft Gesetzes** verliehen wird. Sobald jedoch eine Verbleibensanordnung gem § 1682 ergangen ist, **verschafft § 1682** ihnen nach **§ 1688 Abs 4 die auf gesetzlicher Grundlage beruhende Alltagssorge**, wie sie in § 1687 Abs 1 S 2 und 3 dem Elternteil, bei welchem das Kind sich rechtmäßig bei fortbestehender gemeinsamer Sorge aufhält, sowie Pflege- und Betreuungspersonen nach § 1688 Abs 1 und 2 verliehen wird.

## VI.  Gerichtliches Verfahren

## 1.  Allgemeines

Grundsätzlich zu sämtlichen Verfahrensfragen vgl STAUDINGER/COESTER[13] § 1671 **47** Rn 265 ff. Auf verfahrensrechtliche Fragen wird deshalb nur insoweit eingegangen, als sie im Kontext des § 1688 **Besonderheiten** aufweisen. Besondere Bedeutung kommt der **Vermittlungspflicht** des **Gerichts** gem § 52 FGG und des **Jugendamtes** gem § 38 KJHG zu (vgl Rn 40).

## 2.  Zuständigkeit

Die **sachliche Zuständigkeit** für Entscheidung nach § 1688 Abs 3 S 2 und Abs 4 liegt beim **FamG** (§ 621 Abs 1 Nr 1 ZPO), es entscheidet der **Richter** (§§ 3 Ziff 2 iVm 14 Abs 1 Nr 16 RpflG) auf **Antrag** der Inhaber der elterlichen Sorge oder **von Amts wegen**. Die Verfahrensregeln folgen aus den **Grundsätzen des FGG**.

## 3.  Vermittlungspflicht des Gerichts

Gerichtliches Tätigwerden im Rahmen des § 1688 ist auf Beschränkung oder Aus- **48** schluß der Angelegenheiten des täglichen Lebens beschränkt. Vorrangige Pflicht des in Anspruch genommenen FamG ist, jedenfalls soweit es sich um eine die Person des Kindes betreffende Angelegenheit gem § 52 FGG handelt, auf ein **Einvernehmen der Beteiligten** unter Beachtung der Maxime des § 1697 a hinzuwirken (vgl § 1628 Abs 2 aF). Im **Mittelpunkt** dieser Bemühungen steht das **Kindeswohl**, könnten doch Beschränkung oder Ausschluß der Alltagssorge von Pflegeeltern bzw Betreuungspersonen negative Rückwirkungen auf das Kind haben, weil es dadurch zu Schwierigkeiten bei der Bewältigung von Alltagsfragen kommen könnte. Die ganze Palette des § 52 FGG muß daraufhin überprüft werden, was die einvernehmliche Konfliktlösung am ehesten fördert. Der Vermittlung durch das Jugendamt gem § 38 KJHG kommt eine wichtige Funktion zu. Die Beteiligten sind **so früh wie möglich anzuhören** und das Verfahren ist schnellstmöglich zum Abschluß zu bringen (zur Eilbedürftigkeit bereits STAUDINGER/PESCHEL-GUTZEIT[12] § 1628 Rn 39 und HEILMANN 147 ff).

### 4. Inhalt der gerichtlichen Entscheidung

#### a) Entscheidungsalternativen

**49** Scheitern die gerichtlichen und jugendamtlichen Vermittlungsbemühungen – nur bei von vornherein aussichtslos erscheinenden Fällen dürfen sie unterbleiben – so endet das Verfahren mit einer **gerichtlichen Entscheidung** gem § 1688 Abs 3 S 2 und Abs 4: Entweder mit einer **Einschränkung** bzw **Ausschluß der Alltagssorge** oder mit Ablehnung des Antrags, dh, daß die **Alltagssorge** unbeschränkt fortbesteht.

#### b) Einschränkung und Ausschluß gem Abs 3 und 4

**50** **Einschränkungen** oder gar der **Ausschluß** von **ohnehin beschränkten Kompetenzen sollten nur im äußersten Fall** erfolgen, ansonsten kann der jeweils zu gestaltende Alltag mit dem Kind äußerst erschwert werden. Vor solchen Maßnahmen stehen **gerichtliche Vermittlungsbemühungen** gem § 52 FGG, insbesondere die Vermittlungs-, Beratungs- und Hilfsmöglichkeiten **der Jugendhilfe** (gem § 38 KJHG). Werden gerichtliche Restriktionen bereits restringierter Kompetenzen erforderlich, bestehen zumeist Störungen im Grundverhältnis – dies sollte das Gericht stets mitbedenken.

### 5. Anhörungspflichten

**51** Die **Anhörungspflichten** ergeben sich aus den §§ 50 a – c FGG, im übrigen aus § 12 FGG. Über die Pflicht zur persönlichen Anhörung der im Streit befindlichen Beteiligten kann, schon im Hinblick auf § 52 FGG, kein Zweifel bestehen. Obwohl in Verfahren gem § 1688 nicht immer die Neigungen, Bindungen oder der Wille des Kindes gem § 50 b FGG im Vordergrund stehen, vielmehr der Kompetenzstreit zwischen den Inhabern der elterlichen Sorge und den Pflege- und Betreuungspersonen im Mittelpunkt steht, **muß das Kind** dennoch **angehört werden**, haben doch die im Streit befindlichen Entscheidungen unmittelbare Auswirkungen auf es. Jedoch kann es hier bei sehr unterschiedlichen Angelegenheiten auf das Alter des Kindes ankommen, so daß uU in begründeten Fällen, insbesondere bei noch jüngeren Kindern von der Kindesanhörung abgesehen werden kann. Obwohl das KindRG dem Jugendamt bei Konflikten zwischen den Inhabern der Personensorge und der Pflegeperson eine Vermittlungspflicht auferlegt (§ 38 KJHG) und obwohl das Jugendamt idR das Pflegeverhältnis wegen vorausgegangener Tätigkeit entweder gem §§ 27, 33 oder gem § 44 Abs 1 KJHG kennt, **ist eine Anhörung des Jugendamtes in § 49 a Abs 1 FGG nicht vorgesehen**. Das Gericht wird idR das Jugendamt dennoch einschalten und um Unterstützung bitten (STAUDINGER/PESCHEL-GUTZEIT[12] § 1628 Rn 39).

## 6.    Vorläufiger Rechtsschutz

In einem Verfahren gem § 1688 Abs 3 S 2 und Abs 4 als isoliertem Sorgerechtsver- **52**
fahren sind **vorläufige Anordnungen nur nach allgemeinen FGG-Grundsätzen** zulässig
(zu den trotz Kindschaftsrechtsreform nach wie vor bestehenden Problemen, aber auch zu Abhilfemöglichkeiten vgl insbes HEILMANN 272 ff). Gerade im **Kompetenzstreit** kann ein **besonderes Bedürfnis nach einer vorläufigen Anordnung** wegen **eilbedürftiger Entscheidungsnotwendigkeiten** bestehen (vgl STAUDINGER/PESCHEL-GUTZEIT[12] § 1628 Rn 40). Das
Notvertretungsrecht bei Gefahr im Verzug (§§ 1688 Abs 1 S 3, 1629 Abs 1 S 4) ermöglicht allerdings Pflege- und Betreuungspersonen, bei denen solche Rechtshandlungen in Notsituationen notwendig werden, eine **schnelle Reaktionsmöglichkeit ohne
Einschaltung des Gerichts.**

## 7.    Rechtsmittel

Die befristete **Beschwerde** besteht gegen Entscheidungen des FamG zum OLG **53**
(§§ 621 e Abs 1 ZPO, § 119 Abs 1 Nr 2 GVG). Die Beschwerdefrist beträgt einen
Monat nach Zustellung der Entscheidung. Gegen die Beschwerdeentscheidung des
OLG besteht die Möglichkeit der **weiteren Beschwerde** zum BGH unter der Voraussetzung, daß das OLG diese zugelassen oder die Beschwerde als unzulässig verworfen hat (§§ 621 e Abs 2 ZPO, 133 Nr 2 GVG); auch hier beträgt die Beschwerdefrist
einen Monat nach Zustellung der Entscheidung.

## 8.    Auslandsbezüge

Vgl hierzu insbes STAUDINGER/COESTER (2000) § 1671 Rn 305 ff.                      **54**

## § 1689–1692

Seit 1. Juli 1998 aufgehoben durch Beistandschaftsgesetz vom 4. 12. 1997 (STAUDINGER/
BGB-Synopse 1896–2000 §§ 1689–1892).

## § 1693

**Sind die Eltern verhindert, die elterliche Sorge auszuüben, so hat das Familiengericht
die im Interesse des Kindes erforderlichen Maßregeln zu treffen.**

**Materialien:** E I § 1544; II § 1556 Abs 1; III     Nr 24. STAUDINGER/BGB-Synopse 1896–2000
§ 1642. Neugefaßt durch GleichberG Art 1 Nr     § 1693.
22; SorgeRG Art 9 § 2 Nr 3; KindRG 1998 Art 1

## I.   Allgemeines

### 1.   Normbedeutung

**1** Die Vorschrift ist Ausdruck der (subsidiären) staatlichen Mitverantwortung für Kinder (Art 6 Abs 2 S 2 GG). Diese drückt sich nicht nur im klassischen „Wächteramt" aus, wonach der Staat schützend und die elterliche Sorgemacht zurückdrängend einzugreifen hat, wenn die sorgerechtsfähigen Eltern ihre Befugnisse mißbrauchen oder sonst versagen und das Kind dadurch gefährdet wird (§§ 1666–1667 und verwandte Vorschriften). Die subsidiäre Verantwortung des Staates verpflichtet ihn auch, **anstelle der Eltern** einzuspringen und **unmittelbar für das Kind zu handeln**, wenn und solange die Eltern an der Wahrnehmung ihrer Sorgeaufgaben **verhindert** sind. Allerdings wird hiermit die klassische Funktionsteilung von Judikative und Exekutive überschritten: „Die organisierende, entscheidende und kontrollierende Gewalt scheidet sich von der laufend handelnden Sorge" (Gernhuber/Coester-Waltjen § 49 I 2). Die Zuweisung auch der letzteren an das Gericht erweist sich damit als **Ausnahme**, die eng zu interpretieren ist (vgl Rn 3, 4). Das gerichtliche Handeln nach § 1693 **schränkt die elterliche Sorgemacht nicht ein** (OLG Stuttgart RJA 11, 8, 9; BGB-RGRK/Adelmann Rn 2), es tritt vielmehr **ergänzend** in die durch den elterlichen Ausfall entstandene Lücke. Konzeptionell ist § 1693 auf die **einstweilige Interessenwahrung des Kindes in dringlichen Fällen** beschränkt, in denen nicht gewartet werden kann, bis die Eltern wieder sorgerechtsfähig sind oder – bei längerem Ausfall – dauerhafte Schutzmaßnahmen für das Kind getroffen werden (§§ 1674 Abs 1, 1666 ff, uU mit der Konsequenz einer Vormund- oder Pflegerbestellung).

Eine **entsprechende Regelung** gilt bei Fehlen oder Verhinderung des Vormunds (**§ 1846**), kraft Verweises auch im Pflegschaftsrecht (**§ 1915 Abs 1**) und im Betreuungsrecht (**§ 1908 i Abs 1**).

### 2.   Textgeschichte

**2** Die Vorschrift entspricht § 1665 aF, sie ist durch das GleichberG 1957 (Art 1 Nr 22) neu gefaßt und durch das SorgeRG 1979 sprachlich angepaßt worden. Das KindRG 1998 hat lediglich das früher zuständige VormG durch das FamG ersetzt.

## II.   Voraussetzungen

**3** Die Eltern müssen **an der Ausübung der elterlichen Sorge verhindert** sein, und es muß ein **dringendes, anderweitig nicht abgedecktes Regelungsbedürfnis** bestehen. Die Verhinderung kann entweder insgesamt oder für einen Teilbereich – möglicherweise auch nur für eine einzelne Sorgemaßnahme bestehen (KG JFG 12, 96; KG DFG 1943, 39; MünchKomm/Hinz Rn 2; BGB-RGRK/Adelmann Rn 3). Die elterliche Sorge muß für diesen Bereich **ersatzlos** ausgefallen sein, die Verhinderung muß also bei beiden Eltern oder beim alleinsorgeberechtigten Elternteil bestehen. § 1693 verleiht keine gerichtliche Handlungsbefugnis, wenn bei Ausfall eines Elternteils der andere das Sorgerecht allein wahrnimmt (§§ 1678 Abs 1, 1680 Abs 1, 3; 1681 Abs 1; anders bei § 1629 Abs 2 S 1: Die Verhinderung eines Elternteils disqualifiziert hier nach hM auch den anderen, Staudinger/Peschel-Gutzeit[12] § 1629 Rn 315). Trotz Verhinderung fehlt es an einem dringenden Regelungsbedürfnis, wenn die Eltern für den Verhinderungsfall hinreichend Vorsorge getroffen haben, zB durch rechtsgeschäftliche Bevollmächtigung oder Einsetzung einer Betreuungsperson. Ausnahmsweise können in diesem Fall dennoch gerichtliche Maßnahmen nach § 1693 notwendig werden, wenn die Vorsorgemaßnahme nicht ausreicht oder die Hilfsperson ihrerseits ausfällt oder nicht im Elternsinne tätig wird (MünchKomm/Hinz Rn 2; BGB-RGRK/Adelmann Rn 3). § 1693 ist weiterhin nicht anwendbar, wenn die verhinderten Eltern die sachgerechten rechtlichen Schritte eingeleitet haben, um ihre Verhinderung zu überbrücken, zB die Bestellung eines Ergänzungspflegers beantragt haben: Hier ist vom VormG nach § 1909 zu entscheiden, nicht vom FamG gem § 1693 für das Kind zu handeln (OLG Karlsruhe FamRZ 2000, 568; KG v 25.9.1998 – Az 28 AR 79/98; Bestelmeyer FamRZ 2000, 1068 ff; Bienwald FamRZ 2000, 1602; Coester FamRZ 2000, 439 f; Klüsener RPfl 1998, 221, 230; Niepmann MDR 2000, 613, 619; Zorn FamRZ 2000, 719; **aM** OLG Stuttgart FamRZ 1999, 1601; BayObLG FamRZ 2000, 568 und 1111; OLG Zweibrücken FamRZ 2000, 243; Wesche RPfl 2000, 145; zum alten Recht vgl OLG Frankfurt/M FamRZ 1993, 228; Oelkers/Kasten FamRZ 1993, 18, 21).

Die **Art der elterlichen Verhinderung** ist gleichgültig, es kommen **tatsächliche** (§ 1678 **4** Abs 1) oder **rechtliche Verhinderungen** in Betracht (§§ 1673, 1674, 1629 Abs 2 S 1). Auch die **Dauer der Verhinderung** ist unerheblich – es genügt, wenn gerade im Verhinderungszeitraum Sorgemaßnahmen notwendig werden, die nicht ohne Nachteil für das Kind aufgeschoben werden können (vgl MünchKomm/Hinz Rn 2; BGB-RGRK/Adelmann Rn 3). Insbes können Maßnahmen nach § 1693 dazu dienen, eine längere Verfahrensdauer bei der Feststellung der Tatbestände der §§ 1673, 1674 oder auch des § 1666 und der gerichtlichen Anordnung von Vormundschaft oder Pflegschaft zu überbrücken (vgl § 1674 Rn 21). An die **Feststellung der Verhinderung** iSd § 1693 sind dabei nicht die gleichen Anforderungen zu stellen wie bei § 1674 Abs 1, sonst liefe die Schutzfunktion des § 1693 leer: Es **genügt hinreichender Anlaß zu der Annahme, daß die Eltern verhindert sind** (KG FamRZ 1962, 200; vgl BayObLGZ 1961, 243, 249; BayObLG FamRZ 1979, 71, 73; MünchKomm/Hinz Rn 3; **aA** Palandt/Diederichsen Rn 1; BGB-RGRK/Adelmann Rn 6). Behaupten und beanspruchen jedoch zB geistig oder auf Grund äußerlicher Umstände behinderte Eltern ihre Sorgerechtsfähigkeit, so ist Zurückhaltung geboten – § 1693 ist kein bequemes Mittel zur Umgehung tatbestandlicher Eingriffsvoraussetzungen in anderen Vorschriften (insoweit noch bedeutsam OLG Stuttgart RJA 11, 8 f; vgl noch Rn 5).

**Kein Anwendungsfall des § 1693** ist gegeben, **wenn grundsätzlich handlungsfähige El- 5 tern ihrer Sorgerechtsverantwortung nicht nachkommen** – hier liegt Vernachlässigung oder sonstiges elterliches Versagen vor, dem ausschließlich gem §§ 1666 ff zu begegnen ist (möglicherweise auch durch vorläufige Anordnung). Dies gilt auch, wenn die grundsätzlich sorgerechtsfähigen Eltern Maßnahmen treffen, die das Gericht für sachlich ungeeignet hält – nicht eine Verhinderung an der „richtigen" Entscheidung, sondern an Sorgerechtsmaßnahmen schlechthin erfüllt den Tatbestand des § 1693 (KG DFG 1943, 39, 40 [angeblich unsachgemäße Weisungen des im Felde stehenden Vaters]; vgl MünchKomm/Hinz Rn 2; BGB-RGRK/Adelmann Rn 4).

## III. Erforderliche Maßregeln

Aus dem Normzweck (Rn 1) folgt, daß die vom Gericht zu treffenden Maßregeln **nur 6 zur einstweiligen Erledigung eines unaufschiebbaren Regelungsbedürfnisses dienen dürfen** – weitergehende Vorgriffe auf endgültige Regelungen sind unzulässig (KG

JFG 14, 204, 206 f; PALANDT/DIEDERICHSEN Rn 2 [„nur das unbedingt Erforderliche"]). Damit ist eine volle Erledigung einer Sachfrage nicht ausgeschlossen (offenbar anders Münch-Komm/HINZ Rn 4), maßgebliches Kriterium ist allein die Unaufschiebbarkeit.

**7** Die Maßnahmen stehen im übrigen im **pflichtgemäßen Ermessen** des Gerichts, sie können tatsächlicher oder rechtlicher Art sein. Das Gericht kann die Fürsorge durch Dritte sicherstellen (Pfleger, Prozeßvertreter), aber auch unmittelbar selbst für das Kind handeln in Vertretung des Kindes oder durch Maßnahmen tatsächlicher Fürsorge, zB Unterbringung (OLG Schleswig SchlHAnz1955, 226; vgl BayObLG FamRZ 1979, 71, 73). Zur **Änderung** von Maßnahmen nach § 1693 s § 1696 Rn 26.

### IV. Zuständigkeit und Verfahren

**8** Neben der allgemeinen Zuständigkeit aus §§ 43, 36 FGG besteht die besondere Fürsorgezuständigkeit gem **§ 44 FGG**. Innerhalb des Gerichts entscheiden Richter oder Rechtspfleger, je nach Art der zu treffenden Maßnahme (§§ 3 Nr 2 a, 14 RPflG). Beschwerdebefugnisse folgen aus § 20 Abs 1 FGG für die Eltern, § 59 FGG für das mindestens 14jährige Kind und § 57 Abs 1 Nr 8 FGG für Verwandte und Verschwägerte des Kindes. Zur Erhebung von Gebühren s §§ 95 Abs 1 S 1 Nr 2, 96 KostO.

**9** Internationalprivatrechtlich sind Maßnahmen nach § 1693 als Schutzmaßnahmen iSd Haager MSA einzustufen (s STAUDINGER/KROPHOLLER [1994] Vorbem 65 zu Art 19 EGBGB). Maßnahmen deutscher FamG nach § 1693 können deshalb für alle Kinder mit gewöhnlichem Aufenthalt in Deutschland getroffen werden, darüber hinausgehend genügt sogar – da § 1693 Dringlichkeit der Maßnahme voraussetzt – schlichter Aufenthalt des Kindes im Inland (Art 9 MSA).

### § 1694

(Die Vorschrift betraf die Anzeigepflicht des Jugendamts gegenüber dem VormG, sie ist durch Art 1 Nr 35 SorgeRG 1979 aufgehoben worden; vgl jetzt § 50 Abs 3 KJHG.)

### § 1695

(Die Vorschrift betraf die persönliche Anhörung von Eltern und Kind durch das VormG, sie ist gleichzeitig mit der Neuregelung dieser Thematik in §§ 50 a, 50 b FGG durch Art 1 Nr 36 SorgeRG 1979 aufgehoben worden.)

### § 1696

**[1] Das Vormundschaftsgericht und das Familiengericht haben ihre Anordnungen zu ändern, wenn dies aus triftigen, das Wohl des Kindes nachhaltig berührenden Gründen angezeigt ist.**

**[2] Maßnahmen nach den §§ 1666 bis 1667 sind aufzuheben, wenn eine Gefahr für das Wohl des Kindes nicht mehr besteht.**

**[3] Länger dauernde Maßnahmen nach den §§ 1666 bis 1667 hat das Gericht in angemessenen Zeitabständen zu überprüfen.**

**Materialien:** E I § 1551 S 1; II § 1562; III § 1648.
GleichberG Art 1 Nr 22; EheRG Art 1 Nr 33;
SorgeRG Art 1 Nr 37; KindRG Art 1 Nr 25.
STAUDINGER/BGB-Synopse 1896–2000 § 1696.

**Schrifttum:**

COESTER, Neues Kindschaftsrecht in Deutschland, DEuFamR 1999, 3
EHRING, Die Abänderung der Sorgerechtsentscheidung und die Wünsche des Kindes (1996)
EWERS, Nachdenken über § 1696 BGB, neu?, FamRZ 1999, 477 ff

HUBER, Die elterliche Sorge zwischen Veränderung und Kontinuität, FamRZ 1999, 1625.
Siehe im übrigen die Schrifttumsangaben zu § 1671.

**Systematische Übersicht**

Michael Coester

**Alphabetische Übersicht**

## I.  Allgemeines

### 1.  Norminhalt und -konzeption

Die Vorschrift betrifft die Änderung oder Aufhebung gerichtlicher Entscheidungen. **1** Der frühere Bezug des Normtextes auf die „elterliche Sorge" ist mit dem KindRG 1998 weggefallen; aus der gesetzessystematischen Stellung des § 1696 am Ende des 5. Titels: „Elterliche Sorge" (§§ 1626–1698 b) ergibt sich jedoch, daß unmittelbar nur die Änderung von „Anordnungen" im Rahmen dieses Titels, also Sorge- und Umgangsrechtsentscheidungen zur Normthematik gehören (BT-Drucks 13/4899, 109; eine analoge Anwendung in anderen Bereichen ist nicht grundsätzlich ausgeschlossen, vgl Erl zu § 1617 sowie unten Rn 28). Solche Entscheidungen regeln nicht abgeschlossene Vorgänge, sondern sind zukunftsgerichtete Ordnung des Eltern-Kind-Verhältnisses nach Maßgabe des Kindeswohls. Deshalb erwachsen sie **nicht in materielle Rechtskraft** (BGH NJW-RR 1986, 1130; OLG Frankfurt FamRZ 1987, 394), sondern sind abänderbar, wenn sich in der Folgezeit erweist, daß die getroffene Anordnung (auch eine frühere Änderungsentscheidung) nicht oder nicht mehr den Kindesinteressen entspricht. Die aus der Wahrung des Kindeswohls legitimierte Regelungsbefugnis bei der Erstentscheidung prägt damit auch die Anpassungsbefugnis im Wandel der Zeit.

Diese allgemeine Rechtfertigung der Abänderbarkeit gerichtlicher Entscheidungen ist **2** jedoch zu pauschal; sie verdeckt, daß der Vorschrift des § 1696 **zwei ganz unterschiedliche Ansätze** zugrunde liegen, die sich auch in unterschiedlichen Änderungsmaßstäben dokumentieren: **Abs 1** betrifft gerichtliche Entscheidungen von **Regelungsfragen** auf Elternebene (Abgrenzung und Verteilung von Sorge- oder Umgangskompetenzen) – die Änderung zielt auf positive Anpassung der Kompetenzverhältnisse an die Kindesbedürfnisse. **Abs 2, 3** setzen **gerichtliche Eingriffe in Elternrechte zum Schutze des Kindes** voraus und regeln die **Beendigung solcher Maßnahmen**. Dies ist im folgenden zu vertiefen:

**3** Kindesschutzrechtlich begründete Eingriffe in das elterliche Sorge- oder Umgangsrecht sind strikt dem Grundsatz der Erforderlichkeit und Verhältnismäßigkeit unterworfen (Staudinger/Coester [2000] § 1666 Rn 181, 195; § 1666 a Rn 9 ff). Eingriffs- und Bestandslegitimation gehen dabei Hand in Hand: Mit dem Wegfall der Erforderlichkeit ist die elternrechtsbeschränkende Maßnahme im Hinblick auf Art 6 Abs 2 S 1 GG zwingend aufzuheben (näher Rn 97 ff). Der Gesetzgeber des SorgeRG 1979 hatte gemeint, diese sich schon aus den §§ 1666 ff ergebenden Grundsätze in § 1696 Abs 2, 3 positivieren zu müssen; um mehr als eine deklaratorische Verdeutlichung handelt es sich bei diesen Vorschriften jedoch nicht. **Verfehlt** wäre es hingegen, **Abs 2, 3 als konkretisierende Ausprägung von Abs 1** anzusehen: Der Gefahrwegfall entzieht per se der Eingriffsentscheidung die Bestandsgrundlage – ihn als „triftigen Grund" für eine Änderung iS von Abs 1 zu begreifen, wäre ein irreführender Umweg.

**4** Bei **gerichtlichen Kompetenzregelungen zwischen den Eltern** ist die Regelungsdauer nicht gleichermaßen zwingend vorgezeichnet. Insoweit ergänzt Abs 1 alle Tatbestände, in denen den Gerichten Regelungsbefugnisse in Sorge- oder Umgangsfragen eröffnet werden, um das Element der zeitlichen Dauer und unterwirft sie hinsichtlich ihrer Bestandskraft bzw Abänderbarkeit einem einheitlichen Maßstab. Dieser erlaubt ändernde Eingriffe in ein zuvor schon gerichtlich geordnetes Eltern-Kind-Verhältnis deutlich früher, als dies bei gesetzlich begründetem Sorgerecht zulässig wäre: „triftige Gründe" des Kindeswohls statt „Kindesgefährdung" (§ 1666 Abs 1). Das ist rechtspolitisch und verfassungsrechtlich durchaus **problematisch**:

Der gesetzlich oder durch Elternantrag zur Erstentscheidung berufene Staat zieht sich danach nicht mehr hinter die allgemeine Demarkationslinie zwischen elterlicher und staatlicher Verantwortung zurück, sondern verharrt (als „parens patriae") auf vorverlagertem Kontrollposten – die erstmalige Gerichtsbefassung mit der Familie unterwirft diese fortdauernder intensivierter sorgerechtlicher Überwachung (krit insbes Simitis, in: FS Müller-Freienfels [1986] 579 ff, 613: Aus dem „Wächteramt" des Staates werde ein „Kontrollamt"). Dies könnte nur aus einer Art „Garantiehaftung des Staates für vorausgegangenes Tun" (= gerichtliche Sorgerechtsentscheidung) erklärt werden (zur Vorstellung einer continuing jurisdiction der Gerichte nach Erstregelung in den USA vgl Coester, Kindeswohl 120 mwN). Aus Kindessicht befremdet es jedoch zunächst, wenn die Schutzstandards für ein Kind unterschiedlich sind je nachdem, ob beispielsweise das gemeinsame Sorgerecht der Eltern bzw die Alleinsorge eines Elternteils auf Gesetz (bzw Sorgeerklärung) beruht oder auf gerichtlicher Übertragung (zum Versuch einer Rechtfertigung aus dem Kindeswohl s unten Rn 43 ff).

Daß § 1696 auch aus dem umgekehrten Blickwinkel der Elternautonomie nicht durchdacht ist, zeigt sich im weiteren daran, daß elterlicher Einigkeit – anders als bei den Erstentscheidungen nach §§ 1671, 1672 – im Normtext nicht der geringste Stellenwert eingeräumt ist (dazu näher Rn 60 ff). Vorschlägen, die ändernde Anpassung der Sorgerechtsverhältnisse in erster Linie der autonomen Selbstregelung durch die Eltern zu überantworten (vgl Coester FamRZ 1996, 1181, 1186 f; ders DEuFamR 1999, 3, 13), ist der Gesetzgeber nicht gefolgt.

Schließlich ist die Änderungsschwelle des § 1696 Abs 1 rechtssystematisch und rechtspolitisch nicht abgestimmt weder mit konkurrierenden Spezialregelungen (insbes §§ 1671, 1672 Abs 2) noch auf die höchst unterschiedlichen Fallkonstellationen, für die sie gelten soll (zu § 1678 s Rn 22, 93; zu § 1680 Abs 3 s Rn 24, 94; zu § 1684 s Rn 95 f).

## 2.     Verfahrensrechtliche Bedeutung

§ 1696 begründet eine **materiellrechtliche Änderungsbefugnis** (BayObLG DAVorm 1984,   **5** 1048, 1054; KG FamRZ 1983, 1055, 1056; zur formellrechtlichen Korrektur gem § 18 FGG s Rn 7). Das Änderungsverfahren nach dieser Vorschrift ist nicht nur Fortsetzung oder erneute Aufrollung des Erstverfahrens, sondern ein neues, **selbständiges Verfahren** mit neuem Sachverhalt und eigenständigen Entscheidungskriterien (BGHZ 21, 306, 315; BGH FamRZ 1990, 1101; BayObLG DAVorm 1982, 611, 613; OLG Bamberg FamRZ 1998, 1130; zu Konsequenzen für die Zuständigkeit s Rn 110 f). Solange gegen die Erstentscheidung Rechtsmittel zulässig sind, haben diese Vorrang vor einer Änderung nach § 1696 (PALANDT/DIEDERICHSEN Rn 5; vgl OLG Zweibrücken FamRZ 1997, 45, 46).

Obwohl Abs 1 nach wie vor als Adressaten der Änderungspflicht das VormG und das FamG nennt, ist durch § 1696 nahezu ausschließlich das **FamG** angesprochen. Nach der Neuabgrenzung der Zuständigkeiten durch das KindRG 1998 ist für das VormG kaum noch ein Anwendungsbereich verblieben (näher Rn 28, 11).

## 3.     Gesetzesgeschichte

Die Änderungsthematik war ursprünglich in § 1671 aF untergebracht (später § 74   **6** Abs 6 EheG 1946) und erst durch das GleichberG hierhergesetzt worden (§ 1696 ursprünglicher Fassung regelte die elterliche Gewalt der minderjährigen Mutter). Das erste EheRG erstreckte die Vorschrift auf familiengerichtliche Entscheidungen, während das SorgeRG mit Hinzufügung von Abs 2, 3 den Besonderheiten kindesschutzrechtlicher Eingriffe Rechnung trug. Das KindRG 1998 schließlich hat die Änderungsschwelle in Abs 1 verdeutlicht (s Rn 42 ff), die Verweise auf § 1671 Abs 5 aF in Abs 2, 3 sind mit dieser Vorschrift weggefallen. Diese nur marginalen Änderungen des § 1696 durch das KindRG 1998 dürfen nicht darüber hinwegtäuschen, daß die **Vorschrift im Rahmen des neuen Kindschaftsrechts einen zT erheblichen Funktionswandel erfahren hat.**

## II.     Anwendungsfälle und Abgrenzung zu anderen Vorschriften

## 1.     § 18 Abs 1 FGG

§ 18 Abs 1 FGG ermöglicht dem Gericht, noch im Rahmen des Erstverfahrens un-   **7** richtige Entscheidungen zu korrigieren – im Hinblick auf den rechtsfürsorgerischen Charakter der freiwilligen Gerichtsbarkeit wird das Gericht von der Bindung an eigene Entscheidungen (vgl § 318 ZPO) freigestellt (BayObLG FamRZ 1971, 467, 471 f). Obwohl auch familiengerichtliche Entscheidungen dem Verfahren der freiwilligen Gerichtsbarkeit unterliegen (§ 621 a Abs 1 S 1 ZPO), hat sich die – früher vieldiskutierte – Abgrenzungsproblematik zu § 1696 praktisch erledigt: Die formellrechtliche Änderungsmöglichkeit nach § 18 Abs 1 FGG ist gem § 18 Abs 2 FGG ausgeschlossen, wenn die Entscheidung der sofortigen Beschwerde unterliegt; dem wird – direkt oder analog – die befristete Beschwerde gleichgestellt. Familiengerichtliche Entscheidungen unterliegen jedoch nach § 621 a Abs 1, 621 e Abs 1 und 3, 516 ZPO der befristeten Beschwerde, so daß für sie eine Abänderung nach § 18 Abs 1 FGG nicht in Betracht kommt (BGH FamRZ 1982, 687; MünchKomm/HINZ Rn 1; U SCHÄFER, Abänderbarkeit und Rechtskraft im Verfahren der freiwilligen Gerichtsbarkeit [1992] 23 f). Nachdem das FamG das VormG in den für § 1696 relevanten Kindschaftssachen fast völlig verdrängt hat (Rn 28), ist dem Abgrenzungsstreit fortan die Basis entzogen (vgl SCHÄFER 24 schon vor dem KindRG 1998: „... eher als theoretisches denn als praktisches Problem erhalten geblieben").

## 2. § 1626 a Abs 1 Nr 2

**8** Die Heirat von Eltern, die bei der Geburt des Kindes nicht miteinander verheiratet waren, führt nach § 1626 a Abs 1 Nr 2 ex lege zu gemeinsamem Sorgerecht der Eltern. Die Vorbehaltlosigkeit dieser Regelung und ihre Nichterwähnung in § 1626 b Abs 3 erlauben den Schluß, daß sie auch dann gelten soll, wenn das vor der Heirat bestehende Alleinsorgerecht eines Elternteils nicht auf Gesetz (§ 1626 a Abs 2), sondern auf Gerichtsentscheidung beruht (§§ 1672 Abs 1; 1672 Abs 2 S 2 mit 1696; 1671 [wenn gemeinsames Sorgerecht kraft Sorgeerklärung, § 1626 a Abs 1 Nr 1, später in Alleinsorge eines Elternteils umgewandelt worden war]). Der gesetzliche Erwerb des gemeinsamen Sorgerechts durch Heirat gem § 1626 a Abs 1 Nr 2 **verdrängt deshalb die Notwendigkeit einer Änderungsentscheidung nach § 1696 Abs 1** (PALANDT/DIEDERICHSEN § 1626 a Rn 11, § 1626 b Rn 8; EWERS FamRZ 1999, 477, 478; offenbar auch BT-Drucks 13/4899, 94 [zu § 1626 b Abs 3]). Dies gilt nicht nur bei zuvor niemals miteinander verheirateten Eltern, sondern auch bei der Wiederheirat geschiedener Eltern in bezug auf nachehelich geborene gemeinsame Kinder. (War für *in* der Ehe geborene Kinder eine Sorgerechtsentscheidung gem § 1671 ergangen, so ist § 1626 a Abs 1 tatbestandlich nicht anwendbar; die Entscheidung wird vielmehr – entsprechend bisheriger Rechtsauffassung [SOERGEL/STRÄTZ § 1671 Rn 43 mwN] – mit der Wiederheirat ohne weiteres gegenstandslos: Dieses Ergebnis könnte nunmehr auch auf eine analoge Anwendung des § 1626 a Abs 1 Nr 2 gestützt werden.)

## 3. § 1628

**9** Eine richterliche Entscheidungsübertragung nach § 1628 konzentriert die (grundsätzlich gemeinsame) elterliche Sorge für den Konfliktbereich auf den obsiegenden Elternteil (STAUDINGER/PESCHEL-GUTZEIT[12] § 1628 Rn 45). Bei **punktuellen Entscheidungskonflikten** (etwa Vornamens- oder Schulwahl) ist mit der sodann in Alleinkompetenz getroffenen Maßnahme die Übertragungswirkung „verbraucht", Übertragung wie Sachentscheidung sind erledigt. Eine gerichtliche Änderung nach § 1696 kommt deshalb nicht mehr in Betracht (STAUDINGER/PESCHEL-GUTZEIT[12] § 1628 Rn 51; BGB-RGRK/WENZ § 1628 Rn 12; **aA** MünchKomm/HINZ § 1628 Rn 20; SOERGEL/STRÄTZ § 1628 Rn 15). Gerichtliche Eingriffe sind nur unter der Voraussetzung des § 1666 zulässig; strebt der andere Elternteil eine Rückgängigmachung der Sachentscheidung an, kann er erneut einen Antrag nach § 1628 stellen. Dies gilt auch, wenn der obsiegende Elternteil Beschränkungen oder Auflagen des Gerichts (§ 1628 Abs 1 S 2) mißachtet hat (bei Beschränkungen handelte der Elternteil außerhalb seiner Macht, seine Entscheidung ist unwirksam).

Eine Entscheidungsübertragung nach § 1628 ist hingegen gem § 1696 Abs 1 änderbar, **10**
wenn sie sich auf eine **„bestimmte Art von Angelegenheiten"** bezieht, für die über
einen **längeren Zeitraum** Sorgemaßnahmen anfallen (zB Gesundheitsfürsorge, vgl
STAUDINGER/COESTER [2000] § 1671 Rn 55; PALANDT/DIEDERICHSEN § 1628 Rn 6; SCHWAB, FamR
1998, 457, 467 f; gegen eine derartige Übertragungsmöglichkeit bei Durchführung eines zeitlich
ausgedehnten Plans, der immer neue Entscheidungen erfordert [Ausbildungskonzept] STAUDIN-
GER/PESCHEL-GUTZEIT[12] § 1628 Rn 41). Hier kann – dem beschränkten Entscheidungsspektrum des § 1628 entsprechend – die elterliche Zuständigkeit verändert werden
(Alleinkompetenz des anderen Elternteils oder wieder gemeinsames Sorgerecht),
nicht aber in der Sache selbst entschieden werden (Rn 33; vgl STAUDINGER/PESCHEL-GUT-
ZEIT[12] § 1628 Rn 41 f). Eines erneuten Elternantrags bedarf es hingegen nicht (dazu
Rn 41).

### 4.    § 2 Abs 3 RelKEG

Auch der Elternstreit um einen Religionswechsel des Kindes unterfiele § 1628, wenn **11**
es nicht die Sonderregelung des § 2 Abs 3 RelKEG gäbe. Zur Streitschlichtung ist
kurioserweise noch das VormG zuständig (vgl BÜTTNER FamRZ 1998, 585, 587; SCHWAB
FamRZ 1998, 345 f). Dennoch kann diese Entscheidungskompetenz die Erwähnung des
VormG in § 1696 Abs 1 nicht rechtfertigen: Es handelt sich um einen punktuellen
Entscheidungskonflikt, der mit seiner Lösung erledigt ist (vgl Rn 9). Die Entscheidung
für oder gegen den Religionswechsel legt die religiöse Erziehung für die Zukunft fest,
staatliche Kompetenzen zur Änderung bestehen nicht (ähnlich STAUDINGER/SALGO[12] Anh
zu § 1631, § 2 RelKEG Rn 19). Neue Elternanträge gem § 2 Abs 3 RelKEG sind dadurch
nicht ausgeschlossen, führen aber nur zu neuen Erstentscheidungen des VormG.

### 5.    § 1632 Abs 1, 3

Ist in einem Sorgerechtsverfahren gem §§ 1671, 1672 einem Elternteil das Sorgerecht **12**
zugewiesen worden, so kann er vom anderen Elternteil die Herausgabe des Kindes
gem § 1632 Abs 1 verlangen. In diesem – selbständigen – Herausgabeverfahren ist
eine erneute, wenngleich eingeschränkte Kindeswohlprüfung geboten. Wird dabei
implizit festgestellt, daß die Änderungsvoraussetzungen des § 1696 Abs 1 vorliegen,
so ist zur Vermeidung mehrfacher Aufenthaltswechsel des Kindes der Herausgabe-
antrag abzulehnen und (von Amts wegen) das Änderungsverfahren einzuleiten (OLG
Düsseldorf FamRZ 1981, 601 f). Aber auch die Herausgabeentscheidung nach § 1632
Abs 3 selbst kann gem § 1696 Abs 1 vom FamG geändert werden.

### 6.    §§ 1666–1667 (Kindesschutzrecht)

Nach § 1666 kann bei Gefährdungen des Kindeswohls in die elterliche Sorge einge- **13**
griffen werden. Änderungen der gerichtlichen Entscheidung fallen ohne weiteres
unter § 1696. Allerdings gilt nicht die allgemeine Änderungsschwelle des Abs 1; an
ihrer Stelle beansprucht der das Kindesschutzrecht beherrschende Grundsatz der
Erforderlichkeit und Verhältnismäßigkeit auch auf der Änderungsebene ausschließliche Geltung (ie Rn 2, 97 ff). Nachdem die Familiengerichte auch für die Erstentscheidung nach § 1666 zuständig geworden sind, ist die frühere Abgrenzungsproblematik zwischen VormG und FamG weggefallen (dazu STAUDINGER/COESTER[12] Rn 6 f).

Auch bei einheitlicher Zuständigkeit des FamG bleibt jedoch der **Normenvorrang des § 1696 Abs 1** zu beachten: Ist das Kindeswohl bei einem kraft Gerichtsentscheidung (mit-)sorgeberechtigten Elternteil gefährdet und kann der Gefährdung durch (Allein-)Übertragung auf den anderen Elternteil nach § 1696 Abs 1 begegnet werden, so ist nach dieser Vorschrift zu verfahren (vgl OLG Karlsruhe DAVorm 1979, 136; LG Arnsberg FamRZ 1998, 960; Palandt/Diederichsen Rn 11). Eine Änderungsentscheidung macht einen Sorgerechtseingriff nach § 1666 (mit Folgeentscheidung nach § 1680 Abs 3) entbehrlich und hat deshalb nach dem Erforderlichkeitsgrundsatz Vorrang (vgl Rn 94 und Staudinger/Coester [2000] § 1666 Rn 27 ff, 31). Sie trägt auch den Kontinuitätsinteressen des Kindes besser Rechnung: Der andere Elternteil ist nicht „Platzhalter" für den entzugsbedingt ausgefallenen Elternteil, sondern vollwertiger, dauerhafter Sorgerechtsinhaber; ein Rückwechsel kann sich im Kindesinteresse nicht nach § 1696 Abs 2, sondern nur nach Abs 1 beurteilen (anders bei Sorgerechtsübertragung auf einen Vormund).

### 7. Weitere kindesschutzrechtliche Entscheidungen

#### a) §§ 1632 Abs 4, 1682

**14** Kindesgefährdung ist auch Voraussetzung für Verbleibensanordnungen nach §§ 1632 Abs 4, 1682. Diese Vorschriften sind in § 1696 Abs 2, 3 nicht erwähnt, sie unterfallen aber auch nicht dem Abs 1: Der in beiden Vorschriften zugrunde liegende Konflikt zwischen sozialer und rechtlich/biologischer Elternschaft fordert eigenständige, problemspezifische Kriterien für die Bestandskraft der Anordnungen, die im Rahmen dieser Vorschriften zu entwickeln sind (vgl Staudinger/Salgo[12] § 1632 Rn 96 ff).

#### b) §§ 1631 b, 1684 Abs 4, 1685 Abs 3, 1687 Abs 2, 1687 a, 1688 Abs 3 S 2, Abs 4, 1796, 1825

**15** In allen genannten Vorschriften geht es um Einschränkungen der Rechtsposition von Eltern, Pflegeeltern oder (bei § 1631 b) des Kindes, die zum Wohle des Kindes „erforderlich" sind. Für Änderungen oder Aufhebungen dieser Entscheidungen im Laufe der Zeit **paßt der Maßstab des Abs 1 nicht**: Die Erforderlichkeit der Maßnahme legitimiert – wie im engeren Kindesschutzrecht die Kindesgefährdung (Rn 2, 13) – nicht nur überhaupt erst den einschränkenden Eingriff, sondern ist auch weitere *Bestandsvoraussetzung*. Es wäre sach- und verfassungswidrig, hier positiv „triftige Gründe" iS von Abs 1 für die Beendigung der Beschränkungen zu fordern. In § 1631 b S 3 ist dies ausdrücklich klargestellt; gleiches muß aber auch für die übrigen Vorschriften gelten, obwohl sie in § 1696 Abs 2, 3 nicht genannt sind. Der Gesetzgeber hat die besondere Fragestellung bei diesen Vorschriften nicht gesehen, sie ist durch **analoge Anwendung des § 1696 Abs 2, 3** zu lösen (vgl noch Rn 28, 99; die Gerichte zitieren zwar als Ausgangsnorm häufig § 1696 Abs 1, argumentieren dann aber in der Sache auf der Basis des Abs 2, vgl BayObLG FamRZ 1992, 97, 98; OLG Düsseldorf FamRZ 1992, 205 f [beide zu Umgangsbeschränkungen]).

### 8. § 1671

**16** Änderungen von Sorgerechtsentscheidungen nach Trennung/Scheidung der Eltern sind der **klassische und wichtigste Anwendungsfall** des § 1696 Abs 1 (Erstentscheidungen können auch auf § 1671 aF oder § 75 FGB beruhen, vgl AG Erfurt FamRZ 1995, 54, 55). Die durch das KindRG 1998 geänderte Konzeption des § 1671 hat jedoch zu erheblichen, vom Gesetzgeber nicht oder nicht befriedigend gelösten Zweifelsfragen für die Anwendung des § 1696 geführt:

(1) Kann nach Anordnung elterlicher Alleinsorge gem § 1671 durch Änderungsentscheidung nach § 1696 Abs 1 wieder gemeinsames Sorgerecht hergestellt werden? (dazu unten Rn 34 f, 64 ff).

(2) Welche Bedeutung kommt der Antragsbindung gem § 1671 Abs 1, 2 auf der Änderungsebene zu? (dazu Rn 37).

(3) Beruht das gemeinsame Sorgerecht der Eltern auf Gerichtsentscheidung (zB nach §§ 1672 Abs 2 oder 1696) und soll in Alleinsorge eines Elternteils geändert werden – ist dann nach § 1696 oder nach § 1671 zu verfahren? Beide Normen sind vom Tatbestand her einschlägig, enthalten aber völlig verschiedene Maßstäbe. Zur Auflösung des Normenkonflikts könnte man § 1696 Abs 1 als die Spezialnorm für Änderungsentscheidungen für vorrangig halten (so tendenziell – mit Einschränkungen – Schwab FamRZ 1998, 457, 471 f); man könnte § 1696 anwenden, aber die Kriterien des § 1671 in Abs 1 „hineinlesen" (so PraxisHdBFamR/Fröhlich Rn E 213); man könnte aber auch **§ 1671 als die Spezialnorm für die richterliche Beendigung der gemeinsamen Sorge** ansehen, so daß insoweit § 1696 verdrängt wäre (nicht nachvollziehbar Ewers FamRZ 1999, 477, 480, der offenbar eine Änderung für gänzlich ausgeschlossen hält). Die letzte Auffassung ist bereits begründet worden (Staudinger/Coester [2000] § 1671 Rn 27–29), an ihr ist auch hier festzuhalten. Es wäre ein unerträglicher Wertungswiderspruch, wenn (zB) kraft Sorgeerklärung gemeinsam sorgeberechtigte Eltern dem Gericht die begehrte Alleinsorge nach § 1671 Abs 2 Nr 1 bindend vorzeichnen könnten oder nach Nr 2 die Entscheidung in offener Abwägung zwischen gemeinsamem Sorgerecht und beantragter Alleinsorge zu finden wäre, während für gemeinsam sorgeberechtigte Eltern nach Gerichtsbeschluß gem § 1672 Abs 2 im Rahmen des § 1696 Abs 1 von Amts wegen „triftige, das Kindeswohl nachhaltig berührende Gründe" für die Alleinsorge gefunden werden müßten.

Im übrigen bleibt für **§ 1696 Abs 1** aber auch bei Erstentscheidungen nach § 1671 **ein** 17 **weites Anwendungsfeld**: Wechsel der Alleinsorge zwischen den Eltern, Änderung von Sorgerechtsaufteilungen, Übergang zum gemeinsamen Sorgerecht (zu den inhaltlichen Maßstäben Rn 60 ff).

## 9. § 1672

Erstentscheidungen nach § 1672 Abs 1 (Sorgewechsel zum Vater) unterliegen grund- 18 sätzlich der Änderung nach § 1696 Abs 1 (ohne mütterliche Zustimmung ist ein Wechsel zum Vater nur unter den Voraussetzungen des § 1666 zulässig; war die Mutter kraft Gerichtsentscheidung alleinsorgeberechtigt, gilt für den Wechsel zum Vater von vornherein § 1696 Abs 1 – dazu Staudinger/Coester [2000] § 1672 Rn 5, 10). Jedoch ist sorgfältig nach der Art der Änderung zu differenzieren:

(1) Der Wechsel von der gem § 1672 gerichtlich angeordneten Alleinsorge des Vaters (Abs 2 S 1) oder der Mutter (Abs 2 S 2) **in gemeinsames Sorgerecht der Eltern** wäre eigentlich ein klassischer Anwendungsfall des § 1696 Abs 1. In Verkennung dieser Vorschrift (Rn 34) meinten jedoch die Gesetzesverfasser, die **Sonderregelung des**

**§ 1672 Abs 2 S 1** schaffen zu müssen (STAUDINGER/COESTER [2000] § 1672 Rn 18 f); diese verdrängt deshalb § 1696 Abs 1.

**19** (2) Wollen die gemäß Beschluß nach § 1672 Abs 2 gemeinsam sorgeberechtigten Eltern **wieder zur Alleinsorge eines Elternteils wechseln**, ist nicht § 1696 Abs 1, sondern **§ 1671** als Spezialregelung maßgeblich (Rn 16); wollen sie **danach wiederum gemeinsames Sorgerecht**, so ist nicht § 1672 Abs 2 S 1, sondern **§ 1696 Abs 1** anwendbar.

**20** (3) Ein **Rückwechsel von väterlicher zu mütterlicher Alleinsorge** ist ohne weiteres nach **§ 1696 Abs 1** zu beurteilen, obwohl § 1672 Abs 2 S 2 mißverständlich von „Aufhebung" der Erstentscheidung gem § 1672 Abs 1 spricht (BT-Drucks 13/4899, 101). Insbes kann aus dieser Formulierung nicht der Schluß gezogen werden, der qualifizierte Muttervorrang gem §§ 1626 a Abs 2, 1672 Abs 1 gelte fort auch als *Bestandsvoraussetzung* der gerichtlich angeordneten väterlichen Sorge: Demnach wäre das Sorgerecht an die Mutter zurückzuübertragen, wenn sich die Vatersorge nicht mehr als überlegen erweise (so EWERS FamRZ 1999, 477, 478). Diese Sicht verkennt die grundsätzliche Gleichwertigkeit beider Elternteile; die für eine Änderung allein maßgeblichen Kindesinteressen werden in § 1696 Abs 1 konkretisiert (Einzelheiten Rn 91 f).

**21** (4) Soll danach **wieder der Vater** das Sorgerecht erlangen, so könnte neben § 1696 Abs 1 auch an § 1672 Abs 1 als Entscheidungsgrundlage gedacht werden. Allerdings beruht die mütterliche Sorge in diesem Fall nicht mehr auf § 1626 a Abs 2; auch war der Vater bereits einmal Sorgeinhaber gewesen, so daß das gesteigerte Mißtrauen des Gesetzes gegen „niemals sorgeberechtigte Väter" (dazu STAUDINGER/COESTER [2000] § 1672 Rn 5, 10, 12; § 1678 Rn 18), das sich auch in § 1672 Abs 1 ausdrückt, nicht angebracht ist. Die Änderung ist deshalb nach **§ 1696 Abs 1** zu beurteilen (zum Maßstab der Änderung s Rn 91 f).

### 10.   § 1678 (Elternausfall)

**22** Fällt ein alleinsorgeberechtigter Elternteil tatsächlich oder rechtlich aus, so geht das Sorgerecht nicht automatisch auf den anderen Elternteil über, § 1678 Abs 1 HS 2, vielmehr bedarf es einer gerichtlichen Übertragung (bei gemeinsamem Sorgerecht gilt hingegen § 1678 Abs 1 HS 1). Für den Wechsel von der gesetzlich alleinsorgeberechtigten nichtehelichen Mutter (§ 1626 a Abs 2) zum Vater trifft § 1678 Abs 2 eine Sonderregelung (dazu STAUDINGER/COESTER [2000] § 1678 Rn 12 ff, 20 ff). Beruhte hingegen die Alleinsorge des ausgefallenen Elternteils auf gerichtlicher Entscheidung (die Aufzählung einiger Entscheidungsgrundlagen in § 1678 Abs 1 HS 2 ist nicht abschließend, vgl STAUDINGER/COESTER [2000] § 1672 § 1678 Rn 13, 36), so ist die Frage der Änderung dieser Entscheidung mangels anderweitiger Regelungen in § 1678 nach § 1696 Abs 1 zu beurteilen (BT-Drucks 13/4899, 102). Allerdings wird dessen Maßstab der Situation nicht gerecht, so daß er zu modifizieren ist (näher Rn 93; vgl STAUDINGER/COESTER [2000] § 1678 Rn 15, 35–37).

### 11.   §§ 1680 Abs 2, 1681 (Tod, Todeserklärung)

**23** Überschneidungen mit § 1696 ergeben sich, wenn ein kraft Gerichtsentscheidung sorgeberechtigter Elternteil stirbt oder für tot erklärt wird. Für die Übertragung auf den anderen Elternteil sehen **§§ 1680 Abs 2, 1681 Abs 1** besondere, erleichterte

Maßstäbe vor, die als **lex specialis** § 1696 Abs 1 verdrängen. Dasselbe gilt für die Rückübertragung der elterlichen Sorge auf einen für tot erklärten, aber unerwartet zurückgekehrten Elternteil (§ 1681 Abs 2).

Analog zum physischen Tod ist der **rechtliche Wegfall eines Elternteils** zu beurteilen. Hat ein kraft Gerichtsbeschluß sorgeberechtigter Vater eine Vaterschaft erfolgreich angefochten, so wird die gerichtliche Sorgeentscheidung (anders als das gesetzliche Sorgerecht, vgl VEIT FamRZ 1999, 902, 905, 907) nicht automatisch hinfällig, sondern ist aufzuheben (STAUDINGER/RAUSCHER [1997] § 1593 Rn 58). Für die Übertragung des Sorgerechts auf die Mutter bietet § 1680 Abs 2 S 1 den angemesseneren Maßstab als § 1696 Abs 1 (vgl STAUDINGER/COESTER [2000] § 1680 Rn 3).

## 12.   § 1680 Abs 3 (Sorgerechtsentzug)

Wird einem **kraft Gerichtsbeschluß alleinsorgeberechtigten Elternteil** das Sorgerecht   **24** entzogen (§ 1666), ergeben sich die Folgen für den anderen Elternteil *nicht* aus § 1680 Abs 3 (s STAUDINGER/COESTER [2000] § 1680 Rn 19). Der Gesetzgeber ging vielmehr davon aus, daß insoweit eine Änderungsentscheidung nach § 1696 Abs 1 zu treffen sei (BT-Drucks 13/4899, 103; vgl BayObLG NJW 1999, 293, 297). Wie bei § 1678 (oben Rn 22) paßt aber der Maßstab des § 1696 Abs 1 nicht auf diese Situation, er ist verfassungskonform zu korrigieren (näher Rn 94; vgl STAUDINGER/COESTER [2000] § 1680 Rn 22).

Bei gerichtlich angeordnetem **gemeinsamen Sorgerecht** ist der Kindesgefährdung durch einen Elternteil nicht durch Sorgerechtsentzug nach § 1666, sondern vorrangig durch Sorgerechtsänderung nach § 1696 Abs 1 zu begegnen (Rn 13). Ein Entzug nach § 1666 hätte im übrigen die gesetzliche Alleinsorge des anderen Elternteils gem § 1680 Abs 3 mit Abs 1 zur Folge – diese Konsequenz müßte bei der Entzugsentscheidung mitbedacht werden (vgl STAUDINGER/COESTER [2000] § 1666 Rn 201).

## 13.   §§ 1684 Abs 3, 1685 Abs 3

Umgangsregelungen nach § 1684 Abs 3 unterliegen im besonderen Maße der An-   **25** passungsnotwendigkeit im Laufe der Zeit; hierfür gilt – wenngleich in themenspezifischer Ausprägung (Rn 95 f) – die Änderungsvorschrift des § 1696 Abs 1 (zu §§ 1684 Abs 4, 1685 Abs 3 s Rn 15).

## 14.   § 1693

Obwohl Gerichtshandeln nach § 1693 „erforderlich" sein muß, handelt es sich nicht   **26** um eine kindesschutzrechtliche Regelung iS des § 1696 Abs 2, 3 analog (vgl Rn 15): Das Gericht greift nicht in Rechtspositionen ein, sondern trifft *in loco parentum* sorgerechtliche Maßnahmen (s § 1693 Rn 1). Deren Bestandskraft richtet sich aber auch nicht nach § 1696 Abs 1: Endet die Verhinderung der Eltern, so liegt es in deren uneingeschränkter Kompetenz, die Maßnahmen bestehen zu lassen, abzuändern oder aufzuheben (Grenze nur § 1666). Solange aber die Verhinderung der Eltern andauert, wird weiteres Handeln des Gerichts vom Erforderlichkeitsprinzip des § 1693 gesteuert. Dies betrifft Zusatzmaßnahmen, Änderungen oder Aufhebungen gleichermaßen.

## 15.  § 1697 a

**27**  Diese Auffangvorschrift sichert die Maßgeblichkeit des Kindeswohls für alle kindschaftsrechtlichen Entscheidungen, auch soweit es in der Entscheidungsnorm nicht
genannt ist (näher § 1697 a Rn 3). Mit dem Eingangsvorbehalt: „Soweit nichts anderes
bestimmt ist …" wird jedoch klargestellt, daß spezielle Regelungen nicht berührt
werden sollen. Für Änderungsentscheidungen gilt deshalb die qualifizierte Kindes-
wohlhürde des § 1696 Abs 1 (Rn 54); diese wird nicht durch § 1697 a iS einer freien
Kindeswohlabwägung wieder eingeebnet (verfehlt deshalb Ewers FamRZ 1999, 477, 479; vgl
§ 1697 a Rn 6).

## 16.  Insbesondere: Vormundschaftsgerichtliche Zuständigkeiten

**28**  Im Rahmen des 5. Titels des 2. Abschnitts, auf den sich § 1696 beschränkt (Rn 1) ist
das VormG nur noch nach § 2 Abs 3 RelKEG zur Entscheidung berufen – eine
Änderung nach § 1696 kommt hier jedoch nicht in Betracht (dazu oben Rn 11). Auch
für die weiteren, dem VormG verbliebenen Zuständigkeiten ist § 1696 nicht nur aus
systematischen Gründen weitgehend nicht anwendbar: Im *Betreuungsrecht* ohnehin
nicht, da es dort nicht um Kinder geht. Auch im *Adoptionsrecht* paßt § 1696 nicht, für
den Annahmebeschluß sind überdies die Aufhebungsvorschriften der §§ 1759 ff leges
speciales. Im *Vormundschafts- und Pflegschaftsrecht* schließlich sind für die Änderungen von Bestellungsentscheidungen die §§ 1886 ff leges speciales. Andere Entscheidungskompetenzen haben kindesschutzrechtliche Tendenz (§§ 1796, 1825), für
sie gilt § 1696 Abs 2, 3 entsprechend (Rn 15); für Eingriffe nach §§ 1666, 1666 a ist dies
in § 1837 Abs 4 ausdrücklich klargestellt (der Verweis ist sachbedingt auf §§ 1696
Abs 2, 3 beschränkt). Nur in diesem engen Rahmen erlangt § 1696 auch für das
VormG Bedeutung (vgl BayObLG FuR 1999, 472; **aA** MünchKomm/Finger Rn 1).

## 17.  Einstweilige oder vorläufige Anordnungen

**29**  Einstweilige oder vorläufige Anordnungen fallen **nicht unter § 1696**, diese Vorschrift
betrifft nur Endentscheidungen. Die Änderung einstweiliger oder vorläufiger Maßnahmen richtet sich nach eigenständigen Grundsätzen (vgl § 620 b Abs 1 S 2 ZPO in
direkter oder entsprechender Anwendung). Zu einstweiligen oder vorläufigen Anordnungen *im Rahmen des Änderungsverfahrens* s unten Rn 115.

## 18.  Altrechtliche Entscheidungen

**30**  Erstentscheidungen auf der Grundlage des Rechts vor dem KindRG 1998 sind hinsichtlich ihrer Abänderbarkeit nach § 1696 nF zu beurteilen (näher Luthin FamRZ 1998,
1465; FamRZ 1999, 181; Schwab FamRZ 1998, 457, 471 ff). Das gilt auch für Sorgerechtsentscheidungen nach § 1672 aF (eine Gegenmeinung will nicht § 1696 anwenden, sondern § 1671 nF; zum Streit mN Staudinger/Coester [2000] § 1671 Rn 35; wie dort auch OLG
Braunschweig FamRZ 1999, 1006; Huber FamRZ 1999, 1625, 1630).

## III. Änderung gerichtlicher Entscheidungen nach Abs 1

### 1. Gegenstand der Änderung: Gerichtliche Anordnungen

Die Änderungskompetenz nach Abs 1 setzt eine frühere gerichtliche „Anordnung", **31** dh eine sorge- oder umgangsrechtliche Entscheidung voraus, für deren Fortbestand oder Anpassung der Staat in § 1696 fortdauernde Verantwortung reklamiert (näher Rn 1, 2, 4). Auch eine Änderungsentscheidung nach § 1696 kann erneut nach dieser Vorschrift geändert werden. Hingegen bietet § 1696 weder einen Ansatzpunkt für die gerichtliche Änderung *privater Vereinbarungen* der Eltern (OLG Zweibrücken FamRZ 1997, 217 f) noch für die Änderung *gesetzlicher Sorgerechtsverhältnisse* – etwa des Alleinsorgerechts der Mutter nach § 1626 a Abs 2 oder des fortbestehenden gemeinsamen Sorgerechts getrennt lebender Eltern (vgl § 1671). Dies würde eine durch nichts zu rechtfertigende Vorverlagerung der allgemeinen Demarkationslinie zwischen elterlicher und staatlicher Verantwortung gem § 1666 bedeuten (so auch Schwab FamRZ 1998, 457, 471; Veit FamRZ 1999, 902, 908; Lipp/Wagenitz Rn 1; aA jedoch Büdenbender AcP 197 [1997] 197, 222). Das gemeinsame Sorgerecht getrennt lebender Eltern beruht auch dann noch nicht auf Gerichtsentscheidung, wenn ein Antrag auf Übertragung der Alleinsorge nach § 1671 Abs 1, 2 Nr 2 zurückgewiesen worden ist (aA Palandt/Diederichsen Rn 10).

### 2. Änderungspflicht

Ist eine Änderung der Erstentscheidung aus Gründen des Kindeswohls angezeigt, so **32** „haben" die Gerichte die Änderung vorzunehmen. Im Gegensatz zum alten Normtext („... können ... ändern") hat der Gesetzgeber des KindRG 1998 damit unmißverständlich klargestellt, daß eine **Pflicht zur Änderungsentscheidung** besteht, wenn die (gleichzeitig verdeutlichten) Voraussetzungen des Abs 1 gegeben sind. Der Sache nach galt dies allerdings schon für das bisherige Recht (AG Bruchsal DAVorm 1976, 599; Staudinger/Coester[12] Rn 14 mwN): Wenn der Staat fortdauernde Verantwortung für das gerichtlich gestaltete Kindeswohl übernimmt (Rn 1, 2, 4), unterliegt er auch insoweit ohne weiteres der Verpflichtung auf das Kindeswohl gem Art 6 Abs 2 S 2 GG. Pflicht und Recht zum ändernden Eingriff sind dabei kongruent, es besteht **keine weitergehende, ermessensabhängige Änderungsbefugnis** (Rn 47; mißverständlich MünchKomm/Finger Rn 12).

### 3. Spektrum der Änderungsmöglichkeiten

#### a) Grundsatz

Die Änderung hat die **Gestaltungsgrenzen zu respektieren, die der Vorentscheidung** **33** **gezogen waren** (so zum bisherigen Recht für die Änderung von Sorgerechtsentscheidungen nach § 1671 aF einhellige Meinung, vgl BGH NJW-RR 1986, 1264 f; OLG Düsseldorf ZfJ 1988, 466, 467). Dies gilt grundsätzlich auch für den nach dem KindRG 1998 neu gefaßten Abs 1: So ist beispielsweise das FamG auch bei der Änderung einer Entscheidung nach *§ 1628* darauf beschränkt, die Sachentscheidung einem Elternteil zu übertragen oder die Übertragung abzulehnen bzw aufzuheben – die Sachfrage selbst regeln darf es nicht (vgl Staudinger/Peschel-Gutzeit[12] § 1628 Rn 41). Die Sorgerechtsübertragung auf einen *Pfleger oder Vormund* bei getrennt lebenden Eltern setzt auch im Rahmen des § 1696 Abs 1 eine Kindeswohlgefährdung iS des § 1666 voraus (vgl § 1671 Abs 3; BVerfG

FamRZ 1994, 223, 224 f [auch schon bei vorläufigen Anordnungen]). Für *Aufteilungen des Sorgerechts* zwischen getrennt lebenden Eltern gelten die zu § 1671 entwickelten Kriterien (STAUDINGER/COESTER [2000] § 1671 Rn 250 ff). Für die *Beendigung gemeinsamen Sorgerechts* der Eltern gilt bei richtigem Verständnis sogar § 1671 Abs 1, 2 unmittelbar, nicht erst im Rahmen des § 1696 Abs 1 (oben Rn 16; anders SCHWAB FamRZ 1998, 457, 471). Speziell zur Antragsbindung s Rn 36 ff, zum elterlichen Änderungskonsens Rn 61.

**34** Die fortdauernde Bindung des Änderungsgerichts an Interventionsgrenzen bei der Erstentscheidung darf aber nicht zu dem **Mißverständnis** verleiten, das Änderungsgericht dürfe **nur Gestaltungen anordnen, die auch das Erstgericht hätte anordnen können** (so verbreitet das Verständnis zum bisherigen Recht, vgl STAUDINGER/COESTER[12] Rn 41; dagegen zum neuen Recht COESTER DEuFamR 1999, 3, 13; HUBER FamRZ 1999, 1625, 1626). Vielmehr müssen dem Änderungsgericht auch Gestaltungsmöglichkeiten offenstehen, die sonst von Gesetzes wegen vorgesehen sind. So kann nach § 1696 Abs 1 der *nichtehelichen Mutter* das Alleinsorgrecht übertragen werden, nachdem es zunächst gem § 1672 Abs 1 dem Vater übertragen worden war (Rn 20; **aA** BÜDENBENDER AcP 197 [1997] 197, 213; mißverständlich LIPP FamRZ 1998, 65, 73). Die Mutter hat dann die gleiche Rechtsstellung inne wie ursprünglich nach § 1626 a Abs 2 – nunmehr allerdings aufgrund gerichtlicher Entscheidung (vgl § 1626 b Abs 3). Des weiteren kann nach § 1696 Abs 1 den Eltern das *gemeinsame Sorgerecht* übertragen werden, nachdem zuvor durch Gerichtsentscheidung Alleinsorge eines Elternteils begründet worden war (AG Würzburg FamRZ 1999, 1448; SCHWAB FamRZ 1998, 457, 471; ders DNotZ 1998, 437, 441; COESTER DEuFamR 1999, 3, 13; EWERS FamRZ 1999, 477, 479; P HUBER FamRZ 1999, 1625, 1628 f; MünchKomm/FINGER Rn 12; mißverständlich LIPP/WAGENITZ Rn 1; zum Recht vor 1998 vgl KG FamRZ 1983, 1055 ff; AG Erfurt FamRZ 1995, 54, 55). Die gegenteilige Auffassung der Gesetzesverfasser (BT-Drucks 13/4899, 101; krit dazu BÜDENBENDER 223, 225; anders auch BT-Drucks 13/4878, 94) ist verfehlt (vgl § 1672 Rn 18): Andernfalls wäre der Übergang vom gemeinsamen Sorgerecht zur Alleinsorge nach § 1671 ein Weg ohne Wiederkehr – ein der Gesetzespolitik offensichtlich zuwiderlaufendes Ergebnis. Gemeinsames Sorgerecht kann nach § 1696 Abs 1 nur dann nicht hergestellt werden, wenn bislang Alleinsorge der Mutter nach § 1626 a Abs 2 bestand (LIPP/WAGENITZ Rn 1) – hier scheidet eine Änderungsbefugnis des FamG nach § 1696 schon deshalb aus, weil eine gerichtliche Erstentscheidung fehlt (Rn 31), Eingriffe sind nur nach § 1666 möglich.

**35** Das Änderungsgericht überschreitet in den vorstehenden Fällen mit der Anordnung gemeinsamen Sorgerechts oder der Alleinsorge der Mutter nicht gesetzliche Grenzen; diese Gestaltungen sind – weil ex lege vorgesehen – gar nicht Thema der Vorschriften, die eine Erstentscheidung des FamG (zur Änderung der gesetzlichen Sorgerechtslage) vorsehen (§§ 1671, 1672 Abs 1). **Das Spektrum der Änderungsmöglichkeiten umfaßt grundsätzlich alle rechtlich zulässigen Gestaltungen** (AG Würzburg FamRZ 1999, 1448; SCHWAB FamRZ 1998, 457, 471; HUBER FamRZ 1999, 1625, 1626); es ist insbes auch nicht auf eine „Rückkehr" zur Ausgangsgestaltung beschränkt (so andeutungsweise EWERS FamRZ 1999, 477, 479; dagegen HUBER FamRZ 1999, 1625, 1626).

**b)   Insbesondere: Antrags- und konsensgebundene Erstentscheidungen**

**36** Änderungen kindschaftsrechtlicher Entscheidungen nach § 1696 Abs 1 bedürfen grundsätzlich keines entsprechenden Elternantrags, sondern erfolgen von Amts wegen (Rn 112). Die Betonung einer gerichtlichen Änderungs*pflicht* durch das KindRG 1998 (Rn 32) hat den Offizialcharakter der Vorschrift eher noch verstärkt. Die automatische Verknüpfung gerichtlicher Erstregelungen mit dem Damoklesschwert amtswegiger Änderungen, dh der Eingriffsmöglichkeit in das gerichtlich neu geordnete Eltern-Kind-Verhältnis schon vor der allgemeinen Kindesschutzgrenze des § 1666 ist jedoch schon grundsätzlich problematisch (Rn 4) – eine dogmatische und verfassungsrechtliche Absicherung dieses allgemein vertretenen Ansatzes steht noch aus. Jedenfalls aber bedarf der Offizialansatz des § 1696 Abs 1 einer Korrektur, seit der Gesetzgeber in den §§ 1671, 1672 zum **Antragssystem** übergegangen ist. Beide Ansätze stehen unverbunden in scharfem Kontrast nebeneinander, die Gefahr von Wertungswidersprüchen ist evident. Antragsprinzip und Kindeswohlprinzip bedürfen einer sinnvollen Zuordnung und Abgrenzung (iS „praktischer Konkordanz"). Dies ist am Beispiel der antragsgebundenen Erstentscheidungen nach §§ 1671, 1672 und 1628 darzulegen.

### aa) Sorgerechtsentscheidungen nach § 1671

Einem **konsentierten Elternantrag** hat das FamG nach **§ 1671 Abs 2 Nr 1** zu folgen, **37** eine Kindeswohlprüfung außerhalb des § 1666 findet nicht statt (STAUDINGER/COESTER [2000] § 1671 Rn 65; bei Altentscheidungen nach § 1671 Abs 3 aF bestand eine begrenzte Bindung des FamG, vgl STAUDINGER/COESTER[12] § 1671 Rn 145 ff). Wie man diese Regelung rechtspolitisch auch einschätzt – sie ist eindeutig und kann nicht dadurch unterlaufen werden, daß das FamG seine Bedenken gegen das Elternkonzept als „triftige, das Kindeswohl nachhaltig berührende Gründe" deklariert und die gebundene Erstentscheidung sogleich iS des Gerichts abändert. In Abweichung von § 577 Abs 3 ZPO (iVm § 621 e Abs 3 S 2 ZPO) ermöglicht § 1696 die anpassende Wahrung der Kindesinteressen im Wandel der Verhältnisse und Erkenntnisse (näher Rn 50); die Vorschrift ermöglicht aber *nicht* die Einbringung schon bei der Erstentscheidung bestehender Kindeswohlbedenken, die der Gesetzgeber dort ausdrücklich ausgeschlossen hat. Fraglich kann nur sein, ob *neue Umstände* dem Gericht den ändernden Zugriff auf die (gebundene) Erstentscheidung eröffnen. Das hängt davon ab, welche Bedeutung man der elterlichen Haltung im Änderungsverfahren einräumt (dazu Rn 60 ff): Fortbestehende elterliche Einigkeit iS der Erstentscheidung wird das FamG auch bei neuen Umständen (unterhalb der Schwelle des § 1666) idR nicht durchbrechen können (Rn 62); elterlicher Dissens über die Änderung oder gar ihre Einigkeit zugunsten einer Änderung lassen hingegen die bei der Erstentscheidung gem § 1671 Abs 2 Nr 1 bestehende Bindung obsolet werden (vgl BGH FamRZ 1993, 314, 315 zu § 1671 Abs 3 aF; s Rn 61).

Bei einer Streitentscheidung gem **§ 1671 Abs 2 Nr 2** gelten entsprechende Grund- **38** sätze: Ist der Antrag nach § 1671 Abs 1 gegenständlich beschränkt (Teilantrag) oder hat nur ein Elternteil einen Übertragungsantrag gestellt, so ist dem FamG bei der Erstentscheidung damit ein begrenzter Entscheidungsrahmen vorgegeben – die Übertragung darf die sachlichen und persönlichen Grenzen des Antrags nicht überschreiten (STAUDINGER/COESTER [2000] § 1671 Rn 101). Hält das Gericht eine weitergehende Entscheidung für sachgerecht (Übertragung der gesamten statt der beantragten Teilsorge; Übertragung auf den keinen Antrag stellenden Elternteil), so kann es nicht „für eine juristische Sekunde" (EWERS FamRZ 1999, 477, 479) iS des Antrags entscheiden, dann aber sogleich im eigenen Sinne abändern (aA EWERS aaO). Erst neue, triftige Kindeswohlgründe berechtigen zur Änderung nach § 1696 Abs 1 –

nunmehr *ohne* die Beschränkungen des § 1671. Das muß sich auch der bislang nicht-sorgeberechtigte Elternteil gefallen lassen, er kann sich nicht durch Nichtantragstellung dauerhaft seiner elterlichen Verantwortung gem Art 6 Abs 2 S 1 GG entziehen (OLG Karlsruhe FamRZ 1999, 801, 802; vgl Rn 63).

### bb) Sorgerechtsentscheidungen nach § 1672

**39** Bei der Sorgerechtsübertragung auf den nichtehelichen Vater gem **§ 1672 Abs 1** entbindet der elterliche Konsens das FamG nicht von seiner Verantwortung für das Kindeswohl; da es das Sorgerecht nur übertragen darf, wenn dies dem Kindeswohl dient, muß es auch antragsunabhängig die Entscheidung abändern können, wenn dies vom Kindeswohl iS des § 1696 Abs 1 gefordert wird. Für die Rückübertragung auf die Mutter gilt § 1672 Abs 1 mit seinem Antragserfordernis von vornherein nicht (Rn 20; zum elterlichen Konsens über die Rückänderung s unten Rn 61).

**40** Besonderes ordnet **§ 1672 Abs 2 S 1** allerdings für den Wechsel von der väterlichen oder der mütterlichen Alleinsorge in das gemeinsame Sorgerecht an: Diese Änderungsentscheidung ist nur zulässig bei Antrag eines Elternteils und Zustimmung des anderen. Hier wirkt jedoch nicht ein Antragserfordernis bei der Erstentscheidung auf der Änderungsebene fort (für die Rückübertragung auf die Mutter gem § 1672 Abs 2 S 2 bedurfte es, wie in Rn 39 dargelegt, keines Antrags), sondern die Änderungsentscheidung selbst wird ausnahmsweise an einen Antrag gebunden (dazu noch Rn 91).

### cc) Sorgerechtsentscheidungen nach § 1628

**41** Entscheidungsübertragungen nach § 1628 unterliegen idR nicht der richterlichen Abänderung (Rn 9). Ist dies bei Dauerkompetenzen ausnahmsweise doch einmal der Fall (Rn 10), läßt sich die amtswegige Änderungsbefugnis des FamG nach § 1696 Abs 1 damit begründen, daß die antragsabhängige Alleinzuständigkeit eines Elternteils (gewissermaßen regelwidrig) fortbesteht und sich ständig neu realisiert – damit trägt der Staat eigenständige Verantwortung für das kindgerechte Funktionieren der Erstentscheidung im Laufe der Zeit. Eines erneuten Elternantrags zur Abänderung bedarf es deshalb nicht.

## 4. Änderungsschwelle

**42** Die Änderungspflicht nach Abs 1 wird ausgelöst, wenn „dies aus triftigen, das Wohl des Kindes nachhaltig berührenden Gründen angezeigt ist". Diese Formulierung aus der ständigen Rechtsprechung vor dem KindRG 1998 (vgl BGH NJW-RR 1986, 1130, 1131 mwN) ist nunmehr in das positive Recht übernommen worden; mit ihr soll klargestellt werden, daß sorge- und umgangsrechtliche Entscheidungen, obwohl materieller Rechtskraft nicht fähig (Rn 5), doch nicht beliebig und „jederzeit" (so der bisherige Normtext), sondern erst nach Erreichung einer gewissen Änderungsschwelle abänderbar sind.

### a) Grundsätzliche Rechtfertigung

**43** Auch eine durch Gerichtsentscheidung neu geordnete Familie hat Anspruch auf Schutz und Förderung durch die staatliche Gemeinschaft iS von Art 6 Abs 1 GG (BVerfGE 18, 97, 106), dem oder den kraft Gerichtsentscheidung Sorgeberechtigten kommt grundsätzlich die volle Elternstellung gem Art 6 Abs 2 S 1 GG zu (BGHZ 3, 220, 227; LÜDERITZ FamRZ 1975, 605, 609). Die Staatsintervention aufgrund einer Kon-

fliktlage ist durch Neuordnung des Eltern-Kind-Verhältnisses abgeschlossen, künftige Eingriffe in die rechtlich neugeordnete Familie müßten sich konsequenterweise
nach § 1666 ff richten. Demgemäß ist in der Tat von einigen Autoren gefordert worden, auch die gerichtliche Änderung von Sorge- und Umgangsentscheidungen der
allgemeinen kindesschutzrechtlichen Eingriffsgrenze zu unterwerfen (CUNY, in: Fami-
lienrechtskommission des Juristinnenbundes [Hrsg], Neues elterliches Sorgerecht 175; LÜDERITZ
FamRZ 1975, 605, 609 [de lege ferenda]; SIMITIS, in: FS Müller-Freienfels [1986] 579 ff, 613 ff, 615;
GOLDSTEIN/FREUD/SOLNIT, Jenseits des Kindeswohls [1974] 37 f). Auch in der Praxis wird der
*Eingriffscharakter* der Änderungsentscheidung unter dem Aspekt der Familienauto-
nomie durchaus gesehen (KG FamRZ 1978, 832, 833; OLG Stuttgart NJW 1985, 67; vgl LUTHIN
FamRZ 1981, 391).

Bisherige Praxis und nun auch der Gesetzgeber sind den Forderungen, Kindesschutzgrenze und Änderungsschwelle gleichzuschalten, jedoch nicht gefolgt: Ändernde
Eingriffe in die gerichtlich geordneten Eltern-Kind-Verhältnisse sollen eher zulässig
sein als originäre Eingriffe. Diese Position bedarf im Hinblick auf die verfassungsrechtliche Elternautonomie der Rechtfertigung (vgl schon Rn 4); diese sowie die Änderungsschwelle im einzelnen kann sich nur (wie bei kindschaftsrechtlichen Entscheidungen generell) aus einer Ermittlung und Abwägung der primär maßgeblichen
Kindesinteressen, dem Elternrecht gem Art 6 Abs 2 S 1 GG sowie der staatlichen
Verantwortung für die Kinder gem Art 6 Abs 2 S 2 GG ergeben.

Die **Kindesinteressen** in der Änderungssituation sind ambivalent: **Gegen eine Ände-**  **44**
**rung** sprechen regelmäßig das *Kontinuitätsbedürfnis* des Kindes (vgl STAUDINGER/COE-
STER [2000] § 1671 Rn 246 ff) sowie sein *Interesse an Stabilität der Lebensverhältnisse* (vgl
STAUDINGER/COESTER Rn 203). Bei der Änderungsfrage gewinnt der Stabilitätsaspekt
besonders Gewicht – das Damoklesschwert der amtswegigen Änderbarkeit der
familiären Strukturen macht insbes die Teilfamilie nach Elterntrennung zu einer
„Familie auf Widerruf", schwebende Änderungsverfahren können den sorgeberechtigten Elternteil und das Kind zutiefst verunsichern sowie den kindlichen Entwick-
lungs- und Erziehungsprozeß empfindlich stören (vgl COESTER, Kindeswohl 328 ff mwN).
Eine fehlende oder zu niedrige Änderungsschwelle bedeutet eine Versuchung für den
nichtsorgeberechtigten Elternteil, über sein Umgangsrecht eine fortwährende Kontrolle über den anderen Elternteil und Kind auszuüben und wirkliche oder angebliche Mißstände zur Grundlage immer neuer Änderungsanträge zu machen. Die
Gerichte ihrerseits, derart vom nichtsorgeberechtigten Elternteil in seine Zwecke
eingespannt, sind oft der Versuchung erlegen, die Änderungsmöglichkeit des § 1696
Abs 1 als Disziplinierungsmittel zur Durchsetzung herrschender Sittenstandards zu
benutzen (vgl KG FamRZ 1959, 253, 254; FamRZ 1968, 98, 99 f; OLG Hamm FamRZ 1968, 530,
532), zur Sanktionierung sonst mißbilligten Elternverhaltens (zB Verstöße gegen
Rechtsnormen oder gerichtliche Auflagen, vgl STAUDINGER/COESTER [2000] § 1671
Rn 169) oder zum Schutze des Kindes vor Umsiedlung ins Ausland (dazu unten
Rn 73 ff). Eine derartige Praxis neigt zur Übergewichtung kindesfremder Gesichts-
punkte (als Beispiel auch MünchKomm/HINZ Rn 4 a), degradiert die Autonomie der (Teil-)
Familie von sorgeberechtigtem Elternteil und Kind zu einer solchen minderen Ran-
ges und destabilisiert die Entwicklungsbedingungen des Kindes.

Auf der anderen Seite können im Einzelfall die **Gründe für eine Änderung** so schwer-  **45**
wiegend sein, daß die vorgenannten Bedenken dagegen zurücktreten müssen. Dies

gilt vor allem für die Fallgestaltung, daß das Kind schon seit längerem beim nichtsorgeberechtigten Elternteil lebt (Rn 68 f). Aber auch sonst kann sich – aufgrund von Verschlechterungen auf seiten des sorgeberechtigten oder von Verbesserungen auf seiten des nichtsorgeberechtigten Elternteils – die Plazierung des Kindes beim bislang nichtsorgeberechtigten Elternteil als so überlegen erweisen, daß sich eine Sorgerechtsänderung als vom Kindeswohl geboten darstellt (Rn 84 ff). Schließlich kann auch die nachdrückliche Entscheidung des Kindes für den nichtsorgeberechtigten Elternteil oder für einen sonstigen Wechsel die generellen Bedenken aus dem Kontinuitätsinteresse zurücktreten lassen (Rn 79 ff).

**46** Hieraus folgt im **Ergebnis**, daß *einerseits* zum Schutze des Kindes und der Familienautonomie Änderungen nicht leichthin, sondern nur bei Erreichen einer *gewissen Eingriffsschwelle* zuzulassen sind, daß aber *andererseits* die *Gefährdungsgrenze* des allgemeinen Kindesschutzrechts (§ 1666) *ungeeignet* ist, diese Schwelle zu repräsentieren. Erstens sind die vorerwähnten Wechselinteressen des Kindes situationsspezifisch für getrennt lebende Familien; sie erreichen regelmäßig nicht die Schwelle des § 1666 und blieben demnach fast immer unberücksichtigt. Mit der legitimen Abwehr kindesfremder Änderungsaspekte würden auch wichtige Kindesbelange ausgeblendet. Zweitens bedeutet die Existenz einer weitereIn innerfamiliären Plazierungsalternative bei einem geeigneten betreuungsbereiten Elternteil eben doch einen wesentlichen Unterschied zu der allgemeinen Abgrenzungssituation zwischen Staat und Familie gem Art 6 Abs 2 GG, §§ 1666–1667: Sie ist gewissermaßen das Surrogat für die gescheiterte Elterngemeinsamkeit, die verbliebene besondere Chance für das Kind nach der Belastung und Schädigung durch die Elterntrennung (vgl BVerfGE 31, 1194, 205, 208; 61, 358, 374; FamRZ 1994, 223, 224). Diese Chance besteht darin, nicht bis zur Grenze aktueller Gefährdung Mißstände im Elternhaus erdulden zu müssen (vgl STAUDINGER/COESTER [2000] § 1666 Rn 81), sondern zwischen zwei Elternhäusern schon dann wechseln zu können, wenn das Wohl des Kindes beim anderen Elternteil auf Dauer wesentlich besser gewahrt erscheint oder wenn sich das Kind aufgrund achtenswerter Eigenentscheidung zu einem Wechsel entschlossen hat (Rn 79 ff). Mit dem Kind als Bindeglied bleibt die Gesamtfamilie auch nach Elterntrennung und Scheidung ein psychosozialer Verband, der fortlebt und sich verändert – diesen Realitäten ist im Rahmen des § 1696 Abs 1 Rechnung zu tragen (vgl AG Melsungen FamRZ 1993, 108, 110; COESTER JZ 1992, 809, 814 f; ders FamRZ 1995, 1245, 1248; ders DEuFamR 1999, 3, 8; STAUDINGER/COESTER [2000] § 1666 Rn 86; § 1672 Rn 5, 10).

**47** Zusammenfassend kann festgestellt werden: Die gesetzliche Definition derÄnderungsschwelle in § 1696 Abs 1 trifft trotz ihres formelhaften und generalklauselartigen Charakters im wesentlichen das Richtige, sofern nur ihr Bezugspunkt präsent bleibt und ernst genommen wird: das generelle Bedürfnis jedes Kindes nach Kontinuität und Stabilität seiner Lebens- und Erziehungsbedingungen. Dieses bildet den Maßstab, an dem konkrete Gesichtspunkte für eine Änderung zu messen sind (HUBER FamRZ 1999, 1625; s noch Rn 54). Daraus folgt, daß § 1696 Abs 1 nicht nur festlegt, unter welchen Voraussetzungen geändert werden muß, sondern auch, bis zu welcher Schwelle eine Änderung *nicht* zulässig ist – eine vom Tatbestand des Abs 1 unabhängige Änderungsbefugnis der Gerichte besteht nicht (zur Fragestellung SCHWAB FamRZ 1998, 457, 470 Fn 65; vgl oben Rn 32 aE).

## b) Einzelne Folgerungen
### aa) Grundsatz der Erforderlichkeit und Verhältnismäßigkeit

Ist das Kindeswohl in einer gegebenen Lebenssituation *gefährdet*, so kommt nach **48** einer Entscheidung des BGH (NJW-RR 1986, 1264, 1265) eine Sorgerechtsänderung nur in Betracht, wenn der **Grundsatz der Verhältnismäßigkeit** gewahrt ist, mildere Mittel also ausscheiden. Das Verhältnis dieser Aussage zu den vorerwähnten, auch vom BGH getragenen Grundsätzen zur Änderungsschwelle ist *unklar*. Der Hinweis auf den Grundsatz der Verhältnismäßigkeit verdeutlicht den *Eingriffscharakter* einer Sorgerechtsänderung und erweitert das Entscheidungsspektrum der Gerichte: Bestehen etwa punktuelle, aber schwerwiegende Defizite auf seiten eines im übrigen geeigneten Sorgeberechtigten, sind aber andererseits auch erhebliche Belastungen durch einen potentiellen Wechsel des Kindes zum nichtsorgeberechtigten Elternteil zu befürchten, so beschränkt sich die richterliche Entscheidung nicht auf die Abwägung zweier Übel (Belassung des Kindes beim Sorgeberechtigten oder Änderung) – vielmehr sind alle Möglichkeiten auszuschöpfen, den Eignungsmängeln des Sorgeberechtigten durch (im Verhältnis zur Sorgerechtsänderung) „mildere" Einzelmaßnahmen zu begegnen und so dem Kind seine vertraute Lebenswelt zu erhalten. Damit ist der Gedanke des § 1666 a auch im Rahmen von Änderungsentscheidungen nach § 1696 Abs 1 zu beachten. Die nunmehr einheitliche Zuständigkeit des FamG für beide Vorschriften erleichtert diese Prüfung.

Damit schiebt sich der Grundsatz der Erforderlichkeit und Verhältnismäßigkeit *vor* **49** die allgemeinen Änderungsgrundsätze des § 1696 Abs 1 – **die Suche nach schonenderen Eingriffen ist der Änderungsfrage zwingend vorgeschaltet.** Ob dabei die Eignungsmängel des Sorgeberechtigten als „Kindeswohlgefährdung" qualifiziert werden oder nicht, ist unerheblich (**anders** OLG Köln FuR 1998, 373, 374). Im übrigen **verändert der Grundsatz der Verhältnismäßigkeit jedoch die allgemeine Änderungsschwelle des § 1696 Abs 1 nicht**: Sind mildere Mittel nicht vorhanden oder erweisen sie sich als wirkungslos, sind wie stets bei § 1696 Abs 1 die Änderungsinteressen des Kindes gegen seine Beharrungsinteressen abzuwägen. Überwiegen die Kontinuitätsinteressen, so muß eine Sorgerechtsänderung auch dann ausscheiden, wenn sie das einzig geeignete (und damit „erforderliche") Mittel gegen die Mängel beim Sorgeberechtigten gewesen wäre. Trotz dieser Mängel ist dann eine Änderung im Kindesinteresse nicht angezeigt.

### bb) Neue oder neu zutage getretene Umstände

§ 1696 Abs 1 dient nach den obigen Feststellungen (Rn 44 ff) der Wahrung der Kin- **50** desinteressen im Wandel der Verhältnisse, nicht aber unterwirft die Vorschrift die Bestandskraft kindschaftsrechtlicher Entscheidungen bloßem richterlichen Sinneswandel oder ermöglicht gar die Korrektur gesetzlicher Bindungen, die bei der Erstentscheidung bestanden (Rn 33, 37 f). Deshalb steckt nach allgemeiner Ansicht in den „triftigen Gründen" des Abs 1 auch das Erfordernis, daß **neue Tatsachen** zu einer veränderten Beurteilung Anlaß geben – eine abweichende Beurteilung bei unveränderter Sach- und Rechtslage genügt nicht (BGH FamRZ 1993, 314; OLG Bamberg FamRZ 1990, 1135, 1136; OLG Celle FamRZ 1996, 1559; OLG Karlsruhe FamRZ 1998, 1046; ERMAN/MICHALSKI Rn 3; MünchKomm/HINZ Rn 1, 4; BGB-RGRK/ADELMANN Rn 8; SOERGEL/STRÄTZ Rn 8). § 1696 erlaubt keine beliebige Wiederaufrollung des Erstverfahrens (BT-Drucks 13/4899, 109; OLG Zweibrücken FamRZ 1997, 45, 46; HUBER FamRZ 1999, 1625, 1626).

**51** Allerdings ist das Erfordernis „neuer Umstände" im Interesse optimaler Kindeswohlwahrung **großzügig zu interpretieren** (MünchKomm/HINZ Rn 1): Dazu kann auch
schon der nachdrückliche Änderungswunsch des Kindes gehören (BGH FamRZ 1986,
895, 896; s Rn 59 ff), ein Änderungswunsch der Eltern wegen verschlechterter Partner-
beziehungen (BGH FamRZ 1993, 314, 315) oder nachträgliche Veränderungen des Ge-
setzesrechts oder der höchstrichterlichen Rechtsprechung (KG FamRZ 1983, 1055 f;
FamRZ 1980, 821; MünchKomm/HINZ Rn 6; SOERGEL/STRÄTZ Rn 5) oder ein Wechsel des
anwendbaren Rechts (OLG Zweibrücken FamRZ 1975, 172, 176 [Erstentscheidung nach ägyp-
tischem Recht, Änderungsentscheidung wegen Inkrafttreten des MSA nach deutschem Recht mit
unbeschränkter Kindeswohlabwägung]).

Des weiteren läßt es die hM genügen, wenn Umstände zwar nicht neu eintreten, wohl
aber erst **nachträglich** (dh nach der Erstentscheidung) **bekannt geworden sind**
(BayObLG FamRZ 1976, 38, 39; 1964, 640; 1962, 32, 34; OLG Celle NdsRpfl 1969, 227; OLG
Hamburg FamRZ 1960, 123; OLG Karlsruhe FamRZ 1998, 1064; OLG Stuttgart Justiz 1974, 128,
129). Hierzu können auch psychische Tatsachen gehören: Zeigt sich nach der Erstentscheidung, daß das Gericht die kindlichen Kontinuitätsbedürfnisse oder die Be-
harrlichkeit seines Willens unterschätzt hatte (vgl die Fallgeschichte in BayObLG FamRZ
1974, 150, 326, 534; OLG Hamburg FamRZ 1959, 255 und 1960, 23) oder daß die Erstentscheidung aus anderen Gründen dem Kind eher schadet als nützt, so kann auch
dies als „neuer Umstand" eine Änderungsentscheidung legitimieren (vgl OLG Hamburg FamRZ 1994, 1128).

Über das Erfordernis veränderter oder nachträglich bekannt gewordener Umstände
hinaus besteht **keine Sperr- oder Wartefrist** nach der Erstentscheidung.

**cc) Kindeswohl**

**52** Die Definition der Änderungsschwelle in Abs 1 bezeichnet darüber hinaus das **Kindeswohl** als **maßgebliches Entscheidungskriterium**. In der gesetzlichen Formulierung
sind mehrere Aussagen enthalten:

(1) Das Kindeswohl ist hier wie in anderen Zusammenhängen (STAUDINGER/COESTER
[2000] § 1666 Rn 63; § 1671 Rn 153 ff) sowohl **Eingriffslegitimation** („muß geändert werden?") als auch **Entscheidungsmaßstab** („wie ist zu ändern?").

**53** (2) Das Kindeswohl ist der ausschlaggebende Gesichtspunkt (**Primat des Kindeswohls**) – Elternrecht, Elterninteressen oder Gemeinschaftsinteressen sind nur im
Rahmen des Kindeswohls, nicht aber unabhängig von oder gar gegen die Kindesinteressen zu berücksichtigen (vgl STAUDINGER/COESTER [2000] § 1671 Rn 157 ff).

**54** (3) Innerhalb des Kindeswohls gebührt den **Bestands- oder Kontinuitätsinteressen** des
Kindes **großes Gewicht**. Eine Änderung ist nur dann „angezeigt", dh zulässig und
gerechtfertigt, wenn die **Änderungsinteressen** des Kindes im Einzelfall **deutlich überwiegen**: Es muß aus „triftigen, das Kindeswohl nachhaltig berührenden Gründen"
geboten sein, entgen dem grundsätzlichen Bestandsinteresse des Kindes eine Änderung vorzunehmen (BGH FamRZ 1993, 314, 315; OLG Bamberg FamRZ 1990, 1135, 1136; KG
NJW-RR 1990, 716; OLG Karlsruhe FamRZ 1995, 562, 564; OLG Schleswig FamRZ 1990, 433, 434;
PALANDT/DIEDERICHSEN Rn 21; HUBER FamRZ 1999, 1625; zur Entscheidungspraxis der Gerichte
ausf EHRING 41 ff). Zu einseitig und mißverständlich scheint demgegenüber die Formu-

lierung des OLG Hamm (FamRZ 1999, 394), eine Änderung komme nur dann in Betracht, „wenn die bisherige Regelung das Kindeswohl in erheblicher Weise beeinträchtigen würde". Das *kann* ein Änderungsgrund sein, es sind aber auch andere Konstellationen denkbar – etwa noch genügende Bedingungen beim bisher Sorgeberechtigten, aber deutlich bessere beim anderen Elternteil.

Das Kriterium deutlich überwiegender Änderungsinteressen des Kindes ist der Kern der Änderungsschwelle des Abs 1. Es findet keine offene Neuabwägung der Kindesinteressen statt mit dem Ziel, die für das Kind beste Lösung zu ermitteln; vielmehr enthält Abs 1 bindende Vorgaben für Fragestellung und Gewichtung bei der Abwägung.

Allerdings hat die zu überwindende Änderungsschwelle des Abs 1 nur Bedeutung für das „Ob" einer Änderung, dh die Eingriffslegitimation (Rn 52). Zwar kann schon diese Frage nicht ohne Blick auf die Alternativen zum status quo beantwortet werden, dennoch ist idealtypisch zu unterscheiden: Steht die Änderungsnotwendigkeit fest, so richten sich die zu treffenden Anordnungen unverkürzt nach dem, was für das Kind unter den gegebenen Umständen das Beste ist (deutlich OLG Karlsruhe FamRZ 1995, 562, 564).

(4) Die kindeswohlbezogene Definition der **Änderungsschwelle** des Abs 1 bedeutet **55** aber auch, daß diese vom Gesetz **nicht abstrakt-generell festgelegt** ist: Der Kindeswohlbegriff enthält einen generalklauselartigen Verweis auf den Einzelfall, einen **Auftrag an die Gerichte zur Herstellung von Einzelfallgerechtigkeit** (STAUDINGER/COESTER [2000] § 1666 Rn 64; § 1671 Rn 173). Trotz der tendenziellen Betonung der Bestandsinteressen in Abs 1 verleiht dies der Norm die nötige *Flexibilität*, um auf die Besonderheiten jedes Falles kindgerecht reagieren zu können – die vom Gesetz bezeichnete Änderungshürde ist kein Selbstzweck, sondern nur Konkretisierung generell vermuteten Kindeswohls. Das individuelle Kindeswohl ist aber letztlich maßgeblich und ausschlaggebender Gesichtspunkt. Hieraus können sich erhebliche *Relativierungen der Änderungsschwelle* ergeben, sowohl von den tatsächlichen Verhältnissen her wie auch von der normativen Ausgangslage.

Vom **Tatsächlichen** her können sich Stärke und Gewicht des kindlichen Stabilitäts- **56** interesses ganz unterschiedlich darstellen: Bei Sorgerechtsentscheidungen kann es im Extremfall auf null reduziert sein, zB wenn das Kind schon langjährig beim nichtsorgeberechtigten Elternteil lebt (Rn 68). Im anderen Extremfall, wenn das Kind eine starke, nahezu ausschließliche Bindung an den sorgeberechtigten Elternteil hat, bei dem es seit langem lebt und bei dem es sich gut entwickelt hat, kann sich die Änderungsschwelle der Sache nach der Gefährdungsgrenze des § 1666 annähern (vgl OLG Stuttgart NJW 1985, 67 [Änderung nur, wenn „unumgänglich", „zwingend notwendig"]). Bei umgangsrechtlichen Entscheidungen ist schon von der Sache her größere Flexibilität (also eine niedrigere Änderungsschwelle) geboten als bei sorgerechtlichen Veränderungen (Rn 95 f).

Normative Beeinflussungen der Abwägung nach Abs 1 können sich aus den recht- **57** lichen Strukturen bei der Erstentscheidung ergeben. Wie bereits dargelegt, gelten staatliche Interventionsgrenzen bei der Erstentscheidung auch auf der Änderungsebene (Rn 33); auch die Antragsgebundenheit der Erstentscheidung kann bei Änderungen nicht unbeachtet bleiben (Rn 36). Auch darüber hinaus kann die originäre Entscheidungsnorm „Ausstrahlungswirkung" haben auf die Konkretisierung der Änderungsschwelle nach Abs 1. Dies nicht iS unmittelbarer Verbindlichkeit der Entscheidungsvoraussetzungen der Erstnorm im Rahmen der Änderungsentscheidung (eine entsprechende „Regel", wie sie P HUBER FamRZ 1999, 1625, 1626, 1628 f behauptet [ähnlich SCHWAB FamRZ 1998, 457, 471], gibt es nicht). Wohl aber müssen die normativen Strukturen der Erstnorm *berücksichtigt* werden, wenn es nicht zu unerträglichen Wertungswidersprüchen kommen soll (vgl AG Freyung FamRZ 1999, 806, 807). So wäre es kaum nachvollziehbar, wenn der Elternautonomie zwar im Rahmen des § 1671 eine beherrschende Rolle zuerkannt wird, der elterliche Konsens bei Änderungsentscheidungen nach § 1696 Abs 1 jedoch keinen Stellenwert haben sollte (näher Rn 61 f). Des weiteren macht es nicht nur im Sachverhalt einen Unterschied, ob nach Übertragung der Alleinsorge gem § 1671 die Eltern um eine Änderung streiten oder ob der bislang sorgeberechtigte Elternteil ausgefallen ist (§§ 1678, 1680 Abs 3) – im zweiten Fall weisen Kindesrecht und Elternrecht auf den anderen Elternteil, die Fragestellung des § 1696 Abs 1 verkehrt sich in ihre Gegenteil (näher Rn 93 f).

**58**  (5) Die **gesetzliche Formulierung der Änderungsschwelle** in Abs 1 ist schließlich als **einheitliche Definition** zu verstehen, in der mehrere sprachliche Wendungen kumuliert werden, um das einzig Gemeinte (Rn 54) zu verdeutlichen. Es macht keinen Sinn, den Worten „triftig", „nachhaltig berührend" oder „angezeigt" eigenständige tatbestandliche Bedeutung beizumessen und etwa im Einzelfall triftige, das Kindeswohl nachhaltig berührende Gründe für eine Änderung zu bejahen, die „Angezeigtheit" jedoch zu verneinen (anders PALANDT/DIEDERICHSEN Rn 22; HUBER FamRZ 1999, 1625, 1528). Insbes können frühere Spekulationen, ob mit „angezeigt" eine Kindeswohlschwelle oberhalb, unterhalb oder entsprechend der Erforderlichkeitsgrenze bezeichnet ist (Nachweise bei STAUDINGER/COESTER[12] Rn 32 f), spätestens mit der Neufassung des Gesetzes 1998 als überholt angesehen werden.

## IV.  Einzelne Anwendungsbereiche des Abs 1

**59**  Die Fragestellung des § 1696 Abs 1 wird wesentlich durch die praktische und normative Ausgangssituation geprägt (Rn 55 ff). In diesem Sinne sind im folgenden die wichtigsten Anwendungsfelder des Abs 1 näher zu untersuchen, aufgegliedert nach der Art der zur Änderung anstehenden Entscheidung („Erstentscheidung" dieser Begriff wird auch verwandt, wenn die Vorentscheidung nicht die Erstentscheidung in der Fallgeschichte war).

### 1.  Erstentscheidungen nach § 1671

#### a)  Bedeutung elterlichen Konsenses

**60**  Elterlicher Konsens bei der Erstentscheidung bindet gem § 1671 Abs 2 Nr 1 auch den Änderungsrichter, so lange nicht neue Umstände den Weg zu einer Änderungsentscheidung eröffnen (Rn 37). Als solcher Umstand ist auch die spätere *Aufkündigung des Konsenses* durch einen Elternteil zu werten, einer zusätzlichen Veränderung der äußeren Verhältnisse bedarf es nicht (aA OLG Karlsruhe FamRZ 1995, 562, 564; 1998, 1046 f). Über die Angezeigtheit einer Änderung ist damit noch nichts gesagt, sie ist nur zu bejahen, wenn sich der aufgebrochene Elterndissens zusammen mit den Umständen des Einzelfalls als triftiger, das Kindeswohl nachhaltig berührender Grund für eine Änderung darstellt.

Elterlicher Konsens zugunsten einer Änderung hat im Normtext des § 1696 Abs 1 **61** keinen Stellenwert; er kann jedoch, um unerträgliche Wertungswidersprüche zu § 1671 zu vermeiden, nicht unbeachtlich sein (Rn 57). Hierüber scheint, soweit das Problem gesehen wird, weitgehend Einigkeit zu bestehen – im einzelnen zeichnen sich zwei Lösungswege ab:

(1) Eine radikale „Auffassung" will dem elterlichen Änderungskonsens in § 1696 Abs 1 dieselbe Bindungswirkung zugestehen wie in § 1671 Abs 2 Nr 1 – der Konsens *wäre* damit als solcher ein triftiger Grund iS des § 1696 Abs 1, eine weitere Prüfung des FamG wäre nicht zulässig (Büdenbender AcP 197 [1997] 197, 218 spricht von einem „Durchwirken" des Elternkonsenses auf die Änderungsebene; iE auch OLG Rostock FamRZ 1999, 1599).

(2) Eine „gemäßigte Auffassung" räumt dem übereinstimmenden Elternwillen zugunsten einer Änderung ebenfalls normatives Gewicht ein, aber nur in dem Sinne, daß er die Gebotenheit einer Änderung iS von § 1696 Abs 1 *indiziert* dem FamG bliebe demnach die *Negativkontrolle*, ob der Elternvorschlag dem Kindeswohl erheblich widerspricht – damit kehrt sich die Fragestellung des Abs 1 gewissermaßen in ihr Gegenteil um (so zuerst Schwab FamRZ 1998, 457, 471, beschränkt allerdings auf „Altfälle" der Alleinsorge, die in gemeinsames Sorgerecht überführt werden sollen; als übergreifendes Konzept Coester DEuFamR 1999, 3, 14; Huber FamRZ 1999, 1625, 1628 f; ähnlich AG Würzburg FamRZ 1999, 1448 [Prüfung analog § 1671 Abs 3 aF]; iE offenbar auch Palandt/Diederichsen Rn 26).

Der zweiten Auffassung ist der Vorrang zu geben, sie stellt einen ausgewogeneren Ausgleich zwischen den (aufeinander nicht abgestimmten) normativen Strukturen der §§ 1671 und 1696 dar. **Begehren also die Eltern übereinstimmend eine Sorgerechtsänderung, so hat das FamG dem zu folgen, wenn nicht triftige, das Kindeswohl nachhaltig berührende Gründe gegen die Änderung sprechen** (letzteres dürfte der Fall sein, wenn die Eltern wöchentlich alternierendes Sorgerecht beantragen, **aA** AG Landstuhl FamRZ 1997, 102, 103).

**Übereinstimmender Ablehnung einer Änderung** durch die Eltern muß entsprechendes **62** Gewicht beigelegt werden. § 1671 Abs 2 Nr 1 bezieht sich zwar nur auf die Abänderung des bisher gemeinsamen Sorgerechts; bei beiderseitiger Zufriedenheit mit dem status quo kann das FamG mangels Elternantrages gem § 1671 Abs 1 jedoch gar nicht entscheiden. Im Rahmen des § 1696 erhöht übereinstimmende elterliche Ablehnung die Anforderungen an die Änderungsschwelle des Abs 1 so erheblich, daß die eine Änderung rechtfertigenden „triftigen Gründe" der Gefährdungsgrenze des § 1666 Abs 1 nahekommen müssen.

## b)     Elterliche Übernahmebereitschaft

In § 1671 Abs 2 Nr 2 ist die Bereitschaft eines Elternteils, die Alleinsorge zu über- **63** nehmen, konstitutive Voraussetzung einer gerichtlichen Übertragung (vgl, auch zur Kritik, Staudinger/Coester [2000] § 1671 Rn 15, 101, 148 ff). Diese Beschränkung kann das FamG zwar nicht nach § 1696 unterlaufen (Rn 38); liegen jedoch neue, die Änderungsfrage aufwerfende Umstände vor, so verdrängt die grundsätzliche Elternpflicht aus Art 6 Abs 2 S 1 GG, § 1626 Abs 1 S 1 die punktuelle (und systemwidrige) Einschränkung des § 1671 Abs 2 S 1: Der Elternteil, der aus triftigen Gründen des Kindeswohls zur Kindessorge berufen ist, hat diese auch gegen seinen Willen zu übernehmen (unbeschadet der Berücksichtigung seiner Ablehnung im Rahmen seiner Eignungsprüfung; vgl OLG Karlsruhe FamRZ 1999, 801, 802; s auch STAUDINGER/COESTER [2000] § 1678 Rn 30; § 1680 Rn 20).

### c)  Begründung des gemeinsamen Sorgerechts

**64** Entgegen der Auffassung der Gesetzesverfasser kann gem § 1696 Abs 1 auch gemeinsames Sorgerecht der Eltern wieder begründet werden (Rn 34 f; für die *Beendigung* gemeinsamem Sorgerechts gilt ausschließlich § 1671, auch dann, wenn das gemeinsame Sorgerecht auf Gerichtsentscheidung [gem § 1696 Abs 1] beruht, s Rn 16). Liegt insoweit **elterlicher Konsens** vor, so hat das FamG das gemeinsame Sorgerecht anzuordnen, wenn nicht triftige, das Kindeswohl nachhaltig berührende Gründe gegen diese Gestaltung erkennbar sind (Rn 61). Dabei ist der hohe rechtspolitische Stellenwert elterlicher Sorgegemeinsamkeit (STAUDINGER/COESTER [2000] § 1671 Rn 119) zu beachten.

**65** Begehrt **nur ein Elternteil** (regelmäßig der bislang nichtsorgeberechtigte) die Herstellung gemeinsamen Sorgerechts, so stellt sich die **Frage**, ob diese Gestaltung **elterlichen Konsens erfordert**. Dafür spricht, daß sowohl der originäre Erwerb gemeinsamen Sorgerechts eine Konsensbasis voraussetzt (Ehe oder Sorgeerklärung) als auch die gerichtliche Anordnung gem § 1672 Abs 2 S 1. Anderseits kann im Rahmen des § 1671 das gemeinsame Sorgerecht auch gegen den Willen eines Elternteils aufrecht erhalten werden, und § 1696 Abs 1 stellt ausschließlich auf das Kindeswohl, nicht den Elternwillen ab.

Es wäre verfehlt, § 1672 Abs 2 S 1 als Spezialnorm für die gerichtliche Anordnung gemeinsamen Sorgerechts zu verallgemeinern und Elternkonsens auch im Rahmen des § 1696 für unverzichtbar zu halten. In § 1672 Abs 2 S 1 geht es um die erstmalige Herstellung gemeinsamem Sorgerechts bei nicht miteinander verheirateten Eltern; in § 1696 entgegen „nur" um die Wiederherstellung des gemeinsamen Sorgerechts, das die Eltern bereits früher kraft Ehe oder Sorgeerklärung innegehabt hatten. Dieser Schritt ist weniger einschneidend als derjenige nach § 1672 Abs 2 S 1, Elternpflicht und Kindesinteressen sprechen für eine gegenüber dieser Norm vorverlagerte, also **konsensunabhängige Möglichkeit, das gemeinsame Sorgerecht anzuordnen** (so iE auch KG FamRZ 1999, 757; EWERS FamRZ 1999, 477, 478; HUBER FamRZ 1999, 1625, 1629; vgl auch BODE FamRZ 1999, 1400 ff).

**66** Es bleibt nur die Frage nach dem **Änderungsmaßstab**. Folgt aus dem rechtspolitischen Stellenwert des gemeinsamen Sorgerechts, daß auch hier „triftige Gründe" für eine Änderung indiziert sind (mit der Folge einer nur negativen Kindeswohlkontrolle durch das FamG; so iE KG FamRZ 1999, 737)? Ist die Änderungsschwelle des Abs 1 nur insoweit reduziert, daß eine offene Abwägung zwischen Alleinsorge und gemeinsamem Sorgerecht stattfinden hätte (EWERS FamRZ 1999, 477 ff, teils unter Anwendung von § 1671 Abs 2 Nr 2 [478], teils § 1697 a [479])? Oder gilt die konzeptionelle Änderungsschwelle des Abs 1 unverändert, so daß für das gemeinsame Sorgerecht triftige, das

Kindeswohl nachhaltig berührende Gründe aufgezeigt werden müssen (Huber FamRZ 1999, 1625, 1629)?

Ausgangspunkt ist auch hier die Feststellung, daß für eine mutmaßliche Überlegenheit des gemeinsamen Sorgerechts jedenfalls bei elterlicher Uneinigkeit über diese Gestaltungsform keine Grundlage besteht (Staudinger/Coester [2000] § 1671 Rn 118, 120, 131) – deshalb kann eine Änderung nicht im erstgenannten Sinne indiziert sein. Im übrigen sind die konkreten Kindesinteressen maßgeblich: Einerseits würde das Kind durch das gemeinsame Sorgerecht den bisher sorgeberechtigten Elternteil nicht verlieren, sondern einen zweiten hinzugewinnen (vgl AG Würzburg FamRZ 1999, 1448); auch an seinen tatsächlichen Lebensbedingungen wird sich idR nichts ändern. Andererseits signalisiert das mangelnde Einverständnis des anderen Elternteils Konfliktpotential, ein faktisch eingespieltes Miteinander kann durch Verrechtlichung leicht in Dissonanz umschlagen (vgl Ewers FamRZ 1999, 477, 479 [„... würde ... das zarte Pflänzchen des Zusammenlebens nach früherer Trennung gefährden"]). Aus Kindessicht kommt es nicht so sehr auf die *rechtliche* Gestaltung an, sondern darauf, ob es durch das gemeinsame Sorgerecht ein „Mehr an Eltern" im psychosozialen Sinne gewinnen würde. Im einzelnen sind die bei § 1671 Abs 2 Nr 2 zu beachtenden Abwägungsgesichtspunkte entsprechend zu berücksichtigen (Staudinger/Coester [2000] § 1671 Rn 127–146); **erweist sich demnach das gemeinsame Sorgerecht nicht als deutlich vorzugswürdig, hat eine Änderung zu unterbleiben.**

**d)	Wechsel der Alleinsorge**
Steht ein Wechsel der Alleinsorge in Frage (zu Sonderproblemen des Ausfalls oder Sorge-	**67** rechtsentzugs beim bisher sorgeberechtigten Elternteil vgl unten Rn 93 f), so ist eine Änderung nach allgemeinen Grundsätzen (Rn 54) dann angezeigt, wenn sich bei einem **Vergleich der elterlichen Plazierungsalternativen im Lichte der Gesamtheit aller Kindeswohlaspekte** die Situation beim nichtsorgeberechtigten Elternteil als so überlegen erweist, daß demgegenüber die Kontinuitäts- und Stabilitätsinteressen des Kindes zurücktreten. Dieser Befund kann beruhen auf einer Verschlechterung der Situation beim Sorgeberechtigten, auf Verbesserungen beim anderen Elternteil oder auch nur auf der Erkenntnis, daß die Erstentscheidung falsch war (Rn 51). Niemals kann dabei ein Kindeswohlaspekt für sich allein die Änderungsfrage entscheiden, ausschlaggebend darf stets nur eine Gesamtabwägung des Kindeswohls im konkreten Fall und auf beiden Elternseiten sein.

Dieser Grundsatz ist an einigen typischen Fallgestaltungen zu verdeutlichen.

**aa)	Das Kind lebt seit längerem beim nichtsorgeberechtigten Elternteil**
Lebt das Kind seit längerem beim nichtsorgeberechtigten Elternteil und begehrt	**68** dieser nun eine rechtliche Sanktionierung der faktischen Betreuungsverhältnisse, weicht der Sachverhalt ganz wesentlich von demjenigen ab, auf den § 1696 Abs 1 und die darin enthaltene Änderungsschwelle ausgerichtet sind. Die zentralen Gesichtspunkte der Änderungsregelung, dh Kontinuität und Stabilität der kindlichen Lebensverhältnisse sind primär auf die *tatsächliche* und nicht auf die rechtliche Zuordnung des Kindes bezogen (vgl OLG Hamburg FamRZ 1982, 532; Coester, Kindeswohl 330 f) – sie sprechen hier also nicht gegen, sondern **für eine Änderung.** Die Fragestellung des § 1696 Abs 1 kehrt sich geradezu in ihr Gegenteil um: Was spricht ausnahmsweise *gegen* eine Änderung, bzw gibt es „gravierende Gründe für eine Rück-

führung des Kindes" zum bisher sorgeberechtigten Elternteil? (OLG Schleswig FamRZ 1990, 433, 434; ähnlich BGH NJW-RR 1986, 1130, 1131 [Nichtänderung wäre kindesschädlicher Kontinuitätsbruch]; OLG Düsseldorf ZfJ 1988, 466, 467 [ist Trennung Kind/nichtsorgeberechtigter Elternteil „erforderlich"?]; OLG Zweibrücken FamRZ 1975, 172, 176 f; vgl weiter OLG Celle FamRZ 1985, 527; OLG Hamburg FamRZ 1982, 532; OLG Hamm FamRZ 1968, 530, 533; FamRZ 1981, 600; OLG Karlsruhe FamRZ 1959, 258, 259). Es wirkt eigentümlich sachverhaltsblind, wenn trotz 1 1/2-jährigen Aufenthalts des Kindes beim nichtsorgeberechtigten Elternteil die Sorgerechtsänderung mit Hinweis auf die Kontinuitätsinteressen des Kindes abgelehnt wird (vgl BayObLG FamRZ 1976, 41, 42 ff [iE aber aus anderen Gründen gerechtfertigt]).

**69** Die Anwendung dieser Grundsätze erscheint allerdings problematisch, wenn die tatsächliche Betreuungssituation auf **rechtswidrigem** (Kindesentführung) oder **illoyalem Verhalten** des nichtsorgeberechtigten Elternteils beruht (zB abredewidrige Weigerung, das Kind nach kurzzeitiger Betreuungsübernahme wieder herauszugeben). In erster Linie liegt es in der Verantwortung der Gerichte, hier durch beschleunigte Verfahren und die konsequente Befolgung der internationalen Kindesentführungsabkommen (dazu STAUDINGER/COESTER [2000] § 1671 Rn 325) kontinuitätsrelevante Betreuungszeiträume beim nichtsorgeberechtigten Elternteil gar nicht erst entstehen zu lassen. Sind diese dennoch entstanden, so ist in der Änderungsfrage die **strikte Orientierung am Kindeswohl** geboten: Eine nach allgemeinen Grundsätzen des § 1696 Abs 1 angezeigte Änderung darf nicht zwecks Sanktionierung elterlichen Fehlverhaltens versagt werden (vgl OLG Düsseldorf FamRZ 1981, 601, 602; OLG Schleswig FamRZ 1990, 433, 435; zum staatlichen Sanktionsinteresse als Entscheidungsgesichtspunkt s STAUDINGER/ COESTER [2000] § 1671 Rn 169); legitim bleibt allerdings die (proportionale) Berücksichtigung des Elternverhaltens im Rahmen der allgemeinen Eignungsbeurteilung. Umgekehrt sind aber auch vorschnelle Änderungen zugunsten des Elternteils, der das Kind aus dem Ausland nach Deutschland verbracht hat, unzulässig (STAUDINGER/COESTER [2000] § 1671 Rn 196, 210). Nationalistische und Sanktionierungstendenzen können zusammenwirken und gleichermaßen sachfremd Änderungsentscheidungen motivieren, wenn der sorgeberechtigte Elternteil mit dem Kind ins Ausland zieht (dazu Rn 73 ff).

**bb) Verstöße des Sorgeberechtigten gegen §§ 1626 Abs 3, 1684 Abs 2 (Umgangsvereitelungen)**

**70** Verletzungen der „Wohlverhaltenspflicht" des § 1684 Abs 2, insbes Vereitelung des Umgangs zwischen Kind und getrennt lebendem Elternteil durch den Betreuungselternteil führen immer wieder zu Änderungsanträgen. Die Fähigkeit eines Elternteils, dem Kind auch nach der Trennung vom Partner ein positives Bild von diesem zu vermitteln und Kontakte zu ermöglichen, günstigenfalls sogar zu fördern, ist bereits im Rahmen der Erstentscheidung nach § 1671 ein wesentliches Kriterium der Elterneignung („Bindungstoleranz", STAUDINGER/COESTER [2000] § 1671 Rn 207 f). Nach der Sorgerechtsentscheidung verpflichtet § 1684 Abs 2 die Eltern vor allem zu spannungsfreier, loyaler Gewährung bzw Ausübung des vereinbarten oder angeordneten Kontaktes zwischen Kind und abwesendem Elternteil. Die mangelnde „Bindungstoleranz" auf seiten des **nichtsorgeberechtigten Elternteils** disqualifiziert ihn als Sorgerechtsprätendenten im Änderungsverfahren (OLG Frankfurt/M FamRZ 1999, 612, 613; OLG Hamm FamRZ 1999, 394, 395). Die Vereitelung des Umgangs durch den **Sorgeberechtigten** bedeutet regelmäßig eine schwerwiegende Verletzung der Kindesinteres-

sen. Dennoch besteht weitgehende Einigkeit, daß als Reaktion auf diese Rechts-
verletzung eine **Änderung der Sorgerechtszuweisung jedenfalls nicht als routinemäßige
Sanktion** in Betracht kommt – auch hier entscheidet über die Änderungsfrage ausschließlich die nach § 1696 Abs 1 gebotene **Abwägung von Änderungs- und Bestandsinteressen des Kindes** (s Staudinger/Rauscher § 1684 Rn 100 f; Nachweise aus den Gesetz-
gebungsmaterialien bei BVerfG FamRZ 1983, 872, 874). Das Fehlverhalten des Sorgeberechtigten kann legitimerweise beim Eignungsvergleich der Eltern und bei der Frage
berücksichtigt werden, ob das Kindeswohl beim nichtsorgeberechtigten Elternteil
langfristig so viel besser gewahrt wäre, daß die Wechselnachteile demgegenüber
zurücktreten (OLG Bamberg FamRZ 1990, 1135, 1137; OLG Schleswig FamRZ 1990, 433,
435). Dabei kann es für die Gewichtung des Eignungsmangels eine Rolle spielen,
aus welchen Motiven der Sorgeberechtigte den Umgang vereitelt (etwa haßerfüllte
Haltung gegenüber dem früheren Gatten oder gutgläubige Überzeugung bester
Kindeswohlwahrung, zu letzterem OLG Karlsruhe 1978, 201 f; vgl OLG Celle FamRZ 1998,
1045).

Gewinnt jedoch, darüber hinausgehend, das Sanktionsstreben des FamG entschei-
dungsleitende Bedeutung, wird das Kind zum Objekt staatlicher Rechtsdurchsetzung
und zum eigentlich Bestraften für die elterliche Pflichtverletzung (vgl Staudinger/
Coester [2000] § 1671 Rn 169 f **aA** wohl Staudinger/Rauscher § 1684 Rn 101 f). Insoweit ist
auch Vorsicht geboten mit Änderungsdrohungen schon bei der Erstzuweisung für
den Fall, daß der Begünstigte den Kontakt zwischen Kind und nichtsorgeberechtig-
tem Elternteil blockieren sollte (vgl KG FamRZ 1983, 1159, 1161; OLG Köln FamRZ 1982,
1232, 1234 f). So notwendig nachdrückliche Ermahnungen bei zerstrittenen Eltern oft
auch sein mögen, so sicher sollten die Gerichte doch auch selbstgesetzten Zugzwang
vermeiden.

**Vorrangig** vor einer das Kind offenkundig belastenden Änderung sind **weniger ein-** 71
**schneidende Maßnahmen**, die bei Verbleib des Kindes beim Sorgeberechtigten die
Umgangsproblematik lösen könnten (vgl oben Rn 48 f). Insoweit kommt vor allem die
*Androhung und Verhängung von Zwangsgeldern* gem § 33 Abs 1, 3 FGG in Betracht
(BGH NJW-RR 1986, 1264, 1265; OLG Hamm FamRZ 1992, 466 f). Auch Hilfen von seiten des
Jugendamts, vor allem aber auch engagierter Verbände sind – soweit erreichbar – zu
vermitteln (vgl Gaier FamRZ 1990, 1330 zum „betreuten Besuchsrecht"). Umstritten ist, ob
weitergehend gem § 1696 Abs 1 eine *„Umgangspflegschaft"* angeordnet werden
kann, dh eine Übertragung des Aufenthaltsbestimmungsrechts auf das Jugendamt
als Pfleger für die jeweiligen Umgangszeiträume (bejahend OLG Bamberg FamRZ 1985,
1175, 1178 [Anm Schütz]; OLG Frankfurt/M NJW 2000, 368; OLG Köln FuR 1998, 373, 376; AG
Aalen FamRZ 1991, 360 f [Anm Luthin]; AG Rosenheim DAVorm 1987, 144; **abl** BGH NJW-RR
1986, 1264, 1265 [aufhebend OLG Bamberg aaO]; vgl Staudinger/Rauscher § 1684 Rn 307).
Auch für eine solche Maßnahme gälte der Vorrang von Zwangsmitteln (OLG
Hamm FamRZ 1992, 466 f); im übrigen löst sie das Problem jedenfalls dann nicht,
wenn der Sorgeberechtigte neben der physischen Kontaktverhinderung das Kind
gegen den nichtsorgeberechtigten Elternteil negativ beeinflußt und eine entsprechende Umgangsverweigerung durch das Kind verursacht hat (OLG Bamberg aaO;
vgl auch BGH FamRZ 1985, 165, 171). Aber auch sonst scheidet die Umgangspflegschaft
als „geeignetes milderes Mittel" zumindest dann aus, wenn die Fronten bereits ver-
härtet sind und der Sorgeberechtigte selbst vom Jugendamtsmitarbeiter unterstützte
Abholungsversuche bereits vereitelt hat (BGH NJW-RR 1986, 1264, 1265).

**72** Bleibt dem Gericht nur die Alternative, entweder die Sorgerechtszuweisung zu ändern oder das Verhalten des Sorgeberechtigten hinzunehmen, so wird der Bereitschaft des derzeit nichtsorgeberechtigten Elternteils, seinerseits den Kontakt mit dem anderen Elternteil zu ermöglichen, sowie dem Bindungs- und Kontinuitätsaspekt im konkreten Fall ausschlaggebende Bedeutung zukommen. Hätte das Kind auch beim derzeit nichtsorgeberechtigten Elternteil voraussichtlich keinen befriedigenden Kontakt zu *beiden* Elternteilen, so scheidet eine Änderung als untaugliches Mittel zur Wahrung der Kindesinteressen aus. Wäre der Umgang des Kindes bei einer Sorgerechtsänderung gewährleistet, wird diese regelmäßig vorzunehmen sein, wenn auch der nichtsorgeberechtigte Elternteil sorgegeeignet ist und eine tragfähige Beziehung zum Kind noch besteht – die Wechselprobleme könnten dann durch den langfristigen Vorteil, Kontakt zu beiden Eltern zu haben, aufgewogen werden (OLG Celle FamRZ 1998, 1045 [LS]; vgl auch OLG München FamRZ 1991, 1343, 1345 f [zu § 1672 aF, de facto Umplazierung]). Hat das Kind jedoch eine starke Bindung an den (im übrigen geeigneten) sorgeberechtigten Elternteil und ist es dem anderen Elternteil weitgehend entfremdet oder lehnt es ihn aufgrund der Beeinflussung durch den Sorgeberechtigten nachdrücklich ab, dann würde eine dennoch angeordnete Sorgerechtsänderung vor allem das Kind bestrafen, der status quo muß also im Kindesinteresse hingenommen werden (zu dieser grundsätzlich Wertabwägung BGH FamRZ 1985, 169 ff; OLG Bamberg FamRZ 1997, 102; OLG Karlsruhe FamRZ 1978, 201, 202; EHRING 96 f; bedenklich deshalb BGH NJW-RR 1986, 1264, 1265 [mit entwicklungspsychologisch längst überholten Aussagen zur Kindesbindung]). Auch sonst ist anerkannt, daß im unauflöslichen Konflikt zwischen Sorgerecht und Umgangsrecht letzteres zu weichen hat (Rn 74).

### cc)　Auswanderung oder Wegzug des Sorgeberechtigten mit Kind

**73** Wegzug an einen entfernten Ort oder Auswanderung von Sorgeberechtigtem und Kind können dessen *Kontakt mit dem anderen Elternteil* faktisch sehr erschweren oder gar unmöglich machen. Außerdem können mit dem Umzug *Belastungen für das Kind* verbunden sein, die durch eine Sorgerechtszuweisung an den nichtsorgeberechtigten Elternteil vermieden werden könnten. Beide Aspekte sind strikt auseinanderzuhalten.

**74** Hinsichtlich des **Konflikts zwischen Sorgerecht und Umgangsrecht** ist auf die ausführliche Darstellung bei § 1684 (Rn 62 ff; vgl COESTER, Kindeswohl 341 f, 343 f) zu verweisen. Demnach beschränkt das Umgangsrecht nicht die Kompetenz des Sorgeberechtigten zur Aufenthaltsbestimmung für das Kind, zur verantwortlichen Führung der Teilfamilie mit dem Kind sowie sein Recht auf Freizügigkeit. „Triftige Gründe" für die Auswanderung sind nicht zu verlangen (aA MünchKomm/FINGER Rn 19; STAUDINGER/RAUSCHER § 1684 Rn 69 f). Die geplante oder erfolgte **Auswanderung ist als Faktum zu nehmen**, das der nach § 1696 Abs 1 grundsätzlich gebotenen **Abwägung der Kindesinteressen** zugrunde zu legen ist. Es wäre unfair und unzulässig, vom Sorgeberechtigten eine Erklärung zu verlangen, ob er/sie notfalls auch ohne Kind auswandern würde: Wird dies verneint, wäre das Gericht versucht, mit in Aussicht gestellter Änderung die Auswanderung zu verhindern – auf Kosten der Freizügigkeit des Sorgeberechtigten; wird die Frage bejaht, bedeutete dies eine unzumutbare Belastung des Verhältnisses Kind-Sorgeberechtigter und eine Chancenverschlechterung im Änderungsverfahren wegen vermeintlich „mangelnder Kindesorientiertheit" (dazu STAUDINGER/ COESTER [2000] § 1671 Rn 194 ff).

Ergeben sich bei zugrundegelegter Auswanderung keine triftigen, das Kindeswohl
nachhaltig berührenden Gründe für eine Änderung, so muß der nichtsorgeberechtigte Elternteil die Auswanderung seines Kindes hinnehmen, seine Rechtsposition
tritt hinter die stärkere des Sorgeberechtigten zurück (vgl BGH FamRZ 1990, 392, 393; vgl
STAUDINGER/COESTER [2000] § 1671 Rn 210 f; EHRING 92 ff; zu Konsequenzen hinsichtlich geschuldeten Ehegattenunterhalts vgl BGH FamRZ 1987, 356 ff aA STAUDINGER/RAUSCHER § 1684 Rn 69).
Immerhin ist auch der grenzüberschreitende Umgang durch das HKÜ und ESÜ
abgesichert (vgl LIMBROCK FamRZ 1999, 1631 ff; zum Vorentwurf eines Europäischen Übereinkommens über den Umgang mit Kindern s GERSTEIN KindPrax 200, 120 f).

Eine **Untersagung der Auswanderung** auf der Grundlage von § 1684 Abs 3, 4 oder **75**
§ 1666 kommt regelmäßig **nicht** in Betracht (aA STAUDINGER/RAUSCHER § 1684 Rn 69).
Denkbar sind jedoch **präventive Sicherungen**, die die Schaffung vollendeter Tatsachen
verhindern und damit die vorbezeichnete Abwägung nach § 1696 Abs 1 ermöglichen
sollen: Bei konkretem „Auswanderungsverdacht" Übertragung des Aufenthaltsbestimmungsrechts gem § 1696 Abs 1 vom bisher Alleinsorgeberechtigten auf *beide*
Elternteile (so OLG Hamm FamRZ 1999, 394, 395). Damit würde eine einseitige Auswanderung zum Entführungsfall iS des HKÜ (vgl STAUDINGER/COESTER [2000] § 1671 Rn 325);
ein Dissens der Eltern wäre nach § 1628 aufzulösen (OLG Hamm aaO). Bei dieser
Entscheidung müßte das FamG allerdings die in Rn 74 dargelegten Grundsätze beachten und das Verfahren (antragsunabhängig) auf die Fragen ausdehnen, ob und
inwieweit Änderungen des Sorge- und Umgangsrechts angezeigt sind.

Im Rahmen der **Kindesinteressen** ist der Umstand unbeachtlich, daß das Kind **76**
faktisch einen Elternteil verlieren wird – dies wäre auch bei einer Sorgerechtsänderung zugunsten des zurückbleibenden Elternteils der Fall. Angesichts des auf
jeden Fall eintretenden Wechsels des Aufenthaltsorts kommt der Umgebungskon-
tinuität keine Bedeutung als änderungsfeindlicher Gesichtspunkt zu (anders bei seit
längerem vollzogener Auswanderung). Um so größeres Gewicht erlangen angesichts
des teilweisen Elternverlustes die *Bindungskontinuität* wie auch der *Kindeswille*. Im
übrigen sind die konkreten Umstände der (geplanten) Auswanderung sowie die
Lebensverhältnisse am neuen Aufenthaltsort in die Abwägung einzubeziehen (zB
Umschulung mitten im Schuljahr, vgl OLG München FamRZ 1981, 389, 390 f; mangelnde
Sprachkenntnisse der Kinder, OLG München aaO, vgl demgegenüber aber BGH FamRZ
1990, 392, 393 f [Vorteil späterer Zweisprachigkeit]; gesundheitliche Bedenken, vgl OLG
München FamRZ 1977, 749, 750 [einmonatiger Säugling nach Saudi-Arabien]; OLG Zweibrücken
FamRZ 1984, 931 f [zwei Kleinkinder nach Pakistan, Fall des § 1666]). Auch wesentliche Ver-
schlechterungen der kulturellen oder wirtschaftlichen Lebensbedingungen können
zu beachten sein. *Unzulässig* ist jedoch eine pauschale Unterstellung schlechterer
Lebensbedingungen im Ausland oder gar eine negative Bewertung fremder Kultur
oder des Auslandsaufenthalts schlechthin (vgl STAUDINGER/COESTER [2000] § 1671 Rn 210 f;
GERNHUBER/COESTER-WALTJEN § 65 VI 3 [„Deutschtümelei"]; vgl OLG Karlsruhe FamRZ 1984,
91, 92).

Im Grundsatz nichts anderes gilt für die **„dolose Auswanderung"**, mit der der Sorge- **77**
berechtigte den Zweck verfolgt, den Umgang des Kindes mit dem anderen Elternteil
zu unterbinden (OLG Karlsruhe FamRZ 1978, 201 f aA STAUDINGER/RAUSCHER § 1684 Rn 73).
Insoweit steht die Auswanderung internen Umgangsvereitelungen gleich (dazu
Rn 70 ff).

**78** Entsprechend ist schließlich zu entscheiden, wenn der aufgrund ausländischer Gerichtsentscheidung sorgeberechtigte Elternteil mit dem Kind **nach Deutschland** zieht (die bloße Beeinträchtigung des Umgangsrechts des anderen Elternteils begründet keinen Entführungsfall iS des HKÜ, vgl Staudinger/Pirrung [1994] Vorbem 642 zu Art 19 EGBGB), ihm daraufhin vom ausländischen Gericht zugunsten des anderen Elternteils das Sorgerecht entzogen wird und er nun beim deutschen FamG eine Rückänderung und Wiederherstellung seines Sorgerechts beantragt. Ist die ausländische Änderungsentscheidung überhaupt anerkennungsfähig (was wegen ihres Sanktionscharakters zweifelhaft sein kann, vgl Staudinger/Coester [2000] § 1671 Rn 169, 324), so ist über eine erneute Änderung allein nach dem Kindeswohl entsprechend § 1696 Abs 1 (iVm Art 1, 2 MSA) zu entscheiden – „Deutschtümelei" ist auch hier fehl am Platz (ebenso wie umgekehrt übertriebene Höflichkeit gegenüber dem ausländischen Staat, vgl OLG Hamm FamRZ 1975, 426, 428 mit der Frage nach „triftigen Gründen" für eine Rückkehr der geschiedenen Mutter nach Deutschland).

**dd)  Änderungswille des Kindes**

**79** Ein *gegen* die Änderung gerichteter Wille des Kindes betont seine grundsätzlich beachtlichen Bestandsinteressen (Rn 54) und ist nach allgemeinen Grundsätzen zu beachten (Staudinger/Coester [2000] § 1671 Rn 233 ff; OLG Celle FamRZ 1998, 1188; OLG Hamm FamRZ 1999, 394, 395).

Der Wunsch des Kindes, *zum nichtsorgeberechtigten Elternteil zu wechseln*, ist wie bei der Erstentscheidung ein **beachtlicher Kindeswohlfaktor** sowohl als Indiz für die persönlichen Bindungsverhältnisse als auch als Ausdruck bewußter Eigenentscheidung zwischen den getrennten Eltern (vgl Rn 80). Typische Gründe für das Änderungsbegehren des Kindes sind die Übergehung seines Willens bei der Erstentscheidung, Situationsveränderungen beim einen oder anderen Elternteil oder eine entwicklungsbedingte Hinwendung zum nichtsorgeberechtigten Elternteil (ausf Analyse der Rspr bei Ehring 63 ff).

**80** Zwar ist der Änderungswille des Kindes, anders als bei der Erstentscheidung, auf den Wechsel von einem rechtlich konstituierten Familienverband in einen anderen gerichtet, dennoch gelten nicht die zum Konflikt zwischen Kind und Elternhaus entwikkelten Grundsätze des § 1666. Zwischen den leiblichen Eltern, also innerhalb des natürlichen Familienverbandes, entfaltet das Kindeswohlprinzip größere Wirkungsmöglichkeiten als bei der Wahl zwischen Eltern und Dritten, und die Erkenntnis, daß der kindesschädliche Zerfall der elterlichen Gemeinschaft als Kehrseite eine Chancenerweiterung für das Kind mit sich bringt (oben Rn 46), ist auch beim Änderungsbegehren des Kindes zu berücksichtigen. Setzt sich der Kindeswille in Extremfällen sogar zugunsten einer Drittplazierung durch (Staudinger/Coester [2000] § 1666 Rn 141), so muß ihm wesentlich größeres Gewicht bei der Änderungsentscheidung zwischen den Eltern zukommen.

**81** Trotz des somit erheblichen Gewichts des Kindeswillens (vgl BGH FamRZ 1986, 895, 896) bleibt dieser jedoch auch im Rahmen des § 1696 Abs 1 **eines von mehreren Kriterien des übergeordneten und entscheidungsleitenden Kindeswohlprinzips**: Das Kind hat nicht die formale Entscheidungskompetenz über seinen Aufenthalt, sein Wille bleibt grundsätzlich der Kontrolle am Maßstab seines Wohls unterworfen (vgl Staudinger/ Coester [2000] § 1671 Rn 233 ff). Demgemäß besteht Einigkeit, daß der **Kindeswille**

**allein eine Änderungsentscheidung noch nicht rechtfertigt** (BayObLG FamRZ 1986, 38, 41; OLG Hamm FamRZ 1968, 533, 534; FamRZ 1988, 1313, 1314; FamRZ 1991, 1466, 1468; OLG Köln FamRZ 1972, 572, 573; OLG Stuttgart FamRZ 1978, 827, 828; AG Würzburg FamRZ 1998, 1319, 1320; PALANDT/DIEDERICHSEN Rn 20). Trotz des kindlichen Änderungswunsches behalten die Gesichtspunkte der Kontinuität und Stabilität der familiären Lebensverhältnisse zT ihre objektive Bedeutung für die Kindesentwicklung. Die Überantwortung der Entscheidungskompetenz an das Kind könnte es verstärkt zum Objekt elterlicher Beeinflussungsstrategien machen, sei es auch nur durch vom Umgangsberechtigten dargebotene „Sonntagsbedingungen" (ausf OLG Hamm FamRZ 1988, 1313 f; vgl OLG Bamberg FamRZ 1988, 750, 751), und die Qualität der elterlichen Erziehung, insbes hinsichtlich notwendiger, aber „unpopulärer" Entscheidungen, beeinträchtigen (vgl COESTER, Kindeswohl 393).

Dennoch kann der Kindeswille den **Ausschlag für eine Sorgerechtsänderung geben**, **82** wenn die Plazierung beim nichtsorgeberechtigten Elternteil der bisherigen zwar leicht überlegen wäre, dieser Vorteil allein aber für die Überwindung der Änderungsschwelle des § 1696 Abs 1 nicht ausreichen würde (vgl OLG Schleswig FamRZ 1990, 433, 434). Auch wenn das Kind schon faktisch zum anderen Elternteil „übergelaufen" ist und beharrlich dort bleiben will, würde dem Kindeswillen bei annähernd gleicher Eignung der Eltern nachzugeben sein (KG FamRZ 1999, 737; OLG Schleswig FamRZ 1990, 433, 434; OLG Düsseldorf ZfJ 1988, 466 f): Die änderungsfeindlichen Gesichtspunkte der Kontinuität und Stabilität haben bei dieser Fallgestaltung ihr Gewicht im wesentlichen verloren. Aber auch sonst kann, ungeachtet der objektiven Erziehungseignung, dem strikten und nachhaltigen Willen heranwachsender Kinder kaum etwas entgegengesetzt werden, ein „Brechen" des Kindeswillens kommt regelmäßig nicht in Betracht: Es wäre mit der Grundrechtsposition des Kindes nicht vereinbar und würde das Kindeswohlprinzip pervertieren (vgl BayObLG FamRZ 1974, 534 [mit den Vorentscheidungen FamRZ 1974, 150 und 326) OLG Köln FamRZ 1971, 188, 189 f; OLG Düsseldorf ZfJ 1988, 466, 467 [dazu eindringlich SCHÜTZ/JOPT ZfJ 1988, 349, 353]; LG Landau FamRZ 1967, 405, 406). Nicht selten ist es auch notwendig, Erstentscheidungen, in denen ein nachhaltiger Kindeswille übergangen wurde, später doch noch im Änderungsweg zu korrigieren (BayObLG FamRZ 1974, 534; OLG Hamburg FamRZ 1960, 123). Aus kinderpsychiatrischer Sicht ist ein *rechtzeitiger* Wechsel zum vom Kind gewünschten Elternteil sowohl für das Kind wie für seine Beziehungen zum noch sorgeberechtigten Elternteil schonender als beharrliche Versuche, die „eigentlich richtige" Lösung durchzusetzen (KALTENBORN FamRZ 1987, 990, 998). Eine *Ausnahme* muß gelten bei Defiziten des gewünschten Elternteils, die ihn im Lichte des Kindeswohls als *ungeeignet* zur Sorgerechtsausübung erscheinen lassen, oder wenn das Kind sich in schon psychopathischer Weise in seinen Wunsch „verrannt" hat, dieser also weder die wirklichen Bindungsverhältnisse repräsentiert noch als Ausdruck eigenverantwortlicher Selbstbestimmung genommen werden kann (OLG Hamm FamRZ 1988, 1313, 1314; vgl OLG Hamm FamRZ 1991, 1466, 1468).

Im **Gesamtergebnis** könnte als **Grundsatz** postuliert werden: Der ernsthafte und **83** nachhaltige Wechselwille des Kindes kehrt die allgemeine Fragestellung des § 1696 Abs 1 um; es ist zu fragen, welche Gründe des Kindeswohls der regelmäßig indizierten Änderung konkret entgegenstehen könnten.

### ee) Sonstige Gesichtspunkte

**84** Auch aus anderen als den vorerwähnten Gründen kann eine Sorgerechtsänderung angezeigt sein. Zu Änderungsverfahren geben vor allem Verschlechterungen der Situation beim Sorgeberechtigten (1) oder Verbesserungen beim anderen Elternteil (2) Anlaß.

**85** (1) Die Situation beim **sorgeberechtigten Elternteil** kann sich verschlechtern aufgrund ökonomischer oder sozialer Probleme, die auch das Eltern-Kind-Verhältnis belasten. Nimmt der bislang nicht berufstätige Sorgeberechtigte eine Erwerbstätigkeit auf und überläßt deshalb die Betreuung des Kindes weitgehend Dritten, so *kann* dies eine Änderung nahelegen, wenn das Kind beim anderen Elternteil von diesem persönlich betreut würde (OLG Stuttgart FamRZ 1976, 34, 35 f; AG Würzburg FamRZ 1998, 1319, 1320; vgl dagegen OLG Hamm FamRZ 1968, 533, 534). Gleiches gilt bei Betreuungsmängeln (KG NJW-RR 1990, 716), etwa wegen Alkohol- oder Drogenkonsums oder wegen forcierter Selbstverwirklichung des Elternteils ohne Rücksicht auf das Kind. Der Beitritt des Sorgeberechtigten zu den „Zeugen Jehovas" rechtfertigt alleine jedoch noch nicht eine Übertragung der „medizinischen Sorge" auf den anderen Elternteil (AG Meschede FamRZ 1997, 958; vgl STAUDINGER/COESTER [2000] § 1671 Rn 193, 260). Auch unabhängig davon ist häufig eine Verschlechterung des Eltern-Kind-Verhältnisses in der nach-ehelichen Teilfamilie festzustellen, die auf der veränderten Funktionsverteilung und Lebenssituation beruht (vgl COESTER, Kindeswohl 336 mwN).

**86** Die **Neuheirat des Sorgeberechtigten** muß nicht stets negative Auswirkungen auf das Kind haben, sie birgt auch positive Chancen in sich (ie FTHENAKIS ArchsozArb 1986, 174 ff, 193; vgl STAUDINGER/COESTER [2000] § 1671 Rn 209; zur Wiederheirat geschiedener Eltern s Rn 8; bei Wiederzusammenleben zuvor getrennter Eltern liegt eine Änderung zugunsten gemeinsamen Sorgerechts nahe). Bei Heirat eines neuen Partners können allerdings Unverträglichkeiten mit dem Stiefelternteil oder Stiefgeschwistern eine Änderung begründen (OLG Hamm FamRZ 1968, 532, 534; OLG Karlsruhe FamRZ 1968, 266 f; OLG Stuttgart OLGZ 1966, 471 ff; LG Berlin FamRZ 1969, 219; AG Würzburg FamRZ 1998, 1319, 1320) oder Bedenken aus der Person des neuen Ehegatten (BGHZ 3, 60; BayObLG FamRZ 1964, 640, 641 [erhebliche Vorstrafen]; LG Berlin aaO [Schläge durch Stiefvater; überholt die gegenteilige Position des OLG Hamm aaO]). Daß der neue Ehegatte der „Scheidungsgrund" für die Elternehe war, genügt allein nicht; dieser Umstand mag jedoch eine strikte und dann zu berücksichtigende Ablehnung durch das Kind begründen. Die neue Familienbildung geht nicht selten mit einer kindeswohlwidrigen Abschottung gegenüber dem nicht-sorgeberechtigten Elternteil einher, die zu Umgangsvereitelungen (Rn 70 ff) und Einbenennungsversuchen gem § 1618 führen kann (vgl FTHENAKIS 192).

**87** Im wesentlichen das gleiche gilt bei **nichtehelichem Zusammenleben des Sorgeberechtigten mit einem neuen Partner**. Die Ehelosigkeit der Lebensgemeinschaft ist als solche auch dann kein Änderungsgrund, wenn der Partner noch anderweitig verheiratet ist (vgl STAUDINGER/COESTER [2000] § 1671 Rn 190 f; MünchKomm/HINZ Rn 12; SOERGEL/STRÄTZ Rn 12; ausf EHRING 109 ff; zu gegenteiliger früherer Rspr COESTER, Kindeswohl 344). Anderes kann gelten, wenn das Kind durch häufigen Partnerwechsel verunsichert (STAUDINGER/COESTER [2000] § 1671 Rn 209) oder dem elterlichen Geschlechtsleben unvermittelt ausgesetzt ist, etwa in einer promiskuitiven Lebensgemeinschaft (vgl OLG Stuttgart FamRZ 1985, 1285 [Änderung nach Gesamtabwägung des Kindeswohls dennoch vertretbar abgelehnt wegen guter Entwicklung des Kindes und enger Bindung zur sorgeberechtigten

Mutter]; zu dieser Entscheidung s auch STAUDINGER/COESTER [2000] § 1666 Rn 111 f, 114; § 1671 Rn 192).

Als **Änderungsgrund** wurden desweiteren angesehen der Einzug des Sorgeberech- **88** tigten mit Kind in eine **Hausbesetzergemeinschaft** (AG Berlin-Charlottenburg KJ 1983, 208 ff [allerdings mit Aussetzung des Verfahrens, um der sorgeberechtigten Mutter eine Überlegungsfrist zu gewähren], krit dazu MÜNDER EzFamR § 1671 Nr 5; vgl Rn 117), die **Unterlassung gebotener ärztlicher Behandlung** (KG NJW-RR 1990, 716 f) oder die **mangelnde Förderung eines sprachgestörten Kindes** (OLG Hamm FamRZ 1979, 855).

(2) **Verbesserungen beim nichtsorgeberechtigten Elternteil** können sich aus dessen **89** gesundheitlicher oder psychischer Stabilisierung ergeben, aus ökonomischer Konsolidierung oder aus einer Neuheirat, wenn der Elternteil daraufhin seine Berufstätigkeit aufgibt und für die persönliche Betreuung des Kindes zur Verfügung steht oder wenn sein neuer Gatte die Betreuung übernehmen kann (vgl LG Berlin FamRZ 1969, 219; LG Landau FamRZ 1967, 405) oder sonst stabilisierend oder kindeswohlförderlich erscheint (OLG Hamburg FamRZ 1982, 532, 533). Allerdings reichen derartige Situationsverbesserungen für eine Sorgerechtsänderung regelmäßig nicht aus, solange das Kind beim sorgeberechtigten Elternteil gut untergebracht ist (BayObLGZ 1951, 330, 334; KG FamRZ 1967, 411 f; OLG Stuttgart FamRZ 1978, 827, 829). Anderes kann gelten, wenn die Zuweisung zum Sorgeberechtigten wegen Ausfalls des anderen Elternteils nur eine „Notlösung" war (OLG Stuttgart FamRZ 1976, 34, 35) oder wenn das Kind überwiegend nicht vom Sorgeberechtigten, sondern von dritten Personen betreut wird (allerdings kann eine gewachsene Bindung an die Betreuungsperson, zB Großeltern, der Änderung entgegenstehen, SOERGEL/STRÄTZ Rn 12). *Unzulässig* sind jedoch frühere Tendenzen der Gerichte, Sorgerechtsübertragungen auf den Vater regelmäßig oder jedenfalls bei Kleinkindern als „Notlösung" anzusehen und zugunsten der Mutter zu ändern, sobald sich deren Verhältnisse konsolidiert haben (OLG Stuttgart FamRZ 1978, 827, 829; SIMITIS, in: FS Müller-Freienfels [1986] 579, 614 Fn 97; vgl COESTER, Kindeswohl 335 Fn 844 mwN; anders noch EWERS FamRZ 1999, 477, 478; vgl Rn 20).

Ist nach der gebotenen Gesamtabwägung des Kindeswohls eine Änderung angezeigt, **90** so muß diese nicht daran scheitern, daß der nichtsorgeberechtigte Elternteil sich inzwischen einer **Geschlechtsumwandlung** unterzogen hat (OLG Schleswig FamRZ 1990, 433, 434 f mit zurückhaltender Anm LUTHIN). Auch nach der Umwandlung bleibt er „Elternteil" im Rechtssinne (§ 11 TSG). Aus der Geschlechtsveränderung folgende Probleme für das Kind (vgl STAUDINGER/COESTER [2000] § 1671 Rn 185) können durch persönliche Qualitäten oder andere Umstände (zB Kindeswille, OLG Schleswig aaO) aufgewogen werden. Entsprechendes gilt bei einer Geschlechtsumwandlung beim sorgeberechtigten Elternteil (vgl EHRING 116 f).

## 2.    Erstentscheidungen nach § 1672

Zur **Abgrenzung** dieser Vorschrift zu § 1696 Abs 1 s oben Rn 18–21. Hier bleibt nur, **91** sofern § 1696 Abs 1 demnach anzuwenden ist, der nach dieser Norm anzulegende **Änderungsmaßstab** zu erörtern.

Hatten nichteheliche Eltern gem § 1672 Abs 2 S 1 zunächst das gemeinsame Sorgerecht erlangt, dieses aber gem § 1671 Abs 2 Nr 1 oder 2 wieder in Alleinsorge eines

Teils umändern lassen, und streben sie nunmehr wieder **gemeinsames Sorgerecht** an, so gelten die in Rn 64–66 dargelegten Grundsätze: Bei elterlicher Übereinstimmung ist nur zu prüfen, ob triftige Gründe des Kindeswohls *gegen* das gemeinsame Sorgerecht sprechen. Damit ist der Prüfungsmaßstab mit § 1672 Abs 2 S 1 bei der erstmaligen Begründung des gemeinsamen Sorgerechts gleichgeschaltet und Wertungswidersprüche werden vermieden (vgl Staudinger/Coester [2000] § 1672 Rn 19). Begehrt nur ein Elternteil das gemeinsame Sorgerecht, so muß sich diese Gestaltung im Lichte des Kindeswohls als deutlich überlegen erweisen (Rn 65 f). Insofern bleibt ein Unterschied zu § 1672 Abs 2 S 1: Ohne Konsens der Eltern kann dort gemeinsames Sorgerecht nicht angeordnet werden. Die insoweit flexibleren Grundsätze des § 1696 Abs 1 können damit gerechtfertigt werden, daß hier nur ein früheres gemeinsames Sorgerecht wiederhergestellt wird.

**92**  Ein **Wechsel der Alleinsorge** zwischen den Eltern, nachdem zuvor einmal dem Vater das Sorgerecht nach § 1672 Abs 1 übertragen worden war, beurteilt sich ohne weiteres und ohne Modifikationen nach der Änderungsschwelle des § 1696 Abs 1 – gleich, ob es sich um einen Rückwechsel der Sorge zur Mutter oder (danach) um einen erneuten Wechsel zum Vater handelt. Weder gebührt der Mutter bei der Abwägung zwischen den Eltern ein fortbestehender Vorrang, noch hat der Vater erneut die qualifizierte Hürde des § 1672 Abs 1 zu überwinden (oben Rn 20 f). Ein Sorgerechtswechsel kommt demnach nur in Betracht, wenn für ihn triftige, das Kindeswohl nachhaltig berührende Gründe sprechen (insoweit gelten die in Rn 67–90 dargelegten Gesichtspunkte).

### 3.  Ausfall des kraft Gerichtsentscheidung alleinsorgeberechtigten Elternteils (§ 1678)

**93**  Für diese Fallgestaltung trifft § 1678 keine Sonderregelung (vgl § 1678 Abs 1 HS 2, Abs 2), sie ist nach § 1696 Abs 1 zu beurteilen (oben Rn 22; Staudinger/Coester [2000] § 1678 Rn 14, 36). Allerdings wird der **Maßstab** des § 1696 Abs 1 der Situation nicht gerecht: Nachdem ein Elternteil ausgefallen ist, haben der andere Elternteil und das Kind den verfassungsrechtlich geschützten *Anspruch* darauf, daß die Sorge vom anderen Elternteil übernommen wird, sofern dieser sorgerechtsfähig ist und nicht triftige Gründe des Kindeswohls gegen ihn sprechen: Also **Regelübertragung auf den anderen Elternteil vorbehaltlich negativer Kindeswohlkontrolle** – der Ausfall *ist* regelmäßig ein „triftiger Grund" für einen Wechsel iS des § 1696 Abs 1 (vgl Staudinger/Coester [2000] § 1678 Rn 15, 35 f; Palandt/Diederichsen § 1678 Rn 12; ausf P Huber FamRZ 1999, 1625, 1627 f; zur Übernahmebereitschaft des anderen Elternteils oben Rn 63 und Staudinger/Coester [2000] § 1678 Rn 30; bei *Tod oder Todeserklärung* des bisher alleinsorgeberechtigten Elternteils gilt § 1696 Abs 1 nicht [Rn 23], aber die Sondervorschriften der §§ 1680 Abs 2, 1681 Abs 1, 2 regeln die Situation in vorstehendem Sinne und bestätigen damit indirekt die hier vertretene Position). Dies gilt bei jedem tatsächlichen Ausfall des Sorgeberechtigten über längere Zeit, auf die Voraussetzungen des § 1678 Abs 2 (rechtliche Verhinderung voraussichtlich auf Dauer) kommt es nicht an (Staudinger/Coester [2000] § 1678 Rn 37).

## 4. Sorgerechtsentzug beim kraft Gerichtsentscheidung alleinsorgeberechtigten Elternteil (§ 1680 Abs 3)

Bei Vorhandensein eines sorgeberechtigten anderen Elternteils ist diese Fallgestal- **94** tung vom FamG **grundsätzlich zu vermeiden**: Die Übertragung auf den anderen Elternteil gem § 1696 Abs 1 erübrigt einen Sorgerechtsentzug nach § 1666 (oben Rn 13). Unabhängig davon, ob das FamG diese Regel beachtet hat (wenn nicht, ist die Übertragung nach Abs 1 nachzuholen, vgl Rn 24), gilt für die Anwendung des Abs 1 dasselbe wie bei anderen Ausfallgründen: Ist das Kindeswohl beim alleinsorgeberechtigten Elternteil gefährdet oder diesem das Sorgerecht deswegen sogar schon entzogen worden, so *ist* dies ein triftiger Grund für die Übertragung auf den anderen Elternteil, sofern nicht die Kindesinteressen entgegenstehen – also **Regelübertragung mit negativer Kindeswohlkontrolle durch das FamG** (vgl Rn 93; näher STAUDINGER/COESTER [2000] § 1680 Rn 22 f).

## 5. Umgangsregelungen, §§ 1684 Abs 3, 1685 Abs 3

Häufig stellt sich die Abänderungsfrage bei gerichtlichen Anordnungen, die den **95** Umgang des nichtsorgeberechtigten oder getrennt lebenden Elternteils mit dem Kind betreffen. Die **Änderungsschwelle** für bloße Modifikationen oder Erweiterungen des Umgangs ist **niedriger** anzusetzen als bei Sorgerechtsentscheidungen (vgl Darstellung und Nachweise STAUDINGER/RAUSCHER § 1684 Rn 265 f, 272 f), da Umgangsregelungen in die Lebensverhältnisse des Kindes weniger schwerwiegend eingreifen als ein grundsätzlicher Plazierungswechsel und Anpassungen an die Veränderungen in beiden Elternfamilien häufig notwendig werden können. Allerdings haben auch Umgangsregelungen eine „gewisse Bestandskraft", die ohne Änderung der Sach- oder Rechtslage nicht durchbrochen werden darf (OLG Zweibrücken FamRZ 1997, 45, 46).

Damit sind auch schon die **Entscheidungsmaßstäbe** für die Änderungsprüfung be- **96** zeichnet: Wie bei Erstentscheidungen gem § 1684 Abs 3 kommt dem **Kindeswohl** vorrangige Bedeutung zu, § 1697 a, allerdings in der Fragestellung des § 1696 Abs 1. Das **Elternrecht** des getrennt lebenden Elternteils ist ebenfalls ein legitimer Gesichtspunkt, der *gegen* das Kindeswohl jedoch weder eine Umgangsregelung noch eine Änderung rechtfertigen kann (STAUDINGER/RAUSCHER § 1684 Rn 163 ff, **aA** wohl Rn 270; zum Primat des Kindeswohls vgl STAUDINGER/COESTER [2000] § 1671 Rn 158 ff). Kindes- und Elterninteressen sollen im **Vermittlungsverfahren nach § 52 a FGG** zum Ausgleich gebracht werden (dazu mwN STAUDINGER/RAUSCHER § 1684 Rn 243 f). Näher zu Änderungen von Umgangsregelungen STAUDINGER/RAUSCHER § 1684 Rn 260 ff; zur Frage von Sorgerechtsänderungen wegen Umgangsrechtsvereitelung durch den sorgeberechtigten Elternteil oben Rn 70 ff; zu *Umgangsbeschränkungen* Rn 14, 25, 99.

## V. Kindesschutzrechtliche Eingriffe in das Sorgerecht, Abs 2, 3

## 1. Grundsätze

Maßnahmen zur Abwehr einer Kindeswohlgefährdung unterliegen der strikten Bin- **97** dung an den Grundsatz der **Erforderlichkeit und Verhältnismäßigkeit** (Rn 3). Sie sind auf die jeweilige konkrete Gefahr „maßzuschneidern" und bedürfen nicht nur hinsichtlich ihrer Anordnung, sondern auch ihres zeitlichen Bestands der Legitimation aus dem staatlichen Wächteramt. Die Gefährdungslage ist unmittelbar maßgeblich für die Änderungsfrage, eine zusätzliche Änderungsschwelle besteht nicht. Es ist deshalb zumindest irreführend, wenn die Formulierung der Änderungsvoraussetzungen in Abs 1 („triftige, das Wohl des Kindes nachhaltig berührende Gründe") auch hier eingesetzt wird (so BayObLG DAVorm 1982, 604, 608 f) – allein der aktuelle Bestand einer Kindeswohlgefährdung ist maßgeblich für die Aufrechterhaltung, Änderung oder Aufhebung von Kindesschutzmaßnahmen (vgl auch unten Rn 114 zur Beweislast). Daß Maßnahmen zur Gefahrabwendung aufzuheben sind, wenn die Gefahr nicht mehr besteht, ist demnach eine Selbstverständlichkeit – **Abs 2** stellt sich insoweit als **klarstellende Komplementärnorm zu den Eingriffstatbeständen der §§ 1666–1667** dar (vgl BT-Drucks 8/2788, 68; OLG Celle FamRZ 1998, 1188; MünchKomm/HINZ Rn 15).

**98** Die vorstehenden Grundsätze entfalten aber auch **Bedeutung im Rahmen von Abs 1** (BayObLG FamRZ 1990, 1132, 1134 neigt offenbar zu einer entsprechenden Ausdehnung des Abs 2; wie hier BayObLG FamRZ 1997, 956; GERNHUBER/COESTER-WALTJEN § 57 IX 12): Ist die Gefährdung des Kindes nicht weggefallen, haben sich aber die Umstände verändert, so kann die Erstmaßnahme dem anzupassen sein entweder iS einer *Abmilderung* (vgl BayObLG DAVorm 1984, 1048, 1052 f: Entzug nur des Aufenthaltsbestimmungsrechts statt bisher der Personensorge; GERNHUBER/COESTER-WALTJEN aaO), einer *Verschärfung* (BayObLG DAVorm 1982, 611, 613 f; DAVorm 1984, 1048, 1053) oder aber einer *Ersetzung* durch geeignetere Maßnahmen (BayObLG DAVorm 1982, 611, 613 f).

**99** Die Vorschriften von Abs 2 und 3 sind **analog** anzuwenden auf Eingriffe in das elterliche Sorge- oder Umgangsrecht, die nicht auf den genannten „§§ 1666 bis 1667" beruhen, sondern auf **anderen Vorschriften** (Aufzählung und Begründung oben Rn 14 f, 28; so zum alten Recht schon SOERGEL/STRÄTZ § 1680 Rn 6, § 1696 Rn 16; STAUDINGER/COESTER12 Rn 18, 21 und § 1680 Rn 16). Soweit diese nicht (wie Abs 2 mit § 1666 Abs 1) auf eine *Gefährdung* des Kindes abstellen, sondern (vorgelagert) auf die *Erforderlichkeit* eines Eingriffs zum Schutze des Kindes, ist Abs 2 entsprechend zu lesen: Eingriffe und Beschränkungen sind aufzuheben, wenn sie *nicht mehr erforderlich* sind. Flankierende Regelungen, beim Umgang etwa nach § 1684 Abs 3, sind dadurch nicht ausgeschlossen.

## 2. Aufhebungspflicht, Abs 2

**100** Abs 2 setzt voraus, daß „**eine Gefahr ... nicht mehr besteht**". Die ursprüngliche Gefahr muß völlig weggefallen sein (vgl BayObLG FamRZ 1992, 97, 98; FuR 1999, 472 f). Dies ist zB nicht der Fall, wenn eine psychische Erkrankung des Elternteils zwar seit mehr als einem Jahr nicht mehr aufgetreten ist, aber mit neuen Schüben gerechnet werden muß (BayObLG FamRZ 1997, 956 f) oder wenn trotz Einstellung des Strafverfahrens gegen den Stiefvater gem § 170 Abs 2 StPO der Verdacht sexuellen Kindesmißbrauchs fortbesteht (OLG Düsseldorf FamRZ 1992, 205 f). Eine Aufhebung darf auch dann nicht erfolgen, wenn dem Kind nunmehr zwar nicht mehr die ursprüngliche, aber eine *andere* Gefahr droht (BVerfG FamRZ 1993, 782, 784; OLG Karlsruhe ZblJugR 1982, 245, 246). Diese Gefahr kann darin bestehen, daß das gem §§ 1666, 1666 a bei Dritten untergebrachte Kind inzwischen in der Pflegestelle verwurzelt ist und durch eine (unvermittelte) Herausnahme seelischen Schaden erleiden würde (BayObLG DAVorm 1982, 611, 614 ff; OLG Celle FamRZ 1998, 1188; vgl aber OLG Karlsruhe FamRZ 1994, 393, 394: Sicherung künftiger Verwurzelung genügt nicht). Häufig wird dann aber eine Modifizierung der Erstmaßnahme geboten sein (uU Verbleibensanordnung nach §§ 1632 Abs 4, 1682 mit Aufhebung des Sorgerechtseingriffs im übrigen, vgl § 1688; BVerfG FamRZ 1993, 782, 784). Eine Sorgerechtsmaßnahme nach §§ 1671 Abs 3 mit 1666 ist jedoch schon dann aufzuheben, wenn und soweit die elterliche Sorge auch nur *einem* Elternteil ohne Gefährdung des Kindeswohls übertragen werden kann. Für die Annahme einer fortbestehenden „Gefahr" genügt nicht, daß die Aufrechterhaltung der Maßnahme für das Kind günstiger wäre als ihre Aufhebung (OLG Karlsruhe FamRZ 1994, 393 f).

Dem Gefahrwegfall **gleichzustellen** ist die Erkenntnis, daß eine **Gefahr** in Wirklich- **101** keit **niemals bestanden** hat. Die Aufhebung hat auch dann zu erfolgen, wenn die Erstmaßnahme unzulässig war (BayObLG FamRZ 1990, 1132, 1134 [Verletzung des § 1666 a]). Entsprechendes gilt, wenn die Gefährdung zwar nicht weggefallen ist, die angeordnete Maßnahme sich aber als ungeeignet zu ihrer Beseitigung erwiesen hat und angemessene Mittel nicht zur Verfügung stehen (vgl STAUDINGER/COESTER [2000] § 1666 Rn 182).

Die Aufhebung hat **von Amts wegen** zu erfolgen, eines Antrags bedarf es nicht (zur **102** Feststellungslast Rn 114). Die Aufhebung wirkt ex nunc mit Bekanntgabe an den von der Erstentscheidung betroffenen Elternteil; eine angeordnete Vormundschaft endet ipso jure mit der Aufhebung nach § 1882 (MünchKomm/SCHWAB § 1882 Rn 9), eine Pflegschaft ist gem § 1919 gleichzeitig aufzuheben.

### 3.   Periodische Überprüfungspflicht, Abs 3

Die Überprüfungspflicht nach Abs 3 hat den **Zweck**, die Begrenzung von kindes- **103** schützenden Sorgerechtseingriffen durch das **Erforderlichkeitsprinzip** auch hinsichtlich ihres zeitlichen Bestandes sicherzustellen. Die Überprüfung dient der Sicherung der Aufhebungspflicht nach Abs 2 (BT-Drucks 7/2060, 39; 8/2788, 68), aber auch aller sonstigen, durch das Erforderlichkeitsprinzip gebotenen Anpassungen von Sorgerechtseingriffen nach Abs 1 (vgl die Ausschußminderheit ebd und oben Rn 98).

Zur Überprüfung (und ggf Änderung) verpflichtet ist **das für ein potentielles Ände- 104 rungsverfahren zuständige Gericht** (Rn 110), also nicht notwendig dasjenige, das die Erstentscheidung erlassen hat (BGH FamRZ 1992, 170; zu Übergangsproblemen nach dem KindRG 1998 vgl OLG Düsseldorf FamRZ 1999, 615 f). Bei oberinstanzlichen Entscheidungen ist das Gericht erster Instanz, also das **FamG** zuständig (vgl BayObLG DAVorm 1984, 1048, 1055). Das Überprüfungsverfahren ist ein **informelles, selbständiges Vorverfahren**, es dient der Vergewisserung, ob ein Änderungsverfahren einzuleiten ist oder nicht (THALMANN DRiZ 1980, 180 f). Abs 3 gebietet nicht die periodische Wiederaufrollung des Falles, an deren Ende eine förmliche Entscheidung über den Fortbestand der Maßnahme zu stehen hätte (so aber offenbar BayObLG FamRZ 1990, 1132, 1134), denn schon das Verfahren selbst kann das Kind und andere Beteiligte verunsichern (vgl Rn 44; SALGO, Pflegekindschaft und Staatsintervention [1987] 258; THALMANN 181).

Der **Umfang der Überprüfung** richtet sich grundsätzlich nach dem *Einzelfall* – der Art **105** der getroffenen Maßnahme, den Aussichten auf Veränderungen sowie dem Ergebnis vorangegangener Überprüfungen. Die Einholung einer Stellungnahme des Jugendamtes kann genügen, uU sind die Beteiligten anzuhören (THALMANN aaO; MünchKomm/

HINZ Rn 20). Das Überprüfungsverfahren findet seinen Abschluß in einem Aktenvermerk, in dem das Fehlen von Änderungsgründen oder die Einleitung des Änderungsverfahrens festgehalten wird.

**106** Auch die **„angemessenen Zeitabstände"**, innerhalb derer die Überprüfung vorzunehmen ist, richten sich nach den Gegebenheiten des Einzelfalls. Eine Erstüberprüfung ist regelmäßig nach kurzer Zeit angezeigt, nach mehreren ergebnislosen Überprüfungen können die Abstände größer werden. Genannt werden Fristen von ein bis drei Jahren (BayObLG FamRZ 1990, 1132, 1134 [8 Jahre jedenfalls zu lang, bei schwerwiegenden Eingriffen ein bis eineinhalb Jahre]; vgl MünchKomm/HINZ Rn 21; THALMANN 182: Überwachungsliste in der Geschäftsstelle anzulegen). Derartige Generalisierungen entbinden jedoch nicht von der Pflicht zur Aufhebung oder Änderung, wenn dem Gericht vorher Veränderungen bekannt werden.

**107** Hat die Erstentscheidung zu einer **Trennung von Kind und Eltern** geführt, ist zusätzlich **§ 37 Abs 1 KJHG** zu beachten; Demnach haben mit der Herausnahme des Kindes aus seiner Familie jugendhilferechtliche Bemühungen um deren Rekonstituierung einzusetzen, nach Absprache mit dem FamG schon im Entzugsverfahren (COESTER FamRZ 1991, 253, 259). Diese Bemühungspflicht ist begrenzt auf einen „im Hinblick auf die Entwicklung des Kindes oder Jugendlichen vertretbaren Zeitraum" (§ 37 Abs 1 S 2 KJHG), danach ist nach einer anderen Lebensperspektive für das Kind zu suchen (§ 37 Abs 1 S 4 KJHG; vgl COESTER aaO). Die Formulierung in § 37 Abs 1 S 2 KJHG muß als **Konkretisierung der „angemessenen Zeitabstände"** gem § 1696 Abs 3 verstanden werden, es kommt demnach wesentlich auf Alter und Entwicklung des Kindes, sein Zeitgefühl und sein Bedürfnis nach endgültiger Zuordnung an (SALGO, in: WIESNER/ZARBOCK, Das neue Kinder- und Jugendhilfegesetz [1991] 115 ff, 140; HEILMANN, Kindliches Zeitempfinden und Verfahrensrecht [1998] 125; WIESNER, SGB VIII [1995] § 37 Rn 16–18; zur kindlichen Zeitperspektive vgl BT-Drucks 11/5948, 75; ZENZ, Gutachten 54. DJT [1982] A 49, 50 sowie – im Hinblick auf die verfahrensrechtlichen Aspekte – grundlegend HEILMANN aaO). Die dem Kind zumutbare „Schwebephase" wird im allgemeinen bei etwa einem Jahr angesiedelt (ZENZ, Kindesmißhandlung 264, 299; MünchKomm/HINZ § 1666 Rn 12).

**108** Überprüfungspflicht des Gerichts gem § 1696 Abs 3 und Bemühungspflicht des Jugendamts gem § 37 Abs 1 S 2–4 KJHG *ergänzen* sich somit. Kommt es wegen Fortbestands der Gefahr nach dem Vertretbarkeitszeitraum des § 37 Abs 1 S 2 KJHG nicht zu einer Aufhebung des Sorgerechtseingriffs, so entbindet der anschließende Richtungswechsel der jugendhilferechtlichen Intervention nicht von weiteren Überprüfungen nach Abs 3, solange es nicht zu einer endgültigen Neuzuordnung des Kindes gekommen ist. Bei dauerhafter Fremdunterbringung ohne Adoption ist jedoch darauf zu achten, daß nicht Kind und Pflegeeltern durch ständig neue Überprüfungen verunsichert werden (BAER FamRZ 1982, 221, 231; SALGO, Pflegekindschaft und Staatsintervention [1987] 258 ff).

## VI. Änderungsfolgen

**109** Die Änderung der Sorgerechtszuweisung läßt regelmäßig die Geschäftsgrundlage für eine **Unterhaltsvereinbarung** oder einen Unterhaltsvergleich wegfallen (OLG Köln FamRZ 1979, 328). Eine Unterhaltsberechtigung des bisher Sorgeberechtigten aus § 1570 entfällt und kann umgekehrt in der Person des anderen Elternteils entstehen

– demgemäß kommt die Abänderung von Unterhaltsurteilen gem § 323 ZPO oder eine Vollstreckungsgegenklage gem § 767 ZPO in Betracht.

Das **Kindesvermögen** ist gem § 1698 Abs 1 an den nunmehr sorgeberechtigten Elternteil herauszugeben (zur Herausgabe von persönlichen Gebrauchsgegenständen des Kindes PE-SCHEL-GUTZEIT MDR 1984, 890 ff). Das **Kind selbst** ist auf entsprechendes Verlangen gem § 1632 Abs 1 herauszugeben, im Verweigerungsfall wird eine gesonderte Entscheidung gem § 1632 Abs 3 (mit erneuter, aber eingeschränkter Kindeswohlprüfung) notwendig.

## VII.  Zuständigkeit und Verfahren

### 1.    Zuständigkeit

Die **sachliche Zuständigkeit** des FamG oder VormG für eine Änderungsentscheidung **110** richtet sich nach der für die Erstentscheidung: Familiengerichtliche Entscheidungen werden vom FamG, vormundschaftsgerichtliche Entscheidungen vom VormG geändert (zu dessen Restzuständigkeit s Rn 28). Dabei kommt es allerdings auf die sachliche Zuständigkeit nach dem KindRG 1998 an. Soweit jetzt das FamG an die Stelle des VormG getreten ist, ist es auch für Änderungen von dessen Entscheidungen (oder Überprüfungen nach Abs 3, vgl OLG Düsseldorf FamRZ 1999, 615 f) zuständig (BayObLG DAVorm 1999, 645 ff). Dies gilt auch, wenn die Erstentscheidung in höherer Instanz ergangen ist, denn es handelt sich um ein neues, selbständiges Verfahren (Rn 5; vgl auch BGH FamRZ 1995, 414). Ob innerhalb des Gerichts der Richter oder der Rechtspfleger zuständig ist, richtet sich nach der jeweiligen Sachfrage (§§ 3 Nr 2 a, 14 RPflG).

Die **örtliche Zuständigkeit** kann wegen der Selbständigkeit des Verfahrens eine an- **111** dere sein als bei der Erstentscheidung (BGH FamRZ 1990, 1101, 1102; BayObLG FamRZ 1990, 1132, 1134; FamRZ 1976, 41, 43). Sie folgt aus §§ 43, 36 FGG; dies gilt auch für das FamG (über §§ 621 Abs 2 S 2, 621 a Abs 1 S 1 ZPO; anders nur bei Anhängigkeit einer Ehesache, § 621 Abs 2 S 1 ZPO). Zum maßgeblichen Wohnsitz des Kindes s § 11 BGB (vgl BGH FamRZ 1993, 49; FamRZ 1993, 307).

### 2.    Verfahren

Einleitung des Verfahrens und Ermittlungen erfolgen von Amts wegen (§ 12 FGG). **112** Änderungsanträge haben deshalb rechtlich nur die Bedeutung von „Anregungen" (BayObLG DAVorm 1982, 611, 613), die das Gericht nicht binden. Ob ein Änderungsverfahren eingeleitet wird, entscheidet das Gericht nach **pflichtgemäßem Ermessen** – es kann trotz Änderungsantrags die Einleitung ablehnen, wenn keine Anhaltspunkte für eine Änderung, insbes keine neuen Umstände ersichtlich sind, oder bei rechtsmißbräuchlichen Anträgen, die nur als „Störfeuer" gegen die Teilfamilie des Sorgeberechtigten dienen (vgl OLG Hamm FamRZ 1981, 600). Auch gegenständliche Beschränkungen eines Antrags hindern das Gericht nicht, eine Sorgerechtsänderung in vollem Umfang zu prüfen (BayObLG FamRZ 1964, 640; OLG Karlsruhe FamRZ 1984, 91, 92).

Die **Anhörung** der Beteiligten richtet sich nach §§ 50 a – 50 c FGG; soweit das **113** **Jugendamt** im Erstverfahren zu hören ist (§§ 49, 49 a FGG), gilt dies auch für das Änderungsverfahren (BayObLG DAVorm 1984, 1048, 1053; FamRZ 1976, 41, 43; OLG Düsseldorf FamRZ 1979, 859). Zur Einholung und Verwertung von **Sachverständigengutachten** vgl STAUDINGER/COESTER (2000) § 1666 Rn 218 ff; § 1671 Rn 286 ff. Wie im Erstverfahren kann für das Kind ein **Verfahrenspfleger** zu bestellen sein (§ 50 FGG, vgl STAUDINGER/COESTER [2000] § 1666 Rn 210 ff; § 1671 Rn 290 f). Das Gericht hat gem §§ 52, 52 a FGG auf eine **einvernehmliche Regelung** hinzuwirken.

**114** Eine **objektive Beweislast (Feststellungslast)** gibt es im Amtsverfahren nicht. Demgegenüber wird häufig behauptet, die Feststellungslast trage derjenige Elternteil, der die Änderung begehrt (BayObLG DAVorm 1984, 1048, 1053; DAVorm 1982, 611, 613; OLG Stuttgart FamRZ 1974, 538, 540). Im Verfahren gem § 1696 Abs 1 stimmt dies immerhin im praktischen Ergebnis wegen der zu überwindenden Änderungsschwelle (soweit diese nicht durch Elternkonsens oder aus anderen Gründen modifiziert ist). Ganz verfehlt ist diese Aussage jedoch bei kindesschutzrechtlichen Maßnahmen: Eingriffe in diesem Bereich bedürfen auch hinsichtlich ihres Bestandes der fortdauernden Legitimation aus den Kindesinteressen. Selbst bei früherer Kindeswohlgefährdung ist es nicht Sache der Eltern zu beweisen, daß sie ihr Kind nicht (mehr) gefährden, vielmehr haben die staatlichen Organe nicht nur den Eingriff, sondern auch dessen Fortbestand zu begründen. Zweifeln kann im Rahmen der Tatsachenwürdigung Rechnung getragen werden, nicht über Beweislastregelungen (zu Beweisfragen im Kindesschutzrecht vgl ZENZ, Kindesmißhandlung 376 ff).

**115** **Einstweilige oder vorläufige Anordnungen** sind auch im Änderungsverfahren möglich nach den gleichen Grundsätzen wie im Erstverfahren (OLG Köln FamRZ 1997, 386, 387; OLG Karlsruhe FamRZ 1982, 978, 979; vgl STAUDINGER/COESTER [2000] § 1666 Rn 234 ff; § 1671 Rn 293 ff). Um mehrfachen Aufenthaltswechsel des Kindes zu vermeiden (vgl HEILMANN [Rn 107] 252 ff), ist auf den mutmaßlichen Ausgang des Änderungsverfahrens abzustellen: Eine vorläufige Übertragung des Aufenthaltsbestimmungsrechts auf den nichtsorgeberechtigten Elternteil sollte nur erfolgen, wenn (neben der stets erforderlichen Dringlichkeit einer alsbaldigen Regelung) eine Änderung zugunsten dieses Elternteils wahrscheinlich ist (BayObLGZ 1961, 262, 264 f; OLG Karlsruhe FamRZ 1984, 91, 92; OLG München FamRZ 1981, 389) oder wenn eine Aufenthaltsänderung durch den Sorgeberechtigten verhindert werden soll (OLG Karlsruhe FamRZ 1992, 978, 979). Letztlich ausschlaggebend ist aber auch hier allein das Kindeswohl im Einzelfall (OLG Köln FamRZ 1971, 188, 189). Entsprechendes gilt für Anordnungen zugunsten des Sorgeberechtigten, wenn das Kind seit längerem tatsächlich beim anderen Elternteil lebt – der routinemäßige Erlaß einer einstweiligen Anordnung der Herausgabe an den noch sorgeberechtigten Elternteil würde die Gefahr eines mehrfachen Wechsels erhöhen (vgl den Sachverhalt in OLG Schleswig FamRZ 1990, 433 sowie oben Rn 68 f). Um der endgültigen Entscheidung nicht mehr als notwendig vorzugreifen, sind vorläufige Anordnungen strikt auf das *erforderliche Ausmaß zu begrenzen* (BVerfG FamRZ 1994, 223, 224; BayObLGZ 1961, 262, 266, 268), sie können sich idR auf das Aufenthaltsbestimmungsrecht beschränken (vgl OLG München FamRZ 1981, 389, 390; FamRZ 1977, 749). Die trotz Eilbedürftigkeit möglichen Aufklärungen und Anhörungen sind durchzuführen (BVerfG FamRZ 1994, 223, 224 f). Im Änderungsverfahren nach §§ 1696, 1671, 1672 kann durch vorläufige Anordnung auch dann der **Umgang** geregelt werden, wenn nicht zugleich ein Umgangsverfahren anhängig ist (OLG Karlsruhe FamRZ 1992, 978 f; PALANDT/DIEDERICHSEN Rn 32). Die gegenteilige Auffassung (OLG Zweibrücken FamRZ 1989, 1108; MAURER FamRZ 1990, 193 f) ist spätestens mit dem KindRG 1998 unhaltbar geworden: Die Grenzen zwischen Sorge- und Umgangsrecht sind fließend geworden (vgl § 1687), in der Sache geht es um einstweilige Sicherung des Kindeskontakts zu beiden Eltern (iE auch STAUDINGER/RAUSCHER § 1684 Rn 423).

Bei **Wiederheirat der Eltern während des Änderungsverfahrens** wird dieses gegen- **116** standslos (vgl Rn 8; KG FamRZ 1982, 736). Getroffene kindesschutzrechtliche Maßnahmen bleiben allerdings bestehen, sind jedoch aus diesem Anlaß nach Abs 3 zu überprüfen.

### 3. Entscheidung

Eine **Aussetzung der Entscheidung** bei eigentlich angezeigter Änderung kann aus dem **117** Grundsatz der Verhältnismäßigkeit geboten oder zumindest sinnvoll sein, wenn die Hoffnung besteht, daß der grundsätzlich geeignete Sorgeberechtigte, der durch punktuelles Verhalten Anlaß zum Änderungsverfahren gegeben hat, dieses unter dem Druck der angekündigten Änderungsentscheidung wieder aufgibt. Eine intensive Bindung des Kindes an den Sorgeberechtigten kann so erhalten und der kindesschädigende Einfluß dennoch beseitigt werden (vgl AG Berlin-Charlottenburg KJ 1983, 208, 210, dazu Rn 88).

Das Verfahren nach Abs 1, 2 ist **stets durch eine Endentscheidung abzuschließen** (zum **118** Verfahren nach Abs 3 Rn 104 f), auch wenn die Änderung abgelehnt wird. Das Verfahren **erledigt** sich allerdings ohne weiteres, wenn das Kind inzwischen **volljährig** geworden ist (BGH FamRZ 1993, 314).

Die Entscheidung wird **wirksam** mit (formloser) Bekanntgabe an die Eltern oder den künftigen Sorgeberechtigten. Dies gilt – trotz § 329 Abs 3 ZPO – auch für familiengerichtliche Entscheidungen, § 621 a Abs 1 S 1 ZPO; die förmliche Zustellung nach § 329 Abs 2 ZPO hat nur Bedeutung für den Beginn der Rechtsmittelfrist (OLG Stuttgart FamRZ 1982, 429).

### 4. Rechtsmittel

**Familiengerichtliche Entscheidungen** unterliegen der befristeten Beschwerde gem **119** §§ 621 e, 516 ZPO (Monatsfrist; zur Begründungspflicht §§ 621 e Abs 1, 3 iVm 519 ZPO). Ist Beschwerde eingelegt, steht dem FamG keine Abhilfebefugnis (gem § 18 FGG) zu (s oben Rn 7). Soweit erforderlich, kann das OLG eine einstweilige Anordnung treffen.

Gegen **vormundschaftsgerichtliche Änderungsentscheidungen** ist einfache Beschwerde zulässig gem §§ 19, 20 FGG (dazu kritisch – aus Sicht der Kindesinteressen – HEILMANN [Rn 107] 244). Ob – insbes nach längerem Zeitablauf – ein Änderungsbegehren als Beschwerde oder als Änderungsantrag zu verstehen ist, ist durch Auslegung zu ermitteln; stützt sich das Begehren auf neue Tatsachen, so wird idR von einem Änderungsantrag auszugehen sein (BGB-RGRK/ADELMANN Rn 4).

### 5. Kosten

Hinsichtlich der Kosten gilt Entsprechendes wie bei der Erstregelung (BayObLGZ **120** 1961, 173, 175 f). Wird ein Änderungsantrag abgelehnt, kann der Sorgeberechtigte nicht zur Erstattung gerichtlicher Auslagen (Sachverständigenkosten) herangezogen werden (keine Anwendbarkeit des § 94 Abs 3 S 2 KostO; OLG Zweibrücken ZfJ 1985, 143 mwN).

## VIII. Auslandsbezüge

**121** Änderungen von gerichtlichen Sorge- oder Umgangsrechtsentscheidungen sind „Schutzmaßnahmen" iS von Art 1 Haager MSA (OLG Zweibrücken FamRZ 1975, 172, 174; OLG Karlsruhe FamRZ 1995, 562, 563). Deutsche Gerichte sind deshalb stets **international zuständig**, wenn das Kind seinen gewöhnlichen Aufenthalt in Deutschland (bei Eilmaßnahmen genügt schlichter Aufenthalt, Art 9 MSA) oder die deutsche Staatsangehörigkeit hat (Art 4 MSA; vgl OLG Celle FamRZ 1993, 95 f; OLG Hamm FamRZ 1991, 1466 ff). Bei gegebener Zuständigkeit ist **deutsches Recht anwendbar**, Art 2 MSA (verfehlt ist die verfahrensrechtliche Qualifikation des § 1696 bei MünchKomm/FINGER Rn 38).

**122** Grundsätzlich sind **auch ausländische Sorge- oder Umgangsrechtsentscheidungen abänderbar**, auch ausländische Änderungsentscheidungen (vgl OLG Hamm FamRZ 1975, 426 ff; FamRZ 1991, 1466, 1468; OLG Karlsruhe FamRZ 1995, 562 ff; OLG München FamRZ 1997, 106; AG Würzburg FamRZ 1998, 1319), nicht jedoch gesetzliche Sorgerechtsverhältnisse (vgl OLG Karlsruhe FamRZ 1995, 562, 563). Die Anerkennungsfähigkeit von Entscheidungen steht nicht entgegen, sondern ist Voraussetzung der Abänderbarkeit (BGH NJW-RR 1986, 1130; OLG Bamberg FamRZ 1990, 1135, 1136; zum Konflikt mit den Anerkennungsgrundsätzen s STAUDINGER/COESTER [2000] § 1671 Rn 323). Bei fehlender Anerkennungsfähigkeit ist nach den Grundsätzen der Erstentscheidung zu verfahren (STAUDINGER/COESTER [2000] § 1671 Rn 320). Bei **internationalen Kindesentführungen** schiebt sich *vor* die Änderungsfrage die Rückführung des Kindes nach dem HKÜ bzw ESÜ (dazu STAUDINGER/PIRRUNG [1994] Vorbem 604 ff zu Art 19 EGBGB). Diese Abkommen können ein Änderungsverfahren ausschließen (Art 16 HKÜ; vgl MünchKomm/SIEHR Art 19 EGBGB Anh II Rn 62 f, 90; AG Würzburg FamRZ 1998, 1319, 1320; zur gebotenen Zurückhaltung bei Änderungen zugunsten des Entführers schon vor Inkrafttreten der Übereinkommen OLG Bamberg FamRZ 1990, 35 f; FamRZ 1987, 185). Allerdings kann in Ausnahmefällen gem Art 34 HKÜ, Art 1, 2 MSA auch eine rechtskräftige, aber noch nicht vollzogene Rückgabeentscheidung gem § 1696 Abs. 1 abgeändert werden, wenn sich beim begünstigten Elternteil disqualifizierende Umstände ergeben (OLG Karlsruhe v 3. 4. 2000 – 2 WF 31/00 – FamRZ 2000 Heft 12/VII: Verhaftung wegen Diamantenraubs). In diesem Fall sind „triftige Änderungsgründe" gem § 1696 Abs 1 aber nur solche, die auch eine anfängliche Ablehnung der Rückgabe gem Art 13 HKÜ gerechtfertigt hätten. Die Änderungsentscheidung ist dann eine solche nach Art 19 HKÜ, nicht eine Sorgerechtsentscheidung. Bei Entführungen ins Ausland während des Änderungsverfahrens besteht, wie bei Erstentscheidungen, die internationale Zuständigkeit begrenzt fort. Von sanktionierenden Entscheidungen zuungunsten des Entführers ist abzusehen, auch hier entscheidet ausschließlich das Kindesinteresse (vgl STAUDINGER/COESTER [2000] § 1671 Rn 43, 196, 225).

**123** Ist bei **islamischen Familien** kraft des gemeinsamen Heimatrechts der beteiligten Familien die elterliche Sorge für ein Kleinkind dem Vater, die Personensorge aber zeitlich begrenzt der Mutter zugefallen (hadanah), so kann bei Ablauf der *hadanah* aus Kontinuitätsgründen das Sorgerecht der Mutter übertragen werden (OLG Zweibrücken FamRZ 1975, 172 ff). Ist in einem **US-amerikanischen Scheidungsurteil** beiden Eltern die rechtliche Sorge („joint legal custody") zugesprochen, einem Elternteil die tatsächliche Betreuung („sole physical custody" [das OLG Zweibrücken FamRZ 2000, 690 spricht irrtümlich von „joint physical custody"]), so entspricht dies der Kompetenzverteilung gem § 1687 Abs 1; ein Grund zur Änderung besteht regelmäßig nicht (OLG Zweibrücken aaO).


## § 1697

**Ist auf Grund einer Maßnahme des Familiengerichts eine Vormundschaft oder Pflegschaft anzuordnen, so kann das Familiengericht auch diese Anordnung treffen und den Vormund oder Pfleger auswählen.**


**Materialien:** Art 1 Nr 26 KindRG 1998. STAUDINGER/BGB-Synopse 1896–2000 § 1697.


## I.    Normzweck und -inhalt

Auswahl und Bestellung eines Vormunds oder Pflegers sind grundsätzlich Aufgabe **1** des VormG (§§ 1779, 1789, 1915 Abs 1), dem dann auch die anschließende Aufsicht und Beratung obliegt (§§ 1837, 1915 Abs 1). Diese „organisierenden" Zuständigkeiten fielen traditionell mit der Entscheidungszuständigkeit zusammen, ob den Eltern das Sorgerecht zu entziehen und einem Vormund oder Pfleger zu übertragen war (insbes § 1666). An der Organisationszuständigkeit des VormG wurde auch festgehalten, nachdem die Anordnung einer Vormundschaft oder Pflegschaft im Zusammenhang mit Ehekonflikten auch durch das FamG getroffen werden konnte (§§ 1671 Abs 5, 1672 aF). Diese Zuständigkeitsaufspaltung zwischen Anordnung der Vormundschaft bzw. Pflegschaft einerseits, Auswahl und Bestellung der Person andererseits wurde vielfach für unbefriedigend gehalten (BGH FamRZ 1981, 1048, 1049; BOSCH FamRZ 1980, 1, 9, 11). Nachdem durch das KindRG die kindesschutzrechtliche Eingriffsbefugnis generell auf die FamG übertragen worden ist, wollte der Gesetzgeber mit der neuen Vorschrift des § 1697 den erhobenen Bedenken Rechnung tragen:

Im Entzugsverfahren gewinnt das FamG häufig schon Kenntnisse darüber, welche **2** Person anstelle der Eltern für das Kind zu sorgen geeignet wäre. Diese Erkenntnisse sollen nicht bei der Verweisung an das VormG verloren gehen, das FamG soll – auf sie gestützt – unmittelbar selbst die Person des Vormunds oder Pflegers auswählen können (BT-Drucks 13/4899, S 110). Dieses Verfahren hat auch weitere Vorteile: Es werden unnötige Verzögerungen vermieden, und die Akzeptanz des Sorgerechtsentzugs mag in Einzelfällen den Eltern leichter fallen, wenn sie schon bei der Entscheidung erfahren, wer statt ihrer die Sorgeverantwortung übernehmen soll (BT-Drucks aaO). Dem VormG bleibt dann nur noch die *Bestellung* der vom FamG ausgewählten Person (§ 1789: „mittels Handschlag an Eides Statt"). Die Reservierung dieser Funktion für das VormG ist sinnvoll, weil damit die Kontaktbasis für die künftige Beaufsichtigung und Beratung durch dieses Gericht gelegt wird (BT-Drucks aaO; OLG Stuttgart FamRZ 1999, 1601; LIPP/WAGENITZ, Das neue Kindschaftsrecht § 1697 Rn 1; GRESSMANN, Neues Kindschaftsrecht Rn 431; BÜTTNER FamRZ 1998, 585, 587; **aM** WESCHE RPfl 2000, 145, 147 [auch insoweit Zuständigkeit des FamG]; dagegen aber BESTELMEYER FamRZ 2000, 1068, 1069).

## II.  Einzelheiten

### 1.  Maßnahme des Familiengerichts

**3** Das FamG muß für die „Grundentscheidung" (Entzug des Sorgerechts, Anordnung der Vormundschaft oder Pflegschaft) zuständig sein. Wichtigster Anwendungsfall wird § 1666 sein; auch § 1693 kommt in Betracht, wenn die Eltern verhindert sind und ein dringendes Regelungsbedürfnis besteht, dem das FamG durch Vormund- oder Pflegerbestellung genügen will (vgl § 1693 Rn 7). Außerhalb dieser engen Voraussetzungen bietet § 1693 jedoch keine Grundlage, die Zuständigkeit in Vormundschafts- und Pflegschaftssachen breitflächig auf die FamG zu verlagern (vgl § 1693 Rn 3; **anders** OLG Stuttgart FamRZ 1999, 1601).

### 2.  Ermessen des Familiengerichts

**4** Das FamG „kann" Vormundschaft oder Pflegschaft anordnen und die geeignete Person auswählen, muß dies aber nicht generell: Die konkurrierende Zuständigkeit des VormG gemäß §§ 1773, 1779, 1909 ff, 1915 Abs 1 bleibt unberührt. Für die Ermessensausübung des FamG sind die Normzwecke richtungsweisend (s Rn 2). Erweist sich demnach die Personenauswahl durch das FamG als vorteilhaft, schrumpft die Ermessensfreiheit des FamG auf null: Es *muß* die Auswahl treffen. Andernfalls kann es sich mit der Entzugsentscheidung begnügen und die Akten zur weiteren Veranlassung an das VormG übersenden (vgl OLG Stuttgart FamRZ 1999, 1601 f).

### 3.  Scheidungsfolgensachen

**5** Sorgeentzugsverfahren im Zusammenhang mit einem Scheidungsverfahren sind *Folgesache* gemäß § 623 Abs 3 S 1 ZPO. Die Einbeziehung in den Scheidungsverbund beschränkt sich dem Gesetzeswortlaut zufolge auf die „Übertragung" der Sorge auf einen Vormund oder Pfleger. Die Auswahlentscheidung soll nicht in den Verbund und damit – in Abweichung von § 1697 – nicht in die Zuständigkeit des FamG fallen, damit nicht Dritte (dh die zur Auswahl stehenden Personen) in das Verfahren miteinbezogen werden müssen (BT-Drucks 13/4899, S 110; Palandt/Diederichsen Rn 2; FamRefK/Rogner Rn 6). Dies überzeugt nicht, dem Problem könnte auch im Rahmen der Ermessensentscheidung nach § 1697 Rechnung getragen werden. Jedenfalls aber bleibt ein Ausweg, wenn die Auswahlentscheidung nicht im Verbund getroffen werden kann: Das FamG kann nach § 623 Abs 3 S 2 ZPO das Sorgerechtsverfahren von der Scheidungssache abtrennen und gewinnt damit die Kompetenz nach § 1697 zurück (Lipp/Wagenitz, Das neue Kindschaftsrecht § 1697 Rn 2). Es ist legitim, die Abtrennungsentscheidung gerade auch auf diesen Gesichtspunkt zu stützen.

## § 1697 a

**Soweit nicht anderes bestimmt ist, trifft das Gericht in Verfahren über die in diesem Titel geregelten Angelegenheiten diejenige Entscheidung, die unter Berücksichtigung der tatsächlichen Gegebenheiten und Möglichkeiten sowie der berechtigten Interessen der Beteiligten dem Wohl des Kindes am besten entspricht.**

**Materialien:** Art 1 Nr 26 KindRG 1998. STAU-
DINGER/BGB-Synopse 1896–2000 § 1697 a.

## I.    Normzweck

Das Kindeswohlprinzip ist beherrschender Leitgedanke des gesamten Kindschafts- 1
rechts. Dieser war als solcher jedoch bisher nicht herausgestellt, vielmehr ist die
Maßgeblichkeit des Kindeswohls in einer Vielzahl von Einzelvorschriften, jeweils
mit unterschiedlichem Gewicht, ausdrücklich normiert (zB §§ 1666, 1671, 1672). Der
durch das KindRG 1998 neu geschaffene § 1697 a will das über diesen Einzelvorschriften schwebende **Grundprinzip** verdeutlichen und zugleich eine **Auffangvorschrift** bereitstellen für Entscheidungssituationen, in denen das positive Recht den
Maßstab für die gerichtliche Entscheidung offenläßt (BT-Drucks 13/4899, S 110 f; vgl
PALANDT/DIEDERICHSEN Rn 1: „das allgemein Anerkannte [wird] zum verpflichtenden rechtsethi-
schen Prinzip"). Dem Wortlaut nach ist § 1697 a auf Sorge- und Umgangsverfahren
nach dem 5. Titel (§§ 1626–1698 b) beschränkt; einer analogen Anwendung in anderen kindschaftsrechtlichen Verfahren steht jedoch nichts entgegen (zB § 1617
Abs 2 S 1; näher Erl zu § 1617).

## II.   Zum **sachlichen Inhalt des Kindeswohlprinzips** kann auf grundsätzliche Darstel- 2
lungen anderwärts verwiesen werden (STAUDINGER/COESTER [2000] § 1666 Rn 63 ff, § 1671
Rn 153 ff). § 1697 a fügt dem **nichts Neues** hinzu – das Prinzip der Einzelfallgerechtigkeit (aaO § 1666 Rn 64, § 1671 Rn 173 ff) umfaßt ohne weiteres die „Berücksichtigung
der tatsächlichen Gegebenheiten und Möglichkeiten" iS dieser Vorschrift, und die
„berechtigten Interessen der Beteiligten" verweisen auf die stets notwendige, abge-
wogene Interessenabwägung aller Betroffenen unter Voranstellung des Kindeswohls
(STAUDINGER/COESTER [2000] § 1666 Rn 66, 69, § 1671 Rn 157 ff, 174).

Soweit § 1697 a andere Normen ergänzt (Rn 3), wird dort eine „offene", dh nicht
durch Eingriffshürden oder sonstige Modifikationen eingeschränkte Kindeswohlabwägung vorgeschrieben: Es ist die dem Kindeswohl „am besten entsprechende"
Entscheidung zu treffen, nicht die, die dem Kindeswohl „dient" (§ 1672 Abs 1), „erforderlich" (§ 1684 Abs 4 S 1) oder aus „triftigen Gründen angezeigt" ist (§ 1696
Abs 1).

## III.  Auffangvorschrift

### 1.    Ergänzung und Lückenfüllung

§ 1697 a soll sicherstellen, was zuvor durch Rechtsanalogie geleistet worden ist: Die 3
Destillation eines übergreifenden Rechtsprinzips aus Einzelvorschriften und seine
Anwendung auf andere, ergänzungsbedürftige Normen. Als Anwendungsfelder
kommen solche Vorschriften in Betracht, die sich über Anwendungsvoraussetzungen
und Entscheidungsmaßstab gar nicht äußern (zB §§ 1628, 1632 Abs 3, 1643–1645,
1684 Abs 3), aber auch solche mit insoweit unklaren Vorgaben (zB § 2 Abs 3 S 2
RelKEG: „Zwecke der Erziehung maßgebend"). Stets muß es sich um Entschei-
dungsnormen für die *Gerichte* handeln (grundsätzlich das FamG, nur bei § 2 Abs 3
S 1 RelKEG das VormG; vgl § 1696 Rn 28), Adressat des § 1697 a sind *nicht die Eltern*

(deren Kindeswohlbindung folgt aus §§ 1626, 1627; zur unterschiedlichen Bedeutung des Kindeswohls für Eltern und Gerichte vgl COESTER, Das Kindeswohl als Rechtsbegriff 207 ff).

**4** Gleich bleibt, ob der Ergänzungsbedarf auf der Ebene der **Eingriffsvoraussetzungen** besteht (sofern nur der Eingriff als solcher grundsätzlich eröffnet ist vgl Rn 7) oder nur auf der Ebene der **Maßnahmenauswahl** (BT-Drucks 13/4899, S 110 f; die Alternative entspricht dem „Ob" und dem „Wie" einer Entscheidung). Beides kann zusammenfallen: Bei § 1628 darf in das gemeinsame Sorgerecht der Eltern nur eingegriffen werden, wenn dies dem Kindeswohl am besten entspricht, derselbe Maßstab bestimmt auch, auf *welchen Elternteil* die Entscheidung zu übertragen ist. Bei der Schlichtungs- und Regelungsfunktion des FamG gemäß § 1684 Abs 3 hingegen gilt das Kindeswohlprinzip schwerpunktmäßig für das „Wie" der zu treffenden Regelung.

## 2. Keine Korrektur anderweitiger Gesetzeswertungen

**5** Aus dem Einleitungssatz des § 1697 a („Soweit nicht anderes bestimmt ist") ergibt sich zweifelsfrei die nur subsidiäre Geltung dieser Vorschrift, dh ihr **Nachrang gegenüber speziellen Regelungen**. § 1697 a ist keine die gesetzlichen Strukturen im 5. Titel relativierende, unter den generellen Vorbehalt des Kindeswohls stellende Generalklausel – dann wären alle Sonderregelungen überflüssig.

**6** Insbesondere kann § 1697 a nicht herangezogen werden, um das Antragsprinzip des § 1671 Abs 1 zu unterlaufen (so aber DIEDERICHSEN NJW 1998, 1977, 1986 [Begründung von Alleinkompetenzen eines Elternteils bei gemeinsamem Sorgerecht der Eltern]) oder die Bindung des FamG an den Elternkonsens nach § 1671 Abs 2 Nr 1 (so aber SCHWAB FamRZ 1998, 457, 461). Ist nach § 1671 Abs 2 Nr 2 zu entscheiden, gilt der dort festgelegte Abwägungsmaßstab, nicht das allgemeine Kindeswohlprinzip des § 1697 a (anders SCHWAB aaO). Schließlich kann unter Berufung auf § 1697 a nicht die qualifizierte Änderungsschwelle des § 1696 umgangen werden (so aber EWERS FamRZ 1999, 477, 479; andeutungsweise auch OLG Karlsruhe FamRZ 1999, 801, 802; dagegen P HUBER FamRZ 1999, 1625, 1629). Diese Schwelle ist flexibel genug, um den verschiedenen Anwendungssituationen Rechnung tragen zu können (vgl § 1696 Rn 55 ff, 64, 93 ff).

**7** Zu den verbindlichen Vorgaben für § 1697 a gehört auch die **grundsätzliche Demarkationslinie zwischen elterlicher und staatlicher Kindeswohlverantwortung**, wie sie in Konkretisierung von Art 6 Abs 2 GG von den §§ 1666 ff definiert ist. Diese Grenze ist vom Gesetzgeber für einige Sondersituationen vorverlegt worden (zB §§ 1628, 1671, 1696) – § 1697 a kann jedoch nicht als eine solche Vorschrift verstanden werden: Sie würde den verfassungsrechtlichen Elternvorrang zur Disposition des richterlichen Kindeswohlverständnisses stellen. Die Entwurfsbegründung, nach der § 1697 a „allgemeine Eingriffsvoraussetzungen für gerichtliche Entscheidungen auf dem Gebiet der elterlichen Sorge" enthält (BT-Drucks 13/4899, S 110), ist insoweit mißverständlich. Die gerichtliche Eingriffslegitimation muß in einer anderweitigen Vorschrift grundsätzlich begründet sein (wie in § 1628, den die Entwurfsbegründung als Beispiel zitiert); bleibt offen, wann genau von ihr Gebrauch zu machen ist, kann § 1697 a konkretisierend hinzugezogen werden (Rn 4; vgl COESTER DEuFamR 1999, 3, 11). Eingriffsmöglichkeiten in die elterliche Sorge, die anderweitig nicht eröffnet werden, können hingegen auch nicht auf § 1697 a gestützt werden.

## § 1698

**[1] Endet oder ruht die elterliche Sorge der Eltern oder hört aus einem anderen Grunde ihre Vermögenssorge auf, so haben sie dem Kinde das Vermögen herauszugeben und auf Verlangen über die Verwaltung Rechenschaft abzulegen.**

**[2] Über die Nutzungen des Kindesvermögens brauchen die Eltern nur insoweit Rechenschaft abzulegen, als Grund zu der Annahme besteht, daß sie die Nutzungen entgegen den Vorschriften des § 1649 verwendet haben.**

**Materialien:** E I §§ 1503, 1700 Abs 1, II § 1570,   Nr 38. STAUDINGER/BGB-Synopse 1896–2000
III § 1657. Mot IV 746; Prot IV 562. Neugefaßt   § 1698.
durch GleichberG Art 1 Nr 22; SorgeRG Art 1

## I.   Allgemeines

### 1.   Normbedeutung

Die Eltern besitzen und verwalten das Vermögen des Kindes als Treuhänder für **1** dieses, ihre Vermögenssorge ist (mit eng begrenzten Ausnahmen, § 1649 Abs 2 S 1) *fremdnützig* (vgl STAUDINGER/ENGLER [2000] Vorbem 1 zu §§ 1638–1664). Die sich hieraus ergebenden **Abwicklungspflichten bei Ende oder Ruhen der Vermögenssorge** sind Gegenstand des § 1698 (weitere Nachwirkungen der elterlichen Sorge in §§ 1698 a, 1698 b). Vermögensherausgabe und Rechenschaft werden als Pflichten nur *grundsätzlich* angeordnet, Einzelheiten ergeben sich aus den allgemeinen Vorschriften der §§ 259–261. Eine entsprechende Regelung besteht für den *Vormund*, § 1890 (über diese Vorschrift mittelbar auch für den *Pfleger*, § 1915 Abs 1, und den *Betreuer*, § 1908 i Abs 1).

Bei *bestehender Vermögenssorge* schulden die Eltern regelmäßig keine Rechenschaft (Ausnahme § 1667 Abs 2 bei Vermögensgefährdung, vgl noch Rn 11).

### 2.   Textgeschichte

Das GleichberG 1957 (Art 1 Nr 22) hat die ursprünglich in § 1681 aF enthaltene **2** Regelung hierher übernommen und inhaltlich dem Gleichberechtigungsgrundsatz angepaßt. Rechenschaft wurde nur noch bei Verlangen angeordnet, die Beschränkung in Abs 2 neu eingefügt. Das SorgeRG (Art 1 Nr 38) brachte nur noch sprachliche Anpassungen.

## II.   Herausgabe des Kindesvermögens und Rechenschaft, Abs 1

### 1.   Tatbestand

Die elterliche Sorge insgesamt oder die Vermögenssorge oder auch nur ein Teil der **3** Vermögenssorge müssen **geendet** haben oder **ruhen**. Häufigster Anwendungsfall ist das Ende der elterlichen Sorge bei Volljährigwerden des Kindes; für sonstige, vorzeitige Beendigungsgründe vgl §§ 1640 Abs 4, 1666, 1671, 1672, 1696; Ruhenstatbestände enthalten §§ 1673, 1674 Abs 1, 1751 Abs 1 S 1. Es genügt, wenn die elterliche Sorge nur *eines* Elternteils endet oder ruht (dann Herausgabe an den anderen, vgl Rn 4). Auf die Dauerhaftigkeit des Ruhens oder der Beendigung der elterlichen Sorge kommt es nicht an (Gernhuber/Coester-Waltjen § 63 II 3).

## 2. Rechtsfolgen

### a) Herausgabe des Kindesvermögens

4   Die Eltern (oder ihr Betreuer oder ihre Erben) haben kraft Gesetzes das Kindesvermögen **herauszugeben**, dh den Besitz zu übertragen entweder auf das Kind oder auf dessen neuen gesetzlichen Vertreter im Bereich der Vermögenssorge (das ist entweder der andere Elternteil, §§ 1678, 1680, 1681, 1696, oder ein Vormund oder Pfleger). Ist der andere Elternteil als nunmehr alleiniger gesetzlicher Vertreter schon im Besitz des Kindesvermögens, erübrigt sich eine förmliche Übergabe. Die Herausgabepflicht erstreckt sich auf den Stamm des Vermögens sowie die noch vorhandenen Nutzungen. Gem § 260 ist ein **Bestandsverzeichnis** mit vorzulegen. Das Vermögen ist *in dem Zustand herauszugeben*, der einer bis zur Herausgabe fortdauernden ordnungsgemäßen Verwaltung entspricht; für die bei solcher Verwaltung eintretende gewöhnliche Abnutzung sind die Eltern nicht verantwortlich. Erhebt das Kind oder sein gesetzlicher Vertreter oder Rechtsnachfolger Ersatzansprüche wegen Verschlechterung einzelner Vermögensbestandteile, so hat es den behaupteten ursprünglichen Zustand zu beweisen; der Nachweis, daß die eingetretene Verschlechterung nicht auf ihrem Verschulden beruht (vgl § 1664), obliegt den Eltern.

5   Trifft § 1698 Abs 1 auf beide Eltern zu, so haften sie als **Gesamtschuldner**. Dies gilt nicht, wenn ein Elternteil keinen Besitz (auch nicht Mit- oder mittelbaren Besitz) an den herauszugebenden Vermögensgegenständen hat (Gernhuber/Coester-Waltjen § 63 II 3 Fn 2). Aus Kindesschutzgründen hier dennoch die gesamtschuldnerische Haftung des Elternteils anzunehmen (so OLG Oldenburg MDR 1962, 481; MünchKomm/Hinz Rn 6; Soergel/Strätz Rn 2), ist systemwidrig. Allerdings kann sich ein Elternteil nicht mit der bloßen Behauptung, er besitze das Vermögen des Kindes nicht (mehr), von seiner Herausgabepflicht befreien. Hat er einmal (zumindest Mit-)Besitz gehabt, was bei einem Inhaber der Vermögenssorge zu vermuten ist, so trifft ihn die Darlegungs- und Beweislast nicht nur für den Besitzverlust, sondern auch dafür, daß er den Besitz nicht pflichtwidrig und schuldhaft aufgegeben hat. Im letzteren Fall schuldet der Elternteil zwar keine Herausgabe nach § 1698 Abs 1, wohl aber uU Schadensersatz (Gernhuber/Coester-Waltjen aaO).

6   **Gegenrechte der Eltern** können sich zB aus § 1648 ergeben, wegen dieses Ersatzanspruchs besteht ein Zurückbehaltungsrecht gem § 273 (Staudinger/Engler [2000] § 1648 Rn 13). Haben die Eltern eine Sicherheitsleistung für das Kindesvermögen erbracht (§ 1667 Abs 3), hat das Kind diese Zug um Zug gegen die Herausgabe freizugeben. Auf Verlangen der Eltern ist ihnen eine *Quittung* zu erteilen, § 368.

### b) Rechenschaft

7   Die Eltern haben über die von ihnen geführte Verwaltung für deren ganze Dauer dem Kind oder dessen gesetzlichem Vertreter oder Rechtsnachfolger **Rechenschaft** abzulegen. Im Gegensatz zu früher trifft diese Verpflichtung die Eltern nicht mehr in

jedem Fall, sondern nur noch, wenn das Kind ein entsprechendes **Verlangen** an die Eltern stellt. Diese Regelung soll sicherstellen, daß in den vielen Fällen vertrauensvoller Eltern-Kind-Beziehungen der Familienfriede nicht unnötig durch gesetzliche Rechenschaftspflichten gestört wird. Darüber hinaus ist selbst bei einem entsprechenden Verlangen des Kindes (oder seines gesetzlichen Vertreters oder Rechtsnachfolgers) die Rechenschaftspflicht über die Nutzung des Kindesvermögens gem Abs 2 eingeschränkt (Rn 8). Die Verpflichtung zur Rechenschaftslegung geht über bloße Auskunftserteilung (§ 260) hinaus; sie entfällt nur, wenn sich der Berechtigte selbst unschwer hinreichende Informationen verschaffen kann (OLG Hamm FamRZ 2000, 974, 975). Für die Einzelheiten der Rechnungslegung s §§ 259, 261.

### III. Rechenschaft über Nutzungen, Abs 2

Bezüglich der Nutzungen des Kindesvermögens brauchen die Eltern Rechenschaft **8** nur abzulegen, wenn Grund zur Annahme besteht, daß sie sie pflichtwidrig (vgl § 1649) verwendet haben. Angesichts des unbestimmten Tatbestandes des § 1649 sollen dadurch unerfreuliche Streitigkeiten über die Verwendung vermieden werden, sofern nicht konkreter Mißbrauchsverdacht besteht (vgl GERNHUBER/COESTER-WALTJEN § 63 II 2). Dabei genügt objektive Pflichtwidrigkeit, auf Verschulden der Eltern kommt es nicht an.

Was unter „Nutzungen" iSd Abs 2 zu verstehen ist, ergibt sich aus der Bezugnahme **9** auf § 1649, dh aus dem dortigen Begriff der „Vermögenseinkünfte" (vgl STAUDINGER/ ENGLER [2000] § 1649 Rn 16). Hierzu gehören *nicht* die Arbeitseinkünfte des Kindes (LG Krefeld FamRZ 1965, 281) sowie Renten (GERNHUBER/COESTER-WALTJEN § 63 II 2 Fn 1; **aA** LG Krefeld aaO).

Das Kind muß nach Abs 2, über das Rechenschaftsverlangen nach Abs 1 hinaus, **10** Tatsachen darlegen und ggf beweisen, aus denen sich der begründete Verdacht auf elterliche Pflichtverletzung bei der Verwendung der Vermögenseinkünfte ergibt. Die sodann von den Eltern nach den Grundsätzen der §§ 259–261 abzulegende Rechenschaft ermöglicht dem Kind die Geltendmachung von Ersatzansprüchen (dazu STAUDINGER/ENGLER [2000] § 1649 Rn 39, 42).

Entgegen verbreiteter Meinung enthält Abs 2 keinen eigenständigen Rechenschafts- **11** anspruch, sondern stellt nur besondere Voraussetzungen für den Anspruch aus Abs 1 auf. Dies folgt eindeutig aus der Gesetzessystematik. Demgemäß gibt es *keinen Anspruch auf Rechnungslegung während bestehender Vermögenssorge der Eltern* (GERNHUBER/COESTER-WALTJEN § 63 II 2 Fn 1; **aA** BGB-RGRK/ADELMANN Rn 9; MünchKomm/HINZ Rn 4; SOERGEL/STRÄTZ Rn 5). Bei Pflichtwidrigkeiten der Eltern hat das FamG gem § 1667 Abs 1 vorzugehen.

### IV. Geltendmachung und Durchsetzung der Ansprüche

Die Ansprüche aus § 1698 sind nur im **Prozeßwege**, nicht vor dem FamG geltend zu **12** machen (OLG Oldenburg OLG 3, 371; allg Ansicht). Die Ansprüche auf Rechnungslegung, ggf Abgabe der Versicherung an Eides Statt (§ 259 Abs 2) und Schadensersatz oder Herausgabe ungerechtfertigter Bereicherung können in einer **Stufenklage** miteinander verbunden werden (§ 254 ZPO). Jahrelange Nichtausübung der Rechte aus § 1698 begründet *nicht den Verwirkungseinwand*, da es in familienrechtlichen Verhältnissen normal und eher sittenmäßig erscheint, wenn die Kinder ihre Ansprüche gegen die Eltern (zunächst) nicht gerichtlich durchsetzen (vgl § 204 S 2; OLG München NJW 1974, 703 [9-jähriger Verzug des Vaters]).

### § 1698 a

**[1] Die Eltern dürfen die mit der Personensorge und mit der Vermögenssorge für das Kind verbundenen Geschäfte fortführen, bis sie von der Beendigung der elterlichen Sorge Kenntnis erlangen oder sie kennen müssen. Ein Dritter kann sich auf diese Befugnis nicht berufen, wenn er bei der Vornahme eines Rechtsgeschäfts die Beendigung kennt oder kennen muß.**

**[2] Diese Vorschriften sind entsprechend anzuwenden, wenn die elterliche Sorge ruht.**

**Materialien:** E II § 1571 Abs 2, III § 1659. Neugefaßt durch GleichberG Art 1 Nr 22; SorgeRG Art 1 Nr 39. STAUDINGER/BGB-Synopse 1896–2000 § 1698 a.

## I. Allgemeines

### 1. Normbedeutung

**1** Die elterliche Sorge kann enden oder ruhen, ohne daß die Eltern hiervon wissen. Handeln sie demgemäß weiter für das Kind, drohen ihnen die Haftung des vollmachtlosen Vertreters gem § 179 oder sonstige Nachteile. § 1698 a schützt die Eltern vor diesem Risiko für die Dauer ihrer Gutgläubigkeit, indem ihre fortbestehende Sorgemacht fingiert wird (entspr Regelungen in §§ 674, 729). Eine Handlungs*pflicht* folgt für die Eltern aus dieser Vorschrift nicht (s aber § 1698 b).

Kraft Verweises gilt § 1698 a auch für den *Vormund* (§ 1893 Abs 1), Gegenvormund (§§ 1895, 1893), *Pfleger* (§§ 1915 Abs 1 iVm 1893 Abs 1), *Betreuer* (§§ 1908 i Abs 1 iVm 1893).

### 2. Textgeschichte

**2** Die ursprünglich im § 1682 aF enthaltene Regelung wurde dem Gleichberechtigungsgedanken angepaßt und hierher versetzt durch das GleichberG (Art 1 Nr 22). Das SorgeRG (Art 1 Nr 39) brachte im wesentlichen nur textliche Anpassungen.

## II. Tatbestand

**3** Die elterliche Sorge muß **geendet** haben, entweder insgesamt oder nur teilweise (MünchKomm/HINZ Rn 3; BGB-RGRK/ADELMANN Rn 3; SOERGEL/STRÄTZ Rn 3), auch Beendigung bei nur einem Elternteil genügt. Der Beendigung gleichgestellt ist durch Abs 2 das **Ruhen** des Sorgerechts (§§ 1673, 1674). Dem Schutzzweck der Norm entsprechend sollte sie darüber hinaus immer dann zugunsten eines Elternteils *analog* angewendet werden, wenn dieser vom Wegfall seiner *alleinigen* Handlungsberechtigung für das Kind nichts wußte (vgl STAUDINGER/COESTER [2000] § 1678 Rn 11; **anders** allerdings BGHZ 39, 45 ff = NJW 1963, 759 f für den Vater nach Nichtigerklärung des § 1629 Abs 1 aF [Alleinvertretung] durch das BVerfG).

Der Elternteil oder die Eltern müssen nach einem der vorerwähnten Ereignisse ein **4** **Geschäft geführt** haben, das in den Bereich der Personensorge oder der Vermögenssorge fällt. Hierbei kommen nicht nur *Rechtsgeschäfte im Namen des Kindes* in Betracht, sondern auch Handlungen der Eltern *in eigenem Namen* (zu dieser Möglichkeit STAUDINGER/PESCHEL-GUTZEIT[12] § 1629 Rn 15 ff).

Die Eltern müssen im Zeitpunkt der Vornahme des Rechtsgeschäfts **gutgläubig** ge- **5** wesen sein. Der Fahrlässigkeitsmaßstab folgt aus §§ 122 Abs 2, 276 Abs 1 S 2; § 1664 ist in diesem Zusammenhang nicht anwendbar (heute allgM). Bezugspunkt des guten Glaubens ist der Fortbestand der Sorgeberechtigung; Kenntnis nur der Tatsachen, die zu ihrem Wegfall geführt haben, schadet nicht bei schuldlosem Rechtsirrtum (allgM; bei schuldhaftem Rechtsirrtum liegt Fahrlässigkeit vor).

## III.   Rechtsfolgen

Die Eltern **gelten als berechtigt** zur Geschäftsführung für das Kind. Im **Innenverhält- 6 nis** ist also nicht § 677 anwendbar, sondern § 1648 zugunsten und § 677 entspr zu Lasten der Eltern (insbes auch bei Handlungen der Eltern in eigenem Namen).

Geschäfte im Namen des Kindes sind **im Verhältnis zu Dritten wirksam**. Eine für das **7** Geschäft erforderliche *vormundschaftsgerichtliche Genehmigung* darf allerdings nach objektivem Ende der elterlichen Sorge nicht mehr erteilt werden, bei ihrer Versagung haften die Eltern auch nicht gem § 179 Abs 1 (BayObLGZ 64, 350 = NJW 1965, 397). Im übrigen begünstigt der Gutglaubensschutz der Eltern mittelbar auch die Geschäftspartner (vgl BGHZ 39, 45, 50 = NJW 1963, 759, 760). Dies aber nur, wenn *auch sie* gutgläubig sind hinsichtlich der elterlichen Vertretungsmacht **(Abs 1 S 2)** – sind sie bösgläubig, entfällt wegen § 179 Abs 3 schon die Notwendigkeit des Elternschutzes gem Abs 1 S 1 (vgl entspr Regelung in § 169).

Sind die Eltern bösgläubig, aber die Dritten gutgläubig, werden letztere von § 1698 a **8** nicht geschützt – ihnen bleiben nur Regreßansprüche gegen die Eltern gem § 179 Abs 1 (RGZ 74, 263, 266; GERNHUBER/COESTER-WALTJEN § 63 V 2). Im Verhältnis zum Kind bestimmen sich Rechte und Pflichten der bösgläubigen Eltern nach §§ 677 ff.

## § 1698 b

**Endet die elterliche Sorge durch den Tod des Kindes, so haben die Eltern die Geschäfte, die nicht ohne Gefahr aufgeschoben werden können, zu besorgen, bis der Erbe anderweit Fürsorge treffen kann.**

**Materialien:** E II § 1571 Abs 2, III § 1659. Neugefaßt durch GleichberG Art 1 Nr 22; SorgeRG Art 9 § 2 Nr 3. STAUDINGER/BGB-Synopse 1896–2000 § 1698 b.

## I. Allgemeines

### 1. Normbedeutung

1  Die Vorschrift begründet Pflicht und Recht der Eltern, nach dem Tode des Kindes, der zum automatischen Ende ihres Sorgerechts führt (vgl STAUDINGER/COESTER [2000] § 1677 Rn 1), mit Wirkung für und gegen die Erben des Kindes dringliche Geschäfte zu besorgen, bis die Erben selbst zu ihrer rechtsgeschäftlichen Interessenwahrnehmung in der Lage sind. § 1698 b begründet also kraft Gesetzes eine **einstweilige Fürsorgepflicht der Eltern für das bisherige Kindesvermögen** (ähnliche Rechtsgedanken in §§ 672 S 2, 1472 Abs 4, 1497 Abs 2; zur einstweiligen Fürsorge für den Nachlaß s auch § 1960). Die Pflicht aus § 1698 b besteht unabhängig davon, ob auch die Eltern zum Kreis der Erben gehören.

Auch **persönliche Interessenwahrung** des Kindes kann noch nach dessen Tod geboten sein, etwa eine noch nicht vollzogene Namensbestimmung nach § 1617 Abs 1 (LIPP/ WAGENITZ § 1617 Rn 27) oder Entscheidungen im Rahmen der Totenfürsorge (STAUDINGER/PESCHEL-GUTZEIT[12] § 1626 Rn 38, 59 Nr 16); die entsprechenden Kompetenzen der Eltern sind jedoch anderweitig geregelt, nicht in § 1698 b.

2  Die Vorschrift ist entspr anwendbar auf *Vormund*, *Gegenvormund* und *Pfleger* (§§ 1893 Abs 1, 1895, 1915 Abs 1 [BGH FamRZ 1967, 462]). Gleiches gilt für den *Betreuer*, obgleich der Betreute stets volljährig sein muß (§ 1908 i Abs 1 iVm § 1893; LG Koblenz FamRZ 1995, 1376; vgl den Verweis im früheren Vormundschaftsrecht für Volljährige [§ 1897 aF] auf § 1893).

### 2. Textgeschichte

3  Die Regelung war ursprünglich in § 1683 aF enthalten, sie wurde durch das GleichberG geändert und an diese Stelle gesetzt (Art 1 Nr 22). Das SorgeRG brachte nur eine sprachliche Anpassung.

## II. Voraussetzungen

4  – Dem **Tod des Kindes** ist die Todeserklärung gleichzustellen (vgl § 1677; SOERGEL/ STRÄTZ Rn 3).

– Die Eltern müssen in diesem Zeitpunkt **sorgeberechtigt** gewesen sein, ganz oder zumindest teilweise auf dem Gebiet der Vermögenssorge.

– Die Eltern müssen **Kenntnis vom Tod** des Kindes haben – zuvor handeln sie in vermeintlicher Pflichterfüllung für das Kind und können nicht objektiv zur Geschäftsbesorgung für Dritte verpflichtet werden (ERMAN/MICHALSKI Rn 1; MünchKomm/

HINZ Rn 1; BGB-RGRK/ADELMANN Rn 3; aA DÖLLE II § 96 IV 3). Soweit sie allerdings dem Kind wegen unterlassener Vermögensfürsorge schadenersatzpflichtig geworden wären (Maßstab: § 1664), haften sie insoweit nunmehr den Erben – es besteht kein Grund, die Eltern von den Folgen ihrer Pflichtverletzung zu befreien (ERMAN/MICHALSKI Rn 1; MünchKomm/HINZ Rn 1; BGB-RGRK/ADELMANN Rn 3).

– Schließlich muß es sich zur Vermeidung eines Schadenseintritts als erforderlich erweisen, das Geschäft **sofort** zu besorgen.

### III.  Rechtsfolgen und Einzelheiten

Zur Erfüllung ihrer Fürsorgepflicht verleiht das Gesetz den Eltern **Geschäftsfüh-** 5 **rungs- und Vertretungsbefugnisse gegenüber den Erben**. Die Eltern **haften** auch den Erben gegenüber nur für eigenübliche Sorgfalt, §§ 1664, 277. Zwar kann sich die teilweise Freistellung nicht auf das persönliche Verhältnis zu den Erben stützen (anders als beim Kind), wohl aber auf die auch sonst angebrachte Privilegierung des fremdnützig Tätigen (vgl §§ 521, 599, 680, 690, 968; GERNHUBER/COESTER-WALTJEN § 63 V 1; MünchKomm/HINZ Rn 1; PALANDT/DIEDERICHSEN Rn 1; BGB-RGRK/ADELMANN Rn 4; SOERGEL/STRÄTZ Rn 2; ERMAN/MICHALSKI Rn 1 [differenzierend]).

**Aufwendungsersatz** können die Eltern entspr § 1648 verlangen (GERNHUBER/COESTER- 6 WALTJEN aaO; DÖLLE II § 96 IV 3; PALANDT/DIEDERICHSEN Rn 1; BGB-RGRK/ADELMANN Rn 5; SOERGEL/STRÄTZ Rn 2; modifiziert MünchKomm/HINZ Rn 1: nach Kenntnis der Eltern vom Tod § 670 analog). Eine **Verwendungsbefugnis** entspr § 1649 Abs 2 besteht jedoch **nicht** mehr (PALANDT/DIEDERICHSEN, SOERGEL/STRÄTZ aaO).

Pflicht und Befugnisse der Eltern gem § 1698 b **erlöschen**, wenn die Erben die *Mög-* 7 *lichkeit* zur eigenen Interessenwahrung erlangen (auf die tatsächliche Wahrnehmung kommt es nicht an, sie liegt im Risikobereich der Erben; LG Koblenz FamRZ 1995, 1376 f; MünchKomm/HINZ Rn 2; SOERGEL/STRÄTZ Rn 2). Unberührt bleiben Handlungsbefugnisse der Eltern als Miterben oder als gesetzliche Vertreter anderer Erben (etwa der Geschwister des verstorbenen Kindes; vgl LG Koblenz aaO; MünchKomm/HINZ Rn 2).

### §§ 1699–1704

Der ursprüngliche 5. Titel des Zweiten Abschnitts des Vierten Buches hatte in den §§ 1699–1704 die rechtliche Stellung der Kinder aus nichtigen Ehen geregelt. Diese Bestimmungen wurden durch § 84 EheG 1938 aufgehoben; dies wurde in § 78 EheG 1946 ausdrücklich bestätigt (s auch STAUDINGER/BGB-Synopse 1898–2000 §§ 1699–1704).

# Siebenter Titel.
# Beistandschaft

## Vorbemerkungen zu §§ 1712–1717

### Schrifttum

BAER, Die Beistandschaft für ausländische Kinder, DAVorm 1998, 491

BARTH, Amtsvormundschaft: Am Ende oder an einer Wende?, DAVorm 1989, 747

BEINKINSTADT, Amtspflegschaft – „Zwangspflegschaft"? Zur Notwendigkeit einer Neuorientierung, ZfJ 1991, 595

ders, Die Zukunft der Amtspflegschaft, DAVorm 1993, 1

ders, Stellungnahme zum Referentenentwurf eines Gesetzes zur Abschaffung der gesetzlichen Amtspflegschaft und Neuordnung des Rechts der Beistandschaft, ZfJ 1993, 480 = DAVorm 1993, 755

ders, Die Kindschaftsrechtsreform und öffentliche Leistungen – das Ende des Amtspflegers?, DAVorm 1996, 441

BIENWALD, Wider das reine Antragsmodell im neuen Beistandschaftsrecht, FamRZ 1994, 10

BINSCHUS, Die gesetzliche Amtspflegschaft – eine verfassungsrechtlich nicht mehr legitimierbare Tradition?, DAVorm 1989, 171

BRÖTEL, Die gesetzliche Amtspflegschaft für nichteheliche Kinder im Kontext einer gemeineuropäischen Grundrechtentwicklung, FamRZ 1991, 775

Deutsches Institut für Vormundschaftswesen e.V., Stellungnahme zu dem (Referenten-) Entwurf eines Gesetzes zur Abschaffung der gesetzlichen Amtspflegschaft und neue Ordnung des Rechts der Beistandschaft (Beistandschaftsgesetz), DAVorm 1993, 1009

DIV-Gutachten, BeistG: Übergangsregelungen, Ende der Aufsicht des VormG über frühere Amtspflegschaften auch bei Überleitung in Beistandschaften des neuen Rechts; zum Verlangen des VormG auf einen Schlußbericht und Herausgabe der Bestallung, ZfJ 1998, 432

DIV-Gutachten, Neues BeistG: Errichtung einer Beistandschaft nach geltendem und künftigen Recht für ein Kind bei gemeinsamer Sorge der Eltern, Unterstützungsbefugnisse nach § 18 KJHG, Verstoß gegen RechtsberG, § 1629 II n.F., Vollmacht auf JA-Bediensteten, ZfJ 1998, 118

DIV-Gutachten, Neues Recht: Beendigung von Beistandschaften durch schriftliches Verlangen des Antragsberechtigten; zur Frage der Aushändigung von Unterlagen des Beistands an den sorgeberechtigten Elternteil, DAVorm 1998, 905

DIV-Gutachten, Unrichtiges Anfechtungsurteil, DAVorm 1999, 599

DIV-Gutachten, Volljährige: Unterhaltsverpflichtung über das 18. Lebensjahr hinaus; zur Reichweite einer Mahnung oder eines Auskunftsverlangens vor Vollendung des 18. Lebensjahres, DAVorm 1999, 49

DICKMEIS, Stellungnahme zum Referentenentwurf eines Gesetzes zur Abschaffung der gesetzlichen Amtspflegschaft und Neuordnung des Rechts der Beistandschaft, DAVorm 1993, 751

DIEDERICHSEN, Die Reform des Kindschafts – und Beistandschaftsrechts, NJW 1998, 1977

DONATIN, Gesetzliche Amtspflegschaft – geplantes Beistandschaftsrecht, DAVorm 1994, 7

ders, Rettet die Amtspflegschaft, DAVorm 1992, 271

EBERHARDT, Erfahrungen mit der Beistandschaft auf Antrag, FamRZ 1999, 139

FINGER, Die Beendigung der Amtspflegschaft des Jugendamtes nach § 1707 BGB, FamRZ 1983, 429

GAWLITTA, Die neue Beistandschaft als Mogelpackung?, ZfJ 1998, 156

GRESSMANN, Neues Kindschaftsrecht (1998)

GRESSMANN/BEINKINSTADT, Das Recht der Beistandschaft (1998)

HÖHNER, Amtspflegschaft: ein Produkt?, DA-Vorm 1995, 695

KAUFMANN/SEELBACH, Die neue Beistandschaft – trotz gemeinsamer elterlicher Sorge?, Kind-Prax 1998, 178

KELLER, Organisatorische Fragen im Zusammenhang mit dem künftigen Beistandsgesetz, DAVorm 1995, 403

KEMPER, Die gesetzliche Amtspflegschaft und der Zeitgeist, DAVorm 1989, 169

ders, Eine Lanze für die gesetzliche Amtspflegschaft, FamRZ 1991, 1401

ders, Neues Kindschaftsrecht, ZfJ 1998, 380

ders, Der Weg des Amtsbeistands in die Weisungsknechtschaft der Kindesmütter, ZfJ 1998, 308

KERN, Zur Situation der nichtehelichen Kinder in Hannover, DAVorm 1989, 181

KLINKHARDT, Zum automatischen Eintritt der Amtspflegschaft, StAZ 1990, 181

KNITTEL, Beistandschaft ohne Vormundschaftsgericht – Ein folgerichtiger Schritt, DAVorm 1995, 917

ders, Reform des Kindschaftsrechts vor dem Ziel, DAVorm 1997, 649

KNOLL, Abschaffung der Amtspflegschaft, ZfJ 1993, 529

KOHLER, Kindschaftsrechtsreform im Blickwinkel der Kinder, ZfJ 1999, 128

KRÄMER, Amtsvormundschaften/Amtspflegschaften, DAVorm 1995, 55

Landesjugendamt Thüringen, Arbeitsorientierungen des Landesjugendamtes Thüringen zu den Aufgabenbereichen Beistandschaften, Pflegschaften, Vormundschaften, DAVorm 1999, 191

LEUTHEUSSER-SCHNARRENBERGER, Zur Abschaffung der gesetzlichen Amtspflegschaft, zum Erbrecht und Unterhaltsrecht, DAVorm 1993, 17

LIPP, Das elterliche Sorgerecht für das nichteheliche Kind nach dem Kindschaftsrechtsreformgesetz (KindRG), FamRZ 1998, 65

LÜCK, Beginn und Ende der gesetzlichen Amtspflegschaft nach dem Einigungsvertrag, FamRZ 1992, 886

MANN, Zukunft der Amtspflegschaft – Optimierung des Kindesschutzes, DAVorm 1992, 1043

MORAWETZ, Neues Kindschaftsrecht: Konse-quenzen für die Beistandschaft/Amtsvormundschaft, ZfJ 1999, 203

MUTSCHLER, Das neue Beistandschaftsrecht – ein Wagen ohne Räder?, DAVorm 1995, 691

ders, Die Neuregelungen der Beistandschaft nach der Wiederaufnahme der Reformbemühungen, DAVorm 1995, 555

OBERLOSKAMP, Zum Stand der Diskussion um die gesetzliche Amtspflegschaft – historische und systematische Aspekte –, ZfJ 1991, 586

dies, Vormundschaft, Pflegschaft und Vermögenssorge für Minderjährige, 1990

RICHTER, Soll die gesetzliche Amtspflegschaft abgeschafft werden?, FamRZ 1994, 5

ROTH, Das Jugendamt als Beistand-Vertreter des Kindes oder Beauftragter der Mutter?, KindPrax 1998, 148

ders, Die rechtliche Ausgestaltung der Beistandschaft, KindPrax 1998, 12

SCHIMPF, zur Aufhebung der Amtspflegschaft gemäß § 1707 BGB, StAZ 1983, 192

SCHULZ, Stellungnahme zum Entwurf eines Gesetzes zur Abschaffung der gesetzlichen Amtspflegschaft und Neuordnung des Rechts der Beistandschaft (Beistandschaftsgesetz), DAVorm 1993, 1030

SCHUMANN, Das Nichtehelichenrecht: Gesetzeslage und Reformbestrebungen, JuS 1996, 506

Ständiger Ausschuß des Deutschen Instituts für Vormundschaftswesen, Thesen zur Neuordnung der Vertretungsbefugnis für Mütter nichtehelicher Kinder, DAVorm 1995, 401

WESCHE, Das geplante Beistandschaftsrecht, RPfleger 1995, 240

WIESNER, Konsequenzen der Reform des Kindschaftsrechts für die Jugendhilfe, ZfJ 1997, 29

WILL, Die Abschaffung der Amtspflegschaft – Emanzipation der nichtehelichen Mutter?, ZfJ 1998, 401

WOLF, Anmerkungen zum Entwurf des Beistandschaftsgesetzes, DAVorm 1994, 235

dies, Beistandschaft statt Amtspflegschaft, KindPrax 1998, 40

dies, Die Auswirkungen der Kindschaftsrechtsreform auf die jugendamtliche Praxis im Bereich Amtspflegschaften, Beistandschaften, DAVorm 1998, 53

ZARBOCK, Entwurf eines Gesetzes zur Ab-

Thomas Rauscher

schaffung der gesetzlichen Amtspflegschaft und Neuordnung des Rechts der Beistandschaft, Darstellung und Bemerkungen, DAVorm 1995, 657

ders, Entwurf eines Gesetzes zur Abschaffung

der gesetzlichen Amtspflegschaft und Neuordnung des Rechts der Beistandschaft, Darstellung und Bemerkungen, ZfJ 1995, 395 (erweiterte Fassung).

**Systematische Übersicht**

## I.    Reform durch das BeistandschaftsG

### 1.    Historische Entwicklung

**1 a)**    Die durch das Beistandschaftsgesetz mit Wirkung vom 1. 7. 1998 abgelöste **Amtspflegschaft** ging zurück auf das **Nichtehelichengesetz** (NEG) v 19. 8. 1969. § 1705 aF räumte grundsätzlich der Mutter eines „nichtehelichen" Kindes die elterliche Sorge (damals noch „elterliche Gewalt") ein.

**aa)**    Dies bedeutete gegenüber der erstmals durch das *Familienrechtsänderungsgesetz* (FamRÄndG) v 11. 8. 1961 in § 1707 vormaliger Fassung geschaffene Möglichkeit der vormundschaftsgerichtlichen *Übertragung* der elterlichen Gewalt auf die Mutter eine **Fortentwicklung**; in der insoweit bis zum FamRÄndG geltenden Urfassung des BGB stand das Kind zwingend unter *Vormundschaft*, regelmäßig unter Amtsvormundschaft, wobei jedoch auch die Mutter Vormünderin werden konnte (zum FamRÄndG: BOSCH FamRZ 1983, 433).

**2 bb)**    Die elterliche Sorge der Mutter war nach § 1706 idF des NEG durch eine **Amtspflegschaft für bestimmte Angelegenheiten** beschränkt, nämlich für die Feststellung der väterlichen Abstammung, die Geltendmachung von Unterhalt und die Verfolgung erbrechtlicher Ansprüche. Insoweit war die Mutter nicht vertretungsbefugt. Die Amtspflegschaft konnte auf Antrag aufgehoben werden (§ 1707 aF), was regelmäßig versagt wurde, wenn die Mutter an der Vaterschaftsfeststellung nicht sachdienlich mitwirkte (hierzu FINGER FamRZ 1983, 429; STAUDINGER/RAUSCHER [2000] Einl 81 zu §§ 1589 ff).

Für Eltern „ehelicher" Kinder kam hingegen die in der Praxis wenig bedeutsame Beistandschaft nach §§ 1685–1692 aF in Betracht, die auf *Antrag* angeordnet werden konnte und nicht notwendig vom Jugendamt geführt wurde; insoweit stand den Eltern das Recht zu, den Antrag von der Bestellung einer bestimmten Person abhängig zu machen; der Beistand erlangte nicht die Stellung eines gesetzlichen Vertreters; ihm konnten aber auf Antrag des Elternteils Vertretungsbefugnisse zur Geltendmachung von Unterhaltsansprüchen und die Vermögenssorge übertragen werden (§ 1690 aF; zumindest regelungstechnisch ist diese Beistandschaft ebenfalls als eine Wurzel der neuen Beistandschaft der §§ 1712 ff zu sehen: DIEDERICHSEN NJW 1998, 1977, 1987).

**b)**    In der **früheren DDR** waren bereits durch § 17 des *Gesetzes über den Mutter-* **3** *und Kindesschutz und die Rechte der Frau* v 27. 9. 1950 (MKSchG) die vollen elterlichen Rechte der nicht verheirateten Mutter hergestellt und die Einsetzung eines Vormundes für das Kind abgeschafft worden. Dies wurde 1965 – unter gleichzeitiger Abschaffung des Begriffes „uneheliches Kind" – in § 46 Abs 1 FGB übernommen. Die durch § 17 MKSchG eingeräumte Möglichkeit der Unterstützung der Mutter auf deren Antrag durch das Organ der Jugendhilfe bei der Regelung von Ansprüchen gegen den Vater wurde zum gesetzlichen und rechtstatsächlichen Ausnahmefall (im einzelnen vgl EBERHARDT FamRZ 1999, 139).

**c)**    Auf diesem Hintergrund wurde anläßlich der Inkraftsetzung des BGB in den **4** Neuen Bundesländern durch Art 230 Abs 1 EGBGB idF des **Einigungsvertrages** die Geltung der Amtspflegschaft (§§ 1706 bis 1710 aF) nicht auf das in Art 3 des Einigungsvertrages genannte Gebiet (Neue Länder und Ostteil von Berlin) erstreckt. Der Gesetzgeber äußerte damals, auch mit Rücksicht auf die bereits länger in Teilen des Schrifttums in der Bundesrepublik schwelende Kritik an der Amtspflegschaft, die Absicht, im Rahmen einer Novellierung des Nichtehelichenrechts das Institut der Amtspflegschaft einer Prüfung zu unterziehen und eine einheitliche bundesweit geltende Lösung zu entwickeln (BT-Drucks 11/7817, 36; STAUDINGER/RAUSCHER [1996] Art 230 EGBGB Rn 12 ff; LÜCK FamRZ 1992, 886).

**d)**    Diese Neuregelung wurde in der **12. Legislaturperiode** des Deutschen Bundes- **5** tages als besonders dringlich empfunden (LEUTHEUSSER-SCHNARRENBERGER DAVorm 1993, 17), weshalb ein Regierungsentwurf eines Beistandschaftsgesetzes unbeschadet der damals noch nicht zum Stadium eines Entwurfs gediehenen Vorarbeiten der Gesamtreform des Kindschaftsrechts eingebracht wurde (BT-Drucks 12/7011), der freilich in der 12. Legislaturperiode nicht mehr verabschiedet werden konnte. Das am 1. 7. 1998 gleichzeitig mit der Gesamtreform des Kindschaftsrechts durch das KindRG, das ErbrechtsgleichstellungsG und das KindesunterhaltsG in Kraft getretene Beistandschaftsgesetz geht daher zurück auf den in der 13. Legislaturperiode weitgehend unverändert erneut eingebrachten Gesetzentwurf der Bundesregierung (BT-Drucks 13/892), der allerdings seinerseits ursprünglich noch als Vorabregelung geplant war (BT-Drucks 13/892, 26).

Zur **historischen Entwicklung** im einzelnen: BT-Drucks 13/892, 20 (vgl auch ZARBOCK ZfJ 1995, 395, 396 ff).

## 2.    Motivationen der Reform

**a)**    Angesichts der seit dem 3. 10. 1990 unterschiedlichen Rechtslage in den alten **6** und neuen Bundesländern (oben Rn 4) war es zunächst formales Ziel, die **Rechtseinheit** herzustellen. Die Herstellung der Rechtseinheit, sowie die Schaffung bislang fehlender Hilfsangebote im Beitrittsgebiet, war der maßgebliche Grund, die Neuregelung des Beistandschaftsrechts der Gesamtreform zeitlich vorzuziehen (BT-Drucks 13/892, 26).

**7 b)**    Angesichts der effektiven Arbeit der Jugendämter als Amtspfleger, insbesondere bei der Feststellung der Vaterschaft für Kinder in den alten Bundesländern, ging der Gesetzgeber davon aus, daß auch künftig eine **Hilfestellung des Jugendamtes** angeboten werden müsse (BT-Drucks 13/892, 37). Das Fehlen jeglicher über die Beratung alleinerziehender Elternteile hinausgehender Hilfen in den Neuen Bundesländern wurde als Mangel empfunden (PALANDT/DIEDERICHSEN Rn 2). Dabei schien eine Hilfe, bei der dem Jugendamt nicht die Stellung eines gesetzlichen Vertreters zukommt, also eine lediglich beratende oder helfende Tätigkeit, nicht in allen Fällen ausreichend zu sein (BT-Drucks 13/892, 23). Die Beistandschaft der §§ 1685 ff schied als Lösung mangels durch sie vermittelter gesetzlicher Vertretungsbefugnis des Beistands aus (BT-Drucks 13/892, 23). Die Einbettung des Problems in die *bestellte Amtspflegschaft* (§§ 1909, 1915 Abs 1, 1791 b) erschien wegen der Erforderlichkeit eines gerichtlichen Verfahrens zu umständlich und zeitraubend (BT-Drucks 13/892, 23).

**8 c)**    Gegen die Fortführung und Ausdehnung der – durchaus als effizient anerkannten – bisherigen **gesetzlichen Amtspflegschaft** sprach die in unterschiedlicher Intensität auch im Schrifttum verbreitete, bis zu verfassungsrechtlichen Bedenken reichende Kritik an der *Ausnahmslosigkeit* dieses Rechtsinstituts (vgl FINGER FamRZ 1983, 429; SCHIMPF StAZ 1983, 192; OBERLOSKAMP ZfJ 1991, 586; BRÖTEL FamRZ 1991, 775). Die „Zwangs"pflegschaft, die grundsätzlich bei jeder außerehelichen Geburt eintrat und das Sorgerecht der Mutter einschränkte, führte in einer Vielzahl von Fällen zu einem unnötigen (und daher womöglich unverhältnismäßigen) **Eingriff in das Elternrecht** (BT-Drucks 13/892, 23; SIMITIS StAZ 1970, 225; OBERLOSKAMP ZfJ 1991, 586; hierzu ROTH KindPrax 1998, 12). Die verbreitete Bereitschaft seitens mit der Mutter nicht verheirateter Väter, die Vaterschaft anzuerkennen sowie ein gewachsenes Selbstbewußtsein der Mütter, die Vaterschaftsfeststellung und Unterhaltssicherung von sich aus zu betreiben, ließ die Bereitstellung eines Angebots aus Sicht des Elternteils (nicht aber für das Jugendamt) **freiwilliger Hilfen** angezeigt erscheinen (BT-Drucks 13/892, 23; vgl §§ 1712, 1715). Bestärkt wurde diese Einschätzung durch Erfahrungen aus Österreich, wo schon 1989 die vormalige gesetzliche Amtsvormundschaft durch eine Sachwalterschaft mit Zustimmung des alleinerziehenden Elternteils ersetzt wurde (§§ 144, 212 ABGB; BT-Drucks 13/892, 22).

**9 d)**    Durch das schließlich, entgegen den Plänen bei Vorlage des Entwurfs, gleichzeitige Inkrafttreten der Reform des Abstammungsrechts im KindRG wurde hingegen das – § 1713 Abs 2 zugrundeliegende – Ziel der Erleichterung der **pränatalen Vaterschaftsfeststellung** weitgehend überholt. Nach § 1600 c aF bedurfte die vor der Geburt zulässige Anerkennung der Vaterschaft der Zustimmung des *Kindes*. Diese konnte die Mutter nicht erteilen, da ihr nach der Geburt insoweit die elterliche Sorge nicht zustand; das Jugendamt erlangte aber hierzu die Stellung des gesetzlichen Vertreters erst mit der Geburt des Kindes, so daß es der umständlichen Bestellung eines *Leibesfruchtpflegers* bedurfte (BT-Drucks 13/892). Durch den Übergang zum Erfordernis der Zustimmung der Mutter (§ 1595 Abs 1 idF des KindRG) unter Wegfall der Zustimmung des Kindes, sofern nur die Mutter sorgeberechtigt ist (§ 1595 Abs 2), war die Erleichterung der pränatalen Vaterschaftsanerkennung ohnehin mit jeder

Regelung erreichbar, welche die elterliche Sorge der Mutter für die Vaterschaftsfeststellung nicht mehr einschränkte. Erledigt haben sich auch die vom *Bundesrat* (BT-Drucks 13/892, 49; vgl **§ 1600 c Abs 2 idF des BeistG**, der wegen Aufhebung durch das KindRG nie in Kraft getreten ist) geäußerten Bedenken, das gesetzgeberische Ziel werde nicht erreicht, weil nach § 1600 c aF die vorgeburtliche Zustimmung (durch welchen Vertreter des Kindes auch immer) nicht zweifelsfrei zulässig sei; § 1595 Abs 3 iVm § 1594 Abs 4 stellt nunmehr die Zulässigkeit der vorgeburtlichen Zustimmung ausdrücklich klar.

**e)** Schließlich fließt auch ein Element der **Gleichstellung ehelicher und nichtehe-**  **10**
**licher Geburt**, die im übrigen zentral in der Gesamtreform des Kindschaftsrechts im KindRG verwirklicht werden sollte, in die Motivation zum BeistandschaftsG ein: Die bisher für „eheliche" Kinder angebotene Beistandschaft ohne Vertretungsmacht (§§ 1685 ff aF), die in der Praxis geringe Bedeutung erlangt hatte, sollte in der Reform aufgehen. Auch für Kinder (ehemals) verheirateter alleinerziehender Elternteile wurde ein Bedürfnis nach vergleichbaren Hilfestellungen, wenn nicht im Bereich der Abstammungsfeststellung, so doch hinsichtlich der Unterhaltssicherung anerkannt (BT-Drucks 13/892, 26).

Auch auf **alleinerziehende nicht mit der Mutter verheiratete Väter** war das neue Regelungsmodell zu erstrecken; daß es zu dieser Konstellation relativ selten kommen wird, hat seine Ursache in der auf das KindRG zurückzuführenden unzureichenden Gleichstellung des Vater-Kind-Verhältnisses im Sorgerecht, insbesondere in § 1626 a Abs 2 und den auf dieser diskriminierenden Regelung aufbauenden Bestimmungen (§§ 1672 Abs 1, 1678 Abs 2 S 2, Abs 3).

**3.** **Modelle –**
  **Entscheidung für das Antragsmodell der §§ 1712–1717, Beratungselement**

**a)** **Diskutierte Modelle**
Aus der vorangehenden Reformdiskussion standen dem Gesetzgeber zahlreiche Re-  **11**
gelungsmodelle zu Gebote. Bereits durch die Ausgangspunkte der Reform verworfen waren das **Erstreckungsmodell**, also die Übertragung der §§ 1706 ff aF auf das Beitrittsgebiet, sowie das **Abschaffungsmodell**, also die ersatzlose Streichung dieser Bestimmungen (BT-Drucks 13/892, 26).

Als Modifikationsmodelle der alten Amtspflegschaft standen zur Verfügung:

Das **Einschränkungsmodell**, einer Erstreckung der §§ 1706 ff aF auf das Beitrittsgebiet unter gleichzeitiger Beschränkung des Wirkungskreises. Dabei war unter Beibehaltung für Vaterschaftsfeststellung und Unterhaltsdurchsetzung (BEINKINSTADT DAVorm 1993, 1, 3, 7) an die Ausklammerung der erbrechtlichen Aufgabenstellung gedacht, die verbreitet als überflüssig empfunden wurde (die Bedeutungslosigkeit bezweifelnd und für eine Einbeziehung im Rahmen einer Antragslösung dagegen die Stellungnahme des DIV DAVorm 1993, 1009, 1021). Zuletzt wurde häufiger die Reduzierung auf die Vaterschaftsfeststellung vertreten (BINSCHUS DAVorm 1989, 171, 175; KNOLL ZfJ 1993, 529; DIV DAVorm 1993, 1009; Ständiger Ausschuß des DIV DAVorm 1995, 401; MUTSCHLER DAVorm 1995, 691; RICHTER FamRZ 1994, 5, 9; Stellungnahme des DIV DAVorm 1993, 1009, 1021).

Das **Antragserleichterungsmodell** einer Erleichterung der Voraussetzungen der Aufhebung der Amtspflegschaft, etwa durch ausdrücklichen Ausschluß eines Anspruchs auf Vaterbenennung.

Das **Widerspruchsmodell** bzw das **Antragsmodell**, welche beide, lediglich mit rechtstechnisch reziproken Mitteln den Bestand oder die Begründung der Amtspflegschaft vom Willen der Mutter abhängig machen wollten.

Das **Zeitschrankenmodell** eines Eintritts der gesetzlichen Amtspflegschaft, wenn nicht nach Ablauf einer bestimmten Zeit nach Geburt des Kindes die Vaterschaft festgestellt ist (vgl MANN DAVorm 1992, 1044; DICKMEIS DAVorm 1993, 751, 752; RICHTER FamRZ 1994, 5, 9; SCHUMANN JuS 1996, 506, 508).

Das Modell der **„Zweiten Welle"** in Ergänzung eines Antragsmodells, welches den Standesbeamten verpflichten würde, das Jugendamt in Kenntnis zu setzen, wenn eine bestimmte Zeit nach der Geburt der Vater noch nicht beigeschrieben wäre, um dem Jugendamt die Prüfung der Gründe hierfür zu ermöglichen.

Schließlich das nicht nur systematisch zu verstehende Modell der **Regelung im SGB VIII**, durch das die Materie aus dem BGB ausgegliedert und damit deutlich in den Bereich freiwilliger Hilfeangebote – ohne das Element der gesetzlichen Vertretung des Kindes – verlagert werden würde (WIESNER ZfJ 1997, 29, 34 –; vgl zum ganzen BT-Drucks 13/892, 24 f).

## b) Entscheidung für das Antragsmodell
**12 aa)** Der Gesetz gewordene Entwurf entscheidet sich für das **Antragsmodell**. Die Neubezeichnung als **„Beistandschaft"** sowie die systematische Verlagerung in einen neuen Siebenten Titel (§§ 1712 ff) werden lediglich als Signale der durch das Antragserfordernis veränderten Qualität der früheren Amtspflegschaft verstanden. Der Begriff „Beistandschaft" ist lediglich Abgrenzungsmittel: Er signalisiert, daß durch das Antragserfordernis die gesetzliche Amtspflegschaft abgelöst ist; zur vormaligen Beistandschaft der §§ 1685 ff besteht hingegen kein Bezug (BT-Drucks 13/892, 28).

**13 bb)** Die **Gründe** der Entscheidung für das Antragsmodell, dem sich sowohl der Bundesrat (BR-Drucks 7/95, 890/93, BT-Drucks 13/892, 49) als auch – einstimmig – der Rechtsausschuß angeschlossen hatten, sind vor allem an den bis zuletzt intensiv diskutierten, der Sicherung der Vaterschaftsfeststellung auch bei Untätigkeit der Mutter dienenden Modellen der *Zeitschranke* und der *„Zweiten Welle"* zu messen. Insbesondere im Rechtsausschuß konzentrierten sich die Erörterungen auf diese, zwischenzeitlich zur Kernfrage gewordene Problematik, ob das Kindesinteresse an der Feststellung der Vaterschaft unter einem reinen Antragsmodell leiden werde.

Die Begründung stellt die Herstellung des uneingeschränkten **Elternrechts der Mutter** stark in den Vordergrund. Das *Einschränkungsmodell* würde weiterhin zu einer unnötigen Entrechtung von Müttern nichtehelicher Kinder führen (BT-Drucks 13/892, 26), das *Antragserleichterungsmodell* in Abkehr vom sonst im Kindschaftsrecht üblichen Regel-Ausnahmeverhältnis der Mutter zumuten, ein Gerichtsverfahren anzustrengen, um die volle elterliche Sorge zu erlangen; selbst das Widerspruchsmodell

sei abzulehnen, weil die Mutter von sich aus tätig werden müsse, um das volle Sorgerecht zu erlangen (BT-Drucks 13/892, 27).

Gegen das eingehend erwogene Antragsmodell mit Zeitschranke wendet der Entwurf neben den häufig beschworenen guten *österreichischen* Erfahrungen ein, es
führe mangels Feststellung der Vaterschaft schematisch zu einer Sorgerechtsein-
schränkung, ohne daß es möglich wäre, im Einzelfall zu prüfen, weshalb die Mutter
die Vaterschaftsfeststellung nicht betrieben hat (BT-Drucks 13/892). Zudem wird eine
Gefahr für die Akzeptanz des Antragsmodells gesehen, weil dieses nur als Alternative zu einer mit Ablauf der Zeitschranke eintretenden Entrechtung gesehen werden
könnte (BT-Drucks 13/892). Das Modell der „Zweiten Welle", das nur die Ermittlung
des Jugendamtes auslösen würde, aus welchen Gründen die Vaterschaftsfeststellung
unterblieben ist und nur bei Fehlen anerkennenswerter Gründe zu einem gerichtlichen Eingreifen auf Anregung des Jugendamtes führen sollte, behindere ebenfalls
die Akzeptanz des Antragsmodells und führe gegenüber dem reinen Antragsmodell
zu unerwünschten stärkeren staatlichen Aktivitäten in Ansehung der Vaterschaftsfeststellung (BT-Drucks 13/892, 30). Im Rechtsausschuß wurde insbesondere auf statistisches Material Bezug genommen, das keinen signifikanten Rückgang der Vater-
schaftsfeststellungen seit 1989 in Österreich belege. Die Steigerung der Vaterschafts-
feststellungen im Beitrittsgebiet wird im Zusammenhang mit der vermehrten
Information der Mütter über das Beratungsangebot der Jugendämter gesehen
(BT-Drucks 13/8509).

## 4. Kritik

### a) Formale Einordnung

Nach dem Inkrafttreten wird zum einen eine vorwiegend systematisch begründete **14**
**Kritik** erhoben. Die Schaffung eines neuen 7. Titels entspreche nicht dem Umstand,
daß die Beistandschaft dem Recht der elterlichen Sorge angehöre; die gewollte
Abgrenzung gegen den frei gewordenen 6. Titel (§§ 1705 ff aF) halte nur die Erinnerung an den soeben beseitigten Statusunterschied wach. Der Begriffsübergang von
der Amtspflegschaft zur Beistandschaft sei bloße Ideologie, da erstere nicht ohne
weiteres den Zwang, letztere nicht begriffsnotwendig die Freiwilligkeit in sich trage
(Palandt/Diederichsen Rn 9).

Dies tut der Reform keinen Abbruch. Wenn der Gesetzgeber, was er selten genug tut,
neuen Wein nicht in alte Schläuche gießen, sondern auch äußerlich deutlich machen
will, daß inhaltlich Neues geschaffen wurde, so sollte ihn allzu kleinliche Systematik
hieran nicht hindern. Eher möchte man, käme es auf die Qualität der Verpackung
entscheidend an, dem Gesetzgeber zu dieser Neuverpackung sogar gratulieren. Wer
die frühere Amtspflegschaft kennt und im Gesetz sucht, wird sie nicht mehr finden,
durch die von §§ 1705 ff gelassene Lücke zugleich aber auf den Wandel hingewiesen.
Unschwer schließt sich die Entdeckung des neuen Rechtsinstituts an, dessen Name,
wenn schon nicht zweifelsfrei den neuen Inhalt, so doch die *Änderung des Inhalts*
signalisiert (vgl auch Wesche RPfleger 1995, 240, 241).

### b) Die Beistandschaft – eine Mogelpackung?

Die Verdeutlichung der **Inhaltsänderung** der Beistandschaft gegenüber der Amts- **15**
pflegschaft ist durchaus nicht bedeutungslos, wird doch von anderer Seite befürch-

tet, die Beistandschaft sei eine Mogelpackung (GAWLITTA ZfJ 1998, 156, 157), die zwar nur auf Antrag eintrete, inhaltlich aber die alte Amtspflegschaft sei. Dieser Eindruck ist zugleich zutreffend und unzutreffend. Soweit mit dem Begriff „Mogelpakkung" ausgedrückt wird, es habe sich eigentlich *nichts* geändert, ist dies unzutreffend. Da dem alleinerziehenden Elternteil nicht nur die Beantragung, sondern auch die Beendigung (§ 1715 Abs 1 S 1) freisteht, ist jedes Zwangselement entfallen; der Amtsbeistand ist insoweit abhängig, als sein Amt jederzeit zur Disposition des Sorgeberechtigten steht. Durchaus zutreffend ist dagegen der Eindruck, der Gesetzgeber habe, abgesehen vom eingeschränkten Aufgabenbereich (§ 1712 gegenüber § 1706 aF) nichts an der *Aufgabenstellung* des Amtsbeistandes ändern wollen, solange er diese Aufgabe innehat. Er ist gesetzlicher Vertreter des *Kindes* und nicht Hilfsorgan des *Elternteils* und daher nur dem Kindeswohl verantwortlich. Die mit der Kritik verbundene Forderung, den Inhalt der Amtsbeistandschaft neu zu definieren, insbesondere den Beistand den *Weisungen* des Sorgeberechtigten unterzuordnen, entspricht also nicht der eindeutigen gesetzlichen Intention und Regelung (zutreffend ROTH KindPrax 1998, 148; ZARBOCK DAVorm 1995, 688; MUTSCHLER DAVorm 1995, 555 f).

### c)   Mutterrecht und Kindesinteresse

**16 aa)**   Erst die praktische Anwendung der Neuregelung kann hingegen zeigen, ob das vielfach bis zuletzt drängend angemahnte **Interesse des Kindes** an der Feststellung der Vaterschaft genügend geschützt wird. Regierungsentwurf und Rechtsausschußbericht kennzeichnen dieses Interesse schon sprachlich weit weniger drastisch, als das **Recht der Mutter**, auf dessen Seite sich der Regierungsentwurf sogar mit eher polemischem Vokabular (Entrechtung, Zwangspflegschaft) gestellt hat. Dies dürfte mit einer Grundtendenz der Kindschaftsrechtsreform zu tun haben, Rechte der *Mutter* auch als Rechte der *Frau* zu begreifen und deshalb ohne gesonderte, am Kindeswohl orientierte Begründung zu fördern (vgl zu diesem Phänomen im Abstammungsrecht STAUDINGER/RAUSCHER [2000] § 1595 Rn 4 ff, vgl auch den kaum zu übersehenden Verstoß des § 1626 a Abs 2 gegen Art 3 Abs 2 GG). Solche Förderung hat im Kindschaftsrecht keinen Platz; Selbstbestimmungsrecht und Selbstverwirklichung der Frau überwiegen nicht das Kindesinteresse und das Kindeswohl. Das Interesse an der Feststellung der Vaterschaft kann aber gerade *wegen* der wachsenden Emanzipation der Frau gefährdet sein. Die pflichtwidrige Verhinderung der Vaterschaftsfeststellung tritt neben die (mit wachsender Emanzipation eher nachlassenden) klassischen Gründe der Weigerung, den Vater zu benennen: Um den Mann zu schützen, aus Scham über die Beziehung, wegen unbewältigter Jugenderfahrung mit der Vaterfigur, um finanzieller Vorteile wegen oder aus schlichter Hilflosigkeit in Rechtsfragen. Dieser Konflikt wurde vielfach angemahnt und der Nachrang der Interessen der Mutter an der Verheimlichung des Vaters betont (BINSCHUS DAVorm 1989, 171, 173; KLINKHARDT StAZ 1990, 181, 191; KEMPER FamRZ 1991, 1401; DICKMEIS DAVorm 1993, 751, 754; RICHTER FamRZ 1994, 5, 8; SCHUMANN JuS 1996, 506, 508; ZARBOCK DAVorm 1995, 657, 664; Ständiger Ausschuß des DIV DAVorm 1995, 401, 403).

Daß hierbei nicht selten der Eindruck entstanden ist, der Kampf um den Erhalt der Amtspflegschaft werde aus lobbyistischem Besitzstandsdenken der Amtspfleger und -innen geführt, hat dem wohlverstandenen Anliegen des Kindeswohls eher wenig genützt (vgl die vorwiegend fiskalischen Überlegungen bei DONATIN DAVorm 1992, 271; ders

DAVorm 1994, 7; vgl auch die Befürwortung eines SGB VIII-Modells, um die Führung von Unterhaltsprozessen zu vermeiden, dazu WIESNER ZfJ 1997, 29, 34).

**bb)** Die auffällige Fixierung im Gesetzgebungsverfahren auf die **österreichische** **17** **Erfahrung** bedarf zumindest der Relativierung. Die **statistische Komponente** der Argumentation (insbesondere BT-Drucks 13/ 8509, 16) deutet auf eine Entwicklung, die auch in Deutschland erkennbar ist: Die Feststellungsrate, vor allem die Bereitschaft der Väter zur Vaterschaftsanerkennung nimmt grundsätzlich zu; insbesondere belegt eine höhere Anerkennungsbereitschaft in den Neuen Bundesländern, daß die Amtspflegschaft für *diese* Tendenz nicht entscheidend sein dürfte (vgl auch STAUDINGER/RAUSCHER [2000] § 1592 Rn 48; vgl weiteres statistisches Material zur Vaterschaftsanerkennung DAVorm 1995, 55 und 701).

Das bedeutet aber nicht, daß eine bestimmte Quote von aufgrund der Mutter zurechenbarer Verweigerung der Benennung des als Vaters in Betracht kommenden Mannes nicht festgestellten Vaterschaften hinzunehmen wäre. Insoweit kann das österreichische Beispiel nicht verfangen: § 163 a ABGB erlaubt der Mutter das Verschweigen des Namens des Vaters, drückt also eine Wertung aus, die dem Interesse des Kindes Nachrang zuordnet. Hingegen hat das BVerfG in seiner Rechtsprechung zum **Recht des Kindes auf Kenntnis seiner Abstammung** (eingehend hierzu STAUDINGER/ RAUSCHER [2000] Einl 80 ff zu §§ 1589–1600 e) verdeutlicht, daß das Kind ein aus seinem Persönlichkeitsrecht fließendes verfassungsgeschütztes Recht auf Kenntnis seiner Abstammung hat, das nur gegen höhergewichtige Interessen der Mutter, nicht aber hinter deren Willkür, zurücktreten muß.

Will man nicht dem Kleinkind die Feststellung des Vaters versagen und das volljährig gewordene Kind in den Konflikt mit der Mutter um die Verwirklichung seines Anspruchs schicken – was weniger schonend als zynisch wäre –, so bleibt nur die Erkenntnis, daß der Staat aufgrund seines Wächteramtes nicht nur für die Prüfung der Gründe einer unterbliebenen Vaterschaftsfeststellung sorgen darf, sondern daß er dies sogar *muß*. Dem Verhältnis von Mutter und Kind, aber auch dem emanzipierten Selbstverständnis der Mutter würde dann freilich kein guter Dienst erwiesen, wenn sich durch die Entscheidung für das reine Antragsmodell der Beistandschaft der Eingriff in signifikanter Zahl von der früheren Amtspflegschaft auf die Ebene des § 1666 verlagern würde. Eine Sorgerechtsbeschränkung wegen Kindeswohlschädlichkeit ist allemal diskriminierender als es die Typisierung des Konflikts in §§ 1706 ff aF war.

**cc)** Auch vor dem Hintergrund dieser Erwägungen, welche die vordergründige **18** Begeisterung für die nun erlangte Rechtsstellung der alleinerziehenden Mutter (um die es ja mehrheitlich geht), im Lichte des Kindesinteresses relativieren, dürfte **vieles für das Antragsmodell auch in Ansehung der Vaterschaftsfeststellung** sprechen.

**α)** Zum einen stand auch der Amtspfleger am Ende seiner Mittel, wenn die Mutter entschlossen war, den Namen des Vaters zu verheimlichen (zutreffend KEMPER DAVorm 1989, 169, 170). Diesen Umstand – und nicht etwa mangelnde Großzügigkeit der Gerichte in Anwendung von § 1707 aF – belegt auch die nicht geringe Zahl von Fällen, in denen die Aufhebung der Amtspflegschaft nach § 1707 aF versagt wurde. Nur erwies es sich als nicht verhältnismäßig, 100 % der unverheirateten Mütter mit einer beschränkenden Regelung zu überziehen, nur um die etwa 3 % kritischen Fälle mit einer Rechtsfolge zu bedrohen, die gerade diesem entschlossenen Teil herzlich einerlei war. Die Zeitschrankenlösung hätte daran wenig geändert; zwar wäre die nicht verhältnismäßige Belastung der pflichtbewußten Betroffenen entfallen; für die entschlossen Pflichtvergessenen wäre immer noch eine bloß *ungeeignete* Drohung verblieben.

**19 β)**    Hören läßt sich auch das Bemühen des Gesetzgebers um **Akzeptanz** des Beistandschaftsmodell. Was auf den ersten Blick nach Toleranz gegenüber gerade solchen Elternteilen aussieht, die diese Toleranz gegenüber dem Kindesinteresse nicht üben, ist wohl ein durchaus für den Geist der Gesellschaft sensibles gesetzgeberisches Kalkül. Eine – zu bejahende – liberale Gesellschaft fördert Abneigung gegen Pflicht und Zwang, auch bei denen, die sich ihrer Verantwortung (auch gegenüber dem Kind) nicht aus freien Stücken zu stellen bereit sind. Die Drohung mit der Amtspflegschaft nach Ablauf bestimmter Fristen könnte durchaus in den noch Zweifelnden, nach eindringlicher Beratung Mitwirkungsbereiten die Lust am Beharren auf vermeintlich guten eigenen Rechten mehren. Der Einstieg in die Vaterschaftsfeststellung hängt naturgegeben fast ausnahmslos vom Zeugnis der Mutter ab, wenn der Vater sich nicht durch Anerkennung zu erkennen gibt; was zeigt, daß die Misere des kleinen Prozentsatzes nicht selten auch eine Folge mangelnder Verantwortung beteiligter Väter ist.

Die Mutter durch Beratung zur Kooperation zu bewegen, ist ein Konzept, das im Grunde nur die bisherige Vertrauensarbeit der Jugendämter aufgreift und auf eine Verbesserung des Beratungsangebots setzt (sogleich unten Rn 20). Wenngleich das Jugendamt nicht mehr mit der Autorität des Amtspflegers ermitteln kann, so daß die Chance, sich der Beratung zu verweigern, gestiegen ist, liegt große Erwartung auf den Schultern der Mitarbeiter der Jugendämter, das Vertrauen gerade der Mütter zu gewinnen, die mit Druck nicht zu überzeugen waren.

Gelingt dies nicht, so bleibt nur der Weg über § **1666**, vor dem in Fällen eindeutig unbegründeter Verhinderung der Vaterschaftsfeststellung (insbesondere bei unbegründeter Versagung der Einwilligung in eine Vaterschaftsanerkennung aufgrund konkreter Interessenkollision, dazu STAUDINGER/RAUSCHER [2000] § 1595 Rn 18) nicht zurückgeschreckt werden darf.

## 5.    Beratung durch das Jugendamt (§ 52 a SGB VIII)

**20 a)**    Durch das BeistandschaftsG wurde in § 52 a SGB VIII eine **Verpflichtung des Jugendamtes** begründet, unverzüglich nach der Geburt eines Kindes, dessen Eltern nicht miteinander verheiratet sind, der Mutter Beratung und Unterstützung, insbesondere in den in § 1712 genannten Bereichen anzubieten. Dabei ist auf die Bedeutung der Vaterschaftsfeststellung, ihre Möglichkeiten, die Möglichkeiten zur Beurkundung der Verpflichtung zur Erfüllung von Unterhaltsansprüchen, die Möglichkeit der Beistandschaft und die der gemeinsamen elterlichen Sorge hinzuweisen. Diese Verpflichtung steht im engen Zusammenhang zu der Entscheidung für das Antragsmodell und soll diesem zum Erfolg verhelfen (BT-Drucks 13/892, 29). Das Angebot kann auch schon vor der Geburt erfolgen, wenn anzunehmen ist, daß die Eltern bei der Geburt nicht verheiratet sein werden (§ 52 a Abs SGB VIII).

Wie schon bisher (§ 57 SGB VIII aF) teilt der *Standesbeamte* die *Geburt* eines Kindes einer nicht verheirateten Frau dem Jugendamt mit (§ 21 b PStG). § 52 a Abs 3 SGB VIII verpflichtet für Fälle der *Anfechtung der Vaterschaft* das Gericht dazu, das Jugendamt zu informieren und damit die Beratungsmöglichkeit auszulösen.

Bei diesem, über § 18 SGB VIII hinausgehenden Angebot soll nicht die Beistandschaft im Vordergrund stehen, aber andererseits deutlich gemacht werden, daß für Mütter, die mit der Feststellung der Vaterschaft und der Geltendmachung von Unterhaltsansprüchen Schwierigkeiten haben oder sonst die Hilfe des Jugendamtes wünschen, jederzeit die Möglichkeit der Beistandschaft besteht (BT-Drucks 13/892, 44). Die Regelung im Abschnitt „Beistandschaft" etc (Vierter Abschnitt SGB VIII) soll verdeutlichen, daß die Beistandschaft der §§ 1712 ff nicht nur einen Anspruch auf Unterstützung begründet, sondern, daß das Jugendamt von sich aus auf die Mutter zugehen muß (BT-Drucks 13/892, 44).

**b)** Das Jugendamt soll der Mutter ein **persönliches Gespräch** anbieten (§ 52 a **21** Abs 1 S 3 SGB VIII). Dem liegt die zutreffende Erwartung zugrunde, daß die Mutter es häufig vorziehen dürfte, in einem solchen Gespräch den Vater zu benennen und ein solches Gespräch auch vielfach geeignet sein wird, Bedenken und Ängste auszuräumen und die Grundlage für eine vertrauensvolle Zusammenarbeit mit dem Jugendamt zu schaffen (BT-Drucks 13/892, 29). Wenn die Mutter dies wünscht, ist das Gespräch in ihrer persönlichen Umgebung anzubieten, um Schwierigkeiten zu vermeiden, die die Mutter am Aufsuchen des Jugendamtes hindern könnten (§ 52 a Abs 1 S 4 SGB VIII, BT-Drucks 13/892, 29).

**c)** Diese Verpflichtung zur Beratung ist im Schrifttum von bisherigen Amtspfle- **22** gern durchaus mit Bereitschaft und Erwägungen zur angemessenen konzeptionellen Durchführung aufgenommen worden (Wolf KindPrax 1998, 40, 41; dies DAVorm 1998, 53, 59 ff; Landesjugendamt Thüringen DAVorm 1999, 191, 202 f; gänzlich unangemessen erscheint es dagegen, Besuche und Absprachen mit der Kindesmutter als nutzlosen Aktionismus zu diffamieren, vgl aber Kemper ZfJ 1998, 308). Tatsächlich kommt auf das Jugendamt die gerade für die Skeptiker der Reform eher ungewohnte Aufgabe zu, ihre „Kundschaft" aktiv und persönlich zu erreichen (Beinkinstadt DAVorm 1996, 441, 444: „Kompaktpaket" anbieten; ders schon ZfJ 1991, 595 kritisch zum bloßen Formularverkehr; ähnlich Höhner DAVorm 1995, 695: „Amtspflegschaft: ein Produkt?").

Gerade die vielfach beklagte Folgenlosigkeit der Verweigerung des angebotenen Gesprächs (Knittel DAVorm 1997, 649, 651; Kohler ZfJ 1999, 128, 132) macht es erforderlich, das Gesprächsangebot so zu gestalten, daß Schwellenangst, Behördenabneigung, Leichtfertigkeit gegenüber der Bedeutung der Vaterschaftsfrage und andere überwindbare Hindernisse (vgl Will ZfJ 1998, 401, 402) das Gespräch nicht bereits im Keim verhindern.

Der erste Schritt wird wohl häufig ein **Schreiben** des Jugendamtes sein. Ob es hierbei, sowie bei wenigstens zwei Erinnerungen sein Bewenden haben muß, weil persönliche Kontaktaufnahme unangemessen sei (so Wolf KindPrax 1998, 40, 41 mit der Hoffnung unerreichbare Mütter dann doch über deren Begehren auf Unterhaltsvorschußleistungen zu erreichen), erscheint gerade wegen der Erwartung, die der Gesetzgeber in dieses Beratungsangebot setzt, fraglich. Trotz zunehmender Individualisierung und Pflege der eigenen

Privatsphäre könnte eine persönliche Vorsprache einer Mitarbeiterin des Jugendamtes gerade bei solchen Müttern Vertrauen schaffen, die zu jenem schriftlich schwer erreichbaren Personenkreis mit Schwellenproblemen unterschiedlichster Art (Schriftverkehr, Behörden, Problemverweigerung) gehören. Das Jugendamt sollte also nicht einen bestimmten emanzipierten Frauentypus unterstellen, der womöglich wirklich nicht behelligt werden möchte, sondern versuchen, dem individuellen Fall, wie er sich nach bekannten Sozialindizien wie Beruf, Wohngegend, Familienverhältnisse ua darstellt, gerecht zu werden.

## II.  Grundzüge des Beistandschaftsrechts (Verweis auf einzelne Bestimmungen)

**23**  1.    Die **Aufgabenkreise**, für die eine Beistandschaft möglich ist, sind gegenüber der früheren Amtspflegschaft eingeschränkt. Sie kann sich beziehen auf die *Feststellung der Vaterschaft* und die *Geltendmachung von Unterhaltsansprüchen*, wobei auch die Beschränkung auf einen der beiden Aufgabenkreise zulässig ist (**§ 1712**).

Ein Tätigwerden bei der Geltendmachung von *erbrechtlichen Ansprüchen* ist nicht vorgesehen; der Gesetzgeber ging davon aus, daß sich schon die Amtspflegschaft insoweit als weitgehend bedeutungslos erwiesen habe. Auch in diesem Bereich besteht jedoch der allgemeine Beratungsanspruch alleinerziehender Elternteile nach § 18 SGB VIII gegen das Jugendamt.

**24**  2.    Das Angebot der Beistandschaft richtet sich **unabhängig vom Bestehen einer Ehe** zwischen den Eltern des Kindes an alle Elternteile, denen die alleinige elterliche Sorge zusteht oder – bei vorgeburtlicher Beantragung – zustünde (**§ 1713 Abs 1**). In der Beistandschaft geht nicht nur die frühere Amtspflegschaft, sondern auch die bestellte Beistandschaft nach §§ 1685 ff aF auf. Auf welche Weise es zur alleinigen elterlichen Sorge gekommen ist, spielt keine Rolle (§§ 1626 a Abs 2, 1671, 1672 Abs 12, 1678, 1680, Palandt/Diederichsen Rn 5; im einzelnen siehe § 1713 Rn 3). Der Aufgabenkreis der Feststellung der Vaterschaft kommt bei dem Kind einer im Zeitpunkt der Geburt verheirateten Frau wegen der Vaterschaftszuordnung nach § 1592 Nr 1 nur ausnahmsweise in Betracht (nach Anfechtung der Vaterschaft, bei Identitätszweifeln). Bei adoptierten Kindern bleibt die Feststellung der (ursprünglichen) Vaterschaft und damit auch die Beistandschaft zu diesem Zweck möglich, obgleich durch die Adoption das Verwandtschaftsverhältnis zum ursprünglichen Vater erlischt (§ 1755; vgl BT-Drucks 13/892, 29; Palandt/Diederichsen Rn 5, wo aber jeweils noch auf den früheren ehelichen Status bezug genommen ist).

**25**  3.    Die Beistandschaft beruht auf **Freiwilligkeit**. Sie tritt auf schriftlichen Antrag des für den betroffenen Aufgabenkreis allein sorgeberechtigten Elternteils ein (**§ 1712 Abs 1, § 1713 Abs 1**) und kann jederzeit durch schriftliches Verlangen des Antragstellers beendet werden (**§ 1715 Abs 1 S 1**). Auch die Beschränkung des Aufgabenkreises (oben Rn 23) steht ausschließlich dem Antragsberechtigten zu; beispielsweise kann eine allein sorgeberechtigte Mutter die Beistandschaft auf die Vaterschaftsfeststellung beschränken, wenn sie in sehr guten wirtschaftlichen Verhältnissen lebt und deshalb von der Geltendmachung ohnehin schwer realisierbarer Unterhaltsansprüche absehen will (BT-Drucks 13/892, 28).

Weder bedarf es zum Eintritt oder zur Beendigung der Beistandschaft einer **gericht-**

**lichen Entscheidung**, noch kann die Beistandschaft durch gerichtliche Entscheidung begründet werden. Die Beistandschaft tritt durch Zugang des Antrags ein (§ **1714**). Auch dem Jugendamt steht kein Ermessen zu, ob es tätig werden will. Gegen den Willen des allein Sorgeberechtigten können Maßnahmen zur Sicherung des Kindeswohls also auch in den in § 1712 genannten Aufgabenkreisen nur getroffen werden, wenn die Voraussetzungen des § 1666 vorliegen. Dies gilt insbesondere für die Feststellung der Vaterschaft, wenn die Mutter diese nicht betreibt und zwischen Mutter und Kind ein konkreter Interessengegensatz erkennbar wird (STAUDINGER/RAUSCHER [2000] § 1595 Rn 17 ff). Die nach altem Recht mögliche Lösung über § 1629 Abs 2 S 3 ist durch die Neufassung (§ 1629 Abs 2 S 3 *Hs 2*) für die Vaterschafts*feststellung* ausgeschlossen um nicht in *jedem* Fall der unterbliebenen Vaterschaftsfeststellung die Abschaffung der Amtspflegschaft faktisch durch eine Ergänzungspfleger-Bestellung zu unterlaufen (BT-Drucks 13/892, 30).

Lediglich das *Angebot der Beratung* nach § 52 a SGB VIII (oben Rn 20 ff) geht vom Jugendamt aus.

**4.** Die Beistandschaft bewirkt **keine Einschränkung der elterlichen Sorge** (§ **1716** **26 S 1**). Der Gesetzgeber war sich des dadurch bewirkten Nebeneinander von zwei Sorgeberechtigten bewußt, meinte dies aber mit Rücksicht auf die entsprechenden Erfahrungen in Österreich mit der vergleichbaren Lösung der Sachwalterschaft (§ 212 Abs 4 ABGB) und die ähnliche Situation bei der *Betreuung* hinnehmen zu können (BT-Drucks 13/892, 28). Eine Ausnahme gilt für den **Zivilprozeß** und andere gerichtliche Verfahren, in denen die Vorschriften der ZPO entsprechend anwendbar sind; § **53 a ZPO** schließt die Vertretung durch den sorgeberechtigten Elternteil aus, wenn das Kind im Prozeß von einem Beistand vertreten wird.

**5.** Gestärkt wird die Möglichkeit der Einrichtung einer **Beistandschaft vor Geburt 27 des Kindes**. Dabei geht die Regelung über eine schon 1992 eingebrachte Initiative des Freistaats Bayern (BR-Drucks 686/92) deutlich hinaus und vermeidet das Erfordernis der Bestellung eines Pflegers für die Leibesfrucht. Die werdende Mutter kann vor der Geburt die Beistandschaft bereits beantragen und zwar auch dann, wenn das Kind nach der Geburt unter Vormundschaft stünde. Nur die *geschäftsunfähige* Mutter wird hierbei von ihrem gesetzlichen Vertreter vertreten (§ **1713 Abs 2**). Dies bewirkt, daß die unverheiratete Mutter eine *Vaterschaftsfeststellung* durch das Jugendamt als Beistand in allen Fällen initiieren kann. Die Problematik der *Zustimmung* zu einer vorgeburtlichen Anerkennung ist einerseits durch das Abstammungsrecht entschärft, weil auch die vorgeburtliche Anerkennung nur der Zustimmung der Mutter bedarf, sofern diese (nicht notwendig allein) sorgeberechtigt sein wird (§ 1595 Abs 1). Ist hingegen mangels künftigen Sorgerechts der Mutter die Zustimmung des Kindes erforderlich (§ 1595 Abs 2), kann die Mutter vorgeburtlich dennoch die Beistandschaft beantragen und die Zustimmung des Kindes durch das Jugendamt als Beistand erklärt werden (PALANDT/DIEDERICHSEN Rn 6).

**6.** Die **Führung der Beistandschaft** ist beim Jugendamt konzentriert (zur landesrecht- **28** lich möglichen Übertragung auf freie Träger vgl § 1712 Rn 33). Eine Führung der Beistandschaft durch andere Beistände, wie sie für die bestellte Beistandschaft nach §§ 1685 ff aF möglich war, hatte keine nennenswerte praktische Bedeutung erlangt. Überdies erschien es wünschenswert, die Aufgaben der Vaterschaftsfeststellung und der Unterhaltssicherung bei dem in diesen Angelegenheiten durch die frühere Amtspflegschaft erfahrenen Jugendämtern zu konzentrieren (BT-Drucks 13/892, 29).

Im übrigen unterliegt die Führung der Beistandschaft der entsprechenden Anwendung der Vorschriften über die *Pflegschaft* (§ **1716 S 2**). Eine **vormundschaftsgerichtliche Kontrolle** des Jugendamts und eine Rechnungslegung finden im Gegensatz zur früheren Amtspflegschaft und anders als noch im Regierungsentwurf vorgesehen (BT-Drucks 13/892, 31, 41) jedoch nicht statt (§ **1716 S 2**). Die Frage, ob hieraus eine *dogmatische Einordnung* der Beistandschaft als Sonderform der Pflegschaft zu folgern ist (PALANDT/DIEDERICHSEN Rn 8), oder ob die Beistandschaft, wie vom Gesetzgeber wohl aus rechtspolitischen Gründen angestrebt, eine eigenständige, die Amtspflegschaft ablösende Rechtsform bedeutet, ist ohne jede praktische Bedeutung. Insbesondere spricht gerade im Familienrecht die dogmatisch unklare Einordnung nicht gegen ein Rechtsinstitut, das auf praktikable Weise das Kindeswohl fördern soll.

Zur Beratungspflicht des Jugendamts vgl oben Rn 20 ff.

## § 1712

(1) **Auf schriftlichen Antrag eines Elternteils wird das Jugendamt Beistand des Kindes für folgende Aufgaben:**
1. **die Feststellung der Vaterschaft,**
2. **die Geltendmachung von Unterhaltsansprüchen einschließlich der Ansprüche auf eine an Stelle des Unterhalts zu gewährende Abfindung sowie die Verfügung über diese Ansprüche; ist das Kind bei einem Dritten entgeltlich in Pflege, so ist der Beistand berechtigt, aus dem vom Unterhaltspflichtigen Geleisteten den Dritten zu befriedigen.**

(2) **Der Antrag kann auf einzelne der in Absatz 1 bezeichneten Aufgaben beschränkt werden.**

**Materialien:** neuer Inhalt idF des BeistG Regierungsentwurf BT-Drucks 12/7011, BT-Drucks 13/892; Stellungnahme des Bundesrates BR-Drucks 890/93, BR-Drucks 7/95 = BT-Drucks 13/892, 49 ff; Bericht des Rechtsausschusses BT-Drucks 13/8509; zum Inhalt älterer Fassungen vgl STAUDINGER/BGB-Synopse 1896–2000 § 1712.

### Systematische Übersicht

## I.   Normzweck, Gesetzgebungsgeschichte

**1.**   Die durch das BeistG eingefügte Bestimmung entspricht der Fassung des Re-   1
gierungsentwurfs. Sie regelt die **Voraussetzungen**, unter denen die **Beistandschaft**
eintritt, wer Beistand wird und welche Aufgaben er hat (BT-Drucks 13/892, 35). Das
in Abs 1 bestimmte *Antragserfordernis* fixiert die grundsätzliche rechtspolitische
Entscheidung für das Antragsmodell (Vorbem 12 ff vor §§ 1712 ff).

Aus dem **Aufgabenkreis** der bisherigen Amtspflegschaft wurden thematisch nur die
*Feststellung der Vaterschaft* und die *Geltendmachung von Unterhaltsansprüchen*
(§ 1706 Abs 1 Nr 1 und 2 aF) übernommen. Abs 1 Nr 2 entspricht wörtlich dem
bisherigen § 1706 Nr 2. Wie bisher soll das Jugendamt berechtigt sein, aus dem vom
Unterhaltspflichtigen Geleisteten einen Dritten zu befriedigen, bei dem das Kind
unentgeltlich in Pflege ist. Hierdurch wird sichergestellt, daß der Dritte schnellstmöglich die ohnehin ihm zustehenden Beträge bekommt (BT-Drucks 13/892, 37).

Die besondere Stellung dieser beiden Aufgabenbereiche wird gestützt auf die *grundlegende Bedeutung* der Vaterschaftsfeststellung als Basis aller familien- und erbrechtlichen Ansprüche gegen den Vater und die Bedeutung des Unterhaltsanspruchs für
die *wirtschaftliche Grundsicherung*.

**2.**   Ausschlaggebend für die **Ausgrenzung anderer Aufgabenkreise**, die teils von der   2
früheren Amtspflegschaft nach § 1706 erfaßt waren, teils von der angeordneten Beistandschaft nach § 1685 aF erfaßt werden konnten, war zum einen die Effektivität
von Beratung und Interessenvertretung, die mit der Zahl der Rechtsinstitute nicht
steigen würde (BT-Drucks 13/892, 36). Vor allem aber bringt das Antragsmodell ein
Vertrauen in die Fähigkeit des allein sorgeberechtigten Elternteils, das Kind gut zu
vertreten, zum Ausdruck. Für die Beistandschaft schieden daher diejenigen Tätigkeiten aus, in denen der Elternteil entweder Erklärungen selbst ohne Schwierigkeiten abgeben kann oder, wenn er sie nicht abgibt, auch keinen Antrag auf Beistandschaft stellen wird. Für *Zustimmung zur Adoption* und *Namenserklärungen* erschien
daher die Beratung nach § 18 Abs 1 SGB VIII genügend. Auch die Schwierigkeit von
Fragen, etwa im Bereich der Vermögenssorge, wurde nicht als Kriterium für eine
Beistandschaft angesehen, weil hier dem Jugendamt mangels eigener Erfahrung
oftmals auch nur die Einschaltung eines Rechtsanwalts bliebe. Die in der jugendamtlichen Tätigkeit im Rahmen der bisherigen Amtspflegschaft bedeutungsschwa-
che (vgl nur LG Berlin FamRZ 1976, 461) Geltendmachung *erbrechtlicher Ansprüche* ist
nicht mehr erfaßt (vgl § 1706 Abs 1 Nr 3 aF), zumal auch in diesem Bereich in
schwierigen Fragen häufig ein Rechtsanwalt einzuschalten war (BT-Drucks 13/892, 36).

Auch ein Bedürfnis für eine Erstreckung der Vertretung durch den Beistand bei einer
Klage auf *Anfechtung der Vaterschaft* oder Feststellung der *Unwirksamkeit der Anerkennung der Vaterschaft* wurde nicht gesehen; das Kind sei hier durch Beratungs-
hilfe, Prozeßkostenhilfe und den zu seinen Gunsten uneingeschränkt geltenden *Un-
tersuchungsgrundsatz* hinreichend geschützt (BT-Drucks 13/892, 37).

Entbehrlich erschien auch eine Beistandschaft für die positive oder negative Feststellung der *Mutterschaft*, da diese Frage in Deutschland keine praktische Bedeutung hat (BT-Drucks 13/892, 37). Überdies sind durch die Festlegung des KindRG auf die Geburtsmutterschaft (§ 1591) Rechtsstreitigkeiten um die genetische Mutterschaft weitgehend ausgeschlossen (zum ganzen auch PALANDT/DIEDERICHSEN Rn 8; FamRefK/SONNENFELD Rn 20 ff; DIEDERICHSEN NJW 1998, 1977, 1988).

## II.    Beistand für das Kind, Anwendungsbereich

**3** **1.**    Die Beistandschaft besteht nach dem Wortlaut und der ausdrücklichen gesetzgeberischen Intention **für das Kind**, nicht für den Elternteil. Das entspricht der früheren Amtspflegschaft und kommt auch darin zum Ausdruck, daß der Beistand im Rahmen seines Aufgabenbereichs *gesetzlicher Vertreter des Kindes* ist (BT-Drucks 13/892, 36). Obgleich die Beistandschaft in ihrer Entstehung (und in ihrem Bestand, § 1715 Abs 1 S 1) vom Willen des sorgeberechtigten Elternteils abhängt, untersteht daher der Beistand bei der Führung der Beistandschaft nicht den Weisungen des Elternteils (im einzelnen § 1716 Rn 8).

**4** **2.**    Einen Beistand kann **jedes Kind** erhalten. Eine Einschränkung des Personenkreises aus familienrechtlichem Status oder dem Geschlecht des sorgeberechtigten Elternteils ergibt sich nicht mehr. Sowohl Kinder unverheirateter als auch Kinder verheirateter oder inzwischen geschiedener Eltern können einen Beistand erhalten (PALANDT/DIEDERICHSEN Rn 1; FamRefK/SONNENFELD Rn 3).

Eine Einschränkung des persönlichen Anwendungsbereichs ergibt sich lediglich aus der Einschränkung der Antragsbefugnis: Voraussetzung ist, daß für den Aufgabenbereich, für den die Beistandschaft beantragt wird, die **alleinige elterliche Sorge** eines Elternteils besteht, weil nur dieser Elternteil den Antrag stellen kann (§ 1713 Abs 1). Dabei kommt es nicht darauf an, ob dem **Vater oder der Mutter** die alleinige Sorge zusteht; auch muß die alleinige Sorgeberechtigung nicht umfassend bestehen, sondern kann sich lediglich auf den von der Beistandschaft erfaßten Aufgabenkreis beziehen (hierzu § 1713 Rn 4 ff).

**5** **3.**    Steht das Kind unter **Vormundschaft** (§§ 1773 ff), so kommt eine Beistandschaft grundsätzlich nicht in Betracht. Der Regierungsentwurf hatte ein Antragsrecht des Vormunds erwogen, jedoch verworfen, weil nach den allgemeinen Grundsätzen des Vormundschaftsrechts der Vormund umfassend in der Lage sein muß, die Interessen des Kindes wahrzunehmen, und andernfalls ein Mitvormund oder ein anderer Vormund zu bestellen ist (BT-Drucks 13/892, 36; PALANDT/DIEDERICHSEN Rn 17). Lediglich der **nach § 1776 berufene Vormund**, der von den Eltern in Ausübung ihres Bestimmungsrechts benannt ist, ist in § 1713 Abs 1 S 2 (auf Vorschlag des Bundesrates) dem antragsberechtigten alleinerziehenden Elternteil gleichgestellt (hierzu im einzelnen § 1713 Rn 13). Hat das Kind also einen nach § 1776 bestimmten Vormund, so kann eine Beistandschaft beantragt werden (FamRefK/SONNENFELD Rn 9; GRESSMANN Rn 354).

## III.    Antrag (Abs 1 S 1), Beschränkung des Antrags (Abs 2)

**6** **1.**    Die Beistandschaft tritt auf **schriftlichen Antrag** ein (Abs 1 S 1; zur **Antragsbefugnis** § 1713 Abs 1; zur Überleitung früherer Amtspflegschaften Art 223 EGBGB, Anh 3 ff zu

§ 1717). Das Gesetz verwendet den Begriff „Antrag" hier in einem „untechnischen Sinn" (BT-Drucks 13/892, 35). Einerseits sollte gegenüber der bisherigen Amtspflegschaft klar zum Ausdruck gebracht werden, daß die Initiative von dem sorgeberechtigten Elternteil ausgeht (zur Antragsbefugnis § 1713 Rn 3 ff), der Eintritt der Beistandschaft also freiwillig ist; daher sollte im Gesetz nicht von „Einwilligung" oder „Zustimmung" die Rede sein (BT-Drucks 13/892, 35). Andererseits läßt der „Antrag" nach Abs 1 S 1 dem Adressaten Jugendamt (§ 1714 S 1) keine Entscheidungsalternative (PALANDT/DIEDERICHSEN Rn 11; FamRefK/SONNENFELD Rn 4; ZARBOCK ZfJ 1995, 395, 402), denn die Beistandschaft tritt durch Zugang des Antrags und nicht aufgrund einer durch den Antrag ausgelösten Entscheidung ein (§ 1714 S 1). Der Antrag ist daher in Wirklichkeit eine echte, einseitige **Gestaltungserklärung** (PALANDT/DIEDERICHSEN Rn 11).

**2.** Der Antrag ist **zugangsbedürftige Willenserklärung** des antragsberechtigten Elternteils, die dieser in eigenem Namen abgibt. Dem steht nicht entgegen, daß die Antragsbefugnis sich aus der elterlichen Sorge bzw bei Antragstellung vor Geburt des Kindes (§ 1713 Abs 1 2. Alt, nicht aber bei Abs 2) als deren Vorwirkung ergibt (PALANDT/DIEDERICHSEN Rn 17). Der Antrag bleibt auch zugangsbedürftige Willenserklärung, wenn er auf eine Anregung des Jugendamts hin gestellt wird; dies entspricht sogar dem von § 52 a SGB VIII geforderten Beratungskonzept, das auch eine Beratung über die Möglichkeit der Beistandschaft umfaßt (Vorbem 20 zu §§ 1712 ff). **Adressat** des Antrags ist das zuständige (unten Rn 30) Jugendamt (§ 1713 Abs 1).  **7**

Ein bestimmter **Inhalt** ist für den Antrag nicht vorgeschrieben; insbesondere bedarf es nicht der Verwendung des Begriffes „Beistandschaft". Es gelten die allgemeinen Grundsätze der Auslegung; aus dem Antrag muß erkennbar werden, daß der Antragsteller die Hilfe des Jugendamtes bei der Vaterschaftsfeststellung und/oder der Geltendmachung von Unterhaltsansprüchen in Anspruch nehmen will. Dabei kann der Aufgabenbereich auch aus den Umständen deutlich werden (PALANDT/DIEDERICHSEN Rn 12), etwa, wenn der Antragsteller unter Bezugnahme auf eine vorherige Beratung durch das Jugendamt über Unterhaltsangelegenheiten in einem Brief um das Tätigwerden des Jugendamts ersucht. Ohnehin werden voraussichtlich Formblätter des Jugendamts inhaltliche Zweifel in der Praxis weitgehend ausschließen.

Da das Jugendamt keine Entscheidungsalternative hat, über den Antrag also nicht zu entscheiden ist, bedarf der Antrag **keiner Begründung** (PALANDT/DIEDERICHSEN Rn 12).

**3.** Der Antrag bedarf der **Schriftform** (§ 126). Dieses Erfordernis dient der  **8** Rechtssicherheit, da aufgrund des Antrags ohne weitere Entscheidung oder Bestellung das Jugendamt gesetzlicher Vertreter des Kindes im Rahmen des vom Antrag erfaßten Aufgabenbereichs wird (§§ 1714 S 1, 1716 S 2, 1915 Abs 1, 1793 S 1; BT-Drucks 13/892, 35; FamRefK/SONNENFELD Rn 7; ZARBOCK ZfJ 1995, 395, 403).

Eigenhändigkeit ist nicht erforderlich; insbesondere genügt die Unterzeichnung eines vom Jugendamt bereitgestellten **Antragsformblatts** der Schriftform. Hierbei ist freilich inhaltlich darauf zu achten, daß dem unterzeichnenden Elternteil der *Erklärungswert* deutlich wird. Der Unterzeichnung muß also selbstverständlich nicht nur eine Beratung durch das Jugendamt vorangehen; auch das Formblatt sollte so gestaltet sein, daß auch für einen Rechtsunkundigen klar wird, daß durch die Unterschrift eine *Vertretungsbefugnis* des Jugendamts begründet wird, was etwa durch eine inhaltliche Zusammenfassung der sich aus §§ 1716 S 2, 1915 Abs 1, 1793 S 1 ergebenden Rechtsfolge in deutlich hervorgehobener Schrift erreichbar ist. Dem Kind wäre kein Gefallen getan, wenn sich nach Tätigwerden Streitigkeiten über eine Anfechtung nach § 119 Abs 1 1. Alt (zB mit dem Argument, man habe das Formblatt für eine bloß amtsinterne Bestätigung erfolgter Beratung gehalten) ergeben, welche die Wirksamkeit von Vertreterhandlungen in Frage stellen könnten.

Eine Erklärung zu **Protokoll des Jugendamts** genügt hingegen nicht dem Schriftformerfordernis (FamRefK/SONNENFELD Rn 7).

**9  4.**  Der Antrag kann für alle oder für einzelne der in Abs 1 Nr 1 und 2 bezeichneten **Aufgabenbereiche** gestellt werden (Abs 2).

**a)**  Der Umfang des Antrags bestimmt auch insoweit unmittelbar die **Reichweite der Beistandschaft** und der damit verbundenen **Vertretungsmacht** des Jugendamts.

Zulässig und wirksam ist auch die Beschränkung auf **Teilbereiche** der beiden in Abs 1 genannten Aufgaben; so kann etwa die Beistandschaft für die *Geltendmachung von Unterhaltsansprüchen* beantragt und dabei eine *Regelung durch Vereinbarung* nach § 1614 ausgeschlossen werden (vgl BT-Drucks 13/892, 37, das dort genannte Beispiel der Abfindung nach § 1615 e Abs 3 aF hat sich durch ersatzlose Aufhebung dieser Bestimmung durch das KindUG erledigt); es kann die Beistandschaft auch auf das Zustandebringen einer Vereinbarung oder auf die Unterhaltssicherung des in Familienpflege untergebrachten Kindes beschränkt werden (PALANDT/DIEDERICHSEN Rn 14).

**10  b)**  Wird der Antrag auf Beistandschaft **ohne Beschränkung** gestellt, so bezieht sich die Beistandschaft grundsätzlich auf beide in Abs 1 Nr 1 und Nr 2 genannten Aufgaben. Eine **Beschränkung** kann sich jedoch aus den Umständen ergeben, zB wenn die Vaterschaft bereits festgestellt ist. Insbesondere auf Antrag des *Vaters* wird meist (vgl aber den Fall der Anerkennung durch einen anderen Mann vor wirksamer Anfechtung der Vaterschaft unten Rn 14) nur eine Beistandschaft für die Geltendmachung von Unterhaltsansprüchen in Betracht kommen (FamRefK/SONNENFELD Rn 8, 19).

Über solche Fälle der objektiven Erledigung eines möglichen Teilbereichs der Aufgaben des Beistands hinaus kann die Auslegung des Antrags mit Rücksicht auf die vorangegangene Erörterung mit dem Jugendamt ergeben, daß die Beistandschaft nur für einen Teilbereich gewünscht wird und daher trotz formal umfassender Antragstellung nur für diesen Teilbereich eintritt. Das Jugendamt sollte mit Rücksicht auf das Prinzip der Freiwilligkeit und den Erhalt des Vertrauens des Elternteils bemüht sein, jeden Zweifel an der Reichweite des Antrags vor dem Tätigwerden aufzuklären. Wendet sich zB eine nicht verheiratete Mutter an das Jugendamt, um sich – wegen rechtlicher Unkenntnis – über die Möglichkeiten der Vaterschaftsfeststellung beraten zu lassen, sollte das Jugendamt nicht ohne Klärung der Reichweite eines entsprechenden Antrags die Unterhaltssicherung betreiben. Dies könnte durchaus als störend empfunden werden, wenn der Vater bereits Unterhalt leistet oder sogar mit Mutter und Kind zusammenlebt.

**11  c)**  Eine **Begründung** für eine Beschränkung muß der Antragsteller nicht geben.

Erweist sich die Beschränkung des Antrags und damit der Beistandschaft aus Sicht des Jugendamts als *unzweckmäßig*, was insbesondere bei einer Beschränkung auf Teilbereiche der Unterhaltssicherung der Fall sein kann, aber auch dann, wenn das Jugendamt (wie bisher gewohnt) im Zusammenhang mit der Protokollierung einer Vaterschaftsanerkennung zeitgleich einen Unterhaltstitel schaffen möchte, so kann das Jugendamt lediglich eine Erweiterung der Beistandschaft anregen. Eine Erweiterung der Vertretung des Kindes durch das Jugendamt gegen den Willen des Antragsberechtigten kommt nur bei Gefährdung des Kindeswohls nach Maßgabe des § 1666 in Betracht (PALANDT/DIEDERICHSEN Rn 14).

**IV.    Aufgabenkreis Feststellung der Vaterschaft (Abs 1 Nr 1)**

**1.**    Der Aufgabenkreis „Feststellung der Vaterschaft" **umfaßt** alle Handlungen im  **12** Zusammenhang mit der Herbeiführung eines Zuordnungstatbestandes der Vaterschaft nach § 1592 Nr 2 (Anerkennung der Vaterschaft) oder Nr 3 (gerichtliche Feststellung). Hierzu gehören insbesondere auch alle **Rechtshandlungen**, die seitens des Kindes für das Zustandekommen des Zuordnungsgrundes erforderlich sind.

**2.**    Die **Anerkennung der Vaterschaft** (§ 1592 Nr 2) bedarf grundsätzlich der Zu-  **13** stimmung der Mutter (§ 1595 Abs 1).

**a)**    Da es sich hierbei um eine **Zustimmung der Mutter im eigenen Namen** handelt, kann das Jugendamt als Beistand nach Abs 1 Nr 1 diese Zustimmung *nicht* erklären. Zwar kann das Jugendamt auf die Erteilung der Zustimmung hinwirken; dies wird freilich, da seine Stellung als Beistand von dem Willen der Mutter abhängt, nur in konfliktfreien Fällen erfolgreich sein. Insbesondere besteht wenig Aussicht, daß das Jugendamt das Interesse des Kindes durchsetzt, wenn die Mutter nicht bereit ist, einer nach Lage des Falles den biologischen Verhältnissen entsprechenden Vaterschaftsanerkennung zuzustimmen. In solchen Fällen dürfte es erfolgversprechender sein, wenn das Jugendamt den Anerkennenden darauf hinweist, daß er die Vaterschaft auch gerichtlich feststellen lassen kann (§§ 1600 d Abs 1, 1600 Abs 1).

**b)**    Lediglich in Fällen, in denen der Mutter insoweit nicht die elterliche Sorge  **14** zusteht (vgl STAUDINGER/RAUSCHER [2000] § 1795 Rn 21), ist die **Zustimmung des Kindes** erforderlich, die das Jugendamt als Beistand erklären kann (nur für diesen Fall zutreffend ROTH KindPrax 1998, 12, 13). Steht allerdings der Mutter die elterliche Sorge für diesen Aufgabenkreis nicht zu, so wird es auch nur in Ausnahmefällen zu einer Beistandschaft kommen, denn die Antragsbefugnis der Mutter nach § 1713 hängt nach der Geburt ebenfalls davon ab, daß ihr die elterliche Sorge zusteht. Das Zusammentreffen einer Beistandschaft mit dem Erfordernis der Zustimmung des Kindes nach § 1595 Abs 2 ist also beschränkt auf folgende Gestaltungen (im einzelnen vgl STAUDINGER/RAUSCHER [2000] § 1596 Rn 22):

– die *pränatale Anerkennung* (§ 1594 Abs 4), weil vor Geburt die Mutter den Antrag auf Beistandschaft nach § 1713 Abs 2 auch stellen kann, wenn ihr nach der Geburt die elterliche Sorge nicht zusteht; ist das Kind im Zeitpunkt der Zustimmung bereits geboren, stimmt das Jugendamt als *Vormund* nach § 1791 c Abs 1 zu.

– die seltene Situation der Anerkennung der Vaterschaft zu einem Kind, dem bereits (meist nach § 1592 Nr 1) ein *anderer Mann als Vater zugeordnet* ist, der die alleinige elterliche Sorge innehat und daher den Antrag auf Beistandschaft stellen kann.

– die ebenfalls seltene Situation, daß das Kind nach dem *Tod seiner Mutter* unter der Vormundschaft eines nach § 1776 berufenen Vormunds steht, der die Beistandschaft beantragen kann (§ 1713 Abs 1 S 2; FamRefK/Sonnenfeld Rn 12).

Unterliegt die Anerkennung gemäß Art 224 § 1 EGBGB noch den **bis 30. 6. 1998 geltenden Vorschriften** (§§ 1600 a ff aF), so kann hingegen das Jugendamt als Beistand die nach § 1600 c aF erforderliche Zustimmung des Kindes wirksam erklären. Ist die Mutter inzwischen mit dem Anerkennenden verheiratet, so ist die Erklärung durch den Beistand freilich kein gangbarer Weg, eine erforderliche Ergänzungspflegschaft zu vermeiden, da die Mutter nach §§ 1629 Abs 1, 1795 Abs 1 Nr 1 von der gesetzlichen Vertretung ausgeschlossen ist und deshalb auch die Beistandschaft gemäß § 1715 Abs 2 endet (**aA:** DIV-Gutachten DAVorm 1999, 868, 870; zur Anwendung von § 1795 Abs 1 Nr 1 vgl Staudinger/Rauscher [2000] § 1795 Rn 21; zur Beendigung der übergeleiteten Amtspflegschaft nach § 1715 Abs 2 vgl Anh 5 zu § 1717).

Kann die Anerkennung nach Art 19 Abs 1 S 2 oder 3 EGBGB in *alternativer Anknüpfung* nach einer **ausländischen Rechtsordnung** wirksam sein, so kommt auch bei Bestehen der elterlichen Sorge der Mutter die Zustimmung durch das Jugendamt als Beistand in Betracht, sofern diese Rechtsordnung die Zustimmung des Kindes erfordert.

**15**  c)    Die **Beurkundung** der Anerkennung und/oder der Zustimmung durch hierzu ermächtigte Urkundspersonen beim Jugendamt (§ 59 Abs 1 Nr 1 SGB VIII) hat hingegen mit der Stellung des Jugendamts als Beistand des Kindes nichts zu tun. Der jeweilige Beamte ist vielmehr gehalten, nicht selbst die Beurkundung vorzunehmen, wenn ihm die Aufgabe des Beistandes übertragen ist (§§ 59 Abs 2, 55 Abs 2 SGB VIII).

**16**  3.    Im Fall der **gerichtlichen Feststellung der Vaterschaft** (§ 1592 Nr 3) vertritt das Jugendamt das Kind als Kläger oder Beklagten (§ 1600 e Abs 1) oder als Antragsteller (§ 1600 e Abs 2) im Verfahren (Palandt/Diederichsen Rn 3). Eine Vaterschaftsfeststellungsklage des Mannes gegen das Kind kommt am ehesten in Betracht, wenn die Mutter die Zustimmung zu einer Anerkennung verweigert hat (FamRefK/Sonnenfeld Rn 16). Für eine Feststellungsklage seitens des Mannes fehlt aber auch dann nicht das Rechtsschutzbedürfnis, wenn er die Vaterschaft anerkennen könnte; auch der Mann kann ein Interesse daran haben, daß das Familiengericht die nach dem Amtsermittlungsgrundsatz gebotenen Ermittlungen über das Bestehen seiner Vaterschaft anstellt.

Wie nach früherem Recht in seiner Eigenschaft als Amtspfleger kann das Jugendamt auch als Beistand namens des Kindes **Prozeßkostenhilfe** beantragen (MünchKomm/ Hinz § 1706 aF Rn 5; im einzelnen hierzu Staudinger/Rauscher [2000] § 1600 e Rn 107 ff; zur **Beiordnung eines Rechtsanwaltes**, obwohl das Kind vom Jugendamt vertreten wird, dort Rn 108, ggf ist dem **Mann** ein Rechtsanwalt beizuordnen, weil das Kind durch das Jugendamt sachkundig vertreten wird, dort Rn 109).

**4.** Im Zusammenhang mit der Vorbereitung einer Vaterschaftsfeststellung stellt **17** das Jugendamt als Beistand auch die **erforderlichen Ermittlungen** an (PALANDT/DIEDE-RICHSEN Rn 3; ROTH KindPrax 1998, 12, 13). Nach früherem Recht war umstritten, ob das Jugendamt als Amtspfleger auch dann Ermittlungen anzustellen habe, wenn die *Mutter Angaben über den Vater verweigert.* Die herrschende Rechtsprechung bejahte dies, freilich mit der Einschränkung, daß im Weigerungsfall das Jugendamt nicht von sich aus ungezielte Ermittlungen anstellen, sondern lediglich mit der Sache befaßt bleiben müsse (BayObLG FamRZ 1972, 521; OLG Hamm FamRZ 1991, 1229; OLG Karlsruhe FamRZ 1972, 95; MünchKomm/HINZ § 1706 aF Rn 6; SOERGEL/STRÄTZ § 1706 aF Rn 10). Die Geltendmachung eines Auskunftsanspruchs des Kindes gegen die Mutter aus unterhaltsrechtlichen Interessen durch das Jugendamt als Amtspfleger wurde überwiegend abgelehnt (LG Landau DAVorm 1989, 634; AG Neunkirchen DAVorm 1996, 718; STAUDINGER/RAUSCHER [2000] Einl 92 zu §§ 1589 ff).

Diese Frage dürfte sich für das Jugendamt als Beistand erledigt haben. Die Mutter, die nicht bereit ist, den Vater des Kindes zu offenbaren und die Feststellung der Vaterschaft zu fördern, wird kaum durch ihren Antrag eine auf diesen Aufgabenkreis bezogene Beistandschaft einleiten. Nach früherem Recht stellte sich gerade an dieser Stelle die Problematik umgekehrt; die einzige Sanktion für mangelnde Mitwirkungsbereitschaft der Mutter bestand in der – wenig effizienten – Verweigerung der Aufhebung der Amtspflegschaft (BGH NJW 1982, 515; BayObLGZ 1972, 196; OLG Hamm FamRZ 1991, 1229; OLG Karlsruhe FamRZ 1972, 95; LG Berlin DAVorm 1988, 883; LG Berlin FamRZ 1988, 1202; LG Braunschweig DAVorm 1986, 440; LG Köln DAVorm 1986, 910; **aA** OLG Hamm OLGZ 1982, 8; nur ausnahmsweise anders, wenn die Vaterschaftsfeststellung anderweit betrieben wurde: OLG Schleswig FamRZ 1984, 200; LG Augsburg FamRZ 1997, 1300).

**5.** **Nicht erfaßt** vom möglichen Aufgabenkreis des Abs 1 Nr 1 ist die **Anfechtung** **18** **der Vaterschaft** (§§ 1600 ff; FamRefK/SONNENFELD Rn 14; ROTH KindPrax 1998, 12, 13) sowie die unter § 1706 Nr 1 aF fallenden sonstigen Angelegenheiten zur Feststellung oder Änderung des Eltern-Kind-Verhältnisses oder des Familiennamens des Kindes.

**a)** Teilweise wird eine **entsprechende Anwendung des Abs 1 Nr 1**, also eine Ausdehnung der Beistandschaft auf die Anfechtung der Vaterschaft vertreten, da das Schutzbedürfnis des Kindes bei der Durchführung der Vaterschaftsanfechtung dem bei der Vaterschaftsfeststellung entspreche (PALANDT/DIEDERICHSEN Rn 3).

Dem ist **entgegenzutreten**; der Wortlaut des § 1712 Abs 1 Nr 1 läßt keine *planwidrige* Lücke, sondern bringt den im Gesetzgebungsverfahren deutlich gewordenen gesetzgeberischen Willen klar zum Ausdruck. Der Regierungsentwurf betont nicht nur das Ziel, sonstige Änderungen des Eltern-Kind-Verhältnisses, insbesondere die Anfechtung der Vaterschaft, in die Beistandschaft *nicht* einzubeziehen. Er *begründet* auch die Differenzierung gegenüber der Vaterschaftsfeststellung damit, daß die Vaterschaftsanfechtung immer in einem gerichtlichen Verfahren erfolgt, in dem der Amtsermittlungsgrundsatz das Kind hinreichend schützt (BT-Drucks 13/892, 37; dazu oben Rn 2). Forderungen aus der Praxis, die Vaterschaftsanfechtung in den Aufgabenkreis des § 1712 einzubeziehen (BEINKINSTADT ZfJ 1993, 481; DONATIN DAVorm 1994, 7, 10), wurde im weiteren Verfahren nicht nachgegeben. Damit erweist sich die geforderte Analogie in Wirklichkeit als eine rechtspolitische Korrektur des Gesetzes.

**19 b)** Zuzugeben ist, daß die Bewertung des **Schutzes der Kindesinteressen rechtspolitisch bedenklich** ist. Sucht man freilich nach den Ursachen, so liegt der Mangel
nicht in der Ausgrenzung der Vaterschaftsanfechtung aus dem Aufgabenkreis des
Abs 1 Nr 1: Insoweit trifft es zu, daß *im Anfechtungsverfahren* die Interessen des
Kindes durch das Gericht selbst ausreichend geschützt sind.

Gerade in dem Bereich der Vaterschaftsfeststellung aber, für den das Gesetz eine
Beistandschaft ermöglicht, gibt es dem Jugendamt keine Möglichkeit, *manipulierte
Vaterschaftsanerkennungen* zu verhindern, also den Schutz des Kindes zu realisieren.
Gegen das Zusammenwirken der Mutter und eines neuen Partners, der die Vaterschaft anerkennt, obwohl er nicht der Vater ist, kann anerkennungsrechtlich nichts
unternommen werden, weil das Kind nach § 1595 idF des KindRG regelmäßig nicht
mehr zustimmungsbefugt ist. Hier hilft nur die Anfechtung durch das Kind; den
Schutzbedarf hinsichtlich der Entscheidung, *ob* es überhaupt zu einem Anfechtungsverfahren kommt, kann selbstredend der Amtsermittlungsgrundsatz *nicht* gewährleisten. Letztlich liegt diese Konsequenz aber in der Systematik der Neuregelung,
die der Mutter im Rahmen der Vaterschaftsfeststellung gegenüber dem Kind zu
weitgehende Befugnisse einräumt (zur Kritik im einzelnen STAUDINGER/RAUSCHER [2000]
§ 1595 Rn 3 ff). Und sie würde, folgte man einer analogen Anwendung auf die Anfechtung der Vaterschaft, in diesem Fall schwerlich anschließend das Jugendamt zum
Beistand des Kindes machen, damit dieses sodann die manipulierte Vaterschaft
anficht.

**20 c)** Hingegen ist Abs 1 Nr 1 nicht zwingend auf Fälle der Vaterschaft nach § 1592
Nr 2 oder Nr 3 beschränkt. Ausnahmsweise kann auch eine **Vaterschaft nach § 1592
Nr 1** (Ehemann der Mutter) der Feststellung bedürfen. Dies kommt in Betracht,
wenn die Voraussetzungen des § 1592 Nr 1 streitig sind, insbesondere, wenn die
Wirksamkeit der Ehe oder ihr Bestehen im Zeitpunkt der Geburt im Streit sind.
Auch in solchen Verfahren kann das Jugendamt Beistand nach Abs 1 Nr 1 sein.

**21 d)** Zur Erhebung einer **Restitutionsklage** nach § 641 i ZPO ist das Jugendamt als
Beistand berufen, sofern die Restitutionsklage darauf abzielt, die *Vaterschaft festzustellen.* Das ist dann der Fall, wenn das angefochtene Fehlurteil einer Anfechtung der
Vaterschaft (oder nach früherem Recht einer Ehelichkeitsanfechtung bzw Anfechtung der Anerkennung) stattgegeben hatte. In diesem Fall ist das mit der Restitutionsklage angestrebte Ziel die (Wieder-) *Herstellung der Zuordnung* zu dem von
§ 1592 Nr 1 oder Nr 2 als Vater bezeichneten Mann (**aA** DIV-Gutachten DAVorm 1999, 599,
601).

Nicht vom Aufgabenkreis des Abs 1 Nr 1 erfaßt ist dagegen eine Restitutionsklage
gegen ein Vaterschaftsfeststellungsurteil oder ein die Anfechtung der Vaterschaft
abweisendes Urteil, da in beiden Fällen die *Beseitigung einer bestehenden Vaterschaft*
Ziel des Restitutionsverfahrens wäre.

## V. Aufgabenkreis Geltendmachung von Unterhaltsansprüchen (Abs 1 Nr 2)

**22 1.** Der Aufgabenkreis „Geltendmachung von Unterhaltsansprüchen" (Abs 1 Nr 2)
**entspricht** dem Aufgabenkreis des **§ 1706 Abs 1 Nr 2 aF** (BT-Drucks 13/892, 37; FamRefK/
SONNENFELD Rn 18). Aus der Abhängigkeit der Beistandschaft vom Willen des insoweit

alleine sorgeberechtigten Elternteils, der die Beistandschaft auch beenden kann (§ 1715 Abs 1 S 1) ergeben sich allerdings in der Praxis Veränderungen.

**2.**     In den Aufgabenkreis fällt die **gerichtliche und außergerichtliche Geltendma-** **23** **chung und Durchsetzung** der Unterhaltsansprüche des Kindes aus §§ 1601 ff; insbesondere in der Vergangenheit *aufgelaufene Unterhaltsansprüche* gegen einen zu diesem Zeitpunkt noch nicht im Rechtssinn festgestellten Vater können durch den Beistand nach § 1613 Abs 2 S 1 Nr 2 a geltend gemacht werden, sobald die Vaterschaft festgestellt ist (Palandt/Diederichsen Rn 4).

Der Aufgabenkreis umfaßt auch **Vereinbarungen über den Unterhaltsanspruch** sowie aufgrund ausdrücklicher Erwähnung in Abs 1 Nr 2 **Verfügungen** über den Anspruch (Roth KindPrax 1998, 12, 13; zur Verfügung über vereinnahmte Zahlungen unten Rn 27 f), die nach Inkrafttreten des KindUG allerdings für alle Kinder an § 1614 zu messen sind. Die in Abs 1 Nr 2 ausdrücklich genannte **Abfindung** kommt nach deutschem Recht auch bei Kindern nicht verheirateter Eltern nicht mehr (vgl § 1615 e Abs 3 aF, Palandt/Diederichsen Rn 5) in Betracht (Schwab/Schumacher/Grün, Das neue Familienrecht, 291, 318; LJA Thüringen DAVorm 1999, 191, 194). Insoweit ist die Fassung der Bestimmung nicht mehr an das KindUG angepaßt worden (zu Recht kritisch wegen der unreflektierten Übernahme des § 1706 Abs 1 Nr 2 aF: Gressmann/Beinkinstadt 81).

Auch den Unterhaltsanspruch vorbereitende **Auskunftsbegehren** (§ 1605), die Entgegennahme, ggf die **zwangsweise Beitreibung** des Unterhalts nach Titulierung sowie **Änderungsbegehren** (zur Anpassung des Regelbetragsunterhalts vgl § 1612 a Abs 4 idF des KindUG) und die Vertretung des Kindes anläßlich von **Änderungsverfahren**, unabhängig davon, ob das Kind einen höheren Unterhalt begehrt, oder der Unterhaltsschuldner Herabsetzung verlangt, fallen in den Aufgabenkreis des Beistands (Palandt/Diederichsen Rn 4). Zur **Stundung** des für das Kind titulierten Unterhalts ist der Beistand nur ausnahmsweise berechtigt, wenn hierin eine den Interessen des Kindes auch unter Berücksichtigung seines sonstigen Verhältnisses zu dem Unterhaltspflichtigen gerechte Lösung zu sehen ist (vgl insoweit zur Amtspflegschaft OLG Köln NJW-RR 1991, 711, 712).

**3.**     Der Aufgabenkreis erstreckt sich auf alle im Gesetz vorgesehenen **Varianten** **24** **der Unterhaltsfestsetzung**. Das Jugendamt kann als Beistand den *konkret berechneten Unterhaltsanspruch* nach §§ 1601, 1602 Abs 1, 1603 Abs 1 oder den Unterhalt in Höhe des *Regelbetrages* (§ 1612 a) geltend machen. Es kann den *Klageweg* beschreiten oder eine *einstweilige Verfügung* nach § 1615 o erwirken.

**4.**     Theoretisch erfaßt der Aufgabenkreis auch weiterhin die Geltendmachung von **25** **Unterhaltsansprüchen des Kindes gegen den sorgeberechtigten Elternteil** (Palandt/Diederichsen Rn 4). Dies war (damals die sorgeberechtigte Mutter betreffend) in der Rechtsprechung zu § 1706 Abs 1 Nr 2 aF anerkannt (BayObLG FamRZ 1980, 828; über die vom AG Brakel, FamRZ 1988, 849 angezweifelte Verfassungsmäßigkeit hat das BVerfG FamRZ 1988, 475 nicht entschieden). In der Praxis kommt die Geltendmachung gegen den Sorgeberechtigten nicht mehr in Betracht, weil dieser nach § 1715 Abs 1 S 1 die Beistandschaft beenden kann.

Hingegen ist durch den erweiterten persönlichen Anwendungsbereich der Beistandschaft gegenüber der früheren Amtspflegschaft die Möglichkeit hinzugetreten, daß das Jugendamt als Beistand des unter der elterlichen Sorge des Vaters stehenden Kindes Unterhaltsansprüche gegen die **nicht sorgeberechtigte Mutter** geltend macht (ROTH KindPrax 1998, 12, 13).

In der Praxis wird also der Beistand überwiegend auf die Geltendmachung von Unterhaltsansprüche gegen sonstige Verwandte sowie gegen den nicht sorgeberechtigten Elternteil beschränkt sein (ROTH KindPrax 1998, 12, 13).

**26** **5.** Der Aufgabenkreis erstreckt sich **nicht** auf **unterhaltsersetzende Leistungen des öffentlichen Rechts**, also Renten (BSG FamRZ 1971, 530; PALANDT/DIEDERICHSEN Rn 6), Sozialhilfe (LJA Thüringen DAVorm 1999, 191, 194) oder Unterhaltsleistungen nach dem UVG (BGH KindPrax 1999, 165; PALANDT/DIEDERICHSEN Rn 6). Abs 1 Nr 2 ist beschränkt auf den BGB-Unterhalt. Da dieser seine Natur nicht dadurch verändert, daß er auf einen Träger öffentlicher Leistungen übergeht, bleibt das Jugendamt als Beistand zur Geltendmachung befugt, wenn der Träger der öffentlich-rechtlichen Unterhaltsersatzleistung den BGB-Unterhaltsanspruch zur treuhänderischen Geltendmachung zurücküberträgt (LJA Thüringen DAVorm 1999, 191, 194). Dasselbe gilt, wenn ein nach § 1607 Abs 2 S 2 oder Abs 3 übergegangener Unterhaltsanspruch auf das Kind zur Geltendmachung zurückübertragen wurde, weil dieser Anspruch dann weiter Unterhaltsanspruch des Kindes bleibt (BGH NJW 1982, 515, 516 zu § 1615 b aF). Nicht Aufgabe des Jugendamts ist hingegen die Mitwirkung an einer solchen treuhänderischen Rückabtretung (BGH aaO; PALANDT/DIEDERICHSEN Rn 6).

**27** **6.** Die **Verwaltung und Verwendung** der vereinnahmten Unterhaltsbeträge fällt hingegen, wie schon zur früheren Amtspflegschaft, nicht in den Aufgabenkreis des Beistands (PALANDT/DIEDERICHSEN Rn 7).

**a)** Der Beistand darf solche Gelder nicht anlegen oder für den Unterhalt des Kindes verwenden, sondern hat sie unverzüglich **an den Sorgeberechtigten auszukehren**. Hierfür sind entsprechende Vorkehrungen, insbesondere die Führung von Unterhalts-Anderkonten bei den Jugendämtern zu treffen (LJA Thüringen DAVorm 1999, 191, 194: Weiterleitung möglichst am gleichen Tag).

**28** **b)** Eine Ausnahme hiervon sieht **Abs 1 Nr 2 Hs 2** vor. Befindet sich das Kind in **entgeltlicher Pflege** bei einem Dritten, so ist das Jugendamt als Beistand berechtigt, aus eingehenden Unterhaltsleistungen den Dritten unmittelbar zu befriedigen. Hierdurch soll sichergestellt werden, daß der Dritte schnellstmöglich die ihm ohnehin zustehenden Beträge bekommt (BT-Drucks 13/892, 37). **Dritter** iSd Regelung sind private Pflegeeltern (Familienpflege, § 1630; PALANDT/DIEDERICHSEN Rn 7) sowie private Träger von Heimen. Nicht Dritte sind Träger der Jugendhilfe (OVG Berlin FamRZ 1975, 350; PALANDT/DIEDERICHSEN Rn 7; MünchKomm/HINZ § 1706 aF Rn 10).

Dieser Berechtigung korrespondiert weder eine Verpflichtung des Beistands, die Unterhaltsmittel in dieser Weise zu verwenden; noch ist der Unterhaltspflichtige gehalten, den Unterhalt an den Beistand zu leisten; er kann auch mit unmittelbar befreiender Wirkung an die Pflegeperson leisten (MünchKomm/HINZ § 1706 aF Rn 10). Überdies beruht die aus § 1706 Abs 1 Nr 2 unverändert übernommene Regelung auf dem Geist des Mißtrauens gegenüber dem Sorgeberechtigten, der durch die Beistandschaft eigentlich überwunden werden soll (GRESSMANN/BEINKINDSTADT 81); freilich besteht, wenn das Kind in Familienpflege gegeben ist, wenig Anlaß, dem Sorgeberechtigten die Unterhaltsleistungen zufließen zu lassen. Das Jugendamt sollte sich jedenfalls vor Weiterleitung vereinnahmter Unterhaltsleistungen an den Dritten mit dem Sorgeberechtigten abstimmen, um der Vertrauensbasis nicht zu schaden (GRESSMANN/BEINKINSTADT 81).

**7.** **Unterhaltsansprüche der Mutter** gegen den Vater des Kindes, insbesondere **29** solche aus § 1615 l, aber auch nachehelichen Unterhalt nach § 1570 kann hingegen das Jugendamt als Beistand nicht geltend machen. Dies folgt eindeutig daraus, daß das Jugendamt Beistand des Kindes ist und dieses gesetzlich vertritt, nicht aber Beistand und Vertreter des allein sorgeberechtigten Elternteils.

### VI. Jugendamt als Beistand, Zuständigkeit

**1.** Als Beistand ist **ausschließlich das Jugendamt** vorgesehen. Eine Beistandschaft **30** von Einzelpersonen oder Verbänden gibt es im Rahmen der §§ 1712 ff nicht. Dies entspricht der Konzeption der ohne gerichtliche Entscheidung eintretenden Beistandschaft und nutzt überdies die in den Aufgabenbereichen des Abs 1 bei dem Jugendamt gesammelte Sachkompetenz (BT-Drucks 13/892, 35; PALANDT/DIEDERICHSEN Rn 18; die Jugendamts-Lobby weist nicht ohne Stolz darauf hin, daß zu den, zugegeben juristisch eng begrenzten, Aufgabenkreisen der früheren Amtspflegschaft Kompetenz angesammelt wurde, die weit über das hinausgeht, was ein Jurist bei Berufseintritt gemeinhin weiß: GRESSMANN/BEINKINSTADT 82). Die entsprechende Aufgabenzuweisung ergibt sich aus § 55 Abs 1 SGB VIII.

**2.** **Örtlich zuständig** zur Entgegennahme des **Antrags** (oben Rn 7), zur **Führung der 31 Beistandschaft** und zur **Beratung** nach § 52 a SGB VIII (Vorbem 20 ff zu §§ 1712 ff) ist das Jugendamt, in dessen Bezirk der – den Antrag stellende – allein sorgeberechtigte Elternteil seinen gewöhnlichen, in Ermangelung eines solchen seinen tatsächlichen Aufenthalt hat (§ 87 c Abs 5 iVm Abs 1 SGB VIII; FamRefK/SONNENFELD Rn 6; PALANDT/DIEDERICHSEN Rn 16; BAER DAVorm 1998, 491, 493; KNITTEL DAVorm 1997, 649, 651). Nimmt der allein sorgeberechtigte Elternteil seinen gewöhnlichen Aufenthalt im Bereich eines anderen Jugendamts, kann das bisher zuständige Jugendamt bei dem neuen Aufenthalts-Jugendamt die Weiterführung der Beistandschaft beantragen. Erst mit der Erklärung des anderen Jugendamtes geht die Beistandschaft über (§ 87 c Abs 5 S 2 iVm Abs 2 S 2 SGB VIII). Eine Verpflichtung zum vorläufigen Tätigwerden (Notzuständigkeit) besteht für das Jugendamt am Aufenthaltsort des Kindes (§ 87 c Abs 5 S 2 iVm § 86 d SGB VIII; KNITTEL DAVorm 1997, 649, 651). Diese Regelung ist Bedenken ausgesetzt, weil § 86 d SGB VIII auf Leistungen der Jugendhilfe zugeschnitten ist, für die Aufgaben des Beistands aber Kontakt zur Mutter als Informationsperson erforderlich ist, und das Kind keine Kenntnis über den Unterhaltsverpflichteten hat (WOLF KindPrax 1998, 40, 43). Grundsätzlich entspricht die Regelung aber den schon für die Amtspflegschaft angenommenen Wertungen: den Interessen des Kindes wird am besten gedient sein, wenn bei Verlegung des gemeinsamen gewöhnlichen Aufenthalts von Sorgeberechtigtem und Kind das Jugendamt am neuen Aufenthalt die Beistandschaft führt (BayObLG ZfJ 1984, 377, 378); lebt das Kind nicht bei dem Sorgeberechtigten – also in Familien- oder Heimpflege – so dürfte ebenfalls die Führung durch das Jugendamt am Aufenthalt des Kindes dem Kindeswohl am ehesten entsprechen (BayObLG NJW-RR 1988, 456, 457).

Außerdem besteht Kritik, weil § 86 d SGB VIII die Jugendämter zur *Einigung* auffordert und bei Nicht-Übernahme durch das neue Jugendamt nur die verwaltungsgerichtliche Klärung zwischen den Ämtern bleibt (GRESSMANN/BEINKINSTADT 87).

**32** **3.**     Zur **Anzeigepflicht des Standesbeamten** Vorbem 20 zu §§ 1712 ff; zur **Beratungspflicht** nach § 52 a SGB VIII Vorbem 20 ff zu §§ 1712 ff.

**33** **4.**     Gemäß **Art 144 EGBGB** idF des BeistG kann landesgesetzlich bestimmt werden, daß das Jugendamt die Beistandschaft mit Zustimmung des Elternteils auf einen rechtsfähigen Verein übertragen kann, dem dazu eine Erlaubnis nach § 54 SGB VIII erteilt worden ist. Damit wurde dem Anliegen einzelner Bundesländer Rechnung getragen, die Führung von Beistandschaften auf freie Träger übertragen zu können (BT-Drucks 13/8509, 17).

## § 1713

**(1) Den Antrag kann ein Elternteil stellen, dem für den Aufgabenkreis der beantragten Beistandschaft die alleinige elterliche Sorge zusteht oder zustünde, wenn das Kind bereits geboren wäre. Der Antrag kann auch von einem nach § 1776 berufenen Vormund gestellt werden. Er kann nicht durch einen Vertreter gestellt werden.**

**(2) Vor der Geburt des Kindes kann die werdende Mutter den Antrag auch dann stellen, wenn das Kind, sofern es bereits geboren wäre, unter Vormundschaft stünde. Ist die werdende Mutter in der Geschäftsfähigkeit beschränkt, so kann sie den Antrag nur selbst stellen; sie bedarf hierzu nicht der Zustimmung ihres gesetzlichen Vertreters. Für eine geschäftsunfähige werdende Mutter kann nur ihr gesetzlicher Vertreter den Antrag stellen.**

**Materialien:** neuer Inhalt idF des BeistG Regierungsentwurf BT-Drucks 12/7011, BT-Drucks 13/892; Stellungnahme des Bundesrates BR-Drucks 890/93, BR-Drucks 7/95 = BT-Drucks 13/892, 49 ff; Bericht des Rechtsausschusses BT-Drucks 13/8509; zum Inhalt älterer Fassungen vgl STAUDINGER/BGB-Synopse 1896–2000 § 1713.

**Schrifttum**

KAUFMANN/SEELBACH, Die neue Beistandschaft – trotz gemeinsamer elterlicher Sorge?, Kind-Prax 1998, 178.

Vgl Schrifttum zu Vorbem §§ 1712–1717.

**Systematische Übersicht**

## I.   Normzweck, Gesetzgebungsgeschichte

**1.**   Die Bestimmung regelt die **Antragsbefugnis** für den nach § 1712 zum Eintritt **1**
der Beistandschaft erforderlichen Antrag, der nach § 1714 unmittelbar mit Zugang
die Beistandschaft entstehen läßt. Erst durch diese Regelung kommt das Ziel der
Reform zum Ausdruck, die Beistandschaft nicht vom familienrechtlichen Status oder
dem Geschlecht des betreuenden Elternteils abhängig zu machen, sondern lediglich
von dem Bestehen einer *alleinigen* elterlichen Sorge.

Der durch § 1713 jeweils bestimmte Antragsberechtigte hat nicht nur die Befugnis
zur Stellung des Antrags nach § 1712 Abs 1, sondern auch die **Befugnis zur Beschrän-**
**kung** nach § 1712 Abs 2 (PALANDT/DIEDERICHSEN Rn 14).

Gelöst wird auch das Problem der *pränatalen Vaterschaftsfeststellung* (vgl Vorbem 9 zu
§§ 1712 ff). Einerseits schafft Abs 1 S 1 die grundsätzliche Möglichkeit einer Beistandschaft vor Geburt, wodurch eine frühzeitige Vaterschaftsfeststellung und Unterhaltssicherung ermöglicht wird (BT-Drucks 13/892, 37). Andererseits füllt Abs 2 die Schutzlücke, die vor der Geburt des Kindes einer in der Geschäftsfähigkeit beschränkten
Mutter im Vergleich mit Kindern geschäftsfähiger Mütter entstünde, weil die Amtsvormundschaft (§ 1791 c) erst mit der Geburt eintritt. Hierzu erhält die in der Geschäftsfähigkeit beschränkte Mutter ein Antragsrecht.

**2.**   Die Regelung geht mit Ausnahme von Abs 1 S 2 zurück auf den Regierungs- **2**
entwurf (BT-Drucks 13/892, 37). **Abs 1 S 2** wurde auf Vorschlag des Bundesrats (BT-
Drucks 13/892) durch den Rechtsausschuß (BT-Drucks 13/8509) angefügt. Im Regierungsentwurf war ein Antragsrecht des **Vormunds** oder Pflegers nicht vorgesehen, da bei
einer bestellten Vormundschaft oder Pflegschaft der Vormund oder Pfleger so aus-
zuwählen sei, daß er das Kind selbst vertreten kann, und bei der gesetzlichen Amtsvormundschaft (§ 1791 c) ohnehin das Jugendamt Vormund sei (BT-Drucks 13/892, 37).
Der Bundesrat wies darauf hin, daß einem nach § 1776 berufenen Vormund auf
dieser Prämisse ggf die Vormundschaft nicht übertragen werden könne, obgleich
das Gesetz die Übergehung des Vorgeschlagenen nur aus den in § 1778 Abs 1 genannten Gründen erlaubt. Die Einbeziehung dieses Personenkreises in die Antragsbefugnis trägt daher dem Umstand Rechnung, daß der von den Eltern letztwillig
bezeichnete Vormund wie jeder Elternteil einer staatlichen Hilfe bei den in § 1712
genannten Aufgaben bedürfen kann.

## II. Antragsrecht geschäftsfähiger Personen

### 1. Allein sorgeberechtigter Elternteil (Abs 1 S 1 1. Alt)

**3 a)**   Antragsberechtigt ist nur der Elternteil, dem **für den Aufgabenkreis** der beantragten Beistandschaft die **alleinige elterliche Sorge** zusteht. Ein Elternteil, der für
den betroffenen Aufgabenkreis *nicht sorgeberechtigt* ist, kann den Antrag nicht stellen (FamRefK/Sonnenfeld Rn 4). Für Kinder, die unter *gemeinsamer elterlicher Sorge*
stehen, sollte nach der gesetzgeberischen Konzeption im Anschluß sowohl an
§§ 1706 ff aF als auch §§ 1685 ff aF eine Beistandschaft nicht möglich sein; insoweit
wurde ein Schutzbedürfnis verneint (BT-Drucks 13/892, 37; FamRefK/Sonnenfeld Rn 4).

Am häufigsten werden Fälle sein, in denen die **elterliche Sorge insgesamt** einem
Elternteil allein zusteht; genügend ist jedoch die alleinige elterliche Sorge in dem
Bereich, der den jeweils mit dem Antrag intendierten Aufgabenkreis des Jugendamts
als Beistand abdeckt. Insbesondere kann der alleinige Inhaber der **Personensorge** für
sämtliche Aufgabenkreise des § 1712 den Antrag nur stellen, sofern ihm auch die
*gesetzliche* Vertretung insoweit zusteht. Das Bestehen der Personensorge ohne Ein-
schluß der gesetzlichen Vertretung (§ 1673 Abs 2 S 2) genügt nach dem Zweck der
Regelung nicht, weil die Beistandschaft auf die gesetzliche Vertretung des Kindes
abzielt (§ 1716 S 2).

Die Antragsberechtigung besteht in **Fallgestaltungen**, in denen eine *gemeinsame elterliche Sorge jemals bestanden* hat, nach einer Entscheidung gemäß § 1671 Abs 1,
nach dem Tod eines Elternteils (§ 1680 Abs 1), der Sorgerechtsentziehung gegenüber
einem Elternteil (§ 1680 Abs 3 iVm Abs 1) oder nach einer Entscheidung gemäß
§ 1680 Abs 2 S 1 (Übertragung nach Tod des gemäß § 1671 allein Sorgeberechtigten).
Auch bei *alleiniger Ausübung* im Fall des Ruhens oder tatsächlicher Verhinderung
der elterlichen Sorge des anderen Elternteils (§ 1678 Abs 1 Hs 1) besteht das Antragsrecht; die Schutzbedürftigkeit ist in gleicher Weise zu bejahen und auch der
Wortsinn des Abs 1 („zusteht") steht einer Anwendung auf die alleinige *Ausübung*
nicht entgegen.

Antragsberechtigt ist auch der Elternteil, dem die elterliche Sorge zusammen mit
dem anderen, *minderjährigen Elternteil* zusteht, weil dieser zwar zur Personensorge
berechtigt ist, jedoch unter Ausschluß der gesetzlichen Vertretung (§ 1673 Abs 2 S 2),
so daß dem volljährigen Elternteil insoweit die *zur Vertretung berechtigende* elterliche Sorge ausschließlich zusteht (eine praktisch nicht unbedeutende Fallgestaltung:
zB Geltendmachen von Unterhaltsansprüchen des Kindes gegen seine *Großeltern*,
wenn sich beide Elternteile noch in Ausbildung befinden).

*Bestand nie eine gemeinsame Sorge*, so ist die *Mutter* antragsberechtigt, wenn ihr die
elterliche Sorge nach § 1626 a Abs 2 zusteht oder ihr gemäß § 1680 Abs 2 nach dem
Tod des zwischenzeitlich gemäß § 1672 Abs 1 sorgeberechtigten Vaters wieder übertragen wurde. Der *Vater* ist antragsberechtigt, wenn ihm die elterliche Sorge nach
§§ 1672 Abs 1, § 1678 Abs 2, § 1680 Abs 2 S 2 oder § 1680 Abs 3 iVm Abs 2 S 2
übertragen wurde.

**4 b)**   Umstritten ist die Zulässigkeit der Antragstellung durch den Elternteil, der bei

**gemeinsamer elterlicher Sorge** das Kind **tatsächlich alleine betreut**. Betroffen ist in dieser Fallgestaltung der Aufgabenkreis des § 1712 Nr 2 (Unterhaltsansprüche).

**aa)** Grundsätzlich knüpft die Bestimmung an das Bestehen der alleinigen elterlichen Sorge an. Auf die tatsächliche Betreuung kommt es nicht an (PALANDT/DIEDERICHSEN Rn 5). Der **Regierungsentwurf** hat zwar gerade für den Fall der Trennung der Eltern und die anschließende Betreuung des Kindes durch einen Elternteil mögliche Probleme gesehen, die sich im Bereich der Unterhaltssicherung ergeben können, wenn der andere Elternteil nicht freiwillig Unterhalt leistet. Aus Gründen der Rechtssicherheit sollte jedoch auch in solchen Fällen nicht an die tatsächliche Betreuung angeknüpft werden (BT-Drucks 13/892, 37 f).

**bb)** Verbreitet wird gegen diese Intention ein **Bedürfnis** für eine Beistandschaft 5 auch in diesem Fall angenommen. Die besondere Problembelastung in der Trennungssituation, insbesondere die schwierigere wirtschaftliche und soziale Situation des alleine das Kind betreuenden Elternteils begründe ein gleichermaßen hohes Schutzbedürfnis wie in Fällen alleiniger Sorgeberechtigung (PALANDT/DIEDERICHSEN Rn 4, anders allerdings ders § 1629 Rn 41; FamRefK/SONNENFELD § 1713 Rn 4; KAUFMANN/SEELBACH KindPrax 1998, 178, 179).

**cc)** Von diesem Ausgangspunkt wird erwogen, ob eine Einbeziehung dieser Fall- 6 gruppe im Wege der **Auslegung** des Abs 1 möglich ist. Angesichts der klar geäußerten entgegenstehenden gesetzgeberischen Intention (oben Rn 4) wird jedenfalls nicht von einer unplanmäßigen Lücke, einem Versehen des Gesetzgebers (so aber MORAWETZ ZfJ 1999, 203, 204 unter Bezugnahme auf WILLUTZKI) die Rede sein können.

Verbreitet wird daher argumentiert, die Trennungssituation sei in Wirklichkeit bereits vom Anwendungsbereich des *Wortlauts* der Bestimmung erfaßt. Da der das unter gemeinsamer Sorge stehende Kind alleine betreuende Elternteil gemäß **§ 1629 Abs 2 S 2, Abs 3 S 1** Unterhaltsansprüche des Kindes gegen den anderen Elternteil geltend machen könne, stehe ihm iSd Abs 1 die alleinige elterliche Sorge *insoweit* zu, so daß er auch die Beistandschaft hierfür beantragen könne (AG Hamm DAVorm 1999, 157; PALANDT/DIEDERICHSEN Rn 4; FamRefK/SONNENFELD Rn 4; KAUFMANN/SEELBACH KindPrax 1998, 178, 179).

Diese Argumentation ist nicht neu. Unter Geltung von **§ 1685 aF** wurde ebenfalls in der Rechtsprechung die Möglichkeit der Bestellung eines Beistands trotz gemeinsamer elterlicher Sorge bei Vorliegen der Voraussetzungen des § 1629 Abs 2 S 2 angenommen (KG DAVorm 1998, 242; OLG Stuttgart FamRZ 1995, 1168; LG Berlin DAVorm 1979, 298; LG Berlin FamRZ 1991, 103; LG Oldenburg DAVorm 1974, 669; ebenso im Anschluß an diese Rechtsprechung PALANDT/DIEDERICHSEN[56] § 1685 aF Rn 2; MünchKomm/HINZ § 1685 aF Rn 4; SOERGEL/STRÄTZ § 1685 aF Rn 2; STAUDINGER/COESTER[12] § 1685 aF Rn 6). Konnte die bloße Befugnis zur Geltendmachung der Unterhaltsansprüche des Kindes sogar das Erfordernis der alleinigen Personensorge nach § 1685 aF überwinden, so sollte *erst recht* diese Befugnis für die Antragsbefugnis zur Beistandschaft nach § 1712 genügen, weil § 1712 eine Abtrennung auch von *Teilen* des Aufgabenkreises nach § 1712 Nr 2 erlaubt und entsprechend nur eine Teil-Alleinsorge erfordert. Definiert man also einen Teilbereich der „Geltendmachung des Unterhaltsanspruchs gegen den anderen Elternteil", so hat es den Anschein, als stünde insoweit die alleinige

Sorge dem betreuenden Elternteil zu (so ausführlich KAUFMANN/SEELBACH KindPrax 1998, 178, 181).

**7 dd)**  Dennoch ist dieser Ansicht im wesentlichen **nicht zu folgen**.

Schon an dem **rechtspolitisch motivierten Ausgangspunkt** bestehen Zweifel: Der Fall *gemeinsamer* elterlicher Sorge getrennter Eltern in Verbindung mit *Nichtleistung* des Unterhalts nimmt eine Karikatur des gemeinsamen Sorgerechts zum Ausgangspunkt. Stellt sich nach Trennung nachhaltig eine solche Situation ein, so wird der Bestand der gemeinsamen elterlichen Sorge in Frage gestellt werden, also eine Entscheidung nach § 1671 angestrebt werden müssen. An dieser Stelle des Sorgerechtskonflikts das Jugendamt einzuschalten, wäre lediglich eine Instrumentalisierung der Beistandschaft als Drohinstrument im Partnerkonflikt. Überdies würde damit der gemeinsamen elterlichen Sorge, die eine wenigstens grundsätzlich vorhandene Konsensfähigkeit erfordert, in den meisten Fällen der Todesstoß versetzt. Die entgegengesetzte Argumentation des AG Hamm (DAVorm 1999, 158, 159), das die hier abgelehnte Ansicht darauf stützt, daß sie das gemeinsame Sorgerecht gegen eine Änderung um der bloß formalen Erlangung der Antragsbefugnis willen schütze, verkennt, daß es in streitigen Unterhaltsfällen nicht nur um eine bloß formale Hilfe des Jugendamts geht. Der Erhalt der gemeinsamen elterlichen Sorge ist kein Selbstzweck, sondern erfordert eine gemeinsame Ausfüllung, die in entscheidenden Fragen, zu denen auch die Bereitschaft zur Leistung von Unterhalt für das eigene Kind gehört, nicht auf das Jugendamt abgeschoben werden kann, ohne das gemeinsame Sorgerecht selbst zu beschädigen.

Zweifeln muß man auch an der Richtigkeit der **Argumentation mit § 1629 Abs 2 S 2**, die übrigens auch zu § 1685 keineswegs weit verbreitete Rechtssprechung war (worauf KAUFMANN/SEELBACH KindPrax 1998, 178, 179 vorwurfsvoll hinweisen: „Viele Vormundschaftsgerichte versagten den Müttern diese Unterstützung. Das Landgericht Berlin…"), sondern eher im unreflektierten Zitatweg Eingang in die Kommentarliteratur gefunden hat. Im praktisch häufigsten und bis zum 1. 7. 1998 ausschließlichen Anwendungsbereich des § 1629 Abs 2 S 2 ging es um die Situation getrenntlebender Ehegatten; wenn schon um den Unterhalt für das Kind gestritten wird, kam und kommt es erfahrungsgemäß spätestens anläßlich der Scheidung zu einer Sorgerechtsübertragung. Damit aber ist die hauptsächliche Fallgruppe gekennzeichnet durch die gleichzeitige Anhängigkeit einer Ehesache, während derer § 1629 Abs 3 die Geltendmachung (nur) in Prozeßstandschaft und nicht im Namen des Kindes erlaubt. Das hiermit verfolgte Bestreben, das Kind aus dem Streit der Eltern herauszuhalten, würde geradezu sabotiert, wenn nun das Jugendamt als Beistand *namens des Kindes* den Unterhaltsanspruch geltend machen sollte. Im übrigen ist gerade bei Anhängigkeit einer Ehesache ein Fürsorgebedürfnis nicht entfernt erkennbar, weil der Unterhaltsanspruch unschwer in diesem Verfahren geltend gemacht werden kann (auch für diesen Fall aber ausdrücklich FamRefK/SONNENFELD, der annimmt, die Prozeßstandschaft ende entsprechend § 53 ZPO mit der Geltendmachung durch das Jugendamt, ähnlich zum früheren Recht KG DAVorm 1998, 242).

Tragfähig bleibt die Argumentation mit § 1629 Abs 2 S 2 also nur für die Fälle, in denen keine Ehesache anhängt; das sind im wesentlichen die am 1. 7. 1998 hinzugekommenen Fälle sich trennender, gemeinsam sorgeberechtigter *unverheirateter* Eltern. In diesen Fällen, in denen § 1629 Abs 2 S 2 tatsächlich die Geltendmachung des Unterhaltsanspruchs *namens des Kindes* erlaubt und daher eine Beistandschaft in Vertretung *des Kindes* überhaupt denkbar wäre, könnte auch das Fürsorgebedürfnis zu bejahen sein. Abgesehen davon, daß eine Differenzierung nach der Anhängigkeit einer Ehesache in der Praxis schwierig wäre, entspräche die Beistandschaft kaum dem Zweck des § 1629 Abs 2 S 2: Durch die Bestimmung soll erreicht werden, daß der betreuende Elternteil Kindesunterhalt geltend machen kann, ohne sogleich eine Sorgerechtsregelung nach § 1671 anzustreben (PALANDT/DIEDERICHSEN § 1629 Rn 44); es soll also die Chance zum Konsens befördert werden. Die schnelle Institutionalisierung des Streits durch eine Beistandschaft, die nur den Anschein des milderen Mittels gegenüber der Klage hat – der in Anspruch Genommene wird nur sehen, daß ihn eine Behörde auffordert! – schadet diesem Ziel eher.

Wenig überzeugend sind aber vor allem die Versuche, die bisherige Argumentation über das Inkrafttreten des BeistG und den klar geäußerten **Willen des Gesetzgebers** zu heben. Wenn man nicht das kaum vertretbare Auslegungsverständnis teilt, die *historische Auslegung* habe keinen Raum, wo eine angestrebte Auslegung sich mit dem *Wortlaut* vereinbaren läßt (so aber KAUFMANN/SEELBACH KindPrax 1998, 178), so wird man kaum an der Erkenntnis vorbeigehen können, daß die bisher zu § 1685 behauptete lückenhafte Regelung bewußt durch den Gesetzgeber *klargestellt* wurde. Wer nun weiter nach der Lücke im Wortlaut sucht, wird keine Lücke im Sinn unbewußten Nichterfassens des Falles durch den Gesetzgeber finden. Im übrigen ist die gesetzgeberische Intention, den Eintritt der Beistandschaft nicht von der *Tatfrage* der alleinigen Betreuung, sondern nur von der *Rechtsfrage* der alleinigen Sorgeberechtigung abhängen zu lassen, so unvernünftig nicht (wie hier: DIV-Gutachten ZfJ 1998, 118, 119).

**c)**     Bedenken bestehen in der Praxis hinsichtlich der zu fordernden **Nachweise der** **8**
**alleinigen Sorgeberechtigung** des Antragstellers. Probleme ergeben sich vor allem deshalb, weil das alleinige Sorgerecht der nicht verheirateten Mutter (§ 1626 a Abs 2) durch *gemeinsame Sorgeerklärungen* (§ 1626 a Abs 1 Nr 1) endet; Voraussetzung einer alleinigen Sorge ist also die negative Tatsache der nicht abgegebenen Sorgeerklärungen (WOLF KindPrax 1998, 40; dies DAVorm 1998, 53, 55). Ähnlich verhält es sich mit der Möglichkeit einer durch irgendein Familiengericht erfolgten *Sorgerechtsbeschränkung*, die auch nach einer zunächst erfolgten Sorgerechtsübertragung gemäß § 1671 (die der Antragsteller durch Vorlage der Entscheidung nachweist) erfolgt sein kann (WOLF DAVorm 1998, 53, 56). Die praktischen Schwierigkeiten sollten nicht überschätzt werden: Hinsichtlich des Nachweises nicht erfolgter Sorgerechtsbeschränkungen betritt das Jugendamt nicht Neuland; diese Frage stellt sich auch dann, wenn ein allein Sorgeberechtigter für sein Kind rechtsgeschäftlich tätig wird. Das Jugendamt genügt in diesem Fall seinen Sorgfalts- und Ermittlungspflichten, wenn es den Antragsteller über mögliche sorgerechtsbeschränkenden Entscheidungen befragt und erkennbaren Hinweisen von außen nachgeht. Mehr ist nicht veranlaßt, da Sorgerechtsbeschränkungen nicht die Regel sind.

Letztgenanntes Argument kann für die *Sorgeerklärungen* nicht tragfähig sein, jedenfalls dann, wenn das KindRG sein Ziel erreicht und die gemeinsame Sorgeerklärung an Akzeptanz gewinnt. Das Vorhandensein von Sorgeerklärungen ist aber erheblich leichter zu ermitteln. Hierüber kann jedenfalls eine Negativ-Bescheinigung nach

§ 58 a SGB VIII verlangt werden, die auf der Grundlage der Mitteilung an das *Jugendamt am Geburtsort* des Kindes nach § 1626 d Abs 2 und § 87 c Abs 6 S 2 SGB VIII erteilt wird. Eine Bescheinigung neuesten Datums dürfte alle Zweifel klären. Im übrigen wird – dies gilt um so mehr für den Fall der Beendigung der Beistandschaft nach § 1715 Abs 2 – der auf Unterhalt in Anspruch genommene Vater dem Jugendamt bereitwillig Auskunft über Umstände geben, die der Vertretungsbefugnis des Jugendamts entgegenstehen.

## 2. Antrag vor Geburt (Abs 1 S 1 2. Alt)

**9 a)** Die 2. Alternative des Abs 1 S 1 gibt die Antragsbefugnis **vor Geburt des Kindes** dem Elternteil, dem die elterliche Sorge **zustünde, wenn das Kind bereits geboren wäre**. Auch in diesem Fall tritt die Beistandschaft mit dem Zugang des Antrags beim Jugendamt ein (§ 1714 S 2).

Die Regelung betrifft hauptsächlich die nicht verheiratete, voll geschäftsfähige **werdende Mutter**, die nach § 1626 a Abs 2 mit der Geburt des Kindes sorgeberechtigt wird, sofern keine Sorgeerklärungen abgegeben wurden oder die Eltern bis dahin geheiratet haben (§ 1626 a Abs 1). Durch die Erweiterung der Antragsbefugnis und damit der Beistandschaft auf den vorgeburtlichen Zeitraum wird das gesetzgeberische Ziel der frühzeitigen Vaterschaftsfeststellung und Unterhaltssicherung erreicht (BT-Drucks 13/892, 38).

Für die **Vaterschaftsfeststellung** unter Beteiligung des Beistands kommt vorgeburtlich nur die Anerkennung (§§ 1592 Nr 2, 1594 ff) in Betracht, weil es für eine gerichtliche Feststellung (§§ 1592 Nr 3, 1600 d) auf Klage des Kindes an dessen Parteifähigkeit fehlt, die durch Abs 1 nicht überwunden wird (iE ebenso FamRefK/Sonnenfeld Rn 6; bei Klage der Mutter bestehen Beweisprobleme, weil das Kind in die Abstammungsbegutachtung einbezogen werden muß). Die *Zustimmung* zur Anerkennung der Vaterschaft, soweit es überhaupt der Zustimmung des Kindes bedarf (§ 1595 Abs 2; § 1712 Rn 14), ist dagegen vor der Geburt zulässig (§ 1595 Abs 3 iVm § 1594 Abs 4).

**10 b)** Durch diese Regelung wird im Vergleich zur 1. Alternative (oben Rn 3 ff) ausschließlich das Tatbestandsmerkmal der **bestehenden** alleinigen elterlichen Sorge durch die **fiktive Anwendung der Sorgerechtsregeln** in einem Zeitpunkt vor der Geburt des Kindes ersetzt. Dabei ist abzustellen auf die Verhältnisse im **Zeitpunkt** der *Antragstellung*. Die nicht verheiratete werdende Mutter kann den Antrag nach dieser Alternative also (nur) stellen, wenn sie bei Antragstellung voll geschäftsfähig ist; daß sie im voraussichtlichen Zeitpunkt der Geburt des Kindes das 18. Lebensjahr vollendet haben wird, genügt nicht, da die Alternative nicht von einer Prognose abhängt (vgl zur **Antragsbefugnis aus Abs 2**, unten Rn 18). Eine im Zeitpunkt der Antragstellung bereits erfolgte *Eheschließung* oder bereits wirksame *gemeinsame Sorgeerklärungen* (§§ 1626 a, 1626 b Abs 2) schließen die Antragsbefugnis auch vorgeburtlich aus. Hingegen steht eine noch vor Geburt geplante Eheschließung wiederum der Antragsbefugnis nicht entgegen.

Antragsbefugt ist auch die rechtskräftig **geschiedene werdende Mutter**, da in diesem Fall die Geburt nach Auflösung der Ehe unter Lebenden erfolgt und deshalb eine

Zuordnung zum geschiedenen Ehemann der Mutter nach § 1592 Nr 1 nicht stattfindet (vgl § 1593 S 1); daher gilt für das fiktiv zu bestimmende Sorgerecht ebenfalls § 1626 a. Die **schwangere Witwe** ist antragsbefugt, auch wenn zwischen dem Tod des Ehemannes und der Geburt des Kindes ein Zeitraum von weniger als 300 Tagen verstreichen wird, so daß der verstorbene Ehemann Vater des Kindes ist (§§ 1592 Nr 1, 1593 S 1), da die Mutter nach § 1680 Abs 1 nach der Geburt allein sorgeberechtigt wäre. Die Antragsbefugnis hängt aber nicht von einer Prognose der Geburt innerhalb der 300-Tage Frist ab; wird das Kind nach Ablauf dieser Frist geboren, ergibt sich die Antragsbefugnis aufgrund von § 1626 a Abs 2.

c)      Eine **vorgeburtliche Antragstellung durch den Vater** ist rechtlich möglich, wird **11** aber selten praktisch. Ist die Vaterschaft vorgeburtlich festgestellt, so bestünde bei Geburt des Kindes die *alleinige* elterliche Sorge des Vaters nur, wenn die elterliche Sorge der Mutter entfällt. Dies ist der Fall, wenn die beschränkt geschäftsfähige Mutter (mit Zustimmung ihres gesetzlichen Vertreters nach § 1626 c Abs 2 S 1) mit dem voll geschäftsfähigen Vater eine gemeinsame Sorgeerklärung abgegeben hat (oder die Eltern verheiratet sind), die elterliche Sorge der Mutter aber nach § 1673 Abs 2 S 1 ruhen würde; die nach § 1673 Abs 2 S 2 bestehende Personensorge steht der minderjährigen Mutter nur unter Ausschluß der gesetzlichen Vertretung zu (§ 1673 Abs 2 S 2; vgl oben Rn 3). Allein sorge- und vertretungsberechtigt und damit antragsbefugt ist insoweit nach § 1678 Abs 1 der Vater.

Das gilt erst recht, wenn die Mutter nach Abgabe der Sorgeerklärung *geschäftsunfähig* wird.

**3.      Vormund, Pfleger (Abs 1 S 2)**

a)      Ein **bestellter Vormund oder Pfleger des Kindes** ist nicht antragsbefugt. Insoweit **12** ist der eindeutige gesetzgeberische Wille (oben Rn 2) durch die Einfügung der begrenzten Ausnahme in Abs 1 S 2 im Gesetz eindeutig bestätigt, so daß eine Analogie ausscheidet. Bei der Auswahl eines Vormunds nach §§ 1779 ff ist von vornherein darauf zu achten, daß der Vormund staatlicher Hilfe bei der Vaterschaftsfeststellung und der Geltendmachung von Unterhaltsansprüchen des Kindes nicht bedarf (PALANDT/DIEDERICHSEN Rn 7; FamRefK/SONNENFELD Rn 8).

b)      Dem **berufenen Vormund nach § 1776**, also dem von den sorgeberechtigten **13** Eltern (§ 1777) des Kindes vor ihrem Tod benannten Vormund, gibt Abs 1 S 2 ausdrücklich ein Antragsrecht (zur rechtspolitischen Motivation oben Rn 2). Damit wird nicht nur dem berufenen Vormund, bei dessen Auswahl nicht notwendig das erforderliche rechtliche Geschick berücksichtigt wird, die Möglichkeit eröffnet, wie ein allein sorgeberechtigter Elternteil die Hilfe durch die Beistandschaft in Anspruch zu nehmen. Zudem wird klargestellt, daß der berufene Vormund, wie bisher, ohne seine Zustimmung nur aus den in § 1778 genannten Gründen übergangen werden darf, nicht aber, weil ihm die für einen bestellten Vormund (soeben Rn 12) vorauszusetzende rechtliche Erfahrenheit fehlt (FamRefK/SONNENFELD Rn 9).

c)      Die Regelung bezieht sich nach Wortlaut, Sinn und Zweck nur auf den **Vor- 14 mund des Kindes**, also auf die Situation des durch Tod seiner Eltern oder des allein sorgeberechtigten Elternteils eines Vormundes bedürftig gewordene Kindes, für welches die Beistandschaft beantragt wird. Auf den Fall einer unter Vormundschaft eines nach § 1776 berufenen Vormunds stehenden werdenden Mutter bezieht sich die Bestimmung nicht (anders ohne Begründung PALANDT/DIEDERICHSEN Rn 7). Wer namens der nicht voll geschäftsfähigen Mutter den Antrag stellt, ist ausschließlich in Abs 2 geregelt (unten Rn 25 ff).

### 4. Höchstpersönlichkeit (Abs 1 S 3)

**15 a)** Der Antrag kann nur **höchstpersönlich** gestellt werden; Stellvertretung ist ausgeschlossen (Abs 1 S 3). Hiermit ist, wie in § 1596 Abs 4 im Verhältnis zu § 1596 Abs 1, die **gewillkürte Stellvertretung** gemeint (vgl BT-Drucks 13/892, 38). Diese Regelung entspricht zum einen dem höchstpersönlichen Charakter des Rechtsgeschäfts; da die Beistandschaft bereits mit dem Zugang des Antrags eintritt (§ 1714); es soll aber auch die Frage, ob eine Beistandschaft entstanden ist, nicht von der Wirksamkeit der Erteilung einer Vollmacht abhängig gemacht werden (BT-Drucks 13/892, 38; PALANDT/DIEDERICHSEN Rn 8).

**16 b)** Die Zulässigkeit der **gesetzlichen Vertretung** bei der Antragstellung ergibt sich im einzelnen aus Abs 2. Auch insoweit ist Ausgangspunkt jedoch die Höchstpersönlichkeit; dabei steht allerdings im Vordergrund, daß in Fällen, in denen es einer gesetzlichen Vertretung bedarf, der betreffende Elternteil schon nicht sorgeberechtigt und damit nicht antragsberechtigt sein kann. Daher erweist sich Abs 2 nicht primär als Ausnahme zum Grundsatz der Höchstpersönlichkeit (anders FamRefK/SONNENFELD Rn 10), sondern als Ausnahme vom Grundsatz der Inhaberschaft der elterlichen Sorge. Diese Ausnahme zieht dann die Notwendigkeit der gesetzlichen Vertretung aus rechtsgeschäftlichen Gründen nach sich, wobei, so weit dies möglich erscheint, nämlich beim beschränkt Geschäftsfähigen, wiederum der Grundsatz der Höchstpersönlichkeit durchdringt (BT-Drucks 13/892, 38).

### III. Antragsrecht der nicht sorgeberechtigten Mutter (Abs 2)

### 1. Fallgruppen

**17 a)** Vor der Geburt des Kindes ist die werdende Mutter auch dann antragsbefugt, wenn die Voraussetzung nach Abs 1 S 1 2. Alt (alleinige elterliche Sorge, wenn das Kind bereits geboren wäre; oben Rn 9 ff) nicht vorliegen, aber das Kind, sofern es bereits geboren wäre, unter **Vormundschaft** stünde. Die Beurteilung, ob dies der Fall ist, setzt, wie schon Abs 1 S 1 2. Alt *nicht* bei einer Prognose für den Geburtszeitpunkt an (so aber FamRefK/SONNENFELD Rn 11: „voraussichtlich"), sondern geht von den Verhältnissen im *Zeitpunkt* der Antragstellung aus (oben Rn 10). Diese Erweiterung dient dem Zweck, das *Schutzbedürfnis* des Kindes einer minderjährigen oder geschäftsunfähigen unverheirateten Mutter zu decken, das wenigstens ebenso hoch zu bewerten ist wie das Schutzbedürfnis des Kindes einer voll geschäftsfähigen werdenden Mutter (BT-Drucks 13/892, 38).

**18 b)** **Ob** nach den vorliegenden Umständen das Kind, wäre es bereits geboren, **eines Vormunds bedürfte**, bestimmt sich nach § 1773 Abs 1. Daraus ergibt sich ein Antragsrecht der Mutter, wenn weder der Mutter noch dem Vater die elterliche Sorge oder zumindest nicht die Vertretung des Kindes zusteht.

Seitens der Mutter ist das der Fall, wenn sie minderjährig oder geschäftsunfähig ist (§ 1673 Abs 2 S 1, S 2 Hs 2 bzw § 1673 Abs 1) oder ihre elterliche Sorge wegen eines tatsächlichen Hindernisses nach § 1674 ruht (PALANDT/DIEDERICHSEN Rn 11).

Seitens des Vaters ist dies der Fall, wenn er die elterliche Sorge nicht innehat, weil die Eltern weder verheiratet sind, noch eine wirksame Sorgeerklärung abgegeben haben (was auch zusammen mit der minderjährigen Mutter wirksam möglich ist: § 1626 c Abs 2 S 1) oder wenn der Vater selbst minderjährig oder geschäftsunfähig ist.

**c)**    Ungeeignet zur Beschreibung der Anwendungsfälle ist daher der Umstand, **19** daß die **Mutter unverheiratet** sein müsse. Diese Konstellation ist zwar Ausgangspunkt des Gesetzgebers und in der Praxis häufiger Anwendungsfall, nicht aber Tatbestandsmerkmal des Abs 2 S 1 (vgl aber PALANDT/DIEDERICHSEN Rn 9). Eine unverheiratete minderjährige/geschäftsunfähige werdende Mutter kann zB den Antrag *nicht* stellen, wenn eine wirksame gemeinsame Sorgeerklärung abgegeben wurde und der Vater voll geschäftsfähig ist, also nach der Geburt sorgeberechtigt wäre (§ 1678 Abs 1). Andererseits kann eine *verheiratete* minderjährige/geschäftsunfähige werdende Mutter den Antrag stellen, wenn auch der Vater minderjährig oder geschäftsunfähig ist.

**2.**    **Nur vor der Geburt – Verhältnis zur Amtsvormundschaft**

**a)**    Das Antragsrecht nach Abs 2 S 1 besteht **nur vor der Geburt** des Kindes. Mit der **20** Vollendung der Geburt endet das Antragsrecht.

Der Gesetzgeber ging davon aus, daß mit der Geburt des Kindes die Schutzlücke durch den Eintritt der **gesetzlichen Amtsvormundschaft** (§ 1791 c) entfällt. Dies ist nicht uneingeschränkt richtig.

**b)**    In dem vom Gesetzgeber vorausgesetzten Ausgangsfall der **unverheirateten 21 minderjährigen/geschäftsunfähigen Mutter** (ohne Sorgeerklärung!) tritt grundsätzlich die Amtsvormundschaft nach § 1791 c ein. Ist allerdings bereits die Vaterschaft vor Geburt des Kindes festgestellt, so kann der Amtsvormundschaft nicht nur die bereits vor der Geburt erfolgte Bestellung eines Vormunds entgegenstehen (§ 1791 c Abs 1 S 1 Hs 2). Vielmehr hat nach § 1678 Abs 2 das Familiengericht die elterliche Sorge dem Vater zu übertragen, wenn keine Aussicht besteht, daß der Grund des Ruhens wegfallen wird und wenn dies dem Wohl des Kindes dient. Ist die Mutter geschäftsunfähig und eine Heilung dieses Zustands nicht absehbar, so liegen die Voraussetzungen für eine solche Übertragung vor, wenn der Vater bereit und in der Lage ist, die elterliche Sorge zu übernehmen. Leben die Eltern zusammen, ist dies ein zusätzlich positives Kriterium; dies darf aber nicht zur Voraussetzung gemacht werden, denn die elterliche Sorge des Vaters ist regelmäßig der Vormundschaft vorzuziehen. Liegen die Voraussetzungen des § 1678 Abs 2 nicht vor, insbesondere bei einer minderjährigen Mutter, so sollte die Bestellung des zur Sorge bereiten Vaters zum Vormund schon vor Geburt des Kindes erwogen werden.

**c)**    Ist die **Mutter verheiratet**, so kommt eine Amtsvormundschaft nach § 1791 c **22** nicht in Betracht, auch wenn vor der Geburt die Voraussetzungen des Abs 2 S 1 vorgelegen haben, weil auch die elterliche Sorge des Vaters ruht. Eine dauerhafte

Schutzlücke (siehe aber sogleich Rn 23) entsteht dennoch nicht, denn für das Kind ist nach § 1774 Vormundschaft anzuordnen, weil die Voraussetzungen des § 1773 Abs 1 vorliegen.

**23** **d)**    Fraglich ist sowohl bei **Eintritt der Amtsvormundschaft** mit der Geburt nach § 1791 c als auch bei Anordnung der Vormundschaft nach § 1774 vor oder nach der Geburt, in welcher Weise eine **Beistandschaft endet**, die aufgrund eines Antrags nach Abs 2 S 1 entstanden war. Das Jugendamt kann die Beistandschaft nicht selbst beenden (§ 1715). In Betracht zu ziehen ist allerdings eine entsprechende Anwendung des § 1791 c Abs 2 im Fall des Eintritts der Amtsvormundschaft. Das ließe sich nicht nur mit der strukturellen Nähe der Beistandschaft zur Pflegschaft, abgesehen von der Freiwilligkeit der Beistandschaft begründen, sondern auch mit der Verweisung in § 1716 auf die Vorschriften über die Pflegschaft.

Dennoch bedarf es dieser entsprechenden Anwendung nicht: Gemäß § 1715 Abs 2 endet die Beistandschaft kraft Gesetzes (und unabhängig davon, ob in diesem Zeitpunkt eine Vormundschaft eintritt), sobald der Antragsteller keine der in § 1713 genannten Voraussetzungen mehr erfüllt; das ist auch dann der Fall, wenn das Kind geboren ist und die Mutter nicht (allein) sorgeberechtigt ist; dann liegen weder die Voraussetzungen des § 1713 Abs 1 vor, denn die Mutter ist *nicht sorgeberechtigt*, noch liegen die des § 1713 Abs 2 mehr vor, denn die Mutter ist nicht mehr „*werdende*" Mutter (BT-Drucks 13/892, 38; PALANDT/DIEDERICHSEN Rn 11).

Damit endet allerdings die Beistandschaft auch dann, wenn das Kind zwar eines Vormunds bedarf, aber *keine* Amtsvormundschaft eintritt, sondern eine Vormundschaft anzuordnen ist (oben Rn 22), so daß bis zur Bestellung des Vormunds das Kind ohne gesetzlichen Vertreter ist. Dies aber ist aus Sicht des Beistandschaftsrechts hinzunehmen, da diese Lücke dem *Vormundschaftsrecht* immanent ist und eine Fortdauer der Beistandschaft dem Mangel des gesetzlichen Vertreters ohnehin nur in den Teilbereichen des § 1712 abhelfen könnte.

**24** **e)**    **Endet die Amtsvormundschaft** durch Wegfall ihrer Voraussetzungen, insbesondere, weil die minderjährige Mutter volljährig wird oder weil durch eine Sorgeerklärung oder Eheschließung der (voll geschäftsfähige) Vater die elterliche Sorge erlangt, so findet **keine Überleitung in die Beistandschaft** statt. Die Beistandschaft tritt auch in diesem Fall nur auf Antrag ein, der nach Abs 1 von dem nunmehr allein sorgeberechtigten Elternteil gestellt werden kann (GRESSMANN/BEINKINSTADT 79).

### 3.    Antrag der beschränkt geschäftsfähigen werdenden Mutter

**25**    Die **beschränkt geschäftsfähige**, nach Abs 2 S 1 antragsbefugte werdende Mutter kann den Antrag **nur selbst stellen**. Sie bedarf hierzu nicht der Zustimmung ihres gesetzlichen Vertreters (Abs 2 S 2). Dies entspricht dem in Abs 1 S 3 für die rechtsgeschäftliche Vertretung ebenfalls normierten Grundsatz der Höchstpersönlichkeit (BT-Drucks 13/892, 38). Anders als für die Zustimmung zu einer Vaterschaftsanerkennung (§ 1596 Abs 1 S 4 iVm S 2) erscheint die Zustimmung des gesetzlichen Vertreters hier tatsächlich verzichtbar, weil durch die Beistandschaft weder der Mutter noch dem Kind Nachteile erwachsen können.

## 4. Antrag der geschäftsunfähigen werdenden Mutter

**a)** Für die **geschäftsunfähige** werdende Mutter kann nur ihr gesetzlicher Vertreter **26** den Antrag stellen (Abs 2 S 3). Es mußte insoweit der Grundsatz der Höchstpersönlichkeit durchbrochen werden; während man bei einer minderjährigen werdenden Mutter von dem erforderlichen Maß an Einsichtsfähigkeit ohne weiteres ausgehen kann, kann einer Geschäftsunfähigen die Entscheidung nicht überlassen werden; teilweise wird sie zu einer Entscheidung gar nicht in der Lage sein (BT-Drucks 13/ 892, 38).

Da andererseits dem werdenden Kind der Schutz der Beistandschaft in diesem Fall nicht versagt werden sollte (BT-Drucks 13/892, 38), wurde der Konflikt zu Recht durch eine Durchbrechung des Höchstpersönlichkeitsprinzips gelöst (vgl dagegen die Lösung bei § 1596 Abs 4, wo dem Persönlichkeitsrecht der geschäftsunfähigen Mutter – nicht aber dem des Vaters, § 1596 Abs 1 S 3 – und damit dem Höchstpersönlichkeitsgrundsatz Vorrang eingeräumt wurde).

**b)** Die **Feststellung der Geschäftsunfähigkeit** der volljährigen werdenden Mutter **27** kann Schwierigkeiten aufwerfen, insbesondere dann, wenn die Mutter einen *Betreuer* hat. An der Regelung wird daher Kritik geäußert; da das BetreuungsG hinsichtlich der Schutzbedürftigkeit gerade auf die Anknüpfung an die Geschäftsfähigkeit verzichtet habe, sei die Anknüpfung in Abs 2 S 3 systemwidrig; für die Feststellung der Geschäftsfähigkeit gebe es kein geregeltes Verfahren. Der Beistand könne nicht wissen, ob er bei Antragstellung die Mutter vertrete (BIENWALD FamRZ 1994, 10; FamRefK/SONNENFELD Rn 17). Diese Kritik ist *verfehlt*: Unzutreffend ist bereits die Parallele zum Betreuungsrecht. Dort geht es um den Schutz des möglicherweise geschäftsunfähigen *Betreuten*. In § 1713 Abs 2 geht es um den Schutz des *Kindes*, dessen besondere Schutzbedürftigkeit durch die Geschäftsunfähigkeit der Mutter *ausgelöst* ist. Überdies würde die Kritik die gesamte Systematik der Sorgerechtsregelung bei Geschäftsunfähigkeit eines Elternteils treffen: Nach der Geburt wird die Feststellung der Geschäftsunfähigkeit der Mutter nicht einfacher und dennoch knüpft das Gesetz hieran gemäß §§ 1673 Abs 1, 1773 Abs 1, 1791 c den Eintritt der Amtsvormundschaft. Das Jugendamt muß also die Geschäfts(un)fähigkeit der Mutter prüfen, sei es, daß die Mutter den Antrag stellt und Zweifel an der Geschäftsfähigkeit bestehen, sei es, daß ihn ein Betreuer stellt. Bei dieser seitens der Kritik als bedenklich herausgestellten Folge (FamRefK/SONNENFELD Rn 17) handelt es sich um nichts anderes als um das Risiko, das das BetreuungsG dem Rechtsverkehr zumutet, indem die konstitutive Feststellung der Geschäftsunfähigkeit beseitigt und die Geschäftsunfähigkeit auf den Fall der natürlichen Geschäftsunfähigkeit nach § 104 Nr 2 eingeschränkt wurde. Die Diskussion über Vor- und Nachteile dieser Grundentscheidung wird man schwerlich am Antragsrecht nach § 1713 Abs 2 S 3 führen können.

**c)** Die **Bestellung eines Betreuers** für die volljährige Mutter berührt als solche ihr **28** Antragsrecht nicht, da die Betreuung die Geschäftsfähigkeit nicht beeinflußt. Ist die betreute werdende Mutter geschäftsfähig, so ist sie nach Abs 1 antragsbefugt, ist sie geschäftsunfähig, so ergibt sich die Antragsbefugnis aus Abs 2 S 1, die Vertretungsbefugnis des Betreuers folgt aus Abs 2 S 3, sofern der Betreuer für diesen Aufgabenkreis bestellt ist. Dies ist anzunehmen, wenn er speziell für diese Aufgabe bestellt wird (was kaum praktikabel sein wird) oder wenn er für den Aufgabenkreis „Personensorge" bestellt ist (insoweit zutreffend FamRefK/SONNENFELD Rn 17).

Ist ein **Einwilligungsvorbehalt** nach § 1903 angeordnet, so erstreckt sich dieser nicht auf den Antrag nach § 1713, da es sich hierbei um eine Willenserklärung handelt, zu der ein beschränkt Geschäftsfähiger nach § 1713 Abs 2 S 2 *nicht* der Zustimmung seines gesetzlichen Vertreters bedarf (§ 1903 Abs 2). Entscheidendes Kriterium bleibt auch in diesem Fall die Geschäfts(un)fähigkeit der Mutter.

### 5. Antragsrecht des in der Geschäftsfähigkeit beschränkten werdenden Vaters?

**29 a)** Nach dem Wortlaut des Abs 2 besteht ein vorgeburtliches Antragsrecht bei Beschränkung der Geschäftsfähigkeit nur für die Mutter. Der **Vater** ist nach Abs 1 nur antragsberechtigt, wenn ihm die elterliche Sorge allein zustünde, wäre das Kind bereits geboren.

**30 b)** Diese Beschränkung auf die Mutter ergibt sich wohl daraus, daß der Gesetzgeber von dem Modellfall der unverheirateten werdenden Mutter ausging. Betrachtet man jedoch alle in Betracht kommenden Konstellationen (oben Rn 18 f), so zeigt sich, daß der intendierte **Schutz des Kindes** ohne ein Antragsrecht des werdenden Vaters in Ausnahmefällen **lückenhaft** sein kann.

Sind die *Eltern verheiratet*, ist der Vater minderjährig (vgl § 1303 Abs 2) und wird die werdende Mutter geschäftsunfähig, so kann zwar ein Betreuer der Mutter den Antrag stellen. Erheblich effizienteren Schutz erhielte das Kind, wenn der minderjährige Vater den Antrag stellen könnte. Daß dies in Abs 2 nicht geregelt ist, erweist sich als systemwidrige und wohl nicht bedachte Lücke: Wäre der Vater in dieser Konstellation voll geschäftsfähig, so könnte er bei Eintritt der Geschäftsunfähigkeit der werdenden Mutter den Antrag nach Abs 1 stellen, weil nach Geburt des Kindes das Sorgerecht gemäß § 1678 Abs 1 von ihm alleine auszuüben wäre. Der Gesetzgeber hat in seiner Fixierung auf das tradierte Modell der unverheirateten werdenden Mutter nicht gesehen, daß angesichts der Geschäftsunfähigkeit der Mutter und der Minderjährigkeit des Vaters das Kind noch mehr schutzbedürftig ist, als im Vergleichsfall.

Ähnlich verhält es sich bei *gemeinsamer Sorgeerklärung*, bei der sogar beide Eltern minderjährig sein können (§ 1626 c Abs 2 S 1); in Betracht kommt daneben auch hier, daß die volljährige Mutter nach Abgabe der Sorgeerklärung geschäftsunfähig wird. Wiederum kann zwar die minderjährige werdende Mutter oder der Betreuer der Geschäftsunfähigen den Antrag stellen; doch erscheint es angesichts der gewollt herbeigeführten gemeinsamen elterlichen Sorge äußert befremdlich, daß der werdende Vater die Initiative zum Schutz des Kindes nicht soll ergreifen können; zumal dies bei minderjährigen Eltern der einzig effiziente Weg ist, Unterhaltsansprüche des Kindes gegen seine *Großeltern* schon vor der Geburt zu sichern. Auch hier ist die Ursache der unbedachten Lücke in der Festlegung des Gesetzgebers auf die werdende Mutter und wohl auch auf die alte Schablone der Unterhaltssicherung gegen den Vater zu sehen.

Die Lücke dürfte sich unschwer durch **analoge Anwendung** des Abs 2 auf den werdenden Vater schließen lassen. Diese Analogie ist (nur) dann zu ziehen, wenn dem Sorgerecht des Vaters nur der Mangel oder die Beschränkung seiner Geschäftsfähigkeit entgegensteht. Hingegen kommt eine Analogie nicht in Betracht, wenn der Vater die elterliche Sorge auch nicht innehätte, wenn er voll geschäftsfähig wäre (Situation des § 1626 a Abs 2). Die weiteren Voraussetzungen ergeben sich aus der wortlautentsprechenden Übertragung des Abs 2 auf den Vater. Insbesondere kann auch der werdende Vater nur dann die Beistandschaft beantragen, wenn das Kind unter Vormundschaft stünde, sofern es bereits geboren wäre. Die hier vertretene Analogie zu Abs 2 läßt sich als Regel fassen: „Vor der Geburt des Kindes kann der Mann, dessen Vaterschaft nach § 1592 besteht und für den die Voraussetzungen des § 1626 a Abs 1 vorliegen, den Antrag auch dann stellen, wenn das Kind, sofern es geboren wäre, unter Vormundschaft stünde. Abs 2 S 2, 3 gelten für den antragsbefugten Vater entsprechend".

## § 1714

**Die Beistandschaft tritt ein, sobald der Antrag dem Jugendamt zugeht. Dies gilt auch, wenn der Antrag vor der Geburt des Kindes gestellt wird.**

**Materialien: neuer Inhalt idF des BeistG** Regierungsentwurf BT-Drucks 12/7011, BT-Drucks 13/892; Stellungnahme des Bundesrates BR-Drucks 890/93, BR-Drucks 7/95 = BT-Drucks 13/892, 49 ff; Bericht des Rechtsausschusses BT-Drucks 13/8509; zum Inhalt älterer Fassungen vgl Staudinger/BGB-Synopse 1896–2000 § 1714.

### I. Normzweck, Gesetzgebungsgeschichte

Die unverändert auf den Regierungsentwurf des BeistG (BT-Drucks 13/892, 38) zurück- **1** gehende Bestimmung verwirklicht das Prinzip der **ausschließlich vom Willen des Antragstellers abhängigen** Begründung der Beistandschaft (Vorbem 13 zu §§ 1712 ff). Die Beistandschaft ist ein unbedingtes Hilfsangebot, das weder von einer gerichtlichen Entscheidung abhängt (BT-Drucks 13/892, 38), noch von der Prüfung eines Fürsorgebedürfnisses durch das Jugendamt oder dessen Zustimmung (Palandt/Diederichsen Rn 1, 3).

### II. Wirksamwerden der Beistandschaft (Satz 1)

#### 1. Wirksamwerden mit Zugang

**a)** Der Antrag nach § 1712 bedarf des **Zugangs** (§ 130 Abs 3, Abs 1; Palandt/Die- **2** derichsen Rn 3); dies gilt, da es sich um eine schriftliche, also verkörperte, Willenserklärung handelt, auch in dem voraussichtlich häufigen Fall, daß der Antrag in Gegenwart eines zuständigen Mitarbeiters des Jugendamts abgegeben wird. Erforderlich ist Zugang bei dem **zuständigen Jugendamt** am gewöhnlichen Aufenthalt des Antragstellers (§ 1712 Rn 31).

**b)** Über das Wirksamwerden des Antrags als Willenserklärung hinaus knüpft Satz **3**

1 an den Zugang zugleich den **Eintritt der Beistandschaft**. Dieser ist unmittelbare Rechtsfolge des Zugangs des Antrags, ohne daß es einer Annahme oder einer Entscheidung durch das Jugendamt oder einer Bestellung des Beistands durch ein Gericht bedarf (BT-Drucks 13/892, 38; PALANDT/DIEDERICHSEN Rn 4; FamRefK/SONNENFELD Rn 2; ROTH KindPrax 1998, 12, 14). Auch wird dem Jugendamt weder eine gerichtliche Bestallungsurkunde im Sinn von § 1791 noch eine Bescheinigung im Sinn von § 1791 c Abs 3 ausgestellt (KNITTEL DAVorm 1995, 917). Anders als noch im Regierungsentwurf vorgesehen (BT-Drucks 13/892, 46, E § 57 a SGB VIII) ist auch keine *Mitteilung* des Jugendamts an das Vormundschaftsgericht vorgesehen, da eine vormundschaftsgerichtliche Aufsicht über die Tätigkeit des Jugendamts als Beistand nicht vorgesehen ist (BT-Drucks 13/892, 50).

Wurde der **Antrag beschränkt** gemäß § 1712 Abs 2 auf einzelne der in § 1712 Abs 1 bezeichneten Aufgaben, so beschränkt dies unmittelbar die Reichweite der mit Zugang eines solchen Antrags eintretenden Beistandschaft.

**2.   Prüfung der Entstehensvoraussetzungen durch Jugendamt und Gerichte**

4 Da mit dem Eintritt der Beistandschaft das Jugendamt im Umfang der erfaßten Aufgabenkreise **gesetzlicher Vertreter** des Kindes wird, ist das Jugendamt berechtigt und verpflichtet, die Voraussetzungen der Wirksamkeit des Antrags zu prüfen, ehe es von der gesetzlichen Vertretungsmacht Gebrauch macht. Zum Nachweis der alleinigen elterlichen Sorge des antragstellenden Elternteils – sofern nicht die Voraussetzungen des § 1713 Abs 2 vorliegen – vgl § 1713 Rn 8.

Vertritt das Jugendamt das Kind in einem **Rechtsstreit** oder in einem Verfahren der **Freiwilligen Gerichtsbarkeit**, so prüft das Gericht die ordnungsgemäße Vertretung als Verfahrensvoraussetzung von Amts wegen.

**III.   Antrag vor der Geburt des Kindes (Satz 2)**

5 Der vor der Geburt des Kindes gestellte Antrag läßt ebenfalls bereits mit Zugang die Beistandschaft entstehen (Satz 2). Dies gilt gleichermaßen für den Antrag vor Geburt aufgrund § 1713 Abs 1 2. Alt (dort Rn 9 ff) als auch für den Antrag nach § 1713 Abs 2 (dort Rn 17 ff). Hierdurch wird lediglich klargestellt (FamRefK/SONNENFELD Rn 3), daß die Beistandschaft bereits vor der Geburt des Kindes entsteht, das Jugendamt also gesetzlicher Vertreter des Kindes im Aufgabenkreis des § 1712 wird und daher die Bestellung eines Pflegers für die Leibesfrucht im Rahmen der Vaterschaftsfeststellung und Unterhaltssicherung nicht erforderlich ist (PALANDT/DIEDERICHSEN Rn 5).

**§ 1715**

(1) **Die Beistandschaft endet, wenn der Antragsteller dies schriftlich verlangt. § 1712 Abs. 2 und § 1714 gelten entsprechend.**

(2) **Die Beistandschaft endet auch, sobald der Antragsteller keine der in § 1713 genannten Voraussetzungen mehr erfüllt.**

**Materialien: neuer Inhalt idF des BeistG** Regierungsentwurf BT-Drucks 12/7011, BT-Drucks 13/892; Stellungnahme des Bundesrates BR-Drucks 890/93, BR-Drucks 7/95 = BT-Drucks 13/892, 49 ff; Bericht des Rechtsausschusses BT-Drucks 13/8509; zum Inhalt älterer Fassungen vgl STAUDINGER/BGB-Synopse 1896–2000 § 1715.

## I. Normzweck, Gesetzgebungsgeschichte

**1.** Die unverändert auf den Regierungsentwurf (BT-Drucks 13/892, 38 ff) zurückgehende Bestimmung enthält Regelungen über die **Beendigung der Beistandschaft**, die jedoch nicht abschließend sind, sondern durch § 1717 und die in § 1716 enthaltene Verweisung auf Pflegschaftsrecht ergänzt werden (BT-Drucks 13/892, 39). Die in Abs 1 und 2 genannten Beendigungsgründe bringen den engen Zusammenhang zwischen dem Bestand der Beistandschaft und dem Willen des Antragstellers, den §§ 1712, 1713 für die Entstehung der Beistandschaft normieren, auch für deren Fortbestand und deren Beendigung zum Ausdruck. Abs 1 stellt die Beistandschaft zur jederzeitigen Disposition des Antragstellers. Dem Charakter der Beistandschaft als freiwilliges Hilfsangebot entspricht es, daß der Antragsteller sie jederzeit beenden kann (BT-Drucks 13/892, 39). **1**

Abs 2 bindet den Bestand der Beistandschaft an die für die Antragsbefugnis vorausgesetzten Tatbestände. Auch dies beruht auf dem Freiwilligkeitsprinzip; das Bestehen der Beistandschaft soll nur vom Willen des allein sorgeberechtigten Elternteils abhängen. Endet die Alleinsorge, so soll der neue Sorgeberechtigte – sofern er die Antragsvoraussetzungen erfüllt – selbst entscheiden, ob er die Hilfe des Jugendamts in Anspruch nehmen will (BT-Drucks 13/892, 39 f). Die Beistandschaft verselbständigt sich also nicht von Antrag und Antragsbefugnis, sondern bleibt mit beiden kausal verbunden.

**2.** Im **Gesetzgebungsverfahren** hatte der **Bundesrat** angeregt, weitere Beendigungsgründe aufzunehmen. Die Beistandschaft sollte hiernach wegen **Zweckerreichung** enden, wenn „die Vaterschaft festgestellt ist und titulierte Zahlungsansprüche erfüllt bzw. Unterhaltszahlungen ein Jahr seit ihrer Festlegung regelmäßig geleistet worden sind" (BT-Drucks 13/892, 49). Dem wurde nicht gefolgt, da eine solche Beendigung in vielen Fällen zur Folge hätte, daß den betroffenen Elternteilen und Kindern bei später erforderlichen Anpassungen der Unterhaltstitel keine Unterstützung zuteil würde. Die Möglichkeit, die Beistandschaft bei späterer Säumigkeit des Unterhaltsschuldners durch einen erneuten Antrag wieder aufleben zu lassen, erschien nicht ausreichend (Gegenäußerung der Bundesregierung BT-Drucks 13/892, 54). **2**

Der außerdem vorgeschlagene Beendigungsgrund der **Aufenthaltsverlegung in das Ausland** (BT-Drucks 13/892, 49) wurde aus systematischen Gründen in § 1717 aufgenommen.

**3.** Anregungen aus Jugendamtskreisen, auch dem **Jugendamt** die Möglichkeit zu geben, **sich von der Beistandschaft zu lösen** (BEINKINSTADT DAVorm 1993, 755, 757; GAWLITTA ZfJ 1998, 156), wurden im Gesetzgebungsverfahren zu Recht nicht aufgegriffen. Zuzugeben ist, daß es Ausnahmefälle geben mag, in denen der allein Sorgeberechtigte die Arbeit des Beistands zu steuern versucht, eine am Kindeswohl orientierte **3**

Interessenwahrnehmung erschwert, aber das „erlösende" Beendigungsverlangen nicht stellt. Dem Jugendamt eine Lösungsmöglichkeit zu geben, hätte aber bedeutet, daß in Einzelfällen das Jugendamt den Sorgeberechtigten durch Drohung mit der Niederlegung der Beistandschaft hätte disziplinieren können. Wenn im Konflikt zwischen Sorgeberechtigtem und Beistand die Behörde gegenüber dem Sorgeberechtigten weniger Handlungsmöglichkeiten hat als dieser, so entspricht das, bis zur Grenze des § 1666, durchaus der subsidiären Bedeutung des staatlichen Wächteramtes. Wenn aber das Verhalten des Sorgeberechtigten tatsächlich kindeswohlgefährdend wird, ist aktives Handeln geboten und kein Rückzug aus der Stellung des Beistands.

## II. Ende der Beistandschaft auf Verlangen (Abs 1)

**4** **1.** Die Beistandschaft endet auf **schriftliches Verlangen** des **Antragstellers** (Abs 1 S 1).

**a)** Zu diesem Verlangen **berechtigter Antragsteller** ist der Elternteil, auf dessen Antrag die Beistandschaft eingetreten ist. Ein anderer, nunmehr Antragsberechtigter, kann das Beendigungsverlangen nicht stellen; hierfür besteht auch kein Bedürfnis: Liegen in der Person des vormaligen Antragstellers die Voraussetzungen der Antragsbefugnis nach § 1713 nicht mehr vor, so ist die Beistandschaft ohnehin bereits nach Abs 2 beendet (FamRefK/SONNENFELD Rn 4; PALANDT/DIEDERICHSEN Rn 5).

Ist die Beistandschaft durch **Überleitung** nach Art 223 EGBGB entstanden, so ist ein *ursprünglicher Antragsteller*, auf den Abs 1 S 1 abstellt, nicht vorhanden. Da auch in diesem Fall die Beistandschaft nicht ohne oder gar gegen den Willen der allein sorgeberechtigten Mutter (nur im Fall des § 1705 aF konnte eine Amtspflegschaft nach §§ 1706 ff aF bestehen) bestehen soll, steht die Befugnis, das Beendigungsverlangen zu stellen, der **allein sorgeberechtigten Mutter** zu (BT-Drucks 13/892, 48; DIV-Gutachten DAVorm 1999, 868, 869). Ist die Mutter nicht mehr allein sorgeberechtigt, so endet auch in diesem Fall die Beistandschaft nach Abs 2, so daß eine Stellung des Beendigungsverlangens durch eine andere Person nicht in Erwägung zu ziehen ist.

**5** **b)** War Antragsteller ein nach § 1776 berufener **Vormund** (§ 1713 Abs 1 S 2), so kann ebenfalls nur dieser das Aufhebungsverlangen stellen; wurde der Vormund durch einen anderen nach § 1776 berufenen Vormund abgelöst oder ist die Vormundschaft beendet, weil das Kind nunmehr unter elterlicher Sorge steht (§ 1882), so geht die Befugnis zur Stellung des Beendigungsverlangens *nicht* auf den neuen Vormund oder den sorgeberechtigten Elternteil über (so aber PALANDT/DIEDERICHSEN Rn 5). Vielmehr endet auch in diesen Fällen die Beistandschaft nach Abs 2. Dies entspricht der Bindung ihres Fortbestandes an den Willen und damit auch an die Antragsbefugnis des vormaligen Antragstellers. Maßgeblich ist dabei dessen *Person*, nicht dessen *Funktion* (Vormund). Insbesondere entspricht es dem Zweck der Regelung, daß der nachfolgende Sorgeberechtigte selbst entscheiden soll dürfen, ob er das Hilfsangebot der Beistandschaft annimmt.

**6** **c)** Das Beendigungsverlangen ist, ebenso wie der Antrag, **schriftlich** zu stellen (dazu § 1712 Rn 8). Es ist in gleicher Weise wie der Antrag **zugangsbedürftige Willenserklärung**. Adressat ist aufgrund Verweisung aus Abs 1 S 2 auf § 1714 das Jugendamt.

**Zuständig** ist das Jugendamt, das im Zeitpunkt des Zugangs die Beistandschaft führt. Wurde im Fall des Aufenthaltswechsels die Führung der Beistandschaft von einem anderen Jugendamt übernommen (§ 1712 Rn 31), so ist das Aufhebungsverlangen an dieses Jugendamt zu richten. Wird das Verlangen an das Jugendamt gerichtet, welches ursprünglich den Antrag entgegengenommen hatte, so ist dieses zur unverzüglichen Weiterleitung an das zuständige Jugendamt verpflichtet; die Beistandschaft endet auch in diesem Fall (erst) mit Zugang bei dem zuständigen Jugendamt (unten Rn 7). Das Beendigungsverlangen kann bereits **vor Geburt des Kindes** gestellt werden (Abs 1 S 2 iVm § 1714 S 2).

Obgleich Abs 1 nicht auf § 1713 Abs 1 S 3 verweist, ist auch für das Beendigungsverlangen **Höchstpersönlichkeit** zu verlangen; rechtsgeschäftliche Vertretung ist ausgeschlossen. Da das Beendigungsverlangen die Bindung der Beistandschaft an den Willen des allein Sorgeberechtigten zum Ausdruck bringt und deshalb vollständig parallel zum Antrag konstruiert ist, widerspräche es seiner Natur ebenso wie der des Antrags, gewillkürte Stellvertretung zuzulassen. Einer entsprechenden Anwendung von § 1713 Abs 1 S 3 steht nicht entgegen, daß Abs 2 S 2 diese Bestimmung nicht in die Verweisung auf die Bestimmungen zur Reichweite und rechtsgeschäftlichen Behandlung des Antrags aufnimmt; offenbar wurde übersehen, daß § 1713 Abs 1 in Satz 3 nicht nur die – für das Beendigungsverlangen nicht relevante – Antrags*befugnis*, sondern auch die *Rechtsnatur des Antrags* regelt.

**d)**     Soweit das Beendigungsverlangen reicht, **endet die Beistandschaft** mit Zugang   **7** des Verlangens beim Jugendamt. Einer Annahme oder Entscheidung bedarf es, ebenso wie für den Antrag, nicht (Abs 1 S 2 iVm § 1714). Auch die im Regierungsentwurf vorgesehene *Mitteilung* an das Vormundschaftsgericht (BT-Drucks 13/892, 46, E § 57 a SGB VIII) ist bei Beendigung der Beistandschaft auch im Fall des Abs 1 *nicht* erforderlich (**aA** anscheinend PALANDT/DIEDERICHSEN Rn 3).

**e)**     Eine **Beschränkung des Beendigungsverlangens** auf einzelne Aufgabenbereiche   **8** des § 1712 ist in gleicher Weise (dazu § 1712 Rn 9 ff) möglich, wie eine Beschränkung des Antrags (Abs 1 S 2 iVm § 1712 Abs 2). Es kommt also nicht nur eine Beschränkung auf einen der beiden in § 1712 Abs 1 genannten Wirkungskreise in Betracht (vgl DIEDERICHSEN NJW 1998, 1977, 1989), sondern auch eine Einschränkung innerhalb des einzelnen Wirkungskreises, insbesondere innerhalb der Geltendmachung von Unterhaltsansprüchen.

**2.**     Eine **Aufrechterhaltung** der Beistandschaft **gegen den Willen** des zur Stellung   **9** des Beendigungsverlangens befugten Elternteils ist nicht vorgesehen.

**a)**     Der Gesetzgeber hat davon abgesehen, die Beendigung der Beistandschaft von einer **Zustimmung des Jugendamts** abhängig zu machen, bei deren Verweigerung der Sorgeberechtigte die Beendigung durch einen Rechtsbehelf hätte geltend machen müssen. Eine Zustimmungsbedürftigkeit könnte bei den allein sorgeberechtigten Elternteilen den Eindruck erwecken, der Antrag auf Beistandschaft berge ein Risiko in sich, dessen Eingehung reiflich überlegt werden müsse (BT-Drucks 13/892, 39).

**b)**     Damit besteht in seltenen Fällen die Gefahr, daß der Sorgeberechtigte das   **10** Verlangen nach Abs 1 **zur Unzeit** stellt, also zu einem Zeitpunkt, in dem das Kindes-

wohl einer Beendigung der Beistandschaft entgegensteht. Diese Gefahr hat der Gesetzgeber gesehen; in Betracht kommen vor allem Fallgestaltungen, in denen die
Vaterschaftsfeststellung oder die Unterhaltstitulierung in einem bereits laufenden
Verfahren kurz bevor steht und der allein sorgeberechtigte Elternteil auf Druck
des anderen Elternteils die Beistandschaft beendet.

Wird in einer solchen Situationen das Verlangen nach Abs 1 erklärt, so endet die
Beistandschaft zwar mit Zugang des Beendigungsverlangens. Das Jugendamt hat
jedoch, wenn es das Tätigwerden des *Familiengerichts* zur Abwendung einer **Gefährdung des Kindeswohls** für erforderlich hält, das Familiengericht anzurufen (§ 50 Abs 3
SGB VIII). Das macht insbesondere die noch in § 57 a SGB VIII idF des Regierungsentwurfs geplante generelle Mitteilung der Beendigung der Beistandschaft an
das Gericht (vgl dazu BT-Drucks 13/892, 39) entbehrlich. Das Familiengericht entscheidet
am Maßstab des § 1666, ob und in welchem Umfang die elterliche Sorge zu beschränken und ein Pfleger zu bestellen ist (§ 1909; Diederichsen NJW 1998, 1977, 1989). Dabei
steht § 1629 Abs 2 S 3 Hs 2 zwar der Entziehung der Vertretung für die Vaterschaftsfeststellung bei *abstraktem* Interessengegensatz (§ 1796 Abs 2) entgegen; das hindert
jedoch in den hier genannten Fällen gerade nicht die Entziehung der Vertretung
(unklar FamRefK/Sonnenfeld Rn 8), sofern ein *konkreter* Interessengegensatz, zB eine
aktuelle Drucksituation, nachgewiesen ist.

Von dieser Möglichkeit sollten Jugendämter **zurückhaltend Gebrauch machen**. Es sind
zahlreiche gute Gründe vorstellbar, die auch in einem laufenden Vaterschaftsfest-
stellungs- oder Unterhaltsverfahren den Sorgeberechtigten veranlassen mögen, das
Verfahren an sich zu ziehen. Ist zB eine Vaterschaftsanerkennung zu erwarten oder
haben die Kindeseltern ihre Beziehung wieder aufgenommen, so muß eine die beidseitigen Gefühle schonende Lösung nicht unbedingt kindeswohlschädlich sein. Jugendämter mögen aus schlechter Erfahrung heraus dazu neigen, das im Verfahren
schon Erreichte nicht aus der Hand geben zu wollen. Mancher Amtsbeistand mag
auch von Abstimmung seiner Verfahrensweise mit dem Sorgeberechtigten wenig
halten (vgl die entlarvende Glosse von Kemper ZfJ 1998, 308). Kindeswohlschädlich ist
jedenfalls nicht schon alles, was der Amtsbeistand meint, selbst besser bewirken
zu können.

### III.   Ende der Beistandschaft durch Wegfall der Antragsbefugnis (Abs 2)

**11  1.**      Gemäß Abs 2 endet die Beistandschaft kraft Gesetzes, sobald der Antragsteller
**keine der in § 1713 genannten Voraussetzungen** mehr erfüllt. Dies führt zwar in vielen
Fällen zu dem Ergebnis, das sich auch aufgrund Verweisung aus § 1716 S 2 auf das
Pflegschaftsrecht und mittelbar (§ 1915 Abs 1) auf das Vormundschaftsrecht ergäbe.
Die Regelung dient jedoch zum einen der Klarheit (BT-Drucks 13/892, 40). Zum anderen macht sie das Freiwilligkeitsprinzip, also die Verknüpfung der Beistandschaft
mit dem Willen eines Antragsbefugten deutlich (BT-Drucks 13/892, 39 f).

Der Fortbestand der Beistandschaft ist jedoch nicht an das Fortbestehen des konkret
bei Antragstellung gegebenen Antragsrechts gebunden. Es genügt vielmehr, daß
jederzeit der Antragsteller nach einem der in § 1713 Abs 1 *oder* Abs 2 genannten
Gründe antragsbefugt wäre.

**2.**     Die Beistandschaft endet damit in folgenden **Fällen**:           **12**

**a)**     **Nach Geburt des Kindes**, wenn der Antragsteller nicht mehr **allein sorgeberechtigt** ist (Palandt/Diederichsen Rn 11). Aus welchem Grund das alleinige Sorgerecht entfällt, ist unerheblich. Deshalb endet die Beistandschaft wegen

– **Wegfall des Sorgerechts** als solches, weil das Kind volljährig wird, verstirbt oder die Vormundschaft entfällt,

– Erlangung einer **gemeinsamen elterlichen Sorge**, weil die Eltern einander heiraten, eine Sorgeerklärung abgeben (§ 1626 a Abs 1), eine das Sorgerecht eines Elternteils entziehende *Entscheidung* aufgehoben wird (§ 1696 Abs 2), der Grund für das *Ruhen* der elterlichen Sorge eines Elternteils entfällt (§§ 1673, 1674 Abs 2) oder im Fall der *Stiefkindadoption* (§ 1755 Abs 2),

– Verlust der elterlichen Sorge durch **Gründe in der Person des bisher allein Sorgeberechtigten**, also *Entzug des Sorgerechts* (§ 1666), *Ruhen* (§§ 1673, 1674 Abs 1), *Tod des Sorgeberechtigten* (§ 1680 Abs 2 oder 3), *Wechsel in der Person des Vormunds* oder *Adoption des Kindes* durch einen Dritten (§ 1755 Abs 1; zum ganzen: BT-Drucks 13/892, 39 Palandt/Diederichsen Rn 11; FamRefK/Sonnenfeld Rn 10 f; Diederichsen NJW 1998, 1977, 1989; LJA Thüringen DAVorm 1999, 191, 195).

**b)**     Vor Geburt des Kindes endet die Beistandschaft, wenn der Antragsteller, wäre   **13** das Kind schon geboren, nicht die alleinige elterliche Sorge innehätte, es sei denn, die Voraussetzungen des § 1713 Abs 2 *dauern an*, also das Kind stünde, wäre es geboren, unter Vormundschaft. Die Beistandschaft endet also durch

– **Wegfall des potentiellen Sorgerechts**, wenn die **Schwangerschaft** auf andere Art **endet** als durch die Geburt des Kindes (BT-Drucks 13/892, 40),

– Eintritt einer Situation, in der der **andere Elternteil sorgeberechtigt** würde, wäre das Kind bereits geboren, also *Abgabe einer gemeinsamen Sorgeerklärung* oder *Eheschließung* der werdenden Mutter mit einem voll geschäftsfähigen Mann (§ 1626 a),

– Verlust des Antragsrechts durch **Gründe in der Person des Antragstellers**, also *Tod des Antragstellers*.

– Tritt ein **Ruhensgrund in der Person des Antragstellers** ein, so ist zu unterscheiden: Die Beistandschaft besteht fort, wenn aufgrund des Ruhens die Voraussetzungen des § 1713 Abs 2 vorliegen, also der Antragsteller zunächst antragsbefugt nach § 1713 Abs 1 2. Alt war (potentiell Sorgeberechtigter, wäre das Kind bereits geboren) und nunmehr das Kind, wäre es bereits geboren, unter Vormundschaft stünde, denn der Antragsteller erfüllt nunmehr die Voraussetzungen nach § 1713 Abs 2. Zum Beispiel Antrag der zunächst voll geschäftsfähigen, dann geschäftsunfähig gewordenen werdenden Mutter; daß der Antrag im Fall der Geschäftsunfähigkeit nicht durch den gesetzlichen Vertreter gestellt wurde (§ 1713 Abs 2 S 3), sondern durch den damals noch selbst zur Antragstellung Befugten, schadet nicht, denn Abs 2 stellt auf die *Antragsbefugnis* ab, nicht auf die Berechtigung zu deren *Ausübung* (BT-Drucks 13/892, 40).

**14 c)**    **Durch die Geburt des Kindes** endet die Beistandschaft, wenn der Antragsteller nicht spätestens mit Vollendung der Geburt allein sorgeberechtigt ist, also durch

– **Tod des Kindes** oder der **Antragstellerin** in der Geburt,

– Eintritt der Voraussetzungen des **§ 1773** mit der Geburt, also Wegfall des Antragsrechts nach § 1713 Abs 2 ohne Bestehen des Antragsrechts nach § 1713 Abs 1. Wurde der Antrag ursprünglich auf § 1713 Abs 2 gestützt, ist aber im Zeitpunkt der Geburt der Antragsteller *allein* sorgeberechtigt, so endet die Beistandschaft nicht, denn der Antragsteller erfüllt nunmehr die Voraussetzungen des § 1713 Abs 1 (zB die vor der Geburt volljährig gewordene Mutter, BT-Drucks 13/892, 40).

**15 d)**    Ist die Beistandschaft nicht durch Antrag nach § 1712, sondern durch **Überleitung** nach Art 223 EGBGB entstanden, so ist für Abs 2 abzustellen auf die Person der allein sorgeberechtigten Mutter. Die übergeleitete Beistandschaft endet, wenn die alleinige elterliche Sorge der Mutter endet, also unter denselben Voraussetzungen aus denen eine beantragte Beistandschaft nach Geburt des Kindes endet (oben Rn 12; DIV-Gutachten DAVorm 1999, 868, 869).

**16 e)**    Ob ein **anderer Sorgeberechtigter** erneut eine Beistandschaft beantragen kann, beurteilt sich ohne Rückschau auf die vorher bestehenden Sorgerechtsverhältnisse danach, ob eine Antragsbefugnis nach § 1713 in der Person des neuen Sorgeberechtigten vorliegt. In der – regelmäßig vorliegenden – Situation des Übergangs des Sorgerechts *nach Geburt* des Kindes ist also auf § 1713 Abs 1 abzustellen; ein allein sorgeberechtigter *Elternteil* ist antragsbefugt; ein *Vormund* oder *Pfleger* nur, wenn die Voraussetzungen des § 1776 vorliegen (§ 1713 Abs 1 S 2; BT-Drucks 13/892, 39). Eine *Überleitung der Beistandschaft* bei Wechsel der Person des Sorgeberechtigten scheidet jedenfalls aus, weil sie bereits durch Wegfall der Antragsvoraussetzungen in der Person des früher Sorgeberechtigten entfallen ist, ehe die Antragsvoraussetzungen in der Person des Nachfolgers eingetreten sind (oben Rn 5; FamRefK/SONNENFELD Rn 13).

**17 f)**    Fraglich ist, in welchem Umfang das Jugendamt eine **Pflicht zur Prüfung** hat, ob nach wirksamer Beantragung einer Beistandschaft diese kraft Gesetzes nach Abs 2 beendet ist. Während zahlreiche Beendigungsgründe im objektiven Bereich entweder für das Jugendamt offenkundig sind (Volljährigkeit des Kindes) oder ihm kaum verborgen bleiben (Tod von Sorgeberechtigtem oder Kind), ist der *Fortbestand der alleinigen elterlichen Sorge* nicht ohne weiteres offenbar; muß das Jugendamt insbesondere in bestimmten Zeitabständen prüfen, ob eine *gemeinsame Sorgeerklärung* abgegeben wurde (WOLF KindPrax 1998, 40) oder ob der Antragsteller noch geschäftsfähig ist? Insoweit empfiehlt sich ein ähnlicher Maßstab wie für die Prüfung des Vorliegens der Antragsvoraussetzungen: Vom Fortbestand der Geschäftsfähigkeit ist auszugehen, solange keine entgegenstehenden Indizien erkennbar werden (§ 1713 Rn 26). Vom Fehlen der – wünschenswerten – Sorgeerklärung sollte nicht ohne weiteres ausgegangen werden (§ 1713 Rn 8); allerdings wird das Jugendamt im praktischen Leben von einer Sorgeerklärung seitens der Mutter oder des in Anspruch genommenen Vaters meist erfahren. Eine Situation, in der die Unterhaltsregelung streitig verläuft, der Vater den „Kopf in den Sand steckt" (WOLF KindPrax 1998, 40), die Mutter das Jugendamt Kindesunterhalt einfordern läßt und beide Eltern in schönster Eintracht eine Sorgeerklärung abgeben, erscheint eher unwahrscheinlich. *Vor Klage-*

*erhebung* sollte das Jugendamt eine *aktuelle Negativ-Bescheinigung* (§ 1713 Rn 8) einfordern, wie das von einem sorgfältig agierenden Vertreter zur Vermeidung des Handelns ohne Vertretungsmacht zu erwarten ist.

**g)**   Endet die Beistandschaft, so stellt sich die Frage, ob das Jugendamt dem Sor-  **18** geberechtigten **Akten herausgeben**, **Einsicht gewähren** oder **Auskunft erteilen** muß. Bei Beendigung der Amtspflegschaft früheren Rechts wurde eine solche Verpflichtung jedenfalls von Jugendamtsseite verneint (DIV-Gutachten DAVorm 1993, 407). Ein allgemeiner Anspruch dieses Inhalts wird in einer ersten Stellungnahme auch für den Fall der Beendigung der Beistandschaft verneint. Dem Sorgeberechtigten soll aber ein Anspruch auf *Urkundenvorlegung nach § 810* zustehen, der insbesondere auch die Einsichtnahme in eine vom Jugendamt eingeholte Auskunft des Unterhaltsschuldners nach § 1605 Abs 1 umfassen soll (DIV-Gutachten DAVorm 1998, 905, 906). Schon dieses Beispiel macht deutlich, daß sich die Erwartung des Gesetzgebers, angesichts der begrenzten Aufgabenkreise des Beistands bestehe für eine *Rechnungslegung* durch das Jugendamt kein praktisches Bedürfnis (BT-Drucks 13/892, 31), als unzutreffend erweisen dürfte. Da die gerichtliche Überwachung des bisherigen Amtspflegers ersatzlos entfallen ist, dürfte sich das Bedürfnis nach Kontrolle durch den Sorgeberechtigten eher verstärken. Berücksichtigt man den Wandel, den die Stellung des Jugendamts erfahren hat, von einem vom Willen der Mutter nicht abhängigen Amtspfleger hin zu einem Beistand, dem der sorgeberechtigte Elternteil jederzeit „kündigen" kann, so liegt es nahe, Auskunfts- und Rechenschaftspflichten entsprechend § 666 und Herausgabepflichten entsprechend § 667 anzunehmen. Der Sorgeberechtigte kann nach Beendigung der Beistandschaft die Interessen des Kindes nur ordnungsgemäß wahrnehmen, wenn ihm die hierzu erforderlichen Kenntnisse nicht vorenthalten werden. Dies erlaubt es weiterhin dem Jugendamt, den Akteninhalt zurückzuhalten, der sich auf seine öffentliche Aufgabe bezieht (zB Ermittlungen zu sorgerechtlichen Angelegenheiten); soweit das Jugendamt aber als gesetzlicher Vertreter des Kindes tätig wird, sind ihm Rechenschaft, Auskunft und Herausgabe im selben Umfang zumutbar wie einem Rechtsanwalt.

## IV.   Wirkung der Beendigung der Beistandschaft

**1.**   Die Beistandschaft endet mit **Wirkung** *ex nunc* mit Zugang des Beendigungs-  **19** verlangens (Abs 1 S 2, § 1714) oder mit Verwirklichung des gesetzlichen Beendigungsgrundes.

**Vor diesem Zeitpunkt** durch das Jugendamt als Beistand namens des Kindes abgegebene prozessuale oder materiellrechtliche Erklärungen und sonstige Rechtshandlungen bleiben wirksam (BT-Drucks 13/892; PALANDT/DIEDERICHSEN Rn 9). Das gilt auch für rechtsgeschäftsähnliche Handlungen wie *Auskunftsverlangen* oder *Mahnung* (DIV-Gutachten DAVorm 1999, 49).

**2.**   Hingegen ist das Jugendamt **nach Beendigung der Beistandschaft** nicht mehr  **20** befugt, namens des Kindes tätig zu werden, insbesondere angebahnte Vergleiche abzuschließen oder eingeleitete Verfahren zu Ende zu führen (PALANDT/DIEDERICHSEN Rn 9). Wie schon zu § 1706 aF ergibt sich aus der Verweisung aus § 1716 S 2 auf §§ 1915, 1893 Abs 1 keine Befugnis zur Fortführung der Geschäfte nach Beendigung der Beistandschaft; die in §§ 1698 a, 1698 b genannten Ausnahmen enthalten eine abschließende Regelung, die nicht auf andere Tatbestände nach Beendigung einer Pflegschaft übertragen werden können (LG Berlin StAZ 1992, 247; OBERLOSKAMP Vormundschaft, Pflegschaft und Vermögenssorge für Minderjährige, 1990, § 11 Rn 9).

### V.  Sonstige Beendigungsgründe

**21** **1.**    Weitere Gründe für die Beendigung der Beistandschaft ergeben sich aus § 1717 S 1 Hs 2 (Begründung eines **gewöhnlichen Aufenthalts** im Ausland; vgl dort Rn 9 ff) sowie aufgrund der Verweisung aus § 1716 auf **Pflegschaftsrecht**.

**22** **2.**    Die Beistandschaft endet daher auch mit **Erledigung der Angelegenheit**, für die sie beantragt wurde (§§ 1716 S 2, 1918 Abs 3; PALANDT/DIEDERICHSEN Rn 1; DIEDERICHSEN NJW 1998, 1977, 1989).

Bei Anwendung des § 1918 Abs 3 ist jedoch dem Willen des Gesetzgebers des BeistG Rechnung zu tragen, die Beistandschaft nicht schon enden zu lassen, wenn die Vaterschaft festgestellt und der Unterhaltsanspruch tituliert und ein Jahr lang erfüllt wurde (oben Rn 2). Die bloße **Titulierung des Unterhaltsanspruchs** kann daher erst recht nicht über §§ 1716, 1918 Abs 3 die Beendigung der Beistandschaft mit dem Aufgabenkreis des § 1712 Abs 1 Nr 2 bewirken (FamRefK/SONNENFELD Rn 16).

Hingegen führt die wirksame **Feststellung der Vaterschaft** zur Erledigung des Aufgabenkreises des § 1712 Abs 1 Nr 1; da sich dieser Aufgabenkreis nicht auf eine mögliche spätere Anfechtung erstreckt (§ 1712 Rn 18), ist insoweit die Beistandschaft mit erfolgter Vaterschaftsfeststellung erledigt (PALANDT/DIEDERICHSEN § 1716 Rn 11). Auf die Hypothese, daß nach einer erfolgreichen Anfechtung die Vaterschaft eines anderen Mannes festzustellen wäre, kann ein Bedürfnis nach Fortbestand der Beistandschaft nicht gestützt werden.

**23** **3.**    Durch die **Geburt des Kindes** (§ 1918 Abs 2) endet die Beistandschaft *nicht*. Während die von § 1918 Abs 2 erfaßte Pflegschaft für die Leibesfrucht den Zustand bis zum Eintritt einer mit der Geburt wirksam werdenden Vormundschaft oder Pflegschaft überbrückt, wird bei der vorgeburtlichen Beistandschaft nach § 1713 Abs 1 2. Alt und nach § 1713 Abs 2 lediglich der Zeitpunkt des Eintritts eines einheitlichen Rechtsinstituts vorverlagert (BT-Drucks 13/892, 41; FamRefK/SONNENFELD Rn 17; PALANDT/DIEDERICHSEN Rn 1). Die vorgeburtliche Beistandschaft endet also nur aus den sich aus Abs 2 ergebenden Gründen mit der Geburt (dazu oben Rn 14).

### § 1716

**Durch die Beistandschaft wird die elterliche Sorge nicht eingeschränkt. Im übrigen gelten die Vorschriften über die Pflegschaft mit Ausnahme derjenigen über die Aufsicht des Vormundschaftsgerichts und die Rechnungslegung sinngemäß; die §§ 1791, 1791 c Abs. 3 sind nicht anzuwenden.**

**Materialien: neuer Inhalt idF des BeistG** Regierungsentwurf BT-Drucks 12/7011, BT-Drucks     13/892; Stellungnahme des Bundesrates BR-Drucks 890/93, BR-Drucks 7/95 = BT-Drucks

13/892, 49 ff; Bericht des Rechtsausschusses BT-    vgl STAUDINGER/BGB-Synopse   1896–2000
Drucks 13/8509; zum Inhalt älterer Fassungen      § 1716.


## I.   Normzweck, Gesetzgebungsgeschichte

**1.**   Während die gesetzliche Amtspflegschaft früheren Rechts immer zu einer Ein-  **1**
schränkung der **elterlichen Sorge** führte, ordnet **Satz 1** – als ein wesentliches Element
der Beistandschaft – an, daß die elterliche Sorge durch die Beistandschaft nicht
eingeschränkt wird (BT-Drucks 13/892, 40).

Ansonsten unterstellt **Satz 2** die Wirkungen der Beistandschaft dem Pflegschaftsrecht. Diese Technik entspricht weitgehend der Rechtslage bei §§ 1706 ff aF (Amtspflegschaft) und § 1690 aF (bestellte Beistandschaft mit Vertretungsmacht). Bei den
Vorarbeiten zu dem Entwurf war erwogen worden, diese Verweisung durch spezifische Regelungen zu ersetzen; sie geht hinsichtlich zahlreicher Regelungen ins Leere,
so etwa hinsichtlich des Eintritts und des Umfangs der Beistandschaft sowie der
Person des Beistands, da in diesen zentralen Fragen die §§ 1712 ff Sonderregelungen
enthalten. Die Entscheidung für die Verweisung wurde vor allem mit dem ansonsten
erheblich höheren Normaufwand und der Gefahr der Lückenhaftigkeit der Regelung
begründet (BT-Drucks 13/892, 40). Die Möglichkeit der Verweisung auf *einzelne Vorschriften* des Pflegschafts- und Vormundschaftsrechts wurde erwogen, jedoch aufgeschoben, bis nähere Vorstellungen zur beabsichtigten Reform des Vormundschafts-
und Pflegschaftsrechts für Minderjährige – die im Anschluß an die Kindschaftsrechtsreform erarbeitet werden sollen – vorliegen (BT-Drucks 13/892, 40).

**2.**   Bereits der Entwurf nahm die Vorschriften über die **Rechnungslegung** von der  **2**
Verweisung auf Pflegschaftsrecht aus, da für eine Rechnungslegung durch das Ju-
gendamt angesichts der Beschränkung der Aufgabenkreise (§ 1712) kein praktisches
Bedürfnis bestehe. Im Zusammenhang mit der Geltendmachung von Unterhaltsan-
sprüchen seien Unregelmäßigkeiten kaum vorstellbar, weil der antragstellende
Elternteil von sich aus hinreichende Kontrolle gewährleiste (BT- Drucks 13/892, 31).

**3.**   Die Ausnahme der Verweisung auf die Vorschriften über die **Aufsicht des Vor-**  **3**
**mundschaftsgerichts** geht zurück auf die Stellungnahme des Bundesrats (BT-Drucks 13/
892, 50; Rechtsausschuß: BT-Drucks 13/8509, 17). Die Tätigkeit des Jugendamts als Beistand
erfordere eine solche Aufsicht nicht; nachdem das Jugendamt nicht mehr zur Rechnungslegung mehr verpflichtet werde, würde sich eine solche Aufsicht darauf beschränken, eventuellen Beschwerden über das Verhalten des Jugendamts nachzugehen, etwa dem Vorwurf unzureichenden oder auch zu nachdrücklichen Einsatzes
für die Belange des Antragstellers; solche Beschwerden sollten behördenintern geklärt werden (BT-Drucks 13/892, 50). Diese Verweisung des Sorgeberechtigten auf die
verwaltungsinterne Struktur und letztlich auf den Verwaltungsrechtsweg ist nicht
ohne Kritik geblieben. Der Beistand wird im Rahmen der §§ 1712 ff privatrechtlich
tätig; eine vormundschaftsgerichtliche Aufsicht erschiene daher systematisch geeigneter als die verwaltungsgerichtliche Kontrolle (vgl noch BT-Drucks 13/892, 31). Andererseits erwies sich auch gegenüber der Amtspflegschaft die vormundschaftsgerichtliche
Aufsicht als wenig effizient; eine Zweckmäßigkeitskontrolle, um die es bei solcherlei
Beschwerden oft geht, stand auch dem Vormundschaftsgericht im Rahmen

des § 1837 Abs 2 S 1 nicht zu (LG Kempten, DAVorm 1995, 1064, 1065). Eine Rechtmäßigkeitskontrolle, so eine Pflichtwidrigkeit des Jugendamts vorgetragen wird, findet aber auch im Rahmen der verwaltungsgerichtlichen Kontrolle statt.

In diesem Zusammenhang ist auch die **Nichtanwendung der §§ 1791, 1791 c Abs 3** zu sehen: Nachdem die Beistandschaft auf Antrag eines Elternteils eintritt, kommt eine Bestallungsurkunde nicht in Betracht. Es schien auch nicht erforderlich, daß das Vormundschaftsgericht dem Jugendamt eine *Bescheinigung* ausstellt; das Jugendamt könne selbst eine Bestätigung über den gestellten Antrag und die damit verbundenen Rechtsfolgen ausstellen (BT-Drucks 13/892, 50).

Entsprechend entfiel auch die im Entwurf in **§ 57 a SGB VIII** vorgesehene Mitteilungspflicht des Jugendamts über den Eintritt und die Beendigung der Beistandschaft an das Vormundschaftsgericht (BT-Drucks 13/892, 50).

**4 4.** Dem weitergehenden Vorschlag des Bundesrats, auch **§ 1915 Abs 1** von der Verweisung auszunehmen, wurde nicht gefolgt; hiermit wird klargestellt, daß nicht sämtliche Vorschriften, auf die § 1915 Abs 1 verweist, von der Anwendung ausgeschlossen sein sollen (BT-Drucks 13/8509, 17); auf den Vorschlag hin war sogar befürchtet worden, die Ausnahme von der Verweisung könnte stillschweigend die Beseitigung der gesetzlichen Vertretungsmacht des Beistands zur Folge haben (MUTSCHLER DAVorm 1995, 691, 692).

## II. Keine Einschränkung der elterlichen Sorge (Satz 1)

**5 1.** Die Beistandschaft **schränkt die elterliche Sorge nicht ein** (Satz 1). Ist das Kind bereits geboren, so behält der antragstellende Elternteil die elterliche Sorge auch in den Aufgabenkreisen, für die eine Beistandschaft besteht.

**6 2.** Da für die Beantragung (§ 1713 Abs 1) und den Fortbestand (§ 1715 Abs 2) die – alleinige – elterliche Sorge des Antragstellers einschließlich der gesetzlichen Vertretungsbefugnis für das Kind erforderlich ist, das Jugendamt als Beistand aber ebenfalls gesetzlicher Vertreter im Rahmen der Aufgabenkreise der Beistandschaft wird (unten Rn 12), kommt es immer zu einem **Nebeneinander zweier gesetzlicher Vertreter**. Der Gesetzgeber ist insoweit den positiven Erfahrungen des österreichischen Rechts gefolgt, zumal auch dem deutschen Betreuungsrecht das Nebeneinander zweier Handlungsbefugnisse nicht fremd ist (BT-Drucks 13/892, 28). Dieser Erwartung wird man grundsätzlich zustimmen können; divergierendes *rechtsgeschäftliches* Handeln ist vor allem im Aufgabenkreis der Geltendmachung von Unterhaltsansprüchen vorstellbar. Nachdem dort eine Unterhaltsabfindung nicht mehr möglich ist und das Jugendamt Stundungen nur sehr zurückhaltend vereinbaren sollte, ist selbst dort das Risiko schwerwiegend widersprüchlichen Handelns der beiden gesetzlichen Vertreter gering. Daß die Mahnung des Unterhaltsschuldners durch das Jugendamt mit einer Stundung durch den Sorgeberechtigten zusammentreffen könnte (WOLF KindPrax 1998, 42; ROTH KindPrax 1998, 148, 149) ist nicht so bedenklich, daß deshalb Zweifel an der – mit Rücksicht auf die Freiwilligkeit kaum anders vorstellbaren – Sorgerechtslösung aufkommen sollten (zu Wirksamkeitsfragen unten Rn 9). *Verfahrensrechtlich* ist der Konflikt ohnehin durch § 53 a ZPO gelöst (sogleich Rn 7; iE ähnlich

PALANDT/DIEDERICHSEN Rn 4; FamRefK/SONNENFELD Rn 3; DIEDERICHSEN NJW 1998, 1977, 1988).

**3.** Der sorgeberechtigte Elternteil kann jedoch in einem **Rechtsstreit**, in dem das 7 Kind durch den Beistand vertreten wird, das Kind nicht vertreten (§ **53 a ZPO**). Diese Bestimmung ist § 53 ZPO nachgebildet und stellt sicher, daß der sorgeberechtigte Elternteil und das Jugendamt keine widerstreitenden Erklärungen im Prozeß abgeben können (BT-Drucks 13/892, 47). Sie findet nicht nur im Verfahren der ZPO Anwendung, sondern in allen Verfahren, für die verfahrensrechtlich subsidiär auf die ZPO-Bestimmungen verwiesen wird. Insbesondere gilt § 53 a ZPO auch in Kindschaftssachen, die dem FGG und nicht §§ 640 ff ZPO unterstehen (Vaterschaftsverfahren nach § 1600 e Abs 2; STAUDINGER/RAUSCHER [2000] § 1600 n Rn 121 ff).

Die gesetzliche Vertretung durch den Sorgeberechtigten im Prozeß endet nicht bereits durch den Eintritt der Beistandschaft. Maßgeblich ist, ob im jeweiligen Verfahren das **Jugendamt als Vertreter des Kindes auftritt**. Erhebt das Jugendamt namens des Kindes Klage oder stellt einen Antrag, so ist in diesem Verfahren die Vertretung durch den Sorgeberechtigten ausgeschlossen. In anderen Verfahren, auch in solchen, in denen das Kind als Kläger/Antragsteller oder Beklagter/Antragsgegner zunächst vom Sorgeberechtigten vertreten wurde, endet dessen Vertretungsbefugnis mit dem Eintritt des Jugendamts als Vertreter des Kindes in diesem Verfahren (BT-Drucks 13/ 892, 47; PALANDT/DIEDERICHSEN Rn 4; FamRefK/SONNENFELD § 53 a ZPO Rn 2). Die dadurch bewirkte Einschränkung der gesetzlichen Vertretung durch den Sorgeberechtigten muß im Interesse einer ordnungsgemäßen Verfahrensführung hingenommen werden; und sie kann hingenommen werden, weil der Sorgeberechtigte die Beistandschaft jederzeit auch während des laufenden Verfahrens gemäß § 1715 Abs 1 beenden kann (BT-Drucks 13/892, 47; zur Beendigung **zur Unzeit** vgl § 1715 Rn 10).

Der Erhebung einer *anderweitigen Klage* durch den Sorgeberechtigten, sofern das Jugendamt bereits namens des Kindes einen Prozeß zum selben Streitgegenstand angestrengt hat, steht dagegen nicht § 53 a ZPO entgegen (so aber WOLF DAVorm 1998, 53, 55), sondern der Einwand der anderweitigen Rechtshängigkeit. Macht der Sorgeberechtigte ein weiteres Verfahren anhängig, das *nicht* denselben Streitgegenstand hat (zur Identität des Streitgegenstands in Vaterschaftsverfahren STAUDINGER/RAUSCHER [2000] § 1600 e Rn 48 ff), so steht § 53 a ZPO dem nicht entgegen, weil ein anderes Verfahren vorliegt. Diese Situation wirft aber keine schwerwiegenderen Probleme auf, als wenn unterschiedliche *Berechtigte* die Feststellung der Vaterschaft in eigenem Namen betreiben.

**4.** Strittig ist, ob das Jugendamt eine **Abstimmung** mit dem Sorgeberechtigten 8 herbeiführen muß und dessen **Weisungen** unterliegt (vgl zur Weisungsunabhängigkeit des früheren Amtspflegers LG Köln DAVorm 1977, 199), oder ob der Sorgeberechtigte im Fall der Meinungsverschiedenheit auf die Führung der Beistandschaft nur durch deren Beendigung nach § 1715 Abs 1 einwirken kann.

Eine Ansicht leitet einen Zwang zur Abstimmung sowie das Handeln des Jugendamts nach Weisung zwingend aus Satz 1 her: Die Nicht-Einschränkung der elterlichen Sorge sei das Prinzip, mit dem es sich nicht vertrage, wenn das Jugendamt im rechtsgeschäftlichen Bereich parallel handlungsbefugt sei und im Verfahren der Sorgeberechtigte sogar „entmachtet" werde. Im Verfahren mißt diese Ansicht dem Beistand eine weisungsgebundene Stellung zu, die der eines Prozeßbevollmächtigten im Anwaltsprozeß ähnlich sei (Gawlitta ZfJ 1998, 156).

Nach herrschender und zutreffender Ansicht ist hingegen das Jugendamt als Beistand nicht weisungsgebunden (Roth KindPrax 1998, 148, 149; Palandt/Diederichsen § 1712 Rn 10; FamRefK/Sonnenfeld Rn 3). Dies entspricht nicht nur der Ansicht des Gesetzgebers, der von einem Nebeneinander ausging (oben Rn 6); das Jugendamt ist Beistand *des Kindes* und darf deshalb nur nach seiner besten Einschätzung die gesetzliche Vertretung zum Wohl des Kindes wahrnehmen. Daß das Jugendamt rechtswidrigen Weisungen schon wegen des Grundsatzes der Rechtmäßigkeit des Verwaltungshandelns nicht folgen dürfte (Roth aaO), bezeichnet nur die äußerste Grenze. Grundsätzlich hat das Jugendamt auch innerhalb rechtmäßiger Handlungsalternativen die dem Kindeswohl vorteilhafteste zu wählen. Überdies würde ein weisungsgebundener Beistand, der, anders als ein Prozeßbevollmächtigter, sein Amt nicht niederlegen kann, ggf gezwungen sein, wider seine bessere sachkundige Einsicht zu handeln. Die Berufung der Gegenansicht auf *Satz 1* verfängt nicht; der Sorgeberechtigte wird in keiner Situation entmachtet, denn er kann jederzeit durch Beendigung der Beistandschaft die sorgerechtliche Verantwortung übernehmen; er kann nur nicht das Jugendamt zum verlängerten Arm seines eigenen Willens machen. Diese jederzeitige Möglichkeit zur eigenen Handlungskompetenz unterscheidet insbesondere auch die Prozeßsituation von der des Anwaltsprozesses.

Das schließt allerdings eine **freiwillige Abstimmung** mit dem Sorgeberechtigten nicht aus. Diese ist selbstverständlich geboten, um Konfliktlagen zu vermeiden und um die auch für das Kindeswohl relevanten Vorstellungen des Sorgeberechtigten in die Entscheidung einzubeziehen.

**9** **5.** Liegen **widersprechende Rechtsgeschäfte** oder **rechtsgeschäftsähnliche Handlungen** vor, so ist der Konflikt rein rechtsgeschäftlich zu lösen. Alle Rechtsgeschäfte seiner gesetzlichen Vertreter wirken für und gegen das Kind. Grundsätzlich sind die Wirkungen nach der zeitlichen Abfolge zu beurteilen. Bei Verfügungen über denselben Anspruch gilt danach das Prioritätsprinzip (Roth KindPrax 1998, 148, 149). Im übrigen ist zu prüfen, ob das spätere Rechtsgeschäft auf der Grundlage des früheren noch Wirkungen entfalten kann. So wirkt bei zwei Mahnungen mit Fristsetzung zu unterschiedlichen Terminen die längere Frist; eine spätere Stundung beendet einen durch vorherige Mahnung ausgelösten Verzug, eine frühere Stundung hindert trotz Mahnung mangels Fälligkeit den Verzugseintritt (vgl Roth aaO). Verhandeln beide gesetzlichen Vertreter mit einem Unterhaltspflichtigen und kommt es zu widersprüchlichen Vereinbarungen, so muß nicht notwendig das Prioritätsprinzip entscheiden (vgl aber Wolf DAVorm 1998, 53, 62). Zwar beendet die zuerst geschlossene Vereinbarung im Regelfall die Verhandlungen, so daß ggf das Jugendamt seine Bemühungen als vergeblich empfinden mag. Wird tatsächlich erneut verhandelt und mit demselben Vertragspartner eine weitere Vereinbarung geschlossen, so wird die *Auslegung* regelmäßig ergeben, daß die spätere Vereinbarung gilt, soweit sie die frühere abändert.

**10** **6.** Satz 1 gilt **entsprechend für** einen **nach § 1776 berufenen Vormund**, der eine Beistandschaft beantragt hat. Anläßlich der Einbeziehung solcher Vormünder in den Kreis der Antragsberechtigten während des Gesetzgebungsverfahrens (§ 1713 Rn 2) wurde zwar eine entsprechende zusätzliche Regelung in Satz 1 nicht getroffen; hierbei handelt es sich jedoch offenbar um ein Versehen (FamRefK/Sonnenfeld Rn 4); jedenfalls sollte dieser Personenkreis nicht bewußt aus Satz 1 ausgenommen werden. Vielmehr diente die Einbeziehung in die Antragsbefugnis dem Zweck, auch den nach § 1776 berufenen Vormündern *in gleicher Weise* wie alleinerziehenden Elternteilen – also ebenfalls ohne Einschränkung des Sorgerechts des Vormunds – die Hilfe der Beistandschaft anzubieten.

### III.   Verwiesene Bestimmungen des Pflegschafts- und Vormundschaftsrechts (Satz 2 Hs 1)

**1.**   **Satz 2 Hs 1** erklärt die Vorschriften über die Pflegschaft für sinngemäß anwend-  **11** bar. Diese Verweisung schließt insbesondere § 1915 Abs 1 ein, also die Weiterverweisung aus dem Pflegschaftsrecht auf Bestimmungen des Vormundschaftsrechts (vgl oben Rn 4). Die „sinngemäße" Anwendung ist deshalb angeordnet, weil sich zahlreiche Vorschriften des Pflegschaftsrechts aufgrund der Natur der Beistandschaft oder aufgrund ausdrücklich abweichender Bestimmung in §§ 1712 bis 1715 zur Anwendung auf die Beistandschaft nicht eignen. Hingegen bedeutet die „sinngemäße" Anwendung keine Einschränkung dergestalt, daß die sich aus der Verweisung ergebende Rechtsstellung des Beistands aufgrund von Satz 1 einzuschränken wäre (so aber Gawlitta ZfJ 1998, 156, dazu oben Rn 8).

**2.**   Der Beistand ist – unbeschadet der gesetzlichen Vertretungsbefugnis des Sor-  **12** geberechtigten (Satz 1, vgl oben Rn 8 ff) – **gesetzlicher Vertreter** des Kindes (§§ **1915, 1793 S 1**) im Rahmen der Aufgabenkreise, für die die Beistandschaft nach § 1712, ggf in Verbindung mit einem entsprechend einschränkenden Antrag (§ 1712 Abs 2) oder Beendigungsverlangen (§ 1715 Abs 1 S 2) besteht. Es handelt durch denjenigen Beamten oder Angestellten, dem nach § 55 Abs 2 SGB VIII die Ausübung der Aufgaben des Beistands übertragen worden ist (BT-Drucks 13/892, 40; Palandt/Diederichsen Rn 8; FamRefK/Sonnenfeld Rn 5).

**3.**   Dem Jugendamt kann **keine Vergütung** bewilligt werden (§§ **1915 Abs 1, 1836**  **13** **Abs 4 BGB**). Ihm steht auch **keine Aufwandsentschädigung** zu (§ **1835 a Abs 5**). Das entspricht dem Ziel, das Kind im Rahmen der Beistandschaft nicht schlechter zu stellen, als nach der früheren Amtspflegschaft und bestellten Beistandschaft bzw als ein Mündel oder Pflegebefohlener (BT-Drucks 13/892, 41; Palandt/Diederichsen Rn 9).

Für **Aufwendungen** kann das Jugendamt *keinen Vorschuß* verlangen; **Aufwendungsersatz** kann es nur insoweit verlangen, als das einzusetzende Einkommen und Vermögen des Kindes ausreicht (§ **1835 Abs 5 S 1**; FamRefK/Sonnenfeld Rn 7).

**4.**   Für die **Haftung des Jugendamts** gelten §§ **1915 Abs 1, 1833**. Für Pflichtverlet-  **14** zungen des Beamten oder Angestellten, dem die Ausübung der Beistandschaft übertragen ist, haftet die Körperschaft, bei der das Jugendamt errichtet ist (BT-Drucks 13/892, 41; Palandt/Diederichsen Rn 10; FamRefK/Sonnenfeld Rn 8).

Diese auf § 1833 gestützte zivilrechtliche Haftung ist im allgemeinen für das Kind günstiger, als die – daneben bestehende – **Haftung für Amtspflichtverletzungen** aus § 839, Art 34 GG; insbesondere verjährt der Anspruch nach § 1833 anders als der deliktische in 30 Jahren (§ 195). Die Verweisung auf Pflegschaftsrecht bringt dem Kind also einen erheblichen Haftungsvorteil (BT-Drucks 13/892, 41; PALANDT/DIEDERICH-SEN Rn 10; FamRefK/SONNENFELD Rn 8).

**15** 5.    Aus **§ 1918 Abs 3** ergibt sich die **Beendigung der Beistandschaft**, wenn die einzelnen Angelegenheiten, für die sie bestanden hat, erledigt sind. Dieser Beendigungsgrund tritt neben die in §§ 1715 und 1717 S 1 Hs 2 genannten Gründe (BT-Drucks 13/892, 41; im einzelnen s § 1715 Rn 22).

## IV.    Nicht anzuwendende Bestimmungen des Pflegschafts- und Vormundschaftsrechts (Satz 2 Hs 2, Hs 3)

**16** 1.    Mit Ausnahme der §§ 1915 Abs 1 und 1918 Abs 3 (oben Rn 11 und 15) geht die Verweisung auf die **§§ 1909 bis 1921** ins Leere. Das ist für die Entstehungsgründe für Pflegschaften in §§ 1909 bis 1914 offenbar. Für §§ 1915 Abs 2, 1916 und 1917 ergibt sich die Unanwendbarkeit, weil nach § 1712 nur das Jugendamt Beistand sein kann. § 1918 Abs 1 ist durch die spezielle Regelung in § 1715 Abs 2 verdrängt. § 1918 Abs 2 ist nach dem Zweck der vorgeburtlichen Beistandschaft unanwendbar (dazu § 1715 Rn 23). § 1919 ist durch § 1715 Abs 1 S 1 verdrängt, § 1921 ist wegen seines Anwendungsbereichs offenkundig unanwendbar.

Aus dem durch § 1915 Abs 1 weiterverwiesenen **Vormundschaftsrecht** sind wesentliche Bereiche in Satz 2 Hs 2 („mit Ausnahme") und Hs 3 für unanwendbar erklärt (unten Rn 17 ff). Im übrigen kommen für eine entsprechende Anwendung nur die Bestimmungen über die *Führung der Vormundschaft* in Betracht, die aber weitgehend (mit Ausnahme von § 1793 und den Vergütungs- und Haftungsregeln, oben Rn 13 ff) nicht auf die Beistandschaft passen, weil sie sich auf Aufgabenkreise beziehen, die dem Jugendamt als Beistand nicht zukommen.

**17** 2.    Die Bestimmungen über die **Rechnungslegung** (§§ 1840 ff) sind ausdrücklich von der Anwendung ausgenommen (vgl oben Rn 2). Zieht das Jugendamt als Beistand **Unterhalt** namens des Kindes ein, so hat es diesen unverzüglich an den Sorgeberechtigten weiterzuleiten, sofern nicht ein Fall des § 1712 Abs 1 Nr 2 Hs 2 vorliegt (hierzu im einzelnen § 1712 Rn 27).

Nach inzwischen überwiegender Ansicht ist auch bei Überleitung der Amtspflegschaft in eine Beistandschaft keine Rechnungslegung zum 1. 7. 1998 erforderlich (im einzelnen Anh 8 zu § 1717).

Das Jugendamt kann jedoch **dem Sorgeberechtigten auskunftspflichtig** sein, insbesondere, wenn die Beistandschaft endet und der Sorgeberechtigte in die Lage versetzt werden muß, die Interessen des Kindes ordnungsgemäß wahrzunehmen (hierzu § 1715 Rn 18).

**18** 3.    Die Beistandschaft unterliegt **keiner vormundschaftsgerichtlichen Aufsicht** (§§ **1837 ff**; vgl oben Rn 3). Will der Sorgeberechtigte gegen vermutete Pflichtverstöße des Jugendamts vorgehen, so ist neben der behördlichen Fachaufsicht, also der Möglichkeit der Beschwerde gegenüber dem Leiter des Jugendamts (FamRefK/SONNENFELD

12; vgl dazu WOLF DAVorm 1998, 53, 58 f) und der Fachaufsicht durch die Gebietskörperschaft (WOLF KindPrax 1998, 40, 42), der Verwaltungsrechtsweg eröffnet. Der Beistand untersteht, wie schon bisher der Amtspfleger, hinsichtlich seiner Tätigkeit jedoch nur eingeschränkt Weisungen. Diese können erteilt werden, um eine Haftung der Behörde auszuschließen und wenn der Beistand rechtswidrige Handlungen vornimmt. In die Zweckmäßigkeit seiner Vertretungshandlungen für das Kind kann weder durch Vorgesetzte noch durch das Verwaltungsgericht eingegriffen werden (WOLF DAVorm 1998, 53, 58 f; dies KindPrax 1998, 40, 42). Dem Sorgeberechtigten bleibt immer die Möglichkeit, die Beendigung der Beistandschaft zu verlangen (§ 1715 Abs 1 S 1).

Gegenüber Dritten, insbesondere einem als Vater in Anspruch genommenen Mann oder einem Unterhaltspflichtigen bestehen keine Amtspflichten des Jugendamts (vgl zur Amtspflegschaft OLG Düsseldorf FamRZ 1987, 749).

**4.** Eine **gerichtliche Dokumentation** der Beistandschaft findet nicht statt. Nach **19** Satz 2 Hs 3 ist § 1791 nicht anzuwenden, was sich schon daraus ergibt, daß die Beistandschaft ohne gerichtliche Entscheidung entsteht, so daß eine Bestallung nicht in Betracht kommt. Das Vormundschaftsgericht erteilt aber auch **keine Bescheinigung** über die Beistandschaft; § 1791 c Abs 3 ist nicht anwendbar.

Das Jugendamt prüft also eigenverantwortlich die Voraussetzungen des Eintritts der Beistandschaft. Vertritt das Jugendamt das Kind in einem Verfahren, so prüft das Gericht die Vertretungsmacht nach § 56 ZPO. Hierzu sollte insbesondere die Antragstellung nach § 1714 S 1 und die Fortdauer der alleinigen elterlichen Sorge des Antragstellers im Zweifel nachgewiesen werden (zu den Prüfungsanforderungen und zu Nachweismöglichkeiten § 1713 Rn 8; § 1714 Rn 4). Die in den Materialien erwähnte **eigene Bestätigung des Jugendamts** über den Eintritt der Beistandschaft (BT-Drucks 13/892, 50) ist in ihrer Beweiskraft fraglich. Da es sich weder um die Beurkundung einer eigenen Entscheidung, noch um die bloße Beurkundung von Tatsachen handelt, sondern um die Bescheinigung einer Rechtslage, kommt weder die Beweiskraft nach § 417 ZPO noch nach § 418 ZPO in Betracht.

## § 1717

**Die Beistandschaft tritt nur ein, wenn das Kind seinen gewöhnlichen Aufenthalt im Inland hat; sie endet, wenn das Kind seinen gewöhnlichen Aufenthalt im Ausland begründet. Dies gilt für die Beistandschaft vor der Geburt des Kindes entsprechend.**

**Materialien: neuer Inhalt idF des BeistG** Regierungsentwurf BT-Drucks 12/7011, BT-Drucks 13/892; Stellungnahme des Bundesrates BR-Drucks 890/93, BR-Drucks 7/95 = BT-Drucks 13/892, 49 ff; Bericht des Rechtsausschusses BT-Drucks 13/8509; zum Inhalt älterer Fassungen vgl STAUDINGER/BGB-Synopse 1896–2000 § 1717.

## I. Gesetzgebungsgeschichte, Kollisionsrechtliche Bedeutung

**1.** Die Vorschrift hat **kollisionsrechtlichen Charakter**. Sie ist als Sondervorschrift **1**

zu Art 24 EGBGB geplant und soll den Eintritt von Beistandschaften deutscher Jugendämter auf Fälle mit ausreichender Inlandsberührung begrenzen (BT-Drucks 13/892, 41). S 1 Hs 1 entspricht der Fassung durch den Regierungsentwurf (BT-Drucks 13/892, 41). Die korrespondierende Regelung in S 1 Hs 2 für den Fall, daß das Kind seinen gewöhnlichen Aufenthalt im Ausland begründet, entspricht einem Vorschlag des Bundesrats (BT-Drucks 13/892) zu § 1715, der aus systematischen Gründen in § 1717 eingestellt wurde (BT-Drucks 13/892, 54; BT-Drucks 13/ 8509, 17).

**2 2.**　　Inhaltlich setzt die Bestimmung **§ 1709 aF** fort. Nach § 1709 aF setzte der Eintritt der Amtspflegschaft mit der Geburt voraus, daß das (deutsche) Kind seinen gewöhnlichen Aufenthalt im Inland hatte; sonst trat die Amtspflegschaft erst mit Verlegung des gewöhnlichen Aufenthalts in das Inland ein (§ 1709 Abs 2 aF). Trotz des Risikos unentdeckter Fälle (DIV-Gutachten DAVorm 1987, 382: „Geisterpflegschaften") wurde allgemein angenommen, daß die Amtspflegschaft sich auch auf Kinder ausländischer Staatsangehörigkeit erstrecke (BayObLG NJW-RR 1988, 1355; OLG Celle DA-Vorm 1987, 547; OLG Düsseldorf DAVorm 1988, 193; OLG Hamburg FamRZ 1987, 974; OLG Stuttgart NJW 1989, 673; LG Berlin FamRZ 1989, 94; LG Frankfurt DAVorm 1988, 468; LG Hamburg ZfJ 1988, 290; LG Köln FamRZ 1987, 430; AG Hamburg DAVorm 1987, 449; früher teilweise anders: LG Darmstadt DAVorm 1989, 524; LG Dortmund DAVorm 1989, 523; LG Traunstein DAVorm 1984, 732; AG Freiburg DAVorm 1987, 1014), sobald sie ihren gewöhnlichen Aufenthalt im Bundesgebiet begründeten; strittig war dagegen die Rechtslage bei Verlegung des gewöhnlichen Aufenthalts des Kindes in das Ausland (OLG Hamm DAVorm 1989, 793; LG Aachen FamRZ 1994, 1134; LG Kassel NJW-RR 1993, 1356; LG Memmingen DAVorm 1989, 796; LG Stuttgart DAVorm 1989, 521; zum ganzen BGHZ 111, 199; STAUDINGER/KROPHOLLER [1996] Art 24 EGBGB Rn 45 ff; PALANDT/HELDRICH[57] Art 20 EGBGB aF Rn 11).

Der Anwendungsbereich des **Art 230 Abs 1 aF EGBGB**, also die Abgrenzung der Amtspflegschaft zwischen dem Beitrittsgebiet und den alten Bundesländern wurde im Ergebnis ähnlich entsprechend Art 20 Abs 2 aF EGBGB bestimmt: Für das Entstehen der Amtspflegschaft von Geburt an war grundsätzlich der gewöhnliche Aufenthalt bei Geburt sowie bei nachfolgender Verlegung in das Beitrittsgebiet (LG Bochum ZfJ 1994, 249; LG Lüneburg RPfleger 1992, 346; LG Lüneburg FamRZ 1992, 1101) maßgeblich; im Fall der *Aufenthaltsverlegung* war jedoch mit Rücksicht auf den legislativen Zweck der Regelung die Ausnahme zu machen, daß ein im Beitrittsgebiet geborenes Kind auch bei Zuzug im alten Bundesgebiet nicht unter die Amtspflegschaft fiel (STAUDINGER/RAUSCHER [1996] Art 230 EGBGB Rn 17 ff).

**3 3.**　　Die **kollisionsrechtliche Einordnung** des § 1717 steht zwischen den Regelungsbereichen von Art 24 EGBGB und Art 21 EGBGB: Sie beruht auf der Überlegung, daß die Beistandschaft, die, wie schon die Amtspflegschaft (BGHZ 111, 199), keine *angeordnete Schutzmaßnahme* ist und deshalb nicht dem Anwendungsbereich des Haager Minderjährigenschutzabkommens unterfällt (BT-Drucks 13/892, 41), kollisionsrechtlich unter Art 24 EGBGB falle. Art 24 knüpft an die *Staatsangehörigkeit* des Mündels oder Pfleglings an, S 2 ermöglicht nur die Anwendung deutschen *Betreuungsrechts* für Ausländer im Inland.

§ 1717 regelt, wie schon § 1709 aF, den Anwendungsbereich der §§ 1712–1715 von Art 24 EGBGB abweichend und lehnt sich dabei an die kollisionsrechtliche Bestimmung des auf das Rechtsverhältnis zwischen Eltern und Kind (Sorgerechtsstatut) anwendbaren Rechts in Art 21 EGBGB (idF des KindRG) an, der für Kinder nicht verheirateter Eltern der Fassung in Art 20 Abs 2 aF (von 1986) EGBGB entspricht (vgl Staudinger/Kropholler [1996] Art 24 EGBGB Rn 45).

**4.**     Unklar bleibt dabei allerdings, ob § 1717 eine **selbstbegrenzte Sachnorm** ist oder   **4** eine **echte Verweisungsnorm** (Palandt/Diederichsen Rn 1 hält Satz 1 Hs 1 für eine Verweisungsnorm und S 1 Hs 2 für eine Sachnorm, was weder im Wortlaut noch in den Materialien eine Stütze findet, aber doch deutlich macht, wie wenig klar der Charakter der Bestimmung ist). Die systematische Stellung im Bürgerlichen Recht sowie der Wortlaut („tritt *nur* ein" „endet") spricht für erstere Auslegung; die Anwendung von §§ 1712 bis 1717 würde dann voraussetzen, daß deutsches Recht aufgrund der anwendbaren Verweisungsnorm auf das Entstehen einer Beistandschaft für das jeweilige Kind anwendbar ist; damit wäre auch die Diskussion um die Frage, ob ausländische Kinder unter Beistandschaft stehen können, neu eröffnet.

Die Anlehnung an § 1709 aF sowie die gesetzgeberische Intention, § 1717 als Ausnahme zu Art 24 EGBGB zu verstehen, sprechen allerdings für den Charakter einer echten Verweisungsnorm: Das würde bedeuten, daß § 1717 nicht nur aufenthaltsbezogen über Beginn und Ende der Beistandschaft bestimmt, sondern über die kollisionsrechtlichen Voraussetzungen, unter denen §§ 1712–1717 *anwendbar* sind (so iE auch FamRefK/Sonnenfeld Rn 8).

**5.**     **Kritisch** anzumerken ist allerdings, daß es dem Gesetzgeber trotz Kenntnis des   **5** zu den wahrhaften Klassikern der Kollisionsrechtslehre gehörenden Streits um die Amtspflegschaft für ausländische Kinder nicht gelungen ist, eine systematisch und sprachlich klare Regelung zu treffen. Als Kollisionsnorm steht die Regelung in § 1717 am falschen Platz. Inhaltlich sagt sie nicht deutlich, daß Art 24 EGBGB *nicht* das Beistandschaftsstatut bestimmt.

Systematisch einwandfrei wird man dem Zweck der Regelung am ehesten durch eine kollisionsrechtliche **Einordnung der Beistandschaft bei Art 21 EGBGB** gerecht, wie dies bereits für die Amtspflegschaft im *innerdeutschen Kollisionsrecht* (oben Rn 2) entwickelt wurde. Art 24 EGBGB hat schon nicht zweifelsfrei auf die Amtspflegschaft gepaßt; auf die Beistandschaft als *sorgerechtliches* Hilfsangebot paßt die vormundschaftsrechtliche Qualifikation ganz und gar nicht mehr. Sind dann aber §§ 1712 bis 1717 sorgerechtlich zu qualifizieren, so ist deutsches Recht schon aufgrund von Art 21 EGBGB anzuwenden, wenn und solange das Kind seinen gewöhnlichen Aufenthalt in Deutschland hat; auf die Staatsangehörigkeit kommt es nicht an. Das ist offenkundig gewollt und entspricht dem Verständnis der Sorgerechtsanknüpfung an das Aufenthaltsrecht. Kollisionsrechtlich reduziert dies § 1717 also auf eine **Klarstellung**, daß die Beistandschaft nicht Art 24 EGBGB, sondern Art 21 EGBGB untersteht (anders FamRefK/Sonnenfeld Rn 8, der – bei gleichem Ergebnis – auch gegenüber dem Sorgerechtsstatut Spezialität annimmt).

Auf dieser Grundlage kann § 1717 sodann auf seinen – wortlautentsprechenden – **materiellrechtlichen Inhalt** beschränkt werden, dies ist insoweit allerdings **überflüssig**. Hängt nach Art 21 EGBGB die Möglichkeit einer Beistandschaft vom gewöhnlichen Aufenthalt des Kindes in Deutschland ab, so ist klar, daß die Beistandschaft als ein

Rechtsinstitut deutschen Rechts mit der *Anwendbarkeit* deutschen Rechts beginnt und endet.

## II. Eintritt nur bei gewöhnlichem Aufenthalt in Deutschland (S 1 Hs 1)

**6 1.** Die Beistandschaft tritt nur ein, wenn das Kind seinen gewöhnlichen Aufenthalt (zum Begriff STAUDINGER/KROPHOLLER [1996] Art 20 EGBGB Rn 78 f) im Inland hat. Auf die **Staatsangehörigkeit** des Kindes kommt es nicht an; aufgrund der kollisionsrechtlichen Klarstellungsfunktion (oben Rn 5) sind §§ 1712 bis 1716 auch auf die Beistandschaft für ausländische Kinder mit gewöhnlichem Aufenthalt in Deutschland anzuwenden (FamRefK/SONNENFELD Rn 4; BAER DAVorm 1998, 491, 492).

**7 2.** **Maßgeblicher Zeitpunkt** für das Bestehen des gewöhnlichen Aufenthalts in Deutschland ist der Zugang des Antrags beim Jugendamt (§ 1714). Stellt ein Elternteil angesichts eines beabsichtigten, aber im Zeitpunkt des Zugangs noch nicht erfolgten Aufenthaltswechsels den Antrag, so führt S 1 Hs 1 jedoch nicht zur Unwirksamkeit des Antrags; nimmt das Kind sodann seinen gewöhnlichen Aufenthalt in Deutschland, so entsteht aufgrund des bereits vorher zugegangenen Antrags die Beistandschaft.

**8 3.** Dem Eintritt der Beistandschaft steht nicht entgegen, wenn für das Kind eine **Pflegschaft** oder **Beistandschaft im Ausland** besteht. Eine § 1709 Abs 2 S 2 aF entsprechende Bestimmung wurde nicht in das Beistandschaftsrecht übernommen, da die Beistandschaft nicht mehr automatisch eintrat, sondern nur auf Antrag (BT-Drucks 13/892, 41). Es steht dadurch dem allein sorgeberechtigten Elternteil frei, die Beistandschaft und Vertretung durch ein *deutsches* Jugendamt herbeizuführen, auch wenn weiterhin eine ausländische Behörde die Interessen des Kindes wahrnimmt.

## III. Beendigung bei Aufenthaltsverlegung in das Ausland

**9 1.** Die Beistandschaft endet, wenn das Kind seinen gewöhnlichen Aufenthalt im Ausland begründet. Die Beendigung tritt ohne eine behördliche oder gerichtliche Entscheidung und ohne ein Beendigungsverlangen (vgl § 1715 Abs 1) **kraft Gesetzes** ein (ZARBOCK ZfJ 1995, 395, 403). Auch wenn das Kind mit seinem allein sorgeberechtigten Elternteil, der dem **Auswärtigen Dienst** angehört, seinen gewöhnlichen Aufenthalt im Ausland nimmt, entfällt die Beistandschaft; zwar sind Angehörige des Auswärtigen Dienstes so zu behandeln, als hätten sie ihren *Wohnsitz* im Inland beibehalten; für den nur an tatsächlichen Gegebenheiten orientierten gewöhnlichen Aufenthalt kann dies jedoch nicht gelten (vgl zum praktischen Problem DIV-Gutachten ZfJ 1998, 37).

Verlegt das Kind seinen gewöhnlichen Aufenthalt **nach Deutschland zurück**, so lebt die Beistandschaft nicht wieder auf. Es bedarf eines erneuten Antrags.

**10 2.** **Maßgeblicher Zeitpunkt** ist die Begründung des ausländischen gewöhnlichen Aufenthalts. Wird der Aufenthalt des Kindes ohne Einwilligung des allein sorgeberechtigten Elternteils ins Ausland verlegt, so ist zu beachten, daß dies nicht sofort zu einer Verlegung des gewöhnlichen Aufenthalts führt (Entführungsfälle). Da der gewöhnliche Aufenthalt in diesem Fall von den tatsächlichen Gegebenheiten (Integra-

tion des Kindes, Rückführungsbemühungen) abhängt, kann also für einen vorübergehenden Zeitraum fraglich sein, ob die Beistandschaft noch fortbesteht.

**3.** Ohne Bedeutung ist, ob im Land des neuen gewöhnlichen Aufenthalts eine **11**
**Beistandschaft** oder **Pflegschaft ausländischen Rechts** eintritt. Während hiervon teilweise der Fortbestand der Amtspflegschaft früheren Rechts abhängig gemacht
wurde, entfällt die Beistandschaft bei Aufenthaltsverlegung ins Ausland jedenfalls;
eine *Abgabe* der Beistandschaft an eine ausländische Behörde ist in § 47 nF FGG
nicht vorgesehen.

### IV. Anwendung auf Beistandschaft vor der Geburt

**1.** Gemäß Satz 2 gilt Satz 1 für die Beistandschaft vor der Geburt des Kindes **12**
entsprechend. Mit dieser Verweisung wird zum einen die Selbstverständlichkeit bestätigt, daß die vorgeburtliche Beistandschaft kollisionsrechtlich ebenso zu behandeln ist wie die Beistandschaft nach Geburt.

**2.** Die Verweisung ist aber kaum geeignet, die einzige offene Frage zu beant- **13**
worten, an **wessen gewöhnlichen Aufenthalt** anzuknüpfen ist. Da das Kind vor seiner
Geburt keinen gewöhnlichen Aufenthalt hat, ist nach einem anderen Anknüpfungs-
subjekt zu suchen. Der Regierungsentwurf will hierzu auf die Mutter abstellen (BT-
Drucks 13/892, ebenso FamRefK/SONNENFELD Rn 7). Dabei ist freilich unklar, ob damit die
Mutter im Hinblick auf die biologischen Umstände, also deshalb, weil sie dem Un-
geborenen gleichsam einen vorgeburtlichen gewöhnlichen Aufenthalt vermittelt,
oder im Hinblick auf die Antragsbefugnis gemeint ist. Dies spielt dann eine Rolle,
wenn ausnahmsweise der vorgeburtliche Antrag nicht von der Mutter, sondern vom
Vater gestellt werden kann (vgl § 1713 Rn 11, 30).

In diesem Fall wird schwerlich auf den gewöhnlichen Aufenthalt der Mutter abzustellen sein. Da die Anbindung an den gewöhnlichen Aufenthalt das Bedürfnis nach
Unterstützung durch ein deutsches Jugendamt zum Ausdruck bringen soll, erscheint
es vielmehr sinnvoll, an den **gewöhnlichen Aufenthalt des Antragstellers** in Deutschland anzuknüpfen.

**3.** Die vorgeburtliche Beistandschaft entsteht also nur, wenn der Antragsteller **14**
seinen gewöhnlichen Aufenthalt in Deutschland hat; sie endet, wenn er seinen gewöhnlichen Aufenthalt in das Ausland verlegt. Sie endet auch, wenn das Kind geboren wird und seinen ersten gewöhnlichen Aufenthalt nicht in Deutschland hat.

Anhang zu § 1717

## Art 223 EGBGB

(1) Bestehende gesetzliche Amtspflegschaften nach den §§ 1706 bis 1710 des Bürgerlichen Gesetzbuchs werden am 1. Juli 1998 zu Beistandschaften nach den §§ 1712 bis 1717 des Bürgerlichen Gesetzbuchs. Der bisherige Amtspfleger wird Beistand. Der Aufgabenkreis des Beistands entspricht dem bisherigen Aufgabenkreis; vom 1. Januar 1999 an fallen andere als die in § 1712 Abs. 1 des Bürgerlichen Gesetzbuchs bezeichneten Aufgaben weg. Dies gilt nicht für die Abwicklung laufender erbrechtlicher Verfahren nach § 1706 Nr. 3 des Bürgerlichen Gesetzbuchs.

(2) Soweit dem Jugendamt als Beistand Aufgaben nach § 1690 Abs. 1 des Bürgerlichen Gesetzbuchs übertragen wurden, werden diese Beistandschaften am 1. Juli 1998 zu Beistandschaften nach den §§ 1712 bis 1717 des Bürgerlichen Gesetzbuchs. Absatz 1 Satz 3 gilt entsprechend. Andere Beistandschaften des Jugendamts enden am 1. Juli 1998.

(3) Soweit anderen Beiständen als Jugendämtern Aufgaben nach § 1690 Abs. 1 des Bürgerlichen Gesetzbuchs übertragen wurden, werden diese Beistandschaften am 1. Juli 1998 zu Beistandschaften nach den §§ 1712 bis 1717 des Bürgerlichen Gesetzbuchs. Absatz 1 Satz 3 Halbsatz 1 gilt entsprechend. Diese Beistandschaften enden am 1. Januar 1999.

**Materialien: eingefügt durch Art 3 Nr 2 BeistG** Regierungsentwurf (E Art 222) BT-Drucks 12/7011, BT-Drucks 13/892; Stellungnahme des Bundesrates BR-Drucks 890/93, BR-Drucks 7/95 = BT-Drucks 13/892, 49 ff; Bericht des Rechtsausschusses BT-Drucks 13/8509.

## I. Normzweck, Gesetzgebungsgeschichte

1 **1.** Die Bestimmung enthält **Überleitungsregeln** für Amtspflegschaften nach §§ 1706 ff aF und Beistandschaften nach § 1685 ff aF. Gesetzliche *Amtspflegschaften* alten Rechts werden grundsätzlich zu Beistandschaften nach §§ 1712 ff. Sie unterliegen vom Zeitpunkt ihrer Überleitung an jedoch dem Freiwilligkeitsprinzip, was sich darin äußert, daß sie jederzeit auf Verlangen beendet werden (§ 1715 Abs 1).

*Beistandschaften nach § 1685 ff aF* werden nur dann uneingeschränkt zu Beistandschaften nach §§ 1712 ff, wenn dem Beistand die Geltendmachung von Unterhaltsansprüchen oder die Vermögenssorge nach § 1690 Abs 1 aF übertragen worden ist. Wurden andere Beistände als Jugendämter bestellt, so endet die Beistandschaft nach einer Übergangzeit von sechs Monaten.

Nach Ablauf dieser Übergangzeit wird auch der *Aufgabenkreis* der fortbestehenden Beistandschaften des Jugendamts den nach § 1712 zulässigen Aufgabenkreisen angepaßt (BT-Drucks 13/892, 47).

**2.**     Die Bestimmung geht im wesentlichen auf den Regierungsentwurf zurück (BT- **2**
Drucks 13/892, 47). Die Erstreckung des Aufgabenkreises „Abwicklung laufender erb-
rechtlicher Verfahren nach § 1706 Nr 3 BGB" in Abs 1 S 4 geht zurück auf einen
Vorschlag des Bundesrats; angesichts der erfahrungsgemäß langwierigen Dauer von
Erbschaftsprozessen erschien ein Auslaufen dieser früheren Amtspflegschaften nach
Ablauf der 6-monatigen Übergangsfrist – auch aus Gründen des Kindeswohls – nicht
sinnvoll (BT-Drucks 13/892, 53).

### II.   Überleitung der gesetzlichen Amtspflegschaft (Abs 1)

**1.**     §§ 1706 bis 1710 wurden durch Art 1 Nr 3 BeistG zum 1.7.1998 aufgehoben. **3**
Nach diesen Bestimmungen am 30.6.1998 bestehende **Amtspflegschaften** wurden am
1.7.1998 zu Beistandschaften nach §§ 1712–1717 (Abs 1 S 1). Das Bestehen der
Amtspflegschaft setzte voraus, daß das Kind unter der alleinigen elterlichen Sorge
seiner Mutter nach § 1705 aF stand und die Amtspflegschaft nicht nach § 1707 aF
aufgehoben war.

**2.     Seit 1.7.1998** gelten für die übergeleiteten Amtspflegschaften als Beistand- **4**
schaft folgende Bestimmungen:

**a)     Beistand** ist das Jugendamt, das bisher Amtspfleger war (Abs 1 S 2).

War nach § **1710 aF** eine natürliche Person oder ein Verein Pfleger des Kindes, so
fehlt es an einer ausdrücklichen Übergangsregelung. Diese Fälle sind am ehesten der
in Abs 3 geregelten Situation vergleichbar. Das Jugendamt kann nicht durch Überleitung Beistand werden, da dies die Neubegründung einer Amtsbeistandschaft bedeuten würde, die seit dem 1.7.1998 nur auf Antrag erfolgen kann. Da die Beistandschaft anderer Träger – mit Ausnahme der Fälle des Art 144 EGBGB – nicht
vorgesehen ist, werden auch diese Pflegschaften in Beistandschaften übergeleitet.
Sie enden jedoch – mit Ausnahme erbrechtlicher Verfahren – am 1.1.1999 in entsprechender Anwendung von Abs 3 S 3 (FamRefK/SONNENFELD Rn 6; PALANDT/DIEDE-
RICHSEN Rn 4; MünchKomm/HINZ Rn 4). Ein früheres Aufhebungsverlangen nach
§ 1715 Abs 1 S 1 dürfte ausnahmsweise beim Vormundschaftsgericht zu stellen
sein, da mit der Stellung gegenüber dem – privaten – Träger die Rechtssicherheit
nicht in gleicher Weise gewahrt ist wie gegenüber dem Jugendamt (FamRefK/SONNEN-
FELD Rn 6).

**b)**     Die Beistandschaft unterliegt seit 1.7.1998 den **§§ 1715 bis 1717**. Die Bestim- **5**
mungen über den Antrag (§§ 1713, 1714) sind nicht anzuwenden, weil die Beistandschaft durch Überleitung entstanden ist. Für die *Aufgabenkreise* (§ 1712) besteht eine
ausdrückliche Sonderregelung (sogleich Rn 6).

Hieraus folgt:

– Die in eine Beistandschaft übergeleitete Amtspflegschaft kann die Mutter als der
allein sorgeberechtigte Elternteil jederzeit **durch schriftliches Verlangen beenden**
(§ 1715 Abs 1; FamRefK/SONNENFELD Rn 7; KEMPER ZfJ 1998, 380). Sie kann die Beistandschaft auch auf bestimmte Aufgaben beschränken; vor dem 1.1.1999 war auch eine
Beschränkung auf Aufgaben möglich, die am 1.1.1999 entfallen sind, sofern sie im

Zeitpunkt der Überleitung bestanden haben; die Neubegründung solcher Aufgaben durch Antrag war nicht möglich. Auf die Möglichkeit des Beendigungsverlangens sollten die Mütter hingewiesen werden, um sicherzustellen, daß die Überleitung in eine freiwillige Beistandschaft bewußt wird (KNITTEL DAVorm 1997, 649, 651).

– Die übergeleitete Beistandschaft **endet kraft Gesetzes**, wenn die Mutter für die betroffenen Aufgabenkreise nicht mehr allein sorgeberechtigt ist. Dies folgt aus dem Rechtsgedanken des § 1715 Abs 2; eine Beistandschaft besteht nur solange, wie der sorgeberechtigte Elternteil die Voraussetzungen für die Antragstellung erfüllt. Auch wenn die Beistandschaft durch Überleitung und nicht durch Antrag entstanden ist, kann sie keine höhere Bestandskraft haben; sie endet also insbesondere, wenn das Sorgerecht der Mutter insoweit ruht oder beschränkt wird, wenn die Eltern gemeinsam die elterliche Sorge erlangen, wenn der Vater die alleinige elterliche Sorge erlangt oder wenn das Kind eines Vormunds bedarf. Anders als die Amtspflegschaft kann die Beistandschaft nicht bei Fehlen der elterlichen Sorge der Mutter im Bereich der Vaterschaftsfeststellung die Bestellung eines Ergänzungspflegers entbehrlich machen.

– Die aus der Amtspflegschaft übergeleitete Beistandschaft schränkt die **elterliche Sorge** der Mutter nicht mehr ein (§ 1716 S 1). Für die Befugnisse und Pflichten des Beistands gilt § 1716 S 2; insbesondere ist die vormundschaftsgerichtliche Aufsicht entfallen (zur Frage der Rechnungslegung aus Anlaß der Überleitung unten Rn 8).

– Die Beistandschaft besteht nur, wenn und solange das Kind seinen **gewöhnlichen Aufenthalt** in Deutschland hat (§ 1717).

**6**    **3.**    **Bis zum 1. 1. 1999** war der **Aufgabenkreis** des Jugendamts als Beistand bei der übergeleiteten Beistandschaft zur Vermeidung von Übergangsschwierigkeiten mit dem vorherigen Aufgabenkreis des Jugendamts als Amtspfleger identisch. Gegenstand der Beistandschaft konnten also alle in § 1706 aF genannten Aufgaben sein; maßgeblich für den Umfang im konkreten Fall war jedoch jeweils der Umfang der jeweiligen Amtspflegschaft am Ende des 30. 6. 1998.

**Vom 1. 1. 1999** an sind alle anderen als die in § 1712 Abs 1 genannten Aufgaben entfallen (Abs 1 S 3; vgl aber zur Abwicklung von erbrechtlichen Verfahren sogleich Rn 7). Die Aufgaben des Jugendamts als Beistand bestimmen sich seitdem also nach neuem Recht. Hierdurch sind dem Jugendamt jedoch keine Aufgaben zugewachsen; der Aufgabenkreis bestimmt sich vielmehr aus den früheren Aufgaben unter Abzug der in § 1712 Abs 1 nicht genannten. Soweit Aufgaben dem Jugendamt als Beistand nicht mehr zustehen, kommt auch eine gesetzliche Vertretung des Kindes durch das Jugendamt nicht mehr in Betracht; das gilt auch in Verfahren, die über den 31. 12. 1998 hinaus anhängig sind (DIV-Gutachten DAVorm 1999, 599, 601 zu einem Restitutionsverfahren nach § 641 i ZPO; vgl dazu § 1712 Rn 21)

**7**    **4.**    Zu den nach § 1712 Abs 1 für eine Beistandschaft nicht mehr vorgesehenen Aufgaben, die dem Amtspfleger obliegen konnten, rechnet insbesondere die **Regelung von Erb- und Pflichtteilsrechten** nach dem Vater und väterlichen Verwandten (§ 1706 Nr 3 aF).

Waren solche **erbrechtliche Verfahren am 30. 6. 1998 anhängig** und das Jugendamt als Amtspfleger namens des Kindes hiermit befaßt, so bleibt das Jugendamt auch **über den 1. 1. 1999** hinaus Beistand des Kindes mit dieser Aufgabe (Abs 1 S 4). Unter „Abwicklung laufender erbrechtlicher Verfahren" sind nicht nur Verfahren zu verstehen, in denen am 30. 6. 1998 bereits ein *gerichtliches* Verfahren anhängig war. Nach dem Zweck der Regelung soll die laufende Vertretung des Kindes in einer Nachlaßabwicklung auch dann nicht durch die Beendigung der Beistandschaft gestört werden, wenn außergerichtliche Verhandlungen zur Auseinandersetzung eines Nachlasses laufen. Voraussetzung ist in solchen Fällen jedoch, daß das Jugendamt bereits vor dem 1. 7. 1998 hiermit *befaßt* war; seit dem 1. 7. 1998 kann dieser Aufgabenkreis nicht mehr begründet werden (PALANDT/DIEDERICHSEN Rn 3).

**5.** Der Wegfall der **vormundschaftsgerichtlichen Aufsicht** und der **Verpflichtung zur 8 Rechnungslegung** zum 1. 7. 1998 (vgl § 1716 S 2 Hs 2) hat in der Praxis zu der Frage geführt, ob das Jugendamt zum 1. 7. 1998 eine **Schlußrechnung** einreichen muß. Hierfür spräche der formale Gesichtspunkt, daß mit dem Ende der Amtspflegschaft mit Ablauf des 30. 6. 1998 als Beendigungstatbestand eine solche Verpflichtung verbunden gewesen sein könnte, die nur für die am 1. 7. 1998 entstandene Beistandschaft entfallen ist. Vereinzelt wurde daher in Rechtsprechung und Schrifttum angenommen, der bisherige Amtspfleger sei zur Einreichung einer Schlußrechnung verpflichtet (LG Essen NJWE-FER 1999, 124; FamRefK/SONNENFELD Rn 14). Dieser Ansicht steht jedoch entgegen, daß die Amtspflegschaft nicht beendet, sondern *übergeleitet* wurde. Damit ist sie seit dem 1. 7. 1998 der Kontrolle durch die allein sorgeberechtigte Mutter unterstellt, die der Gesetzgeber des BeistG gerade für ausreichend gehalten hat, so daß auf eine vormundschaftsgerichtliche Kontrolle seit dem 1. 7. 1998 verzichtet werden konnte. Mit der inzwischen ganz überwiegenden Rechtsprechung ist daher eine Verpflichtung zur Erteilung einer Abschlußrechnung zu verneinen (BayObLG NJW-RR 2000, 4; OLG Hamm FamRZ 1999, 1456; LG Osnabrück NJW-RR 1999, 302; LG Gießen FamRZ 1999, 675; KLINKHARDT DAVorm 1999, 653, 654; DIV-GUTACHTEN ZfJ 1998, 432, 433).

**6.** Die **Bescheinigung** des Jugendamts als Amtspfleger nach § 1791 c Abs 3 verliert **9** mit dem 1. 7. 1998 insoweit ihre aktuelle Wirksamkeit, als nach § 1716 S 2 Hs 3 eine solche Bescheinigung für den Beistand nicht erteilt wird, also die Beistandschaft (bei Klage der Mutter bestehen Beweisprobleme, weil das Kind in die Abstammungsbegutachtung einbezogen werden muß) durch eine vormundschaftsgerichtliche Bescheinigung nicht nachgewiesen werden kann. Die Bescheinigung ist jedoch nicht dem Vormundschaftsgericht zurückzugeben (so aber FamRefK/SONNENFELD Rn 14). Sie dient dem Jugendamt als Nachweis dafür, daß die Amtspflegschaft als Voraussetzung einer Überleitung nach Abs 1 S 1 bestanden hat (DIV-Gutachten ZfJ 1998, 432, 433; vgl auch BayObLG NJW-RR 2000, 4: § 1893 Abs 2 S 1 nicht anwendbar).

**III. Überleitung von Beistandschaften (§§ 1685 ff aF) des Jugendamts (Abs 2)**

**1.** §§ 1685 ff sind zum 1. 7. 1998 außer Kraft getreten (Art 1 Nr 3 BeistG). Bei- **10** standschaften nach §§ 1685 ff konnten gemäß § 1685 Abs 2 für „alle Angelegenheiten, für gewisse Arten von Angelegenheiten oder für einzelne Angelegenheiten" bestellt werden. Hiervon wurde insbesondere im Beitrittsgebiet Gebrauch gemacht, weil dort eine Amtspflegschaft nicht in Betracht kam.

Aus diesem weiten Kreis möglicher Aufgaben werden nur solche Beistandschaften nach **Abs 2** übergeleitet, die **nach § 1690 Abs 1 mit Vertretungsmacht** für die Geltendmachung von Unterhaltsansprüchen oder (ganz oder teilweise) für die Vermögenssorge bestellt wurden.

Alle sonstigen Beistandschaften, die nur der Unterstützung des allein sorgeberechtigten Elternteils dienten, bei denen dem Beistand jedoch keine Vertretungsmacht zustand, werden von der Überleitung nicht erfaßt und enden mit Ablauf des 30. 6. 1998 (Abs 2 S 3; FamRefK/SONNENFELD Rn 8; PALANDT/DIEDERICHSEN Rn 6; MünchKomm/HINZ Rn 3).

**11** **2.**      Beistandschaften des Jugendamts mit einem **Wirkungskreis nach § 1690 Abs 1 aF** werden zum 1. 7. 1998 zu Beistandschaften nach §§ 1712–1717. Der Aufgabenkreis solcher Beistandschaften wird jedoch erst nach einer Übergangszeit zur Vermeidung von Überleitungsschwierigkeiten dem neuen Recht angepaßt (sogleich Rn 12).

**a)**      Für die am 1. 7. 1998 eintreten Rechtsfolgen gilt im einzelnen dasselbe wie nach Abs 1 für die übergeleitete Amtspflegschaft (oben Rn 5). Insbesondere wird ab dem 1. 7. 1998 die elterliche Sorge des sorgeberechtigten Elternteils durch die Beistandschaft nicht mehr eingeschränkt.

**12** **b)**      Soweit der **Aufgabenkreis** solcher Beistandschaften den nach § 1712 zulässigen Aufgabenkreis überschreitet, bleibt der frühere Aufgabenkreis nur bis zum 1. 1. 1999 bestehen; vom 1. 1. 1999 fallen andere als die nach § 1712 Abs 1 zulässigen Aufgaben weg (Abs 2 S 2 iVm Abs 1 S 3); es bleibt damit nur der Aufgabenkreis des § 1712 Abs 1 Nr 2 (Geltendmachung von Unterhaltsansprüchen) erhalten (WESCHE RPfleger 1995, 240, 241). Die mit der Beistandschaft verbundene Vertretungsmacht des Jugendamts für entfallende Aufgaben entfällt ebenfalls. Die Vertretung des Kindes in diesen Angelegenheiten obliegt damit ausschließlich dem gesetzlichen Vertreter. Da in Angelegenheiten der Vermögenssorge auch *keine Beratung* durch das Jugendamt stattfindet (§ 18 SGB VIII) können hierdurch Schutzlücken auftreten, wenn der Sorgeberechtigte sich bisher auf die Vertretung durch den Beistand verlassen hatte und die Übernahme durch den Sorgeberechtigten in der 6-monatigen Übergangszeit bis zum 1. 1. 1999 nicht angemessen vorbereitet wurde (kritisch PALANDT/DIEDERICHSEN Rn 7; FamRefK/SONNENFELD Rn 10).

Anders als für die Überleitung der Amtspflegschaft nach Abs 1 gilt die Beendigung der in § 1712 Abs 1 nicht genannten Aufgaben ausnahmslos; da Abs 2 nicht auf Abs 1 S 4 verweist, fällt also auch die Vertretung durch den Beistand im Rahmen laufender **erbrechtlicher Verfahren** zum 1. 1. 1999 weg (FamRefK/SONNENFELD Rn 10; MünchKomm/ HINZ Rn 3).

**IV.**      **Überleitung von Beistandschaften (§§ 1685 ff aF) durch andere Personen (Abs 3)**

**13** **1.**      Waren **andere Personen als Beistand** bestellt, so findet eine Überleitung nur beschränkt auf die Fälle des § 1690 Abs 1 und auch dann nur für eine Übergangszeit zur Vermeidung von Überleitungsschwierigkeiten statt: In diesem Fall ist ebenfalls zwischen Beistandschaften mit Vertretungsmacht nach § 1690 Abs 1 aF und bloßen

Unterstützungsbeistandschaften zu unterscheiden. Letztere enden wie im Fall des Abs 2 mit Ablauf des 30. 6. 1998.

**2.**     Beistandschaften anderer Beistände als des Jugendamts bestehen jedoch auch **14** dann **nur bis zum 1. 1. 1999** wenn sie als Beistandschaft mit Vertretungsmacht nach § 1690 Abs 1 bestellt waren (Abs 3 S 3). Bis zu diesem Datum bleibt der **Aufgabenkreis** unverändert, wird also durch § 1712 Abs 1 nicht beschränkt (Abs 3 S 2 iVm Abs 1 S 3 Hs 1). Im übrigen unterliegen auch solche nur für den 6-monatigen Übergangszeitraum übergeleiteten Beistandschaften bis zu ihrer Beendigung am 1. 1. 1999 den §§ 1712 ff.

# Sachregister

Die fetten Zahlen beziehen sich auf die Paragraphen, die mageren Zahlen auf die Randnummern.

**J. von Staudingers**
**Kommentar zum Bürgerlichen Gesetzbuch**
**mit Einführungsgesetz und Nebengesetzen**

**Übersicht Nr 72/8. Dezember 2000**

Die Übersicht informiert über die Erscheinungsjahre der Kommentierungen in der 12. Auflage sowie in der 13. Bearbeitung und deren Neubearbeitung 1998 ff. (= Gesamtwerk STAUDINGER).

Die Übersicht ist für die 13. Bearbeitung und für deren Neubearbeitung zugleich ein Vorschlag für das Aufstellen des „Gesamtwerks STAUDINGER" (insbesondere für solche Bände, die nur eine Sachbezeichnung haben). Es wird empfohlen, die Austauschbände chronologisch neben den überholten Bänden einzusortieren, um bei Querverweisungen auf diese schnell Zugriff zu haben. Bei Platzmangel sollten die ausgetauschten Bände an anderem Ort in gleicher Reihenfolge verwahrt werden.

| | 12. Aufl. | 13. Bearb. | Neub. 1998 ff. |
|---|---|---|---|
| **Erstes Buch. Allgemeiner Teil** | | | |
| Einl BGB; §§ 1 - 12; VerschG | 1978/1979 | 1995 | |
| §§ 21 - 103 | 1980 | 1995 | |
| §§ 104 - 133 | 1980 | | |
| §§ 134 - 163 | 1980 | 1996 | |
| §§ 164 - 240 | 1980 | 1995 | |
| **Zweites Buch. Recht der Schuldverhältnisse** | | | |
| §§ 241 - 243 | 1981/1983 | 1995 | |
| AGBG | 1980 | 1998 | |
| §§ 244 - 248 | 1983 | 1997 | |
| §§ 249 - 254 | 1980 | 1998 | |
| §§ 255 - 292 | 1978/1979 | 1995 | |
| §§ 293 - 327 | 1978/1979 | 1995 | |
| §§ 328 - 361 | 1983/1985 | 1995 | |
| §§ 362 - 396 | 1985/1987 | 1995 | 2000 |
| §§ 397 - 432 | 1987/1990/1992/1994 | 1999 | |
| §§ 433 - 534 | 1978 | 1995 | |
| Wiener UN-Kaufrecht (CISG) | | 1994 | 1999 |
| §§ 535 - 563 (Mietrecht 1) | 1978/1981 (2. Bearb.) | 1995 | |
| §§ 564 - 580 a (Mietrecht 2) | 1978/1981 (2. Bearb.) | 1997 | |
| 2. WKSchG (Mietrecht 3) | 1981 | 1997 | |
| MÜG (Mietrecht 3) | | 1997 | |
| §§ 581 - 606 | 1982 | 1996 | |
| §§ 607 - 610 | 1988/1989 | | |
| VerbrKrG; HWiG; § 13 a UWG | | 1998 | |
| §§ 611 - 615 | 1989 | 1999 | |
| §§ 616 - 619 | 1993 | 1997 | |
| §§ 620 - 630 | 1979 | 1995 | |
| §§ 631 - 651 | 1990 | 1994 | 2000 |
| §§ 651 a - 651 k | 1983 | | |
| §§ 652 - 704 | 1980/1988 | 1995 | |
| §§ 705 - 740 | 1980 | | |
| §§ 741 - 764 | 1982 | 1996 | |
| §§ 765 - 778 | 1982 | 1997 | |
| §§ 779 - 811 | 1985 | 1997 | |
| §§ 812 - 822 | 1979 | 1994 | 1999 |
| §§ 823 - 825 | 1985 | 1999 | |
| §§ 826 - 829 | 1985/1986 | 1998 | |
| ProdHaftG | | 1998 | |
| §§ 830 - 838 | 1986 | 1997 | |
| §§ 839 - 853 | 1986 | | |
| **Drittes Buch. Sachenrecht** | | | |
| §§ 854 - 882 | 1982/1983 | 1995 | 2000 |
| §§ 883 - 902 | 1985/1986/1987 | 1996 | |
| §§ 903 - 924 | 1982/1987/1989 | 1996 | |
| Umwelthaftungsrecht | | 1996 | |
| §§ 925 - 984 | 1979/1983/1987/1989 | 1995 | |
| §§ 985 - 1011 | 1980/1982 | 1993 | 1999 |
| ErbbVO; §§ 1018 - 1112 | 1979 | 1994 | |
| §§ 1113 - 1203 | 1981 | 1996 | |
| §§ 1204 - 1296 | 1981 | 1997 | |
| §§ 1 - 84 SchiffsRG | | 1997 | |
| §§ 1 - 25 WEG (WEG 1) | 1997 | | |
| §§ 26 - 64 WEG; Anh Besteuerung (WEG 2) | 1997 | | |
| **Viertes Buch. Familienrecht** | | | |
| §§ 1297 - 1302; EheG u.a.; §§ 1353 - 1362 | 1990/1993 | | |
| §§ 1297 - 1320; NeLebGem (Anh §§ 1297 ff.); §§ 1353 - 1362 | | 2000 | |

| | 12. Aufl. | 13. Bearb. | Neub.1998 ff. |
|---|---|---|---|
| §§ 1363 - 1563 | 1979/1985 | 1994 | 2000 |
| §§ 1564 - 1568; §§ 1 - 27 HausratsVO | 1994/1996 | 1999 | |
| §§ 1569 - 1586 b | 1999 | | |
| §§ 1587 - 1588; VAHRG | 1995 | 1998 | |
| §§ 1589 - 1600 o | 1983 | 1997 | |
| §§ 1589 - 1600 e; Anh §§ 1592, 1600 e | | | 2000 |
| §§ 1601 - 1615 o | 1992/1993 | 1997 | 2000 |
| §§ 1616 - 1625 | 1985 | 2000 | |
| §§ 1626 - 1665; §§ 1 - 11 RKEG | 1989/1992/1997 | | |
| §§ 1666 - 1772 | 1984/1991/1992 | | |
| §§ 1638 - 1683 | | 2000 | |
| §§ 1684 - 1717; Anh § 1717 | | 2000 | |
| §§ 1773 - 1895; Anh §§ 1773 - 1895 (KJHG) | 1993/1994 | 1999 | |
| §§ 1896 - 1921 | 1995 | 1999 | |
| **Fünftes Buch. Erbrecht** | | | |
| §§ 1922 - 1966 | 1979/1989 | 1994 | 2000 |
| §§ 1967 - 2086 | 1978/1981/1987 | 1996 | |
| §§ 2087 - 2196 | 1980/1981 | 1996 | |
| §§ 2197 - 2264 | 1979/1982 | 1996 | |
| BeurkG | 1982 | | |
| §§ 2265 - 2338 a | 1981/1983 | 1998 | |
| §§ 2339 - 2385 | 1979/1981 | 1997 | |
| **EGBGB** | | | |
| Einl EGBGB; Art 1 - 6, 32 - 218 | 1985 | | |
| Einl EGBGB; Art 1 - 2, 50 - 218 | | 1998 | |
| Art 219 - 221, 230 - 236 | 1993 | 1996 | |
| Art 222 | | 1996 | |
| **EGBGB/Internationales Privatrecht** | | | |
| Einl IPR; Art 3, 4 (= Art 27, 28 aF), 5, 6 | 1981/1984/1988 | 1996 | |
| Art 7 - 11 | 1984 | | |
| Art 7, 9 - 12 | | 2000 | |
| IntGesR | 1980 | 1993 | 1998 |
| Art 13 - 17 | 1983 | 1996 | |
| Art 18 | | 1996 | |
| IntVerfREhe | 1990/1992 | 1997 | |
| Kindschaftsrechtl. Ü; Art 19 (= Art 18, 19 aF) | 1979 | 1994 | |
| Art 20 - 24 | 1988 | 1996 | |
| Art 25, 26 (= Art 24 - 26 aF) | 1981 | 1995 | 2000 |
| Art 27 - 37; 10 | 1987/1998 | | |
| Art 38 | 1992 | 1998 | |
| IntWirtschR | | 2000 | |
| IntSachenR | 1985 | 1996 | |
| **Alphabetisches Gesamtregister** | 1999 | | |
| **BGB-Synopse 1896-1998** | | 1998 | |
| **BGB-Synopse 1896-2000** | | | 2000 |
| **100 Jahre BGB - 100 Jahre Staudinger** | | | |
| **(Tagungsband 1998)** | 1999 | 1999 | |
| | | | |
| **Demnächst erscheinen** | | | |
| §§ 104 - 133; BeurkG | | 2001 | |
| §§ 255 - 314 | | | 2001 |
| §§ 315 - 327 | | | 2001 |
| §§ 651 a - 651 l | | 2001 | |
| §§ 652 - 704 | | | 2001 |
| §§ 1741 - 1772 | | 2001 | |

**Nachbezug der 13. Bearbeitung und deren Neubearbeitung:** Um sich die Vollständigkeit des „Gesamtwerks STAUDINGER" zu sichern, haben Abonnenten jederzeit die Möglichkeit, die ihnen fehlenden Bände früherer Jahre zu für sie erheblich vergünstigten Bedingungen nachzubeziehen (z. B. 47 bis Dezember 1998 erschienene Bände [1994 ff.; ca. 30.700 Seiten] ab 1. Januar 2001 als Staudinger-Einstiegspaket 2001 für DM 8.900,-/öS 64.970,-/sFr 7.921,-). Auskunft erteilt jede gute Buchhandlung und der Verlag.

**Nachbezug der 12. Auflage:** Abonnenten haben die Möglichkeit, die 12. Auflage komplett oder in Teilen zum Vorzugspreis zu beziehen (so lange der Vorrat reicht). Hierdurch verfügen sie schon zu Beginn ihres Abonnements über das „Gesamtwerk STAUDINGER".

**Dr. Arthur L. Sellier & Co. KG - Walter de Gruyter GmbH & Co. KG oHG, Berlin**
Postfach 30 34 21, D-10728 Berlin, Telefon (030) 2 60 05-0, Fax (030) 2 60 05-222